福建历代人物字号录

厦门市图书馆 编

付 虹 主编

陈红秋 副主编

厦门大学出版社
XIAMEN UNIVERSITY PRESS
国家一级出版社
全国百佳图书出版单位

图书在版编目(CIP)数据

福建历代人物字号录/厦门市图书馆编. —厦门:厦门大学出版社,2018.12
ISBN 978-7-5615-7047-0

Ⅰ.①福…　Ⅱ.①厦…　Ⅲ.①历史人物—人名录—福建　Ⅳ.①K820.857-61

中国版本图书馆 CIP 数据核字(2018)第 210662 号

出 版 人	郑文礼
责任编辑	薛鹏志
封面设计	拙　君
技术编辑	朱　楷

出版发行　厦门大学出版社

社　　址	厦门市软件园二期望海路 39 号
邮政编码	361008
总 编 办	0592-2182177　0592-2181406(传真)
营销中心	0592-2184458　0592-2181365
网　　址	http://www.xmupress.com
邮　　箱	xmup@xmupress.com
印　　刷	厦门市金凯龙印刷有限公司

开本	889 mm×1 194 mm　1/16
印张	44.25
插页	2
字数	1200 千字
印数	1～2 000 册
版次	2018 年 12 月第 1 版
印次	2018 年 12 月第 1 次印刷
定价	208.00 元

厦门大学出版社
微信二维码

厦门大学出版社
微博二维码

《福建历代人物字号录》编委会

顾　问：江林宣　陈　峰

主　编：付　虹

副主编：陈红秋

编　委：付　虹　陈红秋　江林宣　陈　峰
　　　　曾舒怡　张元基　吴辉煌　李　冰

前　言

　　大凡人为造成的大小事件皆含时间、姓名、情节三大要素。情节能了解事件的始末；时间能明了时空的具体时段，如年月日时等；姓名是事件的主体，任何人为事件都离不开有名有姓的人。在中华民族的历史长河中，我们的祖先留下了浩瀚的文献资料，包括古代文物考古资料和现代各种多媒体资料。这些宝贵财富，上能博古，下能通今，收藏保存之，借鉴使用之，爱也，惜也。

　　现在，众多的公共图书馆、博物馆，包括私家图书馆、博物馆收藏着数以万计的古代文献，我们在爱之、惜之的同时，也要用之。在古代文献中，汉武、唐宗拓疆永垂青史，孔子、朱熹思想永照中华，鸿门之宴惊心动魄，赤壁之战妙计叫绝，李白诗词令人陶醉，岳飞巨冤使人愤怒，历史大事念念不忘，凡间小事留迹有声。纵览文献资料，不管是惊天动地的大事，还是平平庸庸的小事，都是中华儿女的子子孙孙在喜怒哀乐中书写的。

　　现代人阅读古代文献时，常常会遇到一些令人疑惑的问题。穿越历史时空，地名变迁、人名异同、年代表述各异，要知晓当时的地名、人名、年代，就得依赖它们的各种工具书。地名得查历史地名词典，年代可查历史年代纪年表，唯有人名可就复杂多了。

　　虽有大量的各种人名词典，可供人们查阅古今中外的人物，但要查中国历史人物，光靠中国人名词典是查不到的，为什么？就因为古代人名太复杂、太奇妙。

　　今天，我们说"名字"这个词时，通常是指人名。可是我国古人则有两个"名"，甚至三个以上的"名"。清朝以前的人，既有名，又有字，有的人在名、字之外还有号。古人的名、字、号，今人都可理解为"名"，因为文献中皆同时出现，读者很难判断它是名还是字（或号）。但古人的名、字、号三者是有明显区别的。"名"是个人的特称，多由长辈起取，并往往通过取名体现对子女的期望。"字"是"名"的解释和补充，多与"名"的含义相近或相辅，与"名"相表里，所以也称"表字"，如诸葛亮字孔明，岳飞字鹏举，"亮"与"孔明"，"飞"与"鹏举"义相近。宋元以来，家族的行辈字大量流行。"字"可以是成年之后由尊长起的，也可以自己起的，或朋友赠与的，而且一般有文化的人才会取"字"。"号"是人的别称，又叫别号。古代的文人，大多给自己起"号"，用以表示个人的情怀。如郑燮的家乡，有座木板桥。他小时候常从桥上过，很喜爱这座桥，后来就给自己起别号"板桥"。时间一久，人们都称他为郑板桥，原来的名字反倒没有多少人记得了。

　　古人聚会见面，在名、字、号用法上也很有讲究。"名"一般用于自称，或上对下、长对少的称呼，平辈之间，只在很熟悉的情况下才互相称名。而"字"其目的是为了让人尊重他，供他人称呼。"号"一般只用于自称，对人呼"号"也是一种敬称。字、号是给别人叫的，平辈或下辈尊称对方时，称呼其字、号，以显礼貌、恭敬。比如苏轼，字子瞻，号东坡居士。叫他"苏轼"是不礼貌的，而叫"苏东坡"或"子瞻先生"才显得恭敬。总的来说，"名"是正式场合下才使用的，"字"和"号"是下辈、朋友之间日常称呼。

　　正因为古人其名太复杂、太奇妙，并且在古代文献中"名"、"字"、"号"大量并用，造成今人很难准确懂得古人名字的真面目，人名词典可查到"司马迁"，而查不到"司马子长"；"柳子厚"人名词典不见，"柳宗元"却跃在眼前。在古代文献中，特别是在文集中，名、字、号大量并用而且难以区分，实在难倒了当代的读者。出于对古人名、字、号的区别，民国以来，学者编纂不少中国人名字号录的辞典，以补充中国人名词典的不足。

　　查阅数量众多的中国人名字号录，几乎都是中国历代大名鼎鼎的名人，地方性一般的人物很难查到。福建古代文献丰富，牵涉的人物数以万计，他们绝大部分并非中国大名人，如宋代名医吴本（字华基，号云冲）、清代文人薛起凤（字飞三，号震湖），翻遍了《中国历代名人字号录》怎么都查不到。明代蔡献臣撰著的《清白堂稿》序中有《题年友林志唯兄（警语）》，林志唯是谁？志唯是"名"乎？或是"字"乎？慢慢细查，才知道志唯是字，姓名为林学曾，志唯在《中国历代名人字号录》中也难以查到。阅读民国以前的福建文献时，经常遇到名字中出现字或号，而不知其名，常陷入苦恼之中。今厦门市图书馆编纂的检索工具书《福建历代人物字号录》，就能帮助读者和研究者解决其中难题。该书搜录对象含福建省志和全省各地方志的人物志和选举志，较为全面、准确。所涉人名基本上为福建省或各县市知名度较高的人，他们当中，或多或少会在福建文献中露脸，可谓适用。吾署数言，致敬读者。

江林宣

目　录

凡　例

凡　例

1. 本书收录对象以民国以前(含民国)福建籍人物、外省籍在福建为官或居住,较有影响,且有字、号的人物为主。无字、号的人物未收入。

2. 本书正文部分先按朝代排列,再按人物姓氏的汉语拼音字母排序,以姓名、字、号、籍贯、生卒年份等信息为主。

3. 人物朝代基本沿用方志对人物朝代的判定。朝代不明的,明末清初人物按人物立场判定朝代,归附清朝为官者,判为清朝,其余判为明朝。清末民初,一般按生平主要事迹所居时期判定,卒于民国初的判为清代。跨清、民国、现代或生卒于民国时期,或生于民国、卒于现代的统归入"民国人物"部分。

4. 书中所列"号"含别号。更改字、号者,在原字号后填写,用顿号隔开;"籍贯"皆按文献中所列的籍贯,福建省籍人物注县、乡(村)二级名称,外省籍人物注省、县二级名称。"地名"不加注今地名,书后附福建省行政区划名称沿革简介、福建省行政区划新旧名称对照表、福建省历代废除行政区划名称表。

5. 若字号、籍贯等通过考证和分析辨别仍无法确定,则在备注中加以说明,如"字又作××","籍贯又作××××"。

6. 需要加以说明的其他信息,一律放在备注栏中,如科举状况、外籍在闽所任官职等。

7. 本书侧重以民国前(含民国)的福建通志与府、县志为主要信息源,同时参考其他版本的福建各县市方志及其相关的人物录、人物词典等各种文献,查考鼎秀古籍数据库资源和"福建省情资料库——地方志之窗"中的福建方志资料。参考文献统一置于书后注明。

隋代以前人物

姓名	字	号	籍贯	朝代	备　注	姓名	字	号	籍贯	朝代	备　注
梅　福	子真		九江寿春	西汉	泰宁玉华洞炼丹	许　濙 (?—前88)	元亮		河南许州	西汉	镇守闽地，后卜居同安
贺　齐	公苗		会稽山阴	东汉	平定侯官、汉兴、南平叛乱，官平东校尉	廖　立	公渊		长安	三国蜀	避居将乐
车　胤	武子		南平	东晋		廖　贡	宗应		将乐	东晋	
廖　棠	实卿		将乐	东晋	隐居绥城县云盖山	廖文明	世辉		将乐	东晋	北镇右副将军
廖孝先	重亲		将乐	东晋	江州刺史	廖义先	重方		将乐	东晋	
陆　迈	功高			东晋	建安吴兴令（今浦城）	顾野王 (519—581)	希冯		吴郡吴县	南朝	卜居武夷山
江　淹 (444—?)	文通		济阳考城	南朝	浦城知县	郑　露	恩叟		莆田南山	南朝	
郑　淑	善叟		仙游巩桥	南朝	常州别驾	黄　鞠 (567—?)		玄甫	宁德霍童	隋朝	谏议大夫
林　嶕 (535—?)	仲高	东斋	连江	隋朝		董　奉 (160—250)	君异		长乐古槐	东汉	字一作公异。籍贯一作侯官。建安三神医之一

唐代人物

姓名	字	号	籍贯	备　注	姓名	字	号	籍贯	备　注
蔡　沼 (756—806)	虚中		晋江	贞元八年举孝廉明经科	曹　朋	仲益		河南固始	汀州司录代理沙县知县
曹　愚	古直		霞浦城西	歙州刺史	常　衮 (729—783)	夷甫		京兆	福建观察使
陈　黯 (约805—877)	希孺	昌晦、场老	南安嘉禾		陈　鄙	纯仁	万泉先生	仙游光埔	
陈　说	昌言		侯官		陈　酆 (?—779)	有芑	强斋	漳浦	陈元光之孙，漳州刺史
陈　嘏	锡之		惠安	一作晋江。刑部郎中	陈　谟	以忠、正献	月溪、毅夫	漳浦	漳州刺史

姓名	字	号	籍贯	官职	姓名	字	号	籍贯	官职
陈蓬		白水仙	福鼎	著《阴阳书》《星图》	陈峤	延封		莆田	大理司直兼殿中侍御史
陈蜀	文郁		闽县		陈陶 (812—885)	嵩伯		南平	隐居南昌西山
陈珦 (?—742)	朝佩	迁斋	漳浦	漳州刺史	陈訏	以词、正弼	云岩	漳浦	
陈诩	载物		闽县	部员外郎知制诰	陈铺	希声		侯官	鄂州刺史
陈咏	以言、正雅	龙岩	漳浦	思州判官	陈政 (616—677)	一民	素轩	光州固始	诸卫将军,领兵戍闽,卒葬漳州
陈去疾	文医		侯官	邕府副使	陈彦博	朝美		闽县	贵溪知县
陈元光 (657—711)	廷炬	龙湖	光州固始	漳州刺史,被奉为"开漳圣王"	陈执中	允之		侯官	汀州司马
戴器	邦用		漳浦	琼州照磨	邓光布 (?—878)	明远		河南固始	沙县崇安镇将
丁儒 (647—710)	学道、维贤		淄州济阳	军咨祭酒	高文宠	宗荣		长乐后澳	
韩泰	安平			漳州刺史	韩偓 (844—923)	致尧、冬郎	玉山樵人	京兆万年	携族入闽,投王审知,建宅南安
黄岸	宗极		莆田黄巷		黄蟾	月卿、玉清		侯官	崇文馆校书郎
黄璞 (867—950)	德温、绍山	雾居子	莆田涵江	崇文阁校书郎	黄潜	文江		莆田	
黄诜	仁泽		长溪白琳	左宣议郎节度巡察判官	黄滔 (840—911)	文江		莆田前埒	威武军节度推官
黄讷裕 (851—?)	信夫	梗南	惠安镇安铺	江州录事	黄守恭 (629—712)	国材	一翁	泉州	江夏紫云派始祖
黄子野	仲某		侯官		蒋防	子辉		江苏宜兴	汀州刺史
李溢	注善		闽县	大理寺评事	李频	德新		睦州寿昌	建州刺史
李伯瑶	昆宗		漳州	唐分营将	李彦坚	成实		闽县	御史中丞
连总	会川		闽县		廖春	林长		将乐	河西节度使
廖达	时亨		将乐	宣州教授	廖汾	元清		将乐	九江团练使、金吾卫大将军

廖 广	宇宙		将乐	常州刺史、廉访使	廖 进	时举		将乐	建昌尉、襄阳太守
廖 前	胜启		将乐	南剑路刺史	廖 云	从龙		将乐	护相侍郎
林 遁	知义		长乐坑湖里	秘书丞、校书郎	林 莩	德芳		长乐崇贤	苏州长史,晋江知县
林 衮	谠言		闽县	秘书郎	林 徽	和义		长乐坑湖里	秘书丞
林 杰	智周		侯官		林 璟	夫哲		长乐崇贤	德化知县
林 凝	夫道		长乐崇贤	睦州录事参军	林 升	惟善		长乐崇贤	秘书丞
林 嵩 (848—944)	降神		长溪赤岸	秘书省正字、金州刺史	林 谞 (811—890)			闽县	
林 勖	公懋		闽县	吉州刺史	林 鹏	祥凤		长乐沙里	进士
林 峣	兴义		长乐坑湖里	国子博士	林 攒	会道		莆田	
林 徵	存义		长乐坑湖里	大顺元年进士	林 滋	后象		闽县	字一作厚象、原象。兵部郎中
林滨业	叔行		长乐渡桥		林昌业	叔功		长乐渡桥	
林简言	欲讷		福清	漳州刺史	林进思	尽中		长乐崇贤	福建路盐铁使、册礼推官
林景思	德中		长乐崇贤	防御史、节度判官	林普思	有中		长乐崇贤	咸通六年举人
林勤思	明中		长乐崇贤	建水知县	林慎思 (844—880)	虔中	仲蒙子	长乐崇贤	福建第一位状元。尚书水部郎中
林休业	叔华		长乐渡桥	松洲判官	刘 存	心一	淮叟	光州固始	入闽居侯官凤岗
刘守谦	受益		浦城	处州刺史	陆长源	泳之		吴	建州刺史
罗 隐 (833—909)	昭谏		浙江余杭	给事中。流寓晋江	吕 沆	君梦		河东	侯官县令
吕 占	竟茂		南安	大顺元年进士	马 湘	自然		浙江盐官	道士,游霍童山
马 总	元会		京畿扶风	泉州刺史	倪 曙	孟曦		长乐光俗里	工部侍郎、平章事

欧阳衮	希周、希甫		闽县	监察御史	欧阳秬	降之		晋江潘湖	欧阳詹从子,幕府参军
欧阳詹 (755—800)	行周		晋江潘湖	一作南安。国子监四门助教	潘存实	镇之、正之		漳浦	户部侍郎
潘季翱	太中		长乐三溪	太子司议郎中	潘季苟	通甫		长乐三溪	御名中丞
潘季雍	太甫		长乐三溪	巴东知县,光禄寺丞	彭汉 (651—716)	云霄		建安新丰	
彭仲修 (622—709)		北山	宁德熟洋	武探花,武毅大夫	秦系 (724—?)	公绪	东海钓客	越州会稽	隐居南安九日山
邵楚苌	待伦		闽县	校书郎	盛均	之才		南安	一作之材,昭州刺史
释本寂	耽章		莆田涵江	俗名黄崇精	释怀海 (720—814)		百丈	长乐	俗姓王
释怀晖 (754—815)		柏岩	泉州	俗姓谢,又名怀恽	释文矩	子薰、涅槃	慧日禅师	福州	
释义存 (822—908)		真觉、雪峰	南安梅山	俗姓曾	司马承贞	子微		河南洛州	修炼于宁德霍童山
苏妙	观妙		广东南海	泉州刺史	汤耳 (806—893)	闻之		长溪里渺	长溪知县
田奎	文魁		大田梅岭	左参知政事兼枢密院副使	万良器	元桶		长乐后澳	长乐县尉
王潮 (846—897)	信臣、信宗、信夫		光州固始	泉州刺史	王棨	辅之		福清音西	水部郎中
王虬	希龙		南安	大顺元年进士	王颙	还古		永春	桃林场长
王鲁复	梦周		连江		魏敬 (599—691)	玉珏	云霄	光州固始	女,陈元光之祖母
翁承检	袭明		福清新厝	秘书郎	吴兴		长官	莆田西洙	
伍正己 (约794—874)	公谨		宁化	初名愿。御史中丞	萧膺	次元		侯官	大理司直
萧瑀 (575—648)	时文		清流	尚书左仆射	谢瞳	子明		闽县	大中大夫、检校右仆射
谢望	汝标		黄连	宣议大夫	谢翛	升之		龙溪青礁	文德元年进士
徐晦 (760—838)	大章	登瀛	晋江安海	礼部尚书	许天正 (649—718)	允心	云峰	豫州汝阳	陈元光副将

姓名	字	号	籍贯	备注	姓名	字	号	籍贯	备注
薛 戎	元夫		晋江宝鼎	泉州刺史	薛承裕	饶中		闽县	国子四门博士
薛令之 (683—756)	君珍	明月先生	长溪	左补阙兼太子侍讲	杨廷式	宪臣		泉州	京官
杨廷玩	君玉		福鼎	监察御史	叶 京	垂孙		建安	进士,太常博士
叶 洙 (840—?)	崇德	关	同安	朝散郎	余汝程	千里		邵武松源	守小梅关
詹 雄	伯镇		闽县		张 赓	重华		河南固始	御史中丞,居永泰月洲
张 谨	信美		闽县	福建招讨使	张 睦	泰和、 仲雍		长乐 福州里	原籍光州固始,从王审知入闽,封太师梁国公
张 莹 (857—933)	昭文		连江	礼部尚书	张 庸	执中		长乐 福州里	同平章事
章仔钧 (868—941)	仲举	彰良	浦城	高州刺史、检校太傅	章仔钊	仲贤		浦城	团练使
赵 昌	洪祚		天水郡	泉州刺史	郑 諴	申虞		闽县	鄞州、安州、邓州刺史
郑 摄	官贤		长乐福湖	宣议郎	郑 隐	伯超		福清	知府幕宾
周 朴 (?—878)	见素, 太朴		苏州吴兴	避地闽中,诗人	周匡物	几本		漳州龙溪	高州刺史
周尧章	焕文		闽县		卓 文	叔高		霞浦	一名昙。乾宁进士

五代人物

姓名	字	号	籍贯	备注	姓名	字	号	籍贯	备注
陈 海 (?—962)	巨训		建安	剑州刺史	陈洪进 (914—985)	济川		仙游连江	武宁军节度使、同平章事
褚伯玉	元璩		浙江盐官	隐居霍童山修道	崔致尧	用之		河北清河	随父居建阳,后官浦城军判官
高 璧	德调		中州	泉州刺史	胡 夔	佐朝	龟山、 玉山	崇安	隐居黄柏里
黄 峭	仁静	青冈	邵武和平		贾 郁	正文		侯官	仙游知县、御史中丞

江文蔚 (901—?)	君章		建阳	翰林学士、礼部侍郎	李良佐	元辅		崇安	访道入武夷山隐居
李子潜	叔达		古田	永春尉	廖偓 (845—962)	端庄		河南汝南	后梁开平三年避乱入泉州，隐于小溪场
林达	馀行		长乐坑湖里	剑州刺史	林鼎	涣文		闽县	文穆袭国后，拜其为丞相
林琼	叔玞		长乐坑湖里	秘书正字、谏议大夫	林璲	季衡		长乐坑湖里	长乐县尉、国子博士
林玮	季瑰		长乐坑湖里	校书郎	林珣	季端		长乐坑湖里	奉议郎、贝州司马
林处瑰	文佩		长乐渡桥	洪文馆校书郎	林仁广	文大		长乐渡桥	端州刺史
林仁矩	文规		长乐渡桥	校书郎	林仁嗣	文绍		长乐渡桥	福清主簿
林仁锡	文善		长乐坑湖里	水部郎中	林仁宪	文介		长乐东隅	节度判官
林仁贞	文亮		长乐坑湖里	礼部郎中	林圣求	载保		长乐坑湖里	校书郎
林硕德 (860—926)	邦定	天复	河南固始	闽侯上街"六桥林氏"始祖	林孝先	克养		长乐凤井	奉礼郎
林孝友	世德		长乐凤井	奉礼郎	林孝资	世源		长乐凤井	奉礼郎
林元振	世亨		长乐屿南	福州户曹参军	刘乙	子真		泉州	
留从效 (906—962)	元范		南安桃林场		柳崇	子高		崇安五夫里	
潘则	仲臣		长乐三溪	殿中丞	潘仁果	君柏、弥明		长乐三溪	秘书郎
彭珰	武仲		崇安	南唐建州兵马都监、殿中监	沈弘	大忠		浦城	兵部尚书兼御史大夫
沈崧	吉甫		闽县	秘书监检校兵部尚书右仆射	释道昭		惟识大师	晋江	高僧
释省僜		真觉	仙游	高僧	释元应	清溪	性定禅师	永福	俗姓张，泉州开元寺高僧
苏益 (875—967)	世进		光州固始	泉州押统使	谭峭 (860—968)	景升	紫霄真人	泉州	道家学者
田丰	盛厚		大田	揭阳县丞	田成才	子章		大田	仁和知县

姓名	字	号	籍贯	备注	姓名	字	号	籍贯	备注
田广才	子誉		大田	钱塘知县	王肱	用辅		晋江	
王延翰 (?—927)	子逸	表章	光州固始	大闽国第二任君主	王直道	伯三	潜夫	安溪	王审知之孙
王审邦 (858—904)	次都		光州固始	泉州刺史	王审知 (862—925)	信通	祥卿	光州固始	909年被封为闽王
王延彬 (886—930)	表文		泉州	泉州刺史	翁承赞 (859—932)	文尧	狎鸥翁、螺江钓翁	福唐文秀	同平章事
谢彦斌	宪侯		建宁	招讨使	颜仁郁	文杰	品俊	德化三班	五代闽官员
杨文逸 (914—978)	慕贤		浦城	玉山知县	余赐	琨美		古田	一名璀,后家南剑将乐。南唐左拾遗
俞倪	养虚		光州固始	名一作倪,御史中丞。避乱入闽,寓居顺昌	詹琲		凤山山人	安溪多卿	隐士
詹敦仁 (914—979)	君泽		光州固始	清溪县令	张仲仁	子位		浦城	南唐秘书省秘书郎,宋芮城知县
钟谟	伯益		会稽	徙居崇安会仙里。国子司业					

北宋人物

姓名	字	号	籍贯	备注	姓名	字	号	籍贯	备注
哀谦	彦先		崇安县坊		蔡柏	武子		将乐	治平四年进士
蔡卞 (1048—1117)	元度		仙游赤岭	枢密院事	蔡充	公度		江西南城	邵武县尉
蔡传	永翁		仙游赤湖	通判南京留守司	蔡高	君山		仙游赤湖	开封府太康县主簿
蔡固	安磐	质直翁	漳浦赤岭	阶州刺史	蔡和	廷杰	白石	晋江	
蔡楫	子坚		仙游		蔡嘉	德善	实斋	漳浦赤岭	龙川县丞
蔡京 (1047—1126)	元长		仙游赤岭	右仆射兼门下侍郎	蔡懋	子坚		仙游赤湖	会昌县尉

蔡期	献望	原斋	漳浦赤岭	翰林编修	蔡芹	献忱	木庵	漳浦赤岭	判度支
蔡确 (1037—1093)	持正		晋江	尚书右仆射兼 中书侍郎	蔡榕	正卿		仙游	相州教授
蔡枢	子应		仙游	职方员外郎	蔡橺	子强		仙游	泉州知州
蔡絛	约之	百衲 居士	仙游赤湖	徽献阁待制	蔡通	理贯	止斋	漳浦赤岭	四会县令
蔡襄 (1012—1067)	君谟		仙游	知泉州府、福 州府、杭州府	蔡翛	子羽		仙游赤湖	礼部尚书
蔡攸 (1077—1126)	居安		仙游赤湖	开府仪同三司	蔡瑷	希蓬		龙溪	朝请大夫
蔡震	权重	存庵	漳浦赤岭	银青光绿大夫	蔡庄	守容	质斋	漳浦赤岭	翰林侍读
蔡兹	光烈		永春东园	南恩州知州	蔡伯俙 (1013—1100)	景蕃		福清南隅	司农少卿
蔡光世	荣先	钝斋	漳浦赤岭	徐州总管	蔡黄裳	叔文		晋江	虢县、建阳知 县,陈州知州
蔡魁瑞	凤祥	慎斋	漳浦赤岭	太学训导	蔡蒙叟	素臣	贞白子	闽县	福州助教
蔡仁杰	幼安	天轩	漳浦赤岭	谏议大夫	蔡廷瑞	文祥	常斋	漳浦赤岭	武冈州训导
蔡希稷	汝为	菊泉	漳浦赤岭	兵部侍郎	蔡元鼎	国宝	蒙斋	漳浦赤岭	北宋学者
蔡元方	安礼		将乐	建昌军知军、 南丰知县	蔡振先	德扬		漳浦赤岭	凤州总管
曹中	文德		沙县	永州知州	曹修古	述之		建安	南剑州知州、 兴化军知军
晁宗恪	世恭		河南祥符	泉州知州	陈昂	直孺		福安廉村	翰林、国子丞、 秘书丞检详、 直显谟阁
陈抱	梦符		连江	著作郎	陈材	干伯		福清	进士
陈阐	伯通		仙游	建州知州、莱 州知州	陈侗 (1015—1086)	君举		沙县城西	惠州、泉州知 州,开封知府
陈粹	伯光		闽县	汀州知州	陈侗	成伯		莆田孝义	
陈谔	昌国		龙溪		陈谔	弱翁		长乐	进士,直秘阁

陈 纲	举正		同安阳翟	淮南、江浙、荆湖制置发运使	陈 高	可中		仙游	太医学司业
陈 格	元规		古田	秘书郎	陈 固	道夫		福清	秘书丞
陈 盥	子文		福清	徽猷阁待制	陈 瓘(1057—1124)	莹中	了斋、了翁	沙县劝忠坊	右司员外郎兼权给事中
陈 鹤	闻野		莆田	广州通判	陈 衡	公权		侯官	
陈 机	介行		晋江		陈 楫	克敬		长乐江田	承务郎,监盐酒税
陈 骥	德纯	安处居士	仙游度尾	温州通判	陈 杰	仲才		罗源	真州通判
陈 玠	大宝		龙溪	承议郎	陈 经	正甫	存斋	福安廉村	泉州舶干、奉议郎
陈 兢	戒叔		龙溪	教授	陈 靖(948—1026)	道卿		莆田陈宅	秘书监
陈 开	发明		仙游	宗正寺丞、朝请大夫	陈 葵	伯乡		闽县	乐清尉,将作监丞
陈 烈(1012—1087)	季慈	季甫	侯官	理学家,福州州学教授	陈 律	宗礼		政和东岸口	元丰八年进士
陈 髦		太君	将乐		陈 溥	仁甫		长乐	熙宁九年进士
陈 杞	君材		长乐广石	信州通判,宣州团练使	陈 洽	泽南		同安	庆元二年进士。广州通判
陈 权	巽行	朝阳居士	晋江		陈 邵	世南		长乐周山	
陈 佹	后之		长乐岱边	一作侯官。洪州录事	陈 枢	慎之		浙江长兴	泉州知州
陈 襄(1017—1080)	述古	古灵先生	侯官古灵	理学家。枢密直学士	陈 雄	用强		福安廉村	大观三年进士
陈 熊	毅然		罗源	剑浦丞	陈 轩(1063—?)	元舆		建阳考亭	汀州、福州知州,龙图阁直学士
陈 选	舜举		将乐		陈 旸(1068—1128)	晋之		闽清	
陈 彝	宗器		长乐三澳	主簿,承事郎	陈 易	后之		永春	
陈 易	体常	聘君	仙游		陈 毅	才中		长乐	贺州知州

陈 豫 (1049—1117)	子由		建阳考亭		陈 则	天恩		莆田	
陈 植	表民		古田	莱州司理	陈 洙	师道		建阳	
陈 铸	师回		仙游谷目	福州通判、登 州知州	陈 字	伯爱		侯官	莆田县尉
陈 最	季常		福安廉村		陈 祚	庆长		罗源	宣议郎
陈安道	请之		闽清	字一作靖之。 元丰五年进士	陈安仁	彦常		仙游枫亭	江宁府法曹
陈伯春	耀卿		晋江		陈昌期	世卿		尤溪	嘉祐间知县事 兼兵马监押
陈昌祖	世长		龙溪		陈次升 (1044—1119)	当时		仙游善化	左司谏
陈从易 (966—1031)	简夫		泉州城内	杭州知府	陈大卞	仲循	南塘 居士	仙游	威武军金判
陈大易	灵筠		永安	龙南知县	陈公言	子默	裕庵	仙游	
陈龟图	谋孙		长乐江田	信州知州	陈国材	公选		福清	王府直讲
陈浩然	彦直		福清	台州通判	陈宏度	梦星		连江县西	都巡检使
陈洪轸 (937—991)	汝翼	静庵	寿宁茗溪	少宗伯	陈怀古	君明		闽清	大观三年进士
陈积中	彦载		闽清	政和五年进士	陈季渊	万宗		永福	司户
陈简能	知柔		闽县	参军	陈觉民	达野		仙游柘山	泉州、广州知 州，右文殿修 撰
陈景温	子实		晋江		陈居宷	文举		长乐三溪	进士
陈康年	季昌		晋江	通判	陈可大 (1092—1179)	齐贤		仙游功建	漳州工曹、长 乐知县、肇庆 知府
陈明术	祖仁		莆田		陈丕显	扬休		福清	兴化军教授
陈清选	道山		仙游	太学生	陈仁璧	玄象		莆田城内	

陈汝奭	公武		晋江	知海州	陈升之 (1011—1079)	旸叔		建阳 三桂里	原名旭。同中 书门下平章 事、集贤殿大 学士
陈师立	可权	宜仙翁	仙游兴福	代理知官告院	陈师锡 (1057—1125)	伯修	闲乐 先生	建阳考亭	知颍州、庐州、 滑州
陈世卿 (953—1016)	光远	豸山	沙县	福建转运使、 广州知州	陈寿朋	天固		长乐	进士
陈宋辅	公弼		宁德金垂	郴州教授	陈惟刚	公执		仙游谷目	提举鼎沣路
陈维德	徽之		莆田	长乐县尉、虞 部员外郎	陈文显	仲达		仙游连江	通州团练使
陈显仁	藏用		仙游	直秘阁知潭州	陈祥道	祐之		闽清	秘书省正字
陈孝则	永仲		晋江	尉判	陈秀颖	光远		永福	迪功郎
陈彦才	用中		浙江平阳	泉州知州	陈彦恭	子愿		莆田孝义	户部郎中
陈彦自	子开		长乐江田	峡州宣抚副使	陈一新	乂之		永春	
陈元老	寿夫		福安廉村		陈允功	仲斌		福清	进士
陈在中	缊文		晋江		陈致一	贯道		长乐县东	提举广东茶盐
陈中复	从道		莆田城关	广南东路提举 刑狱事	陈自仁	克广		兴化清源	
陈宗道	道夫		长汀	开封府教谕	陈宗礼	梦昌		长乐	宣和进士。迪 功郎
陈宗礼	梦旦		长乐		陈宗衢	伯可		晋江	通判
程师孟 (1015—1092)	公辟	正议	江苏吴县	福州知州、广 州知州	储敦叙	彦伦		晋江	通判
崔拱	宾玉		惠安	著作郎	邓察	诲之		连城	皇城使
邓旦	日升		连城		邓宁	仲吉		沙县	漳州、福州知 州,福建转运 判官
邓佐	道辅		浦城	工部尚书	邓邦宁	康国		邵武	漳州知州

邓春卿	荣伯		长汀	隐士	邓公衍	鹤溪		顺昌	大观进士
邓克谐 (967—1033)	仲孝		沙县	光禄大夫	丁偕	时行		崇安上梅	重和元年进士
丁时习	行可		邵武		董公偃	安义		仙游	
杜纯	孝锡		山东甄城	泉州司法参军	杜杞	伟长		建阳	知县
范觊	宜文		建安	嘉祐二年进士	范锽	宏甫		浦城	龙图阁学士
范迪简	道卿		南平	龙图阁直学士	范元凯	道亨		崇安永浆	进士
范致虚 (?—1137)	谦叔		建阳雏田	资政殿学士, 知鼎州	方甸	禹功		福清	承议郎
方会	子元		莆田白杜	两浙安抚使	方峻	景通		莆田白社	福州司理
方略	作谋		莆田白杜	潮州知州	方峤	次山		莆田白杜	福州司理参 军、汀州知州
方适	彦周		莆田方巷	福清县丞	方喜	良翰		莆田	广州通判
方偕	齐古		兴化	刑部郎中	方绚	君素	濯锦	莆田白杜	隐居西山
方翼	仲礼		仙游广业		方昀	文耕		莆田白杜	长溪知县
方轸	叔时	松年	莆田方巷	鄞县知县	方醇道	温叟		仙游	南剑知州
方次彭	公述		兴化	长乐知县,梅 州知州	方公衮	汝补		仙游寿峰	潮州教授
方审权	立之		莆田		方慎从	惟之		莆田后塘	漳州知州、都 官郎中
方慎言	应之		莆田后塘	泉州知州、广 州知州	方士宁	彦昌		莆田白杜	都官郎中
方廷实	公美	寿山 居士	莆田	福建提刑、广 南路提刑	方惟深 (1040—1122)	子通		莆田城内	诗人,兴化军 助教
方亚夫	几仲		莆田	平江教授	方子容	南圭		莆田	惠州知州、朝 请大夫
傅列	力就		建安	元祐三年进士	傅镕	范民		建阳雏田	朝请郎

傅伉	茂先		建阳雒田	宣和三年进士	傅谅友	冲益		仙游	和州知州
傅谦受	冲亨		仙游罗峰	虁州路转运判官	傅惟肖	应求		南安	清江知县
傅希龙	廷尹		仙游孝仁	漳浦知县	傅谊夫	冲节		仙游孝仁	兵部侍郎
傅诏度	仲远		仙游	监行在榷务	傅知柔	德潜		仙游	福州金判
高崇	俊卿		福鼎	淮安都转运使	高廉	天禄		福鼎	江西棠阴巡检
高韶	善夫		长乐流水	江西瑞州府儒学提举	高选	君择		长乐	杭州路教授
高远	永大		长乐后澳		高复初	本初		长乐后澳	工部郎中
高惠连 (972—1068)	公溥		晋江安平	兵部尚书	高景德	新民		福鼎	武昌县令
高若虚	仲实		福清	静江府通判	高宗信	汝信		长乐后澳	金紫光禄大夫
葛宫	公雅		江苏江阴	南剑州知州	龚极	日拔		邵武	御史中丞
龚夬	道亨		邵武	殿中侍御史、监扬州酒税	龚懋	君美		顺昌	杭州推官
龚敏	吉老		邵武	闽清知县	龚识	默甫		邵武	平江节度副使
龚纬	光甫、仲常		邵武	桂阳知县	龚颖	同秀		邵武	银青光禄大夫,琅琊郡开国侯
龚原	安道		龙岩	安溪知县	龚远	尔登		邵武	姓名一作张远。弘文馆学士兼翰林
龚慎仪	世则		邵武	歙州知州	龚仕忠	茝臣		邵武	检校局校书
龚文昌	仁仲	丘园居士	宁德	号一作印园居士	龚宗元	日鼎		邵武	吏部都官员外郎
谷泉	天道禅师		晋江		郭琪	大玉		仙游大蜚山	兵部郎中
郭咸	建泉		晋江		郭祥正	功父		安徽当涂	汀州通判
韩谨	去华		晋江	又名惇。崇宁二年进士	韩筠	仲礼		连江	殿中侍御史

韩国华	光弼		河南安阳	泉州知州	何去非	正通		浦城河村	庐州通判
何与京	庆孙		邵武	永春知县	洪范	天赐		仙游	
洪麟 (963—1031)	仁璲		江苏吴县	长泰知县	胡靖	立之		晋江	祥符元年进士
胡璞	器之		南平	熙宁三年进士	胡宪 (1086—1162)	原仲	籍溪 先生	崇安	建州学正、秘 书省正字
胡寅 (1098—1156)	明仲		崇安	尚书右丞	胡渊	泽之		崇安籍溪	
胡安国 (1074—1138)	康侯	青山	崇安	学者,宝文阁 直学士	胡安老 (1076—?)	康年		崇安籍 溪里	罗江知县、袁 州知州
胡师徐	宗武		崇安 黄柏里	绍兴戊辰进士	黄駓	公硕		南安	崇安尉
黄櫄	实夫		龙溪	宣教郎	黄琮	子方		莆田后黄	侯官、泰宁知 县,漳州通判
黄旦	升之		浦城	德化知县,光 州、黎州知州	黄登	君涉		南安	
黄迪 (988—?)	梦授		宁化	同安知县、庐 州判官	黄蕡	仲实		浦城	奉新知县
黄槃	叔平		龙溪	承议郎	黄冠	元功		晋江	元祐六年进士
黄圭 (1083—1145)	元功	侯官		福建路提举盐 茶司	黄珹	君度		浦城	抚州知州
黄鉴	唐卿		浦城	苏州通判、直 集贤院	黄觉	民先		浦城	殿中丞
黄京	叶叔		龙溪	户曹	黄亢	清臣		浦城	
黄烈	元功		浦城	处州知州	黄璘 (1087—1126)	邦美		浦城	
黄履	安中		邵武	尚书右丞	黄沔	朝宗		仙游	秘阁修撰
黄齐 (1044—1130)	思贤		建安		黄裳	冕仲、 道夫	紫辛翁	南平	福州知州、礼 部尚书
黄伸	彦发		邵武	泉州、建州知 州,司农卿	黄升	正道		长汀	
黄实	师是		浦城	瀛州、定州知 州	黄硕	若冲		龙溪	教授

黄　通	介夫		邵武	大理丞	黄　问	公毅		莆田	
黄　显	景儒		仙游		黄　叙	子理		建州	永福知县
黄　隐	仲光		莆田后黄		黄　颖	仲实		莆田乌石山	
黄　颖	秀实		龙溪	户曹	黄　彧	文伯		宁化	建州观察推官
黄　预	几先		龙溪	教授	黄　豫	伯奋		永春	校书郎
黄　远	明仲		永福	莆田知县	黄　愿	修可		龙溪	大中大夫
黄　辙	遵晦		浦城	大理寺丞	黄　积	知几		闽清	汀州、漳州知州，朝散大夫
黄　震	伯起		浦城	饶州知州、广东转运使	黄邦达	兼善		长乐甘墩	太常博士
黄邦光	宋显		永福	字一作宋煦。徽州通判	黄伯思（1078—1118）	长睿	云林子、霄宾	邵武	河南户曹参军
黄大名	茂实		永福	提举广东市舶	黄德裕	仲益		邵武	闽县知县、凤翔知县
黄非熊		梦征、南溪处士	永福溪南		黄辅国	应图		浦城	进士、福州、泉州知州
黄光庭	廷烈		古田	迪功郎	黄好谦	几道		浦城	蔡州知州、濮州知州
黄好信	任道		浦城	汝州知州	黄荐可	宋翰		霞浦王村	字一作宗翰。梅州、惠州知州
黄君俞	廷金		莆田		黄樵仲	道夫		龙溪	永福县尉
黄惟深	仲默		福清	漳浦知县	黄夏卿	扬锡		永福	给事中
黄孝绰（977—1070）	公裕	潜山叟	浦城		黄孝恭	子温		浦城	大理寺丞
黄孝先	子思		浦城	石州通判	黄彦臣	叔灿		龙溪	南安知县
黄夷简	明举		闽县	平江军节度副使	黄禹锡	仲元	雪操	惠安镇安铺	水部郎中
黄中美	文昭		邵武	信德府录事	黄中庸（1030—1110）	长行	军城居士	仙游	浙西提刑

姓名	字		籍贯	职务	姓名	字		籍贯	职务
黄宗旦 (973—1030)	叔才		惠安镇安铺	襄州知州	黄祖尧	宗道		福清东瀚	楚州刑曹
暨陶	粹翁		崇安黄柏里	承议郎	暨唐裔	尧本		崇安黄柏	绍圣四年进士
江翱	公举		建阳	鲁山令	江侧	处中		建阳	三邑令
江常	少明		惠安		江钿	元饰		瓯宁	
江翃	仲明		瓯宁	一作江雄。元祐六年进士	江涣	友缘		泰宁	政和七年举人
江立	伯颖		建阳	朝奉郎	江牧	肃之		泰宁	左将监丞
江锜	全叔		建阳北雒田	教授	江杞	坚老		建阳崇安	御史
江淑	子充		崇安	嘉祐四年进士	江涛	友山		泰宁	宣和庚子经魁
江翊	廷老		建安	沙阳县尉	江赟	叔圭	少微先生	崇安丰阳里	生员
江准	伯先		建阳	漳州知州	江滋	益之、德修		崇安石雄里	耒阳、长社知县
江公望	民表		安徽睦州	永春知县、寿州知州	江汝舟	公济		建阳北雒田	进士
柯梁	道舆		长乐凤岐	龙水知县	柯述	仲常		南安	别名柯世程。朝议大夫
柯宗孟	伯醇		永福	广州通判	雷协	彦一		宁化	古田知县、兴化军教授
雷宣	明之		宁化	宜黄知县、王宫大小学教授	雷尧	中道		宁化	改名行。泉州教授、连州通判
李丙	仲南		光泽	慈溪主簿	李邴		云龛先生	济州巨野	参知政事,后寓居泉州
李充	仲美		浦城	临海知县、寿光知县	李玩	粹之、子粹		建宁	
李洞	通微		光泽	知长沙县事,奉议郎	李铎 (975—1053)	振文		光泽乌洲	
李防	思祖		光泽	以父荫提举官历承议郎	李敷	昌言		福清	奉议郎
李扶	持国		松溪	宣教郎	李复	履中		闽县	

李富	子诚	澹轩	莆田涵江		李诰 (1014—1066)	君彰	光泽乌洲	太常博士、屯田员外郎
李规	师正		松溪	夔州路提刑、朝议大夫	李冀	尧封	古田	福建路提刑司干官
李绛	伯华		龙溪	知建州	李接	晋侯	福清	广州金判
李堪	仲任	平坡居士	江苏常州	古田知县	李亢	君超	江西南昌	泉州司户参军
李夔	斯和		邵武庆亲里	邓州知州兼京西南路安抚使	李勉	安道	光泽	尤溪知县、顺昌知县
李穆	景仁		光泽		李平	素薄、秦符	长乐华墩	都官员外郎
李齐	元白		宁化		李起	伯时	晋江	绍兴二十七年进士
李陕	兴祖		光泽		李蕊	仲蕊	古田	礼部郎中
李深 (1049—1106)	叔平		光泽乌洲	通远军通判、司农寺丞	李述	公明	长乐华墩	饶州知州
李庭	星居		光泽		李望	民表	长乐沙京	御史中丞
李闲	有家		光泽	泉州州学教授	李详	自明	光泽乌洲	浔州知州、大理丞
李欣	公愉		莆田后埭		李湝	仲有	光泽	迪功郎
李恂	顾言		龙溪	县尉	李巽 (949—?)	仲权	席帽居士	光泽乌洲	浙江转运副使
李沂	从圣	宝鼎先生	南安		李祐	自修	光泽	迪功郎
李瑜	振玉		光泽		李谕	义翁	福清	朝奉大夫
李缜	伯玉	万如居士	晋江		李撰 (1043—1109)	子约	连江	彭泽知县
李百揆	廷孙		光泽	迪功郎	李邦光	明甫	长乐李厝尾	太常寺簿
李持正	季秉		莆田城关		李处道	深之	连江	同谷知县、缙云知县
李纯至	及之		光泽		李德昭	子晋	莆田	

李躬圭	彦进		长乐小祉	姓名一作李躬。国史馆简阅	李亨伯	安正		龙溪	忠州防御使
李惠卿	伯应		光泽		李弥大 (1080—1140)	似矩		连江	工部尚书
李弥正	似表		连江	朝奉大夫、吏部郎中	李容子	公度		光泽	
李时中	守正		龙溪	袁州知州	李宋臣	希杰		福清	进士
李坦然	平叔		长乐 李厝尾	字一作平仲。水部员外郎	李图南	彦远		福清	述古殿直学士
李文渊 (1084—?)	深道		松溪	南剑州知州	李虚己	公受		建安	工部侍郎
李虚舟	公济		建安		李亚荀	宗卿		连江	夔州路转运使
李徐庆	昌宗		连江	太子中舍通判	李正己	克永		光泽	原名绍祖
李中正	少谦		晋江		李祖亨	元嘉		光泽	以父惠卿荫承信郎，历都大司提举
练　定	公权		浦城	提点广南刑狱	练　逢	彦默		浦城	剑浦知县、抚州军事推官
练干誉	克家		建安	濠州知州	练亨甫	葆光		浦城	史馆编修
练山甫	补之		浦城	平州知州	梁　颀	习之		长汀	河南府少尹
梁　亿	伯安		晋江		梁　藻	仲华		长汀	
梁伯臣	明道		将乐		梁公讓	阳夫		南安	隐居灵秀山，不仕
梁南一	力行		晋江		梁泽民	兼济		将乐	昆山知县
梁宗范	世则		永福	信州通判	廖　淳	元朴		将乐	
廖　蕃	世茂	安节先生	顺昌		廖　光	显祖		将乐	漳州通判、漳州知州
廖　琥	世重		将乐	尚书兼左仆射	廖　阙	朝之		将乐	
廖　峣	次山		顺昌	太学生	廖天觉	仲先		顺昌	余姚、古田知县

廖正道	明理		将乐	泉州司理	廖正古	明达		将乐	一作明远。西安知县
廖正一	明略	竹林居士	将乐	常州知州	廖执象	父逊		顺昌	
廖子孟	元之		将乐	建阳知县	林辩	载中		福清	南京少尹
林冲	子和		闽清	政和五年特奏名	林聪	嘉谋		福清	朝奉郎
林旦	次中		福清南岭	谏议大夫	林登	邦道		长乐甘墩	涟水军知军
林迪	行中		福清	余姚知县	林迪	吉夫		仙游	龙溪知县
林动	逢吉		长乐唐屿	建州教授	林棐	信甫		福清	通奉大夫
林棐	彦忱		同安嘉禾	元丰八年进士。沂州知州	林概	端甫		福清南岭	太常寺博士
林高	子羽		福清南岭	屯田员外郎	林诰	君然		长乐屿南	南剑知州
林积 (1021—1091)	公济		尤溪进溪	建阳知县、福州知州、河南转运使	林珹	叔荆		长乐东隅	检校太保、开国伯
林开	道甫		福清南岭	校书郎	林良	叔善		长乐雁藏	太子太傅
林虑	德祖		福清南岭	提举淮东学事	林密	伯通		长乐渡桥	潮州知州
林晶	彦忱		同安		林岂	厚之		长溪赤岸	元祐进士
林杞	卿林		南安	天圣五年进士	林确	子固		宁德	尤溪主簿
林邵	才中		长乐	寄籍福清。显谟阁直学士、宝文殿直学士	林伸	伸之		莆田义门	
林升	彦明		连江	兴宁主簿	林豕	商卿	萍斋	仙游	
林特	士奇		长溪赤岸	居顺昌。刑部、工部、户部尚书	林霆	时隐		莆田英村	
林抟	图南		福清	楚州参军	林外 (1106—1170)	岂尘		晋江	兴化令
林卫	明钦		连江崇礼	将作监主簿	林希	子中		福清南岭	同知枢密院事

林 虚	季野		福清	秘阁修撰	林 颜	仲和		福清南岭	太府少卿
林 英	赐之		莆田		林 又	德新		尤溪	吏部侍郎、建州知州
林 郁	袭休		莆田埭头		林 遹	述中		福清音西	龙图阁学士
林 豫	顺之		仙游仁德	知邵武军	林 肇	公权		长乐坂头	屯田郎中
林 震	时敷		莆田		林 正	明辅		莆田澄渚	后迁仙游石牌。邵武知县、两浙运判
林 知	子默		晋江	隐士	林 挚	执礼		福清	仪曹郎
林 自	疑独		兴化马洋		林安行	彦骙		长乐屿头	韶州教授、晋江县丞
林邦俊	君籲		长乐古县	崇仁知县	林成材	择之		仙游	汝州知州
林冲之	和叔		莆田长城	主客郎中	林次鸿	仲宾		长乐新宅	文昌教谕
林大东	梦寿		福清	知县	林代工	当时		长乐屿头	进士,特奏名
林殆庶	希颜		闽县	明州知州	林敦复	子重		长乐坂头	太常博士
林公选	君章		闽清	大观三年进士	林黄中	伯玉		晋江	知彭城
林积仁	居厚		长溪赤岸	监察御史	林介卿	同甫		长溪	大观进士
林景渊	深父		南安	惠州知州	林俊民	德秀		福清	海阳知县
林立之	淑恭		仙游		林良简	尚易		长乐鹤上	韶州太守
林茂泽	文惠		长乐渡桥	大理寺评事	林彭年	君直		连江	真州都曹
林庆老	昌孺		古田	迪功郎	林仁用	文行		长乐东隅	韶州知府
林深之	原叔		莆田刺桐		林世矩	子仪		长乐坂头	楚州教授
林思明	元滢		莆田		林宋卿	朝彦		仙游功建	湖南帅司参议、朝请大夫

林维屏	邦援		长溪赤岸	精研经学,福州儒学主讲	林孝渊	全一		莆田义门	
林孝泽	世传		莆田义门		林休复	子正		长乐坂头	邵武军知军、知漳州
林彦明	达元		长乐周山	进士,特奏名	林一飞	升卿		仙游石牌	右司员外郎
林一鸣	闻卿		仙游	常德知府	林颐寿	表世		晋江	
林之平	国衡		莆田		林仲堪	大任		福清	惠州知府
林子立	伯与		仙游	茶陵知县	林遵善	适可		长乐	南剑州司法
刘珰	常父		崇安	以荫补承务郎	刘纲	君举		福清	承议郎
刘韐(1060—1127)	仲偃		崇安五夫里	建州、福州知州,资政殿学士	刘涣	孟潜	北溪翁	侯官	
刘骥	德称		晋江	钦州知州	刘謇	彦张		福安苏洋	
刘镜	叔光		惠安		刘逵	公达		同安	同知枢密院事中书侍郎
刘夔(981—1063)	道元		崇安	建州知州、户部侍郎	刘牧	彦贲		崇安永浆	进士
刘滂	商霖		闽清	重和元年进士	刘绥	君寄		福清	进士
刘棠	君美		龙岩和睦里	两浙路常平提举、朝请郎	刘涛	普公	灵泉山人	南安	
刘玮	温其		崇安五夫	进士	刘烯	明孟	高廊	莆田	
刘铣	应伯		福清化北里	"大晟乐"制定人之一	刘现	明之		福安苏洋	举贤良
刘烜	孝耀		莆田涵江		刘询	仲信		福清	太学博士
刘珣	旬父		崇安		刘衍	成之		龙溪	推官
刘彝	执中		闽县	高邮主簿	刘毅	刚中		浦城	南丰知县、承议郎
刘约	彦礼		崇安五夫	进士	刘滋(980—1041)	润之		崇安五夫里	福州通判、南剑知州

刘昌言 (942—999)	禹谟	灵泉 山人	南安		刘处约	景仁		福清	殿中丞
刘达夫	宣子		侯官	温州教授	刘侯亚	彦亦		福清	朝请郎
刘康夫 (1034—1088)	处恭	公南	闽县	泉州教授	刘民先	圣任	崇安五夫	
刘汝舟	元造		浦城	兴化军司法	刘若虚	叔扬		侯官	邵武军知军
刘天锡	成之		福清	大理寺丞	刘温伯	春卿		宁德	政和二年进士
刘延之	可大		福清	朝奉大夫	刘彦适	立道		福清	徐州知府
刘元振	君式		崇安五夫	太学生	柳宏	巨卿		崇安五夫	光禄卿
柳淇	润之		崇安	进士	柳绶	元章		崇安五夫	进士
柳况	温之		崇安	进士	柳永 (987—1053)	耆卿、 景庄		崇安 五夫	原名三变,因 排行第七,又 称柳七。陆州 团练推官
柳三接	晋卿		崇安	进士	卢楚	叔翘		永福	南雄知州
卢奎	公奎		邵武	江西院判	卢安邦	定之		尤溪	
卢光前	嗣宗		永福	南剑州参军	卢嗣续	太古		泰宁石辋	龙山观真人
卢彦达	义弘		福清	湖南提刑点狱	陆广	彦博		长乐溪上	提点京东刑狱
陆竑	公度		长乐溪上	知州	陆恺	疆仲		长乐溪上	太常少卿、直 秘阁、泉州知 州
陆绥	叔华		长乐溪上	吴江县尉	陆恂	周仲		长乐溪上	宣教郎
陆廙	彦恭		长乐溪上	泉州兵马监押	陆蕴	敦信		长乐溪上	福州、建州知 州,显谟阁直 学士
陆藻	敦礼		长乐溪上	福州知州	陆震	允敷		长乐西隅	礼部郎官
陆如冈	稚山		长乐溪上	提举成都府常 平	陆宪元	道祖		长乐溪上	祥符县主簿

陆长愈	季谦		侯官	宣州金事判官	罗畸	畴老		沙县城关	福州、庐州、处州知州
罗彧	仲文		长汀	屯田员外郎、诸路提点使	罗祝	叔和		长汀	漳州法曹、明州观察推官
罗知古	子隆		晋江	通判	吕椿	之寿		晋江	
吕科	德中		晋江		吕璹 (1007—1070)	季玉		晋江	漳浦知县,官至光禄卿
吕晏	天申		南安	兵部常侍	吕造	心敬		晋江	朝散大夫
吕祉 (?—1137)	安老		建阳永忠	刑部侍郎、都督府参议军事	吕惠卿 (1032—1111)	吉甫		晋江开建	
吕夏卿 (1015—1068)	缙叔		晋江		吕肖翁	希圣		晋江	
缪刚	庆仁		福安西溪	广东提刑	缪昌道	景玉		福安西溪	龙溪县尉
倪登	彦及		福清海口	朝请大夫	欧庆	贻孙		广东曲江	永春知县
欧阳珣 (1081—1127)	全美、文玉	欧山	晋江潘湖	尚书右丞	潘鲠	昌言		长乐三溪	吉州通判,代理吉州知州
潘徽	彦宗、子述		长乐三溪	著作郎	潘辟	彦廊、郭如		长乐三溪	汀州知州、广东转运使
潘潜	彦渊		长乐三溪	南剑州知州	潘衢	彦卫、子庄		长乐三溪	知兴化军、建州、黄州
潘整	孟文		长乐三溪	主簿,迪功郎	潘中	民极		浦城	长溪知县
潘承祐	乾体		莆田延寿		潘吉甫	干臣	榕溪	长乐三溪	钦州通判
潘慎修 (937—1005)	成德		莆田常泰	翰林侍读学士	潘师孔	圣时		长乐三溪	建州教授
潘志道	天随		长乐三溪	奉议郎	潘宗孟	养浩		长乐三溪	建州教授
彭路	通吉		崇安吴屯里	崇宁癸未状元及第	彭孙 (1029—1108)	仲谋		连城	莱州防御使
彭南举	元羲		崇安永浆	进士	彭汝砺 (1041—1094)	器资		饶州鄱阳	漳州军事推官
綦崇礼	叔厚		山东高密	漳州知州	钱熙 (953—1000)	大雅		南安	越州通判

乔维岳	伯周		河南南顿	泉州通判	丘 崇	执礼		晋江	
丘舜元	本仁		莆田		丘子云	尚腾		仙游	
丘 达	学仲		长溪	进士	丘 允 (1078—1162)	执中		长溪 南山	柳州知州
丘朝俊	叔夫		福清	肇庆知府	全 琮	君实		福清海口	朝奉郎
阮 环	君集		宁德漳湾	江州录事参军	阮 骏	千里		莆田阮巷	安溪知县
阮 睿	希哲		宁德	大理寺评事	阮大成	希圣	献斋	宁德漳湾	
上官憕	正平		邵武	濠州录事参军、永城县丞	上官恢	阆中		邵武	南剑知州、徽州知州
上官基	子固		光泽	将乐知县	上官均 (1038—1115)	彦衡		邵武	光泽知县、广德知军、龙图阁待制
上官垲	彦明		邵武	广南路转运判官	上官模	规仲		邵武	抚州通判
上官凝	成叔		邵武	尚书职方员外郎、处州通判	上官怡	友先		邵武	进士
上官拯	公济		光泽	建宁县丞、上杭知县、衢州录事参军	邵 清	彦明		古田	
邵知柔 (1095—1167)	民望		政和邵屯	龙图阁直学士	沈 造	次仲		浙江缙云	漳浦知县
沈 周	望之		浙江钱塘	泉州知州	石 贲	蕃甫		同安	隐居文圃山
石 亘	彦明		同安	陕西运属	石 赓	声叔		同安	皇祐元年进士。台州知州
石 廉	平之		福清	潮州知州	石晋老	子明		晋江	
释道岑		法济大师	晋江		释法明		铁壁道人	连江山藏	
释法周		慧大师	晋江		释海莹	湛然		仙游	
释行通		法慧大师	晋江		释清豁	性空禅师		晋江	高僧
释无著		妙聪禅师	同安	苏颂女	释宗达	无外		晋江	

宋程	公范		晋江	台州通判	宋钧	成叔		罗源	进士,迪功郎
宋旅	廷实		莆田双池	剡县知县	宋咸	贯之		建阳童游	知邵武军
宋直方	顺中		晋江	巩县知县	苏衮	子贤		同安	集贤院学士
苏缄 (1016—1076)	宣甫		晋江	知邕州	苏钦 (1102—1160)	伯承		德化	迁居仙游。利 路转判官
苏绅	仪甫		同安	原名庆民,字 一作仪父,籍 贯一作南安。 礼部郎中、龙 图阁学士	苏颂 (1020—1101)	子容		同安在坊	尚书右仆射兼 中书侍郎
苏随	紫云 先生		晋江	博罗令	苏驲	道升		同安	
苏烨	天龙		仙游	福州知州、礼 部侍郎	苏颐	宋杰	碧溪	龙溪	
苏遇	常逢		同安		苏伯材	延构		晋江	韶州知州
苏象先	本梅		同安	观察推官	苏仲昌	孔嗣		同安	天圣二年特奏 名
孙谔 (1051—1109)	正臣		邵武	直龙图阁,代 理江淮荆浙等 路制置副使	孙蕃	子静		浙江钱塘	武平县尉
孙升	君孚		江苏高邮	监察御史,后 安置汀州	孙奕	景山		闽县	福建转运使
唐介 (1010—1069)	子方		湖北江陵	其父任官漳 州,随侍在侧。 后官至参知政 事	田承和	百聚		大田	仁和知县
田万和	百亨		大田	临川知县	汪天任	莘老		江西浮梁	汀州知州
王炳	景文		南安洪濑		王端	道原		南平	嘉祐八年进士
王谔	平叔		建阳	右羽林将军	王格	伯庸		长汀	
王鬲	景和		崇安 下梅里	婺州通判	王瓘	元玉		浙江明州	沙县知县
王回 (1048—1100)	景深		仙游折桂	监察御史	王回	深甫		侯官	亳州卫

王俊	邦杰		长溪赤岸	进士	王隽	迪甫		晋江	
王凯	和中		晋江		王平	保衡		侯官	许州司理参军
王普	伯熙		闽县	太常少卿	王硕	元卿		福清音西	宪司幕宾
王问	容季		侯官	新蔡主簿	王向	子直		侯官	硖石主簿
王俞	用之		永福	进士,奉议郎	王實	季达		晋江	
王伯虎	炳之		福清音西	建州司理	王次传	岩父		晋江	
王公济	经国		晋江	瑞安知县	王行己	恭夫		永福	河北提举
王梁材	廷衿		龙溪	运判	王南夫	搏仲		长乐	
王廷彦	英臣		江西庐陵	尤溪知县	王献臣	宾虞		惠安	
王宣哲	仲济		长江	枢密院计议	王言彻	子明		晋江	漳、鄂、滁知州
王沂之	春伯		晋江	新州知州	王元鼎	大授		连江安德里	诸暨知县
王中正	平叔		长汀	旧名捷	王宗哲	廷俊	六柳先生	长汀	泉州理椽、灌阳知县
王祖道(？—1108)	若愚		闽县琅岐	监察御史	危昂霄	次房		邵武	
危建侯	利用		邵武	宁化知县、金紫光禄大夫	魏昂	高卿		古田浣溪	剑浦令、大理评事
魏宏	损之		建安		魏任	亨之		南平	兵马都监
魏需	君举		古田	潮州通判	温革	叔皮		惠安嵩林铺	本名豫。福建转运使
温益(1038—1103)	禹弼		泉州	中书侍郎	翁采(1089—1148)	景文		崇安五夫	归州教授
翁常	彦明		崇安吴村	元符三年进士	翁谷	子静		崇安	代理崇安知县
翁纪(1006—1064)	世则		崇安吴屯里	屯田郎中	翁绩	熙载、德功		福清	奉议郎

翁 迈	和仲		崇安 吴屯里	举人	翁 邵	好德		顺昌	初名醇。崇安 县尉、福清县 丞
翁 肃	彦恭		崇安	宾州、江州、峡 州、袁州、谭州 知州,职方郎 中	翁 万	益仲		崇安吴村	皇祐五年进士
翁处恭	伯虔		莆田竹啸	泉州法曹	翁处厚	伯起		莆田竹啸	仙游知县
翁处廉	伯若		莆田竹啸	大理司直	翁处朴	伯浮		莆田竹啸	泉州都曹
翁处体	伯恭		莆田竹啸	韶州判官	翁处易	伯容		莆田竹啸	南剑少府
翁待举 (1076—1156)	至德		漳浦四都	琼州知州	翁敏修	思允		崇安吴村	嘉祐四年进士
翁延庆	德甫		崇安 吴屯里	聊城知县	翁彦国	端朝		崇安 五夫里	浙江、福建制 置使,江宁府 兼江南东西路 经制使
翁彦深	养源		崇安 五夫里	太常少卿	翁彦升	元卿		福清新厝	方司郎中
翁彦约	行简		崇安 五夫里	高邮军知军	翁仲通	际可		崇安 五夫里	签书兴化军、 签书威武军
吴 本 (979—1036)	华基	云冲	同安白礁	名作"夲"讹 误。民间奉为 大道公、保生 大帝	吴 诚	唐卿		崇安吴村	天圣二年进士
吴 充 (1021—1080)	冲卿		浦城	同中书门下平 章事	吴 点	圣与		邵武	太仆寺丞,越 州、洪州通判
吴 辅	鼎臣	怡轩	剑浦 普安里	屯田员外郎	吴 概	平仲		松溪	秘书
吴 庚	西羡		长汀	靖海军金判	吴 公		三峰 处士	政和	
吴 航	公济、 汝楫		崇安 吴屯里	康军判官兼通 判	吴 桓	孟文		龙溪	朝散郎
吴 及	几道		河北静海	侯官县尉	吴 骏	晞远		浦城	永州、饶州通 判
吴 开	允若		连江	将作监簿	吴 秘	君谟		瓯宁	濠州知州、提 点京东刑狱

吴 评 (1005—1073)	正词		崇安	莱州知州	吴 申	景山		建安	
吴 升	养晦		邵武		吴 栻	顾道		瓯宁	中山府知府
吴 思	子正		邵武	福建路转运司管勾	吴 熙	季明		南平	
吴 仪	国华		南平		吴 与 (约1058—?)	可权		漳浦	潮州通判
吴 育 (1004—?)	春卿		浦城秀里	参知政事	吴 璋	南玉		顺昌	徙居光泽。韶州知军
吴 昭	彦融		古田半洋	朝请大夫	吴安诗	传正		浦城	
吴必明	若愚		崇安长平里	邵武知军、广东提举	吴表深	智行		邵武	建阳主簿、昭信知县、饶州知州
吴处厚	伯固		邵武	处州知州	吴达老	信遇		晋江	丞建昌
吴待问	子礼		浦城	礼部侍郎	吴道逢	取道		崇安籍溪	进士
吴方庆	少琳		南平	松溪知县	吴公诚	君与		莆田黄石	
吴公懋	敏功		莆田黄石		吴简言	若讷		长汀	祠部郎中
吴见推	谦甫		崇安上梅	绍圣元年进士	吴明卓	少渊		崇安建平	进士
吴师服	梦得		瓯宁	邵武知军，职方郎中	吴舜邻	元恺		福清	太学博士
吴天骥	君任		永福	进士、宣教郎	吴岩夫	民瞻		松溪	员外郎
吴元衡	季公		永福	广东运干	吴执中 (1034—?)	子权		松溪永和里	礼部尚书
吴致尧	恪文、圣任		顺昌		吴仲虎 (约1049—1113)	公炳		崇安建平里	石州通判，代理英州知州
伍 懋	深道		宁化城关	尤溪知县、将乐知县	伍 祐	佑之		宁化城关	太常博士
伍文仲	仲成		宁化	进士	伍择之	元宝		宁化	字一作元宾。进士，长乐知县
伍仲林	通远		宁化	河源知县	夏 臻	几道		福清融城	梧州知府

夏之邵	闰夫		福清融城	通议大夫	夏之文	潜夫		福清融城	江西提刑副使
萧轒	棠仲		龙溪	南恩州知州	萧昞	文叔		闽清	元祐六年进士
萧开	忠叔		闽清	皇祐元年进士	萧律	调元		江西新喻	汀州知州
萧磐	安国		闽清	代理梧州知军,朝请大夫	萧颙	子庄		莆田	清流县丞
萧汝士	君平		江西吉州	长汀知县	谢澈	莹中		建安	
谢党	廷公		长溪	进士	谢孚	允中		建安	
谢徽	彦章		建宁	监漳州税,兴化军通判	谢皓	德夫、商老		建宁	南剑知州
谢麟 (?—1094)	应之		瓯宁	桂州知州	谢履 (1017—1094)	履道		惠安菱溪	南安主簿
谢潜	致虚		长汀	古田知县、建宁知县	谢诃	成甫		建宁	汀州知州
谢勋	致远		建安		谢伯景	景山		晋江	许州法曹
谢伯宜	晞圣		龙溪	尚书都官郎	谢德权 (953—1010)	士衡		闽县	西染院使,知泗州
谢宋臣	君命		连江	归安主簿	谢文龙	德翔		惠安	
徐常	彦和		浦城	吉州知州、朝议大夫	徐的	公准		建安	荆湖南路安抚使
徐复	希颜		莆田延寿		徐浩	东之		晋江	推官
徐洪	孺兴		建安	洪州司户参军	徐确	居易		莆田东垄	
徐奭 (968—1030)	武卿		瓯宁	两浙转运使	徐寿	君明		瓯宁	一作君朋。泰宁知县
徐唐	守忠		宁化	字一作守中	徐瞻	德望		晋江	通判
徐陟	公明		浦城	永州通判	徐九思 (约1042—1074)	公谨		崇安	江淮等路发运使
徐师仁	从圣		莆田	著作佐郎	徐寿仁	子由	菊坡叟	莆田	

姓名	字	号	籍贯	备注	姓名	字	号	籍贯	备注
许当	当时		晋江	守兴化,漳、建二州	许登	公进		闽清	崇宁二年进士
许份 (1079—1133)	子文		闽县	进士,右承务郎	许觌	彦逢		闽清	从黄君俞学,洞究经术
许将	冲元		闽县	一作闽清。签书昭庆军判官	许抗	损之		江西南城	沙县县佐,转运使
许懋	敏修		仙游		许权	正衡	巽齐	同安	治平元年进士。承信大夫
许巽	少阳		仙游下浒		许宜 (1021—1110)	日迈	西安、恕轩	同安	
许原	原古		福清	政和知县	许章	潜道		仙游	
许安仁	仲山		河南睢县	顺昌县尉	许光亨	必达		龙溪	门下侍郎
宣明	南仲		长汀	隐士	薛蕃	秀夫		仙游	潮州推官
薛俶	孝广		仙游清源西	兴国知军	薛利	仲光		兴化	
薛峦	山甫		仙游凤搏	殿中丞	薛奕	世显		仙游清源西	凤翔府正将
薛半千	子中		漳浦		薛纯儒	季舒		晋江	通判
薛利和	天益		仙游清源	屯田员外郎	颜褒		唯庵	永春	
颜慥	汝实	朴庵	龙溪青礁	漳州教授	颜五郎	若佐		同安贤聚	柳州同知
杨备	修之		浦城	长溪知县、虞部员外郎	杨澈	晏如		浦城	籍贯一作建阳。祠部郎中
杨迪	原吉		仙游	武平学正、著作郎	杨朏	持正		闽县	建宁节度推官
杨航	攸远		将乐	常州判官	杨纮	望之		浦城	太常少卿
杨汲	潜古		晋江	户部侍郎	杨荐	季裳		福鼎	平阳主学
杨郊	时仲		浦城	兴化军通判	杨璟	景玉		福鼎	广东帅司机宜
杨珂		竹溪	长泰		杨袤	万里		福鼎	漳州监税

杨 恕	贯之			将仕郎	杨 伟(984—1058)	子奇		浦城	中书舍人
杨 训	公发	浦城		东阳知县、朝奉郎	杨 倚	永年		浦城	开封府功曹
杨 亿(974—1020)	大年	浦城长乐里		工部侍郎	杨 垠	允才		福鼎	
杨 友	叔端	晋江		廉州知州	杨 至	至之		晋江	
杨 倬	大明	浦城		昭州知州、连州知州	杨敦仁	仲远		将乐	元祐二年进士
杨宏才	稚迁	晋江			杨徽之(921—1000)	仲猷		浦城	礼部侍郎、翰林侍读学士
杨景陆	伯淳	晋江			杨少阳	七公		晋江	
杨昭述	宗鲁	浦城		海康知县	姚 合	用良		长乐感恩	洪州学正,知兴化参军
姚 易	梦锡	浦城		开封府通判	姚能举	用进		长乐姚坑	江西安抚司参议
姚世举	之才	福安东塾			叶 宾	虞卿		仙游	
叶 常	权之	浦城		河中府知府	叶 隶	彦成		浦城	福州知州
叶 默	彦思	建安		郴州知州	叶 齐	思可		建阳崇化	
叶 任	仲堪	仙游古瀨		德化县尉	叶安节	亨之		浦城	吉州知州、袁州知州
叶康直	景温	建安		兵部侍郎	叶祖洽(1046—1117)	敦礼		泰宁	吏部尚书
叶祖谊	和甫	泰宁			尹 洙	师鲁		河南	邵武军通判、光泽知县
游 彬	彦朴	崇安建平里		进士	游 操	存诚		瓯宁	
游 醇	质夫	建阳禾平			游 辅	宋卿		莆田象峰	
游 复	执中	建阳长坪			游 烈	晋光		邵武	兴化知军

游 酢 (1053—1123)	子通、定夫	广平、廌山	建阳禾平里	程颐门人,知和州、汉阳军、豪州,晚年迁居武夷	游冠卿	子忠		福清融城	朝散大夫
余 清	夷老		罗源	泉州知州	余 深 (1050—1130)	原仲		罗源东隅	太宰
余 适	永叔		将乐		余 嗣	德绍		罗源	潮州通判
余公瑞	镇臣		江西德兴	邵武县尉	余光庭	朝美		罗源	南阳知州
余孝持	师厚		崇安从政	进士	余祖夷	景召		莆田黄石	
俞 伟	仲宽		浙江四明	顺昌知县	虞 肇	公初		邵武	知南安军
元 应		惠禅师	晋江		袁正规	道辅		安徽陵阳	长乐知县
曾 旦	升仲		宁化	南昌县尉、邵武法曹、邵武司法参军	曾 诞	孚文	玉山主人	晋江	
曾 巩 (1019—1083)	子固		江西南丰	福州知州。文学家、史学家	曾 会	宗元		晋江	刑部郎中
曾 荣	仁仲		长乐沙京	承议郎	曾 升	孟高		闽县	
曾 肇	子开		江西南丰	和州知州,后安置汀州	曾公亮 (999—1078)	明仲	乐正	晋江	太傅
曾公奭	武仲		晋江	知州	曾孝纯	君施		晋江	
曾孝广	仲锡		晋江	知郸州	曾孝宽 (1025—1090)	孟绰、令绰		晋江	曾公亮子
曾孝序	逢原		晋江	曾公亮从子	曾孝蕴	处善		晋江	曾公亮从子
詹 范 (1042—1100)	器之		崇安黄村里	字一作轨之。惠州知州	詹 庠 (989—1044)	周文		崇安黄村	三门白波辇运判官
詹 寊	朝隐		崇安	进士	詹良臣	唐公		崇安黄村	缙云县尉
詹时升 (1062—1126)	正行		崇安黄村	汀州知州、兴化知军、福建提举	詹先野	景舒		崇安黄村	举人
湛 俞	仲谟		闽县	屯田郎中	张 霭	伯云		崇安	原籍浦城,后居崇安。侍御史、左司员外郎

张弼	舜元		仙游	福州司户参军	张读 (1066—1145)	圣行	晋江张林	兴化军知军
张仿	希古		崇安	工部侍郎	张己	景载	仙游	
张驾	安时		沙县	改名骘。工部郎中、广济知军	张巨	国材	浦城观前	进士,利州路转运使
张励	深道		永福	中奉大夫	张泌	顺之	浦城	刑部尚书
张沔	朝宗		浦城	信州知州	张溥	道济	河南开封	尤溪知县
张岐	邠乡		崇安	曹州、瀛洲通判,琼州知州	张峤	景山	崇安	御史宗丞
张劝	闳道		永福	工部尚书	张诜	枢言	浦城	进士,龙图阁直学士、杭州知州
张声	鸣道		南平		张式 (989—1050)	景则	建安	其先浦城人。岳州知州
张宜	太和		侯官		张轧	景诚	仙游	
张伯玉 (1003—1068)	公达		建安	御史	张持之	立叔	建宁	郡学学录
张达观	子周		宁化	建宁知县	张大卞	宪仲	福清	漳浦知县
张黄裳	叔文		罗源	进士	张肩孟	醇叟	永福月洲	歙州通判
张若谷	德元		沙县义坊	一作德繇。尚书左丞	张仕逊	顺之	湖北阴城	邵武知县
张元幹 (1091—1161)	仲宗	真隐山人、芦川居士、芦川老隐	永福	朝议大夫、抚谕使	章粹	仲容	浦城	思州通判
章顿	朝宗		浦城	职方郎中	章惇 (1035—1105)	子厚	浦城	尚书左仆射兼门下侍郎
章甫 (1045—1106)	端叔		浦城	泰州知州、朝议大夫	章衡 (1025—1099)	子平	浦城城关	宣州知州、颍州知州
章粢 (1027—1102)	质夫		浦城	同知枢密院事	章岷	伯镇	浦城	光禄寺卿

章 频	简之		浦城	刑部郎中	章 授	荣之		浦城	海州知州
章 岷	伯瞻		浦城	金紫光禄大夫	章 新	天和		浦城	左光禄大夫
章 俞	咨臣		浦城	职方郎中	章 綎	伯成		浦城	淮南东路提点刑狱
章得象 (978—1048)	希言		浦城城关	工部尚书兼枢密使	章望之	表民		浦城	光禄寺丞
章友直 (1006—1062)	伯益		浦城		赵 抃 (1008—1084)	阅道		浙江西安	崇安知县
赵 谷	道卿		连江	浦城知县、承事郎	赵 诚	希平		晋江	明州知州
真宪时	法侯	存古	松溪		郑 褒	宠之		宁德	江州司法
郑 宻	志大		宁德福首	进士	郑 浮	升之		宁德	陈州通判
郑 禹	才卿		宁德九都	建州知州	郑 罕	言仁		宁德廿二都	儋州知州
郑 楫	渔之		宁德	两浙提举	郑 济	舆梁		莆田	
郑 明	用晦		长溪大京	籍贯一作大金。松阳县尹	郑 穆	闳中		侯官	给事中兼祭酒
郑 南	明仲		宁德	泉州知州、两浙提刑	郑 昇	元举		仙游	校书郎
郑 侠 (1041—1119)	介夫	一拂居士、大庆居士	福清西塘	泉州教授	郑 修	季常		长乐象屿	嘉王府记室
郑 洙	教先	东山先生	侯官	徙居长乐,字一作教生,虞部郎中	郑安道	义斋		尤溪县坊	金紫光禄大夫
郑邦彦	公佐、廷美		长乐沙京	建州太守、朝散大夫	郑伯玉	宝臣		莆田后塘	
郑昌龄	梦锡		宁德一都	进士,承议郎	郑公敏	明之		龙溪	
郑公显	隐之		龙溪		郑季夫	功叔		长乐沙京	莆田知县
郑立中	从之		长汀	崇安县尉、行军总管	郑南卿	仲升		连江德里	朝奉郎
郑乾道		义斋	尤溪		郑少连	仪鲁		仙游赤湖	大理寺丞

姓名	字	号	籍贯	备注	姓名	字	号	籍贯	备注
郑廷芬	国华		仙游福兴	成都路转运副使	郑文宝 (953—1013)	仲贤		宁化水茜	工部员外郎
郑彦敏	俊德		长乐沙京	从政郎	郑载文	焕之		福清	南城丞
郑昭叔	显仲		宁德九都	仙游知县	周 常	仲修		浦城	集贤殿修撰
周 纯	潜文		龙岩	应天知府、直秘阁	周 辅	莒臣		长乐青山下	华州知州
周 谓	希圣		尤溪	广州知州	周开迪	圣传		古田	宣教郎
周希古	信叔		长溪白岩	端拱年间进士	朱 定	正臣		浙江缙云	连江知县
朱 绂 (？—1108)	君贶		仙游孝仁	福州知州、宝文阁待制	朱鼎臣	希夫		永福	大理丞
朱蒙正	养源		邵武	顺德军通判	朱廷佐	良肱		长溪	政和年间进士
诸葛廷材	诚之		晋江		庄 绰	季裕		泉州	
卓 骏	君骥		福清	朝奉大夫	卓刚中	志行		崇安建平	进士
卓祐之	长吉		长乐西隅	太常博士	邹 耒	尧叟		泰宁	初名夔，名一作斐。福清知县、宣城知县
邹 括	仲发		泰宁	宁化知县、亳州知州	邹 异	士奇		长乐西隅	
邹长孺	齐贤		泰宁						

南宋人物

姓名	字	号	籍贯	备注	姓名	字	号	籍贯	备注
哀 彬	丕承		崇安大浑里	绍兴二十一年进士	哀长吉	叔巽	委顺翁	崇安大浑里	靖海军掌书记
哀梦松	会友		崇安永浆里	嘉定七年进士	哀蕴元	若虚		崇安大浑里	绍兴二十四年进士
敖陶孙 (1154—1227)	器之	臞翁、臞庵、东塘人	福清融城	泉州金判	白玉蟾	白叟、如晦	琼琯、云外子、紫清真人	广东琼州	原名葛长庚，隐居武夷山得道

包 恢	宏父		江西南城	光泽主簿,金书枢密院事	包荣父	景仁		连江	建阳知县、奉议郎
鲍 旌	表之		福清	通判	鲍 旎	明之		福清	通判
鲍粹然	淳父		浙江龙泉	上杭知县	鲍介然	全叔		福清	进士
蔡 怛	诚叟		晋江	教授	蔡 发 (1089—1152)	神与	牧堂老人	建阳	籍贯一作崇安
蔡 缶	伯佑		长乐犀丘	进士	蔡 格	伯至	素轩	建阳崇泰	籍贯一作崇安
蔡 洸	子平		仙游	户部尚书	蔡 杭 (1193—1259)	仲节	久轩	建阳崇泰	籍贯一作崇安,参知政事
蔡 沆 (1159—1237)	复之	复斋、一庵居士	建阳崇泰	后更名知方。两浙运干	蔡 开	子明		仙游	
蔡 戡 (1141—1182)	定夫	仙游		广西经略安抚使	蔡 谅	守信		建阳	
蔡 模	仲觉		建阳崇泰	籍贯一作崇安。建阳教授	蔡 辟	子正		莆田	
蔡 庆	德祉	重斋	漳浦赤岭	举人	蔡 权 (1195—1257)	仲平	静轩	建阳崇泰	籍贯一作崇安
蔡 荣	国华		仙游	户部侍郎	蔡 沉 (1167—1230)	仲默	九峰	建阳崇泰	籍贯一作崇安。朱熹弟子
蔡 易	乔时	文轩	漳浦赤岭	广德军金判	蔡 益	友直		崇安节和	淳祐七年进士
蔡 渊 (1156—1236)	伯静	节斋	建阳崇泰	籍贯一作崇安	蔡次传	仲孚、岩肖		晋江青阳	仙游知县,太常少卿
蔡逢甲	国贤	弃夫	漳浦赤岭		蔡公亮	子明		崇安节和里	宝祐元年进士
蔡如松	劲节		龙溪		蔡师言	汝咨		仙游	
蔡霆发	子飞		南安		蔡以夫	用之	坦斋	漳浦赤岭	
蔡益老	用壮	柏轩	漳浦赤岭		蔡应龙	舜臣		福清	进士
蔡元定 (1135—1195)	季通	西山	建阳崇泰	籍贯一作崇安。京西转运判官。理学家	蔡正孙 (1239—?)	粹然	蒙斋野逸、方寸翁	建安	南宋逸民
蔡自成	敬甫	集翁	漳浦赤岭		曹 辅 (?—1127)	载德		沙县	延康殿学士,签书枢密院事

曹 勋	德美		河南应天府	兴化府官员	曹成伯	子谏	长乐	进士
曹应时	守中		崇安周村	咸淳元年进士	常 楫	济川	江苏靖江	宁化知县
常 挺 (1205—1270)	方叔	东轩	连江东岳铺	字一作方淑。参知政事	常显伯	希傅	连江	特奏名
陈 嶒	子爽		侯官	司农少卿	陈 庇	积仁	福安大梅	南安主簿
陈 宾	宾玉		福安载首	从政郎,武平令	陈 宾	彦光	长乐仙山	泉州教授
陈 秉	鸣赞		莆田		陈 绰	裕甫	永福	字一作豫甫。进士
陈 冲	南翼		连江	正奏名	陈 春	元甫	长乐江田	乐平县尉
陈 椿	元老		长乐三溪	名一作椿年	陈 淳 (1159—1223)	安卿、功夫	北溪 龙溪游仙	安溪主簿
陈 聪	士达		福清	进士	陈 从	谦夫	长溪	绍熙年间进士
陈 旦 (1122—1180)	应辰		长乐	进士,特奏名	陈 旦 (1122—1180)	仲明	建阳崇化	侯官宰
陈 谠 (1134—1216)	正仲		仙游留浦	殿中御史	陈 登	幻庆	长溪	嘉定年间进士
陈 定	师德		莆田白湖		陈 谔	士衡	长乐岱边	进士,特奏名
陈 谔	元昌		侯官	兴化军通判	陈 范	朝弼	崇安五夫里	籍贯一作建阳考亭。崇仁县丞
陈 棐	伯起		福清	会昌县尉	陈 丰	道卿	长乐三溪	衢州府通判,朝散郎
陈 丰	宜仲		仙游	南恩知州	陈 丰	元龄	晋江	
陈 绂	若晦		长乐三溪	惠安知县	陈 绂	泽之	福清	德化知县
陈 甫	景山		罗源	进士	陈 复	明复	长乐县东	进士,特奏名
陈 垓	经甫		永福湖南	侍御史	陈 絯	崧卿	长乐	进士,通直郎
陈 溉	仲搏		长乐广石	湘县主簿	陈 概	梦新	奇须翁	漳浦浙山

陈冈	修岳		古田水口	进士	陈纲	公纪		长乐	进士
陈琪	子重		仙游	永春知县、两浙路运管	陈贯	喜郡		莆田城关	建炎三年进士
陈光	世德		永春民苏里		陈桂	景迁		永福	绍熙元年进士。寄居潮州
陈桂	起诜		长乐阳夏	起居郎	陈皓	子正		福安廉村	武举正奏名,池州计议官
陈合	维善		长乐东偶	工部尚书,同签书枢密院事	陈珩	用行	此山	长乐	续通志作"桁"。朝请郎
陈衡	秀平		侯官		陈纮	能之		福清	新安教谕
陈洪	禹范		南安	莆田知县	陈垕	中立		长乐南田	进士
陈虎	少严	恕斋	侯官	南丰知县	陈焕	其华		建阳	顺昌县尉
陈惠	元恩		长乐阳夏	太常博士	陈枡	自修		长乐岱边	进士,特奏名。朱熹弟子
陈汲	兼济		福安廉村		陈纪	仲礼		宁德廿三都	柳州知州
陈勘	德彰		宁德	都统司干办	陈骥	任之		福安廉村	
陈甲	建章		莆田		陈坚	仲实		福清	徽州教授
陈简	士廉		福清	进士	陈戬(1084—1146)	仲休		松溪城关	泉州知州
陈接	景元		福安大梅		陈介	方叟		福清海口	潮州判官
陈介	如水		福清	教授	陈介	与之		宁德	太学录
陈珒	德温	怡轩	宁德		陈泾	正仲		长乐	进士
陈经	叔纶		龙溪	福清知县	陈井	享夫		长乐江田	宁德县尉
陈璟	景玉		连江	特奏名	陈肩	纯中		瓯宁	
陈桷	季壬	存隆	浙江平阳	游福鼎广化寺	陈浚	深之		长乐岱边	进士,特奏名

陈骏	敏之		连江	正奏名	陈骏	敏仲	仁斋先生	宁德一都	大冶县丞
陈垲	子爽		侯官	占籍嘉兴。端明殿学士	陈奎	宗斐		莆田	
陈逵	通卿		罗源	楚州知州	陈夔	子谦		长溪	绍兴年间进士
陈煊	孟明		长溪	邵武知军	陈立	礼甫		长乐	进士,特奏名
陈栗	庄叔		长乐	进士	陈谅	友仲		仙游	古田知县、象州知州
陈霖	传叟		晋江	瑞金县尉	陈麟	梦兆		南平	迁居沙县。闽县知县、湖南转运判官
陈宓 (1171—1266)	师复	复斋	莆田白湖	南剑知州	陈谧	静之		宁德	
陈敏	元功		江西石城	江淮都统制	陈蓦	弘远		长乐	宣教郎、福建路主管账司文字
陈模	中行		永春		陈拟	及之		罗源	进士
陈滂	宋霖		古田陈墩	进士	陈朴	端行		永春升平里	
陈朴	叔厚		罗源徐公里	邕管安抚	陈普 (1244—1315)	尚德	惧斋	宁德二十都	主讲建州云庄书院、建阳鳌峰书院等
陈溥	时甫		宁德	泉州通判	陈溥	渊甫		长乐岭南	嘉定十六年进士,兴宁知县
陈起	待问		福清	进士	陈琼	汉琳		河南固始	邵武镇将、兵部尚书
陈容	公储	所翁	长乐西隅	兴化知军、朝散大夫	陈森	愚仲		福清海口	进士
陈善	子兼		罗源	太学录	陈申	从真		长溪	绍定五年进士
陈申	景伯		罗源	进士	陈升	存叔		福安苏阳	
陈时	叔晏		福安	成忠郎,新化尉	陈时	仲晦		福清海口	字一说时晦,潭州通判
陈实	光钟		长乐	进士	陈湜	以陵		福安廉村	江州计议
陈适	正仲		连江	雷州海康县尉	陈枢	周之		长乐三溪	莆田少尹

陈	淑	子嘉		长乐	进士,特奏名	陈	摅	君益		浙江鄞县	将乐知县
陈	丝	子大		福安廉村	从事郎,宁化簿	陈	松	经冬		福清	进士
陈	邰	开叔		永福	进士	陈	汤	池叟		仙游	
陈	绾	士章		永福	进士	陈	绾	正卿		长乐	德庆知州
陈	万	亮功		福清	进士	陈	炜	光仲		莆田	
陈 韡 (1179—1261)		子华		侯官	南剑知州、参知政事	陈	渥	叔阳		福安大梅	江州司法
陈	僖	武仲		福清	温州司户	陈	先	梦得		宁德漳湾	海阳知县
陈	岘	汝仁		长乐仙山	四川制置使	陈	献	翼叟		长乐	进士
陈	澥	桓夫		长乐沙京	字一作比夫、坦夫。广州府推官	陈	昕	子野		福安廉村	修武郎,金州都巡检
陈	雄	淳甫		长溪	淳熙十一年进士	陈	绚	实卿		长乐	增城知县
陈	研	叔几		晋江	临汀知县	陈	野	峒叔		福安	昭州岳山主簿
陈	野	起莘		长乐岱边	进士	陈	晔	日华		侯官	籍贯一作长乐。汀州知州、广东宪使
陈	沂	伯澡	贯斋	仙游	新州推官	陈	以	用享		长乐屿头	进士
陈	亿	则大		福安廉村		陈	义	伯刚		福安	宣教郎,南陵知县
陈	绎	景如		福安大梅	文林郎,临安监仓	陈	奕	伯衍		福安廉村	
陈 翊 (1175—1235)		载物		晋江	户部员外郎	陈	谊	维道		长乐东隅	新班教授
陈	英	羲叟	存斋	宁德		陈	颖	洪卿		长乐沙堤	绍兴二十四年进士,特奏名
陈	颖	奇之		晋江	邕州知州	陈	泳	季汪		长乐江田	江东提举
陈	俞	伯俞		长乐	宝祐四年进士,太学博士	陈	俞	维顺		长乐县东	嘉泰二年进士,太常博士

陈瑜	纯夫		连江	正奏名	陈钰	君实		长乐	建康府学教授
陈预	与几		罗源	进士,教授	陈煜	叔美		福安国泽	建宁路分司
陈煜	知晦		宁德一都		陈渊	似之		长乐岱边	进士,承务郎
陈渊 (1067—1145)	知默、 几叟	默堂	沙县	初名渐。守右 正言	陈元	仁之		长乐文石	政和县尉
陈源	国泽		福安上杭	扬州府教授	陈云	会甫		崇安 石雄里	建宁主簿、汉 阳军法曹
陈赞	成甫		长溪西巷	一作成父,工 部内阁	陈赞	可召		福安	
陈瓒 (1232—1277)	瑟玉		莆田玉湖	殉国	陈璋	君锡		长乐旒山	进士
陈炤	克明		连江	广东路安抚 使、建宁知县	陈肇	宏猷	素轩、 隐冈	漳浦	参知政事
陈畛	景肃		莆田城关		陈缜	师文、 德容		罗源	进士,擢为廷 试第一
陈缜	致公		长乐	进士,特奏名	陈震	省仲		晋江	韶州知州
陈震	魏卿		福清	进士	陈植	梦立	静轩	漳浦	
陈植 (1220—1293)	寝立	玉涧	龙溪		陈址	廉夫		莆田白湖	
陈洙	圣涯		建阳		陈耄	叔翔		福安廉村	
陈庄	周叔		宁德一都	梅州教授	陈准	季平		福安廉村	
陈卓	伯远		福清	进士	陈卓 (1166—1252)	立道		莆田孝义	资政殿学士
陈资	益夫		福安上杭	主簿	陈梓	处恭		瓯宁	宁化知县、南 恩知府
陈梓	国林		罗源	进士,特奏名	陈缵	似公		长乐	两淮运使
陈百昌	汝京		长乐县东	莫德府金判	陈百揆	汝宅		长乐县东	新州教授
陈必敬	乐所		同安阳翟		陈表臣	正甫		永福	宜州知州

陈斌子	令甫		福安廉村		陈伯鼎	元镇		福清	进士
陈伯笺	耆仲		宁德		陈伯震	震之		长乐县东	名一作伯霖。由侯官徙居长乐。广东经略使
陈朝元	元攀		福安茜洋		陈成父	玉汝		宁德	
陈诚伯	伯善		连江	武举人	陈诚一	则明		连江	特奏名
陈诚之	景明		长乐仙山	东宫讲官	陈冲飞	季翼	存轩	仙游	宁德县尉
陈椿寿	子植		安溪		陈聪保	绍善		闽清	
陈从道	由之		闽清	绍兴二十一年进士	陈大方	广少		长乐岱边	新安教授
陈大亨	文通		仙游永兴		陈大年	彦永		仙游	昭州推官
陈大雅	纯德		福清	进士	陈大用	伯行		连江	武举人,运使
陈大章	章之		长溪	嘉定年间进士	陈道曾	端诚		晋江	
陈道夫	子敬		长溪	嘉定年间进士	陈德符	伯厚		浙江宁波	建阳县丞
陈德进	安行		罗源	进士	陈德林	元发		连江	侨寓平江,奉议郎
陈德明	光宗		宁德廿二都	仁和知县	陈德明	昭叟		长乐	进士,特奏名
陈德一	长明	横舟书隐	连江	宜阳知县	陈德豫	子顺		连江	大理寺卿
陈德元	元善		福安廉村		陈端平	君亮		福安廉村	
陈端友	士会		长乐仙山	鄂州司户	陈多福	日升		长乐沙堤	瑞州学正
陈鄂祥	德瑞		宁德	新淦县尉	陈方叔	矩文		连江县西	韶州县尉,朝奉郎
陈逢寅	必发		长乐	浦城主事	陈福龙	景云		闽清	淳祐七年进士

陈辅伯	宗轩		长乐沙堤	兴化知县	陈该一	理正		连江	江宁知县
陈刚翁	维嘉		长乐东隅	南剑知州、朝散大夫	陈刚中	彦柔		闽清	太府寺丞
陈高子	崇良		连江	正奏名	陈公奉	叔璋	竹畦	罗源	进士
陈公亮	钦甫		长乐	进士	陈公烈	炳叔		福安国洋	籍贯一作福安国阳。无为令
陈公荣 (1219—1282)	子华		长乐江田	福清知县,后募兵抗元	陈公显	叔先		罗源	进士
陈公益	谦父		闽县	兵部侍郎兼侍读	陈光大	文甫		连江	特奏名
陈光远	景光		长溪	嘉定年间进士	陈光祖	世德		仙游	广东提刑
陈贵谦	受甫		福清海口	江东提点刑狱	陈贵谊 (1183—1234)	正甫		福清场前	参知政事兼同知枢密院事
陈国弼	汝直		福安茜洋		陈行先	敏成		罗源	新兴知县
陈和仲	平卿		连江	武举人	陈衡之	称卿		长乐岱边	进士,特奏名
陈宏规	献可		龙溪		陈槐卿	怀叔		连江	正奏名
陈晃国	平华		长溪	乾道年间进士	陈徽伯	宗猷		长乐沙堤	连山知县
陈汇夫	君用		福清	进士	陈吉老 (?—1148)	子州		仙游抓桂	扬州安抚使
陈季林	藻之		闽清	嘉定七年进士	陈继祖	公绶		闽县	居古田
陈嘉言	帝俞		怀安		陈嘉猷	道美		闽清	绍兴八年进士
陈荐鱼	处潜		莆田		陈荐子	肖翁		闽清	绍定二年进士
陈鉴明	公明		连江	正奏名	陈觉伯	宗尹		长乐沙堤	福建提刑
陈觉先	次公		长乐	进士,朝散郎	陈景程	季万		宁德	主簿
陈景俊	有卿		长乐三溪	奉直大夫,大理寺少卿	陈景明	仲晦		福清	道州知县

陈景年	道卿		长乐三溪	吏部架阁	陈景仁	春卿		长乐县东	江西安抚司参议
陈景肃	和仲	石屏	漳浦	朝议大夫	陈九龄	彭年		长乐岱边	兴化主簿
陈居仁 (1127—1197)	安行		仙游后坑		陈君宝	良贵		福清	进士
陈君森	叔度		连江	通志作若霖。正奏名	陈俊卿 (1113—1186)	应求		莆田	右仆射同平章事兼枢密使
陈康伯 (1097—1165)	长卿		江西弋阳	泉州知州	陈康嗣	起之		罗源	崇安县丞
陈可行	允功		长乐	进士	陈孔光	德溥		长乐南田	进士
陈孔硕	肤仲、崇清	北山先生	侯官	邵武知县、提举淮东常平、秘阁修撰	陈孔铸	子冶		长乐县东	主簿
陈来麟	邦瑞		沙县	宣武将军	陈立翁	卓父		福清	进士
陈良彪	绰然		长乐麟墩	武状元	陈良骥	千里		长溪	嘉定年间进士
陈龙复	本叔		晋江	福建提刑	陈卯东	文卿		福清	赣州司户
陈茂英	季实		长乐石马	长兴县尉	陈梦发	以道	敬斋	长乐西隅	隆兴府通判
陈梦荐	德馨		连江县西	正奏名	陈梦良	君遂		长乐南田	嘉定十六年进士,特奏名
陈梦良	与叔	乌门先生	长乐桃坑	朱熹弟子	陈梦麟	以仁	松石	长乐西隅	名一作天麟。福建都监
陈梦龄	彭年		长乐县乐	南外宗教授,节度判官	陈梦龙	吉父		长溪	淳祐年间进士
陈梦受	子谦		长溪	淳祐年间进士	陈梦兆	元吉		长乐阳夏	进士,特奏名
陈弥作	季若		闽县	莆田县丞,泉州知州、吏部侍郎兼权尚书	陈明同	师晦		罗源	进士
陈明章	焕然		闽清	绍兴三十年进士	陈明作	用晦		永福	教授
陈能千	勉仲		浦城		陈宁祖	志道		长溪	宝祐年间进士
陈彭年	世长		宁德	进士	陈锜卿	仲玉		连江县西	提举

陈起光	振卿		长乐西隅	进士	陈起困	仪甫		福安廉村	武举正奏名。修武计议
陈千能	择善		长溪	寓居罗源。进士	陈谦厚	叔宾		长乐西隅	进士,特奏名
陈谦老	希吕		松溪		陈求鲁	质甫		浙江乐清	南剑知州
陈去非	子是		福清	进士	陈权叔	懋立		连江	四川茶干
陈人杰 (1218—1243)	刚文	龟峰	长乐	一作陈经国,南宋词人	陈如晦	日昭	六湖	长乐沙堤	福州教授
陈若冲	德用		福清埔尾	广州通判	陈若钰	延甫		福清	漳州金判
陈少皋	舜卿		福清	莆田知县	陈师孔	宝道		永福	进士,迪功郎
陈士楚	英仲		莆田黄石		陈士逢	道夫		长乐屿头	吉水知县
陈士行	君植		长乐	房陵县尉	陈士显	元昭		长乐古隅	进士,特奏名
陈士修	敬卿		长乐仙山	进士	陈仕宏	毅夫		莆田	
陈仕龙	士珍		罗源	进士,特奏名	陈适正	梦良		连江	特奏名
陈叔友	益夫		长乐	兴化军主学	陈舜申	宋谟	高斋	连江西铺	漳浦知县、四川按察使
陈思谦	退之		龙溪		陈思文	公涣		长乐	峡州金判
陈嗣光	朝倚		宁德一都		陈宋烈	鼎卿		长乐	寿州通判
陈宋霖	元雩、元滂		长乐岱边	同安知县	陈所得	子有		福安茜洋	
陈坦然	仲夷		长乐南田	四会知县	陈天瑞	汝嘉		宁德	一名景常。合浦主簿
陈天与	唐德		罗源	进士	陈调一	季顺		连江	新州知州
陈庭芝	延瑞		福清	浙西帐干	陈霆发	汝荣		福安茜洋	原名步圆。武科正奏名
陈万春	东阳		长乐湖南	侍讲。使辽有功,封开国伯	陈万顷	万应		闽清	绍熙四年进士

陈万修	世德		长乐南田	枢密院判	陈王度	宪伯		永福	泉州司法
陈惟月	万里		罗源	绍定五年进士	陈文昌	梦发		古田陈墩	宣教郎,宜黄县县丞
陈文晦	世显	万稼	漳浦	提举	陈文龙 (1232—1277)	君贲	如心	莆田玉湖	
陈文卿	以阳		福安茜洋		陈文新	德益		长乐	进士
陈无咎	必复		永福	淳祐十年进士	陈武子	日文		长乐沙堤	都大提点
陈西应	仲玉		福清	进士	陈希与	贤可		仙游	扬州知州
陈希造	贤御		仙游		陈锡荣	龟明		福安廉村	
陈显伯 (1192—1262)	汝仁、 立夫	竹所	罗源黄重	吏部尚书	陈享运	俊明		仙游	
陈兴龙	云叟		永福	进士	陈秀实	光华		永福	知兴国军
陈言应	景孚		宁德廿二都	广州教授	陈岩石	国傅		福清	太学博士
陈炎子	宗合		长乐岱边	三省架阁	陈彦弼	敏求		浦城	国学博士、朝散大夫
陈尧道	敬之		仙游上巷	右谏议大夫	陈尧卿	寿卿		宁德	文举特奏名
陈尧则	敬千		仙游	吉水知县	陈一清	秀父		罗源	进士
陈一新	又之		永春 始安里	知邵武军	陈仪之	士麟		永福	进士
陈仪子	则与		福安廉村		陈翼之	和卿		长乐岱边	进士,特奏名
陈懿伯	宗彝		长乐岭南	进士,奉议郎	陈英准	子平		福安大梅	江南西路安抚司准备将领
陈应甫	秀正		连江	特奏名,宋室郡驸	陈应恺	焰烈、 善夫	皆元	晋江深沪	
陈应龙	定夫		宁德一都		陈应用	轩伯		连江	丹阳知县
陈应元	季仁		连江崇礼	象山知县	陈用元	景享		长乐	进士

陈有声	广宗		长乐	上高县尉	陈有之	伯有		永福	
陈幼学	行父		连江	端平解元	陈佑孙	佑甫		福清	进士
陈与桂 (1238—1318)	弥芳	水竹	晋江		陈与行	叔逵		罗源	兴化知军
陈聿甫	齐吉		连江	武举人	陈遇明	孟宗		长溪	嘉定四年进士
陈元礼	钦季		福安茜阳		陈元应	景阳		宁德 廿二都	丰州司法参军
陈元裕	德宽		瓯宁		陈长方 (1108—1148)	齐之		长乐岱边	籍贯一作闽 县。东宫讲官
陈昭度	元矩	西轩子	仙游	尤溪主簿	陈哲夫	公辅		长溪	嘉定四年进士
陈振龙	光用		闽清	嘉熙二年进士	陈震起	伯模		宁德	
陈震之	长夫		福清	进士	陈正巳	思立		仙游	
陈之亮	汉杰		仙游	归善主簿	陈知柔 (?—1184)	体仁	休斋 居士	晋江	台州判官
陈知章	华叟		长乐县东	进士	陈执礼	胜非		连江	特奏名
陈志远	毅夫		宁德		陈仲微	致广		江西高安	莆田县尉，署 理莆田县事
陈子常	常翁		仙游		陈子诚	若虚		长乐三溪	直秘阁、朝议 大夫
陈子冲	若仲		长乐县东	进士	陈子冲	致远		福清	中奉大夫
陈子椿	若彭		长乐县东	英德知府，朝 散大夫	陈子炎	若师		长乐三溪	进士,特奏名
陈子绎	若圃		长乐县东	宝庆司理	陈子愚	若愚		长乐三溪	荣道知县
陈子择	庸甫		连江	正奏名	陈子震	东卿		长乐	进士
陈子植	日遂		长乐岭南	著作郎、直华 文阁	陈自得	资之		长乐西隅	进士,特奏名
陈自强	勉之		长乐西隅	右丞相	陈宗度	诚甫		永福	进士

陈宗召	景南		福清海口	工部侍郎	陈总龟	朝瑞		建阳考亭	籍贯一作瓯宁
陈祖尧	述夫		长乐广石	海丰知县	陈佐尧	朝弼		长乐三溪	广州通判
陈作谋	君聪		仙游		程鹗	彦尚		崇安永浆	绍兴二十一年进士
程扩	子充		崇安周村	绍兴十二年进士	程翼	子进		长溪	淳熙二年进士
程垣	务实		龙岩	宋"江湖诗派"诗人	程卓	从元		安徽休宁	泉州知州
程伯荣	良弼		古田		程大昌	泰之		安徽休宁	汀州知州、龙图阁大学士
程汝翼	汝献		连江	施州知州	程若中	宝石		古田	嘉定特奏名
程少壮	景明		宁德		程元鼎	和甫		连江	高州知州
池覆	叔大		闽清	乾道二年进士	池洙	元鲁		闽清	嘉定十三年进士
池光庭	正叔		福安县郭	高州教授	池师鲁	通伯		闽清	宝庆二年进士
储用	行之		晋江	令建阳	戴溪	肖望		浙江永嘉	泉州通判
戴复古	式之	石屏	浙江天台	邵武军教授	戴桂先	昌祚		仙游郊尾	
戴梦中		五郎	南安		邓林	楚材		福清海口	石首县丞
邓肃(1091—1132)	志宏	栟榈	沙县邓墩	左正言	邓驿	千里		沙县	泉州知州、华文阁待制
邓柞	成材		沙县	泉州知州、隆兴知府、江西安抚使	邓邦根	深伯		邵武	直秘阁淮东安抚使兼知扬州
邓景辉	凤明		古田	绍定五年释褐	丁焯	明裕		长乐三溪	进士,特奏名
丁悊	行实		长乐三溪	太常博士	丁似	式翁		长乐三溪	进士,博士
丁尧	复之		崇安	朱熹弟子	丁伯桂	元晖		莆田	
丁亨泰	式国		长乐三溪	进士,特奏名	丁南一	宋杰	斗轩	莆田	

丁尚友	友善		长溪	隆兴元年进士	丁知几	潜仲		龙溪	主簿
董洪	颖实		晋江	太学博士	董居安	子安		松溪	顺昌知县
杜东	晦之		邵武	嘉定七年进士	杜杲 (1173—1248)	子昕		邵武	刑部尚书兼吏部尚书
杜桂	神异		崇安石雄	进士	杜浚	渊卿		浙江黄岩	汀州知州
杜耒	子野		邵武	进士	杜申	景崧		永福霞拔	字一作景嵩。朝奉大夫
杜庶 (1211—1261)	康侯		邵武	两淮制置使、扬州知州	杜颖	清老		邵武	瓯宁知县、户部郎中,提点江西刑狱监司
杜聿	德修		长乐甘墩	瑞安知县	杜辅良	弼老		罗源	进士
段舜咨	尔力		宁德	宝祐四年进士	范机	纯之		河北幽州	怀安县丞、抚州司法参军
范洁	景圭		南平	鄂州知州	范宏忠	伟节		崇安永浆	进士
范念德	伯崇		建阳雉田	宜黄知县。南宋理学家	范如圭 (1102—1160)	伯达		建阳雉田	泉州知州
范如璋	仲达		建阳雉田		范师孔	学可		崇安永浆里	举人
范廷杰	侈卿		长汀	信丰县尉	范寅山	虎臣		建宁	政和教谕
方淙	伯淙		莆田方巷		方符	子约		莆田城关	
方镐	钟京		莆田白杜		方监	需轩		莆田	
方楷	敬则	一轩	莆田寿峰		方扩	端立		莆田方巷	岳州知州
方耒	耕野	困斋	莆田白杜		方霖	潭远		莆田	
方壬	若水		莆田白杜	长泰主簿	方申	若金		莆田	庆元五年进士
方万	盈之		莆田后埭		方沂	伯春		福清	知县
方祐	天贶		莆田		方岳	秋崖		安徽祁门	邵武军知军

方蒙	次云	西轩	莆田白杜	长乐知县	方倍儒 (1177—1222)	孚若		兴化	淮东转运判官
方秉白	直甫	草堂	莆田		方澄孙	蒙仲		莆田	邵武军知军、 秘书丞
方大壮	履之		莆田城内		方阜鸣	子默		莆田	金判
方公权	立道	石岩	莆田城内	咸淳四年进士	方广翁	居之		莆田后塘	
方骥之	德振	文邰	莆田		方克昌	世蕃		莆田方巷	
方克嗣	子长		莆田		方林秀	实公		莆田方巷	
方霖孙	云卿		莆田后隶		方蒙仲	澄孙		莆田	通判
方其义	同甫		莆田后塘		方芹之	子实		莆田白杜	巴陵知县
方汝一	清卿		莆田后塘		方升之	德顺		莆田	仁和知县
方实孙	端仲		莆田		方士端 (1126—1170)	德明		莆田	同安主簿
方士繇	伯谟	远庵	莆田白杜	朱熹弟子	方闻一	敬元		莆田	
方武子	景绚		莆田	象州法曹	方演孙	景行	常斋	莆田后塘	大司农卿
方元钧	儒洪		莆田		方元寀	道辅		莆田	威武军节度推 官
方之泰	严仲		莆田	袁州通判	冯典	盛甫		长乐	进士,特奏名
冯钦	龚仲		福清	字一作袭仲, 司理	冯祐	景和		永福	进士
冯安国	彦修		顺昌		冯端荣	景庄		福清	崇安知县
冯梦得	初心		将乐	礼部尚书	冯三杰	汉英		永福	汀州录事
冯腾茂	实大		永福	宝祐四年进士	冯允中	作肃		邵武	
傅诚	叔汶		永春		傅诚	至叔	雪涧 闲翁	仙游	太常博士

傅共	洪甫		仙游	增城知县	傅康	仲良、仲孚		晋江	古田知县
傅烈	承仲		晋江永宁	保昌知县	傅蒙	景初	与轩	仙游	
傅淇	元瞻		仙游	泉州知州	傅汶	元鲁		仙游	将乐知县、德庆知府
傅諴	友叔		仙游赖店	尚左郎,奉旨出使金国	傅雍	仲珍		晋江	大理寺丞
傅佇 (? —1148)	凝远		仙游孝仁	晋江知县、南剑州通判	傅伯成 (1143—1226)	景初	竹隐	晋江	晋江知县、宝谟阁直学士
傅大声	仲广		仙游	循州通判	傅天骥	君遇		晋江永宁	
傅孝明	起敬		仙游		傅一新	孟时		仙游	
傅自得 (1116—1183)	安道		晋江	一作 1116—1177。漳州知府	傅自修	勤道		晋江	直宝文阁
高登 (1104—1148)	彦先	东溪	漳浦九都		高葵	舜功		长乐	进士,特奏名
高禾	隶叔		南安		高禾	永叔		晋江	知惠州
高铤	居仁		福鼎	两浙盐运司金同	高仪	子观		福鼎	
高经	以正		连江	武举人	高烈	和甫		福清	德安教谕
高龄	德一		福鼎	信州尹	高迁	景善		福鼎	山西宣尉使
高仁	克慈		长乐后澳	翰林学士	高融	光仲		福鼎	一作光中。衡州司户参军
高松	国楹		福鼎桐山	台州教授	高崲	子云	容斋	福鼎	秘书省著作郎
高谈	景遂		光泽县治		高霆	文秀		福清	进士
高霆	正武		长乐屿头	又名廷震。江西提刑	高颐	元龄		宁德一都	东安知县
高应	和伯		宁德一都		高沄	伯远		福清	潮州府教授
高矗	浚文		福鼎	南宋宝庆进士	高转	汝聘		长乐流水	进士

高 壮	士行		长乐后澳	衢州推官	高 准	平一		宁德	以舍选升国学
高伯埧	汝谐	愚斋	宁德	漕举免解	高处仁	知夫		宁德	宿松知县
高衡夫	正叔		福清	知县	高洪宗	希鲁		长乐流水	进士
高焕章	平叔		长乐	四会主簿	高建翁	君立		福清海口	进士
高景明	孔熹		福鼎	青田知县	高梦月	惟明		连江横槎	太常少卿、吏部郎中
高南寿	景仁		福清	奉新知县	高天禧	景福		长乐后澳	绍兴二年应辞学兼茂科,教授
高文章	以文		长乐后澳	莆田主簿	高应松	篑亩		长乐屿头	端明殿学士、签书枢密院事
高元弼	世翰		长乐后澳	秘书阁校理	高元康	世宁		长乐后澳	左司谏
高元翁	世永		长乐后澳	长乐知县	高元裕	师渊		长乐	进士,特奏名
高元云	世龙		长乐后澳	舒州刺史	高子升	子云		古田	朝请郎
高宗弼	昭可		福鼎	庆远知府	葛绯	伯远		福安大梅	
葛 炎	明发		福安大梅	泰州支盐	葛崇节	陶翁		闽清	嘉定十六年进士
葛从龙	泽之		闽清	开禧元年进士	葛延年	少格		闽清	绍兴五年进士
葛有成	可文		闽清	绍熙元年特奏名	葛有兴	可大		闽清	淳熙八年进士
龚 丘	思孔		邵武	军器使,守安丰	龚 郏	昙伯	南峰	宁德埔原	特奏名
龚定之	匡国		邵武	翰林侍讲	龚老行	伯美		邵武	衡州通判
龚茂良 (1121—1178)	实之		莆田龚屯		龚梅卿	逢辰		宁德七都	广州通判,后遂家广州
龚日孜	子修		莆田龚屯		顾孺履	君谋		莆田城郊	
关 嵲	仲山		浙江临海	建阳知县	郭 岊	敬卿		长乐郭坑	进士,特奏名

郭钰	国石		永福	宝祐四年进士	郭峇	伯乔		长乐郭坑	进士
郭陈庚	子长		福清	进士	郭德麟	邦瑞、应之		浦城	侯官县尉、宗正少卿
郭拱辰	叔瞻		邵武	工写真	郭拱龙	秀卿		福清	进士
郭汝贤	舜卿		浦城	籍贯一作建安。福清知县、兴化军通判、琼州知州	郭时中	俊甫		福清	进士
郭廷炜	景文		莆田魏塘		郭岩隐	石庵		同安郭山	广东节度使
郭义重	处仁		莆田魏塘	德庆州录事参军	郭正子	养正	存斋先生	长乐郭坑	廉州教授
郭忠顺	移可		浦城	奉化知县	郭子力	景行		仙游大蜚山	漳州通判
郭宗仪	正夫		长溪	嘉定十三年进士	韩习	胜非		河南颍昌	泉州知府,秩满寓泉州
韩必大	万卿		长溪	隆兴元年进士	韩伯修	子长		长溪梅洋	刺史
韩成章	景达		永福	从政郎	韩梦说	惟肖		永福	进士
韩尚炫	元明		宁德		韩元吉(1118—1187)	无咎	南涧	开封雍丘	建宁知府
何兑	太和	龟津	邵武	辰州通判	何镐	叔京		邵武	善化知县
何圭	公瑞		罗源	进士	何灏	明仲		崇安上梅	绍兴五年进士
何纮	文伯		浙江永嘉	兴化军知军	何谦	光叔	我轩	莆田	
何时	了翁		江西乐安	南平抗元身亡	何述	明道		浦城	知永兴军
何万	一之		福清	籍贯一作长乐。朝请大夫	何佾	德献		古田龙泉	经略安抚广西西路
何昌邦	问卿		崇安上梅	绍兴十八年进士	何昌世	正卿		崇安上梅	台州司理、大理寺丞、司农少卿
何既济	通甫		福安十八都	湘乡县丞	何孟文	梦章		长乐	进士,特奏名

何梦益	谦叔		长乐	进士,特奏名	何善甄	和甫		长乐	进士,特奏名
何守约	宗臣		永福	进士	何应酉	方卿		罗源	德安知府
何元泽	景润		崇安下梅	进士	何致知	致学		宁德	改名士龙
洪璞	叔玉		浙江淳安	邵武军通判	洪德章	岩虎	吾圃	莆田南匿	
洪清臣	直侯		长溪城关	建炎二年进士	洪天赋	亡从		仙游	
洪天骥	逸仲		晋江	建宁县尉、潮州知州	洪天锡 (1202—1267)	君畴	裕昆、阳岩	晋江安仁	
侯国	千里		连江	正奏名	侯瑀		玉峰	南安	
胡宾	广仲		崇安	灵山主簿	胡淡	凝初		安溪崇信里	
胡宏 (1102—1161)	仁仲	五峰	崇安五夫里	以荫补右承奉郎,不赴	胡珵	朝器		崇安将村	绍兴五年进士
胡宁 (1105—?)	和仲		崇安	胡安国子	胡铨 (1102—1180)	邦衡	澹庵	江西庐陵	德化知县
胡大时	季随		崇安		胡大正	伯诚		崇安	通判
胡似翁	仲相		安溪崇信里		胡翔卿	仲集		崇安黄柏里	横州判官
胡元充	仲柏		安溪崇信里		黄艾	伯耆		莆田阳驿	刑部侍郎
黄备	仲该		罗源	进士	黄补	季全	吾轩	莆田	高要县尉
黄崇	宗道		罗源	上杭知县	黄刍	季野		莆田	
黄旦	叔升		长乐西村	进士	黄定 (1130—1198)	泰之		福清一都	籍贯一作永福龟岭。潮州知州
黄东	仁卿		长乐	乐安知县	黄度	持卿		宁德	合肥知县
黄端	秉彝		莆田		黄丰	元式		永春	知兴化军
黄辅	仲卿			隐居浯洲	黄黼	元章		莆田	

黄 复	乾叟		沙县	居永福。兴化县知县	黄 概	宗节		福州半山	文举特奏
黄 干	尚质		福安阳头		黄 榦 (1152—1221)	直卿	勉斋	长乐青山下	临川知县。朱熹弟子
黄 纲	尧举		罗源	进士	黄 杲	升卿		长乐	提刑司检法
黄 桂	云卿		长乐富山	太常卿	黄 果	升卿		长乐青山下	提刑司检法
黄 浩	直甫		永福	淳熙武举人	黄 衡	平甫		永福	
黄 衡	平国		浦城	汀州推官、秘书省校书郎	黄 宏	达之		永福	进士
黄 槐	公应		罗源	广东提举	黄 锾	用和		浦城	江西提点刑狱
黄 涣	德亨		光泽游塘	知岳州军	黄 涣	子达		闽清	嘉熙二年进士
黄 绩	德远		莆田	陈宓弟子	黄 勖	定功		宁德	荔浦县尉
黄 甲	仁叔		永福	绍熙进士,县丞	黄 鉴	景明		长溪	嘉定十年进士
黄 玠	宜父		闽清	嘉熙二年进士	黄 瑾	子周		闽清	淳熙八年进士
黄 静	安仁		浦城		黄 钧	均国		福清	吉州通判
黄 阆	叔高		永福		黄 撰	端甫		永福	籍贯一作三山。尤溪知县
黄 夔	一之		晋江	知贵、郁林、宜等州	黄 廓	大器		仙游	
黄 涞	惟远		罗源	进士,奉议郎	黄 丰	文中		福安东塾	
黄 岂	季立		长乐	潭州金判	黄 烈	辉道		长汀	侯官县丞、仙游知县
黄 榆 (1126—1202)	公择		罗源	太常卿	黄 犖	子迈		江西分宜	连城知县
黄 履	子卿		长溪	嘉定十三年进士	黄 谧	子靖		永福	潮州教授
黄 朴	文卿		龙溪		黄 祁	季友		永福	嘉定十三年进士

黄杞	景华		龙溪	宁化县尉、浦城知县	黄荣	素甫		邵武	工部员外郎
黄洽 (1122—1200)	德润		福清	太常丞	黄谦	德柄		光泽	游朱子之门
黄潜	浩之		宁化	番禺县尉	黄钦	叔若		罗源	进士,奉议郎
黄容	钦之		永福	进士	黄裳	元吉		宁德金垂	
黄时	景仁		宁德七都	武举正奏名	黄实	右之		永福	字一作方之。汀州知州
黄适	德夫		晋江	守新州	黄守	问之		福清	籍贯一作永福。永州教授
黄枢	知遇		宁德务本		黄硕	兴周		浦城	镇南军签判
黄唐	雍甫		闽清	考功郎	黄涛	源长		永福白云	吉州知州
黄童	士季		莆田东里		黄万	成大		罗源	进士
黄伟	维之、叔张	竹坡居士	永春	江西提学	黄沃	澹斋		莆田城内	
黄熙	敬之		宁化	饶州录事参军	黄相	周士		长溪	丽水知县
黄信	子厚		连江	正奏名	黄修	诚之	南涧	罗源	宝庆府通判
黄序	子申		罗源东隅	兵部侍郎	黄瑄	汉珍		罗源	衡州判官
黄演	耕乐		南平		黄宜	义甫		长乐	进士,宗学博士
黄奕	子安		长溪	淳熙十一年进士	黄逸	德俊		晋江	字一作德后
黄毅	德隽		永福	钦州通判	黄翼	子羽		福安顶头	南城尉
黄寅	直翁		邵武	姓名一作叶寅。朱熹弟子	黄颖	德群		永福	靖康元年州举
黄颖	士奇		永福	嘉熙进士,司农丞	黄庸	功父		闽清	开禧元年举人
黄雍	子劭、子邵	敬所	永福新丰里		黄镛 (1230—1300)	器之		莆田黄巷	知枢密院事

黄俞	尧咨		罗源	曹州教授	黄与	与之		永福	名一作与嘉。泉州教授
黄瑀 (1106—1168)	德藻		长乐 青山下	漳州知州	黄通	景声	熙堂 野老	邵武	建宁知府、江南西路提点刑狱
黄困	义夫		长溪	淳祐元年进士	黄渊	伯定		宁德	殿前副将
黄岳	鲁瞻		永福	进士	黄阅	叔高		永福	进士
黄鉞	子授		宁德	邵阳县尉	黄㰟	公材		罗源	平阳知县
黄章	元吉		长溪	万安知军	黄昭	惟明、 恪溪		长乐 青山下	
黄缜	德玉		莆田前埭		黄质	群之		福安坂头	
黄中 (1096—1180)	通老		邵武	龙图阁学士	黄中	文仲		莆田	
黄钟	器之	定斋	仙游	漳州府录事参军	黄宙	由仲		晋江	
黄铢 (1131—1199)	子厚		崇安五夫	徙居浦城。朱熹弟子	黄卓	德美		南平	
黄擎	晞舜		闽清	嘉定十年进士	黄安之	仁父、 仁甫		永福	嘉兴察推
黄邦俊	宋英		永福	大理寺丞、英州知州	黄必昌	景甫、 景文		晋江	循州通判
黄必大	方仲		永福	宝祐四年进士	黄伯固	德常		将乐	兵部侍郎
黄不欺	英甫		罗源	进士	黄昌辰	明时		宁德	鄂州都司参议
黄超叔	颖叟		宁德	辰州知州	黄朝宗	海臣		永福	淳祐十年进士
黄潮东	东海		永福	进士	黄大声	特才		将乐	
黄斗南	陶仲		永福	淳熙进士	黄方开	必先		永福	从政郎
黄非熊	仲熊		莆田		黄逢时	公节		福安大梅	嘉兴主簿
黄肤卿	必大		连江 安德里		黄辅之	成德		永福	舒州通判

黄公定	泰卿		连江安德里	特奏名	黄公度(1109—1156)	师宪		莆田	尚书考功员外郎
黄公槐	仲美		永福	海丰知县	黄公权	子文		连江安德里	仁光县尉
黄公绍	直翁		邵武	咸淳元年进士	黄公廙	恭民		古田水口	进士
黄龚甫	如龙		连江安德里	特奏名	黄龟年(1083—1145)	德邵、子绍		永福麟峰	起居舍人兼给事中
黄景师	自得		福安坂头		黄景说	岩老		闽清	乾道五年进士
黄居正	真翁		长溪	绍定五年进士	黄康国	必济		古田水口	松溪主簿
黄克昌	师言		罗源	朝请大夫	黄克仁	己任		光泽	历知真州、化州、雷州
黄克绍	立卿		罗源	举人，知县	黄宽老	汉卿		福清	南剑州司理
黄良翁	惟贤		永福	宝祐四年进士	黄林耸	文叔		永福	籍贯一作长乐。嘉定十三年进士
黄履翁	吉甫	西峰	宁德六都	进士	黄茂材	少誉		连江安德里	袁州知州
黄孟容	景和		罗源	举人，朝议大夫	黄孟先	景初		罗源	广东提举
黄孟永	景芳		罗源	惠州知州	黄梦高	宗甫		永福	进士
黄梦鉴	景文		宁德		黄梦雷	震夫		宁德	进士
黄梦颖	秀实		罗源	法曹参军	黄梦攸	伯荀		福安阳头	
黄沐之	士澄		福鼎	丽水知县	黄南叔	叔柔		永福	象州知州
黄攀龙	魁甫		永福	进士	黄朋举	无党		福清	进士
黄起硕	肤叔		永福	进士	黄起渭	滨叔		永福	富阳知县
黄起宗	升之		永泰	籍贯一作闽清。四会知县	黄千钧	和叟		长乐	进士
黄千里	及之		永福	建阳知县	黄潜善(1078—1130)	茂和		邵武	左仆射兼门下侍郎

黄乔翼	善甫		永福	仙游知县	黄仁荣	择之		浦城	赣州知州
黄如文	元振		长乐	乾道二年武进士	黄若凤	仲父		永福	进士
黄三凤	焕卿		永福	迪功郎	黄商楫	筑翁		安溪长泰里	顺昌主簿
黄申孙	子植		安溪长泰里		黄师参	子鲁		闽清	嘉定十三年进士
黄师尹	瞻叔		永福	进士	黄师雍	子敬		闽清	邵武知军、礼部侍郎
黄石孙	宗略		宁德	高邮知军	黄时中		竹坡先生		古田知县
黄士礼	仲宜		罗源	进士	黄士清	仲通		罗源	贺州安抚
黄士特	仲谊		罗源	镇江倅	黄士毅	子洪	壶山	莆田	朱熹弟子
黄世昌	纯斯		永福	绍兴进士	黄顺卿	文遇		连江安德里	迪功郎
黄顺卿	英伯		长乐富山	主管官诰院	黄舜俞	咨之		闽清	宋绍熙元年上舍释褐
黄诡浼	仲宜		罗源	进士	黄宋翰	元英		长乐	封州通判
黄宋疆	恭叔		宁德	殿前司副将	黄宋隆	国卿		将乐	金判
黄宋兴	贡之		崇安下梅	开禧元年进士	黄宋英	子有		宁德	池州计议
黄棠荣	季儒		宁德		黄体仁	景从		宁德	
黄万顷	景度		同安金柄		黄万石	万卿		长乐	淳熙八年武进士
黄惟则	定国		罗源	福建路提举	黄文度	万顷		永福	试中教官
黄文羽	守冲		罗源	进士,特奏名	黄希文	梦章		长乐江田	湖广提刑司检法
黄孝恭	令裕		邵武		黄学皋	习之		龙溪	
黄学行	上文		惠安	教授	黄亚仲	几叟		永福	迪功郎

黄岩孙	景傅	苍磬	惠安	尤溪知县、福州通判	黄岩肖	传朋		福清	进士
黄颜荣	全仁		福清	进士,太常寺太祝	黄彦辉	如晦		莆田筱塘	同安知县、潮州通判
黄一震	声通		连江	正奏名	黄移忠	孝可		宁德	太平州教授
黄彝行	用之		浦城	左武卫将军,知贵州	黄以宁	宗一		永春	
黄以翼	宗台		永春		黄应辰	应之	居斋	宁德	
黄应雷	叔震		罗源	进士,特奏名,知府	黄应龙	顺卿		罗源	进士,特奏名
黄应南	南仲		泰宁	湖广提刑、江浙提刑	黄永存	坚叟		邵武	温州知州、正议大夫
黄用宾	宗孟		长乐青山下	龙溪县尉	黄元素	仲礼		古田	文举特奏
黄允升	晋之		宁化	会昌知县	黄昭武	世忠		邵武	徙居瓯宁
黄振龙	仲玉		闽县	黄榦弟子	黄之望	子万		连江	奉议郎
黄志召	宗周		连江	特奏名	黄致一	通甫		长溪	淳熙十四年进士
黄中立	少度、无立		永福	德庆府通判	黄子游	叔偃		浦城	池州知州
黄子张	调叔		长溪	隆兴元年进士	黄自诚	孚叟		永福	台州宁海县尉
黄自牧	谦叟		永福	淳熙太学生	黄自求	熙叟		永福	潮州知州
黄自然	元辅		瓯宁	吏部侍郎	黄祖舜 (?—1165)	继道	巩溪宫人	福清东瀚	衢州教授、潭州知州
黄作宾	祖嘉	寅轩	闽清	太学生	季　陵	延仲		邵武	广东经略使
暨春隆	云祥		崇安黄柏	进士	江　点	德兴		崇安丰阳里	郓州录参、汉阳签判
江　东	景春		泰宁	绍定辛卯举人	江　符	德美		建安	一名献可
江　灏 (1100—1165)	良弼		崇安丰阳里	南康知军,郴州、象州知州	江　鈇	贵叔		崇安丰阳里	举人

江己	巽伯		崇安丰阳里	沙县知县	江明	清卿		建阳	
江默	德功、德公		崇安丰阳里	光泽、建宁知县	江镕	成叔		崇安丰阳里	福清知县
江润	九龄		泰宁	朝散大夫	江史	梦良		崇安五夫里	袁泰等郡学官
江鐩	华叔		崇安丰阳里	民国《泰宁县志》名作燧。泰宁知县、临安察判	江埙	叔文		崇安丰阳里	永平知县、靖州通判、南平知军
江寅	公亮		崇安丰阳里	谷城、丽水、庐陵知县,武安军节度堂书记	江璋	景贤		泰宁	建炎己酉举人
江安正	元忠		泰宁	郴州知州	江安止	元静		建州	丽水知县
江伯虎	君用		永福	进士	江伯夔	君俞		永福	淳熙武举人
江成之	文屺		泰宁	庆元乙卯举人	江斗祥	南一		泰宁	湖南到襄州别驾
江敬之	文初		泰宁	无为知州	江梦许	可宗		泰宁	庆元戊午举人
江司直	惟清		永福	萍乡知县	江廷宝	子卿		泰宁	
江廷宾	虞卿		泰宁	清流知县	江廷俨	国钦		泰宁	秘书省校书
江文龙	公佐		崇安豊阳	端平二年进士	江文叔	清卿		侯官	初名澄。雄州教授
江无外		空空子	崇安		江中携	持国		泰宁	东上阁门使
姜必大	信之		连江	知万安军	姜大中	叔权	枫林先生	长乐枫林	朱熹弟子
姜师恪	叔和		长乐枫林	进士,特奏名	姜特立	邦杰		浙江丽水	福建路兵马都监
蒋衡	叔平		长溪	开禧元年进士,知淳安县	蒋沂	子举		仙游	以朝奉郎充持书金国军前副使
蒋雍	元肃	朴斋	仙游	泉州教授	蒋逢午	君遇		古田	潮州尉
蒋具赡	德敬		福鼎	守府主簿	蒋康国	彦礼		古田	饶州司法、从政郎

姓名	字	号	籍贯	官职/备注	姓名	字	号	籍贯	官职/备注
蒋有秋	力父		仙游	永春知县	金邦彦	叔恢		古田	文举特奏
康 庶	达先		龙溪		康梦庚	景长		莆田	
康维新	元鼎		福安穆阳		康执权	伯可		长溪	龙图阁直学士
柯 葆	景光		永福	字一作景先。通直郎	柯 逢	君时		永福	进士
柯 垓	经甫		永福	嘉定十年进士	柯 翰 (1116—1177)	国材		同安后柯	与朱熹相交甚深
柯 适	君正		永福	漳州通判	柯 熙	嘉仲		永福	进士,成忠郎
柯才耸	雅才		永福	德化主簿	柯立义	方叔	正夫	莆田	
柯梦得	东海	抱瓮翁	莆田柯山	嘉定七年特奏名	柯南起	时泰	览山	同安后柯	将乐知县
柯宋英	子飞		晋江	梅州知州	柯万卿	通老		永福	知县
柯知彰	冲晦		南安	通判	赖 绖	冕仲		清流坊郭里	籍贯一作归化东坑。清远军节度使判官
赖 均	仲秉		邵武		赖梦铃	有声		宁德一都	南海知县
蓝斗南	大临		连江龙西	贵溪知县	雷觉民	漳道		漳浦	县尉
李 昂	圭仲		福清	长兴知县	李 贲	梦实		长乐	进士
李 弼	宗传		古田	汀州推官	李 斌	允夫		古田	泉州教谕
李 材	少中		福清	吉州教授	李 寀	亮卿		浦城	广西路提点刑狱
李 訧	诚之	曜庵	晋江	兵部侍郎	李 冲	元翁		将乐	绍兴二十七年进士
李 冲	道卿		侯官	浙东路提点刑狱、国子学录	李 萃	商佐		崇安丰阳	绍定二年进士
李 鼎	文瑞		长乐仙山	龙溪知县	李 东	子贤		邵武	庐陵主簿、万安知县
李 侗 (1093—1163)	愿中		南平樟树	罗从彦弟子,理学家	李 杜	元白	枣坡居士	建宁	工诗词

李 纲 (1083—1140)	伯纪	梁溪 居士	邵武	寓居泰宁,晚 居福州。知枢 密院事	李 光	泰发		浙江上虞	监汀州酒税, 参知政事
李 过	季辩		莆田		李 华	宝夫		崇安 建平里	汀州知州、知 潭州兼湖南安 抚使
李 焕	观复		长溪	隆兴元年进士	李 晦	隐甫		长乐	
李 机	文伯		崇安建平	开禧元年进士	李 贾	友山	月洲	光泽	工诗
李 鉴	汝明	一斋	宁德峬原	广东提举	李 角	定国		长乐	潮州通判
李 阶	晋祖		光泽	字一作进祖。 代理临安府比 较务	李 纮	世美		晋江	提举
李 吕 (1122—1198)	滨老、 东老	澹轩	光泽		李 芘	绩仁		闽县	提点福建刑 狱、左中奉大 夫
李 岐	稚山		崇安 建平里	南雄知州	李 琪	孟开		连江	
李 苣	文仲		崇安 建平里	进士	李 任	之远		连江	朝请郎
李 韶 (1177—1251)	元善	竹湖	江苏吴县	安溪巡检	李 沈 (1144—1220)	诚之	山泽 道人	晋江	户部侍郎
李 櫜	侍中		连江	正奏名	李 修	之永		江西临川	尤溪知县
李 迅	嗣立		晋江		李 彛 (1110—1178)	季纯		崇安 建平里	连城知县
李 谊	仲谐		崇安 永浆里	司理参军	李 颙	世举		罗源	迪功郎
李 郁 (1086—1150)	光祖	西山 先生	光泽乌洲	福建安抚司主 管机宜文字	李 遇	用之	洞斋	侯官	广南东路转运 判官
李 则	康成		龙溪		李 中	叔初、 则之		长乐	进士
李 左	太初		将乐		李安期	泰伯		建宁	
李伯屺	景叔		永福	进士	李丑父	艮翁		莆田北郊	提举湖南常平 义仓
李纯德 (1073—1135)	得之		光泽	绍兴五年特奏 名	李次辰	拱之		莆田	穆宗院教授
李从礼	勉仲		建阳		李大训	君序		侯官	安远知县

姓名	字	号	籍贯	官职	姓名	字	号	籍贯	官职
李大正	正之		建安	知南安军	李方子	公晦	果斋	光泽乌洲	泉州观察推官、辰州通判
李公简	孟章、龙田		长乐魁山下	象山知县	李公伉	清父		长乐沙京	一作闽县。广东提学道
李公篇	孟律、凤岐		长乐魁山下	福清学正	李广文	梦授		古田	浦城令、通仕郎、朝散大夫
李国梁	子举		连江	正奏名	李闳祖	守约、绚斋		光泽	古田知县
李君怀	贞孚	忆园	同安仙店		李俊甫	幼杰		莆田龙坡	
李昂英	俊明		广东番禺	汀州推官,直秘阁兼侍讲	李梦犇	丑父		古田	进士
李弥逊 (1085—1153)	似之	筠西翁、筠溪居士、筠溪现士、筠溪真隐	连江	教授	李勉耘	幼学		长乐岱边	进士
李宁之	道夫		连江	韶州知州	李起渭	肖望		侯官	安丰知县
李谦之	伯禄		连江	特奏名,铨试第一	李汝明	吉甫		长江	原籍山东济南,发解本省中第。连州司法参军
李润之	福德		长溪	嘉定十年进士	李少英	仲明		连江	萧山县尉
李莘起	梦求		古田	特奏名	李嵩奇	山立		长乐	进士,特奏名
李泰来	成甫		连江	特奏名,太学奏名第一	李唐英	元卿		古田	高州司理参军、泰宁主簿
李唐咨	尧卿		龙溪		李体学	君畴		古田	潮州司户
李文会	端友		惠安小岞	知成都府	李文子	公谨	湛溪	光泽	历知绵、阆、潼等州,大府寺丞
李先登	子云		连江	武举人	李献明	梦良		崇安节和	隆兴元年进士
李相祖	时可		光泽	朱熹弟子	李兴时	叔起		宁德安乐	知南雄军

李岩起	应求	休庵	古田	政和尉、池州总干	李颖士	茂实		浦城	刑部郎中
李应辰	震卿		宁德	县主簿	李友谅	信甫、诚父		南平	衢州知州
李友文	仁可		仙游		李元礼	安卿		福清	同安知县
李元誉	子贞		古田		李仲光	景温		崇安永浆里	
李周翰	申甫		福清	青阳知县	李壮祖	处谦		光泽	闽清县尉
李子圆	含方、含芳		连城		力起	振之		古田	处州倅
连崧	嵩卿		邵武		连骧	起仲		宁德	武举正奏名
连三益	叔友		安溪崇善里	知沙县	连文凤 (1240—?)	伯正	应山	闽县	
练绘	质夫		浦城	进士	梁发	亨甫		永福	湘阴知县
梁京	景大		永福	进士	梁录	廷坚		浙江缙云	兴化知县
梁璖	文叔		邵武	朱熹弟子	梁成大	谦之		闽县	南宋宰相
梁刚中	应叔		宁德	嘉定十三年进士	梁龟年	永之		长汀	工词赋
梁克家 (1128—1187)	叔子		晋江	籍贯一作泉州东街	梁汝昌	大任		永福	莆田县尉
梁廷兰	馨甫		永福	进士	梁岩老	允济		永福	初名汝霖。泉州知州
梁应庚	本仁	止堂	闽县	武平主簿	梁子强	庄叔		永福	奉议郎
梁子张	振叔		永福	建宁教授	廖刚 (1070—1143)	用中	高峰	顺昌蛟溪	兴化知军、漳州知州、工部尚书
廖技	又起	北郭先生	沙县		廖邦杰	怀英		顺昌	建宁知军,代理邵武知军
廖伯宪	梦先		顺昌	推院提举	廖德明	子晦	槎溪先生	顺昌	莆田知县、浔州知州
廖复之	仁敬		建宁长吉	陵水教谕,代理宜昌州判	廖叔政	正臣	晋江		

廖莹中 (1259—?)	群玉	药洲	邵武		林 昂	敷卿		连江	正奏名
林 扴	叔通		连江	从事郎	林 彪	叔武		长溪赤岸	嵊县令
林 彬	用中		宁德	知南康军	林 丙	德昭		宁德	
林 丙	晦卿		福清	知县	林 昺	森甫		永福	进士
林 昺	申卿		长乐	进士,特奏名	林 礴	岂渔		仙游	嘉定十三年进士
林 采	伯玉		侯官	遂昌知县	林 采	国和		长乐后山	兵部尚书,礼部侍郎
林 彩	彦礼		长乐沙堤	泰宁主簿兼金厅事官	林 敞	颐昭		侯官	进士
林 绰	俊之		福清	进士	林 称	子实		福清	平阳知县
林 冲	和之		福安东庄	名一作沖。籍贯一作福安东昆。池州运司干办	林 冲	通卿、澹叔	云岫	侯官	将乐知县
林 畴	用锡		福清	进士	林 淳	质甫		长溪赤岸	隆兴元年进士
林 鐏	仲和		连江上里	曲江县尉	林 从	昭夫		长乐东林	长泰主簿
林 存	以道		闽县	真德秀弟子,中书舍人	林 登	子山		福清	岑溪知县
林 棣	子华		福清	晋江知县	林 栋	用可	松湖	莆田后埭	
林 敦	颐可		侯官	进士	林 藩	厚甫		福清海口	进士
林 籔	元亨		崇安永浆	淳熙二年进士	林 概	元公		长乐阜山	钦州沿海巡简
林 杆	廷植		晋江	教授	林 畊	耕叟	尚斋	侯官	太常寺主簿
林 谷	声之	介庵	晋江	潮州通判	林 圭	介卿		福清	嘉定十年进士,朝请郎
林 圭	子南		福清	咸淳元年进士	林 龟	先知		长乐岱边	知监

林 璟	景温		福清	天章阁直学士	林 果	明叔		福清	大理寺寺丞
林 沇	季初		长乐新宅	湖广经略司机密文学	林 浩	季直		长乐新宅	嘉定元年进士
林 浩	景大、叔广		长乐岱边	庆元五年进士,漳州推官	林 洪	龙落	可山人	泉州	
林 洪	梦屏		莆田		林 虎	伯威		长溪赤岸	知宝昌县
林 琥	君玉		福清	进士	林 护	汝益		福清	进士
林 黄	中行		莆田崇乐		林 黄	中有		福清	进士
林 扬	季谦	芹斋	连江	籍贯一作福清。礼部郎中	林 获	诚身		福清	梅州知州
林 枅	子方		莆田乌石山		林 济	子集		福清	进士
林 骥	彦著		长乐沙堤	名一作天骥,名又作天骐。泉州监税	林 浹	少纬		连江	忠州文学
林 鉴	岂尘		长乐沙堤	晋江县尉、临安录事参军	林 堦	舜咨		长乐小祉	英德府教授
林 嵒 (1168—1249)	仲山	苍林子	长乐沙堤	漳州知州	林 窠	我有		长乐书堂	进士
林 介	几叟		福清渔溪	知府	林 玠	介玉		福清	新州教授
林 嶓	季山		长乐沙堤	长泰尉、泉州市舶干官、汀州府推官	林 璟	景宋		福清音西	靖安知县
林 坰	之野		福安丁庄	永康尉	林 駉	德颂		宁德闽坑	
林 迥	子山	南华翁	罗源	金华主簿	林 桷	景实		长溪赤岸	绍兴二十一年进士
林 桷	子长		福清	淮南曹	林 澧	同叔		仙游	崇安知县
林 励	勉夫		长乐	广州教授	林 隶	子华		长溪	晋江知县
林 栗	黄中、宽夫		长乐东林	寄籍福清,兵部侍郎	林 良	世英		长溪	知南剑州
林 懋	积甫		福清	进士	林 敏	德辉		连江	太学上舍

林敏	颐谨		侯官	进士	林敏	正父		古田	进士
林谟	丕显		连江		林牧	颐抚		侯官	运干
林睦	世和		长乐屿头	赣州路户曹参军	林萧	伯和		浙江黄岩	侯官知县
林磐	定国		兴化义门		林辟	伯宽		长乐屿头	嘉定十三年进士,特奏名
林辟	伯启		长乐屿头	庆元二年进士,邵武军教授	林圃	伯农		福清海口	进士
林琪	粹甫		连江	新化知县	林企	望之		长溪赤岸	嘉熙二年进士
林杞	意仲		福清	天台县丞	林洽	季善		长乐	名一作公洽,迪功郎
林乾	克勤		漳浦	户部主事	林任	义夫		福清	贵州推官
林蓉	声之		永福		林溶	伯华		长乐	籍贯安庆府。进士
林森	子林		古田	进士	林申	伯汗		福清海口	两浙运判
林晟	文明		宁德	湖广经略	林湜(1132—1202)	正甫		长溪赤岸	晋江知县
林寿	世龄		长乐	御史中丞	林枢	桷之		福清	进士
林嵩	汝岳		福清	两浙运干	林肃	恭之		仙游	临安教授
林粟	宽夫		福清融城	兵部侍郎	林戴	颐振		侯官	将仕郎
林镗	时大		长乐沙堤	平江府通判、大理寺簿	林同	季野		长溪赤岸	绍兴二十四年进士
林同	之野		福安东昆		林彖	商卿	萍斋	仙游	
林焞	炳叔		宁德	开化知县	林万	仲至		永春	宣城知县
林伟	谦之		福清	名一作炜,籍贯一说长溪赤岸,三省架阁	林伟	文叔	逸休	宁德	
林儅	景伯		福清	进士	林袭	子述		连江	武举人

林献	仲可		永福	进士	林庠	志学		长溪	嘉定四年进士
林珣	德润		长溪赤岸	知黄州、江州	林晓	景明		罗源	德庆府教授
林夑	兼善		长乐	罗源知县	林燨	晋叔		建安	罗源知县
林叙	颐述		侯官	判簿	林炎	起晦		福清海口	嘉定十六年进士,大理寺寺丞
林炎	中夫		福清	嘉定七年进士,承议郎	林演	景大		莆田	
林仰	少瞻		长溪赤岸	芜湖知县	林仪	正夫、意斋		永福	以道学自命,著《永阳清气录》
林倚	敬舆		福清	德化知县	林镒	权叔		长乐新宅	德庆府观察支使
林訔	德言	二林先生	莆田刺桐		林瀛	广叔		德化	
林颖	襄然		连江	松溪知县	林颖	叔嘉		福清海口	太学博士
林镛	有声		长溪	咸淳十年进士	林永	子用		长乐坑湖里	国子博士
林泳	之永		福清渔溪	国子监博士	林敬	颐止		侯官	进士
林昱	明仲		福清	进士	林昱	子礼		永福	内舍
林元	君举		永福	国子录	林圆	天游		连江东岱	正奏名,知县
林约	伯野		永福	广州教官	林玥	自明		福清	建宁知县、泉州通判
林岳	献臣		长乐岱边	宣化知县	林赞	君俞		长溪	庆元五年进士
林诏	天书		福宁		林甄	武伯		长溪赤岸	嘉定七年进士
林振	廷坚		福清		林振	宗玉		福清	绍熙元年进士,邕州知州
林震	伯威		连江	承事郎	林震	有则		尤溪	原名振登。建阳知县、平海军节度判官
林中	执中		福清海口	进士	林矗	叔轩		长乐岱边	漱水知县

林 璪	景长		福清音西	宝章阁直学士	林 自	梦锡		闽清	绍兴二十一年进士,廉州知州
林安上 (1085—1133)	民瞻	归愚	长乐屿头	福建路兵马钤辖安抚使	林安宅	居仁		侯官	参知政事
林百顺	子苍		连江	特奏名	林彬之	元质	囿山	莆田	原籍闽县
林伯成	性之		闽清	淳熙十四年进士	林伯成	知万		长乐	真州知州
林伯介	刚中		长乐雁藏	主簿	林昌言	仲俞		福清渔溪	惠安知县
林潮孙	伯凤		闽县	建宁知县	林成季	井伯		莆田黄石	
林狮子	应之		永福	进士	林春一	端父		长乐东林	德化、连城知县,泉州通判
林次崇	仲勋		长乐新宅	进士	林次龄	仲乔		长乐新宅	肇庆知府
林次融	仲举		长乐新宅	龙州知府	林大春	熙之	恺齐	古田	朱熹门人
林大鼐	梅卿		莆田澄渚		林大年	寿卿		龙溪	
林大荣	国华		福清	知县	林大受	元亮		仙游	
林大殷	景实		连江东村	京台奉训大夫提领事	林大有	亨之	紫阳翁	仙游	
林待问	伯强		福鼎	汀州路军事推官	林得中	企曾		长乐会山	南剑州通判
林德秀	实之		安溪		林德阳	景熙		浙江平阳	泉州教授
林德遇	若时		仙游		林登龙	用行		福清海口	进士
林定祖	履伯		长乐	浙东制准	林斗发	南天		福清	进士
林芳春	子直		福清	进士	林逢午	季仙		长乐沙堤	广州教授
林奉先	伯崇		长乐坑湖里	大庾知县	林复之	几叟		怀安	籍贯一作仙游。潮州知州
林复之	仲礼		福清	宣城知州	林孿孙	达叟		罗源西隅	端平二年特奏名

林公度	伯厚		福清	进士	林公俊	伯奇		福清	太平通判
林公明	伯可		福清	进士	林公潜	德润		宁德	县学教谕
林公庆	公任		长乐东林	晋江县尉、益阳知县	林公瑞	允圭		罗源	进士,特奏名
林公仲	孔伯		长乐	广西运机	林公寿	子长		宁德七都	校尉
林公瑶	文瑞		连江资寿	正奏名	林公祐	淳伯		长乐	武康县判
林公玉	文振		连江	建武博士,参帅幕府	林公遇	养正		福清	宁化县尉
林公玥	子明		福清	建宁知县、泉州通判	林公志	伯成		福清	进士
林拱辰	德辅		莆田		林拱辰	时用		福清	进士
林贡孙	叔登		罗源	进士	林冠英	伯实		长乐沙堤	嘉兴府通判
林冠英	高仲		晋江		林光朝 (1114—1178)	谦之		莆田	集英殿学士
林光大	宗显		长乐三溪	建宁知县	林光世	逢圣	水村	莆田南沥	
林光祖	敏功		福清	建平知县	林龟从	伯占		莆田	
林贵谦	牧仲		古田	进士	林桂发	小山		福鼎	平海军金
林桂荣	时敬		长乐沙堤	兴化主簿、南剑州司法	林国钧	公秉		莆田姑青	
林国英	俊甫		长乐周山	进士,特奏名	林洪源	汝济		福清	漳州司户
林虎臣	东阳		长乐岱边	武进士	林惠辅	表臣		长乐岱边	南雄州司理
林几复	应明		连江		林嘉谋	仲猷		福清	进士
林建辰	泰父		长乐	进士,特奏名	林介甫	正叔		连江	正奏名
林介卿	勉叔		宁德		林晋之	明卿		连江	正奏名

林泾楫	子载		长溪	淳熙二年进士	林经德	伯大		福清	建宁知县,知建宁军
林君荣	仁叔		福清	进士	林俊民	用章		长乐屿南	进士,特奏名
林开先	大有、岳甫		长乐屿头	庆元府观察推官	林可大	有之		福安湖塘	平阳县尉
林可久	道甫		连江	长泰主簿	林克国	伯克		福清海口	融州司法
林孔彰	嘉言		长乐坂头	南外宗教授	林孔昭	潜夫		龙溪	知县
林夔孙	子武	蒙谷	古田	县尉	林立之	士立		长乐屿头	肇庆通判
林良显	伯嘉		福清	连州知州	林刘举	君正		长溪赤岸	淳熙五年进士
林茂修	子齐		长溪	嘉定十年进士	林蒙亨	宿西		仙游	朝奉郎
林孟辰	仕可		长溪赤岸	嘉熙二年进士	林孟磁	国瑞		长乐	进士
林孟焕	君海		长溪	淳祐七年进士	林孟云	行之		长溪赤岸	端平二年进士
林孟治	淑美		长溪赤岸	宝庆二年进士	林梦畴	伯章		福清	进士
林梦骥	德良		连江	特奏名	林梦龙	仲攀		长乐坑湖里	籍贯一作福清。进士
林梦协	若山		莆田		林梦英	叔虎		闽清	寓居临川。秘书承
林弥明	晦之		长乐	进士	林名喜	君美		福清	莆田县教授
林明之	济甫		福清	进士	林起东	景明		福清	籍贯一作长乐。湖州运判
林起岩	齐叔		永福	兴化知县	林钦夫	叔敬		罗源	进士,特奏名
林清之	直甫		福清	华文阁直学士	林琼宗	德玉	贞庵	漳浦廿八都	咸淳四年进士
林日华	世荣		罗源	进士	林日休	逸少		永福	进士
林荣复	希颜		福清海口	辰州教授	林汝浃(1178—?)	伯深	则庵	长溪望海里	武状元,辰州明道

林汝砺	君用		莆田		林汝能	季简		长溪赤岸	
林汝陕	伯东		福鼎	泉州监税	林上达	远夫		福清海口	建州司户
林少嘉	子嘉		长溪	嘉定十年进士	林申旦	仲长		福清	进士
林师萃	升卿		长溪赤岸	隆兴元年进士	林师德	正叔		龙溪	
林师孔	希圣		福清	进士	林师说	箕仲		仙游	浙东提点刑狱
林时龙	文仲		福清	进士	林时英	才甫		长乐周山	进士
林时英	华卿		宁德	永嘉主簿	林士柄	汝功		宁德	临海兼兵马都监
林士复	子安		连江	特奏名	林士桓	汝达		宁德	福建路提干
林士廑	汝节		宁德	启运宫新恩官	林士简	善甫		罗源	总干
林士夔	汝咨		宁德	嘉定元年进士	林士蒙	子正		龙溪	
林士荣	汝华		宁德	太常丞	林士益	汝谟		宁德	
林士元	志之		仙游		林士瞻	冲飞		连江	新会县丞
林叔起	仪父		福清	进士	林舜咨	君畴		福安东昆	
林思咨	齐贤		长溪	淳祐元年进士	林宋伟	力叟	橘园居士	永福	广东提刑
林泰定	清宇		宁德	泉州知州	林天骏	伯驹		罗源	福州教授
林天书	靖春		长溪西街	咸淳四年进士	林廷端	端甫		福清	进士
林庭远	朝美		莆田		林万全	允成		永福	淳熙八年进士
林惟宁	安叔		长乐新宅	进士	林文昴	明甫		福清海口	嘉定元年进士,太学发解
林文能		存心	三山		林文潜	景昭		福清	番阳知县

林希道	存翁		福清渔溪	进士	林希逸 (1193—1271)	肃翁、 渊翁	竹溪	福清渔溪	直秘阁、知兴 化军
林宪卿	公度		怀安	朱熹弟子	林象祖	君传		福清	饶州教授
林孝闻	质夫		福清海口	建宁知县、抚 州知州	林学履	安卿		永福	朱熹弟子
林学蒙	正卿		永福	名一作羽，籍 贯一作闽清。 延平道南书院 堂长	林亚文	晞仲		长乐甘墩	枢密院判
林尧辅	仁叔		长乐新宅	新兴知县	林一鹗	云卿		仙游石牌	江州通判
林宜公	彦博		福清	进士	林以弼	君弼		福清	进士
林以礼	敬夫		长溪	如皋知县	林以立	公可		长乐	进士
林亦之 (1136—1185)	学可	月渔、 网山 山人	福清	纲山先生	林易简	一之		龙溪	
林应昂	仲虎		闽清	宝祐四年进士	林应成	汝大	矩轩	莆田后塘	
林应龙	伯云		长乐沙堤	淳祐元年进 士,安远知县	林应龙	明甫		长乐屿南	宝庆二年进 士,建安知县、 中书承旨
林应龙	让之		长溪赤岸	嘉定十三年进 士	林应龙	叔登		闽清	嘉熙二年进士
林应申	谨袁		福清	进士	林应炎	南夫		罗源	朝奉
林应之	行之		罗源	进士,特奏名	林用中	择之、 敬仲	东屏	古田西山	掌尤溪教事
林友龙	卿月		福清	进士	林有之	公似		仙游功建	建昌军通判
林元复	仁初		长乐 坑湖里	行三省架阁	林元晋	德甫		福清	籍贯一作长 乐。太学博士
林元亮	仲明		连江		林元孙	善父		长溪	淳祐元年进士
林云龙	士俊		长溪赤岸	嘉熙二年进士	林允中	旷叔、 扩之		古田	著有《草堂集》
林瞻龙	士攀		长溪赤岸	嘉定十三年进 士	林振祖	君玉		福清	进士

林震之	明之		长乐	进士,宣议郎	林正道	仲行		长溪	端平二年进士
林之奇 (1112—1176)	少颖	拙斋	侯官	籍贯一作闽县。校书郎	林之望	尚夫		福安赛江	武科正奏名
林之望	知章		长乐	武进士	林志清	子谅		闽清	淳祐元年特奏名
林致用	康民		尤溪		林仲彪	仲腾		宁德	
林仲国	定叟		莆田	古田县尉	林仲虎	景瞻	定窗	宁德	右骑卫中郎将
林仲麟 (1173—?)	景仲		宁德二都	籍贯一作安溪。广东都府参军	林仲龙	学之		罗源	知县
林仲翼	公辅		连江	特奏名,迪功郎	林仲子	诚一		福清	进士
林资深	居安		福清海口	进士	林子冲	通卿、澹叔	云岫	侯官	南丰主簿
林子升	升之		连江	浦城、晋江知县,宣教郎	林子勋	翼之		浙江永康	福安知县
林子云	质夫		福安大梅		林自悫	伯通		福清	进士
林宗臣	景何		晋江		林宗臣	实夫		龙溪	主簿
林宗烈	宋烈		福清	进士	林宗迈	冲远		福清	香山知县
林宗炜	力叟		永福		林宗显	孝扬		侯官	籍贯一作长乐。建宁知县
林宗益	师可		福清海口	进士	林祖恭	允翁		宁德	南雄司法参军、知建昌军
林祖懋	勉翁		宁德		林祖谦	吉翁		宁德	循州司户参军
林祖述	尧翁		宁德		林祖泰	约夫		宁德	武平知县
林祖温	粹翁		宁德	从政郎、靖江府属	林祖昭	晦翁		宁德	尤溪县尉
林祖中	宗道		长溪赤岸	淳祐元年进士	刘襃	伯宠	梅山老人	崇安永浆里	司门郎中
刘炳	韬仲		建阳崇太	籍贯一作瓯宁	刘并	清叔		宁化	名一作弁。瑞金知县

刘 察	昭远		福安苏阳		刘 潮	伯时		福清	进士
刘 戒	孟容		莆田城关		刘 痴	维璧		崇安	
刘 纯	君锡		建阳永忠	沙县主簿、邵武知县	刘 砥 (1154—1199)	履之	存庵	长乐方安里	朱熹弟子
刘 发	志远		福安苏洋		刘 璠	器成		崇安永浆	进士
刘 甫	岳卿		崇安会仙里	与朱熹、蔡元定游	刘 琪 (1122—1178)	共父		崇安	同知枢密院事兼参知政事
刘 垢	伯醇		建阳		刘 颌	子诚		建阳	
刘 衡	兼道		崇安会仙里		刘 厚	日仑		福清	进士
刘 淮	叔通	溪翁	侯官		刘 冀	伯广		建宁客坊	开封府尹
刘 炯	季明		建阳		刘 榘	仲则	求斋	莆田北门	
刘 亢	叔开		福安苏洋		刘 砺 (1157—1204)	用之	在轩	长乐方安里	朱熹弟子
刘 烈	挺之		福安苏阳		刘 煓	晦伯		建阳	闽县知县
刘 懋	子勉	恒轩	建阳		刘 沐	季新		福清	进士
刘 沐	渊伯		江西庐陵	南平县抗元身亡	刘 庞	丰叔		福清	瑞州知州
刘 钦	子时		建阳		刘 铨	宗衡、子平		福清	广州教授
刘 确	元巩		福安苏阳		刘 邵	德翁		福安苏阳	
刘 式	抱一		崇安从政里	光泽县尉	刘 朔	复字		莆田城内	秘书省正字
刘 凤	宾之		莆田城内	湖北安抚司参议官	刘 填	仲抚		建安	
刘 席	上珍		崇安		刘 袭	仲新		福清	进士
刘 襄	伯扬		闽清	乾道二年进士	刘 燮	太叔		福安柳溪	侍御史、监军

刘 炎	潜夫		邵武		刘 毅	元度		长乐	进士,特奏名
刘 寅	叔同		崇安黄村	嘉泰二年进士	刘 潆	伯清		福安	迪功郎
刘 潆	伯清		福安苏阳		刘 泳	起潜		福安苏洋	永州主簿
刘 泳	少美		长乐湖东	建昌府丞	刘 友	爱叔		福安苏洋	文举特奏名
刘 域	大中		福安苏阳		刘 岳	公辅		福安苏阳	
刘 爚 (1144—1216)	晦伯		建阳	工部尚书	刘 韫	仲固	秀野山人	崇安	倅三州,典二郡
刘 藻	昭信		闽县		刘 昭	如晦		福安	朝请卿
刘 正	道醇		怀安	籍贯一作侯官。尤溪知县、兴化军通判	刘 植	直之		福清海口	进士
刘 自	从圣		福安苏阳		刘八成	朝绍		福清	进士
刘半千	欲万		福清	进士	刘必成	与谋		福安苏阳	
刘才邵	美中		江西庐陵	漳浦知县	刘灿明	用晦		福安苏洋	道州教授
刘崇之 (1154—1210)	智父	瑞樟先生	建阳永忠	荆湖北路提刑	刘得成	景祥		福安苏阳	
刘刚中	德言	琴轩	建宁	汉阳主簿、婺州兰溪县丞	刘更生	炎弼		福安苏阳	
刘公特	达夫、朋甫		宁德	名一作公时、公持。籍贯一作福清。绍兴十八年进士	刘公像	子羽		福安苏洋	
刘公选	伯伦		福安	江南制干	刘公遇	近夫		福清	进士
刘光叔	景实		莆田北门		刘光祖	德修		四川阳安	主管武夷山冲佑观,潼川知府
刘汉臣	少度		长乐湖东	绍熙四年武进士,特奏名	刘汉英	彦实		连江	正奏名

刘侯圭	唯锐		福清	进士	刘季裴	少度		福安苏阳	
刘季山	艮夫		福安	平江监酒税	刘季虞	仲山		福安苏阳	特奏名
刘季云	少阳		福安	武平主簿	刘嘉猷	德徽		长乐	上犹知县
刘嘉誉	德称		长乐	一名冈。乐昌县尉	刘泾楫	景卿		福安苏阳	
刘浚明	用章		福安	西台御史	刘克逊	无竞	西墅	莆田后村	邵武军知军、泉州知州
刘克庄(1187—1269)	潜夫	后村	莆田	南宋词人	刘夔熙	斯光		长乐湖东	临安教授
刘龙发	登父		福清	进士	刘孟虎	质甫		同安	兴化军通判
刘梦浩	汉臣		长乐	武进士	刘弥邵	寿翁	习静	莆田后垄	
刘弥正	退翁	萄斋	莆田后垄		刘勉之(1092—1149)	致中		崇安白水	后徙居建阳马伏
刘敏求	好古		晋江	刑部侍郎	刘南叔	伯维		莆田北门	
刘宁孙	景召		福安	朝请郎	刘起晦	建翁		莆田后垄	秘书省正字兼益王府教授
刘卿月	升叟		福清	进士	刘清夫	静夫		建阳	
刘庆祖	绍远		福安苏洋	池州监酒税	刘去病	泰夫		福安苏阳	
刘如愚	明远		崇安	古田知县、德庆州通判、江西帅司参议官	刘汝舟	元达		建宁	兴化军司法参军
刘三益	巽大		永福	进士	刘师尹	伯任		长乐	籍贯一作怀安。户部郎官、度支郎官
刘师赟	景宜		福清	进士	刘世钧	子修		莆田	
刘世南	景虞		长乐	吉州司理参军	刘世修	景周	慧观翁	长乐	承信郎
刘坦孙	贯夫		闽清	淳祐四年进士	刘文礼	季成		福清	进士
刘午道	君玉		福清	复州教授	刘希亮	希武		福清	进士

刘希仁	居厚		莆田桃巷		刘兴甫	周士		莆田后垄	
刘兴宗	季昂		长乐	武进士	刘学箕	习之	方是闲居士	崇安	
刘学雅	颂之		崇安	桃源知县、南雅知州	刘洵直	子浩		莆田城关	平江通判
刘宜之	可行		福清	进士	刘已立	宗昂		闽清	隆兴元年进士
刘应东	震之		福清	进士	刘应李	希沁		建阳崇太	一名棨
刘应沐	君溢		福安苏洋	安乡知县	刘用行	圣与		莆田	籍贯一作晋江
刘友龙	夔仲		福安苏洋	名一作有龙。殿司帅将	刘有成	景用		福安苏洋	镇江计议
刘困泉	希登		福安苏洋	慈利知县	刘元常	君谊		福清	进士
刘允成	士集		长乐	进士	刘之邵	仲美		福清	六合知县
刘志学	师孔	秋圃、菊圃	同安	籍贯一作晋江。台州教授	刘忠嗣	性之		福安苏洋	新化县尉
刘子寰	圻父		建阳永忠		刘子玠	君锡	立斋	长乐	籍贯一作闽清
刘子翔	彦集		崇安	临汀主簿	刘子翚 (1101—1147)	彦冲	病翁	崇安五夫	兴化军通判
刘子翼 (1097—1144)	彦礼		崇安五夫里	南剑、抚州、信州知州	刘子羽 (1086—1146)	彦修		崇安五夫里	泉州知州,镇江知府兼沿江安抚使
留丙	南仲		晋江	常德知县	留恭	伯礼		永春昭善里	建宁知县
留洪	叔厚		仙游		留硕	季膺		晋江	
留正 (1129—1206)	仲至		永春留湾	右丞相	留籥笠	端父		永春昭善里	广州知州
留元刚	茂潜	云麓子	晋江	留正之孙,知州	留元圭	释中		晋江	县狱
留元英	若纯		晋江	工部侍郎	柳燮	太叔		福安柳淡	
卢点	师予			政和主簿	卢垕	仲载		永福	进士

卢宁	谧叟		永福	进士	卢榕	叔材		永福	初名郁,安仁知县
卢炎	当世		永福	平阳知县	卢钺	威重		永福	进士
卢镇	伯真		永福	进士	卢龙应	朔甫		福清	袁州教授
卢孝孙	玉溪		闽县		陆玠	仲宝		长乐西隅	进士
陆全	泽夫		长乐西隅	进士	陆琰	伦宛		长乐西隅	南昌知县
陆游 (1125—1210)	务观	放翁	浙江山阴	宁德主簿、宝章阁待制	陆祐	亦颜		侯官	莆田主簿、荆湖广南路宣抚司
陆钊	二思		仙游		陆伯正	景端		长乐西隅	进士
陆承休	庆中		长乐溪上	汀州司户	陆梦良	明叔		罗源	进士,特奏名
陆闻雷	振之		长溪	嘉定十三年进士	罗辉	德新		福安穆洋	迪功郎、监镇
罗烈	子刚		长汀	同安县尉、庐陵知县	罗垚	处堂		福安穆阳	
罗寅	夙之		福安穆洋	曲江尉	罗棁	子直	淡轩老叟	长汀	直谟阁提点广西刑狱
罗必元	亨父		江西进贤	福州观察推官、汀州知州	罗博文 (1116—1168)	宗约、宗礼		沙县	瑞金知县、四川制置使参议官
罗从彦 (1072—1136)	仲素	豫章先生	剑浦	理学家,博罗主簿	罗从直	以道		福安穆洋	文举特奏名
罗荐可	养蒙		沙县	沣州、筠州、常州知州	罗荣孙	子成		福安罗墺	德化县尉
罗无竞	谦中		江西庐陵	建宁主簿摄县尉	罗云中	汝蒙		福安罗呑	
吕中	时可		晋江		吕大圭 (1228—1276)	圭叔	朴卿	南安朴兜	名一作大奎,籍贯一作同安
吕胜己	季克	渭川居士	建阳	杭州知州	吕祖谦 (1137—1181)	伯恭		浙江婺州	讲学于武夷及寒泉精舍
马经德	道夫		长溪	嘉定四年进士	马子业	庄父	古洲	建安	

缪蟾	升之		寿宁西浦	修职郎、儒林郎、武学博士	缪椿	子功		福安穆洋	特奏名
缪巩	子度		福安穆洋	特奏名	缪靖	德绥		福安穆洋	麻沙巡检
缪烈	允成		福安穆阳		缪震	耀卿		福安穆阳	
缪鸶	叔羽		福安穆洋	判丰州	缪倬	昭甫		长溪	淳熙十四年进士
缪从龙	云叟		福安西溪	字一作云叟	缪德绥	和叔		福安	鄂州副将
缪傅梅	和卿		福安穆洋	县尉	缪梦弼	岩起		长溪	绍兴三十年进士
缪守愚	希颜		福安茜阳	黄陂主簿	缪兴宗	舜举		福安穆洋	通直郎、颖州推官
缪幼节	闰夫		福安穆洋	特奏名	缪元龙	卿云		福安	以武举知蕲水县
缪正叔	真叔		长溪	绍定二年进士	缪仲虎	用之		长溪	乾道五年进士
牟溁	叔清		晋江		木宓	子山		连江	特奏名
木天骏	德远		浙江瑞安	闽县知县	倪洪	景范		连江	正奏名
倪闪	泰夫		沙县	广东提举干官	倪思	正甫		浙江归安	泉州知州，建宁、福州知府
倪翼	翼卿	淡斋	罗源	潮州秋曹	倪允	信仲		罗源	广州司户
倪建老	九龄		罗源	福州府直学	倪龙辅	鲁玉		罗源	
倪龙起	仲应		罗源	举人，嘉泰省元	倪民献	翼周		罗源	宣州知州
倪文一	元芳		福安倪峤		倪以仕	时可	玉峰	罗源	台州教授
倪禹钧	和甫		罗源	清流主簿	欧阳旦	景初		长汀	苍梧知县
欧阳光祖	庆嗣		崇安节和里	乾道进士	欧阳凯士	彦成		建阳	
欧阳直卿	温叟		仙游		潘畴	德廊		浙江金华	兴化知府

姓名	字	籍贯	备注	姓名	字	籍贯	备注
潘昉 (1204—1246)	延坚	长乐三溪	初名公筠,字一作庭坚。太学正、通判	潘凤	仪仲	罗源	进士
潘庚	高卿	长乐三溪	原名应庚。端平二年进士	潘津	必登	长乐三溪	岳州教授
潘泾	公渊	长乐三溪	进士	潘涓	普之	福清	铜陵知县
潘麟	信仲	长乐三溪	进士	潘梅	子调	福清	光泽知县
潘荣	安卿	长乐三溪	宁化县丞	潘随	时大	罗源	进士,特奏名
潘仝	会道	长汀	广州观察推官	潘武	叔允	龙溪	
潘殖	子醇	浦城	直州推官	潘必胜	孟武	长乐三溪	汉川知县
潘飞英	元杰	长乐三溪	肇庆知府	潘福翁	同瘦	长乐三溪	进士
潘冠英	仲举	长乐三溪	提举福建路市舶	潘颢伯	肃之	长乐三溪	徽州通判
潘继伯	远谟	长乐三溪	名一作继昌。安溪知县	潘景伯	仰之	长乐三溪	淮东提举
潘可叔	公献	长乐三溪	字一作公献。淮西运干	潘立本	伯植	长乐三溪	廉州金判
潘士表	伯仁	长乐三溪	进士	潘泰亨	公泰	长乐三溪	进士
潘文卿	安之、约之	长乐三溪	监察御史	潘显伯	隐之	长乐三溪	进士
潘应庚	君德	福清	进士	潘元震	于春	福清	进士
潘中亨	子通	长乐三溪	名一作午亨。进士	潘周伯	宗之	闽县	籍贯一作长乐。桂东知县
潘子京	贵昌	长乐三溪	进士	潘子礼	和中	长乐三溪	绍熙四年武进士
潘子仪	行父	长乐三溪	进士	潘子震	伯威	长乐三溪	武进士
彭奭	伯胜	崇安吴屯里	绍兴二十四年进士	彭粗	季益	闽县	
彭兴	帝赐	莆田		彭彝	武山	崇安吴屯里	大理寺丞

彭 亿	宋延		闽县	尤溪知县	彭 拯	原中		崇安吴屯里	辟雍博士、学录
彭 止	应期		崇安永浆里		彭安上	伯礼		宁德	
彭龟年	子寿		江西清江	提举武夷山冲佑观	彭梦赐	德宽		宁德	沙县丞
彭梦林	子升		福清海口	安远知县	彭霆震	欲仲		福清	进士
彭岩肖	龟峰		崇安吴屯里	举人	彭彦坚	国器		侯官	
钱 衢	守道		浙江钱塘	建宁知县、郴州知州	钱德谦	牧仲		晋江	无锡知县
钱易直	敬子		长溪	池州知州	秦膺刚	和仲		宁德	乾道八年进士
丘 鹭	克盛		崇安石臼里	严州参军	丘 璀	永辉		崇安石臼	临江金判
丘 方	正叔		连城	宁都县丞	丘 和	国瑞		崇安石臼里	光泽主簿
丘 夐	明远		仙游	真州知州	丘 珏	玉父		邵武	
丘 葵 (1244—1333)	吉甫	钓矶	同安小嶝	理学家	丘 鳞	起潜		连城	代理连城知县、建宁知县
丘 升	成叔		福清	进士	丘 枢	应长		崇安石雄	进士
丘 翔	元凤		建宁	梧州教授	丘 义	道济、仁卿	子野	建阳雒田	
丘 膺	子服		建阳		丘 敱	渭夫		仙游	大理寺司直
丘 哲	元明		建宁在城	汀州司理	丘师陶	钓父		福清	进士
丘唐杰	景文		宁化	漕州法曹、沣州司法参军	丘微之	梦锡	南轩	仙游上丘	循阳通判
丘应甲	进道		福清	进士	丘元龙	肖翁		福清	晋江知县
丘之立	斯行		建阳	顺昌知县	裘 暨	叔平		长溪	淳祐七年进士
饶 幹	廷老		邵武	淮安军知军	饶应龙	翔夫		永春	绍兴知府

任 晔	仲章		福清	进士	任汝贤	君泳		长溪	宝祐四年进士
任文荐	远流		闽县	秘阁修撰	任希夷	伯起	斯庵	邵武	浦城主簿、端明殿学士签书枢密院事
任一震	东卿		长溪	嘉定元年进士	阮 宾	敬子		福安大留	
阮 畴	达夫		福安水北		阮 登	云卿		侯官	寓居罗源。进士
阮 幡	君聘		福安崎田	庆元进士	阮 升	公举		宁德漳湾	
阮 瑀	季野		福安大留	邵武巡检	阮次膺	汝龙		莆田	
阮大用	用礼		福安大留	同安主簿	阮登炳（1219—1300）	显之	石坡、菊存居士	宁德漳湾	咸淳元年进士
阮逢年	允文		福安水北	开西县尉	阮国宾	彦猷		福安	吴江县尉
阮士举	南叟		宁德	香山主簿	阮霆震	起潜		福安水北	武仙知县
阮文子	叔野		福安大留		阮许近	文翁		福安崎田	
商 份	元质		福清	大理寺丞	商 佾	元节		，福清	进士
商 侑	元佐		福清	肇庆知府	上官贲	济叔		邵武	贵州推官，监南岳庙
上官必克	复之、帅善		邵武	全州录事参军	上官粹中	德厚、醇叟		邵武	增城知县
上官端义	方叔		邵武	惠安主簿、建安县丞	上官公举	良弼		福安三石	
上官焕然	文之		邵武	全椒知县、右司郎	上官焕酉	元之		邵武	池州知州、起居舍人
上官基	仲立		邵武	提点铸钱司检踏官	上官谥	安国		邵武	永州军推官
上官铨	衡父		邵武		上官损	益之		邵武	武平主簿，代理武平县事
上官伟长		阆风山人	邵武	工诗	上官悟	仲达		邵武	权京城副留守
上官愔	仲雍		邵武	南剑知州	邵 整	宋举	蒙谷遗老	古田	

邵景之	季山		古田	莆田知县	沈金焕	清卿		福清	进士
沈子真	景实	文节	诏安	举人	施丙	南仲		长乐	进士,特奏名
施炳	焕章		福清	大理寺评事	施禔	子安		建阳	
施秀	汝芳		福清	太原太守	施禔	子安		建阳	宁化知县
施良臣	介孚		长乐仙山	进士,特奏名	施梦枢	宗卿		福安长江	
施孺珍	廷玺		福清	侍讲经筵	施允寿	伯和		龙溪	
施震亨	荣南	云溪	邵武		石憝	子重	克斋	浙江会稽	籍贯一作新昌。尤溪知县
石洪庆	子馀		龙溪		石起宗	似之		同安	后迁居晋江
宋褒	子渐		莆田		宋慈(1186—1249)	惠父		建阳童游	焕章阁直学士,广州知州兼广东经略安抚使
宋巩	宜卿		建阳童游		宋鉴	君玉		莆田	
宋钧	茂洪		莆田双池	秘阁修撰	宋理	君平		莆田	
宋适	叔敏		河南南顿	居上饶。泰宁知县	宋翔	子飞、志腾	梅谷居士	崇安五夫里	国子监簿、湖南帅司参议
宋诩	晦叔		莆田后埭		宋煜	伯华		莆田后埭	
宋藻	去华	乌山	莆田双池	提举浙江茶盐公事	宋铸	鼎臣		莆田	
宋秉孙	彝父		建阳童游	籍贯一作建安。建宁知县、建宁军通判	宋晋之	正卿		浙江乐清	长溪县丞
宋南强	子居		浙江会稽	沙县知县	宋日隆	道大		四川眉山	连江知县
宋若水	子渊		四川双流	汀州知州	宋闻礼	叔履		龙溪	

宋之望	景山		莆田后埭		苏洸	澄老		仙游	籍贯一作晋江。辰州知州
苏汉	体极		同安		苏晋	进之		福安穆洋	修职郎、监岳
苏洄	绍叟		同安	苏颂四世孙	苏玼	训直		同安苏厝	吏部郎中
苏溥	渊夫		龙溪青礁	字一作节夫，光泽知县	苏谦	世光		罗源	进士
苏权 (1163—?)	元中		仙游	辰州知州	苏升	时重		永春 常安里	
苏竦	廷仪		龙溪青礁	庆元五年进士。肇庆府推官	苏敬	启韶		南安洪濑	
苏械	公美		莆田		苏大璋	颐之	石堂 先生	古田	著作郎
苏华老	实翁		罗源		苏十能	千之		莆田	
苏十万	万仁	留义	德化 善均里	原名一侯	苏士洪	伯大		古田	
苏士穆	敬夫		古田	福安县尹	苏思恭	钦甫		晋江	教授
苏天民	达可		同安		苏总龟	待问		德化	教授
孙俊	伯英		连江	迪功郎	孙调	和卿	龙坡 先生	福鼎昆田	著《易诗书解》《浩斋稿》
孙德舆	行之		福清	江西提点刑狱	孙鼎来	申甫		连江	节度判官
孙巨源	清之		福安大留	建宁分司	孙礼舆	履之		福清	泰州教授
孙梦观	守叔		浙江慈溪	建宁知府	孙汝勉	堂夫		宁德	
孙士安	怀德		连江	特奏名	孙士楚	大宝		连江	制置使
孙叔谨	信之		龙溪	大理寺卿	孙翼凤	昭瑞		长溪城关	御史大夫
孙应龙	从之		宁德一都		孙昭先	延父		龙溪	安溪知县
汤淳	文厚		将乐	进士	汤焕	子融		将乐	进士

汤浩然	岩居		将乐	进士	汤莘叟	起莘、元盛		宁化蔗坑	饶州推官
唐 介 (1010—1069)	子方		湖北江陵	父任官漳州，其随侍在侧	唐 璘	伯玉		古田	御史、广东经略
田兑悉	安叔			松溪主簿	童伯羽 (1144—?)	蕫卿		瓯宁	朱熹弟子
万 谔	叔康		江西饶州	沙县知县	汪 藻	彦章		江西德兴	泉州知府
汪大猷 (1120—1200)	仲嘉		浙江鄞县	泉州知州	汪元春	景新		浙江奉化	兴化知军
汪之林	德仲		浙江鄞县	汀州知州	汪作砺	必成		安徽黟县	知兴化军
王 成	诚之		福鼎	雷州通判	王 纯	长纮		侯官	崇安知县
王 登	从善	余庵	南安洪濑		王 栋	子东		晋江	泉州知州
王 复	仲初		长溪	嘉熙二年进士	王 鸫	节甫		福清	博罗知县
王 杆	元佐		安徽无为	汀州通判，代理汀州知州	王 互	伯通		侯官	南恩知州
王 鉴	伯临	西洲	仙游黄岭		王 杰	才特		永福	东莞丞
王 秬	嘉叟		晋江	刑部侍郎	王 侃	仲和		南安	
王 奎	景文		浙江四明	顺昌知县	王 里	仁夫	廉斋	仙游	
王 苹 (1082—1153)	信伯		福清龙山	主讲龙江书院	王 朴	器之		长乐	名一作璞。潮州知州
王 仁	俊夫		福清海口	进士	王 石	季安		宁德	沙县知县
王 遂	去非、颖叔		江苏金坛	邵武知军	王 推	伯准		长溪赤岸	乾道二年进士
王 维	鲁山		长溪赤岸	又名建中，宝庆二年进士	王 熙	德绩		长溪	居连江。正奏名
王 序	伯礼		晋江	知长泰	王 淑	叔观		福清	进士
王 浔	景渊		浙江台州	沙县知县	王 洋	元渤		江苏楚州	知邵武军

王野	子文		浙江金华	邵武知军	王沂	士鲁		长乐	进士,特奏名
王瀛	士登		长溪赤岸	隆兴元年进士	王舆	履敬		长溪赤岸	庆元二年进士
王昱	仁伯		长溪赤岸	绍定二年进士	王遇 (1142—1211)	子合、 子正	东湖	龙溪	长乐令、左司郎中
王悦	习之		莆田		王胄	希武、 希戴	是庵	晋江	惠州通判
王伯大 (?—1253)	幼学	留耕	长溪赤岸	刑部尚书	王冲用	美中		长乐	南剑州府学教授
王从龙	伯云		长溪赤岸	绍定二年进士	王大举	子大		长溪赤岸	绍定二年进士
王得遇	时卿		罗源	进士	王德裕	国明	平湖	长泰	
王定方	能应		长溪赤岸	绍兴三十年进士	王定国	安卿	不欺居士	长溪黄崎	奉政大夫
王复初	晋之		长溪赤岸	绍兴二十一年进士	王公廙	子敬		古田水口	进士
王家录	剑州		仙游		王居安	资世		浙江黄岩	兴化知军
王克恭	彦礼		南安	宁德知县	王力行	近思		同安	朱熹弟子
王隶求	朝聘		连江安德里	光泽知县	王亮功	舜咨		长溪赤岸	绍兴十八年进士
王梦锜	穆仲		仙游		王梦龙	景云		长乐东隅	宜州知州
王梦龙	应祥		连江	侍郎	王梦炎	南仲	半痴	长溪赤岸	端平二年进士
王南一		桂轩	同安	漳州知州	王人鉴	克明		建宁	赣州军事判官
王荣公	仁叔		永福	潮州知录	王汝弼	朝佐		长溪赤岸	绍兴二十四年进士
王三锡	子敬		福安黄崎	武经大夫、浙东路分司	王少恺	景元		长溪赤岸	绍兴二十四年进士
王师愈	与正、 齐贤		浙江婺州	福建路转运判官	王十朋 (1112—1171)	龟龄	梅溪	浙江乐清	泉州知州
王士奇	颖叔		福安黄崎		王世昌	亦璧		福清	大理寺卿

王太冲	元邃		莆田		王泰之	伯宇		永福	兴化知县
王体文	焕夫		福清	肇庆教授	王万全	子办		长溪赤岸	淳熙二年进士
王万修	子长		长溪赤岸	绍兴十八年进士	王万章	子达		长溪赤岸	绍兴二十四年进士
王文震	大声		崇安永浆	绍兴二十七年进士	王晞韩	唐卿		莆田	
王晞亮	季明	过庭	莆田		王显世	子翼、子亦		南安	
王宣旦	次周		福鼎	剑浦县尉、瑞安知县	王彦广	居之		莆田	
王尧臣	唐弼		长乐西隅	松溪主簿	王一奇	俊翁		莆田	
王一震	声道		闽清	绍定五年进士	王以咏	永言		建安	光泽知县、朝散大夫
王益祺	顺叔		长乐筹岐	进士	王益祥	谦叔	止轩	长乐筹岐	徙居闽县。江东提刑
王翼起	翼卿		罗源	进士	王应甫	信夫		罗源	进士,侍郎
王应嘉	子期		长乐	进士,特奏名	王元量	大同		连江	朝奉郎
王元野	鲁士		长溪赤岸	淳祐七年进士	王元应	圣初		长乐古槐	大理寺丞
王长孺	邦直		长溪赤岸	淳祐七年进士	王振六	伊平		光泽	
王之制	季文		长溪赤岸	嘉泰二年进士	王知章	云叔		福安黄崎	
王子阳	茂之		长溪	淳熙二年进士	王自成	可大		莆田	
王宗传	景孟	童溪	宁德童溪	韶州教授	王宗浩	元直		长溪赤岸	淳熙五年进士
王宗己	子由		长溪赤岸	绍兴二十七年进士	王宗洙	彝中		长溪赤岸	淳祐七年进士
王佐才	昌辅		崇安上梅里	吉州水军统领	危积(1158—1234)	逢吉	巽斋、骊塘	江西临川	原名科。漳州知州
危昭德	子恭		邵武	监察御史、代理工部侍郎	魏懋	觉民		瓯宁	南昌知县

魏勖	德厚		长乐桃坑	太常寺卿	魏佑	君泽		长乐桃坑	泾阳知县
魏郁	周文		南平	漳浦县尉、潮阳县丞	魏必昌	世复		晋江	怀安尉
魏公圭	端朝		崇安永浆	咸淳元年进士	魏公寿	元龄		瓯宁	韶州推官
魏国梁	君用		晋江		魏行可 (？—1136)	当时		瓯宁	河北军前通问使
魏怀忠	仲举		建阳		魏吉甫	希甫		福清	大理寺评事
魏了翁	华父		四川蒲江	知福州兼福建安抚使	魏庆之	醇甫	菊庄	建阳崇化	
魏叔运	士璇		福清	四会知县	魏掞之 (1116—1173)	子实、元履	艮斋、锦江	建阳招贤	寓居崇安五夫里。台州教授
魏一翁	会卿		长乐	知制诰	翁彬	德茂		崇安黄柏	绍兴二年进士
翁点	沂伯		莆田	籍贯一作晋江	翁甫	景山		崇安黄柏里	汀州知州、太府少卿、江西转运使
翁合	叔备		崇安黄柏里	赣州知州、江西提刑、侍讲	翁华	持甫		崇安永浆	淳熙二年进士
翁禄	学仲		宁德	仁和学教	翁浦	季海		崇安永浆	嘉定七年进士
翁韶	伯绍		长乐潭头	通判	翁蜀	文翁		崇安黄柏	庆元五年进士
翁燧	伯新		崇安吴村	咸淳元年进士	翁挺	士特	五峰居士	崇安五夫里	少府监丞
翁熙	正之		长汀	袁州户曹代理袁州通判	翁易	粹翁		崇安黄柏里	朱熹弟子
翁泳	永叔		建阳		翁西	西叔		崇安永浆	绍定五年进士
翁德兴	名卿		崇安永浆	隆兴特奏名	翁蒙之	子功		崇安五夫里	司农寺丞
翁润之	子效		崇安吴村	咸淳元年进士	翁由海	汝知		宁德三屿	广东提举
翁允明	亨仲		崇安吴村	淳熙五年进士	邬之邵	士平		罗源	进士,特奏名
吴丙	景南		永福	惠州通判	吴禀	可中		莆田	

吴 昉	珍昭		侯官	荆南知军	吴 竿	允成		福清	进士
吴 桂	子芳		福清海口	进士,县丞	吴 会	致尧		永福	进士,玉山丞
吴 楫	公济		崇安吴屯里	临桂主簿	吴 节	直卿		长乐坂后山	知县
吴 玠 (1093—1139)	晋卿		崇安五夫里	四川宣抚使	吴 珏	仲玉		兴化县郭	龙岩、漳浦知县,宁国军节度判官
吴 逵 (1099—1157)	公路		崇安五夫里	提点福建刑狱、鼎州知州	吴 枥	行远、子全		建阳	长汀知县
吴 璘	唐卿		崇安五夫里	河东召讨宣抚使、兴元府通判	吴 灵	范超		崇安建平	乾道五年进士
吴 楠	子山		长溪	嘉泰二年进士	吴 球	元璞		政和	泰州、兴国军、福州、明州教授
吴 权	钧叔		福安龙皋	仙游尉	吴 溶	和甫		莆田	
吴 燧 (1200—1264)	茂新	敬斋	同安石浔	兵部侍郎	吴 腾	会卿		长乐	进士,特奏名
吴 畋	立本		永福	江山知县	吴 挺 (1138—1193)	仲烈		崇安五夫里	兴州都统
吴 澥	清臣	省斋先生	龙溪		吴 雄	梦锡		长汀	广西账干
吴 炎	济之		邵武	建宁府通判、知兴化军	吴 益	谦夫		崇安建平	淳祐元年进士
吴 翌	晦叔		建阳忠孝		吴 英	茂实		邵武	泉州教授
吴 棫 (1100—1154)	才老		建安	语言学家	吴 囷	子默		晋江	
吴 雉	和中		建阳		吴安中	德固		瓯宁	琼州知州
吴丙成	德瑞		罗源	马平令	吴大成 (1126—1227)	子集	梅子、梅月	漳浦四都	渐山七贤之一
吴待聘	少尹		福安黄崎	仙居丞	吴当可	时甫		福清	进士
吴风举	翔父		莆田		吴附凤	子韶		永福	朝奉大夫

吴拱辰	望之		永福	昆山县尉	吴行可	见甫		长溪	嘉定十六年进士
吴季子	节卿	裕轩	邵武	国子监丞	吴骥伯	仲良		连江	工部侍郎
吴建中	子大		长乐阳夏	节度判官	吴景辰	应之		永福	进士
吴居仁	温父		建阳考亭	籍贯一作浦城	吴利见	舜达		福清	梧州教授
吴龙起	仲应		罗源	进士	吴梦易	潜夫		邵武	
吴七德	子武		崇安建平	绍定二年进士	吴器孙	仁叔		福清	进士
吴势卿	安道		建宁	处州知州	吴寿昌	大年		邵武	从学朱熹
吴叔告	君谋		莆田水南	直宝章阁、提举浙西常平事	吴伟明	元昭		邵武	兴化知军
吴一夔	一方		福安芹竹阳	籍贯一作福安斤竹洋。武冈尉	吴一鸣	伯大	定斋	南平	德化、长乐知县,浙东帅司机宜
吴应西	叔西		南平	徽州通判	吴元龙	德全		福安芹阳	
吴元美	仲宝、重宝、仲突		永福	福建按察司主管机宜文字	吴之道	逢原		永福	宝祐四年进士
吴之选	志尹		永福	宝祐四年进士	吴子斌	伯全		同安	肇庆府通判
伍杞	卿材		宁化	南安军理掾,潮阳知县	伍升	景升		宁化	建昌军南城尉
伍唐	日卿		宁化	衢州教授	伍安然	文卿		宁化	永新主簿
伍必胜	兴仁		清流	进士,特奏名	伍功甫	伯勋		宁化	常德教授
伍梦谐	子蒙		宁化	漳州录事参军	伍叔辉		清叟	清流	监狱迪功院判
伍致达	宾宋		清流		夏介	德渊		福安龙皋	海口巡检
夏寅	如畏		福清	常州教授	夏寅	子建		福安龙皋	迪功郎、广州观察使

夏闯午	奕仲		福清	潮州府推官	夏汾臾	宗郎		福安龙皋	福建将领
夏允中	彦执		福清	进士	向士璧 (?—1261)	君玉		江苏常州	兵部侍郎，被罢职后送漳州住
项公悦	无欲		浙江永嘉	侯官知县	萧觊	子庄		浦城 长乐里	
萧鉴	净之		闽清	嘉定四年特奏名	萧涓	仲将		闽清	绍定五年进士
萧里	元举		龙溪		萧说	岩起		永福	进士
萧鞲	棠仲		龙溪	古田尉、福清丞	萧曦	师先		永福	名一作萧。嘉泰进士
萧轸	方叔		永福	兴化知县	萧必豫	伯谦		闽清	乾道二年进士
萧诚意	正甫		闽清	乾道八年进士	萧德栾	清夫		闽清	绍兴三十年进士
萧德藻	东夫	千岩老人	闽清	乌程知县	萧国均	秉之		永福	庐陵主簿
萧国梁	挺之		永福翀峰	广东运判	萧国馨	隐之		永福	英州教授
萧梦得	景说		罗源	进士	萧明哲	元甫		将乐	督府架阁监军
萧泰夫	宗道		永福	进士	萧之敏	敏仲		江西九江	建阳知县
谢翱 (1249—1295)	皋羽	晞发子	长溪穆洋		谢璧		拙庵	建瓯	开庆元年进士
谢蹈	文矩		建宁	江东教授	谢鼎	新伯、升伯		永福	进士
谢惇	正礼		建宁	兴国军司法	谢谔	昌国		江西新喻	泉州知州
谢洪	范卿	鳌轩主人	仙游	永丰县丞	谢浚	伯深		邵武	沙县知县
谢逵	景安		长溪	淳熙二年进士	谢逵	叔达		邵武	广西经略
谢牧	谦之		长溪	淳熙八年进士	谢焘	志远		建安	光泽知县

谢绎	处厚		建宁		谢誉	绰中	韦斋	政和	政和县尉、泰宁主簿
谢源	资深		江西临川	邵武县丞	谢邦彦	廷美		长溪宅里湖	江西提刑判官
谢成章	汝达		宁德	居罗源	谢德崒	子崒		永福	从政郎
谢枋得	君直	叠山、依斋	江西信州	宋末兵败,隐居建阳	谢季成	子立		晋江	
谢梦诚	仲明		宁德		谢明之	惟学		龙溪	邕州知州
谢汝翊	景扬	盛斋	仙游		谢升贤	景芳	恕斋	仙游	兴宁知县
谢师稷	务本		邵武	福建路提点刑狱、平江知府	谢时举	子野		长溪	乾道八年进士
谢天民	彦先		建安	仙游知县	谢尧仁	梦得	岭庵	建宁	居南丰
谢应虎	廷秀		建宁		谢有开 (1189—1248)	必先		建宁	
谢自信	坚甫		长乐	进士,特奏名	谢祖信	诚甫		邵武	进士,徽献阁待制知潭州
辛炳	如晦		侯官	殿中侍御史、监南剑州新丰场	辛弃疾	幼安	稼轩	山东历城	福州知州,提举冲佑观
邢必学	良嗣		长溪	绍熙元年进士	熊禾 (1247—1312)	位辛、去非	勿轩、退斋	建阳崇泰里	武夷山讲学,创立鳌峰书院
熊节	端操、元用	复斋	建阳崇泰	一名汝舟	熊克 (1128—1190)	子复		建阳崇泰里	台州知州
熊遹	述之		建阳	籍贯一作建安。顺昌县丞	熊大经	仲常		江西丰城	建阳主簿
熊刚大		古溪	建阳崇泰		熊以宁		敬轩	建阳	
徐登	光甫		福安	光泽县丞	徐谞	弘威		莆田延寿	
徐范 (1189—?)	彝父		侯官	起居郎兼国史编修,实录检讨	徐凤 (1177—?)	子仪		浦城	漳浦主簿、赣州知州
徐玑 (1162—1214)	致中、文渊	灵渊	晋江		徐几	子与	进斋	崇安黄村里	建宁教授,兼建安书院山长

徐兢 (1091—1153)	明叔	自信 居士	瓯宁	奉议郎,充任 国信使	徐镆	器之		长乐凤岐	姓名一作林 谟,一作林镆。 武进士
徐石	居安		莆田延寿		徐硕	汝大		长溪西门	淳祐十年进士
徐湘	学林		莆田		徐诩	元敏		浦城	进士。泉州知 州
徐膺	思文		莆田		徐昌之	应时		崇安 石臼里	醴陵县尉
徐次铎	叔文		福清	进士	徐端衡	平父		莆田延寿	
徐光实	德充		晋江	令海盐	徐汉章	清之		长乐石梁	进士
徐华老	君实		福清	进士	徐华老	文辞		浦城	国子监司业、 秘书监司业
徐克仁	子礼		莆田延寿		徐梦得	宗说		闽清	嘉定十三年进 士
徐梦发	君儒		福清	进士	徐梦明	明甫		宁德一都	
徐明叔	仲晦	择斋	晋江	户部侍郎	徐清卿	夷甫		莆田延寿	
徐清叟 (1182—1262)	直翁	章一	浦城	知枢密院事兼 参知政事	徐荣叟 (1180—1246)	茂翁		浦城	端明殿学士, 签书枢密院事
徐森木	纳翁		长溪	福州府兵马铃 辖	徐师臣	国宾		宁德	
徐淑云	肖白		莆田		徐天骥	退之		长乐石梁	进士
徐天麒	退之		福清	合肥知县	徐应龙 (1147—1224)	允叔		浦城瑞安	吏部尚书
徐元杰	伯仁		江西上饶	南剑知州	徐长卿	元功		长乐石梁	英州教授
徐自皈	丹衷		南平	郁林知州	许成	子成		长溪	淳熙二年进士
许登	希进		龙溪		许凤	季明		长乐	武进士
许俭	幼度		闽清	朱熹弟子	许近	知远		闽清	淳祐元年特奏 名
许锐		退斋	闽清		许升 (1141—1184)	顺之	存斋	同安在坊	朱熹弟子

许传	公执		莆田	礼部员外郎、宣教郎	许衍	平仲		同安肖山	宋乾道八年进士
许自	资道		福清	侍郎	许安国	伯大		福安茜洋	
许伯鸾	廷徽	前溪	龙溪		许伯诩	子扬		同安	仙游知县、福州通判
许巨川	扬甫		同安在坊	象州知州	许俊第	及之		福清	惠州司户
许木炎	景雍		闽清	淳祐元年特奏名	许奇祥	文瑞		长乐	永州教授、迪功郎
许若彭	翁受		闽清	咸淳七年进士	许叔度	端大		宁德四都	
许廷彦	朝美		莆田	永春县尉	许文刚	致柔		福清	进士
许彦能	亨中		长溪	嘉定四年进士	许一鄂	孟翀		莆田	
许一鸣	季孟		福清	进士	许应辰	拱之		长乐	武进士
薛曾	维叔		福安廉村		薛东	从厚		闽清	开禧元年进士
薛蠲	子云		福安廉村		薛珩	景行		仙游	湖北路检法官
薛将	景方		宁德	南昌县尉	薛奎	宿蓺		山西绛州	莆田知县
薛履	利之		仙游	同安主簿	薛璆	景徐		仙游	南恩州推官
薛伟	丰之		福安廉村		薛召	进之		福安廉村	
薛季良	傅叟		仙游	潮州知州	薛君用	良佐		长溪	庆元五年进士
薛梦熊	待用		仙游	签书博士	薛梦熊	予之		福清	广东机宜
薛七颖	子淳		长溪	淳熙五年进士	薛士困	养浩		长溪	嘉定十六年进士
薛舜庸	惠父		同安嘉禾	龙溪尉,古田令	薛舜俞	钦父		同安嘉禾	绍熙元年进士。金华知县
薛熙载	景能		宁德		薛元乌	维牧		仙游	太常博士

薛元鼎	叔云		仙游连江	吏部尚书左郎官	薛元龟	国相		仙游	秘书博士
严　参	少鲁	三休居士	邵武		严　粲	坦叔、明卿	华谷	邵武	清湘知县
严　仁	次山	樵丈	邵武		严　羽	仪卿、丹丘	沧浪逋客	邵武	
颜　戣	子治		龙溪青礁	宝谟阁学士	颜　庸	子养		永春	知梅州
颜　棫	叔坚		永春	工部尚书	颜复之	子开		龙溪青礁	教谕
颜公衮	鼎卿		龙溪青礁	兴宁知县	颜公起	伯振		福清	大理寺丞
颜敏德	克和		龙溪青礁	朝散大夫	颜耆仲	景英		龙溪	
颜师鲁 (1117—1191)	几圣		龙溪青礁	吏部尚书、龙图阁直学士、泉州知州	颜唐臣 (1129—1211)	旋纲	理庵	龙溪青礁	进士
颜唯直	伯温		福清	梧州金判	颜晞哲		云岩	龙溪青礁	同安县丞
颜颐仲 (1184—1258)	景正		龙溪青礁	礼部尚书	颜振仲	景玉		龙溪	安溪县令
杨　保	敬子		福鼎	端溪知县	杨　炳	若晦		晋江	
杨　曾	景参		罗源	进士,迪功郎	杨　淳	淳夫		长溪	绍定五年进士
杨　迪	信可		长乐	进士,特奏名	杨　迪	遵道		将乐龙湖	理学家
杨　栋	元极	子舟	四川青城	兴化知军	杨　方	子直	淡轩	长汀	直宝谟阁、广西提刑
杨　复	志仁	信斋	长溪杨澳		杨　混	孔明		福鼎	婺州教授
杨　楫	通老		长溪潋村	江西运判	杨　瑾	德辉		将乐	抚州司理
杨　琳	子美		将乐		杨　棽	棽之		晋江	永福知县
杨　霓	次云		罗源	进士,特奏名	杨　森	汝之		将乐	徐州通判
杨　升	允崇		福鼎	上犹知县	杨　时 (1053—1135)	行可、中立	龟山	将乐龙池团	理学家。龙图阁直学士

杨湜	茂叔		福安杨家坪	县令	杨授	梦锡		浦城	上津知县
杨挺	廷伯		福鼎	绥宁知县	杨维	持正		福鼎	瑞安监酒
杨维	耕常		南平	修道至南平，祖籍浙江临安	杨武	令文		福鼎	善化知县
杨掀	潜叔		福清	和州教授	杨应	定夫		侯官	寓居罗源。进士
杨游	季常		福鼎	平阳主簿	杨遹	循道		归化	杨时之子
杨岳	惟重		将乐	怀安县尉	杨岳	肖翁		福鼎	
杨云	师道		将乐	福建安抚司参议	杨志	崇甫		龙溪	
杨邦弼	良佐		浦城	信州知州、中书舍人	杨保中	和卿		晋江	长汀知县
杨伯安	仁叟		晋江	主簿	杨承祖	庆袭		龙溪	
杨淳礼	穆仲		福鼎	一作杨惇礼。太学博士	杨大震	孔裕		莆田	
杨逢辰	志仁		福鼎	平江教授，临安盐官令	杨公度	元宏		浦城	潭州通判，代理潭州知州
杨公衍	继昌		长溪	嘉定元年进士	杨宏中	充甫		侯官	南剑州教授
杨继祖	光宗		福鼎	进士	杨景隆	伯淳		晋江	参军
杨景申	梦符		安溪	湖北帅幕	杨履正	子顺		晋江	
杨梦斗（？—1276）	子仰	山甫	长乐东渡	扬州都统，抗元兵败，凿舟自沉扬子江	杨梦龄	子寿		晋江	平阳知县
杨梦龙	成之		长溪	嘉定十六年进士	杨梦信	材翁		江西庐陵	兴化知府
杨谦之	叔厚		福鼎	迪功郎	杨汝南	彦侯		龙溪	古田知县
杨湜甫	德师		长溪	淳熙八年进士	杨士豁	伯达		晋江	知长溪
杨士谨	国光		漳浦		杨士训	尹叔	盘庵	漳浦	永福知县

杨孝定	仁静		浦城	弋阳知县	杨兴宗	似之		兴化	
杨秀实	茂才		宁德	居罗源。滕州知州	杨衍孙	昌甫		将乐	建昌军广昌县丞
杨寅翁	仁叟、仁仲		晋江		杨与立 (1183—1256)	子权	船山先生	浦城管厝	遂昌知县
杨中立	南强		晋江		杨宗旦	次周		福鼎	瑞安知县
杨祖尧	述甫		长溪	淳熙十四年进士	姚珤	贵叔		顺昌	直秘阁知建安郡兼闽漕
姚弼	梦良		长溪	嘉定十六年进士	姚东	明仲		龙溪	长溪主簿
姚坥	伯义		长乐姚坑	进士,承议郎	姚况	子丛		福安东塾	字一作子业。黄陂知县
姚廊	开之		福安东塾		姚懋	右贤		河北大名	将乐县同巡检,寓居顺昌
姚勉	汝劢、瑞峰		长乐姚坑	校书郎兼太子舍人	姚洽	德孚		福安凤墺	上杭丞
姚遂	良辅		长溪	淳祐七年进士	姚同	伯宽		长乐姚坑	莆田知县
姚瀛	子山		福安凤岙		姚颖	国聪	印石	长乐姚坑	平江府通判
姚遇	钦叔		福安凤岙		姚震	允明		长乐姚坑	广州通判
姚灼	文明		长乐姚坑	进士,南安知县	姚德辉	梦德		长溪	嘉定十三年进士
姚逢午	南起		长乐姚坑	监察御史	姚简中	敬甫		长乐姚坑	慈和知县
姚君元	可吕		福安东塾		姚康朝	廷宾		浙江吴兴	兴化知军
姚梦兆	可永		宁德廿三都	吉州推官饷干	姚望之	肖吕		宁德一都	中武举,从军
姚允武	迪翁		福安东塾	武举正奏名	姚正国	观光		福安东塾	连城主簿
姚直夫	敬仲		长乐姚坑	祖籍莆田。南安知府	姚子才	君用		长乐姚坑	国子监祭酒
姚宗虞	晋叔		长乐姚坑	饶州刺史	姚宗之	元仲		仙游洋坂	江南西路提点刑狱

姚祖赓	子复		福安凤岙		姚祖虞	元宾	福安东塾	文举特奏名
叶采	仲圭		建阳崇泰	籍贯一作瓯宁。邵武知军	叶兑	梦授	泰宁	建康知府、江西转运使
叶份	成甫		延平	户部侍郎、泉州知州	叶观	应求	福清	进士
叶荐	宋颖		建安	侯官、罗源知县	叶介	方叔	浙江武义	邵武知军
叶珒	群璧		罗源	循州教授	叶迈	叔俊	长溪	绍定二年进士
叶莫	实之		侯官	中宪大夫	叶宷	仲圭	建安	邵武知军
叶适	正则	水心先生	浙江永嘉	泉州知州、宝文阁待制	叶棠	次魏	万竹	仙游	邵武知军、绍兴知府、浙东安抚使
叶温	彦直		泰宁		叶颐	子平		同安嘉禾	又名十三郎。莲坂叶氏开基祖
叶颙(1100—1167)	子昂		仙游古瀨	尚书左仆射兼枢密使	叶大有	谦夫	仙游古瀨	温州知州
叶贺孙(1167—1237)	味道		建阳崇泰	朱熹弟子。秘书省著作佐郎	叶景温	仲突	罗源	进士
叶立志	仲愿		仙游	惠州通判	叶绍翁	嗣宗	静逸	浦城	
叶思温	彦直		泰宁		叶天祐	吉甫	罗源	进士
叶廷圭	嗣忠		瓯宁		叶文炳(1150—1216)	晦叔	浦城古楼	
叶武子	成之		邵武	建宁府通判、处州知州、直龙图阁、秘阁修撰	叶尧羹	廷瑞	崇安吴屯里	将乐知县、安南知军
叶恕佐		止堂	罗源	进士,判官	叶子高	安仲	福清	大理寺评事
叶宗鲁	上詹		罗源	进士	尹焕	唯晓	长溪	嘉定十年进士
尹廷高	仲明	六峰	浙江遂昌	宋末避乱,转徙汀州	尤彬	叔文	仙游	真阳主簿
尤台	公辅	退翁	安溪		尤德卿	改甫	崇安上梅	绍定五年进士

游 开	子蒙	塘林	建阳		游 霆	伯雷		莆田圭浦	
游 汶	鲁望		浙江德清	福建提点刑狱	游九功	勉之、禹成	受斋	建阳	
游九言 (1142—1206)	诚之、讷夫	默斋	建阳	初名九思。古田县尉、光化知军	游梦春	得可		长乐环山	进士,知监
游梦开	延之		福清	进士	游士衡	宗衡		福清	进士
游一龙	致真		莆田		游义肃	子敬、秉孙		建阳童游	连江知县
游应祥	子善		崇安		游中孚	大信		崇安五夫里	
余 冲	云翼		罗源	进士	余 复	子叔		宁德一都	诏入史馆兼实录检讨
余 昊	春卿		宁德		余 及	金和		罗源	抚州知州
余 昱	良叔、有声		古田	松阳县尉、赣州司理	余 亮	虞咨		古田	永州判官
余 偶	占之		古田		余 嵘	景瞻		浙江龙游	南剑知州
余 易	明一		长溪	嘉定四年进士	余 翼	子羽		建阳北雒田	
余 诏	道夫	东湖居士	龙溪		余 哲	若蒙		龙溪	
余 宗	元卿		宁德	定远县尉	余崇龟	景望		仙游	兵部侍郎兼权给事中
余敦义	彦冲		古田彭湾	进士	余发林	希董		古田	姓一作俞。崇安县尉
余虎臣	敬夫		宁德		余克济	叔济		安溪	侯官县尉
余良弼	岩起		顺昌	漳州、泉州通判,静江知府	余梦赐	公玉		古田	进士
余梦傅	图甫		连江	姓一作俞。特奏名	余谦一	子同		莆田黄石	化州知州
余群锡	公畴		莆田		余日华	君实		仙游	潮阳知县
余汝益	伯虞		宁德	庆元五年进士	余士成	成叟		宁德	

余士武	起叟		宁德	建康兵马司统领	余宋兴	辅之		古田杉洋	进士
余天迪	惠叔		罗源	通判	余武弼	直儒		莆田黄石	
余席珍	待聘		罗源	进士	余元一	景思		仙游	同安知县、池州通判
余昭攀	梦符		宁德	龙泉知县	余直方	行父		宁德	
俞丰 (1133—1210)	应南	云谷老人	建宁	建阳县尉、吏部侍郎、华文阁待制	俞诩	羽道		崇安黄伯里	上虞知县、饶州知州
俞亨宗	原章		南平	漳州知州	俞南仲	山甫		福清	进士
俞闻中	梦达		邵武	黎州知州	虞大中	士朋		崇安节和里	循州知州
庚庠	士俟		崇安节和	绍兴元年进士	庚公辅	彦弼		崇安节和	绍兴八年进士
郁中	存性		长溪	绍定二年进士	喻峙	景山		仙游	绍定五年特科
袁枢 (1131—1205)	机仲		建安	江陵知府	袁采君	君载		四川信安	政和知县
袁说友 (1139—1204)	起岩		建安	吏部尚书	臧垢	伯载		长溪	淳祐七年进士
曾华	荣叔		长江	梅州教授	曾怀	钦道		晋江	
曾秘	泰之		同安	漳州知州、朝奉大夫	曾恬	天隐		晋江	
曾先	彦登		长江	知南安军兼代理琼州知州	曾慥	伯端	至游子、自游居士	晋江	尚书郎
曾植	子直		晋江		曾从龙 (1175—1236)	君锡	云帽居士	晋江	初名一龙
曾逢震	诚叟		闽县	隐居道山	曾荷孙	囊卿		晋江	崇安知县
曾贺孙	景卿		晋江		曾用虎	君遇	盘隐居士	晋江	
曾跃麟	士龙		广南东恩	字一作子龙。罗源主簿、汀州通判	曾治凤	君仪		晋江	
詹标	表道		崇安黄村里	福建路提刑司将领	詹甫	日卿		崇安黄村	开禧元年进士

姓名	字	号	籍贯	备注	姓名	字	号	籍贯	备注
詹　复	仁仲		崇安将村里	丰城主簿、金华知县	詹　骁	晋卿		崇安黄村里	
詹　栗	德宽		崇安黄村	端州法曹、承议郎	詹　輗	行可		崇安会仙	绍兴十八年进士
詹　琦	景韩		崇安黄村		詹　羽	翔父		福安赛岐	主簿
詹　渊	景宪		崇安黄村里	临江户曹椽,监行在车辂院	詹　愷	应之		崇安黄村	建炎三年举人
詹　缁	胜甫		崇安黄村		詹公荐 (989—1042)	文举		崇安黄村里	祠部郎中、广东提刑
詹克爱	济夫		崇安黄村里	淳熙五年进士	詹梦璧	子苍		崇安黄村	宝祐四年进士
詹如松	叔茂		崇安黄村	绍兴八年进士	詹师文	叔简		崇安黄村	江西宪司检法官
詹体仁 (1143—1206)	元善		崇安	徙居浦城。司农卿	张　磻	渭老、敬夫	松山	罗源北隅	端明殿学士,同枢密院事
张　阐	大猷		浙江永嘉	泉州通判、工部尚书	张　翀	蜚卿		长乐福州里	左司郎中
张　春	景阳		永福	潮州司户	张　衜	周甫		罗源	
张　登	明远		永福	进士	张　发	伯和		永福月洲	绍兴三十七年进士
张　枋	仲方		长溪	宝祐四年进士	张　绂	文岱		长乐福州里	进士
张　辅	左之		永福	进士	张　观	达之	自山	长溪大留	新城知县
张　广	行俭		永福	奉议大夫	张　翰	云卿	坎翁	宁德一都	进士
张　瀚	文卿		罗源	进士	张　翩	凤卿		宁德一都	居罗源。道州知州、少傅
张　甲	国成		长乐福州里	进士,特奏名	张　杰	秀夫	卓庵	顺昌富屯	侍御史
张　夔	子韶		长乐	进士,特奏名	张　劢	臻道		永福月洲	朝散郎
张　牧	逸叟		罗源	进士	张　楠	景大		永福	广东运干
张　鹏	搏卿		连江	武举人	张　洽	幼文		永福	字一作幼闻。进士

张洽	元德		长乐福州里	池州通判	张谦	吉老		顺昌	
张强 (1200—1265)	定叟、弱翁	蒙泉	古田	名一作疆。古田官员,国子监书库官	张清	祖暹		邵武	
张权	有准		福安	福州通判	张全	伯恭		福安大畱	
张栖	元干		福清	太学博士	张绍	谓用		长乐福州里	进士
张栻	敬夫	南轩	湖北广汉	提举武夷冲佑观	张述	明之		闽清	嘉定四年特奏名
张镗	有甫		长乐福州里	新会主簿	张万	介甫		福安穆洋	兴化知县
张维	振纲、仲钦		南平	闽县知县、司农少卿	张翔	云叟		宁德一都	浔州教授
张尚	唐老		罗源	进士	张觷	柔直		怀安	直龙图阁知虔州
张巽	子文		惠安	学者	张议	吉老		顺昌	
张翊	仲龙		福安大畱	太常丞	张泳	潜夫	墨庄、省斋	福安	
张穑	先之		古田	文举特奏	张渊	惟本、叔潜		永福	馆阁,历知数郡
张早	及甫		长乐福州里	进士,特奏名	张镇	仲甫		长乐福州里	吏部尚书
张豸	正仲		浦城	海阳知县	张安修	孟坚	南江	宁德一都	
张邦用	应时		连江	正奏名	张豹变	仲甫、虎露		永福	进士
张本中	崇正		长乐	阳山知县	张滨子	季海		福安大畱	国子助教
张次夔	和仲		浦城	兴国军通判	张次禼	宽夫		浦城	南剑、徽州、邕州知州
张丛之	子择		罗源	大理寺丞	张德明	晦叔		长溪	淳熙十四年进士
张斗南	唐英	钓浦	罗源	兵部郎中	张敦书	载道		浦城	江夏知县
张敦义 (1129—1186)	行可		建宁黄舟	衡阳司理	张古心	惟中		长溪	淳熙五年进士

张黄中	子仪		长乐	进士,特奏名	张嘉宾	朝美		永福	宣州通判
张可速	伯永		福清海口	进士,知录	张可宗	因叔		福清海口	知县
张良裔	景先		宁化	武平县丞	张鲁仲	景东		永福	进士
张梦高	起龙		闽清	宝祐四年进士	张梦庚	子西		古田谷口	绍定进士
张起宗	起之		永福	进士	张任国	师圣		永福	进士
张汝明 (1184—1238)	叔晦		建宁	汉阳军通判	张时敏	务之		福安 十五都	判惠州
张叔向	子正		长乐 福州里	进士	张叔振	振之		长溪东郊	乾道二年进士
张廷辅	车甫		宁化	攸县尉	张文虎	炳叟		宁德	淳祐元年进士
张显甫	敬之		南平	一名显父。淳熙十四年进士	张彦清 (1155—1218)	叔澄		浦城	朱熹弟子,庆元知县
张尧翁	文伯		永福	籍贯一作连江。正奏名	张有之	伯有		永福	进士
张增善	子克		永福	宾州学正	张致远 (1090—1147)	子猷		沙县	福州知州、显谟阁待制
章采	维亮		福清海口	进士	章冲	茂深		浦城	
章谊 (1078—1138)	宜叟		浦城	户部尚书、刑部尚书、江东安抚大使	章赟	希陆		福清海口	袁州推官
章才邵	希古		崇安黄村	贺州、辰州知州,湖北安抚司参议官	章次郁	弼之		福清	潮阳县尉
章孝参	鲁士		古田	德庆府学教授	章元振 (约1091—1155)	时举		崇安黄村	泰宁知县、肇庆知府、广东提举
赵焞	景昭		闽县	国子监主簿	赵悰	彦忠		晋江	
赵鼎	元镇		山西闻喜	泉州知府	赵庚	叔初		晋江	
赵琯	伯达		连江	宜黄主簿,朝散郎	赵珮	鸣玉		浙江嘉兴	长泰知县
赵煜	景明		闽县	江东提点刑狱	赵震	东卿		长乐	进士,特奏名

赵必侅	宜楷		古田	从事郎,录事参军	赵必给	宗合		福清	进士
赵必蘫	宜静		古田	宗子正奏	赵必滥	宜广		古田	宗子正奏
赵必㳟	深甫		古田	宗子正奏,武夷山长	赵必请	伯益		永福	进士
赵必篖	君瑞		福清	进士	赵必祥	能应		福清	进士
赵必晔	伯韦		晋江	字一作伯暐	赵必谊	宜叔		古田	宗子正奏
赵必英	子俊		莆田		赵必愿	立夫		晋江	泉州知州
赵伯遏	致远		晋江	原名伯逊	赵伯豫	顺卿		福清	进士
赵不稿	居泽		崇安永浆里	绍兴二十一年进士	赵不麐	子容		晋江	
赵不慢	子廛		晋江	荣州刺史	赵梃夫	季长		连江	正奏名
赵崇傲	至伯	是斋	连江	宗子正奏	赵崇仿	叔似		连江	安吉府通判
赵崇阜	注卿		连江	宗子正奏	赵崇㴌	清卿		连江	宗子正奏
赵崇珲	贵璞		古田	宗子正奏	赵崇桔	贡甫		福清	进士
赵崇栗	景周		连江	安溪知县,知南安军	赵崇璬	贵玉		古田	修职郎,桂林教谕
赵崇球	贵昆		古田	宗子正奏	赵崇洞	溢甫		古田	宗子正奏
赵崇铦	君砥		福鼎	绍定五年进士	赵崇祉	时发		连江	南剑知州
赵丰夫	有年		长乐	进士	赵丰亨	仲谦		永福	嘉定七年进士
赵庚夫	仲白	山中	莆田		赵公绸	仲缜		建宁	仙游知县
赵公回	仲和		晋江	知邵武军	赵公岘	唐卿		江西南丰	顺昌知县
赵巩之	子固		晋江	闽清知县	赵举宏	宗大		福清	进士

赵良奎	立甫		福清	进士	赵良侍	仲至		永福	进士,宗子
赵良琐	国玉		福清	进士	赵良佑	仲弼		永福	进士,宗子
赵令衿	表之		河北涿郡	明州观察使,谪居汀州	赵抡夫	大节		连江	宗子正奏
赵孟滽	汝清		古田	宗子正奏	赵孟溶	汝光		古田	宗子正奏
赵孟哲	宗孝		福清	进士	赵孟渚	汝澄		古田	宗子正奏
赵汝褒	德华		晋江	知州	赵汝臣	季良		连江	宗子正奏
赵汝澄	君举		古田	赣州石城宰	赵汝做	唐卿		晋江	
赵汝固	孟坚		连江	南外宗正司,知宗正司事	赵汝銮	良夫		古田	宗子正奏
赵汝求	叔艺		长汀	福州观察推官	赵汝儒	子贞		莆田	
赵汝乳	大方		崇安永浆里	韶州知州	赵汝适(1170—1231)	伯可		浙江台州	提举泉州市舶司
赵汝淞	彬夫		古田	宗子正奏	赵汝腾	茂实	庸斋	古田	籍贯一作晋江。泉州知州
赵汝佟	台卿		晋江		赵汝愚(1140—1196)	子直		江西余干	福州知州、吏部尚书
赵汝珇	温叔		连江	武平知县	赵若玶	伯玉		莆田	
赵若玶	仲玉		莆田		赵若璡	似道		福鼎	朝奉郎
赵若理	卫道		长溪	宝祐四年进士	赵若翁	希叔		长乐	进士,特奏名
赵若燧	似道		长溪	宝祐四年进士	赵若栖	用楫		福清	进士
赵若柚	君实		崇安永浆里	宋开庆元年进士	赵善封	德可		漳州	宰宁德
赵善恭	作肃、麟之		邵武	名一作善仪。监兴化酒税	赵善谥	安之		晋江	知州
赵善旷	文彬		龙溪	连江知县	赵善俊(1132—1195)	俊臣		邵武	泉州知州、建宁知府、福建转运副使

赵善谧	宁甫		晋江	知县	赵善沛	兴甫	崇安永浆里	南康太守
赵善祺	民先		连江	宗子正奏,锁模京秩	赵善然	哀之	连江	宗子正奏,锁模京秩
赵善嵩	志高		晋江	知州	赵善𫗧	萧之	连江	衡州知州
赵善晞	达行		古田	宗子正奏	赵善佐	左卿	邵武	将乐县丞、赣州知州
赵师峨	圣可		福鼎	改名崎。嘉定元年进士	赵师龙	舜臣	浙江余姚	知邵武军
赵师瑂	德玉		晋江	古田知县	赵时迖	宗望	连江	广州通判
赵时棣	宗华		莆田		赵时焕	元晦	晋江	长溪尉
赵时鑱	君寅		福鼎		赵时急	惠士	福鼎	端平二年进士
赵时镣	君谅		福安大梅		赵时逮	君复	福鼎	淳祐元年进士
赵时祈	体仁		长乐	进士	赵时锜	元鼎	莆田	
赵时赏	宗白		安徽和州	参议军事兼江西招讨使,南平抗元身亡	赵时通	宜伯	河北涿郡	知邵武军
赵时铣	君泽		福鼎	绍定五年进士	赵时镛	君韶	福鼎	嘉定十年进士
赵时愿	志仁		莆田		赵时钺	子礼	崇安永浆里	代理上杭知县
赵思诚	道夫		山东高密	徙居泉州。泉州知州	赵万年(1168—1209)	方叔	福安富溪	
赵文孙	道鸣		晋江	初名必绛。长乐主簿	赵希侒	安道	龙溪	字一作道安。古田尉、沙县丞
赵希谌	信卿		宁德	顺昌主簿	赵希龚	良能	宁德一都	宝庆二年进士
赵希錧	君锡		河北涿郡	汀州司户、汀州推官	赵希灏	商卿	莆田	
赵希急	惠士		长溪	端平二年进士	赵希洁	崇矩	晋江	吏部郎中
赵希琳	汝明		古田	宗子正奏	赵希佭	安道	龙溪	古田县尉、沙县县丞

赵希溇	清甫		龙溪		赵希僮	俊夫		福鼎	嘉熙二年进士
赵希绥	节夫		福鼎	嘉定十六年进士	赵希伟	成美		宁德一都	长泰主簿
赵希佚	佚道		龙溪	归善县尉	赵希婴	崇得		晋江	浙东路提点刑狱公事
赵性夫	仁老		侯官	龙岩知县、汀州通判	赵彦侯	简叔		闽县	安溪知县
赵彦励	懋训		河南浚水	兴化知府	赵彦弥	仲高			番禺尉
赵沂孙	希曾		连江	正奏名	赵以夫 (1189—1256)	用甫、历斋	虚斋	长乐芝岩	名一作以孚，原籍侯官。吏部尚书
赵楒夫	仲居		连江	宗子正奏	赵雍夫	子肃		泰宁中隅	宝庆二年进士
赵由权	君柄		古田	宗子正奏	赵与赓	福卿		福清	进士
赵与迈	德骏		长溪	嘉定四年进士	赵与思	谨思		莆田	
赵与偃	宗瑞		福清	进士	赵栉夫	少密		连江	剑浦知县
赵宗玱	荣甫		古田	庐陵司法，吉州参军	赵宗坛	居正		福鼎	嘉定十三年进士
真德秀 (1178—1235)	景元、景希、希元	西山	浦城长乐里	泉州知府	郑昂	尚明		福州	
郑褒	成之		莆田	籍贯一作惠安	郑丙 (1121—1194)	少融		长乐濠溪	绍兴知府、吏部尚书
郑炳	若晦		晋江	左司谏	郑搏	子万		宁德	殿前都干办
郑宷	载伯		福安穆阳		郑鏽	刚中		闽县	名一作锷。屯田员外郎
郑斗	仰夫		长乐沙京	监察御史、翰林院编修	郑锷	靖甫		长乐沙京	吏部右侍郎
郑发	文举		长乐	进士,特奏名	郑𬛩	文甫		崇安	福安知县
郑纲	举之		长乐沙京		郑格	迪民		福清海口	攸县知县
郑恭	子安		福清海口	惠州巡检	郑厚	信甫		福清	高州教授

郑 怀	国珍		宁德		郑 焕	文伯		福清海口	英德教谕
郑 璜	景玉		长溪	开禧元年进士	郑 获	必先		福清	进士
郑 鉴 (1145—1182)	自明	植斋	连江透堡	太学正	郑 疆	南美		长乐	汀州知州
郑 节	端甫		长乐沙京	舒州知州	郑 缙	德芳		福安才良	武举正奏名
郑 靖	显夫		长乐沙京	寓居闽县。翰林侍讲	郑 彀	致刚		建安	
郑 钧	平国		长溪西门	乾道五年进士	郑 钧	元秉		长乐沙京	进士,特奏名
郑 侃	德言	村边	莆田后埭		郑 轮	景行		德化	
郑 谟	思存		福清海口	进士	郑 穆	应和		长汀	徽州通判
郑 衮	元刚		长乐屿头	镇定府教授	郑 浦	泽民		福清海口	
郑 溥	泽民		长溪	淳祐元年进士	郑 骐	仲逸		长乐沙京	进士,特奏名
郑 起	叔起	菊山	连江导村	初名震东	郑 潜	刚克		崇安永浆	嘉定十三年进士
郑 侨 (1132—1202)	惠叔	回溪	仙游	知枢密院事	郑 樵 (1104—1162)	渔仲		莆田	史学家
郑 容	伯宽		福安案山	通州巡检	郑 瑞	景符		永福	进士
郑 构	子经		永福	南安教谕	郑 宷 (1187—1249)	载伯	北山	福安穆洋	端明殿学士,同签书枢密院事
郑 湜	溥之		闽县	刑部侍郎	郑 湜	清夫		长乐沙京	起居郎,权直学士院
郑 棠	公远		福清	进士	郑 霆	希声		连江	武举人
郑 通	平甫		长乐福湖	新建知县	郑 炜	荣季		罗源	顺昌主簿
郑 禧	天锡		罗源	进士	郑 选	声甫		长乐沙京	御名里行。进士
郑 勋	景周		仙游		郑 岩	维石		福清	进士

郑 益	子友		长乐沙京	宗子博士	郑 寅	子敬	肯亭	仙游浔阳	籍贯一作永福。漳州知州
郑 颖	仲实		宁德	龙泉知县	郑 遹	声之		长乐象屿	进士
郑 钺	彝白	云我、舒堂	莆田		郑 肇	端甫		长溪	淳熙十四年进士
郑 振	亨叔、叔亨		仙游	籍贯一作安溪	郑 震	景东		连江	武举人,特奏名
郑 震	正甫		长乐沙京	进士,特奏名	郑 著	则初		长溪	绍定五年进士
郑 铸	陶叔		福清	进士	郑安夫	仲修		长乐	进士,特奏名
郑邦俊	英叟		长溪	寄居连江	郑曾子	子可		晋江	
郑椿年	春卿		福清海口	南剑知州	郑待时	叔孺		长乐沙京	平江路提刑
郑待问	仲孺		长乐沙京	进士,朝奉大夫	郑德起	功甫、功父		长乐福湖	籍贯一作闽清,兴化知军
郑鼎新	中实		仙游	都大提管、朝奉郎	郑斗祥	一卿		福清海口	曹郎
郑发先	景仁		长乐洋屿	乐平知县	郑逢辰	伯昌		闽县	浙东提刑
郑刚中	必振		长乐沙京	进士,特奏名	郑耕老	穀叔	友堂	莆田陂头	
郑公玉	润甫		古田	朝奉郎、潭州通判	郑公岳	仲甫		长乐	进士,特奏名
郑观生	明叔		长乐沙京	湖广监察御史	郑光定	必著		长乐沙京	嘉定知府
郑桂卿	宋辅		长乐沙京	济州通判	郑虎臣 (1219—?)	廷瀚、景兆		长溪柏柱	会稽县尉
郑会龙	元鲁		福安案山		郑景仁	梦彰		连江	正奏名
郑居津	知要		河南	浙东路提举	郑君荐	宗道		福清	太常寺寺丞
郑君老	邦寿		长溪大京	咸淳四年进士	郑开先	景初		长乐洋屿	进士,特奏名
郑可复	彦修		仙游	循州通判	郑孔礼	景集		长乐沙京	直秘阁

郑利宣	吉甫		福安才良		郑良翰	景仁		长乐	武进士
郑良翰	子蒙		永福	通判	郑龙甫	希葛		莆田	
郑梦登	少用		长溪	寓居罗源。进士	郑梦钧	景石		永福	进士
郑梦先	景嵩		长乐洋屿	进士	郑木润	以德		连江	正奏名
郑能定	应夫		连江	正奏名	郑能应	良夫		长溪	淳祐七年进士
郑祺先	介甫		长乐	进士	郑潜甫	逢源		莆田后塘	
郑秋浦	伯渊		罗源	乡塾师	郑日学	可久		宁德廿二都	平江金判
郑申卿	相之		龙溪		郑申秀	实之		龙溪	
郑申之	唯任	湖波	长乐福湖	国子监助教	郑师孟	齐卿	存斋先生	宁德南隅	
郑师申	景崧		福清	进士	郑士吉	祺夫		长乐沙京	进士,特奏名
郑士龙	舜俞		长溪	嘉定十年进士	郑士懿	从之	定斋	宁德一都	武冈军知军
郑舜卿	虞任、宋德		长乐沙京	籍贯一作长溪。进士	郑思忱	景千		安溪	知崇安
郑思肖 (1241—1318)	忆翁	三外野人、所南	连江	以太学上舍应博学宏词科	郑思永	景修		安溪	
郑嗣诚	明叔		宁德	隆兴元年进士,县尉	郑天骥	宜叔		连江	特奏名
郑同翁	景寿		宁德	潮州通判、两浙都运使	郑文通	成叔		福州	贡士,朱熹弟子
郑献翁	帝臣		莆田		郑性之 (1172—1255)	信之	毅斋	长乐福湖	初名自诚,寓居侯官。平江军节度判官
郑益祥	进卿		福清海口	进士	郑莹中	清叔		闽清	嘉定十三年特奏名
郑应大	必发		长乐沙京	籍贯一作连江。进士,宣议郎	郑应雷	景元		连江	正奏名
郑应龙	少慈		长江	潭州理椽	郑应龙	翔甫		罗源	进士

郑应明	晦叔		连江	海丰知县	郑永年	寿卿		福清海口	进士
郑有开	先之		永福	进士	郑元吉	坦之		永福	进士
郑昭先	景绍		长乐洋屿	知枢密院兼参知政事、江南西路安抚使	郑之悌	梦锡		福安十五都	湖北提举使
郑知刚	季和		永福	严州知州	郑自得	资之		长乐福湖	进士
郑自任	尹之		闽清	淳祐元年特奏名	钟离松	其绍		淮东江宁	兴化知府
钟世明	仕显		将乐	兵部侍郎	钟元鼎	和卿		晋江	福州通判
钟元龙	善甫		将乐	旧名禅	周椿	春卿		浦城	
周固	适可		浦城	沂州知州	周角	子都		长乐宅前	著作郎
周森	潍夫		宁德洋中	宝祐四年进士	周牧	善叔		宁德一都	横州知州
周芹	文泮	菁才	长乐湖东	字一作菁村。宗正寺簿	周申	及甫		长乐感恩	进士
周汰	清之		宁德六都		周因	与道		浦城	闽县主簿、荆湖南路转运使、桂州知州
周钟	君与		晋江	南剑州通判	周矗	致远		宁德一都	光泽县尉
周邦弼	直卿		罗源	容州教授	周椿年	春卿		浦城	仙游知县、道州通判
周还淳	文化		长溪	绍定五年进士	周亨明	维生		宁德一都	直宝文阁
周亨升	德远		宁德	恩州司法参军	周景章	程叔		宁德	文举特奏名
周明仲	居晦		建阳	籍贯一作建安	周明作	元兴		建阳	
周平子	平仲		长溪	嘉定元年进士	周士贵	良彦		罗源	进士
周叔茂	子实		长溪	嘉定四年进士	周嗣恭	作肃		浦城	泰州知州
周嗣武	功甫		浦城	户部侍郎	周文擢	升伯		长溪	乾道二年进士

周武仲	宪之		浦城	吏部尚书	周尧卿	子俞	湖南道州	宁化知县、太常博士
周颖士	洪仲		古田官州	迪功郎	周用亨	通父	宁德	循州知州、高州知州
周直亮	全翁		长溪	绍兴二十七年进士	朱洸	淑泉	莆田	
朱桧	伯龄		莆田		朱焕	寻蒙	永福	进士
朱鉴	子明		建阳		朱浚	深源	建阳	吏部侍郎
朱木	仁叔		福清	教谕	朱牧	子文	闽县	隆兴法曹
朱塾 (1153—1191)	受之		建阳	朱熹长子	朱松 (1097—1143)	乔年	韦斋	江西婺源	政和、尤溪县尉，尚书度支员外郎
朱挺	烈仲		侯官	循州知州	朱熹 (1130—1200)	元晦、仲晦	晦庵、晦翁、云谷老人、沧洲病叟、遁翁	尤溪	生于福建尤溪。从学建阳，著名理学家
朱英	秀实		福清	南雄教授	朱泳	子游	仙游	福建运管
朱在 (1169—1239)	叔敬		江西婺源	乳名昆官，泉州通判	朱震 (1072—1138)	子发	邵武	翰林学士
朱著	公明		闽县	吏部尚书	朱倬 (1086—1163)	汉章	闽县	尚书右仆射、同平章事
朱宗	成德		仙游	福州路转运使	朱伯奇	汝颖	福清	进士
朱大宝	元龟		长溪	乾道二年进士	朱宏孙	允之	长溪	嘉定七年进士
朱及甫	周翰		莆田		朱金发	振中	福清南岭	龙岩主簿
朱可必	以义		宁德	莱州通判	朱履常	典卿	莆田	
朱实之	允实		罗源	知兴化军	朱首谅	稷骈	仙游	
朱宋孙	允之		长溪	寓居罗源。进士	朱廷杰	世英	永福	北海知县，代理潍州通判

朱元飞	希实		仙游	福州通判	朱正中	叔大	力庵	邵武	通守
诸葛廷瑞	麟之		晋江		诸葛直清	子严		晋江	
祝 穆	伯和、和甫	樟隐老人	江西婺源	居建阳,师事朱熹	祝 穰	汝昭		浙江西安	汀州知州
祝 洙	安道		崇安		庄 方	邦直		同安	
庄 光	德灿		尤溪	建炎二年进士	庄 梆	子修		晋江	
庄 壬	子中		惠安	尉永嘉	庄 夏 (1155—1223)	子礼	藻斋	永春桃源里	后徙居晋江。漳州知州
庄 序	梦序		永春桃源里		庄行成	德全		长溪南屏	绍兴二十四年进士
庄克家	思齐		霞浦南屏	绍定二年进士	庄孟芳	彦实		长溪	宝祐四年进士
庄梦说	应求		泉州	仙游县尉、大理寺簿郎	庄弥邵	德修		晋江	
庄师熊	次公	梅庄	宁德	乐安县丞	卓 琼	廷瑞		永春	
卓 冠	圣伦		永福	永康主簿	卓 杰	梁父		长乐卓岭	瑞州墨曹
卓 津	少清		永福	津阳知县	卓 立	志道		福清	进士
卓 然	叔昭		长乐	进士	卓 石	起甫		福清	绍熙元年进士,建昌通判
卓 石	器甫		福清	淳祐四年进士	卓 先	进之		莆田	
卓 洵	士直		长乐卓岭	泰和知县	卓 应	熊叔		罗源	进士,特奏名
卓右龙	帝弼		长乐	原籍临安。进士	宗 炳		玉华	江西信州	古田知县
邹 晒	叔明		长乐	进士,特奏名	邹 恕	叔安		泰宁	嘉定元年进士
邹 洙	宗鲁		长乐	进士	邹次凤	仲师		长乐	武进士

姓名	字	号	籍贯	备注	姓名	字	号	籍贯	备注
邹应麟	景周		泰宁	嘉泰二年进士	邹应龙(1173—1245)	仲恭	景初	泰宁城关	名一作应乾，一作应隆。泉州、建宁知州，枢密院事
祖逢清	守中		浦城	静江府教授	祖世英	颖仲		浦城	融州知州
祖秀实(1023—?)	去华		浦城	礼部侍郎					

元代人物

姓名	字	号	籍贯	备 注	姓名	字	号	籍贯	备 注
哀宝	子仁	东郊	崇安	寄养于安氏，又称安宝	安答儿秃	彦安		蒙古扎儿台	邵武达鲁花赤
安护礼	正卿		河南汝南	一名安礼护世。福建廉访司佥事	敖继公	君善		长乐	信州教授
曹道振	伯大		沙县	福建路判官	陈成	公美		晋江	
陈道	子忠		沙县		陈登	伯良		长乐陈店	兰溪知县
陈东	景赐		长乐沙堤		陈佛	克让		仙游	兴化教谕
陈高	子上		浙江平阳	庆元路录事	陈贵	叔礼		连江崇礼	连江知县
陈浚	古衡		仙游	仙游主簿	陈宽	宗柔		连江	台州通判
陈亮	君采		宁德		陈旅(1288—1343)	众仲		莆田	国子监丞
陈万	德元		仙游	仙游县儒学直学	陈駥	玄甫			晋江知县
陈伯生	居大		连江	南海巡检	陈成己	无逸		连江	
陈承恩	仲爵		长乐犼屿	直殿中丞	陈春伯	育甫		连江	教谕

姓名	字	号	籍贯	职官	姓名	字	号	籍贯	职官
陈端孙	伯都		福宁	福建宣慰司都元帅	陈君用	玉涧	铃冈	漳浦	字一作玉谏。福建路总管同知，守汀漳正万户，宣武将军
陈君用	子材		南平	同知建宁路事	陈孟龙	霖卿		宁德	
陈楠老	良材		政和六都		陈绍叔（1243—1313）	克甫		莆田金沙	
陈世祥	子兴		连江龙西	连江教谕	陈泰兴	天锡		漳浦	
陈泰舆	天骥		漳浦		陈天遂	骏夫		长乐江田	福清州龙江书院教谕
陈天锡	载之		福宁	泉州教授	陈信惠	孚中		晋江	惠安知县
陈阳盈	子谦		福宁	侯官县尉、泉州税课副使、安溪县尹	陈阳至	子善		福宁西巷	汀州州尹
陈有定（1324—1368）	永卿、安国		清流大焦	名一作友定，原籍福清。延平路、汀州路总管，福建行省平章政事	陈有霖	希说		长乐蓝田	
陈元善	长卿		龙溪		陈元显	本晦		宁德一都	
陈赵鼎	必重		连江	罗源教谕	陈镇孙	伯圭		沙县	福建中书省都镇抚
陈仲文	奎甫		长乐		陈自新	贡父	敬斋	宁德一都	精易学理数
陈宗泽	友仁		宁德	来宾县白牛山寨巡检	赤盏	显忠			
迭理弥实	子初		西域	福建行省理问、漳州达鲁花赤	丁德孙	惟一		浙江鄞县	长乐知县、罗源知县
董斌	仲焕		永福大樟	福州治中	杜本	伯原		崇安	翰林待制兼国史编修，不赴
杜圻	德基		崇安	瓯宁训导、温州教授	范文忠	焕章		浙江定海	沙县知县
方季茂	子若		连江	南安教谕	傅定保（1250—1335）	季谟	古直	南安	
高钜	景万		长乐后澳	永福教谕	高琪	瑞甫		长乐后澳	福建行省参政

龚　雍	行简		邵武	江西中书行省参议	龚必俞	尧臣	少园居士	宁德蒲原	
龚名安 (1306—1385)	俊卿		晋江永宁		顾长卿	子元		莆田	福州路教授
郭　陞	德基		长乐东隅	吴江州教授	郭　完	维贞	沧洲	莆田	
郭可大 (1272—1341)	行之		同安后仓	福建道宣慰司都元帅府副使	韩　准	公衡		福州	江西行省参知政事
韩尚炫	元明		宁德		韩信同	伯循	古遗	宁德涵头	理学名士
何宣赐	双溪		建宁		忽都火者	明卿		蒙古	古田主簿、闽藩断事经历、长泰县尹
胡一桂	庭芳	双湖	安徽婺源	朱熹易学传人，与熊勿轩讲学武夷山中	黄　宽	洵饶		福鼎	著《四书附纂》《时事直纪》
黄　荣	惟达		龙溪	大使	黄　周	仲文		建阳崇泰	建阳县尹、邵武军通判
黄昌元	子仁		松溪		黄大任	元明		邵武	归隐泰宁龙溪
黄道贤	君典		晋江		黄清老 (1289—?)	子肃	樵水	邵武	湖广行省儒学提举
黄文冲	仲和		将乐		黄尧臣	冀仲		永福	建宁学正
黄以达	志仁		罗源	万户府主簿	黄舆善	廷安		宁德六都	姓名一作黄善，元统二年进士
黄元实	廷美		泰宁	延平府文学	黄元渊	君翊		龙溪	学正
黄镇成 (1290—1348)	元镇	存存子	邵武		江　志	继祖		崇安上梅里	官宣教郎
蒋　易	师文		建阳		金　吉		一庵	上都	左副翼万户府上千户，镇守泉州
柯公焕	德章		晋江		柯公全	德仁		晋江	
孔公俊	师道		山东曲阜	邵武达鲁花赤、同安县尹	况　逮	肩吾		江西庐江	光泽知县
蓝　光	仲晦		江西临川	福建行省都事	雷　绅	友绥		清流	江西湖东道
雷添祥	永祯		清流坊郭里		李　钧	伯衡		河南卫县	讨寨寇于清流,战死

李 实	伯美		河南汴州	武平知县	李 文	士则		崇安	苏州府教授
李 铉	伯鼎		河南卫县	怀远大将军郖复上万户府副万户,镇守延平,战死	李 约	审初		江西庐陵	兴化府经历,摄仙游县事
李德富	润元		连城	翰林学士,掌国史局	李文庆	德积		连城	福建某路总管,镇守连城
李应龙 (1294—1355)	玉琳		光泽	字一作玉林	李仲甫	宣臣		连城	
梁 谏	乃信		永福	进士	梁 益	友直	庸斋	福州	迁居江阴
梁 政	永聪		南安		林 昉	旦翁	晓庵	闽县	国史检阅
林 亨	蒙亨		仙游	朝请郎	林 隽	伯聪		福清	潭州录事
林 清	以宁	阜林梅隐处士	长乐阜山		林 韶	叔成		福清	福清州训导
林 童	本初		建阳		林 逸	国安	愚愚	龙溪	
林 昭	孔光		连江	长乐主簿	林 澍	子西		连江	蒙古教授
林璧卿		樵谷	莆田		林纯子	仲卿		永春	永春县达鲁花赤
林广发	明卿		龙溪	主簿	林雷龙	伯雨	清逸处士	仙游	以兴化府治中代理兴化知府
林泉生 (1299—1361)	清源	觉是	永福	翰林直学士	林天祥	时若		同安嘉禾	
林习子		似梅	宁德	廉访司掌书	林兴祖	宗起		罗源	铅山知州
林以辨	子泉		莆田	宣抚司机宜	林以顺	子木、子睦		莆田	福清州知州
林用作		松坡	龙岩		林玉芝	瑞德		福鼎	福建道宣慰使司经历
林仲节	景和		福鼎	名一作中节。进士,华亭尹、吴江知州	刘 济	应徐		崇安永浆里	
刘 鉴	明卿		福安苏洋	福宁州蒙古译史官	刘 浚	济川		河南	连江宁善乡巡检

刘 翼 (1198—?)	躔父		福唐		刘 益	有谅		晋江
刘君辅 (1251—1321)	仲佐	西桥	晋江祥芝		刘君谧	师宁		福安苏洋	福宁州巡检
刘思礼	季和		山东高唐	顺昌知县	卢 琦 (?—1362)	希韩	立斋	惠安	福建盐课司提举
鲁崇仁	子元		四川	顺昌知县	陆 允	守信	梅边先生	罗源	金华教谕
罗 良 (?—1366)	彦温		长汀	长汀县尉、福建行省右丞	吕 桂	文桂		浙江金华	易学家。剑浦教谕、安溪知县
马哈谋沙	端甫		蒙古阿鲁温	同安达鲁花赤	缪奕老	德深		福安穆洋
逌穆太	景善		蒙古		欧阳潮	涤原		长乐县西	莆田教谕
欧阳优	以大	道江、欧阳先生	长乐十四都		潘 腾	仲升		福清	进士
潘大年	得禄		福清	安陆州判	彭 炳	元亮		崇安
彭九万	好古、予远		崇安永浆里	举人	彭似孙	子如		崇安
彭庭坚	允诚、舜臣		浙江瑞安	福建宣慰使司副元帅	蒲寿庚 (1205—1290)		海云	阿拉伯	又名蒲受畊。提举泉州市舶司
曲 惠	顺卿		河北真定	尤溪县尉,代理尤溪知县	阮宗泽	友仁		宁德
萨都剌 (1284—1348)	天赐	直斋	山西雁门	福建道肃政廉访司知事	释大圭 (1304—1362)	恒白	梦观	晋江	俗姓廖
释法助 (?—1322)	普济		泉州	俗姓王	释义高		秋严	长乐十二都	俗姓陈,早得仙术,坐化
宋 峦	仲山		建阳童游		汤逢源	资深	岩居	将乐
汤述尧	宗道、蓂阶		归化		汪大渊 (1311—?)	焕章		江西隆兴路	航海家,两次由泉州出海
王 沧	仲洲		建阳兴贤		王 翰 (?—1378)	用文	友石山人	甘肃灵武	籍贯一作卢州。福建行省郎中、潮州路总管
王都中 (1279—1341)	元俞、邦翰	本斋	福宁赤岸	户部尚书、两淮都转运盐使	王佛生	子善		建阳兰魁坊

王公甫	仲中		长乐	从事郎	王积翁 (1229—1284)	良存	存耕	长溪赤岸	户部尚书
王吉才	伯谦	益斋	龙溪	泉州学正	王克恭	叔敬		福宁裳源	福清州判
王禄生	宗庆	云岩	长乐 王上坡	陕西行台侍御史	王应祚	舜卿		晋江	邵武达鲁花赤
文殊海涯	贯道		江西南昌	监尤溪县	乌古孙良帧	幹卿	约斋	大都临潢	龙溪丞
乌古孙泽	润甫		大都临潢	福建廉访使	吴璧	出玉		南平	校书郎
吴海	朝宗	鲁生、闻过先生	闽县		吴厚	德载		江西九江	仙游知县、莆田县尹
吴鉴	明之		闽县		吴巽	叔巽		罗源	举人
吴克忠		松泉	将乐	福建宣慰司都元帅	吴绳祖	世则		连江	连江主簿
吴文让		逊斋	将乐	尤溪知县	吴文谊	宜甫		将乐	延平路总管
吴友季	笃庆		连城	沙县教谕	项栋孙 (1296—1366)	子华		浙江丽水	提举泉州市舶司
萧春	景芳		连江松皋	仙游教谕	萧龛	克钦		江西吉州	名一作寅。邵武路同知
萧廷臣	应元		将乐		偰玉立 (1290—1365)	世玉		高昌郡	泉州达鲁花赤
谢天定	应甫		建宁	邑庠生	谢英辅 (1312—1368)		古溪	泰宁	
徐赐	天锡		顺昌	延平路推官	徐添禄	仲贵		建阳	
徐长卿	贵之		浦城	福建省都事	许汝翊		豹山	晋江	泉州路学正
许天麟	仁甫		莆田		薛鸢	君立	铁耕道人	莆田	
薛理元	子仁		福清	进士	颜丙	守中	如如居士	顺昌	
颜伯录	畴叔		永春		颜应祐	孝先		同安贤聚	
杨稷	宗琏	后庵	长泰在坊		杨缨		钓溪	松溪	

姓名	字	号	籍贯	官职	姓名	字	号	籍贯	官职
杨载 (1271—?)	仲弘		浦城	侨居杭州。宁国路总管府推官	杨廷臣	守茞		连江 安德里	寿州知府
杨相孙	敬在		晋江	仙游教谕	耶律惟一	用中			邵武达鲁花赤
叶衡	仲兴		江西德兴	仙游知县	叶隽	良弼		松溪	
叶盛	德盛		松溪		叶景仁	天德		松溪	政和县尉、浦城县尹
游钦	敬仲		崇安 节和里	邵武主簿、建阳知县	元淮	国泉	水镜	江西抚州	武德将军,同知溧阳路,总管府事。居邵武
袁天禄 (1331—1367)	礼文	东山	柘洋柳营	福建行省参知政事	曾森	良材		浦城	兴化路通判
詹辉	时甫		崇安 黄村里	福建转运使	詹燃		三峰	崇安黄村	
詹景仁	天麟		崇安 周村里	抚州总管	张本	在中		将乐	延平路提举
张理	仲纯		江西清江	泰宁教谕、福建儒学提举	张宁	贵安		浦城	政和县尹、福清县尹
张升	伯起		建阳崇化	籍贯一作顺昌桂溪。江南等处儒学提举	张祥	彦祯		河北真定	邵武达鲁花赤
张文集	思德		永定		张以宁 (1300—1370)	志道		古田县城	翰林侍读学士,知制诰,兼修国史
张中祥	云祉		永福		章溢 (1314—1369)	三益		浙江龙泉	隐居浦城匡山。御史中丞兼太子赞善
赵必涟	仲莲	山泉翁	崇安		赵次亨	于康		连江	福宁同知
赵甫璂	莹卿		晋江	知宁远	赵诖若	顺之		崇安 四隅里	授同安县尹,不就
赵若樾	自本	霁山	崇安 永浆里	咸淳十年进士	赵文焕	有章		河北真定	仙游主簿
赵友正	仲刚		连江	长乐教谕	真宝	朝用	彝斋	蒙古	南平知县、崇安主簿、政和达鲁花赤、监察御史
郑成	仲仁	菊圃	崇安将村	临江教授	郑观	德望		仙游	

姓名	字	号	籍贯	备注	姓名	字	号	籍贯	备注
郑鉴	子声		将乐	将乐教谕	郑靖	文靖		安徽休宁	怀安教谕
郑铿	子声		将乐	教谕	郑录	克敬		三山	
郑旼	德华		浦城	福建行中书省左丞	郑潜	彦昭		安徽歙县	福建监察御史、泉州路总管
郑寿	龟龄		晋江		郑忠	伯直	南涧	宁德一都	
郑德普	子周、汝施	景崖	崇安将村	上杭教谕	郑天祐	述作		侯官	
钟耆德	元长		闽县		周佑	于一		龙溪	至正七年举人
周受春		东园	宁化		周正子	敬甫		连江	
朱彬	文质		建阳		朱万初		潜虚	江西□□	光泽知县
朱文霆	元道	葵山	莆田		诸葛晋	仲昭		晋江	
诸葛泰	亨甫		晋江		庄偲	用成		福清	进士
邹大观	光伯		清流	廷尉	祖浩然	养吾		浦城	

明代人物

姓名	字	号	籍贯	备注	姓名	字	号	籍贯	备注
艾盛	守谦		将乐	湖广布政司经历	艾如芝	人瑞	函一	建宁	平武知县
艾儒略 (1582—1649)	思及		意大利	GiulioAleni，福州天主教耶稣会传教士	白皓	景著		将乐	
白鹏	文举		将乐	例贡生	白宪	良刑		将乐	新宁教谕
白鸢	文昭		将乐	南山所通判	包溥	民敬		浙江鄞县	泉州知府
包遇泰	仕亨		福宁	湖广通州判官	毕方济 (1582—1649)	今梁		意大利	福州天主教神父

毕懋良	师皋		安徽歙县	福建布政使	边文进	景昭、公进		沙县兴义坊	一说名景昭，画家
材 辉	雅山		漳浦佛昙		蔡 滨	司直		将乐	益府教授
蔡 昶	元皋		光泽一都	岁贡生	蔡 潮	以孚		将乐	芜湖训导
蔡 春	仁甫		建阳		蔡 鼎(1588—1655)	可挹	无能	晋江塘东	明亡隐居厦门
蔡 杲	宏中	怀峰	漳浦上蔡	原名昂	蔡 篪	子恭		仙游	贡生
蔡 焕	尔章	海林	同安平林	临安知府	蔡 霁	用明、晦仲	见南	同安山兜	乐至知县
蔡 瑾	体温		安溪长泰里		蔡 侃	明标	景运、侗凡	晋江	云南左布政使
蔡 琨	稚圭		长泰		蔡 琅	徽玉		仙游	
蔡 亮	孟孚		莆田		蔡 烈	文继		龙溪	
蔡 旻	隐学	西斋	漳浦		蔡 铭	邦任		长泰	
蔡 谟	宜中		龙岩	德安知县	蔡 桥	宗达	眉山	同安平林	从孙蔡献臣
蔡 清(1453—1508)	介夫	虚斋	晋江	江西提学副使。理学家	蔡 升	晋衢		漳浦上蔡	淮安府推官
蔡 肃	思敬		漳浦		蔡 渭	典周		将乐	归善训导
蔡 文	孚中		龙溪	广西参议	蔡 锡	廷予		浙江鄞县	泉州知府
蔡 信	日睿		莆田	叶县教谕	蔡 阳	士复		仙游	
蔡 野	子彬		古田	宁德训导	蔡 瀛	登之		福安西门	衢州训导
蔡 祐	体顺	勉庵	晋江	教授	蔡 瓒	宗重		莆田	
蔡 章	文潜		漳浦绥安	举人	蔡 政(？—1668)	拱枢		同安浯洲	永历时从郑成功起兵抗清
蔡邦明	国觐		南安		蔡存省	宣懋	舆岩	晋江	临江通判

蔡存畏	思危		晋江		蔡存远	思毅		晋江	太仆寺丞
蔡大壮	丕礼	我湖	漳浦西湖	宁乡知县	蔡道宪 (1615—1643)	元白	江门	晋江	
蔡德进	士抑		广东东莞	古田知县,黔阳令	蔡鼎臣 (1563—1625)	体谟	弼台	同安平林	初名献襄。太学生
蔡而爌	润生		漳浦西湖		蔡复一 (1577—1625)	敬夫	元履	同安山兜	以都察院右金都御史总督贵州、云南、湖广军务
蔡甘光	雨卿		同安平林	恩贡生。蔡献臣之子	蔡肱明	子起		晋江	四川威茂道
蔡观慧	允元		晋江		蔡贵恒	尔实		同安平林	蔡贵易堂兄
蔡贵易 (1538—1597)	尔通、道生	肖兼	同安平林	浙江按察使。蔡献臣之父	蔡贵毅	尔远		同安平林	蔡贵易堂兄
蔡国柄	诚中		晋江	永丰知县	蔡国辅	君佐、汝翼		建阳童游	
蔡国光	士观	贡服	同安平林	礼科给事中	蔡国桢	孝臣		海澄五都	
蔡国忠	汝亮		建阳童游		蔡鸿基	万益		长泰	
蔡节甫	梦松		建阳		蔡景榕 (1538—1609)	同野、尚秀	西园居士、东来	宁德蔡洋	随州学正
蔡克廉	道卿		晋江	户部尚书	蔡立爱	忠府		晋江	单州知府
蔡立敬	惺甫		晋江	户部主事	蔡懋贤 (1550—1591)	德甫	恂所	同安平林	籍贯一作同安前街。刑部山西司主事
蔡梦说	君弼	梅岩	龙岩	南韶道参政	蔡梦旸	伯春		尤溪	雷州督捕判官,监理粮务
蔡明复	以修	心来	漳浦西坂		蔡谦光 (1585—1636)	袠卿	六吉	同安平林	县学诸生
蔡庆璜	朝佩		晋江		蔡如川	继之	涓泉	晋江	寻甸知府
蔡润石 (1612—1694)	玉卿		龙溪鹤峰	女,黄道周继室	蔡润宗	克恭		晋江	教授
蔡善继	五岳		浙江乌程	泉州知府	蔡尚殷	翠崎		漳平	

蔡绍英 (1566—1611)	隽卿	少桂	同安平林		蔡时鼎 (1550—1592)	台辅	调吾	漳浦六鳌	江西提学使
蔡士宾	文贡		福清	进士	蔡士实	文光		福清	进士
蔡世敏	邦捷		福安锦屏	例贡	蔡世穆	邦拱		福安锦屏	
蔡仕宝	聘夫	梅叟	漳浦		蔡守愚 (1552—1621)	体言	发吾	同安平林	云南左布政使
蔡思充 (1559—1642)	宝卿	元岗	漳浦云霄	工部尚书	蔡思义	士路		广东饶平	龙岩知县
蔡思雍	主恒		晋江	龙泉知县	蔡廷春	载阳		莆田	
蔡惟英	启秀		建阳童游		蔡希旦 (1511—1560)	可久	中溪	同安平林	
蔡贤征	哲卿		晋江		蔡献臣 (1563—1641)	体国	虚台、 直心 居士	同安平林	南光禄少卿
蔡秀钟	士精	毓昆	同安山兜	永春掾吏	蔡学光	敬卿	壮如	同安平林	恩贡
蔡一橙	廷黄	百梁	漳浦西湖	宗禹子	蔡一桂	景培		晋江	
蔡一楠		莲峰	漳浦绥安	户部郎中	蔡应渐	启磐		仙游	汀州教授
蔡应麟	子瑞		晋江	太常少卿	蔡用明 (1547—1602)	晦仲	见南	同安	本名霁。乐至 知县
蔡于蕃	周臣		仙游		蔡余庆	从善		浙江黄岩	汀州知府、福 建盐运使
蔡元旦	汉升		莆田		蔡元德	惟仁		福安锦屏	例贡
蔡元伟	伯瞻	松庄	晋江蔡庄		蔡元用	勉行		江苏无锡	古田教谕
蔡元贞	邑夫		邵武	庠生	蔡增誉	宏耀		晋江宝盖	
蔡肇庆		起岑	诏安	襄阳府通判	蔡志道	养吾		长泰	
蔡钟有	恒卿		同安	分水知县	蔡仲实	志郁		晋江	
蔡宗达		眉山	同安平林		蔡宗道	朋山		同安平林	县学诸生

蔡宗德	懋修	兼峰	同安平林	蔡献臣之祖父。广州通判	蔡宗兖	希渊		浙江山阴	莆田郡学教授
蔡宗禹	宝元	震湖	漳浦	刑部主事	曹福	道谦		福宁州西	弋阳知县
曹龙	尧佐		沙县后山	寿昌知县	曹闵	宗孝		江苏上海	沙县知县，官至南御史
曹能	廷用		上杭在城里	庐州府推官	曹宁	逢吉		上杭在城里	阳春知县
曹贤	叔善		长乐东隅	礼部主事，太常博士	曹敬学	元峰		长汀	陵水知县
曹履泰	大来	方城	浙江海盐	同安知县、吏科给事中	曹圣诰		瞻紫	宁洋	贵溪训导
曹万选	青如		上杭	恩贡	曹学佺 (1574—1646)	能始、尊生	雁泽、石仓居士、西峰居士	侯官洪塘	礼部尚书。著名藏书家
柴镳	仲和		浙江临海	永春知县	柴曦	德辉		浙江建德	政和知县
昌澄	景范		莆田		昌维基	东玉		莆田	
昌应会	廷魁		莆田		昌应时	廷佐		莆田	
常福	廷范		莆田		常儒甫	逊学		莆田	
车纯	秉文		浙江上虞	福建布政使	车宁	子静		闽县	湖广参议
车锜	用朝		将乐	楚王府纪善	车任重	宏宇		南平	同安县训导、弋阳教谕
陈安	伯宁		松溪		陈安	克成		晋江	衡阳知府
陈安	勉夫		长乐西隅	衡阳知县	陈按	朝举		莆田	
陈䢴	安仲	叔恭	闽县	洪武三十年状元	陈暗	思敏		松溪	
陈昂	叔举		连江东岱	云南参议	陈昂	元举		宁德廿二都	天长训导
陈昂	尔瞻、云仲	白云先生	莆田	著名诗人	陈柏	子正、子政		归化	

陈 襃	邦荣		宁德六都	正德九年进士	陈 保	克守		连江	宛平知县
陈 宝	信卿		永安	永安庠生	陈 本	叔固		长乐	
陈 弼	元佐		福安	举人	陈 璧	道良		福清	浙江右布政使
陈 镳	君义	观海	漳浦赤湖		陈 表	文献	东谷	龙岩	重庆府训导，署理南川县事
陈 宾	邦敬		连江	连州学正	陈 宾	尚忠		永福	江西参政
陈 宾	希敬		莆田		陈 宾	仲贤		连江	成化元年举人
陈 彬	文甫		宁德廿二都	吏部主事	陈 斌	文中		上杭胜运里	岁贡
陈 滨		南涯	惠安崇武	千总	陈 瑸(1588—1643)	宾王	亶州	漳浦	湖广参议
陈 伯	文景		古田	松阳县知县	陈 灿	文奎	角里	罗源东隅	
陈 灿	德辉		永福	字一作德煇。南雄训导	陈 策	时偕		莆田	台州知府
陈 曾	宗圣		建阳童游		陈 察	资明		莆田	慈溪教谕
陈 昶	德辉		罗源拜井里	浚县训导	陈 彻	孔熙		晋江	
陈 琛	淮美		连江	潮州通判	陈 琛(1477—1545)	思献	紫峰	晋江陈埭	南京吏部考功郎中
陈 枨(1394—1440)	叔刚	纲斋	闽县	侍读	陈 诚	秋一		光泽十二都	
陈 墀	德阶		闽县	云南副使	陈 墀	时奏		福安上杭	南雄府经历
陈 篪	邪韶		莆田		陈 篪	仲穆		莆田	靖江知县
陈 翀		云生	长乐古县	太仆寺少卿	陈 崇	德崇		侯官	御史
陈 宠	世康		莆田	邠州知州	陈 宠	世荣		连江	举人
陈 传	肃中		莆田	青阳教谕	陈 传	严说		闽县	刑科给事中

陈 椿	汝大		闽县	庠生	陈 椿	月泉		松溪	
陈 纯	则和		莆田		陈 慈	希善		宁德一都	六安州训导
陈 赐	原锡		浦城	临海知县	陈 聪	有临		长乐鹤上	行人司行人
陈 达 (1482—1554)	德英	虚窗	闽县	南京户部主事	陈 德	宗元		仙游	广西道监察御史
陈 登 (1362—1428)	思孝	石田	长乐江田	中书舍人,擅书篆籀文	陈 第 (1541—1617)	季立	一斋、温麻山农	连江龙西铺	蓟镇车前营游击将军
陈 典	汝德		安溪崇信里		陈 鼎	景调		仙游	正统九年举人
陈 鼎	子凝	象图	漳州北溪	举人。更名命蕭,后居同安。同安教谕	陈 端	秉正			古田知县
陈 惇	仲龙		上杭	泸溪知县	陈 燉	文明		闽县	
陈 钝	鲁若		侯官	户部主事	陈 遁	鸿节		侯官	
陈 铎	德振		福安上杭		陈 铎	振夫		归化	
陈 范	道宗		宁德	庆远府经历	陈 方	彦正		宁德	大城教谕
陈 访	咨善		宁德	青浦县丞	陈 佛	德性		福清	宜都知县
陈 辐	时用		宁德廿三都	开建教谕	陈 福	季畴		古田	岁贡
陈 福	天禄		宁德一都	岁贡	陈 黻	办卿		莆田	
陈 辅	时佐		连江	贡生	陈 黼	断叔		建阳县坊	
陈 复	鼎初		侯官	杭州知府	陈 复	文初		连江	福安训导
陈 复	宗回		连江县前铺	韶州通判	陈 焯	文厚	栖云叟	闽县	贡士
陈 纲	用举		上杭在城里	景泰岁贡	陈 纲	肇振		莆田	
陈 诰 (1533—?)	守巽		莆田	浙江按察副使	陈 艮	从时		长乐	严州通判

陈 恭	思敬		建阳 兴贤中		陈 巩	廷光		宁德	
陈 谷	次卿、 式洲	天桓、 天垣	同安	新安知县	陈 毂	右山		连江	德兴训导
陈 关	景复		仙游	清远教谕	陈 观	尚宾		上杭 在城里	新城教谕
陈 观	廷宾		莆田		陈 爃	文政		闽县	
陈 光	德辉		古田	岁贡,训导	陈 广	伯远		宁德 廿三都	
陈 广	德运		罗源 徐公里	青田教谕	陈 圭	桓至		莆田	
陈 圭	体敬		归化		陈 贵	秉良		莆田	
陈 贵	怀沈		尤溪	江西按察司副 使	陈 琯	谐卿	东川	宁德一都	会同知县
陈 衮	廷章		山东新城	汀州府丞	陈 果	尚烈		山东海阳	顺昌教谕
陈 汉	朝宗		古田	岁贡	陈 汉	汝昭		福安廉村	广安州判
陈 翰	文起		侯官		陈 豪	志兴、 肖鹤		长乐鹤上	四川副使
陈 昊	笔峰		永定	廪生	陈 灏	季周		长乐县西	交趾道监察御 史
陈 和	廷雍		龙岩	寄衔山东按察 副使,徐扬等 处兵备	陈 和	用礼		宁德六都	无为州学正
陈 河	文祥		莆田		陈 亨	惟嘉		莆田	
陈 宏	道远		晋江		陈 宏	丕道		龙溪	
陈 鸿	叔度		侯官		陈 鸿	子渐		仙游	武清典史
陈 华	思张		莆田		陈 华	在克		莆田	
陈 淮	巨渊		莆田		陈 桓			盘溪	政和	九江兵备副使
陈 瓛	微仲	征君、 柏崖	晋江	原籍福州	陈 夵 (1435—1504)	朝美	古愚	漳浦佛昙	贵州右参议

陈	焕	起文		连江	奉化教谕	陈	焕	永明		建阳县坊	
陈	璜	朝贡		龙溪		陈	簧	鸣韶		莆田	
陈	晖	旭之		晋江		陈	辉	伯炜		闽县	广东按察副使
陈	辉	日新		连江廿六都	南康训导	陈	会	民聚		晋江	
陈	晦	待征		莆田		陈	惠	启顺		龙溪	
陈	惠	惟顺		连江新安里	贡生	陈	玑	大器		安溪崇信里	澄迈教谕
陈	玑	文衡		宁德		陈	机	师度		仙游	靖安训导
陈	佶	体乾		古田	岁贡	陈	纪	国明		宁德八都	长乐教谕
陈	纪	士振		莆田		陈	纪	叔振		闽县	御史
陈	纪	肇修		莆田		陈	纪	仲理		建阳兴贤中	广东按察司副使
陈	济	大用		福安	广东平海所吏目	陈	骥	尚德		福安洋头	临高教谕
陈	骥	致远		长乐三溪	御史	陈	嘉	庆善		莆田	
陈	价	廷善		连江	衡州训导	陈	坚	孔亨		福清城头	河南道监察御史
陈	俭	用节	若陶	连江西铺	荔浦知县	陈 健(1491—1561)		时乾	沧江	同安阳翟	南宁知府
陈	谏	几伯		上杭		陈	鉴	德熙		福清	户部主事
陈	鉴	汝明		福安		陈	皦	明甫		连江东岱	平乐训导
陈	阶	允升	进斋	归化	兴安知县	陈	节	叔文		连江龙西	义乌知县
陈	杰	国英	方岩	莆田	湖广道监察御史	陈	杰	君豪		仙游	建德教谕
陈	杰	文英		连江	揭阳训导	陈	杰	希达		仙游	改名敬忠。代府长史

陈洁	是嗝		晋江		陈捷	仲迟		长乐鹤上	广东金事
陈金	汝砺		永福	平阳知县	陈锦	端实		漳浦	松藩副使
陈谨 (1525—1566)	德言	环江	长乐光俗里	籍贯一作闽县。惠州推官、南京国子监司业	陈谨	警惕		漳浦佛昙	
陈进	德仕		闽县	河南都司经历	陈缙	志章		莆田	
陈京	士瞻		长乐古槐	缙云知县	陈璟	宏瑞		莆田	沔阳学正
陈敬	克诚		寿宁坊二图	建宁训导	陈敬	体清		莆田	景泰二年进士
陈靖	斯安		宁德四都	肤施知县	陈居	处善		莆田	滦州判官
陈矩	朝宪		晋江		陈举	在贤		莆田	
陈涓	泾伯		侯官	县学诸生	陈珏	廷献		连江蟛步	宣德七年举人
陈爵	良贵		南靖		陈钧	衡臣	沧浪渔者	罗源	建德县丞
陈俊	克位	宅洲	同安阳翟	授福州府训导，不赴	陈俊	天启		邵武	云南府同知，代理曲靖知府
陈侃	邦直		沙县	潮州府推官	陈侃	孔敏		仙游	平乐通判
陈衍	磐生		闽县	国学生	陈珂	希白		浙江钱塘	籍贯一作嵊县。福建布政使
陈柯	君则		闽县	浙江布政司参政	陈恪	抱一		沙县	献县县丞
陈恪	克恭		宁德五都	泾县知县	陈奎	汝星		怀安	广东按察使
陈夒	惟一		永福龙湘	龙江经历	陈乐	九成		闽县	大理寺司务
陈礼	伯敬		罗源西隅	南昌训导	陈礼	崇仪		莆田	新繁教谕
陈礼	彦乐		长乐青桥		陈鲤	腾龙		莆田	户科给事中

陈　力	君列		江西瑞安	仙游训导	陈　力	朝宣		福安上杭	名智,隆庆岁贡
陈　濂	翰甫	师周	仙游	漳州教授、藩府长史	陈　琏	廷器		连城	湖口知县
陈　琏	宗器		古田	岁贡。大使	陈　良	秉善		莆田	
陈　亮	景明	拙修翁	长乐沙堤	闽中十才子之一	陈　亮	孔明		宁德	抚州训导、龙川教谕
陈　亮	孔明		晋江	罗源训导、内黄教谕	陈　烈	垣夫		漳浦赤湖	
陈　临	则敬		福清	庆阳知府	陈　琳	用美		永福	永乐岁贡
陈　琳	玉畴		莆田龟塘	南京兵部右侍郎	陈　遴	明举		古田	万年知县
陈　隆	伯昌		连江上里	松江同知	陈　隆	敬潭		永定	宣化县丞
陈　隆 (1458—1538)	文升	慎轩	永安	潮阳知县	陈　奎	元厚		仙游	宁海州训导
陈　辂	载夫		安溪		陈　禄	贵爵		莆田	惠州训导
陈　銮	和远		连江山藏	进士	陈　伦	征序		莆田	单县教谕
陈　纶	孔经		南平	新兴知县	陈　轮	纯辙		莆田	梧州通判
陈　轮	廷美		宁德	湘乡训导	陈　满	德安		浦城	
陈　懋	主敬		莆田	广德判官	陈　冕	尚周	缄斋	漳平	濮州知州
陈　苗	成业		永福	绍兴推官	陈　名	以发	非誉	宁洋	
陈　铭	以义		长乐	大理右评事	陈　谟	继显		连江西铺	籍贯一作闽县
陈　谟	以弼、莲湖		长乐江田	籍贯一作闽县。广西参政	陈　模	君则	戴东	连江	
陈　木	可栋		松溪		陈　萧	调玉		怀安	
陈　萧	宗调		莆田	四川参议	陈　讷	仁卿		宁德	益府教谕

陈	能	大用		湖南华容	延平知府	陈	宁	时泰	背庵	宁德	
陈	宁	士泰		晋江	知东莞县	陈	宁	文通		寿宁十都	清河训导
陈	峇	良石		莆田	全椒教谕	陈	鸥		忘机	晋江	
陈	泮		石屏	政和	建昌府训导	陈	鹏	思振		建阳县坊	
陈 珀 (1472—1516)		子永、 琛之	翠峰	莆田城关	太仆寺卿	陈	普	从周		罗源西隅	岁贡
陈	谱	孟文		宁德一都	金华训导、东 阳训导	陈	奇	士特		晋江	河间府印马通 判
陈	琪	洪璧		晋江		陈	琪	良玉		瓯宁	常州通判
陈	琦	公琰		福安阳头		陈	琦	亦韩		莆田	惠州同知
陈	锜	器之		福安上杭	山西监察御史	陈	玘	廷瑜		宁德一都	兵科给事中
陈	迁	大益		龙溪	巡按广西	陈	迁	汉崇		仙游	江西布政司参 议
陈	铅	志用		古田二都		陈	谦	伯恭		莆田	顺德教谕
陈	谦	德光	益斋	安溪		陈	潜	孔昭		宁德四都	
陈	乔	叔通		福安中华	信丰主簿	陈	钦	弯江		宁德	饶平知县
陈	钦	世亮		宁德	延平训导	陈	钦	思尧		莆田	都匀知府
陈	钦	子敬		福安富溪	清远县丞	陈	琴	汝谐		沙县	
陈	晴	允霁		连江山藏	高州知府	陈	琼	廷玮、 廷璋		仙游	松江府经历
陈	琼	廷玉		宁德六都	徐闻训导	陈	琼	子玉		仙游	永乐间贡生
陈	渠	存清		莆田	金溪知县	陈	鑺	国器		福安上杭	建德知县
陈	全	有德		连江蟠步	临安教导	陈 全 (1359—1424)		果之		长乐江田	翰林院编修

陈 铨	奇贤	笔山	漳浦		陈 铨	廷举		宁德	
陈 铨	士衡		松溪		陈 让	允恭	半陶	长乐十三都	石城知县
陈 人		东野	邵武	精医,善治疫疠	陈 壬	广福		安溪	四川按察使
陈 仁	德育		古田	岁贡。宝丰训导	陈 仁	景寿		宁德八都	监察御史
陈 仁	体元		归化	广西府通判、广西知府	陈 仁 (1454—1514)	子居	三渠	莆田管墩	浙江右参议
陈 仍	士复		连江	贡生	陈 荣	勉仁		宁德蓝田	
陈 瑞	孔麟		长乐古槐	两广总督、刑部尚书、兵部尚书	陈 瑞	鲁麟		泰宁在城	零都训导
陈 瑞	孟玉		莆田		陈 润	泽民		连江上里	楚王府经历
陈 森	廷茂		罗源东隅	温州训导	陈 山 (1362—1434)	汝静、伯高		沙县溪口	户部尚书、《两朝实录》总裁
陈 善 (1420—?)	崇谦		莆田南箕	山东按察副使	陈 善	复一		永定	庠生
陈 善	良显		长汀	大理寺左寺副	陈 善	惟敬		连江	监察御史
陈 善	祖禹		宁德		陈 韶	仪凤		永福	字一作凤仪。武昌教谕
陈 申	孟肤		闽县	湖州知府	陈 伸	荣干		永定	新会县丞
陈 绅	从儒		连江	会稽教谕	陈 绅	观佩		仙游	万历二年进士
陈 绅	文佩		南平	广州府教授	陈 甡	二生	壶石	归化	明隆武乙酉贡
陈 深	文通		莆田	九江推官	陈 升	景顺		仙游	行人司正
陈 省 (1529—1612)	孔震、幼溪	约斋	长乐古槐	幼溪一作号。兵部右侍郎	陈 时	宜之		长乐洋边	随父居直隶涿州,通政使
陈 实	充美	大隐居士	宁德		陈 实	尚成		莆田	永乐四年进士。翰林院庶吉士
陈 仕	尚宾		寿宁十都	贡士	陈 轼	静机		侯官	苍梧道参议

陈 绥	紫垣		上杭	崇祯岁贡	陈 淑	明润		罗源西隅	黟县训导
陈 恕		松庵	漳浦		陈 澍	德润		罗源西隅	黟县训导
陈 栖	叔复		闽县		陈 肃 (1326—1384)	文叔		闽县	初名大观。四川按察使
陈 璲	而琢		莆田	崇祯元年进士	陈 璲	如玉		寿宁坊二图	博士弟子
陈 璲	子佩		莆田	成化丁酉举人，国子学正	陈 台	舒华		晋江	
陈 泰	亨叔		古田	卫知事	陈 泰 (？—1470)	吉亨	拙庵	光泽	籍贯一作邵武。右副都御史
陈 泰	降人		漳浦铜山	诸生，寓居厦门	陈 泰	裕之		永福	鄱阳主簿
陈 谈	允默、鹤峰		长乐鹤上	兖州知府	陈 谭	伯著		福安上杭	浙昌国卫知事
陈 潭	孟明		长乐青桥	江西督粮参议	陈 镡	日宣		漳浦	
陈 坦	道平		连江东岱	户部郎中	陈 坦	廷准		罗源西隅	崇义训导
陈 镗	德进		古田	吉府教授	陈 涛	子声		莆田	万历十六年举人
陈 韬	贞盘	汤铭	长乐	县学廪生	陈 添	伯益		宁德	桂阳同知
陈 亭	莲石		侯官	松江知府	陈 彤	伯朱		仙游	崇祯十五年举人
陈 彤	景文		连江廿六都	贡生	陈 推	春田		崇安	县学生员
陈 完	仲完		长乐江田	翰林院编修	陈 完	叔初		晋江	
陈 畦	子晦		龙溪		陈 旺	邦盛		连江	福州右卫镇抚
陈 娃 (1449—1527)	文用	蒙庵、留余	闽县	潮州推官	陈 伟	士奇		仙游	上海教谕
陈 炜 (1430—1484)	文耀	耻庵	闽县	江西副使	陈 亹 (？—1478)	尚勉	梅庵	漳浦鉴湖	广东左布政使
陈 位	若颜		莆田	四川佥事	陈 渭	君授		仙游	南直隶典史

姓名	字	号	籍贯	备注	姓名	字	号	籍贯	备注
陈文	德简		莆田	济南教授	陈梧		我峰	漳浦	广东金事
陈希	惟贤		福安廉村	永乐九年举人	陈锡	汝则		建阳县坊	
陈锡	元舆		广东南海	仙游教谕	陈熙	靖之		同安阳翟	龙岩训导
陈熙	士勋		浙江慈溪	龙岩知县、监察御史	陈僖	宗敬		长汀	瑞安训导
陈玺	德符		闽县		陈玺	天瑞		连江山藏	眉州知府
陈暹	德辉		闽县	安庆知府	陈暹	光进		古田	岁贡
陈暹	进之		莆田		陈暹	廷熙		安溪	
陈贤	时举		连江	翰林院左春坊谕德	陈贤	廷杰		莆田	
陈咸	轩卿		莆田		陈显		南海	同安陈坑	
陈显	孔彰		罗源西隅	田州通判	陈显		南海	同安陈坑	北平知州
陈现	廷章		福安	海阳教谕	陈宪	希甫		莆田	
陈祥	克昌		宁德一都	金溪训导	陈祥	约礼		上杭 在城里	行在山西道御史
陈翔	克理		长乐江田	中书舍人	陈效	志学		安徽南陵	兴化知府
陈谐	舜和		莆田	景泰元年举人	陈燮	廷辅		仙游	广东金事
陈新	德明	畏庵	仙游	永嘉训导	陈新	鼎夫		福安上杭	海阳知县
陈性	本善		浦城		陈雄	宗道		仙游	
陈熊	祥梦		莆田		陈褒	邦进	骊山	宁德六都	云南道监察御史
陈旭	叔旦		闽县	精于书法	陈叙(1495—?)	邦礼	淇塘	莆田东阳	潮州知府
陈叙	伯敦			晋江县丞	陈勖	世勉	次岩	宁德	监军参政

陈 暄	鼎和		松溪		陈 璇	彦爵		光泽	海州同知
陈 璇	用行		古田	岁贡。瑞金教谕	陈 选	廷用		上杭在城里	万州训导
陈 烜	士显		莆田		陈 炫	叔晦		宁德七都	吴桥知县
陈 勋	公宏		莆田		陈 埙	时作		福安上杭	例贡
陈 训	景猷	菊逸	仙游	县学生员	陈 逊	必恭		浦城大石溪	云南右布政使
陈 延	崇德		莆田		陈 言	献可		长乐井门	浙江佥事
陈 言	宜昌		莆田	南京刑部郎中	陈 言	邦宪		宁德	大兴左卫经历
陈 颜	士希		浦城	惠州知府	陈 俨	国钦		仙游	弋阳王府教授
陈 衍	遵度		仙游	江都教谕	陈 轺	希邵		宁德	
陈 钥	圣启		松溪		陈 燿	孟辉、竹泉、睡庵		长乐古槐	
陈 彝	君迪		莆田		陈 义	克宜		福清	户部主事
陈 义	彦质		罗源西隅	岁贡	陈 翼	尚弼	竹庵	漳浦佛昙	举人
陈 胤	孝先		浙江钱塘	字一作孝原。古田教谕	陈 英	士英		福安洋头	汉川教谕
陈 英	世美		福安上杭	灌阳教谕	陈 英	硕英		海澄	
陈 瑛	世良		莆田	潍县教谕	陈 瑛(1545—1594)	廷玉	梅原	莆田衙后	徐淮兵河道
陈 瑛	宗善		宁德		陈 雍	邦熙		宁德	广东布政司都事
陈 永	思道		宁德廿三都	管解司巡检	陈 永	思远		晋江	
陈 涌	思澄		泰宁在城	盱眙训导	陈 用	时显		莆田	

陈 宥	伯恩		宁德一都		陈 玙	良玉		沙县	田州府通判
陈 瑜	廷美		福安上杭	举人	陈 宇	时清	五真居士	宁德六都	
陈 瑀	元海		仙游	武宁训导	陈 瑀	原福		将乐	
陈 玉	汝良、龙峰		长乐沙京	饶州知府	陈 驭	尚艺		福安洋头	
陈 郁	文盛		连江资寿	涿州学正	陈 彧	惟清		建阳崇化	
陈 钰	伯荣		闽县		陈 寓	时庵	靓斋	宁德六都	山西按察使
陈 裕	士宽		莆田	海门知县	陈 鸢	硕飞		海澄	
陈 元	体仁		罗源临济里	石城教谕	陈 元	尧举		莆田	
陈 员	必方		莆田		陈 源	叔波		仙游	合州判官
陈 约	守甫、任禄		海澄		陈 岳 (1428—?)	孟中	翠庵	莆田	
陈 钺	廷威		仙游	瑞州府教授	陈 櫄	若木		南安	
陈 载	景厚		莆田	景泰五年进士	陈 瓒	汝玉		莆田	济南通判
陈 瓒	玉章		莆田	南宁同知	陈 赞	允杨、三峰		长乐鹤上	贵州兵备道副使
陈 藻	荐夫、邦藻、幼孺		闽县	举人	陈 泽	良济		福宁	香山知县
陈 泽 (1617—1674)	濯源		海澄霞寮		陈 增	宗德		福安	江川府教授
陈 彰	重赞		莆田		陈 璋	良甫		武平	西安主簿
陈 暲	景实		晋江	名一作璋。阳山教谕	陈 昭	士明		连江	景泰元年贡
陈 诏	子宣	紫台	晋江	云南按察副使	陈 哲	二吉	阆石	归化	泉州府教授
陈 贞	敦立	中轩	漳浦	以子赠工部都水司员外郎	陈 珍	崇儒		光泽在城	砀山知县

陈 真	思诚		将乐	扬州知府	陈 箴	献可		清流	庆云知县
陈 轸	应宿		宁德		陈 振	叔绍		闽县	湖广副使
陈 整	仕济		永福	洪武岁贡	陈 正		经甫	永福	
陈 正	淑德		龙溪		陈 正	彦正		罗源徐公里	兵部主事
陈 枝	廷芳	时庵	古田	岁贡。石城训导	陈 址	道从	鹭江	连江东岱	嘉定知州
陈 祉	元吉		连江	洪武二十三年贡	陈 志 (1525—?)	思尚	少淇	莆田	右金都御史
陈 志	希尹		侯官	将乐训导	陈 赟	不盈	赤颜山人	建宁	明季诸生
陈 寘	思文		连江	博罗县丞	陈 中	舜用、正道		莆田	
陈 中	择中		罗源重下里	进士	陈 忠	莨廷		泰宁	邑庠生
陈 忠	克诚		寿宁坊二图	平阳训导	陈 钟	伯宣		莆田	
陈 周	仲昌		闽县		陈 洙	伯训	一水	长乐江田	一作百顺,光禄寺卿
陈 注	孔泽		连江	巴陵教谕	陈 铸	宗范		仙游	武宁知县
陈 庄	子耕		莆田		陈 濯	宗汉		连江	天顺恩贡
陈 梓	公献		漳浦	吏部主事	陈 字	文广		连江	永乐五年贡
陈 宗	希曾		宁德十三都	信丰典史	陈 足	世裕		晋江	
陈 祖	富文		长乐十三都	新繁县丞	陈 缵	从武		连江	廉州通判
陈 祚	子德		仙游	名一作天祚。嘉靖间贡生	陈安民	崇俨	空庵	南安	
陈安泰	有道		莆田		陈邦安	静夫		罗源东隅	汶上教谕
陈邦燧	世扬		连江	郁林学正	陈邦藩 (1557—1614)	价夫	湾溪	闽县	又名伯孺,为闽中名士之一

陈邦楷	子仪	鳌江	宁德	礼部儒官	陈邦嫌	世忠		连江	正德十一年举人
陈邦器	五器		莆田		陈邦瑞	五瑞		莆田	
陈邦韶	有虞		福安上杭	例仕	陈邦校	子教	槐林	宁德	改名昌允。礼部员外郎
陈邦颜	献祉		晋江	华亭知县	陈邦政		绰川	宁德	乡贡
陈保泰	子儆		晋江	福安知县	陈本润		清心	南平	道士,提点玄妙观
陈必遂	成可、元成	屏阳	古田	清平知县	陈秉诚	成卿		连江	举人
陈秉诚	心源		侯官	诸生	陈秉谟	文卿		连江	博罗知县
陈秉试	用卿		连江	来宾教谕	陈秉雍	唐甫		长乐感恩	嘉靖五年进士
陈朝銮	全之	梦宜居士	闽县	山西右参政	陈秉正	子诚		晋江	龙川知县
陈秉中	孟义		泰宁中隅	山阳训导	陈炳泽	愧渊		海澄六都	
陈伯大	必远		罗源徐公里	峰县知县	陈伯谅	执之		福清阳下	四川提学副使
陈伯献	惇贤		莆田	广西提学副使	陈博文	以行		莆田	钜鹿教谕
陈昌文	清时	伯武	同安古区	吏科给事中	陈昌言	献忠		古田	婺源县丞
陈长祚	以玠、培所		长乐古槐	太常少卿、工部尚书	陈朝策	献墀		福宁	宿州知府
陈朝锭	元之		永福	永宁府同知	陈朝器	时中		漳平	德庆州学正
陈朝銮	肖柏		闽县	淮府教授	陈朝赟	乾符		莆田	荆山教谕
陈臣表		擎南	漳浦镇海	江阴知县	陈臣忠	景周		莆田	刑部郎中
陈承芳	万春		仙游	肇庆同知	陈承俨	君威		连城	县学生
陈崇德	季广		长乐江田	江西右布政使	陈储秀	舜弼	瑞山	南安洪濑	

陈从教	聿修		福清江镜	四川川北参议	陈大度	允仁		古田	漳浦训导
陈大濩	则殷		长乐古槐	思恩府同知	陈大楫	有齐		福安上杭	字一作有济。闽县训导,海阳教谕
陈大纪	勉之		浙江上虞	分巡漳南道	陈大节	允介		古田	平和训导
陈大经	正之		浙江上虞	将乐知县	陈大璘	元文		莆田	
陈大谟	于中		莆田		陈大奇	伟先		莆田	
陈大珊	若宝		莆田		陈大綰	希光		连江	黄州经历
陈大位	鸣分		福安上杭		陈大贤		慕云	浙江山阴	归化知县
陈大咸	子和		莆田	封川训导	陈大用	则可		长乐古槐	常州知府
陈大猷	汝嘉		上杭胜运里	昌化知县	陈待科	进之		莆田	嘉靖四年举人。都昌知县
陈道基 (1519—1593)	以中	我度	同安	徙居晋江。南京刑部尚书	陈道京	明南		连江	益王府赞礼
陈道潜 (1364—1433)	孔昭	拙斋	莆田	监察御史	陈道显	如日		仙游	宁化训导
陈道钟	清吾		连江中鹄里	巡检	陈得姚	仲虞	龙津	宁德	和州江防同知
陈德沂	宗鲁		上杭		陈德义	克善		上杭在城里	河南道御史
陈德元	叔仁		浙江秀水	分巡漳南道	陈德宗	克修	复斋	长乐沙京	始兴训导
陈敦履	德基		晋江		陈发曾	世承		侯官	诸生
陈逢圣	介五		连江	柳城知县	陈复升	以见、见庵		长乐鹤上	广东副使
陈富春	应元		莆田		陈甘雨	应时		莆田	嘉靖十九年举人
陈艮山	景善		莆田		陈公达	若泉		罗源东隅	密云卫教授
陈公顺	国骆		福安廉村	巡检	陈公孙	宗孟		宁德	举人

陈公相	子显	鉴塘	漳浦佛昙	广西副使	陈公选	仕卿		闽县	诸生
陈公尹	国用		福安上杭	汉川主簿	陈公庚	世禄		将乐	通政司经历
陈公治	仕卿		福安		陈公最	仕魁		福安上杭	
陈拱璧	章甫		莆田	万历三十一年举人。镪州知州	陈拱辰		星台	宁德	罗源教谕、峨眉知县
陈光翰	季如		莆田		陈光华	道蕴		莆田	
陈光明	道昭		莆田		陈桂芳	世馨		宁德一都	松溪教谕、邵武教授
陈国璧	聚昆		连江	庆元知县	陈国典	非石		海澄六都	
陈国敦	邦厚		福安富溪	例仕	陈国器	鼎弼		镇海卫	刑部主事
陈国球	宗卿		建阳雒田		陈国是	定达		闽县	苏州同知
陈国琠	非石		海澄		陈国贤	以荐		连江	陆川教谕
陈国信	以贞		连江	新城教谕	陈国栩	次韦		闽县	
陈国桢		调梅	南平	户部主事	陈国祯	兴将		永福	
陈翰臣	子卿		莆田		陈翰选	君录	会堂	龙岩	益府安东王教授
陈亨衢	彦瑞		南安		陈恒逊		歉吾	晋江	朝城县丞
陈洪复	有初		福安	州营哨官	陈洪谧	龙甫		晋江	兵部右侍郎
陈洪谟 (1474—1555)	宗禹	高吾	湖南武陵	漳州知府	陈洪南	有夏		福安上杭	平海卫训导
陈洪图	白书		安溪 崇信里	龙岩教谕	陈鸿渐	廷仪		连江 学前铺	刑部主事
陈鸿捷	朝夫		仙游	袁州府教授	陈徽言	公受		莆田	
陈基虞 (1565—1643)	志华	宾门	同安阳翟	广东兵部副使	陈激衷	元诚		广东南海	建宁教谕

陈吉辅	明川		永定	明川一作号	陈吉生	德贞		莆田	
陈际泰	大士		江西临川	生于武平	陈继芳	立夫		莆田	
陈继辉	邦光		古田	新兴训导	陈继思	一忠		侯官	
陈继虞	伯韶		晋江		陈家麟	恭夫		长乐	邑诸生
陈家誉	善达		莆田		陈嘉谟	善鸣		莆田	
陈嘉谟	显卿	奇峰	建阳童游		陈嘉谟	应良		顺昌在城	
陈嘉谟		赤沙	湖南湘乡	泉州府通判	陈嘉谋	后询		长乐古槐	广东副使
陈价夫	伯孺		闽县	诸生	陈建沆	时沛		晋江	
陈金陵	镐京		仙游	琼山知县	陈金鉞	时仰	毓泉	同安庄江	
陈晋昌	海翰		长乐岭南		陈经邦	公望	肃庵	莆田城内	
陈景隆	如初、畏庵		长乐江田	山东按察司金事	陈景贤	汝齐		仙游	广东都司断事
陈景元	侯宗		仙游	崇祯间贡生	陈九畴	淇仲		泰宁	崇祯岁贡
陈九畴	在叙		莆田	安仁知县	陈九川	惟浚	竹亭、明水	江西抚州	谪戍镇海卫
陈九德	皋谟		莆田	任丘训导	陈九德	懋夫	振宇	镇海卫	
陈九德	咸伯		泰宁		陈九皋	闻万		仙游	万历间贡生
陈九经	诚之		莆田	吉府长史	陈九思	心乾		上杭	南平训导
陈九叙 (1529—1611)	尔缵		漳平 居仁里	桂林府同知、 处州知府	陈可尚	大志	世德	宁德	吴桥知县
陈克恭	于宏		莆田	南京御史	陈克恭		默存	宁德	
陈克敬	太悍		宁德		陈克科		秦川	宁德	昆山县丞

陈克勤		锡贤	宁德	金坛县丞	陈克仁	汝荣		莆田	
陈孔叶	右波		海澄		陈孔彰	世晦		莆田	
陈匡生	庐子		闽县	诸生	陈奎辉	克韫	漆林	长乐江田	平和教谕、南康同知
陈葵衷	向日		永定	廪生	陈魁士		龙江	漳浦赤湖	户部主事
陈立本	谷长		罗源东隅	岁贡	陈联芳	以成、青田		长乐江田	太常寺少卿
陈良保		云台	宁德	乡贡	陈良宾	光邦		仙游	肇庆府审理
陈良策	伯献		闽县		陈良臣	彦忠		古田	岁贡。高要谕
陈良诚	献学		罗源东隅	宁化教谕	陈良畴	南野		连江	揭阳典史
陈良鼎	廷器		闽清	县尉	陈良节	子操		晋江	
陈良驹		学岩	宁德	桐乡主簿、淮府典宝	陈良谦	德益		福宁	会同知县、潮州府判官
陈良珍	聘之		长乐东隅	南京户部员外郎	陈亮采	惠甫	希堂	晋江	浙江按察使
陈亮采	熙载		莆田	嘉靖十三年举人	陈留孙	汉臣	蓝田子	长乐南田	南安教谕
陈六翰 (1577—1647)	子仪	参周	漳平感化里	礼部郎中、天津兵备道	陈龙可	蛮潘		晋江	琼州知府
陈龙翔	于墀	仰云	漳平感化里	泉州训导、淮王府教授	陈隆吉	行嘉		连江贤下里	常德教谕
陈履素	俊明		仙游	县学生员	陈履贞	乔岳	建斋	南安丰乐	
陈马生	正裕		平和新安里		陈马显	实甫	闻泉	闽清	会同知县
陈迈质		同泰	同安		陈茂烈	希武		莆田	
陈茂实	守城		连江马鼻		陈懋观	孔质		长乐江田	庐州知府
陈懋官	惟哲		宁德		陈懋兴	德甫		福清	庐州府同知

陈懋勋	朝建		连江幕浦	鲁王府长史	陈懋源	文源		莆田	刑部郎中
陈梦龙	启瑞		侯官	合浦知县	陈旻海	景大		罗源	浙江参议
陈闽麒	圣征		莆田	万历三十年举人	陈敏学	志逊		古田	福州府训导
陈名宾		际伍	长乐云路	县学廪生	陈名岳	允嵩		莆田	万历二十九年进士,行人
陈明升	殿赞		莆田		陈明时	延吉		莆田	
陈鸣春		善吾	长汀	苑马寺卿	陈鸣鹤	汝翔		怀安	
陈鸣金	百炼		侯官	尤溪训导	陈鸣石	体魁	若雷	长乐	礼科给事中
陈鸣熙	缉甫		晋江	雷州府同知	陈鸣周	振甫		晋江	县学诸生
陈南金	汝砺		莆田	潼川知州	陈南星	治耀		莆田	思南推官
陈平夫	长孺		闽县		陈其诚	敬汝		广东封川	尤溪县丞
陈其赤	石夫		漳浦		陈其范	叔理		莆田	光化知县
陈其礼	以让		陕西西安	闽清知县	陈其仁	元龙		莆田	两淮运使
陈其箴	仲正		莆田	惠州通判	陈其志	公衡		莆田	礼部郎中
陈奇可	仲卿		镇海卫		陈启贤	君聘		罗源徐公里	池州训导
陈谦德	益文	复斋	漳浦白沙		陈谦光	德辉		连江	举人
陈谦山	景重		莆田	程乡知县	陈乔柱	子壮		连江	东海场大使
陈庆逢	泰宇		归化	光泽教谕、袁州教授	陈琼鹿	孔宴		永定	精岐黄术
陈仁政	用德		沙县	河南布政司都事	陈日渐	子进		莆田	成化二十二年举人。贵池教谕
陈日淑	子善		莆田	弘治八年举人。台州教授	陈日新	铭盘		仙游	万历贡生

陈荣选	克举	鳌海	同安阳翟	广州同知,代理香山知县	陈荣祖	克绍		同安阳翟	永安知县
陈如纶	德宣		江苏常熟	侯官知县	陈如鹏		宾山	龙岩	
陈如松 (1564—1647)	白南		同安翔风	太仓知州	陈汝钦	叔敬		福安上杭	
陈汝秀	实夫		莆田	巴东教谕	陈汝玉	于成		莆田	余姚教谕
陈瑞龙	体乾		广东潮阳	兴化知府	陈三敬	益舆		福安上杭	万历年间例贡
陈三聘	益汤		福安上杭	万历年间例贡	陈三恕	益推		福安上杭	万历年间例贡
陈善安	存诚		建阳 兴贤中		陈善从	仕泽		连江上里	知县
陈善行	春阳		广西马平	汀州府丞、连城知县	陈上升	乔文	乔丈	永定	举人
陈绍基	廷用		福安	安乡典史	陈升闻	季玄		南安	
陈声远	元钟		莆田	成化七年举人	陈圣镕	子中		松溪	
陈仕达	国用		罗源 徐公里	永丰府教授	陈圣玉		碧峰	仙游	
陈胜通	文达		沙县 兴义坊	湖广按察司金事	陈师旦	汝珽		海澄	永康知县
陈时表	有极		福安上杭	莆田训导	陈时范	敷畴		长乐井门	云南左布政使
陈时芳	士兰		罗源西隅	监生,俊秀例	陈时建	有邦		福安上杭	
陈时霖	商卿		长乐古槐	兖州府同知	陈时敏	思懋		南安	彭泽教谕
陈时仕	有辟		福安上杭	万历年间例仕	陈时宪	孔章		长乐江田	四川金事、湖广金事
陈士表		静翁	漳浦赤湖	更名可一	陈士京	齐木		浙江明州	随鲁王至厦门,卒于鼓浪屿
陈士梅	调甫		莆田	崇祯七年进士。扬州推官	陈士奇 (1587—1644)	弓甫	平人	漳浦铜山	四川巡抚
陈士钦	敬甫		晋江		陈士彦	晋廷		浙江钱塘	尤溪知县

陈士载	以文		莆田		陈世浚	学鋐		福清	行人司行人
陈世理	朝燮	少回	福安上杭		陈世禄	朝爵		福安上杭	
陈世显	继达		莆田	成化十六年举人。青田知县	陈世昭	一愚		莆田	弘治十一年举人。益府伴读
陈世珍	玉吾		永定	廪生	陈世胄	允冕		同安浯洲	诸生
陈仕达	国用		罗源徐公里		陈仕行	道亨		晋江	太平知县
陈仕模	朝缙		仙游	府仓大使	陈仕贤	邦宪		福清	副都御史
陈仕祯	朝纪		仙游	蜀府纪善	陈仕柱	朝经		仙游	光禄寺署丞
陈叔畴	孟仪		莆田	周府长史	陈叔撰	执卿		晋江	兴化教授
陈叔敏	汝聪		福安上杭		陈思絅	伯简		莆田	崇明教谕
陈思齐	效卿	石洲	漳平	诸生	陈思献		弼廷	永福	河间知府
陈思选	可举	知吾	连江	唐王府审理	陈思辙	可由		连江	宁州同知
陈思忠	君衡		莆田	雷州知府	陈遂捷	得先		莆田	惠安教谕
陈所有	彦冲		莆田	字一作彦充。合浦知县	陈泰交	廷选		莆田	灵璧知县
陈腾凤	鸣周		莆田	浙江粮储副使	陈腾鸾	士远	浴江	莆田	户部郎中
陈腾暓	仕茂		莆田		陈天标	惟表	望台	泰宁	平乐府经历
陈天定(? —1644)	祝皇、慧生	欢喜道人	龙溪	吏部主事	陈天锡	德瑞		连江	电白训导
陈天叙	则彝	困翁	漳浦鉴湖		陈天钖	廷爵		福清海口	监察御史
陈天誉	孚先		莆田		陈天资	汝学	石冈	诏安	本姓李。湖广左布政使
陈廷策	秉良	南泉	归化	海宁卫经历	陈廷煍	允硕		闽县	

陈廷诰	秉宣		归化	汝宁州学正	陈廷矶	宗明		莆田	万历四十六年举人
陈廷珏	廷献		罗源	宁波训导	陈廷绵	公远		永福	
陈廷蔚	元吉		莆田	崇祯九年举人	陈廷武	兆有		莆田	崇祯十六年进士
陈廷用	朝卿		浦城	丽水知县	陈廷璋	礼器		建阳县坊	
陈廷佐 (1545—1621)	时守	仰台	同安阳翟	顺德知府	陈同人	其夫		仙游	东流教谕
陈王策	廷献		莆田	惠州通判	陈王道	思孟		莆田	高唐知州
陈王纶	东石		龙岩	雩都教谕,代理龙岩县知县	陈惟举	真孚	六溪	长乐东隅	广东参政
陈惟孝	其忠		仙游	嘉靖十九年举人	陈维鼎	定伯		莆田	寿宁教谕
陈维裕	饶初		长乐溪湄	河南道监察御史	陈文汴	在州		仙游	教谕
陈文昺	自晖		永福		陈文溉	汝培		罗源西隅	建安训导
陈文光	枝南		连江	钦州学正	陈文浩	子川		闽县	程番知府
陈文衡	秉钧		古田	岁贡。程乡教谕	陈文淮	常伯		莆田	磁州学正
陈文讲	国贤		莆田	崇阳知县	陈文倧	国武		福安上杭	岁贡
陈文静	懋征		莆田	庆元知县	陈文匡	思弼		福安廉村	
陈文亮	景明		连江学前铺		陈文沛	维德		长乐井门	先姓林。陕西行太仆寺卿
陈文瑞 (1574—1658)	应萃	同凡	同安集美	天启五年进士。吴县知县	陈文试	道衡		长乐鹤上	监察御史
陈文滔	达伯		莆田	江西佥事	陈文旺	廷灿		福安廉村	桂林司狱
陈文熙	彬卿		莆田	普安知州	陈文宪	合山、鉴轩		大田桃源	代理元氏知县
陈文献	信庵		连江县西铺		陈文新	铭江		连江	韶州巡检

陈文信	彦忠		莆田	柳州通判	陈文星	宗焕		莆田	嘉靖四十三年举人
陈文铉	廷举		连江	襄府教授	陈文学	德本		古田	岁贡。元城训导
陈文禹	佩相		长乐岭南	龙游训导	陈汶辉	耿光	南皋	漳浦云霄	籍贯一作诏安四都。大理寺少卿
陈沃心	国文		同安嘉禾	万历四十一年进士。广西副使	陈五昌	伯全		福清江阴	翰林院检讨
陈希旦	肇鲁		宁德	贡生	陈希登	子渐		莆田	
陈希瑾	若怀		沙县	县学生员	陈希孔	子淑		宁德六都	韶州府同知
陈希铨	夏迪	后山	同安浯洲	诸生	陈希友	朝文	孝兼	长乐江田	兵科给事中
陈希中		员溪	广东揭阳	泉州府训导	陈显谟	龙见		晋江	
陈献典	慎轩		漳浦东山	澄迈教谕	陈祥麟	士仁		莆田	
陈晓梧	昕乡		福安上杭	选贡,历监	陈星灿	苟明		崇安四隅里	
陈兴仁	秉心		同安	乌程教谕	陈兴言	衷丹		漳浦	知府
陈须乐	启节		莆田		陈烜奎	子羽	俶闇	南安洪濑	
陈学海	汇川		连江	德化教谕	陈学麟	尚经		侯官	潮州同知
陈学孝	子靖	心旦	平和南胜	广东兵备副使	陈学伊	尔聘	志斋	南安洪濑	
陈学益	养泉		仙游		陈学隅	中明		连江	河间主簿
陈学源	尔澜		晋江		陈洵仁 (1355—1416)	思允		长乐江田	刑科给事中
陈彦麟	祥孚		宁德四都	殿前序班	陈燕翼	仲谋		侯官	少詹事
陈扬美 (1573—1641)	新治		平和芦溪		陈扬善	宗舜		莆田	南京湖广道御史
陈飏言	孝嘉		长乐周山	国学生	陈尧道	申卿		福清	万安知县

陈尧典		少华	广东番禺	泉州通判	陈尧典		仰峰	福安	
陈尧贡	允升		福安	始兴教谕	陈尧钦	仲敬		闽县	桂林同知
陈一辰	圣政		仙游		陈一道	邦绪		晋江	芜湖县丞
陈一登	二小		清流	县学生员	陈一鲂	君从		莆田	
陈一贯	鲁得、邦通		福清	邦通一作号。杭州知府	陈一心	主敬		福安	
陈一新	惺初		侯官	定远知县	陈一言	行恕		福安	
陈一元	泰始		侯官	南海知县	陈一元	天元		连江山藏	训导
陈一洙	国潢		漳浦绥安	四川按察使	陈一柱	彦隆		仙游	
陈仪凤	廷瑞		连江资寿	贡生	陈宜绍	汝传		福安	
陈以端	以书		闽清	崇祯间贡生	陈以圭	思禹		海澄	
陈以龙	虚吾		连江	善草书篆隶兼丹青	陈以荣	希仁		长汀	漳州训导、开建教谕
陈以正	临刚		连江	婺源典史	陈义生	用质		永福	刑科给事中
陈亦言	汝纳		晋江		陈益祥	履吉		怀安	
陈翼飞	少翮		平和	宜兴知县	陈英南	南英		光泽十二都	县学诸生
陈应标	起瞻		永定	增生	陈应春	汝梅		长乐罗田	山东左布政使
陈应春	养和		永定	廪生	陈应椿	士贲		仙游	新兴州吏目
陈应峰	子仲		永定	万历岁贡	陈应稷	起周		古田	岁贡。铅山训导
陈应爵	子贤		沙县		陈应魁（1520—?）	孚元	梅山	莆田	浙江副使
陈应梅	君魁		莆田	南安府同知	陈应岐	名山		永定	泰宁教谕

陈应秋	一鹗		莆田	石城知县	陈应堂	献甫	景梅	南安洪濑	
陈应桐	维浙		南平	长汀教谕	陈应文	周卿		罗源东隅	潮阳县训导
陈应元	思昌		莆田	副都御史	陈应运	在衡		晋江	将乐教谕
陈应之	君咸		莆田	南京户部郎中	陈永华（1634—1681）	复甫		同安灌口	郑成功部将，东宁总制使
陈永坚	如金		寿宁坊二图	阳江县丞	陈永瑞	廷祥		福安廉村	太平训导
陈永泰	守隆		福安廉村	阳山典史	陈用宾（1550—1617）	道亨	毓台	晋江	兵部右侍郎，巡抚云南
陈有斐	尔仰		晋江		陈有纲	豫庭		晋江永宁	
陈有祐	君吉		侯官		陈有祚	永锡	燕及	松溪	
陈于阶	懋升		上杭来苏里	鸡泽知县、卢氏知县	陈于征	辉山		仙游	
陈余馨	德芳		莆田		陈瑜如	瑾儒		莆田	
陈玉埻	赞伯		莆田	长汀教谕	陈玉华	宗文		仙游	成化间贡生
陈玉辉	达卿、荆碧		惠安辋川	荆碧一作号。河南道监察御史	陈玉振	贵声		莆田	长沙通判
陈欲润	尔身		晋江		陈毓贤	则英、横川		长乐江田	广西左参议
陈元成	汝乐		宁德	惠安训导	陈元登	龙淮	渔村	连江保安里	
陈元纲	允伦		莆田		陈元珂	仲声		闽县	南雄府同知
陈元曙	仲瞻		福安	唐王府审理	陈元位	孔立		福安象环	
陈元玺	允宇		永定	吴县木渎司巡检	陈元宪	一章	石溪	连江西铺	云南提举
陈元暎	孟阳		福安	东莞教谕	陈元藻	尔鉴	季琳	莆田	礼部祠祭司主事
陈原垲	彦高		福安上杭	国子助教	陈原震	复雍	少皋	诏安	

陈源清	潜叔		宁德	海宁卫知事	陈源湛 (1550—1610)	醴泉		永安	字一作体泉。和平知县，高州、梧州通判
陈云程	应万		莆田	嘉靖四年举人	陈云桂	君芳		莆田	嘉靖三十八年进士
陈云鹤	于皋		宁德		陈云鹭	于明	雪斋	宁德一都	
陈云衢	邦英		莆田	南京户部主事	陈云鹛	于霄		宁德	安乡知县
陈允谐	舜臣		莆田	达水知州	陈载显	叔荣		福安	南京江东宣课使
陈在悌	子恭		宁德		陈则采		对墀	同安官兜	应城知县、揭阳知县
陈则赓		锡墀	同安官兜	泉州府学生员	陈则孔	时学		莆田	成化四年举人
陈则忠	彦礼		宁德七都	宁德训导	陈曾江	光汉		莆田	
陈章应	敏达		晋江		陈兆藩	卫公		侯官	举人
陈兆芳	实甫		建阳 兴贤中		陈兆甲	克鼎		长乐	国子监博士
陈兆荣	仁夫		闽县	改名美。深州知州	陈真晟 (1411—1474)	晦德、剩夫、晦夫		镇海卫	工部都水司员外郎
陈真泰	乾通		同安嘉禾		陈真应	岸声		沙县	一作彦声
陈箴宸	孟饶		莆田		陈振扬	时通	清波	晋江	初名存亮。瑞州知府
陈正蒙	稚开	洞生	广东归善	归化知县	陈正谟	宗禹		南平	夥县知县、休宁知县
陈正玄	敦鼎		晋江		陈正中	念修		江苏上海	上杭知县
陈正中	田卿		晋江		陈之美	日章、绸存		邵武	广东参政
陈之清	澹夫	宜苏	湖北江夏	晋江知县	陈执中	守正		连江	内丘县丞
陈止止	正智	仰石	泉州	俗名贞言	陈志广	于懋		福清南隅	陕西布政司参议
陈志遴	成之		连江		陈志谦	希逊		罗源东隅	温州府训导

陈治安	清源		上杭	思明府教授	陈中说	静公		遁溪	永定上洋	庠生
陈中谦	益侯		永定上洋	诸生	陈中正	文德		罗源东隅	沐阳训导
陈钟鼎	展采		永定	增生	陈钟瑝	峙卿		晋江	
陈钟珙	石丈		晋江		陈钟英	克英		莆田	
陈衷铣	淑侃		仙游	崇祯十五年举人	陈仲进 (1329—1385)	伯康		长乐江田	江山知县
陈仲举	志高		福安中华	贵池典史	陈仲溱	维秦		侯官	字一作惟秦。籍贯一作怀安
陈仲饰	以文		宁德		陈朱图	龙贞	绿绳	漳浦	吏部主事
陈子晟	仲昭		连江东岱	荆王府伴读	陈子文	在中		闽县	湖广按察副使
陈自然	明本		莆田		陈宗孟		公孙	宁德	
陈宗泰	伯和		福安		陈宗颜	希贤		福宁东隅	陕西布政使
陈宗尧	国仁		晋江	平乐府通判	陈宗亿	化达		福安上杭	
陈宗虞	公乘		莆田		陈祖孟	淑人		宁德蓝田	
陈祖念	修甫	心一	连江	永春教谕、楚府纪善	陈祖轩	守辕		福安廉村	
陈祖尧	肯钦		莆田		陈祖义	以宜		上杭在城里	兴宁知县
程 琮	汝佩		莆田	高州教授	程 达	顺甫	信吾	江西清江	分巡漳南道
程 蕃	伯昌		建阳		程 珆	德和		安徽歙县	泉州府知府、两浙盐运使
程 汉	德广		仙游	神策卫经历	程 寰	仲辅		安徽歙县	光泽知县
程 乐	学韶		莆田		程 礼	学周		莆田	
程 士	继学		莆田		程 栻	慧甫		莆田	

程　旭	廷烈		仙游	桂东教谕	程朝京	康侯		浙江新安	分巡漳南道
程朝京	元直	萝阳	安徽休宁	泉州知府	程达材	道卿		莆田	铜陵教谕
程道乾	叔元		崇安四隅里	崇祯间恩贡	程拱宸	仲星		莆田	
程光远	日照		莆田		程久中	贞甫		崇安上梅	
程绍儒		北亭	江苏仪真	沙县知县	程秀民	天毓	习斋	浙江西安	泉州知府
程一嘉	茂忠		莆田	御史	程应龙	君翼	台任	漳浦云霄	江西副使
程子铎		黄舆	安徽歙县	沙县知县	池　杨	春台		同安嘉禾	
池　益	孟源		浦城	饶州推官	池　宗	汝振		宁德	
池显方 (1588—?)	直夫	玉屏子	同安嘉禾	天启四年举人	池显京 (1567—?)	致夫	念苍	同安嘉禾	和州知州、怀庆同知
池显宪	鲁夫	对奎	同安嘉禾	万历三十一年举人	池浴德 (1539—1617)	仕爵	明洲、怀绰	同安嘉禾	太常寺少卿
池浴沂 (1542—1634)	士洁	鹭洲	同安嘉禾	号一作三洲。国学生	池浴云	仕卿	龙洲	同安嘉禾	诸生
储　润	平甫		江苏泰州	分巡漳南道	崔　昌	用吉		宁德	河源知县
崔　俌	希弼		宁德	吉安州学正	崔　惠	迪吉		晋江	石城教谕
崔　健	希正		宁德		崔　鉴	克明		宁德一都	镇江府同知
崔　敏	惟行		福安吉洋	应天府学训	崔　崟		太颠	宁德	钦州知州
崔　盛	志瑶		江西清江	邵武府教授	崔　侹	希正		宁德	肇庆训导
崔　相	介臣		侯官	诸生	崔　耀	大武		莆田	
崔　仪	虞凤		莆田		崔秉智	宜临		宁德	遂溪训导
崔世锦	叔绚	支云	宁德		崔世居	君安		宁德	

崔世荣	君恩	华区	宁德	荆州府典宝	崔世召	征仲	霍霞、西叟	宁德一都	连州知州
崔廷复	自考		宁德	北京军前卫经历	崔廷益	自裕	瞻元	宁德	
崔文举	敷治		宁德		崔元会	子聚		宁德	
崔元楷	子端		宁德	淮府教授	崔允绅	从龙		宁德	
崔允元	从仁	陵溪	宁德		笪继良	我贞		江苏镇江	汀州知府
戴俯	允勉		莆田		戴冠	仲鹙		河南信阳	延平知府、广东提学副使
戴冠	子弹		诏安		戴㷍	弘亮	遁庵	长泰	
戴琥	廷冕		泰宁大均	长芦盐运司判	戴经	孟常		浙江秀水	延平府同知、泰安知州
戴燝 (1561—1622)	亨融		长泰彰信里	又名戴今梁。西川按察使	戴浚	文哲		福清融城	太仆寺卿
戴亢	思贤		闽县	户部主事	戴科	朝宾		莆田	
戴龙	公望		漳浦		戴冕	锡周		永福	宣德岁贡
戴鹏	程远		泰宁大均	嘉靖贡生	戴乾	士惕		福清	刑部主事
戴钦	伯义		莆田		戴珊	廷珍		江西浮梁	福建布政使
戴绅	亨仪	鸿羽	长泰		戴犀	志达		莆田	
戴熺 (1564—?)	亨晦	鼎昭	长泰彰信里	太守	戴禧	宏祚		福清	
戴相	孟抢	梅鼎	长泰		戴琇 (1408—1484)		惠庵	漳浦佛昙	
戴埙	利怡	叔鹓	长泰		戴耀 (1542—1628)	德辉	凤岐	长泰彰信里	兵部尚书
戴昀	正中	希斋	长泰彰信里	乐清知县	戴弁球	殿劼		莆田	
戴朝恩	东江、子忠		广东南海	尤溪知县	戴大宾 (1488—?)	寅仲		莆田	

戴大槐	仲植		莆田		戴国章		季庵	漳浦	天启二年进士
戴洪恩	仰泉		仙游		戴洪谟	民献		莆田	
戴嘉祉	叔荐		莆田		戴妈生		毅庵	南安	
戴圣学	纯卿		仙游		戴时宗 (1494—1558)	宗道	梁冈	长泰 彰信里	左金都御史
戴仕衡	章尹		莆田	一名士衡。祖籍长泰,吏科给事中	戴天相	勉夫		长汀	连州知府
戴廷璋	国器		莆田		戴廷诏	道阶	赞媺	南安诗山	
戴庭槐	元植		长泰		戴同吉	庆之	鲁叟	长泰	
戴惟端	思一	敬山	长汀	雷州通判	戴维则	汝孝	笔峰	镇海卫	
戴一俊 (1530—1607)	惟宅	卓峰	惠安崇武	知雷州。原籍河南光州	戴玉成	孝章		长乐漳板	余姚知县
戴元佐	靖弼	盖山	南安诗山	隆庆举人	戴员保	孟圭		莆田	
戴震亨	贞生		仙游	初名震元。铅山知县	戴震雷	稚嘿、 汉喻	陶园跛人	仙游	归化教谕、崇仁知县
邓 诚	伯睿	实轩	龙岩	临江府通判,代理临江知府	邓 城 (1507—1564)	藩国	寒松	晋江	泉州卫
邓 定	子静		闽县		邓 琪	宏中		闽县	贵州参议
邓 光	景晦		闽县		邓 会	啸庵		福州	思明知州
邓 玑	思德		古田	岁贡,经历	邓 敬	仲和		光泽 十三都	韩府教授
邓 林	乔柱	台桂	宁洋	宁州知州	邓 敏	惟勤	惕斋	沙县三元	太平县丞
邓 玭	仲珍		顺昌	桐乡县丞	邓 迁	世乔		闽县	嘉兴府通判
邓 烜	汝明	松涧	清流	常熟县丞,代理昆山知县	邓 怡	光德		江西清江	晋江知县
邓 煜	子著	荆麓	沙县	举人	邓邦宰	佐之		清流	四川按察司经历

邓崇德	子修		广东高要	沙县知县	邓藩锡	云中	江苏金坛	龙岩知县
邓继芳	思诚		江西南丰	晋江县丞	邓景武		文斋	江西德安	德化知县
邓尚义	以正		湖南郴州	延平府推官、南京太仆寺少卿	邓时通	秀实	光泽	
邓世魁		斗山	连城		邓仕安	北山	漳平永福	泉州武镇千户
邓斯荐	仲昭、志冲		沙县		邓文铿 (1360—1427)	德声	沙县岩前	苑马寺卿
邓希禹	景台		沙县	永嘉知县	邓向荣	元植	清流	徙居长汀。户部主事、嘉定知州
邓秀实	汝培		光泽十三都	剑州知州,督云南鹤庆军屯田	邓一萧	及观	广西□□	尤溪知县
邓沂春	泗哲、鲁庵		长乐潭头	吏部左侍郎	邓以诰	汝钦	江西新建	建阳教谕、衡州知州
邓应淳	叔燧		光泽	海澄教谕、琼州推官	邓应奎	伯文	光泽三都	南平训导
邓应珍	聘卿		连城		邓玉莹	国仁	光泽	武平教谕、郴州知州
邓原岳 (1555—1604)	汝高	翠屏	闽县	户部主事	邓志宽	德洪	沙县历东	大足知县
丁澶	大渊		连江	安远知县	丁慈	元凯	建阳三衢	
丁俊	克明		罗源东隅	钧州判官	丁逑	伯甫	古田	淮安经历
丁坤	可贞		连江县西	浮梁县丞	丁昆	钟英	古田	岁贡,安远教谕
丁隆	时雍		江西南昌	延平府同知、广西副使	丁倪	幼荐	晋江	
丁鹏	万里		古田	岁贡	丁荣	廷显	将乐	贡生
丁泰	伯和		泰宁大均	新城知县	丁桐	崇文	莆田	
丁炜	思晦		晋江	诸生	丁显	彦伟	建阳崇化	
丁襄	叔赞		莆田		丁辛	又三、先甲	江苏武进	浦城知县

丁宣	文举		罗源东隅	德平训导	丁晔	仕昭		上杭胜运	
丁仪		汾溪	晋江	四川按察佥事	丁颐	自观		上杭	闽县教谕
丁潋	源清		罗源东隅	岁贡	丁镛	质仲		连江	濮州知州
丁裕	叔容		莆田		丁远	士毅		安徽全椒	兴化卫指挥佥事
丁忠	守忠		泰宁	永丰主簿	丁德升	克顺		古田	石城训导，选贡
丁光琛	腾岸		晋江		丁怀可	与德		晋江	
丁明登	剑虹	莲侣	江苏江浦	泉州府推官	丁启汧	亨中	东畴	晋江陈埭	府学诸生
丁启浚 (1570—1648)	亨文	哲初、蓼初	晋江	刑部左侍郎	丁仁任	君宏	我重	建宁	邑廪生
丁日近	光元		晋江	郾城令	丁世明	允复		罗源东隅	岁贡
丁思纯	小州		上杭在城	顺德县丞	丁思谦	毅斋		上杭在城	青浦主簿
丁有学	明贤		建宁		丁之贤	德举		建宁	
丁致卿	克修		上杭	临安训导	定安	伯安		高昌	泰宁知县
董彬	文质		河北广平	兴化府通判	董复	乾履		莆田	丹徒训导
董稣	积中		闽县	户部主事	董璘	汝器		永福大樟	电白知县
董敬	主一		江苏常州	泉州府推官	董密	则几		连江东岱	揭阳训导
董瑞	汝贤		永福大樟	正德贡生	董氏	酉姑		同安古坑	女，郑成功夫人
董苏	子培		松溪		董岩	建南		长乐鳌峰	
董仪	尚质		安徽滁州	泉州府同知	董英	士杰		建宁	兴宁知县
董大恩	子推		崇安周村	桂东知县	董大行	道隆		将乐	贡生

董国栋	隆吉		莆田	江宁推官	董良敬	慎甫		松溪	
董谦吉	德受		闽县	陕西副使	董世道	克济		闽县	
董廷钦	仲恭	海门	闽县	浔州知府	董扬先		沙河	晋江永宁	名一作颙先,号一作沙筑。广东雷廉道,避难同安浯洲
董养河	叔会		闽县	工部司务	董应举 (1557—1639)	崇相	见龙	闽县龙塘	工部右侍郎兼户部侍郎
董用宾	德观		永福	德平县丞	窦子偁	燕云		安徽合肥	泉州知府、福建左布政使
杜表	廷标		平和清宁里	金溪知县	杜琮	孟清		瓯宁	山东布政司左参议
杜启	子开		江苏吴县	分巡漳南道	杜瑄	廷圭		莆田	
杜业	道修		晋江		杜献墦		云楼	江苏华亭	晋江知县
杜一澜	观之		龙岩	举人	杜应楚	翘甫		晋江	
杜应麟	廷瑞		福鼎	举人	杜应硕	宽甫		晋江	
杜永济	善振		江西新建	古田知县	杜子新	子明		福鼎	吴江教谕
杜宗秀	德毓		邵武	惠州、岳州通判,儋州知州	段永	仕悠		江西余干	光泽教谕
段全斌	廷宪		莆田		樊维城		紫盖	湖北	泉州知府
樊献科	淑文		浙江缙云	福建巡按	范澄	仲廉		建阳童游	
范方	介卿		长泰	原籍同安高浦	范圭	自珍		江西丰城	仙游知县
范浩	宜养		松溪		范金	文坚		上杭胜运里	陵水教谕
范辂	以载		湖南桂阳	分巡漳南道、福建左布政使	范普	德臣		建阳县坊	
范侨	克高		崇安四隅里	信阳主簿、博罗主簿	范仁	仲政		政和	巩昌知县

范升	朝阳		上杭溪南里	荣府奉祠	范轼	载瞻		寿宁四都	惠州训导
范通	元太		建阳童游	恩贡	范显	以仁		浙江鄞县	古田县丞
范安童	伯靖		建宁	陵水知县	范本德	宗厚	静庵	沙县	南雄府通判
范陈任	孚宇		永定	南京横海仓大使	范存素	介贞		沙县	
范道禄	士贵		建阳雒田		范茂先	华甫		松溪	
范日登	联一		永定	廪生	范荣祖	良吉		大田	太学生
范时化	遇卿		广东儋州	永春知县	范世芳	馨远		建宁	武县学生
范天德	思道		建阳童游	高州府同知	范天然	思中		建阳童游	上杭训导
范廷鉴	光宇		寿宁坊一图	邵武训导,平和教谕	范闻诗	本言		松溪	
范育才	兴贤		建宁	澄迈知县	范钟华	挺荣	秀郎	政和岭腰	监生
范宗谅	子贵		建阳雒田		范宗谅	子贵		建阳雒田	刑部员外郎
方安	居仁		莆田	洪武二十九年举人,湖州教授	方彬	文中		莆田	明成化四年举人
方策	载道		广西桂林	永春知县	方成	德立		古田	岁贡,嘉兴推官
方迪	从善		莆田	宣德八年进士	方鼎	象州		莆田	广西道御史
方定	伯静		莆田	南昌护卫经历	方恩	仲秀		仙游	洪武间贡生
方圭	纯洁		莆田	御史	方瀚	子克		莆田	庆远推官
方沆	子及		莆田	湖广金事	方珩	纯礼		莆田	丹阳知县
方杰	英季		莆田	昌化教谕	方进	荩伯		莆田	万历二十二年举人
方均	汝衡		永福大樟	靖安知县	方克	惟力	西川	安徽桐城	泉州知府

方 宽	惟裕		莆田		方 遬	景由		莆田	广西参政
方 鲲	伯升		莆田	嘉靖十六年举人	方 淶	子东		莆田	台州通判
方 澜	思源		莆田	礼部郎中	方 鲤	廷训		莆田	绍兴知府
方 临	子大	省庵	莆田	应天府乡试同考官	方 璘	文玉		莆田	云南左布政使
方 璐	在璞		莆田	弘治十一年举人	方 懋	慎思		莆田	韶州训导
方 懋	叔勉	黾宇	长乐	开化知县	方 玭	体珩		莆田	韶州教授
方 朴	时举		莆田	兴化训导	方 溥	惟博		浙江新城	尤溪知县
方 琪	纯诚		莆田	安宁知州	方 玘	世重		莆田	南康通判
方 峤	恒峻		莆田	宝坻知县	方 让	德让		莆田	成化二十二年举人
方 荣	仁甫		莆田	广东按察司经历	方 润	具蒙		闽县	诸生
方 山	恒镇		莆田	雷州同知	方 珊	纯清		莆田	成化十三年举人
方 士	邦彦		莆田	精医术	方 守	宜约		莆田	湖广右布政使
方 述	景绍		莆田	韶州同知	方 浯	子策		莆田	电白知县
方 熙	孟明	东轩	莆田	潮州通判	方 宪	宜弼		莆田	原武知县
方 澥	源深		莆田	行人	方 爕	宗知		永福大樟	弘治岁贡
方 璿	伯玑		莆田	诸暨教谕	方 琰	孔珍、存玉		仙游	浙江道监察御史
方 演	子延		莆田	均州知州	方 彦	敦美		莆田	长乐知县
方 阳	子舒		莆田	永乐三年举人	方 绎	鲁成		莆田	秀水教谕
方 毅	伯刚		莆田	乐会主簿	方 瑛	润甫		莆田	国子助教

方永	思久		莆田	明成化十年甲午举人	方余	伯坤		永福大樟	分镇浯屿
方员	懋视		永福	字一作懋规，广东按察使	方源	思远		永福大樟	浙江道御史
方岳	恒谦		莆田	成化五年进士	方璋	纯明		莆田	成化二十年进士
方祯	绍履		仙游	景泰间贡生	方征	可久		莆田	怀庆知府
方直	孟周		崇安四隅里	新喻知县	方直	元履		莆田	青田知县
方朝元		九溪	永福	王府教授	方朝宗	廷宗		莆田	南京户部郎中
方承箕	伯邕		莆田	万历二十五年举人	方承笏	伯书		莆田	户部员外郎
方承珂	伯玉		莆田	寿州知州	方承奕	伯受		莆田	新繁知县
方承郁	伯文		莆田	万历二十六年进士	方从鲲	世元		莆田	正德五年举人
方大乐	宪夔		莆田	浔州知府	方大顺	宪道		莆田	桂阳知县
方国佐	君英		莆田	嘉靖十七年进士	方继曾	起宗		莆田	嘉靖三十四年举人
方家正	汝有		平和新安里		方景渊	文渊		莆田	广昌知县
方克俭	希禹		古田	岁贡。永嘉教谕	方良节	介卿		莆田	广东左布政使
方良永 (1461—1527)	寿卿	松崖	莆田城内	浙江左布政使	方亮采	廷赞		莆田	遂昌知县
方懋学	壮行		福清城头	工部主事	方梦麟	应周		莆田	正德十一年举人
方梦龙	乾征		莆田	嘉靖十六年举人	方日乾	体道		福清龙田	山西按察司佥事
方汝荣	君实		安徽绩溪	安溪知县	方尚祖	宗道		莆田	刑部员外郎
方绍魁	三迟		广东番禺	沙县知县	方师舜	于田		永泰	嘉靖间贡生
方师禹	虞弼		莆田	弘治十一年举人	方叔广	以宽		仙游	

方叔猷	君谟		莆田	饶州通判	方万策	元忠		莆田	广东参议
方万有	如初		莆田	翰林院庶吉士	方兴邦	懋藩		莆田	广西参议
方一桂	世芬		莆田	广东道监察御史	方一兰	世珮		莆田	礼部郎中
方宜贤	恒达		莆田	弘治十一年举人，知县	方以嘉	元会		莆田	潜山知县
方应时	以中		浙江遂安	长泰知县	方攸宾	君穆		莆田	工部司务
方攸跻	君敬		莆田	南京户部主事	方攸绩(1528—?)	君谦		莆田后塘	山东左布政使
方攸箴	君信		莆田	万历四年举人	方有翼	君棐		莆田	嘉靖四十年举人
方遇熙	翼明		邵武	兖州府运河同知	方元奂	景萃		莆田	归善知县
方元会	仲极		莆田	崇祯十六年进士	方召南	文化		莆田	嘉靖十一年进士
方震孺		孩未	安徽寿州	沙县知县	方正梁	兆之		莆田	赵府长史
方之纲		振宇	安徽桐城	古田知县	方仲夔	汝典		侯官	
方重耿	思直		莆田	嘉靖元年举人	方重杰	思兴		莆田	正德十四年举人
方重熙	思缉		莆田	正德十一年举人	方宗重	任之		莆田	湖川通判
房寰	中伯	心宇	浙江德清	漳浦知县、提学御史	斐旻	士勉		崇安下梅	江西按察司金事
费度密	此度		四川成都	流寓永定	丰熙	从先		吴人	戍镇海卫，晚年寄居福州西郊
丰熙	原学	白斋	浙江鄞县	漳浦知县	鄞一相			宜亭	江西丰城	同安知县、庐州同知
冯弼	辅臣		泰宁	莆田训导	冯高	懋升		建阳	
冯谷	俊莘		安溪崇信里	教谕	冯凌	子澄		永福	宣德岁贡
冯乔	迁之		江西德安	侯官教谕、闽县教谕	冯驯	行健		四川岳池	兴化知府

冯 孜	师虞		四川南充	邵武知府、延平知府	冯光浙	邦镇		浙江慈溪	怀安教谕
冯梦龙	犹龙、子犹		江苏长州	寿宁知县	冯綦隆	运昌、甸侯		归化	武进士
冯时来	泰复		晋江	尤溪教谕	冯廷璧	汝珍	荆台	清流	
冯有翼	仕材		晋江		冯之图	密庵		江西兴国	分巡漳南道
符希曾	日唯		广东感恩	南平知县	傅 宝	汝珍		建阳三桂	
傅 迪	吉甫		建阳三桂		傅 第	应科		莆田	万历十九年举人
傅 琪	质温	禾江	同安嘉禾		傅 冠	元甫	寄庵	江西进贤	初名元范,礼部右侍郎。明亡,避居泰宁上高
傅 淮	子深		将乐	贡生	傅 楫	延济	西岩、西崖	南安锦田	
傅 浚	汝源	石涯	南安溪南	山东转运同知	傅 凯	时举	敬斋	南安溪南	
傅 乐	宣夫		南安		傅 琦	希玉		闽县	
傅 启	思明		仙游	宝钞提举	傅 卿	宪卿		莆田	广东金事
傅 铨	伯贤		仙游	于潜训导	傅 铄	仲敬		光泽二十都	辰州府检校
傅 信	汝实		仙游	会昌州通判	傅 璇	霖雨		光泽在城	茂名教谕
傅 璇	枢衡		建阳三桂		傅 训	公度		建阳三桂	
傅 钥	国毗	鹭门山人	同安嘉禾		傅 轸	拱辰		将乐	新化知县
傅 镇	国鼎	近山	同安嘉禾	南京右都御史,提督操江	傅 智	时明		南安溪南	
傅 舟	汝济		建阳三桂		傅宾风	邦瑞		南安	
傅大岳	虞镇		仙游	柳州经历	傅道统	承宇		南安	

姓名	字	号	籍贯	备注	姓名	字	号	籍贯	备注
傅道唯	时化		南安		傅尔鳌	孟骖		晋江	
傅国俊	有遴		南安溪南		傅国珍	震南		建阳三桂	
傅履阶	则及		南安		傅履约	则曾		南安桃源	
傅启光	曙卿	念介	南安		傅庆贻	有积	积所	南安	
傅汝楫	木剡	卧芝山人	侯官		傅汝舟（1476—1556）	远度、木虚	丁山人、磊老、七庵人、桑臣、心、戊幅主、扶下唾道士	侯官	诗人
傅廷圭	天兴		将乐	严州训导	傅文龙	见卿	潜庵	南安	
傅夏器（1509—1594）	廷璜	锦泉	南安锦田		傅阳明	际熙	晦吾	南安桃源	
傅应嘉（1524—1567）	德弼	钟山	南安锦塘	建宁行都司。协助俞大猷抗倭	傅元初	子仁	子韧	南安	
傅宗说	举岩		光泽	教谕	富可济	尔心		晋江	
高棅（1350—1423）	彦恢	漫士	长乐龙门	名后改廷礼	高昌	盛之		安溪感化里	
高超（1514—?）	廷华		莆田	嘉靖二十六年进士。浙江副使	高琛	惟琛		上杭在城	左春坊左司谏
高颎	月峰		光泽二都	泰和知县	高對	仲龙		云南大理	福建巡按
高耿	以明	梅岩	长乐岭南	兵科给事中	高昊	汝大		侯官	常山知县
高墅	德滋	东峰	长乐	安仁知县	高厚	本淳		光泽十六都	苍梧县丞

高濑	宗吕	庖谷义老石子、霞子、峰仙、髯仙	侯官	画家	高淮	泰仲	竹所老人	长乐龙门	永乐丁酉举人
高鉴	孔明	种菊道人	侯官	一作种兰道人,清远训导	高江(1470—?)	一龙	二雨	仙游	四川副使
高敬	维新		光泽二都	永新县丞	高均	惟一		侯官	
高俊	世甫		莆田	衢州推官	高浚	弥远		长乐龙门	字一作维远,籍贯一作宁德。肇庆知府
高璘	良治		永安		高峦	景山		光泽二都	阳山知县
高明	文显		安溪感化里		高鹏	里山、季山		上杭胜运里	归安知县
高溥	克宽		福鼎	嘉靖间御倭水头,战死	高启	启之		安溪感化里	
高权	良经		福鼎坊都	嘉靖间捐谷助筑土堡御倭	高仁	若阳		莆田	
高通	子亨		莆田		高文	克斌		长乐	
高翔	君举		永安	黄陂知县	高旭	时旭		侯官	江西提刑
高瑶	庭坚		闽县	荆门州训导	高颐	应昌	正翁	福安水田	海盐知县
高用	世达		光泽二都	永乐举人	高祐	天锡		江苏上海	泉州府同知
高越		抑斋	安徽凤阳	泉州知府	高昭	思晦		莆田	
高兆	云客	固斋	闽县	邑庠生,著《观石录》等	高钟	鲸音	震野	古田	寿昌训导
高铢	守大	豸峰	古田	新建主簿	高佐	辅明		邵武	福山知县
高伯龄	平哲		长乐后澳	雩都知县	高崇谷	君诒		邵武	督饷宣府兼理屯田马政

高飞声	克正		长乐流水	玉山知县	高凤岐	瑞文		安溪	
高凤山	瑞镇		安溪感化里		高凤吟	瑞舜		安溪	新丰知县
高鑅金	守中		古田	沙县教训	高继端		正翁	长乐龙门	善画葡萄
高金体	立之		浙江临安	安溪知县、兵部尚书	高九万	鹏举		光泽	岁贡
高克正	朝宪		海澄	浙江乡试主考官	高攀龙	存之	景逸	江苏无锡	贬官揭阳,经过汀州
高荣贵	礼轩		沙县		高尚贤		文台居士	邵武	岁贡
高士达	行可	泽海	四川巴县	以漳州府同知代理平和知县	高士侣	汝齐		侯官	诸生
高士奇	懋正		闽县	宿州知州、万州知州	高士选	永标	毅寰	长乐流水	始兴知县
高世芳	养及		莆田		高世魁	绍甫		闽县	御史
高廷礼	彦枎	漫士	长乐龙门	初名樣	高廷忠	允卿		长乐后澳	奉化知县
高万仞	宪孟		莆田		高仰止	斗山		邵武	瓯宁训导
高应元	泰宇		光泽二都	岁贡	高元沐	德新		福安水缠	靖州通判
高宗礼	君厚		邵武	恩贡	葛浩	天宏		浙江上虞	邵武知府
葛瓒	廷锡			泉州府推官	葛寅亮	冰鉴	屺瞻	浙江钱塘	户部侍郎,隐居浦城东乡岩
宫贤		龙池	将乐	温州司理	龚柏	子耕		寿宁二都	直隶虹县大使
龚道	士行	时斋	宁德		龚贵	廷章		浦城	杭州知府
龚厚	德纯		宁德一都	乡贡	龚炯	延璋		晋江	
龚蘷	志文		寿宁二都	贡士	龚良	以善		光泽一都	广东左卫经历,出使满剌加国
龚溥	文山		宁德	贡生	龚谦	礼让		光泽三都	乐会知县、高明知县

龚 顺	裕之		光泽十九都	赣县训导	龚 松	坚夫		宁德	
龚 敦	时敏		邵武	都转运使	龚 兴	思祖		上杭在城里	新城教谕
龚 阳	养正		上杭在城里	岁贡	龚 仰	惟高		宁德	
龚 膺	维善		宁德一都	户部郎官	龚 颖	栗夫		江西吉水	安溪知县、宁德知府
龚 瑀	用贵		光泽一都	岁贡	龚邦卿	良谏		宁德	衡府教授
龚邦珊		玉江	宁德	兴化训导	龚大鹏	朝辅		光泽	
龚懋墀	玉屏		侯官	湖广都司经历	龚士遴	羽明		侯官	福安训导
龚世禄	世学		寿宁二都	香山县丞	龚天池		亨明	同安何厝	鄞县知县
龚廷宾	可贤		晋江永宁		龚彦文	成章		宁德七都	济南教授
龚尧天	有则		寿宁二都	贡士	龚云从	时际		莆田	
龚云致	润寰		晋江永宁		龚兆龙	文光		莆田	
贡靖国		洪山	江西丰城	泉州知府、两淮盐运使	辜朝荐	在公		广东潮州	崇祯元年进士。明亡依郑氏
谷 宏	仲宏		闽县	籍贯一作江西新淦。中书舍人	顾 标	端大		莆田	云南提举
顾 斌	质夫		晋江		顾 曷	仲光		苏州吴江	将乐知县、汝宁知府
顾 潮	有信		永福	玉山训导	顾 珀	戴祥	新山	晋江	
顾 雍	朝熙		仙游		顾 元	体仁		仙游	高州府同知
顾大伦	兰江		永定		顾公升	积高		仙游	恭城教谕
顾可久		洞阳	江苏无锡	泉州知府	顾乃猷		肖坡	浙江秀水	尤溪知县
顾日新	商懋		莆田	户部司务	顾圣之	季狂		江苏吴江	名一作圣少。寓居泰宁丹霞岩

顾舜臣	希仁		浙江上虞	汀州通判,代理清流知县	顾思义		得九	永福	南安教谕
顾望海	须至		莆田	交河知县	顾惟质	彬夫		莆田	兖州通判
顾阳和	志仁		莆田	河南提学副使	顾元镜	郎生		浙江归安	分巡漳南道、福建布政使
关子原	德泉		宁德七都		官崇	尚德		光泽十八都	桐庐主簿
官孚	克诚		光泽廿四都	慈溪知县	官进	胜中		光泽廿四都	金坛县丞
官经	升甫		光泽	南城训导	官亮	文明		光泽十五都	仙游训导
官清	景安		光泽在城	玉山知县	官荣	邦显		沙县琅口	兵科给事中
官贤	子选	龙池	将乐	温州司理	官旸	子暄		光泽十九都	昌化主簿
官寅	思敬		顺昌在城	嘉兴教授	官英	士容		光泽十五都	随州通判
官大鹏	飞六		连城		官景哲	永明		光泽在城	税课大使
官亮采	冲霄		光泽十五都	新繁知县	官懋勋	德甫		邵武	郡庠生
官凝秀	尚贤		光泽	会同知县	官天纬	秉臣		沙县	廪生
官廷试	国英		光泽十五都	孝感知县	官文学	时习		光泽十四都	岁贡
官彦铭	文誉		光泽十五都	桂平大湾镇巡检	官永仁	怀政		沙县	
官玉瑄	鸣珂		光泽在城	岁贡	管谷	升野		浙江鄞县	大田知县
管橘	彦怀	五陵	安徽南陵	长泰知县	归大宾		台麓	江苏长洲	泉州府通判
桂荣	近庵		江西上饶	分巡漳南道	桂振宇		荐我	安徽石埭	德化知县
郭滨	本渊		晋江		郭波	澄卿		闽县	户部主事
郭聪	世达		晋江		郭岱		逵山	广东番禺	长乐教谕

郭　德	允盈		福安	奉化典史	郭　铎	惟警		福安鹿斗	
郭　辅	廷佐		上杭在城里	海阳主簿	郭　富(?—1559)	体仁		同安后郭	
郭　琪	元圭		闽县	户部主事	郭　恢	仲安		仙游	江西布政司理问
郭　惠	邦友		龙溪		郭　纪	思修		莆田	海阳教谕
郭　爀	光著		仙游	德州学正	郭　浚	本深		晋江	
郭　浚	文逊		同安后郭		郭　冕	宗周		光泽县治	绍兴府教授
郭　楠	世重		晋江		郭　清	直夫		莆田	
郭　仁	明伦		龙溪		郭　书	文泉		永定	庠生
郭　舒	端庄		龙溪		郭　泗	允学		福安鹿斗	
郭　铛		裕庵	江苏长洲	泉州府通判	郭　湍	顺夫		莆田	太平州通判
郭　伟(1549—1619)	洙源、士俊		晋江石湖		郭　暹	仕通		光泽在城	信宜知县
郭　显	如晦		南平	处州训导	郭　绪	秉纪		上杭在城里	程乡知县
郭　轩	瞻夫		闽县		郭　易	景谦		福安鹿斗	国子监生
郭　殷	宗商		福安东门	乡举	郭　寅	建初		仙游	泸溪教谕
郭　裕	景安		福安鹿斗	淮水驿丞	郭　源	本潮		晋江	
郭　钟	允懋		晋江		郭　资	逢源	莲斋	上杭在城里	云南道御史
郭必昌		太薇	晋江		郭承汾	懋衮		晋江	
郭从龙	霖寰		上杭	建宁训导	郭存诚	希周		大田	怡平县尉
郭存敬	希文		大田	永淳教谕	郭大宾	德光		福安鹿斗	广西洛溶驲丞

郭大科	德渐		福安鹿斗	庠生	郭大廉	德浩		福安鹿斗	
郭大平	德均		福安鹿斗	例贡	郭定安	致道		上杭 在城里	德化教谕
郭符甲	辅伯	介庵	南安		郭鸿派	时沛		福安鹿斗	建昌教训
郭黄中	德元		福安	例贡	郭继芳	竹亭		上杭	汤溪县丞，代理汤溪知县
郭嘉贺		耻斋	广东潮阳	泉州府推官	郭嘉冕	用周		福安东门	恩贡，南京睢宁县知县
郭见龙	叔云		上杭 在城里	举人	郭居敬	仪祖		大田	
郭君会		近渠	仙游	海宁县丞	郭立彦	如选		晋江	
郭立之	卓然		晋江		郭连芳	兰亭		上杭 在城里	临高主簿
郭良璞	卞玉		晋江		郭隆詹	廷任		晋江	
郭梦得		肖野	同安后郭	琼州知府	郭梦詹	廷璋		晋江	
郭命润	叔回	东水	南安蓬岛		郭奇逢	际时	鹤峰	大田	乐安知县
郭琦第	太奏	胆夫	南安蓬岛		郭日休	德夫		莆田七步	贵州按察使
郭日烜 (1545—1592)	宗实	旭东	同安后郭	嘉定、安宁知州	郭如楚	樾甫	复庵	晋江	太仆寺少卿
郭尚谦	鸣吾		晋江		郭士豪	志迈		晋江	
郭世思	尔亮		莆田	台州同知	郭思惠	和宇		上杭	
郭斯垕	伯载		浙江会稽	政和典史	郭天龙	圣犹		莆田	崇祯十五年举人
郭廷仆	德相		福安鹿斗		郭万程	子长		福清海口	刑部主事
郭维翰	屏叔	钟西、 笋霞	德化	四川岷州左长史	郭惟贤	哲卿	希宇	晋江	户部左侍郎
郭维藩	价卿		湖南夷陵	古田知县	郭维藩	仲坚		莆田	阳春知县

郭文昂	季卿		古田	例监	郭文焕	仲实		晋江	
郭文涓	稚源	东皋	古田	保宁同知	郭文晤	景默		福安鹿斗	选贡,贵州教授
郭文习	景翔		福安鹿斗	衡阳知县	郭文祥	孟履		福清海口	胶州知州
郭文询	景问	介山	福安鹿斗	龙川训导	郭文意	景诚		福安	选贡,潮州训导
郭文周 (1512—1578)	景复	东山	福安鹿斗	广东巡抚	郭文著	景蒙		福安鹿斗	河南睢阳驿丞
郭尧对	仲倩		莆田	崇祯十二年举人	郭一新	允善		福安鹿斗	南京红心驿丞
郭应科	用贤		光泽	万历岁贡	郭应葵	兑阳		上杭	丹阳主簿
郭应聘 (1520—1586)	君宾	华溪	莆田东华	南京兵部尚书	郭应枢	惺宇		上杭	万历岁贡
郭应诏	邦言		福安鹿斗	大田训导	郭有道	邦见		福安鹿斗	
郭有声	学光		仙游	万历四十六年武举人,锦衣卫百户	郭毓伸	潜初		上杭	崇祯岁贡
郭毓枢	邦莞		莆田		郭长发		龙湖	惠安崇武	
郭贞一	元侯	道憨	同安后郭	都察院右副都御史	郭芝英	耀豪		同安寮东	光禄大夫、太子太师、忠奋伯
郭宗磐 (1541—1607)	渐甫	鹏海	晋江石湖	广西副使	郭宗禹	不伐		侯官	
郭缵芳	槐亭		上杭	南京北城兵马副指挥	海澄	静之		广东南海	建阳知县
海瑞 (1514—1585)	汝贤	刚峰	广东琼州	南平教谕、南京吏部右侍郎	韩宏	士毅		福清海口	浙江参政
韩济	克济		龙溪		韩璟	玉章		宁德六都	湘阴知县
韩俊	世英		连江	贡生	韩魁	士擢		连江洪塘	交趾温丘知县
韩隆	德崇		安徽桐城	永安知县	韩琼	邦器		宁德七都	青田主簿
韩绍		怀愚	浙江归安	长乐知县、给事中	韩镛	文亮		福清海口	陕西参政

韩 岳	鲁淙		浙江余姚	晋江知县	韩 洲	汝清		浙江萧山	福安知县
韩 柱	龙南		浙江余姚	分巡漳南道	韩廷辅	易珠		宁德	建宁府教授
韩廷锡	晋之		侯官	一名锡。诸生,工小篆	韩廷相	六水		宁德	浦城教谕
郝凤升 (1468—1511)	瑞卿	九龙	长汀	大理寺左寺副、严州知府	何 安	叔恭		晋江	开建教谕、江山训导
何 璧	玉长	渤海逋客	福清时和里	为张涛的辽东抚台任幕僚	何 昶	懋昭		将乐	按察司经历
何 诚	志孚		仙游	虹县知县	何 池	澄玉		邵武	
何 慈	顺叔		古田	岁贡,广西参政	何 达	非闻		邵武	
何 旦	期周		将乐	信宜训导	何 第	仲名		莆田	崇祯六年举人
何 海	朝宗		广东番禺	沙县教谕	何 炯	思默		晋江	安福训导、晋江教谕
何 琚	佩甫		晋江	刑部员外郎	何 俊	茂才		宁德五都	平阳县丞
何 浚	通源		上杭来苏里	南康府通判	何 楷	玄子	黄如	镇海卫	隆武朝户部尚书
何 珵	邦用		古田	岁贡,文安谕	何 衮	仲举		古田	岁贡,太平推官
何 深	崇渊		泰宁东隅	顺宁府经历	何 升	时雍		将乐	贡生
何 氏	观奴		安溪	女	何 思	希圣		光泽	万历岁贡
何 松	双槐		泰宁	万历岁贡	何 童	养正		仙游	永乐间贡生
何 玺	御卿		泰宁	泉州训导	何 遑	伯阳		将乐	新城县丞
何 显	继善		闽县	湖州知府	何 香	孚兰		晋江	
何 燮	中理	浔江	晋江	亳州知州	何 瑄	彦璧		宁德	铜鼓卫经历
何 宜	行义		福清龙田	江西左布政使	何 佑	天锡		晋江	

何谕	道夫		古田	岁贡,连山谕	何御	范卿		福清龙田	两淮运使
何云	从龙		将乐	延平守备	何邦礼	大中		福清龙田	
何本俪	敬我		建宁		何本盛	裕行		光泽十一都	万历二十五年举人
何本仙	成一		建宁		何春龙	云海		泰宁	
何大绅	弼明		建宁		何道旻(1365—1437)	伯清		泰宁县城	江西按察副使
何贵芳	宗义		光泽在城	庆丰仓副使	何怀远	涯海		惠安崇武	小名会观
何家驹	如飞	岵海	惠安崇武	常州府推官	何家骏	日千		惠安崇武	
何景纲	云峰		建宁		何九说	兄悌		晋江	南京户部员外郎
何九云	舅悌	培所	晋江	何乔远子,崇祯十六年进士	何九转	翁悌		晋江	诸生
何居宪	师尹		晋江	府学诸生	何孟伦		蘖樵	广东新会	建宁知县
何梦骏	履悌		晋江		何其伟	梧子	鼎石山人、白沙先生	闽县	籍贯一作连江。隆武举人
何其渔	樵仲		建宁	以诗闻	何乔遴	隆孝		晋江	
何乔迁	齐孝	屏台	晋江	何乔远之兄,大理寺评事	何乔新	廷秀	椒丘	福安	刑部尚书
何乔选	华先		晋江		何乔远(1558—1631)	稚孝	菲莪、镜山	晋江	户部右侍郎
何尚舜	用中		泰宁	海宁县丞	何士麟	肇周		广西苍梧	将乐知县、刑部主事
何世祺	勉翼		福清龙田		何舜龄		兰池	浙江栅浦	泉州府同知
何舜卿	桂林		上杭	益府教授	何天恩	思云		建宁	
何天荣	绍云		建宁		何廷班	首联		建宁	

何廷钰	实夫		邵武	御史	何望海	金杨		邵武	揭阳知县
何为心	不昧		建宁		何维柏	乔仲		广东南海	福建巡按
何文衡		观泉	泰宁	礼部儒士	何文壬	南所		建宁	
何文懿	南溪		建宁		何文豸	敬石		建宁	
何延贤	君宾		莆田	荣泽教谕	何阳春	士赞		仙游	上思知州
何一鸿	子渐		仙游	代理兴化知县，高邮州同知	何应和	景阳	大溪	广东东莞	长乐知县
何应明	曙初		晋江		何永清	我白		建宁	
何玉成	子纯		福清	廉州知府	何元达	静夫		广东顺德	仙游训导
何元述	元礼	小洛	晋江		何运亮	中寅		晋江	
何正裔	其永		永福	诸生	何至德	茂凝		仙游	岷府博士
何中俊	二为		惠安崇武	佥事	何著先	诚孝		晋江	后更名述。县学附生
洪葆	子厚		河南新城	泉州府通判	洪彩	中受		南安蟠溪	
洪昌	汝言		南安		洪创	世贤		莆田	
洪聪	谋甫		晋江	南安知府	洪都		九霞	江苏青浦	归化知县、闽县知县
洪富	国昌		晋江	四川参政	洪奂	子美		怀安	
洪俊(1525—1607)	子才	见泉	同安		洪霖	时泽		浦城	北京留守右卫经历
洪锵	鸣雍		莆田		洪受	凤明		同安凤山	夔州通判
洪顺	遵道		怀安	刑部主事	洪晳	用晦		龙溪	
洪玺	朝宝		南安英山		洪显	怀德		南安	

洪　熊	世美	方山	南安		洪　旭 (1605—1670)	念茞	九峰	同安蔡浦	字一作念衷。永历间为水师右军
洪　晅	继明		怀安	剡城知县	洪　暄	调五		同安后丰港	澎湖游击
洪　勋	孟功		侯官	诸生	洪　异	大同	碧湖	龙溪	广西参议
洪　英	实夫		怀安	山东左布政使	洪　钟	宣之		浙江钱塘	福建布政使
洪　珠	玉方		莆田	绍兴知府	洪邦光	世龙	宾吾	同安洪厝	贵州按察使
洪朝选 (1516—1582)	汝尹、舜臣	芳洲、静庵	同安洪厝	刑部左侍郎	洪承楷	彦法		南安英山	天启举人
洪承选	彦修		南安英山		洪澄源	子定		晋江	云南右布政使
洪范畴	梦樵		同安柏埔	县学生员	洪公抡 (？—1614)	廷扬	鼎铭	同安后丰港	守备
洪国祺	绍贤		同安洪厝		洪孟瓒	世萃		南安	全椒知县
洪鸣鸾	道枢		仙游	上杭教谕、汀州教授	洪启采	尔载	敏斋、常九	南安	居晋江。泰宁教谕、永州府同知
洪启初	尔还	葆原	南安英山	兵部郎中	洪启聪	尔达	怀怗	南安英山	
洪启进	尔昌		南安英山	广州同知	洪启睿	尔介	訒原	南安英山	浙江右布政使
洪启烇	尔弢		南安英山		洪启胤	尔哲	绍原	南安英山	
洪启孕	尔哲		南安		洪启哲	子愚		晋江	
洪启遵	尔鸿	素原	南安		洪士弘	伯大		南安英山	
洪世俊	用章	含初	安徽歙县	同安知县、福建右布政使	洪世文	国华		怀安	湖广参议
洪守愚	尔睿		晋江		洪庭桂	德馨		南安英山	名一作廷佳。德兴知县
洪庭实	德光		南安英山	居晋江。举人	洪纤若	时育		同安窗东	广东左参政
洪有第	懋学	肖英	南安英山	徙居晋江。祁城、新会知县	洪有复	懋纯	心庵	南安英山	徙居晋江。湖广左布政使

洪有观	懋政		南安英山	徙居晋江。遂昌训导、定南知县	洪有声	懋文	穆庵、景坡	南安英山	徙居晋江。南京工部郎中
洪有则	可久		南安英山	广东黄冈守备	洪有祯		亮士	同安厦门	
洪有助	懋逊	逊斋	南安英山	广东副使	洪幼愚	原厚		莆田	潮州通判
洪垣星	日生、聚子	遁庵	南安武荣		洪子诚	诚夫		莆田	广州通判
洪宗庆	文善		沙县下茂	衢州通判	洪祖烈	定远		江苏吴江	汀州守备、京营神机枢参将，从唐王朱聿键来浦城
侯畎	允高		广东曲江	古田知县	侯端	伯纪		光泽一都	溧阳知县
侯炯	启明		江西南丰	连江知县、陕西佥事	侯清	廷立		莆田	南宁通判
侯成志	于学		莆田	嘉靖元年举人，教谕	侯坤童	寄南		南安	
侯廷命	君锡		邵武	福州训导、泉州教授	侯廷训	孟学		浙江乐清	福建按察司佥事，分巡漳南道
呼鹤鸣	元龄	凌虚		浯铜游击。先世和州人	胡本	贯通	鞠庄	建阳县坊	
胡晨	克兴		湖北英山	籍贯一作直隶。福安县丞	胡鼎	宗器		侯官	光禄署丞
胡广	光太		上杭平安里	海丰知县	胡华	维峻		江苏武进	福建巡按
胡辉	希大		长汀	乐亭丞	胡济	泽民		上杭在城里	堂邑训导
胡经	永用		长汀	开建知县、吴川知县	胡璟	廷辉		长汀	阳朔知县
胡礼	子敬		安溪来苏里	靖安教谕	胡琏	重器		江苏沭阳	分巡漳南道
胡禄	廷爵		安溪来苏里		胡纶	经甫		广西桂林	尤溪知县
胡梅		东池	邵武	善画山水	胡器	仕珪		江西新喻	泉州知府
胡潜	孔昭		安徽绩溪	德化知县	胡琼	国华	九峰子	南平	贵州巡按

胡　时	子俊		上杭金丰里	上杭训导、汀州训导	胡　文	宣文		诏安	曲靖兵备副使
胡　献	有征		漳浦		胡　瑄	仲璧		安溪来苏里	英德教谕
胡　询	舜谋	泽斋	南安桃源		胡　橷	宜衡		龙溪	
胡　兆		北丘	江西安福	泉州府训导	胡　珍	邦珍		安溪来苏里	
胡宾垾	宗策	见鹤	漳浦绥安	南刑部主事	胡秉文	显谟		莆田	荣府长史
胡崇易	道明	时轩	四川垫江	泉州教授	胡继美	秀文	中在	江西鄱阳	漳浦知县、刑部主事
胡继铨		预石	江西鄱阳	建宁府推官，署理建阳县事	胡明佐	良甫	拱柱	同安坂尾	山东参政
胡起龙	奇霖	见田	漳浦绥安	改名文熹。松江府同知	胡迁乔	奇参	我招	漳浦绥安	万历十六年岁贡
胡汝桥	瑞虹		长汀	诸生	胡上琛 (1615—1647)	席公、逢圣		闽县	武举人
胡士鳌	尔潜		诏安四都	登州知府	胡守宗	穆中		晋江	吏部考功、文选司员外郎
胡寿昌	子祺		江西吉水	延平知府	胡廷赐	效生		江西丰城	古田训导
胡廷宴	以泰	瞻明	漳浦绥安	名一作廷晏，瞻明一作字。陕西巡抚	胡廷宰	以平	隆柱	漳浦绥安	名一作廷实。万历二十二年举人
胡惟濂	屺瞻		漳浦绥安		胡文耀	奇暐	鹿岩	漳浦绥安	户部郎中
胡文远	一行	云溪	漳浦绥安	淮府右长史	胡文宗	在鲁		江西庐陵	泉州府同知
胡锡厚	载堂		永定忠坑		胡友廉	福霖		永定月流	精堪舆
胡宗华		草涧居士	龙溪		胡宗宪	汝贞		安徽绩溪	福建总督
花润生	蕴玉	介轩、紫云老人	邵武	古田知县，提督浙江学政	华　岩 (1682—?)	德嵩、秋岳	新罗山人、白砂道士	上杭白砂	画家
黄　鳌		三峰	晋江宝盖		黄　榜	尚宾		将乐	临海训导

黄	豹	赤公		莆田		黄	本	维成	广东吴川	长乐典史
黄	弼	君赞	印蘧	建宁	工部都水司郎中	黄	表	德彰	连城	
黄	宾	朝兴		罗源招贤里	龙泉主簿	黄	宾	朝用	崇安	太学生
黄	斌	德威		连城	南京羽林卫	黄	采	宗素	江苏苏州	尤溪知县、监察御史
黄	参		白湖	漳浦沙西	溧阳训导	黄	岑	胤楚	南安美林	
黄	昌	德顺		建宁	字一作顺德。光禄署正	黄	焯	子昭	龙津子	南平	湖广布政司左参政
黄	潮	梅川		晋江		黄	琛	本清	福安洋头	试御史
黄	琛	廷献		将乐	江西左参政、南京户部右侍郎	黄	琛	允栗	江西永丰	上杭教谕
黄	宸	拱宸		广东和平	仙游知县	黄	城	景芳	福安顶头	仁和教谕
黄	铖	国威	石崖	南安东安下		黄	澄	廷肃	竹溪	南安丰禄	
黄	澄	元定		永福	温州教授	黄	澄	仲清	罗源东隅	岁贡
黄	澄	敦廉		晋江		黄 钏 (？—1558)		珍夫	后谷	福安阳头	温州府同知
黄	椿	德秀		罗源东隅	颍州学正	黄	椿	仁卿	晋江	阳春乐安驿丞
黄	淙	冰涧		崇安四隅里	保昌训导、曲江教谕	黄	琮	明五	建阳县坊	官仓大使
黄	琮	廷献		邵武	安远知县	黄	澹	得冲	松溪	
黄	鼎	廷器		浦城	饶州府推官	黄	东	德修	永福一都	
黄	侗		我愚	永福	萧山县丞	黄	端	用楷	泰宁瑞溪	肇庆训导
黄	芳	鼎云		同安浯洲		黄	福	汝赐	浦城	太常寺丞
黄	福	延寿		光泽在城	淳安县丞	黄	富	积之	江西鄱阳	古田训导

黄镐 (1420—1488)	叔高		侯官	广东左参政	黄暠	汝升		浦城	南京光禄寺良酝署丞
黄阁	启崇		莆田	永安知州	黄耕	希尹		莆田	吏科都给事中
黄官	台卿		莆田	万历四十年举人。同知	黄光	若木		莆田	来安知县
黄广	文溥		同安	德庆知州,代理肇庆府知府	黄圭	尚德		连江伏沙	德庆州训导
黄桧	德馨		罗源东隅	临海教谕	黄衮	补甫		莆田	万历五年进士。国子监助教
黄衮	德章		广东番禺	晋江训导	黄杭	伯州		莆田	嘉靖二年进士。工部郎中
黄鑅	于宣		晋江		黄华	世英		莆田	成化十六年举人
黄铧	志英		罗源东隅	南海县丞	黄怀		东源	晋江	诸生
黄淮	伯川		沙县	新兴主簿	黄晖	天明		罗源东隅	归善教谕
黄晖	惟光		莆田	抚州教授	黄辉	贵韬		莆田	新建知县
黄镀	伯享		晋江		黄玑	允衡	仁庵	南安丰乐	
黄纪	汝振		莆田	衢州经历	黄稷	汝弼		罗源东隅	长兴教谕
黄骥	德伦	梅庄	同安	句容主簿	黄佳	绍贵		光泽在城	永宁训导
黄佳	献民		莆田	惠州通判	黄嘉	允祯		南安丰乐	
黄建	文立		莆田	江西道御史	黄涧		晚江	松溪	
黄鉴	克明		上杭 在城里	庆远卫经历	黄江 (1489—1563)	源深	梧圃	同安 汶水头	乐会教谕
黄讲	彦通		莆田	南京国子监典簿	黄杰	一贞	忍江	同安浯洲	伊府教授
黄结	资友		广东东莞	泉州府教授	黄碣	廷笪		将乐	贡生
黄玠	廷圭		南安	古田知县	黄玠	孝征		龙溪	知县

黄	金	廷声		莆田		黄	谨	廷仪		莆田	景泰五年进士
黄	进	孔猷		仙游	崇仁知县	黄	缙	绍荣		莆田	成化十三年举人。兴宁知县
黄	缙	时升		南平	铜陵知县	黄	涓	有源		宁德一都	
黄	卷	冲冥		闽清	武翼大夫	黄	卷	圣谟		莆田	善画美人
黄	俊	彦夫		寿宁十都	贡士	黄	隽	文伟		莆田	琼州府训导
黄	浚	达夫		永福	洪武岁贡	黄	寓	世用		闽县	户部主事
黄	凯	文选		晋江		黄	楷	宏正		永福	霍丘知县
黄	康	惟良		连城	泰顺知县	黄	科	道进		莆田	德府长史
黄	科		伊野	永定		黄	宽	汝和		江苏江阴	罗源知县
黄	宽	仲肃		光泽四都	高安知县	黄	奎	时粲		莆田	新昌教谕
黄	鲲	汝升		上杭胜运里	潮州府照磨	黄	涞	仲寰		上杭	桃源知县
黄	澜	源续		莆田	南京侍读学士	黄	礼	天叙		光泽	山西苑马监正
黄	礼	廷文		晋江		黄	理	子温		安徽歙县	福安知县
黄	立	信道		顺昌	国子监学正	黄	濂	仲周		仙游	字一作仲厚。弋阳知县
黄	珽	汝器		莆田	贵州左布政使	黄	旒	冕之		宁化	桂平知县
黄	纶	廷经		莆田	顺德教授	黄	迈	怀德		仙游	永乐间贡生，山西行都司断事
黄	懋	勉之		光泽	六安州通判	黄	门	道登		江苏常熟	闽县知县
黄	勉	惟勤	隐山	永福		黄	敏	功伯		莆田	万历十六年举人
黄	敏	宗文		宁德廿二都		黄	明	允静		晋江	

黄	铭	汝谨		莆田	新昌知县	黄	模	德成		罗源东隅	高安训导
黄	镆	南阳	钝轩	镇海卫		黄	穆	子敬		莆田	翰林院编修
黄	宁	孟修		光泽	鸿胪寺序班	黄	普	德宏		莆田	楚府教授
黄	溥	德充		将乐	贡生	黄	锜	宜中		将乐	交河训导
黄	瑾	基玉	山愚、愚长	永福白云	肇罗兵备道	黄	麒	梦征		建阳县坊	
黄	谦	亨夫		莆田	刑科右给事中	黄	谦	孟益		莆田	宣德四年举人
黄	谦	益甫、惟益		莆田	鲁王府伴读	黄	潜	仲昭	退岩居士	莆田东里	江西提学佥事
黄	钦	敬夫		光泽在城	岁贡	黄	芹	伯馨		龙岩	海阳训导
黄	勤	汝懋		永福	正统乡举，王府教授	黄	溱	仲济		罗源东隅	岁贡
黄	清	元洁		泰宁朱口	宾州学正	黄	清	源洁		将乐	华亭县丞
黄	琼	伯英		福宁州	南城知县	黄	铨	德阳		莆田	青阳知县
黄	荣	俨仁		莆田	浙江按察使	黄	璿	朝佩	碧渠	宁德七都	永州推官
黄	瑢	景行		永福	石城教谕	黄	瑢	廷仪		永福	天顺岁贡
黄	榕	廷秀		罗源西隅	崖州通判	黄	柔	仲刚		泰宁中隅	安武县丞
黄	儒	三未		永福	营经知县	黄	汝	仲器		罗源东隅	海丰训导
黄	锐	景怀		永福	萍乡知县	黄	润	原润、叔泽		永福	揭阳教谕
黄	润	时泽		连江	博罗主簿	黄	盛	世华		归化	
黄	式	叔仪		连江下里	遂昌主簿	黄	寿	伯祺		罗源徐公里	浙江副使
黄	绶	景章		广东番禺	罗源教谕	黄	绶	元玺		晋江	阳朔教谕

黄黍	有成		莆田	宣平教谕		黄澍	天泽		侯官	姚安知府
黄挺	廷正		连江	潮阳训导		黄铜	孔铸		长乐青山下	光州知府
黄童	仕墀		政和	御史巡按		黄童	仲器		古田	
黄潼	仲广		罗源东隅	灌阳知县		黄统	宗道		光泽在城	应德主簿
黄暾	景升		闽清墩上里	溧水知县		黄外	德本		仙游	交趾知县
黄巍	以恒		南安美林			黄唯	无违		沙县	女
黄伟	德明		连江	通志作炜,宣平教谕		黄伟(1488—1538)	孟伟	逸所	同安汶水头	南雄、松江知府
黄玮	彦成		罗源东隅	电白知县		黄汶	宗济		罗源临济里	
黄熙	汝明、皆山		长乐青山下	吏部郎中		黄熺	继明		永福	太平主簿
黄玺	伯珍		罗源招贤里	清河教谕		黄禧	德洪		连江伏沙	德安知县
黄显	晦叔		仙游	永乐三年举人		黄宪	世章		连江	贡生
黄宪	体度		莆田	阿迷知州		黄相	弼甫		莆田	九江知府
黄襄	国著	龙源	南安美林			黄祥	水云		邵武	工书画
黄燮	元理		建阳均亭			黄新	季明		建阳崇太	
黄须	克用		永福	番禺教谕		黄玄	玄之		侯官	泉州训导
黄璇	景衡		建阳县坊			黄衍	晋臣		宁德二都	刑部主事
黄琰	莹甫		晋江			黄阳	修复		莆田	南安推官
黄仰	伯推		晋江	县学增生		黄仪	维明		连江仁贤里	知县
黄宜	子宜		宁德六都	寻甸军民府同知		黄艺	友文		浦城	韩府教授

黄 怿	德和		浙江萧山	安溪知县	黄 炜	性辉		永福	都察院检校
黄 英	克俊		将乐	云南知府	黄 韺	声叔		莆田	仙游训导
黄 荧	敦实		龙溪	知县	黄 应	在阳		同安浯洲	天启副贡
黄 庸	彦功		宁德	洪武二十八年岁贡	黄 瀣	学海		建阳童游	建德教谕
黄 用	德用		罗源临济里	青田主簿	黄 祐	允吉		上杭在城里	江浦县丞
黄 颙	伯望		莆田	广东参政	黄 瑀	本德		莆田	荣昌知县
黄 瑀	枫宸		上杭在城里	合浦县丞	黄 裕	孟宽		宁德	
黄 愈	用谦		连江安德里	贡生	黄 煜	景明		建阳三桂	袁州知府
黄 源	子湛		南安丰乐	原名黄源澄，太平知县	黄 钺	钦让		晋江	
黄 钺（1565—1643）	长白、赓才	钟山伯度	莆田黄石	南京兵部尚书	黄 云	子奏		南安	
黄 瓒	廷用		浦城	沅江知县	黄 瓒	宗献		南安丰禄	
黄 泽	至仲		闽县	河南左参政	黄 漳	仲润		莆田	岳州通判
黄 钊	德成		宁德七都	天顺贡生	黄 昭	文灿		光泽在城	永乐岁贡
黄 哲	用昭		建宁		黄 贞	士守		晋江	蔡清弟子
黄 真	志实		罗源	举人	黄 震	景阳		政和	榆次县仓大使
黄 镇	尚玑		南平王台		黄 镇	宗重		罗源招贤里	零陵训导
黄 正	子方		光泽五都	崇德教谕	黄 净	克忠		连江	贡生
黄 直	彦方		宁德七都	永乐十五年贡。义勇卫经历	黄 直	用济		宁德七都	天顺元年恩贡
黄 直	以方	卓溪	江西金溪	漳州推官，代理长泰知县	黄 植	子培		永福	卫辉教授

黄 秩	子礼		莆田	桐庐知县	黄 智	惟哲		浦城	化州知州
黄 中	大本		南平	武康县丞	黄 中	通理		上杭胜运里	举人
黄 中	印坤		古田	岁贡，延平教授	黄 忠	本诚		光泽廿一都	潮州卫经历
黄 钟	复甫		罗源东隅		黄 钟	朝阳		沙县城关	宁波通判
黄 胄	司成		宁化	万历太学生	黄 著	子诚		广东顺德	安溪知县、户部郎中
黄 鷟	德夫		安溪	诸生，益王府典膳	黄 资	维深		将乐	举人
黄 宗	务本		泰宁	宿迁训导	黄 缵(1497—1563)	宗继	金溪	龙溪	
黄必贤	于立		莆田	温州通判	黄炳如		本正	南平	
黄伯圭	孟文		光泽	陕西道监察御史	黄才敏	尔懋		晋江	
黄沧溟	尧甫		南安	改名一祯。永宁知县	黄常祖	邦经		莆田	永乐十年进士，山西参议
黄朝镐		鳌麓	永福		黄朝震	孔安		福安洋头	益府仓官
黄成乐	和卿		南平	松江府同知、乐昌知县	黄成寿	仕仁		沙县	
黄持衡	平叔	临素	广东番禺	平和教谕	黄淳中	嗣真		晋江	柳州知府
黄从中	君时		崇安四隅里	岁贡	黄大本	端叔		安溪	
黄大车	邦载		福安洋头	例仕	黄大芳	茂卿		福安洋头	万历例贡
黄大节	克完	中田	南安洪濑		黄大廉	洁甫		莆田	
黄大年	省庸	览台	崇安长平里	楚雄知府、太仆寺卿	黄大鹏	南溟		建阳均亭	工科给事中
黄大任	弘叔		安溪		黄大源	与洁		莆田	高淳知县
黄大中	循道		莆田	湖州训导、雅州知州	黄待显	君俊		莆田	户部郎中

黄道昶	明汝		晋江永宁	崇祯癸未科进士	黄道瞻	汝临		晋江永宁	吏部主事
黄道周 (1585—1646)	幼平、 幼玄、 幼元	螭平、 石斋	漳浦铜陵	南明弘光朝礼部尚书	黄德纯	敬修		莆田	
黄德章	汝昌		宁德七都	前军都督府断事	黄鼎象	毓铉	调吾	南安西坡	
黄端伯		海岸	江西新城	海岸一作字。官至礼部主事,明崇祯己卯年至泰宁	黄飞鲲	公宏		莆田	
黄逢春	以仁		晋江	诸生	黄凤翔 (1539—1614)	鸣周	仪庭、 止庵、 田亭 山人	晋江池店	少名凤翥。南京礼部尚书
黄凤翊	于冈		晋江		黄黻卿	当凤		莆田	将乐教谕、荆门知州
黄公甫	心湖		长汀		黄光升 (1506—1586)	明举	葵峰	晋江	
黄光藻	彬叔		南安		黄桂香	朝昇		莆田	开封通判
黄衮黼	宠锡		漳浦东山		黄国鼎	敦柱		晋江	
黄国贤	士尊		晋江		黄国重		鼎明	建宁周坪	诸生
黄汉良	翰伯		闽县		黄行可 (1485—?)	兆恩	葵山	莆田城关	广西按察使
黄河清	应期	莲峰	南安洪濑		黄鹤鸣	九皋		建阳县坊	
黄宏曾	栗夫	遇京	惠安崇武		黄洪毗 (1507—?)	协恭		莆田	江西副使
黄华瑞		育吾	同安浯洲	南京国子监助教	黄华秀 (1559—1597)	居约	同春、 桂斋	同安西黄	籍贯一作南安石井。韶州府推官
黄槐开	子虚	天宝 山人	宁化	青州府推官	黄回祖	师颜		泰宁西隅	翰林院庶吉士
黄纪官		云庄	闽清	县学武生	黄季成	集征	惕弦	漳浦	工部主事

黄继冕	轩甫		同安	北胜知州	黄继周	学孔		莆田	绵州知州
黄继宗	允肖		莆田	安仁知县	黄家谋	智甫		宁化	陆安知县
黄嘉宾	敬石		宁德		黄嘉宾	子杨	似涧	崇安四隅里	常熟知县、户部主事
黄建中	傲吾		上杭	德化教谕	黄谏卿	伯箴		莆田	
黄江清	应时		南安丰州		黄金辰		海超	永定	
黄金声		三台	泰宁		黄金声	大成		连江	同安教谕、长汀训导
黄金玺	尔佩		连江学前	户部员外郎，锦衣卫经历	黄谨容	望之		莆田	嘉靖八年进士。黄州知府
黄觐光	涵伯		晋江永宁		黄京佩		云台山人	归化	
黄景昉（1596—1662）	太稚、可远	东崖	晋江东石	户部尚书、文渊阁大学士	黄景辉	章斗		连城	通判
黄景隆	升叔		长乐沙京	吉安知府	黄景明	可文		晋江	长乐知县、浙江三衢副使
黄景星	惟聚		莆田	江西参政	黄景孕	景止		晋江	兵部云南司郎中
黄景瞻		醒庵	漳浦		黄敬宇		贵和	福鼎屯头	原名养元
黄九霄	腾昂		莆田	颍州知州	黄居中（1562—1644）	明立		晋江	藏书家
黄君策	对埠		仙游功建		黄开先	申甫		建宁	象山知县
黄开颜	公悦		莆田	武学教谕	黄克晦（1524—1596）	孔昭	吾野	惠安崇武	
黄克正	世表		泰宁		黄克缵（1550—1634）	绍夫	钟梅	晋江二十都	兵部尚书、工部尚书
黄肯堂	勖肖		莆田	弘治十四年举人	黄濂清	应奎		南安丰乐	
黄良弼（1479—1546）	严夫	白泉	同安	南京国子监学正	黄良卿	国辅		将乐	琼州知事
黄良玉	纯夫		罗源东隅		黄懋才		省吾	顺昌在城	邵武教授、镇海教授

姓名	字		籍贯	职位	姓名	字		籍贯	职位
黄懋冲	象谦		莆田	嘉靖三十四年解元	黄懋恩	景政		莆田	户部员外郎
黄懋恩	少逵		连江	绍兴教授	黄懋官	君辨		莆田	南京户部侍郎
黄懋中	有及		南安西坡		黄孟枢		星轩	闽清	
黄梦韩	献绍		莆田	弋阳知县	黄梦松	茂卿		南安	
黄妙观	微志		龙溪		黄敏才	性之		连江	举人
黄名世	牧符	卧生	建阳县坊		黄名世	惟望		莆田	青阳知县
黄明德	希文		建阳县坊		黄明良	时际		连江	贵州金事
黄鸣春	启元		莆田	嘉靖三十四年举人	黄鸣俊	启甸		莆田	山东巡抚
黄鸣澜	启万		莆田	万历十三年举人	黄鸣乔(1564—?)	启融	友寰	莆田东黄	河南按察副使
黄鸣廷	启策		莆田	长葛教谕	黄南金	用宇、有励		南安西坡	
黄宁宪	汝章		罗源东隅	岁贡	黄鹏奋	德程		永福	永乐岁贡
黄朴园	淳东		永定抚溪	监生	黄期铭		跻敬	平和清宁里	福州训导、建宁教授、淮王府长史
黄其昌	俞卿		南安		黄其达	增钦		南安	
黄其晟	芝仲	元眉	同安鼎尾	原名仲奕。南宁道	黄启初	知白		莆田	礼部司务
黄起鲲	尔度		莆田	永州通判	黄起雏	应僖		莆田	天启四年举人
黄起莘	思衡		南平	莆田训导、泰宁教谕	黄起先	允肖		莆田	德安知县
黄起有	应似		莆田	左庶子	黄乾行	大同		福宁州	户部郎中
黄乾亨	汝亨		莆田	出使满剌加副使	黄乾仁	汝荣		莆田	海门教谕
黄乔孟	光宇		莆田	兖州教授	黄钦杰	孺子		宁化	

黄清宁	德淳		莆田	龙游教谕	黄庆星	俞平		晋江	南京户部主事
黄庆贞	俞正		晋江	兵部职方司主事	黄人经	道卿		莆田	正德十六年进士
黄仁惠	廷信		福清磨石	新淦知县	黄仁俭		节斋	永福	漳平教谕
黄日炳	尔行		莆田	唐县知县	黄日登	滨瀛		南安保福岭	
黄日谨	元祗	慎余	镇海卫	江西按察使	黄日敬	时简		莆田	两浙运使
黄日矩	则方		莆田	莒州学正	黄日耀	致晦、稚晦	鳌昆	南安丰乐	
黄日照	拱明		顺昌		黄如金 (1468—?)	希武		莆田城关	广西提学副使
黄如丝	君言		罗源东隅	巴陵主簿	黄如显	纯卿		莆田	
黄汝封	明祚		晋江		黄汝刚	良弼		长泰	
黄汝惠	明学		晋江		黄汝励	国颖		宁德	
黄汝良 (1554—1646)	明起、名起	毅庵、易庵	晋江安平	礼部尚书	黄汝霖	赞皇		莆田	户部主事
黄润中	嗣雨	静谷	晋江	刑部主事	黄三阳	元泰		建阳	
黄僧保	元恭		宁德七都	北流教谕	黄尚絅	廷美		晋江	
黄生辉	奎一		上杭	赣州卫经历	黄绳武	尔才		莆田	桂平知县
黄师颜	有发	复斋	南安洪濑		黄时懋	慎轩		同安东店	太和知县
黄士观	国光		莆田	礼部郎中	黄士举	天玉	龟峰逋民	连江马鼻	自马鼻徙居丘储
黄士龙	从甫		莆田	万历三十一年举人	黄士尊	子皋		侯官	诸生
黄世范	禹畴		莆田	正德十四年举人	黄世抡	朝质		莆田	天启七年举人
黄世燿	功显		闽清	天启间贡生	黄世忠	屏周	石圃老人	崇安四隅里	庆远知府,代理兵备道

姓名	字	号	籍贯	官职/备注	姓名	字	号	籍贯	官职/备注
黄仕达	用宾		莆田	宁波同知	黄仕祯		宇淳	广东南海	将乐知县
黄仕忠		葵东	顺昌	郧阳通判	黄事忠	臣以			明亡避居厦门,后赴滇
黄守魁	君贤		晋江	宣大总督	黄守中	无言		邵武	
黄树恩	维敷		闽清	县学武生	黄思德	诚斋		连城	昌化知县
黄思谏	忠所		广东南海	尤溪知县	黄思近	与仁	似山	南安丰禄	
黄思敬	文祥		浦城	南康府通判	黄思仁	近之、近斋		连城	顺德教谕
黄思谐	有乐		南安西坡		黄思新	与熙		南安丰禄	
黄松林	俊英		莆田		黄松青	国石		晋江	
黄泰元	天谋		莆田		黄腾春	序宾		莆田	
黄天肠	子和		南安		黄天爵	希仁	潜虚	南安洪濑	湖广副使
黄天民	友达		永定龙窟	增生	黄廷旦	祯甫		南安	
黄廷辉	允升		建阳雒田	曲江县丞	黄廷楫	才远		晋江	贵州通判
黄廷默	时宣		建阳童游		黄廷宣	汝为		莆田	广东金事
黄廷用	汝行		莆田		黄廷柱	国桢		建阳三桂	
黄廷柱	回澜		归化	赣州教授	黄庭栋	五岳		崇安四隅	万历武举人
黄万里	希鹏		连城	巡按荆襄	黄惟复	洞自		闽清	
黄惟演	本达		福安洋头	浙江仓官	黄维圭	俞特		晋江	
黄维璟	士昆、子昆		南安		黄维清	源洁		晋江	九江知府
黄维琼	俞琼		晋江		黄文炳 (1548—1608)	懋新	肖源	同安金柄	陕西参政

黄文炳	以约		莆田	江西佥事	黄文炽	衷素		平和	
黄文访	子遇		沙县		黄文豪	国英		龙溪	
黄文焕 (1598—1667)	维章	坤五	永福白云	翰林院编修	黄文跻	敬叔		福安洋头	柳城知县
黄文济	世经		福安顶头	建宁教谕	黄文魁	应元		光泽县治	庆远府同知
黄文声	廷韶		福安寮阳		黄文史	廷实	遁叟	长泰 钦化里	刑部主事
黄文炜	崇烈		罗源东隅	监生	黄文业	国昌		福鼎屯头	增生
黄文雍	协和		莆田	耒州教授	黄文鸢	瑞卿		莆田	新城知县
黄文焰 (1556—1651)	丽甫、 懋显、 季弢	毓源	同安金柄		黄文正	子正		长乐古槐	南京监察御 史,巡按凤阳
黄物备	伯周		晋江	澧州学正	黄希白	如白		莆田	韶州同知
黄希濩	如濩		莆田	保昌知县	黄希孟	仲鲁		连江	衡山知县
黄希韶	如韶		莆田	常州通判	黄希英	如英		莆田	长芦盐运使
黄希雍	如雍		莆田	苏州府同知	黄献可	尧俞		莆田	南京礼部主事
黄骧陛 (1591—1652)	陟甫	鹏飞	仙游	天启四年举 人,明亡隐居 鹭岛	黄星耀	耀字		莆田	嘉靖三十一年 举人
黄休烈	启佑		莆田	临高知县	黄休泰	启大		莆田	潮阳知县
黄修竹	伯原		宁德 廿二都	武平教谕	黄学元	汝一、 铨熙		南安	
黄养蒙	存一	小竹	南安丰禄		黄尧臣	兆修		莆田	处州知府
黄一道	唯夫		广东揭阳	兴化知府	黄一桂	馨甫		南安丰乐	
黄一夔	大章		建阳县坊		黄一良	敬甫		南安丰乐	
黄一龙	鳞伯		海澄	广东巡按御史	黄一熊	欲我		漳浦镇海	改名一骥。武 昌知县

黄益纯	健峰		永定	睢宁知县	黄翼登	学衡		南安丰乐	
黄应策	君用		莆田	金华推官	黄应春	仁甫		南平	国子监助教
黄应槐	德植		建阳三桂		黄应蛟	士腾		邵武	崇祯岁贡
黄应奎	翼庵		浙江钱塘	汀州知府	黄应魁	梦梅		建阳县坊	
黄应林	德甫		南平	乐昌知县	黄应朋	云若		崇安四隅里	光泽训导
黄应升	晋卿		莆田	全州知州	黄应熙	春台		沙县	云南白井提举
黄应星	光聚		莆田	嘉靖十一年举人	黄应运	际飞		归化大焦	思州府司理、平越府知府
黄永祈	执盈		建阳县坊	南京礼部主事	黄用中	道行		闽县	
黄幼琯	汉瑞		莆田	万历四十三年举人	黄玉藻	仲冕		莆田	南河知县
黄毓镇	闰甫		南安西坡		黄元采	质夫		宁德三都	南平训导、政和教谕
黄元福		维清	南安洪濑		黄元和	节之		莆田	国子助教
黄元美	君鼎		莆田	崇仁知县	黄元瑶	显信		莆田	余杭知县
黄元贤	宗周		连江伏沙	岁贡	黄元珍	鸣奇		罗源东隅	征仕郎
黄原昌 (1382—1457)	德顺	养拙	建宁	户部员外郎	黄长进	秉耀、毅庵		南安仁宅	右军都督
黄兆亨	谦夫		莆田	顺州知州	黄桢孕	维宁		晋江	和曲知州
黄震昌		阳冈	江西安义	汀州府同知	黄正色	端甫		浙江秀水	分巡漳南道
黄正升	叔彦	亶瞻	南安		黄正中	我叙		闽清	生员
黄执中	宗尧		宁德七都	海盐知县	黄志清	以度		晋江	翰林院编修
黄中本	应果		南安丰乐		黄中炅	增馨		南安	

姓名	字	号	籍贯	官职	姓名	字	号	籍贯	官职
黄中久	念我		南安丰乐		黄忠良	朝辅		沙县丛桂坊	
黄仲德	善夫		宁德五都	山阴知县	黄仲芳	时茂		建安	云南右参政
黄仲奕	芝仲	元眉	同安坂尾	南宁道	黄朱勘	勉之		晋江	永福知县
黄子行	明卿		浙江嵊县	侯官知县	黄宗明	士显		宁德	抚州府检校
黄宗任	伯尹		晋江		黄祖恭	近礼		宁德廿二都	眉州判官
霍球	廷献	觉山	广东南海	晋江训导	计宗道	惟中		广西马平	延平府同知
纪保国	安卿		同安后麝		纪孚兆	道范		海澄	
纪廷誉	声寰		晋江	尤溪教谕	纪文旸(1599—1648)	南书、元昉	贞默	同安后麝	隆武时任翰林院待诏
纪许国(1621—1661)	石青		同安后麝		纪曰举		瑶山	江西永丰	泉州教授
季概	宗胜	云麓	江苏六合	平和知县	季琦	师韩		浦城	开化县丞
季涛	于洁		浦城	大宁都司经历	季文琳	孔涵		浦城	成都府通判
简其文	友穆		永定	贡生	简其元	任芳		永定洪源	
简钦文		劬思	江西新喻	泉州府推官	江澄	守素		泰宁	莱州府同知、莱州知府
江赐	子与		泰宁南会	江西按察司照磨	江复	来初		泰宁	诸生
江广	怀容		泰宁	永州训导	江浩	知化		上杭胜运里	常德府训导
江灏	汉文		建阳崇政	大名府推官	江灏	质卿	雨文	海澄	高州参议
江环	缙云		漳浦	御史	江惠	迪言		浦城	四川布政司参议
江纪	大网		泰宁	彭泽训导	江璟	元璞		泰宁	益府教授
江鲲	世升		建阳北雏田	字一作世声。邓州通判	江霖	世旻		泰宁	江西都司断事

江龙	世霖		建阳北雒田	高州通判	江梅		寒谷	泰宁	
江峤	惟镇	仰斋先生	泰宁		江清	厚洁		光泽十都	
江荣	宗显		泰宁水南	浦江知县	江深	逢源		泰宁	景宁训导
江受	秉心		将乐	南康府经历	江铁	志坚		建安	
江先	纯厚		泰宁北隅	太平训导	江显	显中		辽东建昌	政和知县
江兴	文振		建阳崇化	贡生	江沂	文渊		上杭金丰里	合肥主簿
江莺	万和		泰宁	沙河训导	江樱		印泉	泰宁	一作字印泉。太学生
江埔	思登	镇鲁	长乐云路	临江通判	江豫	象予		泰宁	
江渊	彦成		泰宁南会	汾州同知	江钊	怀勉		泰宁	训导
江梓	惟材		泰宁	庠生	江伯玑	复宝		泰宁中隅	澄迈县丞
江朝弼	文卿		泰宁		江朝宾	如见		福清	南京户部员外郎
江潮宗	本怀		光泽十九都	宜都知县	江从春	观卿		莆田	处州府同知
江得龙	思崖		镇海卫	万历十六年举人	江端恺		泉叟	泰宁	一作字泉叟
江奋龙	际云		永定	武平县训导	江桂馥		肖川	泰宁	高邮州同知
江桂馨	尔馨	秋轩	泰宁	高邮州同知、重庆府通判	江浩然	景孟		泰宁	贡生
江济南	涵巽		泰宁	字一作涵昇。合州同知,江津、定远知县	江宽山	东峰		永定	
江礼初	天序		光泽十九都	瑞安训导	江良贵	汝思		江西贵溪	南平知县
江日彩 (1570—1625)	完素		泰宁城关	一作号完素。太仆寺少卿	江思达	文行		泰宁	赣县训导
江腾皖	仲鱼		崇安	邑诸生	江腾鲸	于潜		建阳三桂	

江文沛 (1531—1583)	良雨	瞻明	闽县琅岐	户部郎中	江希天	愧庵		泰宁	临淮教授
江一桂		白石	安徽婺源	建宁知县	江一鲤		草塘	晋江	
江一龙		云吾	泰宁	揭阳训导、荣府教授	江一湛	养讷		泰宁	潮阳主簿
江以兰	涣泉		连城	浦城训导	江愈敏	翊垣		泰宁县前街	尚宝寺卿
江元亨	纯乾		泰宁	河源知县	江元爵	绳贵		泰宁	训导
江源远	南基		上杭	南京户部主事	江兆兴	廷起、市滨		泰宁	邑学生。明亡后变名韬
江振鹏	翼云		泰宁	通安知州、工部员外郎	江钟旸	耀卿	曲水	崇安	明崇祯六年举人
姜定	克静		建阳崇泰	宿州卫知事	姜礼	用和		寿宁十二都	梧州府通判
姜谅	用贞		浙江嘉兴	漳州知府	姜虔	玄翁		沙县	顺德府推官
姜英	士杰		寿宁十二都	当阳知县	姜克谐	鸣韶		寿宁十二都	监生
姜应龙		青门	河北盐山	泉州府推官	姜志礼	立之	同节	江苏丹阳	泉州知府
蒋畴	嗣昭	景山	南安仙景	监察御史	蒋辅	廷佐		龙岩	宁国府教授
蒋浚	希舜		广东新会	晋江知县	蒋龙	起霖		莆田	嘉靖三十一年举人
蒋蒙	山泉		广东琼山	建阳教谕	蒋熹	晦之		晋江	
蒋序	叔伦		宁德一都	增城主簿	蒋承勋	功勤		浦城	潮州府推官
蒋德璟 (1593—1645)	申葆、若柳	八公	晋江	户部尚书、文渊阁大学士	蒋尔弟	从基		南安仙景	
蒋芳铺 (1574—1628)	任坦	鲸台	同安澳头	江宁布政使	蒋行义	思弼、恪箴		长乐屿头	南京工部郎中
蒋九韶	信陵		仙游	广东盐铁使	蒋孔炀	君和		晋江	刑部郎中
蒋良鼎	传梅		江苏武进	尤溪、长泰、龙溪知县	蒋孟育 (1558—1619)	道力	恬庵	同安澳头	南吏部右侍郎。后迁居金门

蒋时芬		潜皋	漳平		蒋时馨	德夫	兰居	漳平感化里	吏部文选郎中
蒋士榛	仲美		永福		蒋廷坚	国绅		晋江	漳州教谕
蒋以忠	伯孝	贞庵	江苏常熟	长乐知县	蒋永迪	云山		龙岩	
蒋之芳		适庵	江苏华亭	尤溪知县	焦有文		清胡	安徽宣城	监生,古田县丞
揭柄		德斋	归化	宜春、龙游主簿	揭鹣	于冈	庸所	归化	淮王府正审理
揭琮	廷和		归化		揭鸿	于渐		归化瀚溪	籍贯一作将乐。廉州知府
揭玑		鹅峰	归化	县丞	揭炯	思明		归化	淮王府教授
揭楠		培冈	归化	柳州教授	揭泮	宗学		归化	兴安知县
揭启	愤夫		将乐	长乐训导	揭日	中天		泰宁	
揭鹣	于高		归化	明嘉靖三十五年岁贡生	揭璲	廷瑞		归化	恩贡,兴国知县
揭绍	志南		将乐	平房卫教授	揭炫		冲吾	归化	德化教谕、德王府教授
揭鹏	狮冈		归化	明嘉靖岁贡生	揭瑛	廷玉	龙溪	归化	南康县丞、海宁县丞
揭鸑	少峰		归化	长洲县丞	揭春高	晋卿	愚山	归化	沔阳州判、淅川知县、郧阳监军同知
揭春实	诚卿		归化	崇祯十六年贡生	揭春藻 (1591—1642)	元玉		归化	定陶知县
揭德芳	恒甫		归化	崇祯十四年贡生	揭宏济		心华	归化	永安训导、泉州教授
揭梦雷	懋承		将乐	贡生	揭乔嵩	懋钟	中山	归化	泉州训导、武缘知县
揭乔岳	懋崇	学川	归化	泉州训导、清远知县	揭三宝	学迁		归化	安徽县丞
揭三龙	淑霖		归化瀚溪	诸生	揭腾蛟	起云		将乐	岁贡
揭应真		翠筠	归化		揭赵真 (1458—1537)	裕轩		归化	

揭重熙	君缉	万年	江西临川	福宁知州，永历时在建昌、邵武间率兵抗清，为清军所杀	解学夔			罗浮	江苏兴化	沙县知县
金 城	邦卫		山东历城	福建巡按	金 俸	瀛屿		浙江杭州	汀州司理署宁化知县
金 节	子卿		广东南海	分巡漳南道	金 瓯	君卜		南平	
金 山	仁甫		光泽一都	户部主事	金 英	世杰		寿宁坊二图	永丰县丞
金 溁	濑如		浙江崇德	莆田知县	金 湅	汝东		浙江东阳	分巡漳南道
金伯玉	德润		宁德一都	原名祖馨。浔州府同知	金丽泽	石可		江苏武进	德化知县，漳州按察副使、漳州知府
金应科	仲章		崇安四隅里	邑诸生	金应扬	起昆		寿宁坊二图	定海教谕
金志行	达卿		晋江	海南卫经历	康 诰		寅湖	长汀	和州知府
康 恭	正肃		莆田	袁州通判	康 朗 (1508—1574)	用晦	盘峰	惠安前康铺	广西右参议
康 亮	子定		同安洪前	县学生员	康 蒲	正夫		福安十七都	永嘉训导
康 盛	本德		福安十七都	景宁教谕	康 时		易所	长汀	万历四十年顺天举人
康 宪	章甫		长汀	江西观察使	康承祖		麟振	安徽太和	沙县知县
康尔韫 (1591—1629)	叔玉	彦英	同安豪岭	兖州知州	康日章	伯显		莆田	瑞州同知
康太和 (1507—1577)	原中、顺卿	励峰	莆田砺山	南京工部尚书	康一韩	熙琦		莆田	嘉靖四十三年举人
康云程	怀万		莆田	徐闻知县	柯 本	正之		莆田	南曹郎
柯 昺	季和		莆田	山西巡抚	柯 立	四通		永福	
柯 銮	范吾		龙岩	建阳教谕	柯 名	君正		将乐	庆远府同知

柯 潜 (1423—1473)	孟时	竹岩	莆田安乐	詹事府少詹事	柯 庶	景颜		永福	永乐岁贡
柯 添	长益		仙游	台州府学训导	柯 挺 (1538—1610)	以拔	立台	海澄三都	陕西道御史
柯 炜	晦叔		永福	民国《永泰县志》名作玮,永乐岁贡	柯 文	汝修		安溪崇善里	
柯 信	汝充	容庵	南安富春	温州教授	柯 演		璧园	永福	崇祯恩贡生
柯 彦	君求		长泰	户部员外郎	柯 英	汝杰		莆田	徽州知府
柯 载	子宽		莆田	崇祯十三年进士	柯风伟	懋可		南安富春	
柯风翔 (1541—1619)	志德	桐冈	同安下崎	两浙都转运使	柯风瀛	端彦		莆田	大名同知
柯拱北	斗南		莆田	弘治六年进士	柯茂竹	尧叟		莆田	海阳知县
柯懋德	育吾		永福	富峪卫经历	柯南金	凝丽		莆田	万年知县
柯日藻	懋文		晋江		柯尚迁 (1500—1582)	时益	乔可、阳石山人	长乐南阳	原名文迁。算术家
柯实卿	公仲		晋江	池州知府	柯士芳	无誉		莆田	河南佥事
柯守仁	寿夫		仙游	合浦教谕	柯维罴	奇符		莆田	崖州同知
柯维骐 (1497—1574)	奇纯	希斋	莆田小柯山	承德郎	柯文炳	应章		仙游	嘉兴训导
柯应凤	文徵		龙溪	凤阳通判、惠州通判	柯有斐	展夫		南安富春	贵州郎中
柯毓高	仁宏		晋江	诸生	柯元伯	康侯		龙岩	汝辉道兵备副使
柯元应	思长		南安富春		柯岳瑞	五衷		南安	
柯振叶	仍士		莆田	崇祯十二年举人	柯志德	桐冈	凤翔	同安下崎	
柯重光	振翰		莆田	临高知县	孔 登	筼塘		永定	仪真主簿
孔 惠	廷顺		江西奉新	泉州府同知	孔 经	用章		上杭在城里	南京中城兵马副指挥

孔　钰	集成		永定	庠生	孔　政	以德		上杭 在城里	岁贡
孔迪吉	宝峰		永定	庠生	孔谦吉	揭吉		永定	庠生
孔如日	大绿		永定	增生	孔时中	敬湖		永定	
孔庭训	东溪		永定	刑部员外郎	孔庭谕	东涯		永定	嘉靖岁贡
孔庭诏	东源		永定	宾州知州	孔志达	龙湖		永定	庠生
寇从化	葵衷		河南灵宝	汀州司理	邝宇清	君泰		广东番禺	仙游教谕
赖墀	以对	正台	归化	连江教谕、福 州教授、益王 府教授	赖迪	先吉		上杭 胜运里	字一作允吉， 建宁主簿
赖垓 (1593—1661)	元式	宇肩	德化大铭		赖高	伯高		永定	弘治岁贡
赖瀚	龙门		永定	吉府教授	赖壕	以京	赞宇	归化	湖北布政司理
赖恒	朴斋		永定	户部山东清吏 司主事	赖桓	肃轩		永定	兰溪训导
赖津	东湖		永定	青州教授	赖锦	南沂		永定	万州知州
赖瑭	文玉、 文光		上杭 胜运里	安顺州州判	赖经	秉正	养和	归化	东阳知县
赖境	以治	定宇	归化	绍兴卫经历	赖霖	仁宇、 仙山		永定	安仁知县
赖培	涵宇		归化	万历四十七年 贡生	赖聘	朝宠		江西瑞金	归化知县
赖璞	南嵩		永定	宾州学正	赖洽	果泉		永定	蜀王府长史
赖庆	仲良		连城	长沙府照磨	赖善	兼宇		永定	崇祯岁贡
赖绍	南轩		永定	山阴教谕	赖泗	虚谷		永定	盐山训导
赖崧	维申		武平高梧	邑廪生	赖堂	质斋		永定	万历岁贡
赖先	伯启	中峰	永定胜运	常德知府	赖宪	沂峰		永定	贵县知县

赖沂	汤铭		永定	诸生	赖玉	高山		永定	高山一作号,容县知县
赖豫	立卿		永安		赖瀹	复庵		永定	浔州府经历
赖政	惟正		上杭胜运里	正统岁贡	赖昌鼎	九石		永定	庠生
赖昌基	如盘		永定	庠生	赖昌龄	养元		永定	庠生
赖昌祚	蒙著		永定	榆社知县	赖朝会	时见		宁化	邑诸生
赖朝选	显我		永定	长沙知县	赖从善	益谦		清流	山阴教谕
赖道寄	惟中		宁化		赖登瀛	省愧		永定	廪生
赖登元	润欧		永定	万历乡试副榜	赖敦章	乃厚		永定抚溪	监生
赖华祖	震南		长汀	四川盐井大使	赖即亨	会侯		永定	青田知县
赖继谨(?—1646)	敬儒		平和芦溪	南明监纪将军	赖继龄	见泉		建阳崇泰	
赖进铭	勒千		永定	增生	赖进章	二河		永定	崇祯乡试副榜
赖可大	怀宇		永定	诏安县训导、益府教授	赖良任	似之	麟兮	归化	训导
赖梦祖	旦符		永定	廪生	赖明选	缙所		永定	常州府通判,署府事
赖丕显	石窝		永定	德府典礼	赖奇闻	声远		永定	庠生
赖上璞	璧斋		永定	世传儒医	赖生中	玉转		永定	
赖士奇	紫凝		永定	庠生	赖世传	以仁		清流坊郭里	行人
赖世隆	德受		清流	翰林院编修	赖世璇	睿如		归化	鸿胪寺序班
赖守端	介斋		永定	嘉靖岁贡	赖守方	石潭		永定	举人
赖守严	南湖		永定	淳安主簿	赖守愚	晏湖		永定	六安州通判

赖守正	小峰		永定	举人	赖天佑	寅元	永定	衡山训导
赖添贵	景明		清流	字一作景望，郑府长史	赖廷桧	而舟	晋江	四川按察使
赖廷华	素甫		平和	县学生员	赖廷穆	亭池	永定	湖广宣慰司经历
赖廷扬	陋甫		平和		赖廷用	于器	永定	会同知县
赖维岳	峦宗		永定	永春教谕、兴宁知县	赖文会	伯元	永定	国子监学录
赖希昌		西峰	永定	剑州通判	赖希道	龙泉	永定	建昌知县
赖希凯	舜卿		清流	瑞州府通判	赖希乔	塔冈	永定	遂溪教谕
赖希仍	南川		永定	隆庆岁贡	赖锡爵	贞一	永定	崇祯岁贡
赖锡寿	华祝		永定	增生	赖锡祉	篆五	永定	
赖一夔	翠渠		永定	蜀府典膳	赖一鲤	云吾	永定	王府审理所正审理
赖一麟	瑞寰		永定	归善训导	赖一龙	云峰	永定	福清训导
赖一相	时望		永定	诸生	赖一召	景棠	永定	庠生，旌德知县
赖一镇	宝湖		永定		赖以德	懿德	永定	宜都知县
赖以震	雷门		永定	廪生	赖裔周	康姬	永定	南安教谕、潮州教授
赖有缘	梅溪		永定	邵武训导、揭阳教谕	赖有则	元峰	永定	建宁府训导
赖有中	衷礼		宁洋	荔浦知县	赖长泰	活泉	永定	仓大使
赖主恩	明峰		永定	嘉靖贡生	赖作辅	苌台	永定	万历岁贡
蓝 保	孔茂		连江	新会训导	蓝 璧	景灿	莆田	郓城教谕
蓝 复	性之	虚白	崇安	结庐隐居武夷山，后坐化	蓝 淦	德源	闽县	湖口知县

蓝 絪	尚夫		湖广景陵	顺昌知县	蓝 渠	志张		莆田	钦州知州
蓝 仁 (1352—1400)	静之		崇安 将村里	谱名诚。武夷 书院山长	蓝 溁	汝及		崇安 将村里	万载教谕、松 滋知县
蓝 应	景祥		莆田	成化二十二年 举人	蓝 智 (1357—?)	明之		崇安 将村里	广西按察司佥 事
蓝本芳	桂芬		上杭 在城里	善吐纳秘诀	蓝士龙	起潜	霖宇	江西金溪	云南元谋籍。 平和知县
蓝同甫	笔山		连江	永城知县	蓝允中	维执		崇安将村	拔贡
蓝兆橇	元衡	玄杓	漳浦赤岭	举人	乐 哥	景福		沙县	
乐文解	廷冠		沙县	雷州教授	乐应奎	体明		沙县	宣化知县
雷 昂		盘石	泰宁	磐石一作字。 湖南中护卫经 历	雷 诚	诚智		江西丰城	延平知府
雷 电	清耀		宁化		雷 煜	幼锟		宁化	
雷 衡	正夫		清流	梧州府同知	雷 监	懋宪		清流	松溪、邵武训 导
雷 润		静斋	泰宁		雷 峻	鹗荐		宁化	
雷 礼	必进		江西丰城	兴化府推官	雷 鐩	有融		建安	云南道监察御 史
雷 填	原中		建安	巡按广西	雷 瑄	宗器		清流	廪生
雷 迅	永福		长汀	雷州知府	雷 泽		坦斋	泰宁	一作字坦斋。 歙县县丞
雷朝辅	碧川		上杭	陵水教谕、泉 州训导	雷骏鸣	赓扬		宁化	诸生
雷开先	龙起		泰宁		雷礼门	蒲石		清流	诸生
雷蒙恩	天宠		清流	举人	雷民望	郎生		泰宁	又名易,诸生
雷起蛰	潜云		泰宁		雷世鸣	文振		清流	新会知县、遂 溪知县
雷同升	士大		清流	南城知县	雷同声	鹿门		云南 新兴州	连城知县

雷一声	禹门	无怀居士	泰宁		雷应龙	孟升		江苏金陵	莆田知县
雷用龙		观我	清流	泰宁教谕	雷有复	梅初		上杭	成都府经历
雷羽上	扶九		宁化	举人	雷元明	左青		宁化	诸生
冷廉	冰操		崇安长平里	崇祯十四年岁贡	黎献		心泉	广东顺德	泉州教授
黎元	淑期		四川涪州	分巡漳南道	黎民敬		观吾	广东顺德	古田知县
黎鹏举	冲霄		安徽合肥	抗倭名将	黎时中	慎甫		漳州	感恩知县
黎文聪	达齐		宁化		黎宪臣		淳宇	江西南昌	平和教谕
黎有纲	振三		长汀	廪生	黎有纪	懋经		长汀	丹阳巡司
李安	克恭		仙游	永乐十五年举人	李安	仕行		罗源西隅	相江教谕
李昂	文甫		安溪感化里	高要训导	李备	德全		寿宁九都	贡士
李宾	怀用		建宁	岳州通判	李芮	时茂		连江	贡生
李柄	冲斗		连城	岁贡,授府参军职	李材	思齐		寿宁九都	南平训导、颍上知县
李材	孟诚	见罗	江西丰城	右佥都御史,旋转寓建安	李灿	子珍		福清海口	衡州府通判
李曾	行约		寿宁七都二图	天启五年岁贡	李昶	文昭		安溪感化里	南海县丞
李焯	秉潜		安溪感化里	南雄府推官	李诚	明善		上杭胜运里	开封府学教授
李城	于金		寿宁八都	临安府照磨	李澄	志清		上杭	崇明县丞
李墀	献忠		晋江	佥事	李春	用和		光泽三十都	
李春	崇义		河南荥泽	兴化知府	李纯	在诚		莆田	蕲州知州、钦州知府
李聪	敏德	木斋	晋江	雍府长史	李旦	周辅	厚斋	诏安四都	江山知县

李	典	伦叙		莆田	长葛教谕	李	都	世美		福安洋头	廪生
李	杜	思质		晋江	谭纶记室	李	端	伯正		光泽十五都	武宁县丞
李	端	克正		清流	生员	李	恩	天锡		光泽	建阳知县
李	芳	孟收		晋江	生员,李聪曾孙	李	凤	昌符		广东潮阳	连江知县
李	敷	德阳		寿宁九都	乳源知县	李	复	友信		崇安四隅	河南道御史
李	富	尚礼		将乐		李	焖	时浩		将乐	宣城训导
李	恭	汝肃		莆田	仁和教谕	李	琪	延璧		南安	萧山知县
李	焻	洪图、元驭	唐谷	晋江	兵科给事中	李	贯	志道		晋江	兵科给事中
李	广	廷广		仙游	慈溪训导	李	汉	敬昭		将乐	永丰主簿
李	汉	时章	东甲	安溪感化里	桐乡训导	李	翰	时英		福安锦屏	万历年间例贡
李	瀚	元直	毅庵	山东泗水	福建指挥金事	李	昊	用宽		湖南巴陵	龙岩知县
李	浩	孟克		光泽十五都	弘治岁贡	李	皓	子素		连江东岱	名一作浩。贡生
李	和		节庵	连城	钱塘教谕	李	华	景实		连城	保定知县
李	华	克大		泰宁石辋	建德知县	李	寏	宏中		晋江竹树	
李	焕	时章		将乐	瑞金主簿	李	璜	伯玉		莆田	魏县教谕
李	惠	景瑞		泰宁南会	武阳知县	李	玑		耀台	同安田墩	都察院经历
李	缉	继明	春江	江西余干	泉州府同知	李	楫	时济	傅岩	上杭在城里	户部主事
李	际	行可		寿宁九都	崇祯十五年岁贡	李	济	明川		上杭	万历岁贡,善画菊
李	坚	贞夫		长汀	南京户部郎中	李	节	用和		光泽三十都	徽州训导

李珽	文用	懒斋	安溪	儋州学正	李浚	士哲		莆田	惠州通判
李浚	文明		连江浦下	崖州吏目	李恺	克谐	抑斋	惠安螺城	湖广按察副使
李奎	文光		上杭在城里	太平府通判	李坤	简夫		将乐	贡生
李坤	孔顺		寿宁九都	仙居训导	李澜	光岳		长汀	安定教谕、平海教授
李澜	子观		安溪感化里		李良	彦直		上杭胜运里	高要训导
李梁	廷正		仙游	监察御史	李亮	文诚		安溪感化里	淮府纪善
李琳	士荣		连江	琼山知县	李芦	政易		仙游	景泰贡生
李鲁	得之	弘庵	上杭官田	工部主事	李禄	思礼		浦城	快州州判
李禄	万钟		光泽	灵山千户所吏目	李鸾	鸣和		将乐	广西按察司知事
李伦	思敏		寿宁九都	贡士	李纶	仕弥		上杭在城里	江西按察司副使
李茂	常春		泰宁水南	南雄府训导	李茂	于本		寿宁九都	贡士
李玫	贞夫		武平	连山训导	李孟	景元、一之		侯官	南宁知府
李沔	维恒	岷源	长汀	贡生	李勉	克修		上杭胜运里	靖江王府典仪
李明	德昭		寿宁八都	分水教谕	李默(1494—1556)	时言、古冲		瓯宁高阳	吏部尚书
李睦	思和		光泽在城	四川按察司经历	李蕭	大用		仙游	南京陕西道监察御史
李宁	怀德		建宁	扬州司理	李滂	淑范	竹溪樵叟	连江	
李耕	载道		将乐	贡生	李骐(1377—1425)	德良		长乐沙京	初名马,帝亲书"其"于旁,遂名骐。翰林院修撰
李弃(1597—1678)	白也	仇池	清流长校	诸生	李乔	绳竦		仙游	崇祯十年武进士

李	钦	永钦		将乐	贡生	李	庆	善征		连城	抚州、温州教授
李	仁	一元		安徽歙县	泉州府通判	李	仁	静甫		晋江	户部主事
李	荣	君用		建阳县坊		李	荣	时显		上杭来苏里	景泰岁贡
李	容	巽庵		同安浦园	四川金事	李	榕		拙修	江西鄱阳	同安教谕
李	锐	克敏		江西丰城	安溪训导	李	森	俊茂	朴庵	安溪感化里	
李	森	叔岩		长乐沙京	刑部主事	李	善	志中		浦城	龙泉知县
李	善	仲祥		建阳	广东卫经历	李	莘	文魁		光泽	嘉靖岁贡
李	升	仲高		福清	吏部考功司郎中	李	胜	仲宽		南平	无为州判官
李	盛	廷盛		仙游	荣泽训导	李	施	德蕴		寿宁八都	贡士
李	栻	克俨	怀蓝	安溪	云南按察使	李	寿	德静		寿宁九都	散官
李	庶	季卿		福清海口	刑部郎中	李	朔	时初		安溪感化里	万州学正
李	璲	德茂		福安洋头	华容县丞	李	燧		吕庵	连城	光泽训导、永福教谕、太平教授
李	泰	文亨		罗源新丰里	京卫经历	李	谈	景章		建阳三桂	应天府照磨
李	祖	德表		寿宁九都	岁贡	李	棠	英拔	云台	平和	衢州通判、南京治中
李	镗	进夫		松溪		李	焘	见石		连城	缙云知县
李	焘		斗野	广东河源	泉州府推官	李	腾	彦升		建阳县坊	
李	童	汝廷		福宁州	滁州同知	李	犇	去华	韦庵	崇安四隅里	恩贡
李	文	日章		仙游		李	熙	穆之		晋江	广西副使
李	熙	师文		江苏上元	将乐知县、江西按察使	李	佽	淡方	伯韩	漳平永福里	广东副使

李宪	世文		将乐		李祥	廷凤		泰宁	广州府训导
李翔	翊公、飙举		邵武	崇祯武科乡试副榜	李兴	希杰		侯官	广州知府
李杏	子芳		永安	四川按察司金事	李性	绍衷		光泽	贡生
李性	仲复		长乐仙山	辰州知府	李苓	文采		仙游	景泰贡生
李雄	时杰		安溪	正德十一年贡生	李烜	德光		连城	岁贡
李铉	于举		寿宁八都	字一作干举。开建教谕	李櫶	自新	振盘	南安芙蓉里	揭阳知县
李义	以宜		泰宁梅口	字一作以梅。南康府教授	李焌	纯正	十洋子	长乐邑东	善画龙虎
李英	秀实		泰宁	山东理问	李颖	士英、嗣英		上杭胜运里	工吟咏
李雍	钦让		晋江	广东参政	李佑	德宜		古田	例监
李榆	春辉		连城	处州府通判	李昱	廷炜		安溪	罗源教谕
李煜	秉光		安溪感化里	知县	李源	道夫		宁德	嘉兴通判,后入闽县籍
李源	士达	竹坡	晋江	户部主事	李源	松山		上杭	
李钺	德威		广东东莞	尤溪教谕	李钺	虔甫		河南祥符	福建巡按
李在	以政		莆田待贤		李早	永誉		连城	一作永苓,嘉靖贡生
李长	复之		浙江缙云	福宁州判,代理福安知县	李兆	以祯		泰宁东隅	崇化教谕
李诏	德言		莆田	长乐知县	李哲	克明		浙江鄞县	泉州知府
李贞	元吉		建阳县坊	饶州府知事	李祯	克辅		安溪	王府审理
李震	大亨		广西来宾	顺昌知县	李质	文彬		闽县	贡生

李贽 (1527—1602)	宏甫	卓吾、 温陵 居士、 龙湖叟	晋江	初姓林,本名 载贽	李钟	任禄		海澄	
李舟	济川		光泽 十五都	富阳教谕	李邦光		少洲	广东茂名	沙县教谕、归 化知县
李必昂	时望		浦城	剑州知州	李秉絙	彦宗		建宁	举人
李灿箕	士垣		仙游	工部主事	李灿然	伯弢	任明	浙江缙云	同安知县
李灿英	建翰		仙游	天启七年武举 人	李长白	莲仙		连城	邑诸生
李长庚	酉卿	西星	漳浦城西	建安训导	李长亨	贞仲		泰宁石辋	贡生
李长盛	宗裕		莆田	博罗知县	李长孙	元善		长乐沙京	
李长育	以函		建阳县坊		李朝卿	汝邻		建阳县坊	南漳知县
李朝佐	君弼	环江	建阳县坊	浏阳知县	李宸诏	于锡	对颜	平和	杭州知府
李成龙	时化		泰宁	崇祯十六年贡 生	李春芳 (1524—1565)	实夫	东明	同安驿路	潮州知府
李春华	邦伟		莆田	崇祯十三年御 赐进士	李春开	晦美	青岱	江西广昌	同安知县
李春鳞	澄极		仙游	上犹教谕	李春熙 (1563—1620)	皞如	泰阶	建宁	南京户部主事
李纯才	宗禹		泰宁		李纯行	宗颜		泰宁	
李纯智		见水	泰宁	温州府通判	李从龙	光济		莆田	镇江通判
李存礼	文节		浦城	应天府教授	李大缙	晋之		归化	福鼎训导、建 宁训导
李大奎	惟质		福安阳头	贡生	李大钦	惟敬		江西浮梁	南靖知县、莆 田知县
李大绍	宗烈		仙游		李待问	葵孺		广东南海	沙县、晋江、连 城知县
李道南	君载		晋江	汀州教授	李得阳	伯英		安徽广德	分巡漳南道

李德用	于父		莆田	长乐知县	李德桢	维周		连城	崇祯间副贡
李登瀛		丹庵	平和	长宁知县	李登云	钟表		晋江	刑部员外郎
李多见	子行		仙游	户部主事、琼州知府	李范廉	狷卿		晋江永宁	礼部员外郎
李逢昌	毓五		安溪感化里	漳州府教谕	李逢期	维征		晋江	宁波教授、吉府纪善
李逢祥	任熙		晋江	临湘教谕	李凤鸣	冈甫	阆瀛	安溪感化里	松陵知县
李凤翔	天瑞		南平	瑞金知县	李佛生	伯善		光泽在城	桂阳州吏目
李孚先	绍周		莆田	蕲州知州	李复隆	日懋		连城	
李光缙 (1549—1623)	宗谦	衷一	晋江		李光龙	蟠卿	在明	安溪感化里	
李光绶	宗英		晋江	户部员外郎	李光熙	赤斗	鹤渚	平和	翰林院检讨
李光裔	正甫	实夫	平和	县学生员	李际春	时畅		建阳县坊	镇江府训导
李际会	汝顺		建阳县坊	汀州教授	李继芳	德馨		建阳县坊	徐州州同
李继岐	英俊		平和	嘉靖四十三年举人	李嘉言	宪章		上杭胜运里	邑庠生
李嘉议	思致		归化	赣州教授	李嘉谕	思德		归化	河源教谕
李京元	伯起	翼皇	平和	庆远推官	李开芳	伯澹	慎庵	平和	兵部武库司主事
李开芳	伯东	还素、鹏池先生	永春和平里	南京太仆寺卿	李开芳	范宇		归化	大田训导、弋阳知县
李开泰	端履		泰宁	万历四十一年乡试副榜	李开藻	叔铉		永春和平里	江西提学副使
李夔龙	飏虞		南安		李迈种	自进	黎怀	南安芙蓉里	淄州知县
李茂春 (?—1675)	正青		龙溪岱南	隆武举人,郑氏行伍中任参军	李懋楚	克尧		安溪	广东永安知县
李懋桧 (1554—1624)	克苍	心湖	安溪感化里	刑部员外郎	李孟春	一溪		清流	淮府长史

李孟瑜	英粹	瑞山	平和	浦城教谕	李梦鲤	伯祥	忆岷	长汀	桂林通判
李明忠		悫叟	同安李厝		李能栋	英吉	隆台	平和西山	
李能梁	英怀	在门	平和		李能香	英实	西楼	平和	雷州府通判
李丕显	宪文		长乐湖南	赣州知府	李奇珍		四可	浙江嘉善	长乐知县、太常少卿
李乾清	行健		福安洋头	楚府教授	李乔伯	居挺		浦城	襄阳府学教授
李庆奇	行亮		寿宁七都一图	贡士	李佺台	仲方	为舆	南安	国子监博士
李却茖	俊德		安溪	内阁学士	李日泰	叔旷		建阳童游	泉州教授
李日望	景耀		仙游	武略将军	李日新	宗铭		莆田	
李日晔	咸甫	旭寰	安溪感化里	字一作成甫，由南安学中举。广东副使	李如龙	虎友		崇安	诸生
李汝和	节之		莆田	连州学正	李汝洁	子舆		永福	籍贯一作侯官。阳春知县
李瑞和 (1607—1686)	宝弓	顽庵、鹿溪耄夫	漳浦	两浙巡盐御史	李上林	大材	觉早	长乐仙山	
李绍宗	仕远		泰宁	浙江金事	李时芳	新溪		广西	同安知县
李时启	正甫	警凡	平和	浙江参政	李时兴	将甫	念劬	闽县	漳浦教谕、肇庆同知
李时仪	端夫		长乐	颖上知县	李时郁	文甫		闽清	崇祯间贡生
李士文	在中	肖山	连江东岱	浙江按察使	李士绚	后斋		晋江	博白知县
李世弼	右宜		宁化		李世昌	文宗		建宁	
李世臣	宿亭		连城	漳浦训导	李世芳	汝慎	廉斋	建阳县坊	万历四年举人
李世辅	左宜		宁化	南雄府同知	李世浩	硕远	愧庵	平和	南海教谕
李世科	汝登		建阳县坊	万历十九年举人	李世美	汝济		建阳县坊	临高知县

李世奇	亮先	豫石	海澄	翰林院庶吉士	李世熊 (1602—1686)	元仲	寒支、 愧庵	宁化里龙	廪生
李仕鼎	惟重		福安洋头	龙岩训导	李仕黼	士殷	泗峰	长乐邑西	
李仕观	克宾	洞庵	安溪 感化里	保昌知县	李仕亨	克澹	仍朴	安溪 感化里	嘉兴知府
李叔玉		梅庵	长乐东隅	惠州知府	李叔元	端和、 赞宇	鹿巢、 驯鹿	晋江	字一说瑞和， 光禄寺卿
李思谨	淑静		永定	万历岁贡	李思寅	子衷		广东潮阳	建阳知县
李思庄	官田		永定	南宁府经历	李嗣夔	希贤		上杭 胜运里	南雄府推官
李嗣玄	又玄		建宁	庠生	李汤臣	洁溪		泰宁北隅	揭阳知县
李汤臣	野修		连城	武功县丞	李天赐		良钦	同安山边	
李天德	惺初		光泽县治	鸿胪序班	李天骥	君德		宁德五都	武康主簿
李天美	济之	充宇	连城	韶州府通判署 翁源知县	李天民	本任		光泽	经历
李天民	朝征		莆田	王府伴读	李天民	毅庵		上杭	福州教授
李天章	云汉		福安洋头	廪生	李廷槟	晋澄		晋江	贵州副使
李廷炳	应宣		仙游	名一作尚炳。 湖州通判	李廷昌	子吉		连城	
李廷春	仁孚		莆田	盐城知县	李廷封	文爵		安溪 感化里	宣化主簿
李廷辅	国士		光泽	凤阳府经历	李廷机 (1541—1616)	尔张	九我	晋江	礼部尚书兼东 阁大学士
李廷绩	达甫		光泽	长泰训导、建 德教谕	李廷森 (1571—1624)	维灿、 登元	芳琼	晋江 二十都	刑部主事
李廷梧	仲阳		莆田	大理寺丞	李廷选	用卿		光泽	
李廷仪	鸣凤	质庵	闽县	南安府同知	李廷英	若志		莆田	缙云知县
李廷震	应皋		仙游	明万历三十一 年武举人	李廷柱	尔立		晋江	翁源教谕

李为经 (1614—1688)	宏论	君常	同安厦门	马六甲经商， 封为甲必丹	李惟寅	宾文		将乐	奉化知县
李文察	廷谟		平和侯山	晋州知府	李文粹	耦山		上杭 胜运里	南平训导
李文瀚	琼章		莆田	贺县知县	李文简	志可	质所	同安山边	南京户部山西 司郎中
李文奎	延晔		长乐山边	广东副使	李文魁	士选		古田	岁贡，庆源训 导
李文利	乾遂		莆田	思南教授	李文宁	起丰		上杭 胜运里	龙川主簿
李文盛	荣卿		连城		李文殊	崇礼		将乐	广信知府
李文瓒	若肖	南蓁	南安锦塘		李闻韶	天乐		建阳	连江教谕
李希沇	学克		同安大学	县学生员	李希贤	士甫		江苏华亭	福安训导
李霞绮	而毓		莆田	礼部司务	李暹祥	崇卿		晋江	
李献可 (1541—1601)	尧俞	松江	同安浦园	礼科给事中	李向奎	聚仲、 遨民		泰宁	易名游。明亡 归隐
李向遄	旭初		泰宁		李训扫		淳庵、 道斋	安溪	
李彦旺	昌时		连城	南京督粮	李仰止	君山		莆田	嘉靖二十年进 士
李叶和	季祥		漳浦城西	崇祯九年副榜	李一丛	汝芳		永安	
李一夸	汝宪		闽清	南宁教授	李宜春	应元		莆田	嘉靖二十三年 进士
李寅实	子中		莆田		李应举	贵爵		莆田	
李应奎	文明		上杭 胜运里	天顺岁贡	李应先	道表		南安	陆凉知州
李应翔	翀甫	忝所	安溪 感化里	莆田教谕	李应宿	仲臣		光泽	万历岁贡
李永昌	希夫		泰宁中隅	乌程主簿	李用宾	观光		建阳县坊	荥阳教授
李有嘉	汝嘉		莆田	成化十六年举 人	李有年	子盛		建阳童游	韶州府推官

李有则	子彝	左溪	建阳童游	顺德知县	李于蕃	德晋	白山	侯官	迁居永福。国子监学录
李于坚	不磷		清流城关	浙江提学副使	李于阶	濂夐		清流	
李毓繁	邦用		光泽在城	增城县丞	李元若		带泉	广东茂名	古田县丞、龙南知县
李元枢	绳卿		仙游	崇祯间贡生	李元泰	汝严、见斋		连城	太平训导
李元瑶	世玉		连城	袁州训导	李元勋	尔忠		莆田	万历四十年举人
李云渠	可溥		南安		李允懋	勉叔		莆田	滋州学正
李允佐	其鼐		福清海口		李肇矿	元乘		仙游	崇祯十七年武进士
李振曜	子肯		莆田		李振缨		景先	晋江永宁	
李正倍	光孝		晋江	万历四十年举人	李正昆		眉山	惠安崇武	
李正森	光朱		晋江	诸生	李正植	勉吾		建阳县坊	县学生员
李钟秀		白斋	泉州南门	李贽之父	李仲春	顺纪	益泉	晋江	
李子明	文明		光泽在城	洪武岁贡	李子清	洁仙		连城	山东按察使
李子章	伯闇		光泽	雷州同知	李自树	敏夫		泰宁	崇祯元年恩贡
李宗达	时望		长乐下洋	温州知府	李宗敏	思文		宁德钱岩	
李宗起	仲正		宁德漳湾	常德府推官	李宗著	若吕		莆田	湖广参政
李作朋	介兹		建阳县坊		连璧	叔贞		建阳三桂	贡生
连凤	舜仪		福安秦溪	平原教谕	连金	士励		龙岩	思恩府同知
连均	士平	素庵	建安	江西布政使	连铭	伯箴		福安岩湖	嵊县教谕
连仕	和仲		福安廿三都	锦衣卫都事	连镛	文韶		建安	

连 瓒	凤云		龙岩	兴宁训导	连继芳	以善		龙岩	广西按察副使,分巡左江道
连经芳	碧台		龙岩	一作璧台,邵武训导、遂溪教谕	连一贯	平渊		龙岩	增广生
练 惠	泽民		浦城	开封府通判	练 龙	子云		浦城	曲靖府经历
梁 安	以康		泰宁永兴	开化知县	梁 弼	仕贤		上杭在城里	进士
梁 地	志厚	尚古生	泰宁		梁 圭	至铉	雪园	长乐	隆武恩贡
梁 果	叔蒙		泰和	侯官知县	梁 淮	伯海	云麓樵者	泰宁	
梁 宽	道弘		上杭在城里	广东盐课司提举	梁 礼	敏和	兼善先生	泰宁	泰宁训导、沙县教谕
梁 旻	元亮		上杭在城里	遂溪训导	梁 乔	迁之	静轩	上杭在城里	绍兴知府
梁 清	叔晋		永福	永乐岁贡	梁 嵩	尚贤		泰宁西隅	新昌教谕
梁 泰	据中		广东高要	泉州府训导	梁 珍	文重		长汀	东平知府
梁 佐	心泉		云南大理	分巡漳南道	梁春晖	时皇	淑三	长乐江田	贡生
梁道熙		梦桥	南安廿八都	隆武举人	梁福庆	所善		泰宁中隅	东阳训导
梁怀仁(1510—1532)	宅之		晋江	南京吏部验封主事	梁继安	伯达		光泽在城	江阴税课大使
梁世骠	南皋		广东顺德	分巡漳南道	梁廷钦		心寰	广东顺德	尤溪知县、南平知县
梁文晔	选淳		邵武	漳州府教授	梁兴玉	日振	璞溪	南安廿八都	郑成功下属
梁耀祖	武先		上杭在城里	崇祯拔贡	梁玉蕤	旧谷		南安象运	抚州推官
廖 安	邦宁		将乐	临颍训导	廖 宾	君用		莆田	德兴知县
廖 诚	伯纯		怀安	禹城教谕	廖 翀	腾霄		将乐	高明训导
廖 淳	淳之		清流		廖 淳	盛泉		永定	邵武府仓大使

廖 辅	舜元	东山老人	长汀	字一作舜文,寿州知县	廖 富	宗礼		泰宁大田	湖州府同知
廖 格		愿学	宁洋	淮府教授	廖 纪	维修		江西九江	延平知府
廖 絅	日章		莆田	琼州通判	廖 驹	致远		顺昌	
廖 普	敬德		永福	嘉兴教谕	廖 麒	国瑞		将乐	湖口训导
廖 潜	希绎		大田	尤溪籍廪生	廖 庆	体善		莆田	户部郎中
廖 恕	子推	勿斋	大田	岷府教授	廖 泰	侗人		永福	
廖 昙	雨台		龙岩	举人	廖 梯	云卿		莆田	宁国府同知
廖 文	宗道		将乐	抚州照磨	廖 宪	子度	盘峰	大田	广西按察司佥事,分巡苍梧道
廖 祥	弘升		仙游	永乐间贡生	廖 祥		兰石	大田	严州教授
廖 兴	得禄		大田	尤溪县掾	廖 旭		古愚	宁洋	龙岩训导、南安训导
廖 镛	廷器		将乐	龙泉县丞	廖 中(1435—?)	用中	约斋	顺昌	山东按察司副使
廖秉忠	若丹		永定	庠生	廖参可	子才		莆田	隆庆四年举人
廖成贤	赤许		建宁	永淳知县	廖达才	育庆		永定	庠生
廖达道	还一		永定	庠生	廖达善	玉佩		永定	庠生
廖高鹏		双山	顺昌在城		廖行可	观吾		上杭在城里	举人
廖黄中	正湖		永定	万历三年吏	廖继夔		冠闽	大田	万历进士
廖继宗	梦奎		永定	万历乡试副榜	廖君佐	惟贤	斌扬	宁洋	襄阳藩护卫
廖梦斗	文垣		永定	增生	廖铭器	警衷		泰宁	山东都司经历
廖佩文	雅轩		永定田段	习岐黄术,精于脉理	廖鹏举	而上、孟抟		安溪兴一里	广西桂林道

廖全仁	而纯、圣博	子东	永福		廖仁端	元充		顺昌交溪	
廖仁杰		蛟溪	顺昌	光泽训导、南安教谕	廖善一		伯绍	宁洋	梧州府通判
廖天瑞	季符	钟岳	宁洋	别号三洋，新昌知县	廖廷才	公器		上杭太平里	成化岁贡
廖廷藩	若鼎		永定	庠生	廖同春	元叔		江西泰和	安溪知县
廖同伦		行吾	永定		廖王珍	友石		永定	庠生
廖惟铨	浚文		永定溪南	世传青乌之术，兼通历数	廖文昌	克盛		沙县魁星坊	
廖文瀚	伯约		建宁	萍乡知县	廖文万	永廷		永定上洋	
廖文子	子武		古田		廖显扬	榕溪		永定	
廖彦登	元龙		闽县	万历间七才子之一	廖永澜	文卿		长汀	
廖用贤	宾于		建宁	庠生。曾寓泰宁	廖遇春	乾育		大田	
廖愈高	极甫		泰宁大田	岳池知县	廖云龙	从之		莆田	浔州知府
廖云腾	时和		怀安	刑部郎中	廖云翔	鸣和		侯官	奉化知县
林 宝	允诚		古田	宁远教谕	林 宝		远峰	龙岩	
林 保	孔时		罗源临济里	长洲知县	林 宝	士用		安溪新溪	德庆州训导
林 备	士元	东园居士	宁德七都		林 坌	世集		闽县	户部主事
林 弼 (1325—1381)	元凯		龙溪	原名唐臣。登州知府	林 璧	茂东		侯官	广东佥事
林 璧	廷瑞		古田	岁贡，临高主簿	林 璧	直卿		寿宁五都	象山教谕
林 濂	元盛	古侗	古田	三水训导、昌化知县	林 表	侃庵		漳浦佛县	镇远知府
林 斌	德纯		莆田	贵州副使	林 炳	世彰		古田	岁贡，泷水训导

林 材	谨任	楚石	闽县	南京通政使	林 寀		肖考	漳浦	将乐教谕、高州知府
林 参	廷相		上杭胜运里	永乐岁贡	林 璨	尔材		莆田	乳源知县
林 策	直夫	丹峰	漳浦	江西按察司金事	林 潮	君信		晋江	御史
林 晨	旦初		连江资寿	名一作辰。海康知县	林 偁	思恭		仙游	德兴教谕
林 成	宗绍		宁德		林 珹	时献	罗峰	晋江	饶州知府
林 程	希周		仙游	嘉靖二十八年举人	林 澄	公扬		莆田	赵府长史
林 饬	子穆		福清		林 冲	元熙		古田	岁贡,教谕
林 宠(约1621—?)	异卿	墨农	闽县	天启生员	林 初	惟复		宁德七都	颖州学正
林 楚(1509—1589)	德春	春斋、玄谷老人	漳浦乌石	雷州通判	林 传	则中		宁德一都	
林 春	尔舒		南安	本姓徐,改名永泰。镇江参将	林 春	仲殷		福宁岚下	雷州通判
林 春	子仁	东城	福清城头	吏部郎中	林 椿	庭茂		仙游	
林 錞	孔和		连江	绩溪知县	林 坌	子野		福清磁窑	
林 慈	志仁		长乐屿头	国子博士	林 赐	伯予		长乐东林	乐平教谕
林 聪	伯英		永福	肇庆训导	林 聪(1415—1482)	季聪	见庵	宁德峬原	右副都御史
林 丛	廷桂	万峰	福宁州	同安训导	林 达	志道	愧吾	莆田	南京吏部考功郎中
林 岱		静庵	连城	唐府审理正	林 旦	公著		连江东岱	泰和教谕
林 道	世行		宁德	台州教授	林 德	有本	壶江	长乐壶井	荆州府长史
林 钿	良章		将乐	贡生	林 壂	世难		闽县	字一作世南。贵州右参议
林 度	文规		寿宁五都	贡生	林 兑	震伯		莆田	崇祯十三年举人

林 钝	叔鲁		闽县	兴国教谕	林 潋	景渊		古田	岁贡,济阳训导
林 铎	克振		永福	万州知州	林 铎	汝和		侯官	
林 鹗	应秋		将乐	内黄训导	林 芳	梅园		仙游	宣义郎
林 烽	世明	省庵	漳浦		林 凤	世贞		宁德	阆中训导
林 俸	则仕		宁德	德庆州训导	林 敷		新野	漳浦佛昙	潮州照磨
林 符	君征		莆田	江浦教授	林 福		坦吾	晋江	
林 辅	叔弼		长乐邑东		林 辅	元臣		福安	乡举
林 黼	廷果	海崖	漳浦	以子封刑部主事	林 黼	质夫	石峰	闽县	大理评事
林 焊	惟大		福州		林 富	守仁		莆田	兵部右侍郎,代理两广总督
林 淦	济舟		古田	岁贡,丰城典史	林 刚	子健		福安后溪	句容主簿
林 高	德崇		罗源	连山知县	林 耕	莘民		仙游	东流训导
林 观	善甫	梅所	宁德	玉山教谕	林 观	用宾		闽县	
林 贯	守一		莆田	建昌教授	林 龟	孔吉		仙游	
林 珪	耀昆		莆田	泉州教授	林 桂	以奇		晋江	惠来知县
林 桂	子攀		宁德七都	刑部四川司主事	林 桧		青斐	漳浦云霄	
林 果	希仲	确庵	古田	襄阳府同知	林 釬 (1578—1636)	实甫	鹤台、鹤胎	同安浯洲,入龙溪籍	礼部侍郎兼拜东阁大学士
林 瀚 (1434—1519)	亨大	泉山	闽县	南京吏部尚书	林 昊	克敬		永福	诸城教谕
林 昊	孟昊		仙游		林 浩	克浩		海澄	辽府长史
林 皓	德曦		罗源	晋府教授	林 塈	世调	三江渔隐	闽县	户部主事,员外郎

林	和	子贞		宁德六都	雷州通判	林	赫	德威		福安后溪	保昌县丞
林	恒	君贞		莆田	东莞知县	林	鸿	子羽		福清	礼部精膳司员外郎
林	鈝	克敬		永福	诸城教谕	林	华	积中		莆田	嘉靖十一年进士
林	华	乔松		永定		林	华	世荣		莆田	衡山教谕
林	华	廷辉		连城	襄府长史	林 环 (1375—1415)	崇璧	絅斋	莆田	永乐四年状元
林	奂	元美		怀安		林	涣	文夫		莆田	济宁通判
林	辉	文焕		古田	岁贡,州同	林	回	文渊		安溪 新溪里	
林	惠	仁泽		闽县	增城教谕	林	惠	廷恩		连江资寿	连山训导
林	霍	子濩	沧湄	同安榄里		林	玑	光仲		莆田	衢州知府
林	玑	叔温		永福	临安教谕	林	纪	年夫		连江	宣平训导
林	纪	廷肃		闽县	石城知县	林	珀	惟坚		侯官	
林	继	克绍		宁德		林	嘉	君亨		福清	进士
林	鉴	克明		永福	景泰岁贡	林	江	志仁		连江	恩贡
林	介	于石		莆田	南安知府	林	玠	廷圭		侯官	举人
林	金	良珍	焦崖	连江大隩	河池知州	林	津	大济		上杭 在城里	苏州府通判
林	锦	彦草	双溪	连江	广西副使	林	缙	缙绅		宁德 廿二都	
林	京	洪中		龙岩		林	京	居中		仙游	南京库大使
林	京	于镐		福清	大理寺评事	林	泾	本清		宁德	
林	敬		诚斋、成斋	漳浦佛昙		林	玖	文煌		安溪 新康里	

林琚	朝玉		晋江	建昌训导	林琚	宗行	罗源临济里	处州训导
林钧	克秉		闽县	诸生	林俊 (1452—1527)	待用	见素、云庄	莆田城内	刑部尚书
林俊		秀山	顺昌在城		林浚	衡玉	长乐山边	
林堪	尚乾		闽县	宣化知县	林堪	舜卿	莆田	曲靖知府
林堪	应举		古田		林侃	待育	莆田	南雄府通判
林侃	子刚		古田	岁贡,新宁训导	林康	世熙	莆田	廉州同知
林奎	世隆		莆田	桂阳知州	林逵	达道	永福	感恩训导
林魁 (1476—1544)	廷元	白石山人	龙溪角美		林魁	元长	宁德一都	
林夔	元佐		莆田	户部员外郎	林昆	德器	连江	夔州知州
林琨	宜贤		莆田	周府长史	林琨	子贡	仙游	海康知县
林爌	贞恒		闽县	礼部右侍郎,闽中七才子之一	林良	思贤	福宁青山	新城知县、陕西巡茶御史
林梁	月川		武平鲜水		林鋆	贡美	寿宁坊四图	谥号清端
林缪	元美		闽县	抚州知府	林禄	惟爵	古田	流溪巡检
林峦	一峰		武平鲜水		林銮	思和	连江安德里	连州训导
林履	希阳	义庵	漳浦		林蛮	世瞻	安溪新康里	
林梅	魁春、以和	朴山	漳浦徐鉴	南礼部郎中	林旻	仁官		浦城
林旻	文玄		罗源临济里	选贡,连山教谕	林敏	汝学、汉孟	瓢所、仿子冥青山罗樵	长乐罗田
林敏	唯学		浦城		林铭	良箴	琴乐子	长乐沙堤

林 铭	日新		福安南街	南海知县	林 默	东屏		永定西陂	
林 穆	宗和		福宁四十八都	绛县知县	林 奈	廷美		连江东岱	江西乡试中式,州判
林 泮	用养		闽县	南京大理评事,历寺副寺正	林 泮	于学		安溪依仁里	训导
林 培	国应		莆田	国子博士	林 鹏	仰山		永福	惠州府照磨,署永安县事
林 批	廷珍		侯官	云南副使	林 泙	思静		连江	举人
林 颇	思正		晋江	岳州教授	林 普	士周		宁德	
林 齐	贤卿		莆田	新会知县	林 奇	允帝		浦城	
林 琦	镜甫		平潭	举人	林 琦	师韩		福宁廿八都	高淳知县
林 祺	子祥		龙溪		林 启 (1454—1502)	仰之	海峰	同安	南京国子监丞
林 谦	牧天		海澄		林 櫹	宜焕		仙游	正德九年进士
林 清	源洁		福清东隅	开化知县	林 清	自源		怀安	籍贯一作闽县
林 庆	世章、尚闇		长乐坑田	南京工部主事	林 秋	贞义		闽县	靖江长史
林 渠	希荣		莆田	周府长史	林 泉	廷涌	松坡	漳浦	以子封大理寺右评事
林 泉	遵性		长乐	举人	林 壤	叔载		侯官	霸州知州
林 任	子仁		古田	岁贡,宿州训导	林 荣	士显		宁德	
林 荣	则仁		仙游	洪武三十年进士	林 儒	孔珍		连江龙西	廉州训导
林 濡	文泽		上杭在城里	南宁卫经历	林 蕤	奎藻		永定	诸生
林 瑞	朝兴		连城	监生	林 叡	士通		古田	字一作仕通。电白教谕
林 润	德润		将乐		林 润	若雨	念堂	莆田城厢	佥都御史,巡抚苏松

林森	廷茂		连江东岱	嘉兴教谕	林森	廷茂		顺昌	
林森	文秀		安溪新溪里	主簿	林山	士仁		长乐新宅	名一作士人。广东副使
林绍	淳裕		长乐		林绍		碧潭	漳浦佛昙	副使
林深	文渊		罗源招贤里	饶州教授	林升	廷拱		广东潮阳	古田教谕,代理古田知县
林升	文进		建阳崇太		林昇	重光		莆田	弘治十一年举人
林时(1386—1436)	学敏	逊斋	莆田后埭	贵州按察副使	林寿	伯仁		福安新塘	字一作伯人。监察御史
林寿	士祈		宁德七都		林枢	邦拱		福清	南雄知府
林枢	惟机		连江东岱	武陵教谕	林塾	从学		莆田	浙江参议
林塾	德基		永福	弋阳教谕	林述	克绍		连江	贡生
林恕	道近		长乐渡桥	云南按察使	林恕	汝毅		福安后溪	武昌县丞
林说	传公		莆田	崇祯十五年举人	林硕(1388—1440)	懋弘		长乐唐屿	籍贯一作闽县。御史
林崧	廷甫		连江大墺	衡水知县	林嵩	朝高		莆田	威县知县
林竦	廷瞻	忍庵	漳浦		林遂	伯祥		闽县	
林遂	元成	石壁	霞浦传胪		林燧	世成		闽县	
林燧	元良		古田	岁贡,巡检	林太	从礼		晋江	
林泰	文亨		宁德黄湾		林墰	世崇		莆田	太和知县
林潭	厚子		连江	武举人	林坦	则夷、酋道		莆田阳城	贵州按察使
林瑭	廷玉		侯官	御史	林特	士奇		晋江	
林瑱	廷美		莆田	建昌教授	林瑱	以玉		莆田	袁州通判

林	烃	贞耀		闽县	南京工部尚书	林	珽	质贤		闽县	
林	通	维介		永福	工部郎中	林	通	学睿		莆田	嘉靖四年举人
林	同	进卿		龙溪		林	同	宜正	龙峰	晋江	两浙转运判官,分司嘉永
林	同	于野		闽县	同安训导	林	桐	正行		侯官	兵科给事中、文选司郎中
林	童	景年		浦城		林	旺	文腆		安溪新溪	训导
林	炜	廷美		连江	贡生	林	炜	彦明		福清	顺昌同知
林	文	学周		仙游		林	熙	公豫		福安	长沙卫知事
林	僖	待受		莆田	寿州知州	林	禧	淑清		龙溪	
林	禧	仲昭		连江	博罗知县	林	贤	士进		宁德四都	
林	咸	虚所		广东番禺	尤溪教谕、惠安知县	林	祥	时和		永安	
林	崤	小眉		莆田		林	效		钝斋	漳浦佛昙	
林	谐	邦介		莆田	监利知县	林	馨	文德		莆田	鲁府纪善
林	星	俊明		建阳三桂		林	兴	廷让		安溪	
林	瑄	仲和		南平	博白知县	林	炫	贞孚		闽县	礼部精膳司郎中
林	学	文质		连江	高州教授	林	埙	廷乐	无机、雅庵	漳浦	
林	埙	子和		罗源招贤里	举人	林	埙	宗器		连江	赣州训导
林	晏	平仲		宁德三都		林	扬	叔明		永福	南雄检校
林	洋	德昭		仙游		林	耀	六如		漳浦	
林	沂	宗鲁		永福	黔江教谕	林	义	子由		永福	永乐岁贡

林　议	邦直		莆田	赣榆知县	林　益	民悦		莆田	黎平知府
林　逸	隐湖		建阳崇政		林　禋	诚甫		莆田	瑞金知县
林　尹	志衡		宁德		林　英	孟华		连江崇礼	浙江按察司佥事
林　英	云又		福清	兵部司务	林　英	章叔	剑溪	古田	岁贡，山东道御史
林　瑛	玉成		侯官	保宁府通判	林　熼	印房		莆田	崇祯十五年举人
林　莹	邦玉		莆田	宣城训导	林　颖	彦卿		莆田	嘉靖四年举人
林　应	子唯	壁峰	同安塔头	湖州训导	林　雍	万容		龙溪	
林　泳	孟游		莆田	沭阳教授	林　佑	公辅		连江江南	贡生
林　佑	子贤		闽清莲宅	平南县丞	林　柚	用硕		漳浦	户部主事
林　祐	景善		连江 廿七都	知州	林　瑜	希瑾	月寅	连江西铺	云南参政
林　瑜	子润		龙岩	浙江左参政	林　颙	祖良		上杭 在城里	举人
林　玉	廷璧		宁德一都		林　域	克明		平潭	繁昌知县
林　堉	克茂		福清海口	监察御史	林　煜	贞华	少江	闽县	辽远长史
林　豫	民服		莆田	广东左布政使	林　渊	仲深		古田	岁贡，琼州检校
林　元	本乾	三漈	永安		林　元	元之		莆田	宁波通判
林　源	士仁		长乐沙堤	余杭知县	林　钺	德威		宁德	
林　钺	民威		古田		林　越	志远		仙游	长乐训导
林　云	从龙		福清	户部主事	林　芸	吾重		莆田	归安教谕
林　载	季厚		莆田	中书舍人	林　宰	德衡	平华	漳浦	兵部左侍郎

林 泽	乃恩		永福	景泰岁贡	林 增	吉甫		古田	岁贡,高州训导
林 增	守谦		罗源西隅	严州教授	林 钊	与度		莆田	锦衣卫经历
林 诏	世发		连江	永春训导	林 照	仲旭		莆田	弘治五年举人
林 柘	维圭		罗源招贤里		林 柘	于茂		仙游	
林 贞	孟幹		闽县		林 珍	行素		仙游	
林 真	汝实		闽县	宜兴知县	林 真	子纯		闽县	洪武癸酉举人,濮州知州
林 祯	彦吉		连江庆里	虹县教谕	林 祯	祐甫		莆田	宜春教谕
林 溍	桂阳		莆田	宁夏都司断事	林 震 (1388—1448)	敦声、起龙		长泰	状元,翰林院修撰兼修国史
林 震	启春		宁德一都		林 震	廷教		仙游	
林 正	遵谊		长乐屿头	永乐二年进士,吏科给事中	林 芝	应瑞		侯官	信宜训导
林 枝	昌达	古平山人	闽县		林 植	正立		侯官	常山县丞
林 至	晋善		福清	六合知县	林 志	尚默	蓄斋、见一居士	闽县	翰林修撰,文林郎
林 赟	季宣		莆田	右副金都御史,巡抚广西	林 智	若浚		莆田	苏州教授
林 智	彦明		连江崇礼	博平教谕	林 忠	廷谏		宁德一都	
林 忠	从政		晋江		林 钟	廷奏		晋江	广东参议
林 钟	子和		宁德七都	廪生	林 衷	秉彝		连江	举人
林 茱	德馨		连江资寿	汉川教谕	林 渚	时清		莆田	宣德十年举人
林 注	时安		永福	肥城教谕	林 柱	惟切		连江东岱	仪兴教谕

林　著	士章		宁德		林　霆	德澍、晴坪	雨苍、洞鱼人、舛老坪人	侯官	
林　瑨	时重		仙游	松门卫知事	林　资	元益		福安西街	举人
林　镒	朝资		莆田	庐州教授	林　耔	立本		连江廿九都	梧州教授
林　耔	莘甫		莆田	钧州学正	林　梓	达材	考吾	漳浦	通政使
林　宗	存敬		莆田	蕲州学正	林　鋷	毅卿		莆田	临淮知县
林爱民	子之		福宁州	户部郎中、广东按察习金事	林安祯	吉甫		莆田	监利知县
林邦重	子厚		宁德	古田教谕	林保安	国泰		南安石坑	
林保童	子成	成斋	宁德	湖广绥宁知县	林秉汉 (1564—1614)	伯昭	光寰、聚五、长山居士	长泰善化里	又名兆奎。浙江道监察御史
林秉元	冠善		永福	南安府训导	林炳章	名世		莆田	长沙同知
林伯祥	子麟		宁德七都	庐州推官	林不息	司籲		莆田	临湘知县
林才杰	士英		广东吴川	晋江县丞	林灿章	继显		莆田	
林长繁 (1455—?)	世殷	南波	莆田上仓	贵州按察使	林长懋	景时		莆田	郁林知州
林朝锦	炯卿	玄中	漳浦	凤阳府同知	林朝禄	受百		漳浦深土	
林朝铭		晋纯	漳浦	潮州通判	林成纲	勉夫	定庵	漳浦乌石	香山知县
林成立	中立		莆田	肥城知县	林承崇	庸玉		仙游	清远县丞
林承霖	雨可		莆田	明亡隐居麦斜岩	林承训	廷可		长乐前林	平湖知县
林澄源 (1536—?)	仲清		莆田	四川右布政使	林冲霄	君搏		莆田	户部司务

林崇朴	尚质		宁德		林崇枝	文遇		永福	永乐岁贡
林储材	玉鋐		连江	训导	林春茂	深甫		永福	锦衣卫经历
林春泽 (1480—1583)	德敷	旗峰	侯官	南京刑部郎中	林纯一	元真	诚斋、 无伪翁	漳浦乌石	南京国子监助教
林丛槐 (1530—1599)	应昌	三庭	同安东市	南京户部主事	林萃贤	及之		莆田	滕县知县
林萃祉	锡之		漳浦赤土		林存贤	仕举		安溪 新溪里	嘉靖三十一年例贡
林大畜	子德	继野	永福	任县知县	林大矗	朝介		莆田	浙川知县
林大观	朝教		莆田	贺县知县	林大槐	懋德		莆田	怀远知县
林大经	世典		莆田	石阡知府	林大俊	惺非		广西隆安	德化知县
林大梁	以任	双湖	同安塔头	宁海知县	林大霖	时雨		莆田	长沙教谕
林大辂 (1487—1560)	以乘	二山	莆田	湖广巡抚	林大轮	以载		莆田	余杭知县
林大谟	允文		莆田	襄城知县	林大乾	用始		长乐	籍贯一作怀安。罗源知县
林大昇	钦隆		莆田	嘉兴通判	林大时	以为	碧溪	同安塔头	
林大同	尧野		福清	进士	林大猷	子道		莆田	国子监丞
林大有	求益		罗源 临济里	岁贡	林大祯	及甫		晋江	襄王府左史
林大震	士奋		莆田	仁化知县	林大志	起文		连江资寿	昌化知县
林道飞	宏中		将乐		林道克	于本		莆田	德安知县
林道楠 (1555—1607)	廷任		仙游板溪	太仆少卿	林德辉	良辉		莆田	桂阳知州
林德昇	宗泰		罗源	永福教谕	林顶立	仁卿		海澄 白沙里	
林东海	世观		莆田	嘉靖八年进士	林东升	体日		莆田	太平推官

林敦谦	养恭		莆田	上犹知县	林敦忠	恕甫		晋江	兴化府学教授
林尔元	尔会		安溪新康里	郾城教谕	林逢经	守一	铁崖	长乐	翰林院检讨
林凤翀	冲之		莆田	黄安知县	林凤鸣	德偕		宁德	潮州训导
林凤鸣	于冈		莆田	嘉靖十九年举人	林凤仪(1571—1656)	尔升	朝阳	同安鼎尾	户部员外郎
林凤仪	九成		永福埔埕	后徙居怀安。泷水知县	林凤蠹	翼之		莆田	惠来知县
林甫仕	光宏		晋江		林刚中	公黼		莆田	开封府同知
林公黼	质夫	石峰	长乐仙山	大理寺评事	林公正	在仁		莆田	宁国府通判
林功懋(1509—1566)	以谦	竹溪	漳浦	广西按察使	林恭章(1562—1631)	贞宪、尔肃		莆田赤柱	广东按察使
林光翰	韩玉	云章	永定	抚州府训导、福清县教谕	林光庭	仲明		莆田	武昌知府
林光宇	子真		侯官	邑诸生	林光肇	子开		晋江	
林光重	德辉		莆田	武义教谕	林光祖	彦昭		宁德	直隶平山县丞
林龟年	十朋		连江资寿	揭阳县丞	林国鼎	有实		连江	连城训导
林国辅	思贞		莆田	同知	林国相	建瓒	爕轩	长乐湖里	广东左参政,分守湖东
林国相	允卜		古田	河南、云南布政司理问	林涵春	元显		连江资寿	贡生
林汉川	致远		连江	肇庆博士	林翰英	祖忠		莆田	赣州推官
林行简	居敬		连江资寿	进士	林宏化	幼弼		莆田	临汾知县
林宏器	鼎臣		永福	海盐训导	林宏显		洞阳山人	长乐	工画梅石
林宏毅	仲守		永福	邑诸生,聘修《高盖山志》	林宏祖		无念	永福	郁林州知州
林鸿儒	允德		安溪新康里		林鸿猷	文佐		仙游	信宜训导

林华春	元实		连江资寿	龙门教谕	林淮宗	本清		连江	刑部主事
林辉章	继衮		莆田	巩昌知府	林回孙	德昭		宁德一都	
林畿葵	心阳		平和		林际春	桃濑		永定	
林季琼	时献	他石	莆田	广东道御史	林济民	廷泰		广东海阳	龙岩教谕、赣榆知县
林继衡	惟中		长乐松下	温州知府	林继旺	南泉		永定	赠文林郎、如皋知县
林继贤	启宗、宗器		莆田	宁波府同知	林继宗	梦奎		永定	
林佳鼎	汉宗		莆田	广东提学副使	林佳育	仁卿		莆田	崇祯六年举人
林嘉采(1596—1648)	景则	则甫	同安后坑	崇祯十五年举人	林建邦	懋服		莆田	承天府通判
林建中	商民		宁德		林捷春	元文		连江资寿	袁州通判
林近龙	云从		莆田	广西按察司金事	林经协		常吾	漳浦	
林景明	希哲		永福㳇川	益阳训导	林景清	靖夫、竹窗		连江	兴国州判
林景时		虚白道士	长乐屿头		林敬冕	绍周		莆田	隆庆二年进士
林靖乐	纯素		闽县		林均爵	君锡		福安后溪	浔州府授
林可立	希豫		福宁州	汉州知州	林克诚	思诚		宁德一都	
林焜章	振世		莆田	马瑚知府	林兰友(1594—1659)	翰荃	自芳	仙游鱼街	唐王时任兵部尚书
林立三	杏翘		永定洪川	精岐黄	林良橙	彦桂		古田	岁贡,都司经历
林榴春	见心		永福	诸生	林迈佳(1584—1667)	子笃	龙山野人	诏安二都	
林茂达(1462—?)	孚可	翠亭	莆田	左布政使	林茂桂	德芬	丹台	漳浦六鳌	深州知州
林茂桂	子秋		莆田	禄劝知州	林茂槐	稚虚		福清东隅	浙江按察使

林茂竹	仲修		莆田	广西参政	林懋材	君华		闽清	崇祯贡生
林懋和	惟介		闽县	广东左布政使	林懋举	直卿		怀安	广西左布政使
林懋勉	伯奋	仪存	永福埔埕	一名勉,福建道御史	林懋卿	廷弼		莆田	万历十年举人
林懋植	君本		莆田	嘉靖十七年进士	林孟映		葆光	宁德	
林民悦	益夫		莆田长丰	云南副使	林民止	敬夫		莆田	宁国知府
林明顺	君及		海澄六都		林鸣瑶	鲁玉、朋石		莆田	户部主事
林鸣凤	岐阳		寿宁五都	云南经历	林鸣冈	于间		莆田	赞皇知县
林鸣盛	元和		莆田	彰德知府	林铭鼎	玉铉		莆田	光禄寺少卿
林铭几 (1579—1649)	祖册	慎日、南村	莆田上林	字一作祖策,山东按察副使	林铭盘	祖修		莆田	宁洋教谕
林铭球	彤石	紫涛	漳浦赤岭	本姓蓝,御史	林鹏飞		慎宇	漳浦马坪	南宁知府
林屏翰	孔彝		闽清莲宅	廪贡生	林溥孙	本高		安溪新康里	
林期昌	泰曾		晋江	南京户部虞衡司主事	林齐圣	司一		莆田	苏州同知
林奇迪	敏教		莆田	嘉靖三十八年进士	林奇逢	廷遇		宁德	
林奇石	砺卿	玉山	同安塔头	隆庆四年举人	林启昌	时际		莆田	礼部司务
林起凤	绍虞		永福	知县	林迁乔	迁于		莆田	刑部员外郎
林乾亨	小田		武平鲜水		林乔木	泉臣		晋江	莆田教谕、新城知县
林乔相 (1541—1622)	廷翰	锦峰	晋江	巡抚贵州兼督湖北川东军务	林翘楚	春夔		建阳崇政	
林翘楚	士翘		莆田	云南提举	林清纛	守元		仙游	两浙运判
林清伟	守亮		仙游	浦江知县	林秋英	宜友		莆田	嘉靖十九年举人

林遒节	景宣		莆田	永乐十三年进士	林全英	邦荣		仙游	四安主簿
林烇章	元光、荆里		莆田	四川副使	林人纪	肇修		莆田	户部员外郎
林仁麟	瑞彬		连江崇礼	贡生	林日光	君向		福清	苏州知府
林日瑞 (1586—1643)	浴元、廷辑		诏安五都	原名日烺。甘肃巡抚	林日升	思兼		莆田	崇祯十六年进士
林日新	九峰		永定		林如乔	祯卿		莆田	安吉知州
林汝常	惟正		广东琼山	仙游知县	林汝明	名鉴		莆田	教谕
林汝谐	君浃	肖璧	漳浦		林汝永	君修		莆田	广西副使
林汝载	克厚		永福	诸生	林汝诏	君纶	光璧	漳浦	广东按察司徽宁兵备副使
林汝翯 (？—1647)	大葳	心宏	福清灵得里	四川道监察御史	林若桂	斯芳		南平	
林若蓂	孟珩		莆田	崇祯十二年举人	林若周	吾从		莆田	南京监察御史
林三重	制成		莆田	嘉靖三十七年举人	林森然	宗盛		永福十二都	泰安州训导
林尚初	复元		安溪新康里	教谕	林尚煋	履卿		莆田	崇祯十二年举人
林尚铉	季彻		莆田	万历四十年举人	林绍用	向卿		永福	字一作向乡，茶陵知州
林绍宗	元继		莆田	弘治五年举人	林师稷	克农		永福	邑廪生
林师则	以行		宁德		林时芳		我峰	广东潮阳	宁德知县、独山太守
林时润	德温		长乐感恩	国子监博士	林时盛	从周		古田	岁贡,训导
林士标	仲植		福清	广西参政	林士程	尔瑞		仙游	襄府长史
林士楚	体浩		仙游	诸生	林士鼎	武定		莆田	万历四十年举人
林士杲	茂旸		连江	桐乡教谕	林士弘	仁甫	中峰	漳浦	承天府知府

林士辉	尔仪		仙游	青州经历	林士甲	耀程		南安	
林士旂		对江	漳浦乌石		林士章 (1524—1601)	德斐	璧东	漳浦	礼部尚书
林世璧	天瑞		闽县	邑诸生	林世明	见龙		莆田	安平知县
林世勤	天懋		闽县		林世治	以道		罗源 招贤里	颖州判
林仕凤	鸣盛		莆田	正德十二年举人	林叔果	邦盛		莆田	万历十三年举人
林思勉	懋臣		宁德钱岩		林思英	嘉宾		浙江宁海	汀州知府
林松夫		友梅	漳浦东山		林台衡	兆清		莆田	天启元年举人
林太毓	希甫		晋江		林腾蛟 (1517—1560)	士才	三泉	永安贡川	河南按察司佥事
林天骏	守良		闽县	胶州知州	林添筹	捷卿		同安莲塘	后居马巷。附贡生
林廷琛	世献		侯官	镇江通判	林廷臣	敬侯	云峰	漳浦乌石	嘉靖十三年贡士。赠知府
林廷桂	守国		仙游		林廷鹤	宪佩		莆田	隆庆元年举人
林廷奎	志宸		福清海口	绍兴知府	林廷美	又善		永福	天顺岁贡
林廷模	利正		永福	潮州同知	林廷升	彦宾		莆田	广西副使
林廷选 (1450—1526)	舜举	竹田翁	长乐竹田	监察御史、浙江布政使、大理寺卿	林廷玉	粹夫		侯官	南京都察院事
林廷云	子腾		晋江	南户部管仓正	林廷赞	志衮		福清 山门前	瑞昌县尹
林庭棡	利瞻		闽县	兵部主事,尚书	林庭㙫	利节		闽县	兵科给事中
林庭桂	利芳		闽县	举人	林庭机	利仁		闽县	礼部尚书
林庭楷	利贤		闽县	福州左卫指挥佥事	林庭模	利正	秋江	永福	籍贯一作闽县
林庭杓	利高		闽县	庆远知府	林挺枝	茂枝	达轩	永福	

林烶章 (1531—1584)	继晖		莆田	字一作继辉。广东左布政使	林万潮	养晦		莆田	赣州知府
林万春	维新		宁德		林万里	廷会		莆田	建水知州
林维芳	馨谷		永福	内江县丞	林维乔	祯卿		莆田	万历十六年举人
林维岳	宗泰		莆田	滨州知州	林维造	用章		晋江	
林维宗	梦魁		永定	副榜	林文炳	鹭山		武平	
林文昌	朝盛		莆田	永宁知州	林文迪	廷吉	五峰	宁德	
林文干	信翰		仙游	武陵教谕	林文华	质夫		莆田	琼州知府
林文焕	省斋		漳浦六鳌	户部员外郎	林文辉	洛英		莆田	岑溪知县
林文集	希虞		莆田	凤阳通判	林文秸	嘉亨		怀安	岳州通判
林文聚	复庵		永定		林文俊 (1427—1536)	汝英	方斋	莆田	南京吏部侍郎
林文烺	连山		武平		林文礼	克敬		古田	岁贡,莆圻训
林文亮	廷采		宁德	化名达三	林文明		坦斋	晋江	
林文卿	道器		莆田	国子博士	林文卿	五台		侯官	善画山水
林文寿	仲仁		长乐岱边	邹平知县	林文通	廷亨		宁德	
林文蔚	豹山		武平	东昌卫教授	林文祥	兆先		宁德	
林文星	子文		莆田	高明知县	林文熊	青海		闽县	苏州推官,职方郎
林文养	邦贤		古田	岁贡,恩县尹	林文整	廷肃		宁德	
林文秩	礼亨		怀安	监察御史	林闻诏	叔宣		长乐石梁	刑部郎中
林希曾		省吾	永福	济南同知	林希范	敷政		莆田	楚府长史

林希亮	子采		连江	台州主簿	林希元	诚卿		连江	贵州布政司都事
林希元 (1481—1565)	茂贞	次崖	同安山头	海北道兼管兵备	林习山	尔登	简初	同安烈屿	
林先春	元圃		闽县	嘉善知县，给事中	林贤生	朝垣	隐溪 松叟	同安	程乡知县
林宪沧	亦沧		莆田	嘉靖二十八年举人	林宪曾	祖宪		莆田	龙门知县
林宪濩	淑衍、 叔衍		长乐松江	籍贯一作福清。钦命巡查闽浙粤三省军政	林献纲	守白		仙游	北直隶丁字库大使
林献葵	起日		仙游善化	新喻知县	林献庭	国聘		仙游	
林向荣	子灿		闽清		林向阳		春台	长汀	顺天府推官
林偕春 (1537—1604)	孚元	警庸、 云山 居士	漳浦涂村		林星辉	韬之		南安	
林兴祖	伯祯		闽县	交趾参政	林性之 (1505—1580)	师吾	六川	晋江	字一作师吾。南京户部郎中
林休征	景征		莆田	万历五年进士	林秀桂	必芳	耻独斋	漳浦六鳌	
林学曾 (1547—1634)	志唯	省庵	晋江	户部尚书	林彦夫	行崇		连江崇礼	又名稽，贡生
林彦佳	克美		安溪		林彦修	天爵		连江	临高知县
林彦学	天禄		连江	太平教谕	林仰成	集英		莆田	绍兴通判
林尧勋	灿元		莆田	万历四十六年举人	林尧俞	空伯		莆田	
林一鹜	汝周		闽县		林一材 (1533—1611)	以诚	玉吾	同安亨泥	初名一雄。广西参政
林一初	遂夫	玉山	漳浦		林一贯	子唯		仙游	上杭教谕、夷陵教授
林一奇	拙若		海澄		林一儒	凤汀		连江崇礼	光泽教谕
林一瑞	国翀		仙游	西宁巡检	林一山	国镇		莆田	昌化教谕

林一新	跻夫		江南	漳浦	山西佥事	林一新	震起		晋江	户部主事
林一阳	复夫	复庵	漳浦		林一柱	廷郢	璞所	同安溪林	广东参政
林一柱	元功		莆田	右佥都御史，巡抚南赣	林一鹭	汝周		闽县	
林宜春		拱北	大田		林以诰	师召		宁德	
林以谟	师禹		宁德		林以让	汝文		宁德	
林以善	养之		莆田	正德二年举人。海丰知县	林以识	汝知		宁德	
林以文	惟博		南平		林以诚	格夫		宁德	
林炼章	继照		莆田	湖广按察司佥事	林寅宾	尔亮		晋江	广西参议
林英甫	孟六		莆田	通州学正	林应标(1499—1554)	君仪		莆田	江西左布政使
林应材	朝望		莆田	崖州知州	林应采	君白	东皋	莆田	南宁府同知
林应昌	朝弼		莆田	连州知州	林应聪	汝桓	次峰	莆田	户部员外郎
林应芳	茂实		南平	南安府学教授	林应芳	廷桂		福安城南	德清训导
林应凤	鸣冈		莆田	定远教谕	林应箕	辉南		莆田	监察御史
林应节(1527—?)	实卿	玉峰	莆田	广西参政	林应珏	庆云		连江	通志名作应班，河源训导
林应亮(1511—1593)	熙载	少峰	侯官		林应麟	君仁		安溪新康里	
林应龙	君重		莆田	浔州同知	林应鹏	士万		莆田	泷水知县
林应樵	君材		莆田	鸡泽教谕	林应腾	君择		莆田	两淮运判
林应翔	源湉	负苍、止岩、念不先生	同安后坑	衢州知府	林应训	子启		怀安	南京御史

林应元	春卿		莆田	嘉靖二十八年举人	林友成	伯成		仙游	山阴县尉
林有标	尔立		晋江	南安推官	林有槟	本用		南平	即墨知县
林有初	我克		漳浦杜浔		林有孚	以吉		莆田	右金都御史
林有焕		怀北	漳浦佛昙		林有禄	以贤		莆田	琼州知府
林有年 (1464—1552)	以永	寒谷	莆田后埭	贵州按察副使	林有台	尚琼		福清海口	
林有梧	德阳		南平	秦州知州	林与韶	汝韶		莆田	新会知县
林雨润	浴苍		镇海卫	御史	林欲栋	世隆	翀汉	晋江	
林欲楫 (?—1645)	仕济、平庵		晋江	礼部尚书	林欲厦	从夃		晋江	广西巡抚
林裕阳	永乐		长乐	蒲州学正,令连山	林豫宗	和仲		晋江	
林元甫	秉仁		莆田	都察院右副都御史,巡抚云南	林元铨	君衡		罗源西隅	光泽训导
林元裕	子容		宁德		林原中	子和		罗源招贤里	泰宁教谕
林云程	登卿		晋江		林云同 (1500—1577)	汝雨	退斋	莆田	南京工部尚书
林云翔	元德		莆田	三水知县	林芸苏	尔馨		莆田	石埭知县
林允宗	希曾		莆田	衢州知府	林孕昌 (1595—1657)	为馨	素庵	晋江	又名胤昌。吏部郎中
林则方	正夫		长乐上店	行人,钦赐一品充国使,册封暹罗	林兆珖	季武		莆田	万历十六年举人
林兆鼎 (1570—1633)	时廉	九聚	福清东瀚	南京右军都督府同知	林兆恩 (1517—1598)	懋勋	龙江、子谷子	莆田赤柱	
林兆箕	懋岩		莆田	高州通判	林兆金	懋南		莆田	南京户部主事
林兆珂	懋忠		莆田		林兆兰	幼馨		将乐	
林兆盛	伯新		仙游	平乡县丞	林哲甫	秉愚		莆田	桐庐教谕

林贞胜	益甫		闽县	都城厢使	林震元	养蕃		莆田	信丰知县
林正亨	宗谦	益谦	福清海口	户科都给事中	林正坰	西野		永定	
林正茂	孔时		福清	江西左布政使	林正台	涵宇		永定西陂	
林之栋	桐月		永定	廪生	林之蕃	孔硕、函斋		长乐唐屿	籍贯一作闽县。嘉兴知县，御史
林之翰	尔宪		莆田	宁州知州	林之骥	子千		莆田	崇祯十六年进士
林之平	可均		莆田	上高知县	林征材	鲁生、玉虹		连江	沐阳主簿
林志远 (1593—1664)	致子	陶庵	同安塔头	工部主事	林中槐	晋台		上杭	横海卫经历
林中星	殿冲		莆田	万历四十年举人	林钟桂	丛岩		永定	如皋知县
林钟鸣	启纯		南平	广信训导	林钟秀	黛阳		漳浦佛昙	
林钟英	兆元		仙游	万历四十六年举人	林周冕	文仲		宁德	
林铸禹	九畴		闽县	进士，贵池知县	林转亨	宏标	石岗	南安石坑	
林咨益	养巽		莆田	刑部主事	林子初	君复		福安	四川按察金事
林子勉	行甫	石溪	福清	泉州教授	林宗濂	静夫		晋江	
林宗仁	慈源	铜溪	平和		林宗相		振鼎	宁德	
林宗学	原志		宁德九都		林宗彦	尔藩		晋江	
林宗与	受之	卧元	侯官		林宗载	允坤	亨万	同安塔头	太常寺卿
林宗重	邦镇		莆田	恩县教谕	林祖坚	叔玉		侯官	庐陵训导
林缵振 (1549—1575)	公悦	警堂	漳浦	工部主事	林尊宾	燕公		莆田	崇祯十五年举人
凌　辉 (1389—1461)	清峰		德化葛坑	又名邦辉	凌士颜	子贤		广东化州	仙游教谕

凌世韶	官球		江苏江宁	宁化知县	刘 安	伯荣		福安苏洋	南雄府同知
刘 本	怀源		寿宁十二都	贵州吏目	刘 璧	次玮		江西庐陵	漳浦知县
刘 彬	伯洪		福安苏洋	肇庆府检校	刘 布	孟升		长乐方安里	
刘 常	尚贞		长泰在坊		刘 诚	彦实		上杭胜运里	举人
刘 籛	时达		晋江		刘 春	材达	璞斋	安溪	
刘 慈	东惠		仙游	沂州通判	刘 铎	振文		浙江丽水	长泰知县
刘 峨	济叔		安溪感化里	初名莪	刘 钢	秉正	张宇	归化	
刘 观	用宾		上杭胜运里	岁贡	刘 桓	愈学	志来	长乐华厦	连江教谕
刘 会	逢甲	望海	惠安邑北		刘 鉴	子静		建阳	
刘 溁	伯俊		福安苏洋		刘 瑨	仲美		光泽十都	洪武征辟
刘 敬	谦之		上杭在城里		刘 俊	君佐		河北深州	光泽知县、监察御史
刘 俊	用章		古田	岁贡	刘 恺	伯和		江苏徐州	分巡漳南道
刘 恺	正中		漳浦霞美	刑部主事	刘 琳	世奇		莆田	浦江训导
刘 霖	润苍		漳浦霞美	河南副使	刘 柳	才泽		安溪	
刘 龙	纳言		上杭溪南里		刘 隆	克昌		泰宁东隅	上犹训导、彭山训导
刘 隆 (1377—?)	守庸	伯盛	武平双坑湖	监察御史	刘 銮	宗和		建阳永忠	
刘 闵	子贤		莆田		刘 锜	宗器		福安苏洋	以子安,封奉政大夫、南雄县丞
刘 谦	廷豫		长汀	北左都督府经历	刘 椿	才成	浩斋	安溪	
刘 锐	伯刚		宁洋	户部员外郎	刘 晟	克明		广西马平	顺昌知县

刘 仕	信之		福安苏洋	潮阳主簿	刘 璹	德成		湖南安仁	福安知县
刘 泗	伯淮		福安		刘 驷	宗道		龙溪	
刘 嵩	子中		晋江		刘 昙	汝霖		江西浮梁	福安训导
刘 梃	允章	镇峰	上杭来苏里	常州府通判	刘 童	良能		建阳崇泰	
刘 望	敬赡		福安	大庚县丞	刘 武	士宪		莆田	广东佥事
刘 祥	瑞初	雪溪	长乐	医学训科	刘 信	明节		四川南溪	福建巡按
刘 雄 (?—1448)	逸圃		同安积善		刘 宣	若金		莆田	正德八年举人
刘 勋	绍功		莆田金桥	右副都御使， 巡抚宁夏	刘 雅	彦宗		建阳崇泰	
刘 寅	仁正		建阳三桂		刘 缨	与清		江西新淦	福建巡按
刘 元	仁甫		四川仁寿	邵武知府、贵 州布政使	刘 赞	仲襄		上杭在城里	建德教谕
刘 湛	德厚		福安苏洋	天顺年间岁贡	刘 璋	君玉		莆田	扶沟知县
刘 璋 (1429—1511)	廷信		南平	工部尚书	刘 镇	雅居		福清上迳	
刘 拯	以仁		永福		刘 忠	行恕		浦城	
刘 忠	良弼		江苏镇江	兴化府同知	刘 佐	良弼		浦城	河南按察司经历
刘 佐	凤南		上杭丰朗	南京贵州道御史	刘伯桓	元伯		崇安	精岐黄
刘伯善	主善		莆田	广信教谕	刘朝兴	元望		莆田	崖州知州
刘朝阳	羽凤		建阳县坊		刘承绪	素宇		上杭	泉州府教授
刘承祚	守卿		上杭	石门知县	刘崇正	中楷		江苏仪真	建阳教谕
刘纯仁	元之		江苏武进	泉州府推官	刘存德 (1508—1578)	至仁	沂东	同安后浦	广东巡海道副使

刘大鸿	时逵	渐堂	安溪		刘大化	德齐		寿宁十二都	监生
刘大化	子鱼		仙游	番禺教谕	刘大清	思献		莆田	两淮运副
刘大咸	时雍		安溪		刘大易	龙田		建阳书坊	
刘德显	德京		福安	安远典史	刘定达	日上		上杭	黄梅县丞
刘福修	洪九		闽清园头		刘光鼎	尔鋐		晋江	
刘国周	廷濂		福安苏洋	例仕	刘行义	达可	依仁	同安刘澳	漳浦籍,广东左布政使,陕西左布政使
刘鹤龄	闻野		上杭	岁贡	刘宏宝	公可		晋江	
刘惠乔	应迁		镇海卫	四川参政	刘继祖	志述		建阳三桂	
刘进修	用勤		广东南海	仙游知县	刘景济	汝川		宁德五都	
刘俊材		可三	闽清	县学增生	刘孔敬	若临		建阳崇化	
刘孔宗	千海		晋江		刘乐扬	绍声		莆田	成化七年举人
刘霖任	受之	澹明	同安		刘鳞长(1598—1661)	孟龙	乾所	晋江	隆武朝兵部尚书
刘履惇		步礽	漳浦杜浔		刘率庸	双石		湖南茶陵	平和训导
刘梦潮	国壮	海若	同安东桥	广西副使	刘梦松	国夏	璘苍	同安东桥	江西按察副使
刘梦驸(1553—1603)	国成	应南	同安东桥	诸生	刘其忠(1582—1632)	长琯	玄如	长泰彰信里	湖广道监察御史
刘启濂		懿莽	永福	诸生	刘如奎	星文		罗源	岁贡
刘汝骞	以行		福安	陵水典史	刘汝懋	文郁		沙县仁和坊	
刘汝楠(1503—1560)	孟木	南郭	同安	湖广提学	刘汝平	衡仲		宁德五都	
刘若金	云密		江西安福	古田知县、刑部尚书	刘三戒	勉庵		上杭	浦城教谕

姓名	字	号	籍贯	备注	姓名	字	号	籍贯	备注
刘善懋	公浣		漳浦		刘尚忠	元推		福安苏洋	万历年间例仕
刘绍丙	克晦		上杭丰郎	广信府通判	刘士奇	仕元		福安苏洋	太平县丞
刘世淳	守朴		寿宁十二都	宁海县丞	刘世宽	汝敬		清流	浙江市舶提举、高州府同知
刘世旒	瓒卿		晋江		刘世扬	实甫		闽县	河南提学副使
刘世忠	诚之		建宁客坊		刘天熙	汝晦		建阳麻沙	
刘天植	可立		晋江		刘廷标	霞起	玉存	上杭在城里	籍贯一作宁化。永昌通判
刘廷举	国宾		福安苏洋		刘廷焜	子曦		晋江	
刘廷览	国概		福安苏洋	万历岁贡	刘廷铣	国金		福安苏洋	万历例仕
刘廷宪	秋岳		同安金门所	桐乡知县	刘廷烨	国润		福安苏洋	乐会教谕
刘廷舆	国倚		福安苏洋		刘廷灼	国光	朱崟	福安苏洋	
刘庭蕙（1547—1617）	云嵩		漳浦杜浔	参议	刘庭芥		肖华	漳浦杜浔	绍兴知府
刘庭兰（?—约1584）	国征	纫华	漳浦	万历八年进士	刘惟广	百泉		闽清玉阪	上海县广储仓大使
刘维济	楫川		闽清		刘维枢	立甫		建宁	
刘文炼	良治		永福	南靖教谕	刘文旸	征仲		莆田	
刘秀实	乘时	文敬	上杭官田		刘养纯	灿文		莆田	太平通判
刘尧章	陶九		莆田		刘一桧	士奇	沧湖	长泰	
刘一企		抱一山人	长乐	诸生	刘沂春	泗哲、鲁庵		长乐潭头	
刘以修	懋清		蜀人	闽县知县	刘应麟	汝瑞		福安苏洋	
刘应望（1538—1591）	思俨		永春桃源里		刘应显	汝宿		福安苏洋	海州训导

刘应璋	铭勋		仙游	提刑按察使	刘应轸	汝宿		福安苏洋	江陵训导
刘映斗	叔麟		建阳三桂		刘永昌	伯海		福安苏洋	蓬莱驿丞
刘永松	筠川		闽县	终县尉	刘永祥	伯清		福安苏洋	车厩驿丞
刘友仁	是成		漳浦古雷		刘有执	艺甫		广东信宜	仙游训导
刘玉成		谷溪	江苏太仓	汀州知府、湖广参政	刘元鼎	铉吉		顺昌	县学生
刘元骐	尚石		福安苏洋	万历年间例仕	刘元琪	国赟		福安甘棠	
刘元会	真卿		莆田	古田教谕	刘元普	尚济		福安苏洋	署信丰、龙岩县事
刘元任	尚宏		福安	南京广积库官	刘元士	尚友	海东	福安苏洋	东莞训导
刘元祐	尚功		福安苏洋	江西零都训导	刘日旸	苊卿	葵寅	江西南昌	古田知县
刘则如	至乐		长乐华源	化州同知	刘则舜	善夫		寿宁十都	监生
刘正隆	德甫		莆田	国子博士	刘之谦	无咎		上杭	
刘中耿	有觐		福安苏洋	云南安南卫经历	刘中藻（1605—1649）	荐叔		福安苏阳	南明右金都御史
刘自省	希曾		莆田	长沙府同知	刘宗卿	伯甫		莆田	保昌知县
刘宗一	道贯		安溪		刘宗寅	子肃	萝岩	江西万安	署连城知县
留芳	汝砺		晋江		留潜夫	文明		晋江	
留汝亮	以均		晋江		留志淑	克全	朋山	晋江	江西按察使
柳润	德玉		连江	路州同知	柳熙	哲甫		莆田	成化十六年举人
柳元（1533—?）	仁甫		寿宁坊四图	字一作惟仁。南平训导、兴宁教谕	柳照	光甫		莆田	进贤训导
柳春芳	子培		寿宁坊四图	德安知县	柳汝霖	景传		寿宁坊四图	九江府通判

柳上芝 (1616—1696)	圣生	省斋	寿宁鳌阳	巢县知县	柳钟华	实甫		寿宁 坊四图	阳春县知县
龙国禄	廉孺		广西桂平	海澄知县	龙士通	允升		江西万载	长汀知县
娄 阳	以成		光泽	万安县驿臣	卢 宝	信吾		永定	一作号信吾。 贡生
卢 池	孔琳	小涧	漳浦		卢 春	东峰		永定	
卢 杲	述希		惠安		卢 贯	鲁斋		永定	举人
卢 亨	体嘉		莆田		卢 焕	约斋		广东南海	平和知县
卢 鉴		坦易翁	漳浦		卢 金	拙翁		永定	
卢 经 (1571—1649)	乔权	得一	长泰 善化里	御史	卢 敬	穗溪		广东东莞	大田主簿
卢 澜	回狂			明末渡海依卢 若腾	卢 穆	念浯、 念梧		永定	
卢 钦	士明		建阳县坊		卢 硕	立伯	与轩	长泰	
卢 泗	宗兖		顺昌长寿		卢 添	正夫		仙游	永乐间贡生
卢 埏	邦亮	思叔	漳浦		卢 同	守初		莆田	楚府长史
卢 新	少溪		永定		卢 章	文显		上杭 丰田里	
卢 兆	吉夫		顺昌西峰		卢 整	敬甫		浙江临海	分巡漳南道
卢 智	永睿		仙游	南京水军右卫 经历	卢伯可	选南		漳浦竹屿	教谕
卢承箓	怀麓		永定	庠生	卢大玙	顺之		崇安	延平训导
卢道炳	懋几	象溪	同安贤聚	卢若腾父	卢甫立		心印	顺昌	太学生
卢涵粹	象玉		永定	庠生	卢化鳌	尔腾	云际	漳浦杜浔	
卢嘉会	两溪		永定	字一作雨溪	卢九龄	思崖		永定	

卢俊心	寅殿		永定	廪生	卢克仁	珍爵	肖山	长泰
卢梦鳌	继湖		永定		卢梦龙	思湖		永定
卢岐嶷	希稷	璧山	长泰人和	贵州按察使	卢奇选	众优		永定
卢乾亨	柱公		永定	庄浪知县	卢日就	斗孺		永定	斗孺一作号
卢日起	元功		顺昌	郡廪生	卢若腾 (1598—1664)	闲之、 海运	牧洲、 留庵	同安浯洲	隆武浙东巡抚
卢三聘	衡夫		莆田	万历十九年举 人,石城教谕	卢士行	用之		莆田
卢士吉	还初		永定		卢士迥	卓夷		永定
卢士举	宾麓		永定		卢士遴	荣我		永定
卢士望	瞻吾		永定		卢士志	宏斋		永定
卢世宁	康衢		永定		卢世勋		冲虚	顺昌
卢舜日	熙民		顺昌在城		卢天祐	以顺	龙泉	同安贤聚	永丰知县
卢廷桂	元芳		顺昌		卢廷选 (1569—1619)	铉卿	贞常	莆田	湖广参政
卢维祯 (1543—1610)	司典	瑞峰、 水竹 居士	漳浦 后沟巷		卢希圣	裕楷		永定 大路下	邑庠生
卢逊华		养斋	平和	漳浦知县	卢一诚	诚之		福清港头	潮州知府
卢一椿	星楼		永定	增生	卢一桂	必登	云逵	同安贤聚	卢若腾祖父
卢一松		念潭	永定	吉王府教授	卢应卿	少龙		永定
卢应瑜	叔忠		顺昌		卢毓英	能侯		同安浯洲	金门游击
卢允衡	微平		永定		卢中人	怀锦		永定	增生
卢仲佃 (1521—1587)	汝田	怀莘	浙江东阳	晋江知县	卢仲生	怡兰		仙游

卢自可	履寰		永定		鲁 史	雅存		浙江余姚	邵武知府
陆 偶	君美		浙江鄞县	福建巡按	陆 谔	孔直		罗源	岁贡
陆 宏	汝充	中坡	江苏长洲	平和知县	陆 钶	容之		浙江鄞县	福建布政使
陆 勉	懋昭		浙江江阴	邵武府同知、南京刑部员外郎	陆 嵩	如嵩		浙江归安	罗源知县、南平知县
陆 晙	文明		罗源西隅	归善知县	陆 完	全卿		江苏长洲	福建巡按
陆 引	维远		罗源西隅	字一作惟远，象山知县	陆 昭	孔明		仙游	户部主事
陆观德		绍泉	浙江秀水	尤溪知县	陆南至	阳复		浙江仁和	泉州通判
陆一凤	子韶		江苏常熟	泉州府同知	陆应豸	子宪		莆田	嘉靖三十七年举人
陆幼廉		蒙川	漳浦		陆元祯	季宁		镇海卫	金华知府
路振飞	见白		河北曲周	唐王时，为吏部尚书。明亡后寓居厦门	罗 炳	涵初		清流	邵武训导
罗 恩	伯勤		古田	岁贡，龙川知县	罗 干	定本		江西永丰	平和知县
罗 苠	耿原		上杭	岁贡	罗 经	履常		上杭在城里	浙江按察司佥事
罗 举	舜臣		宁化	桂东知县	罗 伦	彝正	一峰	江西永丰	福建市舶司副提举
罗 明 (1429—1489)	文昭		南平	都察院右副都御史、甘肃巡抚	罗 锜	国器		福安廉村	青田教谕
罗 铨	次公		上杭在城里	宁海知县	罗 荣 (1465—?)	志仁	虆山	古田罗家墩	广东布政使
罗 锐	宗道		泰宁		罗 泰	宗让		闽县	
罗 雅	正伯		沙县	山东参政	罗 绎	从思		闽县	新河教谕
罗 懿	仲美		上杭在城里		罗邦贤	荐卿		古田	例监
罗景纶	廷言		光泽十都		罗名士		春谷	河南光州	晋江知县

罗明祖	宣明		永安	华亭、繁昌、襄阳知县	罗钦立	徽弦		宁化	徽弦一作号，漳州教授
罗如奎	奎之		沙县		罗汝灿		讷斋	浙江归善	晋江县丞
罗汝芳		近溪	江西南城	寓居泰宁。左副都御史	罗尚宾	晋卿		长汀	工部虞衡司主事
罗师皋	桂亭		连城		罗士智	其愚		莆田	南宁推官
罗天长		紫曦	永安		罗万藻	文止		江西临川	上杭知县
罗文藻	汝鼎	我存	福安罗家巷		罗一凤	德召		宁化	浦城教谕，署茂名、电白知县
罗一龙	德中		宁化	潮州教授	罗永良		桂崖	连城	署连州学正
罗云麟	世瑞		南平	湘乡训导	罗仲联	槐庭		宁化	凤阳县佐，王府教授
骆日升 (1573—1623)	启新	台晋	惠安张坂	四川按察副使	骆天闲	履康		南平	
吕川	以济		同安西仓	太平知县	吕旻	仁甫		龙溪	
吕昭	克明		江苏昆山	浦城县丞	吕桢	文明		建阳三桂	
吕诚源	以渐	东浯	同安金门	诸生	吕从文		岐阳	泰宁	常山训导，署理龙游知县
吕大楠		乔轩	同安林兜	洛容知县	吕大器	先自	东川	四川遂宁	唐王召为兵部尚书
吕景鸣	鸣鹤		龙溪		吕图南	尔拊	天池	南安朴乡	南京户部侍郎。徙居晋江
吕文纬	道充	垒石	同安浯州	简州知州	吕希武	丕承		建阳均亭	
马骢	良夫		怀安	一作马聪	马岱	伯瞻		江苏江都	泉州知府
马铎 (1368—1423)	彦声	梅岩	长乐岭前	一作字梅岩。翰林院修撰	马任	德全		宁德一都	
马森 (1506—1580)	孔养		怀安	户部尚书	马升	廷进		广东河源	沙县、建宁知县，延平府同知
马嶽	季声		怀安	兴国州判官	马驯	德良		长汀	都察院右副都御史，巡抚湖广

姓名	字	号	籍贯	职官	姓名	字	号	籍贯	职官
马茨	用昭		怀安	南京都督府都事	马呈瑞	于河		莆田	句容教谕
马呈秀	君实		江苏江都	分巡漳南道	马承宾	宗周		宁德	
马景约	自牧		闽县		马明衡	子莘		莆田	监察御史
马时中	希德		广东潮阳	福安知县	马思聪	懋闻		莆田	南京户部主事
马思理	达生、还初		长乐罗山	礼部侍郎,尚书	马性鲁	进之		江苏溧阳	顺昌知县、寻甸知府
马应兆	邦直、邦行	见鲁	宁德	河南新安知县	马宗诚	克敬		古田	济南训导
毛纲	孔坚		连江	贡生	毛健	子刚		山东历城	邵武府同知,权延平府事
毛秉铎	道鸣		福清高山	四川按察司副使	毛伯温	汝厉		江西吉水	福建巡按
毛孔墀	茂对		福清沙埔	户部主事	毛协恭	亶鞠		江苏武进	宁德知县、侯官知县
茅昌	常光		仙游	河源教谕	茅和	伯经		浙江上虞	古田知县
茅孔	师鲁	雪松居士	仙游		茅襄	宏赞	梅洞道人	仙游	
茅序	邦贤		仙游	筠连知县	茅阳	常清	勉斋	仙游	河源教谕
茅雍	邦尊		仙游	县学生员	茅镛	廷韶	南窗	仙游	
茅云鹏	万荣		仙游	学正	梅茂	天注		连江	嘉兴同知
梅文	简夫		光泽	嘉鱼教谕	梅文綵	德英		连江	都昌训导
孟珏	廷振		闽县	户部主事	孟英	邦彦		将乐	
米荣	仁夫		邵武	湖广按察司金事、右参议	米嘉穗	秀实		邵武	郓城知县、南京兵马司正指挥
闵时	圣之		汀州		缪催	承诏		福安	
缪琔	宗贵		福安		缪亮	应奎		福安穆洋	韶州训导

姓名	字	号	籍贯	官职	姓名	字	号	籍贯	官职
缪冕	希周		山东汾水	福安训导	缪洋	汝学		福安穆洋	
缪坡	汝望		福安穆洋	阳朔知县	缪衍	伯蕃		福安穆洋	
缪原	景道		连江东岱	知县	缪载	汝承		福安十八都	龙川训导、从化教谕
缪泽	德润		福安十八都	海阳县丞	缪邦赫	良晦	孝白	福安	库官
缪邦珏	良玉		福安	万历年间例贡	缪大奖	君绩		福安穆洋	
缪国武	克中		寿宁一都	湖广杭州卫经历	缪时与	仕宜		福安穆洋	字一作士宜。广宁训导
缪思恭	景泰		福安穆洋	临高训导	缪文盛	于周		寿宁一都	监生
缪一鹗	荐叔		福安穆洋	靖安教谕	缪一凤	朝雍		福安	石城知县、宁都知县
缪一葵	惟向		福安穆洋		缪一陵	惟乔		福安穆洋	
缪一阳	朝永		福安穆洋	万历年间例仕	莫保	原济		浦城	
莫震	廷威		江苏吴江	建宁通判、延平同知	莫若思	我箴	霓川	上杭在城里	嘉定州同，署本州事
莫天赋	子翼		广东海康	莆田知县	南居益（? —1643）	思受	二泰	陕西渭南	福建巡抚
倪斌	廷辅		罗源临济	於潜训导	倪春	伯龄		永福	洪武间贡生
倪溉	禹仁		罗源	临川教谕	倪汉	禹决		罗源	岁贡
倪环	崇璧		将乐		倪缉	维熙		长乐湖里	湖广按察司副使
倪鉎	继练		罗源	新宁教谕	倪济	时用		永福	封州教谕
倪鉴	继明		罗源	岁贡	倪峻	维岳		江苏无锡	字一作惟岳。沙县知县
倪澧	禹绩		罗源临济里	监生,增例	倪录	继文		罗源	岷阳府教授
倪晓	克通		寿宁十二都	赣州训导	倪元	志仁		罗源东隅	陈州训导

倪钺	廷威		江苏华亭	顺昌知县	倪组	维才		长乐后塘	湖广按察司副使
倪楚玉	瑞卿		福清	溧阳知县	倪大器	汝琏	崧山	海澄	歙县知县
倪光远	萃甫		南安		倪建资	叔善		罗源东隅	举人
倪俊明	伟士		漳浦赤岭	兵部员外郎	倪云鹏		抟南	漳浦赤岭	
倪宗文	中锦		莆田	万历三十四年举人	粘席珍	子待		晋江	
粘钟岩	子瞻		晋江		粘灿 (1472—1545)	懋昭	涤楼	泉州	南京监察御史
粘本盛	道恒	质公	晋江		聂豹	文蔚		江西永丰	福建巡按
聂尚恒	久吾		江西新淦	宁化知县	聂希栳	爱溪		建宁	
宁坚	永贞		邵武	凤阳同知	宁烈	思畏		南平	兴业知县
宁永宣	达夫		建宁		牛大纬		文野	广东琼山	连城知县
欧洪	文广		罗源拜井里	新兴知县	欧华	从涵		莆田	万历三十四年举人
欧辉	贞明		长泰		欧亮	世正		莆田	鱼台教谕
欧溥	思溥		莆田	海宁训导	欧琪	企甫		侯官	字一作全甫，诸生
欧泰	子道		莆田	番禺知县	欧信	孚先		河北蓟州	
欧炫	伯昭		罗源拜井里	龙泉训导	欧思诚	纯甫		连江	大理寺副
欧思贤	希甫		连江	兵部员外	欧天然	子性		莆田	嘉靖十六年举人
欧廷试	子荐		福宁积石	冀州知州	欧阳承东	懋寅		南安	
欧阳初	遂初		广东潮阳	泉州教授	欧阳铎	崇道		江西泰和	延平知府、福州知府
欧阳复	子阳		广西融县	福安主簿	欧阳模	宏甫	八山	南安东田	

欧阳深 (1500—1562)		东田	南安东田	泉州卫都指挥 司指挥使	欧阳枢	新田		南安东田	铜山把总
欧阳勋	懋中		广东顺德	光泽主簿	欧志学	须静		莆田	潮阳知县
区 玉	廷璋		广东番禺	建阳知县	区联芳		长泽	广东新会	泉州府推官
潘 保	志胜		建阳县坊		潘 赐	文锡	容庵	浦城	鸿胪寺少卿
潘 福	天锡		浙江於潜	政和训导	潘 府	孔修	南山	浙江上虞	长乐知县、太 常卿
潘 桂	季选		长乐三溪	刑部主事	潘 济	汝州		将乐	
潘 景	慎熙	缉寰	安溪留山		潘 龙	云从		广东南海	尤溪知县
潘 琴	舜弦		浙江景宁	兴化知府	潘 荣 (1419—1496)	尊用		龙溪潘田	进士
潘 伟	时俊		莆田	高州教授	潘 垣	文壁		罗源西隅	岁贡
潘 援	匡善	东厓	浙江景宁	长乐教谕、泉 州教授	潘 藻	士雅		晋江	
潘 正	彦方		长乐沙京	行人司行人	潘 洙	士鼎	鹏江	晋江	广东左布政使
潘东旸	达晓		安溪 感德里		潘桂芳	佳植		龙溪	
潘鸣时	徵平		海澄		潘善应	伯仁		长乐三溪	本名旻,礼部 员外郎
潘维城	光宗		晋江		潘阳春	伯乾		浙江余姚	分巡漳南道
潘应龙 (? —1627)	元辰		莆田	广东右江道	潘仲徽	克典		长乐三溪	进士
庞尚鹏	少南		广东南海	福建巡抚	庞一夔		韶台	广东南海	归化知县、养 利知州
裴 琛	郎生		清流		裴 镒	厚卿		清流	
裴汝甲	符剖		清流		裴汝宰	可燮		清流	常州府通判
裴士仪	用羽		清流	郡廪生	裴养清	圣之		清流	更名赖案。监 察御史

裴应祥		质斋	广东保昌	泉州训导	裴应章 (1536—1609)	元暗	淡泉	清流城关	吏部尚书
彭 鏦	朝用		莆田	永宁知州	彭 棣	士韓	半村	宁德筱场	
彭 甫	原岳、 元岳		莆田	广西提学金事	彭 贡	月芳		永福	刑部主事
彭 骥	德华		宁德		彭 景	叔大		莆田	湖广参议
彭 琚	伯玉		罗源 招贤里	滁州吏目	彭 浚	深甫		莆田	成化十九年举 人
彭 浚	宗源		宁德一都		彭 昆	叔裕		莆田	弘治八年举人
彭 宁	志道		宁德一都		彭 麒	文端、 廷瑞		南安	
彭 球	国华		莆田	长乐知县	彭 善	复初		建阳三桂	
彭 韶 (1430—1495)	凤仪	从吾	莆田涵口	刑部尚书	彭 申	元纯		莆田	平乐通判
彭 琬	彦美		宁德六都		彭 僖	乐善		崇安 周村里	崇德县丞
彭 寅	淑恭		宁德		彭 智	国贤		宁德 二十都	
彭 中	孟庸		宁德一都		彭 州	国九		宁德	
彭成昭	光元		莆田	德化知县	彭大治	宜定		莆田	长芦运使
彭道立		参宇	宁德		彭道南	明卿		宁德	
彭德新	彦实		罗源 招贤里	沅州州判	彭癸甲	述门		崇安四隅	秀水县丞、滁 州通判、通道 知县
彭梦蛟	子胜		崇安 四隅里		彭如石	伯珍		宁德	
彭汝亨	伯贞		莆田	掖县知县	彭汝楠	伯栋	让木	莆田	兵部左侍郎
彭时奋	汝和		宁德		彭时行	汝益		宁德	
彭士望	躬庵		江西南昌	设教于宁化	彭士卓		石坡	广东番禺	同安知县

彭守成	兆美		宁德		彭天祐	孔吉		宁德筱场	
彭维藩	汝仁		崇安四隅里	榆社知县、泗州知府	彭文质	在彬		莆田	广西参政
彭希贤	及夫		莆田	兵部武选司郎中	彭希颜	仁夫		莆田	昌化知县
彭宪范	正休		莆田	贵州副使	彭一浚	继沱		仙游	天启间贡生
彭应麟	允祯		江苏华亭	邵武知府	彭应时	化中		江西庐陵	分巡漳南道
彭宗显	用晦		宁德一都		蒲宣	敏良		莆田	唐县教谕
濮智	周明		江苏武进	政和教谕	戚雄	世英		浙江金华	建阳知县
戚继光(1528—1587)	元敬	南塘、孟诸	山东东牟	率兵平定福建多地倭患	齐巽	又五、望子		侯官	
齐德成	仲孚		闽县		祁顺	致和		广东东莞	福建布政使
祁彪佳	幼文		浙江山阴	兴化府推官	祁熊佳	文载		浙江绍兴	南平知县
钱辂	廷用		安徽全椒	永宁卫指挥同知、福建都指挥佥事	钱梗	世材	立斋	山西山阴	晋江知县
钱贞		柏峰	浙江嘉善	尤溪知县	钱周	济世			泉州府知事
钱继登	龙门		浙江嘉善	随父任泰宁知县,兵备道	钱应增		思桥	晋江	
钱之选	舜臣		江苏常熟	晋江知县	秦椿	国植		晋江	
秦恩	子推	叶山	古田	选贡,学正	秦淦	懋清		浙江慈溪	闽县知县
秦镜	光西		江苏华亭	将乐训导	秦显	思文		古田	九江推官
秦相	子辅		古田	选贡,教授	秦良弼	景明		晋江	
秦廷帷	玉吾		晋江		秦钟震	伯起	耻罍	晋江	知府
丘昂	改谦、致谦		龙岩	顺天通判	丘保	汝才		罗源	仙居知县

丘 备	纯涵		上杭	宁德教谕、南平训导	丘 聪	敏学	亲溪	上杭大地	翁源训导
丘 弘	宽叔	兰斋	上杭在城里	户科给事中、户科都给事中	丘 金	世重		上杭来苏里	
丘 锴	龙衢		上杭	嘉兴府通判	丘 峦	行锐		武平	
丘 纶	慎斋		上杭在城		丘 锵	龙吾		上杭	岁贡
丘 锡	永锡		崇安四隅里	建昌教授	丘 铉	龙溪		上杭	建宁训导
丘 岩	公望		上杭太平里	归善训导	丘 庸	时中		永福	麻城教谕
丘 隅	止庵		上杭		丘 政	汝正		永福	沛县训导
丘大成	志竟		江西雩都	连城知县	丘大儒	涵春		上杭	
丘道充	贯之	南溪	上杭		丘道隆	懋之	练塘	上杭胜运里	南雄知府
丘道明	诚之	新溪	上杭	杭州府同知、滦州知州	丘敦复	振寰		上杭	景宁知县
丘敦履	坦逵		上杭	岁贡	丘光祚	奎陆		上杭	建宁教谕
丘济道	君受	楫寰	将乐		丘嘉彩	白夫		泰宁	举人
丘嘉周	小塘		上杭		丘可诏	仰塘		上杭	诸暨主簿
丘陵宗	嵩高		上杭在城里	浙江布政司经历	丘梦彩	熊生		上杭来苏里	诸生
丘梦琦	两韩		上杭		丘鹏如	而上		上杭胜运里	
丘三杰	毅斋		上杭	高州教授	丘尚志	希尹		上杭来苏里	举人
丘世乔	民望		广东海阳	沙县知县	丘四可	无可		崇安四隅里	
丘万钦	宝臣		崇安石臼	武举人	丘问礼	敬宇		上杭	岁贡
丘宪章	从周		南平		丘衍箕	克九		上杭	

丘应景	三阳		永定	太学生	丘有济	彦先		上杭 来苏里	
丘云霄	止山		崇安 石雄里	国子监典籍、 柳城知县	丘赞廷	梅塘		上杭	
丘振常	完衷		上杭	岁贡	丘之麟	瑞元		上杭黄坑	
丘佐时	良辅		上杭湖阳		邱暖		省庵	晋江	
邱材	汝成		永福	颍上教谕	邱诚	从信		将乐	
邱诚	景宗		建阳雒田		邱崇	士谦		浦城	
邱登	时庸	东园	漳浦杜浔		邱钿	汝舟		连江 建兴里	赣县县丞
邱福	景畴		建阳雒田		邱福	天祐		邵武	汤溪知县
邱鐩	廷任		龙岩	瑞州同知	邱进	邦用		仙游	宁国知县
邱琚	子器		连江	清远训导	邱隽	慎夫		宁化 泉下里	泉州守备
邱珏	廷美		邵武	精医术	邱爵	居仁		建阳三桂	
邱峻		式尧	漳浦杜浔		邱魁	文元		浦城	
邱谅	以贞		莆田	黟县知县	邱冕	廷璋		浦城	
邱谦	以逊		莆田	弘治二年举人	邱琴	子守		仙游	万年县丞
邱嵘	天立	登高、 敬所	龙岩		邱山 (1431—1489)	安重	拙庵	莆田横塘	云南副使
邱山	子重		连江小埕	崇德训导	邱嵩	维高		将乐	
邱泰	守严		莆田	上思知州	邱熙	台辅		永定	廪生
邱显	以宏		光泽在城	萍乡训导	邱兴		素庵	龙岩	
邱驯	希圣		泰宁水南		邱耀		卓峰	海澄三都	

邱 义	明大		宁化邱坊		邱 义	汝节		连江	巴陵河伯官
邱 庸	时中		永福		邱 隅	止于		莆田	归善知县
邱 瑀	宗玙		莆田	武阳教谕	邱 愈	守韩		莆田	武定同知
邱 浙		厚山	江西南城	泉州知府	邱 珍	若宝		莆田	平海卫千户
邱 祯	德亨		晋江		邱 振	腾霄		江西南城	尤溪教谕
邱 政	汝正		永福	沛县训导	邱 重	德厚		晋江	
邱秉文	鸣周		莆田	光禄寺丞	邱秉忠		星台	泰宁	宁化训导、龙川教谕
邱臣武	五就		连江小埕	武举人	邱复恒	一轩		永定	
邱行义	养和		连江	确山知县	邱行远	养晦		连江	松江教授
邱际可	世镇	亨九	连江崇云铺		邱九奎	子聚		邵武	
邱孔元	元美		莆田	崇祯九年举人	邱良箴	孔训		晋江	
邱茂楷	君植		莆田	嘉靖十三年举人	邱茂模	君鼎		莆田	淳安知县
邱茂中	子时		莆田	河南右布政使	邱懋观	道澜		连江建兴里	举人
邱懋浚	继峰		连江	莆田训导	邱懋炜	以鄂	肯怡	漳浦杜浔	广东兵备副使
邱懋灼	以华	华区	漳浦杜浔		邱梦斗	开平		莆田	崇祯十二年举人
邱民范	汝中		江西贵溪	邵武知府	邱民贵	增城		浙江嘉兴	长汀知县
邱其仁	主静		莆田	潮州知府	邱启雍	然卿		南安	
邱荣矛	君辉		连江小墺		邱汝亨	敷义		莆田	成化十九年举人
邱汝恒	芳甫	怡吾	漳浦		邱汝植	直甫	晴梁	漳浦杜浔	

邱士陶	元士		莆田	崇祯六年举人	邱世乔	民望		山东海阳	光泽知县、沙县知县
邱寿民		潜轩	晋江		邱天祐	恒吉		莆田	监察御史
邱添德	孔辅		莆田		邱文政	宗达		连江	举人
邱希彭	商卿		邵武	精医术	邱宪章	从周		南平	
邱宪周	明华		莆田	万历十三年举人	邱养浩	以义	集斋	晋江	
邱尧熙	士函		晋江		邱应达	可行		宁化泉下	
邱应和	仲甫		晋江祥芝		邱应景	三杨		永定	
邱应选	文清		泰宁水南		邱有梅	汝魁		光泽	岁贡
邱有岩	孔观	兖泉	晋江祥芝		邱与闵	闿如		永定	泰安州同知
邱与若	嘉生		永定	罗定州知州	邱与宪	耻谷		永定	
邱蚤春	宪章		南安		邱之邦	兆官		永定	庠生
邱子瞻	德馨		上杭胜运里		裘鹗	时荐		江西新建	仙游教谕
全泮	如壁		罗源	靖安教谕	全钦	克恭		罗源东隅	南海训导
阙椿	会溪		永定		阙和	以忠		上杭丰田里	举人
阙和衷	泰友		永定	字一作泰交	阙华翰	介衷		永定	
阙毗衷	对枫		永定	庠生	阙尚伦	明轩		永定	
阙士琦	褐公		湖南桃源	南安知县	阙寅衷		圣虔	永定	
阙应桢	明瑞		永定		饶广	仕宏		建阳崇化	
饶世淳	景熙		光泽	诸生	饶世道	宏章		光泽	训导

饶世美	白东		邵武	举人	饶天显	汝畏		光泽	博白知县
饶应斗	仰北		光泽	知县	饶永兴	世昌		建宁水南	
饶允中	完初		光泽	县学生员	饶子通	世亨		光泽在城	怀远知县
任 灿	彦辉		顺昌	南康知县	任 纲	必用		闽县	
茹 銮	世和		江苏无锡	分巡漳南道	阮 北	维拱		侯官	字一作惟拱。籍贯一作怀安
阮 镤	国声	金溪	宁德漳湾		阮 鉴	景昭		仙游	广信教授
阮 琳	廷佩		莆田	恩平知县	阮 铭	克新		罗源拜井里	如皋主簿
阮 韶	德善		宁德五都		阮 嗣	继之		连江	河南参议，交趾布政
阮 瑶	应聘		宁德		阮 韬	文英		仙游	瑞州推官
阮 哲	原明		仙游	卢溪知县	阮伯宗	一峰		同安嘉禾	
阮复与	思廉		罗源西隅	市舶提举	阮进卿	以礼		宁德	
阮旻锡 (1627—1715)	畴生	鹭岛道人、轮山梦庵	同安嘉禾		阮时懋	勉夫	铁阮	侯官	庆远府通判
阮廷贤	邦秀		连江	广州教授	阮万钦	翼之		莆田	陵水知县
阮文玺	克信		罗源西隅	惠来训导	阮文垌	克谐		罗源西隅	武清教谕
阮长春	延龄		罗源	羽林卫经历	阮志雍	文璧		连江	庐江教谕
阮宗普	德周		宁德十都		萨 烺	用让		闽县	
萨 琦	廷圭		闽县	其先西域人，后著籍闽县	僧如是	闻芳		宁化泉上	
单 辅	序弼	岩泉	德化浔中		商家梅	孟和		闽县	诸生

商为正	尚德		浙江会稽	福建巡按	商文昭		任宇	漳浦 大南坂	
上官缙	缙绅		光泽在城	汤溪县丞	上官廉	仕征		光泽九都	苍梧知县
上官铭	友容		光泽	醴陵教谕	上官任	天民		光泽	太平知县
上官世安	时震	侣阳	光泽	县学生员	上官希稷	师中		光泽	嘉兴府通判
上官希文	师德		光泽	罗源训导	上官喜	金雨		光泽	
上官一清	介卿		邵武	浦城训导	上官仪	必达		沙县	沧州知府
上官祐	用孚		邵武	新城教谕、弋 阳知县	上官忠	廷臣		光泽	永春训导
上官倬	子立		光泽 廿四都	台州府通判	邵幽	宗周		浙江东阳	建阳知县
邵畔	宗让		罗源 招贤里	龙泉知县	邵铜	振声		闽县	温州知府
邵桢	桂祥		建阳崇政		邵捷春	肇复		侯官	浙江按察使
邵京实	仲坚		闽县		邵经邦	仲德		浙江仁和	谪戍镇海卫
邵梦弼	仲良		浙江余姚	分巡漳南道	邵天启	国士		罗源	武弁
邵文恩	仁甫		闽县	尚书卿	邵应魁	伟长	榕斋	金门所	广东惠潮参将
邵有道	东汇		江西都昌	汀州知府	佘翔	宗汉		莆田	
佘飏	赟之	耐庵	莆田	上虞知县	佘义		贤孝	晋江永宁	
佘梦鲤	有征		福清海口	湖广按察使	佘士芳	宗毓		莆田	万历三十一年 举人
申泰	伯广		安徽无为	延平知府	沈安	靖之		安溪 依仁里	
沈鈇 (1550—1634)	继扬	介庵	诏安三都	九江知府	沈亨	体敬		晋江	训导
沈健	若乾		莆田	正德六年进士	沈立	卓立		浙江临海	闽县知县

沈 良	贞夫		莆田	兖州通判	沈 穆	彦和		上杭溪南里	
沈 鉴	大新		浙江秀水	兴化府推官，兴化、延平知府	沈 荣	元节		浙江平湖	延平知府、湖广参政
沈 铨	廷选		长汀	九江府教授	沈 珣	幼玉		江苏吴江	分巡漳南道
沈 愚	子明		江苏吴江	福安知县	沈 源	澄之		海澄	
沈 源	文渊		江苏湖州	闽清知县	沈 政	以政		闽县	顺天府知县
沈宸荃	友荪	彤庵	浙江慈溪	鲁王监国，擢至东阁大学士	沈大易	希周		晋江	
沈得卫	辅之		连城	连城训导	沈鼎科	铉臣		江苏江阴	建阳知县
沈光文	文开	斯庵	浙江鄞县	清初寓金门，后至台湾	沈徽炌	叔永		浙江归安	福建布政使
沈敬通	希肤		浙江四明	古田县丞	沈俊文	延广		永定堂堡	
沈孟化	叔顺	观瀛	永定	号一作淑顺，广西副使	沈孟似	昆阳		永定	
沈孟作	心宇		永定		沈梦伸	直庵		永定	廪生
沈梦熊	仲武		莆田	乐清知县	沈明经	用卿		长汀	崇仁知县
沈起津（1601—?）	承筏	生鹤	诏安三都		沈佺期（1608—1682）	云又	复斋、鹤斋	南安雄山	字一作云祐
沈汝梁		衡岩	漳浦官浔		沈士衡	若玉		长汀	举人
沈士鉴	若水	未空	长汀	举人	沈同尚		南峰	漳浦	
沈维龙	振卿	宗西	南安		沈维垣	绍科		莆田	东平知州
沈一灏	两明		永定	庠生	沈一焜	惢逸		永定	
沈一旭	步仓		永定	增生	沈一熠	友恭		永定	庠生
沈一垣	慧香		永定堂堡	乡宾	沈应奎	伯和	湛源	江苏武进	汀州知府

沈油然	霁旸		漳浦官浔		沈有容 (1557—1627)	士弘	宁海	安徽宣城	浯屿水寨把总、福建都司
沈玉璋	九山		永定		沈元轼	瞻宇		永定	
沈元辙	幼苏		永定		沈元轸	励廷		永定	生员
沈兆甲		嗣旸	漳浦官浔		沈之启	道子		永定堂堡	
沈志文		凤池	浙江海宁	古田知县	沈钟宿	完明		江苏吴江	汀州知府
沈仲继	成之		连城	吉安府知府、广南知府	慎蒙	子正	山泉	浙江归安	漳浦知县
盛祥	凤卿		邵武		盛禹	时望		江苏无锡	邵武知府,副都御史
盛凤仪	景端		广东揭阳	安溪教谕	盛日东	宾卿		福宁州	肇庆同知
施才	君用		福安施家巷	海阳主簿	施恩	承之		建阳童游	
施惠	浦仁		光泽在城	沈阳卫经历	施惠	师侨		龙溪	
施佶	宗正		罗源招贤里	镇远卫经历	施纶	克端		闽县	
施鹏	祖鲲		福清	广东布政使	施仁	近甫		龙溪	
施荣	叔仁		罗源招贤里	按察司经历	施泽	于田		古田	教授,恩贡
施征	克佐		罗源招贤里	岁贡	施邦曜	尔韬		浙江余姚	福建布政使
施观民	于我		福清龙田	广东副使	施千祥	善徵		福清龙田	参政
施琼芳	星阶		晋江永宁		施在行	用卿	见齐	建阳童游	
施长昆	元成		晋江		施兆昂	颙昆		福清龙田	翰林院庶吉士
石璧	仲玉		长乐古槐	琼州知府、参政	石镐		文台	湖南泸溪	选贡,古田县丞
石厚	伯载		武平		石梁	士升	观海	长乐古槐	龙游知县

石 磐	民渐		长乐古槐	临淮知县、职方主事	石 源	毅之		龙岩	字一作毅斋，镇海卫千户
石 正	懋轩		龙岩		石应岳	钟贤	介峰	龙岩	户部尚书
石宗善	本修		宁德廿三都		史 福	德有		晋江	四川按察使
史 惠	仕传		晋江		史 钦	崇恭		莆田	国子监助教
史 庆	迪善		莆田	来安教谕	史 颂	君兴		莆田	嘉靖三十七年举人
史 晚	德馨		永福	登云知县	史 梧	文材		莆田	浙江佥事
史 振	思诚		浦城		史朝宾	应之		晋江	鸿胪寺卿
史朝宜	直之		晋江	湖广右布政使	史宏琏		商崖	晋江	金坛训导
史继佃	世稷		晋江		史继蕃	世植		晋江	
史继伦	世叙		晋江	碣石卫经历	史继偕 (1555—1629)	世程	莲岳	晋江史盾围	太子太保兼文渊阁大学士
史延昀	夫东		晋江		史应岳	子瞻		莆田	铅山知县
史于光	中裕	笋江	晋江	吏科给事中	释明光	上中			本姓王。常居厦门寺庙
释明任	愧斯			本姓杨。初住安溪，后居厦门	释隐元 (1592—1673)	曾昺	子房	福清东林	俗姓林，名隆琦。黄檗山万福寺住持，日本黄檗宗开山鼻祖
释元贤	暗修、永觉	荷山野衲、石鼓老人	建阳崇泰	俗名懋德	释正淳	古心		闽县	
释智海		闲寂和尚	海澄县三都	初法名圆性	舒 芬	国裳		江西进贤	提举泉州市舶司
舒 冕	廷瞻		武平	太学生	舒 汀	绍安		侯官	云南副使
舒 通	廷亨		武平		舒阳和	春台		永福	临川教谕

舒应龙	时见		广西全州	福建布政使	宋 彬	士全		宁德一都	
宋 澄	惟清		莆田	户部主事	宋 福	天锡		宁德一都	
宋 卿	与弼		莆田	长沙知府	宋 泰	时正		莆田	潮州通判
宋 宣	汝文		莆田	正德八年举人	宋 毅	用刚		连江伏沙	苍梧训导
宋 雍	叔和		莆田	迁居顺天府。刑科给事中	宋 雍	宗和		宁德	
宋 源	以清		莆田	澄迈知县	宋 岳	绍申		莆田	成化八年进士
宋 正	韩卿		莆田		宋大昇	皆夫		莆田	襄府长史
宋大梃	永卿		莆田	祁门教谕	宋端仪	孔时		莆田	广东提学金事
宋光黼	章斯		莆田	乐清知县	宋光兰	孚斯		莆田	山东副使
宋光台	柱斯		莆田	万历十年举人	宋洪泰	学平		莆田	荆州同知
宋茂熙	靖之		莆田	广东参议	宋日仁	士表		莆田	嘉靖二十六年进士
宋太勺		仲石	浙江余姚	晋江知县	宋天民	若尹		莆田	户部郎中
宋万略	启雄		莆田	湖州同知	宋万叶	启绍		莆田	云南副使
宋献瑞	廷辑		莆田	万历七年举人	宋效周	肇斯	斯斋	莆田	和平知县
宋修对	相斯		莆田	归化教谕、沈丘知县	宋元翰	良翰	友泉	莆田	潮阳知县
宋子平	衡甫		建宁	泰安州通判、滨州通判	宋子盛		少松	顺昌	
宋祖华	尔几		莆田	天启七年举人	宋祖腾	尔腾		莆田	永州知府
苏 磬	山甫		浦城		苏 畸	孔机		龙岩	永州府同知
苏 光	彦谦		古田	户部主事	苏 桂（1477—1556）	子云	北峰	同安田头	淳安训导

苏　亨		慎斋	龙岩		苏　鏸	仲戡		龙岩	崇府右长史
苏　敬	日跻		海澄八都		苏　浚	君禹	紫溪	晋江	籍贯一作南安。广西参政
苏　民	利见		晋江	长乐知县	苏　璞	在石		莆田	南昌通判
苏　坦	原履		仙游	瑞安知县	苏　洧	世舆	省翁	同安	
苏　元		约斋	龙岩		苏　章	文葺		江西余干	延平知府、浙江参政
苏　者		兰所	龙岩		苏　赈	汝济		浦城	
苏朝阳	廷鸣		南安		苏春芳	昭元		南安二十都	
苏大盛	愫岩		龙岩		苏鼎实	道宏		晋江	
苏庚新	子白		晋江	连山知县	苏国翰		乔岳	同安嘉禾	吉安府同知
苏国瓛	瑜公		晋江	山东道监察御史	苏国玮	灿卿		晋江	
苏九润	尔霖	雨生	南安二十都		苏克善		樗庵	龙岩	
苏廖镕	大器		广东雷州	仙游典史	苏茂杓	宏斋	霞水	晋江	开封府同知
苏茂相（？—1630）	弘家	石水	晋江	刑部尚书	苏懋祺	子迪		晋江	新河知县
苏眉山	志乾	心一	莆田桐秀		苏美绍		岐峰	古田石埭	监生，古田县丞
苏梦灿	于标	依葵	南安二十都		苏梦仪		羽若	晋江	都督同知，提督安庆
苏民俊	吁卿		海澄		苏商霖（1519—1576）	德说	少泉	同安田头	
苏尚瑶	维玉		龙岩		苏世谐	孔赓		晋江	
苏守一	际受		晋江	刑部主事	苏舜臣	哲甫		晋江	六安州知州
苏思义（1544—1629）	文所		同安城南		苏廷龙	虞卿		莆田	荆门知州

苏万祀	应期		晋江	柳州卫参军	苏希栻 (1531—1620)	于钦	阜山	南安杨梅	
苏宪卿	翼戴		龙岩	廪生	苏尧松	云木		南安	
苏寅宾	初仲	日门	同安蔡店	湖广布政司参议	苏元儁	汉英	太初	莆田	
苏兆先	尔开	在蓼	南安洪濑		苏兆元	希亨		福宁积石	东安知县
苏震亨	君仁、 君鼎	新郭	同安田头		苏之琨	圣孚		莆田	福州教授
苏子芳	桂甫		莆田	汉阳通判	苏宗玺	敦信		晋江	瑞州通判
凤道遐	志彰		松溪		凤希达	彦纶		松溪	
孙 端	文奎		连江	南京刑部司务	孙 赋	国用		福安	龙川知县
孙 光	文华		莆田	周府教授	孙 后	叔谦		连江	举人
孙 珏	士节		侯官	常山知县	孙 龙	世瑞		古田	岁贡,知事
孙 钦	彦敬		连江	江西佥事	孙 孺	用华		连江	祖籍安徽凤阳。江西布政司右参议
孙 燨	光甫		连江	信宜训导	孙 兴	世杰		将乐	
孙 衍	世延		江苏华亭	延平知府	孙 奕	文晟		连江	陵水教谕
孙 瑛	斯玉		连江 安德里	吏部郎中、司寇	孙 用 (1520—?)	行可	台山	连江 崇云铺	
孙 瑀	彦瑜		连江	潮阳训导	孙 芝	廷秀		连江东岱	山西参议
孙保济	用宏		连江	山西道御史	孙宾利	义伯	端介	漳浦绥安	
孙昌裔	子长	凤林	侯官	浙江提学副使	孙昌祖		鹤林	侯官	
孙朝让 (1593—1682)	光甫	本芝	江苏苏州	号一作九芝。泉州知府	孙朝宗	天会		浙江嘉善	顺昌知县
孙德万	凝一		连江	同安训导	孙多闻	聪隆		连江	太常典簿

孙光启	子贻		浙江嘉兴	分巡漳南道	孙孔廉	德辨		连江	南丰教谕
孙其贤	起元	拱璧	惠安崇武	漕运	孙汝达	上之	荐山	江西德兴	平和知县
孙汝洁	肖壶		闽清	光禄寺监事	孙文清	师彝		连江	举人，闽县中式
孙文铨	公衡		连江	诸生	孙文锡	公爵		连江小亭	大理寺丞
孙扬宗	德和		晋江	望高巡检	孙养正	圣功		江苏吴江	兴化府推官
孙胤武	伯震	紫峰	惠安张坂		孙肇先	景初		连江	西安府照磨
孙振宗	德声		晋江	举人	孙仲庚	孟义		连江	湖阳典史
覃廷珍	君重		广东高要	福安典史	谭铠	崇德	石川	安徽桐乡	泉州府推官
谭纶	子理		江西宜黄	福建巡抚	谭明	重丽		浙江龙泉	将乐知县
谭启	继之	敬所	山西大宁	晋江知县	谭瑄	孟玉		南安	古田县丞
谭汝赓		湘皋	湖南衡阳	古田知县	谭维鼎	朝铉	瓶台	广东新会	同安知县、广西金事
潭璟	怀光		清流		潭恕	如心		清流	都督
潭忠	荩臣		清流		汤昶	晋卿		宁德十四都	
汤德	慎斋	慎峦	古田	岁贡，乐安训导	汤诰	子绶		古田	岁贡，石城教谕
汤荣	孟显		邵武	台州府经历	汤维	汝纲		古田	岁贡，训导
汤相	少莘		广东归善	龙岩知县	汤缘	定夫		宁德十九都	
汤真	天诚		宁德		汤文觉	先民、天牗		归化	
汤应科	体行	五山	云霄后汤		汤正卿	汝成		古田	周府典簿，例监
汤宗诚	明夫		宁德中村		唐淳	文厚		广西临桂	汀州知府

唐 亨	叔泰		连江新安里	江都教谕	唐 楷	龙门		仙游	内江主簿
唐 锐	钝甫		安溪龙兴里		唐 泰	师廓	东里	长泰彰信里	
唐 泰	亨仲		侯官	陕西按察司副使	唐 泰	师廓	东里	长泰彰信里	知州
唐 雨	征毕		仙游		唐 煜	殿昭		莆田	通州知州
唐 源	以静		安溪龙兴		唐 昭	日章		浙江新城	将乐千户所正千户
唐 智	叔衡		仙游	新会训导	唐大章	士一	自明	仙游	
唐恫倦	子膺		仙游	翰林博士	唐际盛	士莹		莆田	都御史,提督操江
唐景龙	允斋		安溪		唐九德	伯懋		湖南湘潭	漳州知府、福建监军副使
唐仁普	缉雍		仙游	崇祯贡生	唐师锡	邦鲁		莆田	象山知县
唐时熙		载廷	安溪		唐时兴	叔贤	见梅	安溪兴一里	
唐时雍	子协		莆田	淮安府通判	唐时雨	子化		莆田	
唐守钦	宗尧		莆田	山东参政	唐天则	师翰		莆田	
唐廷浩	汝宠		上杭在城里	琼山知县	唐维城	邦翰		莆田	青州知府
唐文灿(1525—1603)	若素	鉴江	漳浦东山	广西观察使	唐文杰	高峰		广西桂林	大田知县
唐锡蕃	玉乳		江苏无锡	汀州司理、连城知县	唐显悦	子安	枚丞、云衲子	仙游	兵部左侍郎
唐尧钦(1531—1612)	寅可		长泰方成里	太仆寺卿	唐尧衷	炬卿		安溪	
唐应科	君选		上杭	岁贡	唐振尧	胤礜		仙游	崇祯间贡生,训导
唐自化	伯咸	韦室	江苏华亭	将乐知县、四川道监察御史	陶 博	约之		浙江会稽	龙岩知县
陶 谟	大显		浙江嘉兴	莆田知县	陶 钦	希爻		寿宁坊一图	永嘉县丞

陶 琰	廷信		山西绛州	福建按察使	陶 英	廷杰		将乐	
陶承学	子述		浙江会稽	福建按察使	陶大顺	景熙		浙江会稽	福建布政使
陶文彦	名篆		江苏无锡	籍贯一作云南浪穹,连城知县	滕 礼	节中		连江	
田 琯 (1533—1606)	希玉	竹山	大田	云南副使	田 瑚		柏山	大田	
田 华		石峰	大田		田 浣		石坡	大田	
田 秋	汝力		贵州思南	延平府推官	田 濡	伯润	梅坡	大田	籍贯一作尤溪
田 璲		小坡	大田		田 玺		青丘	大田	
田 顼 (1496—1562)	希古	柜山	尤溪 升平坊	贵州按察司提学副使	田 岩	景瞻	南山	晋江	宝庆知府
田 杨	廷睿		晋江	广东参议	田 沂		清泉	大田	
田 洙		见山	大田		田福全	聿厚		大田	
田见龙	文明		大田		田鸣岐		凤亭	大田	
田起鸾		友竹	大田		田实夫		育斋	大田	
田文夫	少周		尤溪 升平坊		田一诚		明宇	大田	
田一俊 (1540—1591)	德万	钟峰	大田 三十五都	号一作钟台。礼部侍郎,左教习、庶吉士	田一仁	德元	涵台	大田	
田一偶		凌翼	大田		田一伟		江表	大田	
田一艺	德成	何执	大田		田殷实		雪松	大田	
田永瑞	国器		古田	例监	田元吉	懋祥	吉人	大田	
田元顺		稚孝	大田		田振先		狮麓	大田	
田质夫		嵋斋	大田		童 绰		肖竹	连城	例授襄府散爵

童　亨	贞吉		寿宁坊二图	贡士	童　环	介庵		漳浦城西街	
童　玺	信之		连城	字一作国信。澄江知府	童　璇	文玑		寿宁坊三图	华亭主簿
童　昱	道彰	东皋居士	连城		童　瑗		仁山	连城	
童邦杰	子龙		连城	廪生	童大猷		毓江	连城	陵水知县、大庚知县
童大有		二槐	连城	万历庚辰副贡	童汉臣	南衡		浙江钱塘	泉州知府
童可举	宗贤		连城		童时迁	观峨		泰宁龙湖	
童世坚	克刚		连城		童体元	德先		连城	徽州府教授
童志德	伯明		连城	永丰县丞、义宁知县	童志熹	成之		连城	云南都司断事
童志召	邑岗		连城	邑廪生	涂　绩	希唐	凝所	漳浦盘陀	
涂　坚	介石		邵武	南雄训导	涂　俊	君贤		晋江	
涂伯案	虞卿		漳浦镇海		涂良立	卓尔		建阳三桂	
涂为宪	大法	西乐	漳浦盘陀		涂文炳	炯斋		泰宁西隅	
涂文焕	斗章		泰宁		涂一榛	廷荐		镇海卫	
涂仲吉（?—1649）	德公		海澄镇海	太学生	屠　侨	安卿		浙江鄞县	福建布政使
屠　倬		东厓	浙江鄞县	泉州知府	屠　祖	景材		罗源西隅	岁贡
万　善	坛溪		江西南昌	同安县丞	万德鹏	九云		宜兴	举人
万年英	静斋		湖北黄州	隆武时任兵部职方司主事，曾居鹭岛	万尚烈		恒麓	江西南昌	邵武府同知，署建宁知县
万士俊	钟英		建宁		万廷谦	以牧	百谷	江西南昌	泉州府同知
汪　斌	伯斌		将乐		汪　淳	宗程		湖北武昌	漳平知县

汪 旦	仲昭		晋江	贵州道御史	汪 瑄	谐甫		安徽婺源	长乐知县
汪 坫	冲弘		安徽休宁	福建按察司佥事	汪 凯	克宁		龙溪	
汪 律	用和		江西乐平	建阳知县	汪 珊	德声		安徽贵池	福建巡按
汪 泰	景亨		浦城		汪 宪	尚鉴		浙江黄岩	将乐知县
汪大宾	贡可		连江	礼部员外郎	汪道亨		云阳	安徽怀宁	泉州知府
汪道昆	伯玉		安徽歙县	福建巡抚	汪三宝	丽扬	痴颐	江西铅山	创立武夷山玄元道院
汪元标	承景		浙江新安	建阳知县、福建右布政使	汪宗之		双竹	江西贵溪	晋江知县
王 眑	日辉		陕西山阳	古田训导	王 襃	中美		闽县	翰林修撰、汉府纪善
王 宝	君善		罗源招贤里	监生,廪例	王 弼	存敬		浙江黄岩	兴化知府
王 彬	文质		光泽十八都	高州府通判	王 彬	文质		永福	翁源教谕
王 斌	克全		光泽在城	郑府审正	王 昺	文晦		侯官	海门教谕、户部主事
王 沧	巨启		古田	岁贡,巡检	王 焯	孔昭		永福	衢州训导
王 朝	彦盈		连江	潮州训导	王 臣	献可		江西安福	漳浦知县
王 偁（1370—1415)	孟敭	密斋	永福	字一作孟扬，翰林检讨	王 初	明复		莆田	台州教谕
王 春	叔辉		建阳崇文		王 德	俊明		同安嘉禾	
王 鼎	器之		怀安	右都御史	王 鼎	仲新		直隶华亭	罗源知县
王 定	彦文		邵武	御史	王 垔	伯通		永福	乐陵知县
王 范	子仪		河北开州	延平知府、湖广布政使	王 孚	伯仪		古田	浙江理问
王 福	景祯		莆田	惠州训导	王 亘	景行		福安卓家坂	太平府授

王　恭 (约1350—?)	安仲	皆山樵者	长乐沙堤	字一作安中，籍贯一作闽县。翰林待诏	王　谷	汝璧		浙江临海	海澄知县
王　鋐	子锋		晋江深沪	惠州知州	王　旷	明卿		山西山阴	福安知县
王　淮	宗豫		霞浦后墩		王　环	廷玉		浙江新昌	永定知县
王　会	延亨	梦斋	漳浦		王　玑	钦在		龙溪	泉州训导
王　基	国本		长汀		王　畿 (1549—1630)	翼邑	慕蓼	晋江	浙江右布政使
王　纪	载之		永安		王　坚	子正	三山老樵	长乐海路	湖广按察司佥事，忠州、泽州知州
王　戬	良翰		福安卓家坂	陆川训导	王　节		竹轩	漳浦	
王　介	节殳	铁尹	侯官	武定军民府同知	王　谨	叔慎		江苏嘉定	古田主簿
王　觐	正朝	苊吾	同安嘉禾	福府审理	王　镜		非台	永安	
王　举	志方		山西阳曲	又名矩，永福知县	王　绢	其素		莆田	武昌通判
王　均	彦平		连江	户部迪功郎	王　俊	民献		莆田	国子监助教
王　俊	世英		闽县	广东参政	王　凯	叔和		莆田	户部员外郎
王　恺	舜卿		浙江丽水	古田教谕	王　鲲		忠恒	浙江归善	古田知县
王　麟	孔祯		古田	进士	王　铃	子才		浙江黄岩	将乐知县、山东按察司佥事
王　龄	如松		广西合浦	仙游训导	王　龙	虞臣		龙溪	
王　鲁	希敏		莆田	巴东知县	王　禄	汝学	一溪	江西新城	平和知县
王　銮	德辔		莆田	泰顺教谕	王　梅	君和		仙游	嘉靖二十二年武举人
王　密	简卿、必山		建阳兴贤上		王　铭	德新		寿宁坊四图	贡士
王　铭	儆甫		广西桂林	仙游知县	王　铭	日新		永福	英德知县

王　鹏	汉举		莆田	新会训导	王　玭	弘璋		南靖	
王　璞	非石		归化柳杨		王　圻	元翰		上海	分巡漳南道
王　琪	基玉	山愚、愚长	永福白云	广东肇罗佥事	王　清	本澄		光泽廿八都	金乡县丞
王　庆	士俊		建阳县坊		王　穹	元高		漳浦	
王　琼	士奇	沧湖	长泰		王　琼	莹之	西塘	长泰	后军都督府经历
王　琼	良玉		武平在城	兵部主事、兵部员外郎	王　拳	克膺		连江	归安教谕
王　铨	衡甫		广西博白	汀州通判	王　铨	考衡		晋江	
王　让	丕承		同安仑后	广东提举司员外郎	王　仁	得仁		江西新建	本谢姓。汀州府经历、推官
王　若	相如		清流		王　善	帅舜		侯官	南京刑部主事
王　升 (1378—1448)	日初		龙溪上苑		王　氏	静能		泉州	女
王　寿	本仁		宁德闽坑		王　所	敬作	素馀	广东东莞	古田知县
王　泰	维通		建阳崇文		王　镗		青岩	永福	桂林教授
王　涛	秋籁		永福	天顺岁贡	王　庭	直夫		江苏常熟	分巡漳南道
王　挺	从柔		永福	景泰岁贡	王　挺	子玉		长乐五都	
王　铜	士鼎		建阳崇文		王　暾	从晦		福清	进士
王　琬	中坡		永福赤岸		王　伟	容叔		永福	泉州府教授
王　伟	士俊		莆田	云南府知府	王　熠	孔辉、孔晖		永福	瑞金县训导
王　温	克和		上杭在城里	岁贡	王　锡	克刚	醉樵	长乐横店	归善知县
王　锡	尚贤		邵武	举人	王　熺	士显		晋江	

王	暹	希白		将乐水南		王	贤	可大		泰宁南隅	临川教谕
王	显	西涯		邵武	通志作王淮	王	显	南山		永定	举乡宾
王	显	叔仁		永福	永乐岁贡	王	显	希文		邵武	
王	宪	士章		寿宁十二都	贡士	王	相	舜举		建阳兴上	
王	详	子约		莆田	海康知县	王	辛	孔勤		福清	监察御史
王	熊	应周		福安大留	平阳训导	王	许	信之		浦城	
王	轩	鸣衡	景瞻	同安南亭		王	宣	纯甫		莆田	洪武二十九年举人
王	宣	子钟	一臞	晋江	弘治十七年举人	王	埙	伯和		永福	朝城训导
王	洵	惟信		邵武	苏州督捕同知	王	濬	玉铉		永定	庠生
王	雅	文质		建阳兴贤		王	俨	汝望	思庵	湖北罗田	平和知县
王	俨	子敬		江苏江都	光泽知县	王	养	宗浩		福宁南街	乐会知县
王	业	仁甫		晋江深沪		王	鲽	崇用		莆田	南昌教谕
王	祎	子充		浙江义乌	漳州通判	王	宜	廷义		莆田	礼部员外郎
王	彝	秉元		龙溪		王	彝	友伦		浙江四明	仙游知县
王	彝	子懿		崇安四隅里	诸生	王	义	大节		江西临川	泰宁训导
王	溢	克声		宁德十四都		王	镒	美璞		莆田	
王	毅	致远		仙游	桃源教谕	王	垔	伯通		永福	乐陵知县
王	澂	孔哲		闽清	巴县知县	王	寅	伯敬		莆田	礼科给事中
王	隐	叔人		闽县		王	英	孟育		闽县	户部郎中

王 瑛	本玉		莆田	香山知县	王 镛	朝器		永福	海阳训导
王 猷	壮其		广东东莞	泉州知府	王 猷	用吾		永定	廪生
王 渊		溥泉	永福	嘉靖拔贡	王 源	启泽		龙岩	潮州知府
王 远	惟明		罗源	举人	王 约 (1531—1605)	伯一	仰石	惠安螺阳	
王 禴	夏祀		泰宁	政和训导	王 炤	孔哲		永福	东昌训导
王 辙	鸣雷、 敏冲		同安南亭		王 缜	文哲		广东东莞	福建布政使
王 轴	鸣玉	去非	同安	万历间贡生	王 住	止善		仙游	永乐间贡生
王 翥	九逵		安徽泰和	莆田教谕	王 钻	克立	云岩	永福赤岸	庐陵教谕
王 佐	左之	樗崖	浙江	尤溪知县	王 佐	廷用	三益 先生	怀安	邹平、桐庐训 导
王 佐	彦弼		侯官	员外郎、郎中	王 佐	彦辅		宁德	
王 佐	子才		同安大嶝	两淮运同	王 辂	鸣鸾、 敏直		同安南亭	
王弼官	熙辅	肖傀	同安外清		王朝典	仕优		永福	长汀训导
王朝器	大器		莆田	南京刑部尚书	王朝佐	邦翰		晋江	
王朝佐	克用		福安 卓家坂	教谕	王成伯	宗明		闽清	隆庆间贡生， 王府教授
王承标	世表		晋江		王承箕	惟肖	紫南	南安金坑	
王埻京	学陶		晋江		王春复	学乐		晋江	云南兵备副使
王春泽	以润	印东	漳浦	山东参政	王大宾	君弼		建阳 兴贤上	
王大道	经邦		莆田	工部司务	王大绅	汝直		建阳县坊	
王大信	汝孚		建阳县坊		王大用 (1479—1533)	时行	檗谷	莆田	南京刑部右侍 郎

王道显 (1551—1617)	当世	瞻明	同安南亭	湖广按察使	王道照 (1552—1598)	恒甫	日近	同安南亭	
王道蒸	念甫	念斋	同安南亭		王德孚	致和		邵武	
王德庆	元吉		古田	岁贡,庆州训导	王德溢	懋中	十竹 居士	连江 资寿铺	广西按察司金事
王定民		则吾	惠安崇武		王端士	赤山		安徽太平	平和典史
王恩鸿	子玉		长乐		王恩及	戴君	澹侯	长乐罗仙	监察御史
王逢元	季培		安徽潍州	邵武知府	王凤灵 (1497—?)	应时	笔峰	莆田锦园	广西参政
王凤仪	应韶		莆田	亳州学正	王夫之	容园		政和	
王皋伯	宗舜		闽清	鄞县教谕	王公有	朝谦		永福	庆远经历
王公哲	邦直		福宁	明崇祯十六年 武进士	王观光	子开		晋江	荆州知府
王国辅	忠甫		晋江		王国贤	时荐		建宁	池州通判
王宏中		梅川	永福		王继曾	孝侯	原鲁	南安洪濑	
王继廉	铭蕴		浙江长兴	分巡漳南道	王继美	雒食		江苏兴化	顺昌知县、兖 州分守
王继祀	懋承	震川	浙江归安	古田知县	王继暹	学权		南安岭兜	
王家振	奏玉		同安厦门		王建章	仲初	砚墨 居士	泉州	画家
王建中	懋德		怀安		王建中	铭新		浙江平湖	分巡漳南道
王精彦	开美		莆田		王九韶	尚乐	凤庭	福安 卓家坂	归化县教谕、 茶陵知州
王居毅	近甫		晋江		王居瓒	圭甫		晋江	弋阳知县
王举尹	我廉		永安	襄府长史	王俊民	用章		湖北石首	分巡漳南道
王克复	师仁		福清城头	南京吏部右侍郎	王克刚	如之		山东临淄	将乐知县

王克立		云岩	永福赤岸		王立准	伯绳	环应	浙江临海	平和知县
王良臣	衡伯		莆田	苏州同知	王龙贲	质南	华燕	南安岑头	
王龙震	长甫	起一	南安岑头		王茂林	宗翰	赤岩	永福赤岸	诸生
王梦弼	象箕		安溪还二里		王梦麟	维振		闽县	桂林通判
王民毓	含淳		同安嘉禾		王明鳌	懋艮		晋江	宁波知府
王明隆	尧元		仙游	崇祯间贡生	王命机	君奉		龙岩	通判
王命爵	仁卿		南靖		王命球		在璞	龙岩	
王命璇	君衡	虞石	龙岩	原籍晋江。刑部侍郎	王起鹏	冲九		永定	庠生
王乔桂	引瞻		湖北石首	分巡漳南道	王佺寿	仁叔		南安	
王铨遴	士章		南安		王人聘	良起		将乐	
王任重	尹卿		晋江	云南右布政使	王仍缙	伯云		漳浦	县学生员
王日新	学孟		仙游	松阳县椽	王三接	允康	晋斋	同安	韶州知府
王三聘(1540—1597)	允觉	莘野	同安南亭		王三阳	乾开		晋江	工部都水司主事
王三祝	寿勋		宁化	广东市舶司提举	王尚贤	士顜		龙岩	新宁知县
王尚讷		瓶城	晋江		王慎中(1509—1559)	道思	遵岩居士、南江	晋江安平	河南参政
王时拱(1522—?)	日臣	印洲	同安浯洲	广信府同知	王时槐	子植		江西安福	分巡漳南道
王时俭	本节		晋江	云南参议	王时泰	道亨		福安卓家坂	铜陵训导
王士和	端育	味艾	江西金溪	南平知县、延平知府	王世臣	维翰		建阳崇文	
王世实(1520—1568)	德孚	宝峰	晋江永宁		王仕鼎	国调		福安西街	典仪

王仕俊		方南	浙江鄞县	泉州知府	王仕龙	友夔		广东东莞	泉州教授
王守敬	子敬		光泽在城	鸿胪寺序班	王守仁	伯安		浙江余姚	初名云,曾遁迹武夷
王思敬	用敬		光泽一都	广东都司断事	王孙蕃		生洲	河北雄县	隐居延平
王泰征	庐人		湖北江陵	建阳知县	王廷稷	民育		晋江	
王廷遴	士赞		南安		王万金	世发	镜水	南安	
王万山	仕镇		莆田	正德二年举人	王惟恕 (1520—?)	行甫	近斋	长泰西门	广西参政
王文富	沧潭		永定	举乡饮宾	王文升	子腾		晋江	
王文祚	佑之		将乐	字一作祐之	王希旦	维周		侯官	礼部祠祭郎中
王希周	文浩		侯官	和平知县	王贤范	彦畴		福清	桃源知县
王贤良	希尹		广东番禺	仙游训导	王显幢	经峦		仙游	
王象辰	友月		永定	增生	王象斗	旋元		永定	廪生
王信功	诚之		莆田	户部主事	王学孝	钦求		龙溪	
王学召		敬所	永福	凤阳中都留守司断事	王锡侯	康国		福清港头	顺德府推官
王一范	绥甫	浣心	长泰		王一贯	在会		莆田	海丰知县
王一言	行恕		福清音西	户部员外郎	王一驭	统卿		南安	
王一岳	镇甫	载南	连江上元	思明府同知,摄横州篆	王一章	君树		邵武	诸生
王以节	诚甫		南安金坑		王以蒙	养夫		南平	如皋知县
王以旂	士招		江苏江宁	福建巡按	王以通	太拙		龙岩	湖南按察使
王莹之		西塘	长泰西门	讳琼	王应奎		梦斗	永福	邳州通判

王应麟(1545—1620)	仁卿		龙溪	江南巡抚	王应期	懋启	未醒子	侯官	诸生
王应山	懋宣	静轩	侯官		王应时	懋行		永福	云南按察使
王应显	惟谟	心泉、新泉	漳浦赤土		王应巡	献甫		侯官	雅州知州,吉府长史
王应钟	懋复		侯官	山东参政	王永吉	铁山		江苏高邮	大田知县、大学士
王用汲(1528—1593)	明受	麟泉	晋江	南京刑部尚书	王用贤	时荐		建宁	
王有恬	德安		长乐潭头	户部郎中、江西督粮参议	王玉荣	世重		莆田	监察御史
王元弼	用相		龙岩		王元灵	宏钟		仙游	崇祯十五年举人
王元卿	应元		晋江		王源昌	绍贻		湖北黄冈	分巡漳南道、福建右布政使
王振熙	君含	晦生	南安金坑		王之骥	德卿		南安	
王之麟	振子	畏庵	宁化		王志道	而宏	东里	漳浦官浔	吏部左侍郎
王志逴	而升	升斋	漳浦官浔		王志远	而近	玄亭	漳浦官浔	广西左布政使
王治坤	行顺		连江	霍州巡检	王忠孝(1593—1666)	长孺	愧两	惠安仙塘铺	兵部右侍郎
王仲玉		青冈	江西安福	同安知县	王子聪	汝达		闽县	於潜知县
王宗澄	志濂		晋江		王宗会	宾之		晋江	
王宗浚	志达	少山	晋江		危孚	克诚		光泽一都	桂阳知州
危恭	肃乡		光泽在城	奉新知县	危行	世隆		邵武	乐安知县、监察御史
危俊	克俊		光泽一都	吴江教谕	危湘	汝澄		光泽县治	靖江县丞
危禺	仕昂		光泽六都	成都仓大使	危必亨	嘉会		光泽	奉新训导
危纯中	守道		邵武	夔州府同知	危德华		北溪先生	光泽	

危淑祯	云庵		光泽十六都	保定知县	危应宗	思宁		光泽一都	
韦焕	文明		江苏常熟	仙游教谕	韦济	子舟		广东海阳	龙岩知县、福州府同知
韦寿	弘仁		寿宁坊一图	贡士	韦绥	缬之		南安瀛溪	
韦际明	圣俞	彭野	晋江	户部主事	韦继明	孔昭		寿宁坊一图	贡士
韦龙光	修卿		南安		韦起宗	宏继		晋江	
韦尚贤	思肖	鹭沙	南安瀛溪		魏宝	希明		古田	岁贡,主簿
魏德	懋叔		古田	岁贡,山西廉吏	魏焯	贞甫		古田	进士
魏富	仲礼		龙溪		魏果	竹庄		龙岩	辽府教授
魏焕	文甫		古田	临江通判	魏璟	元圭		古田	岁贡,经历
魏矩	孔度		莆田	蓬州学正	魏浚(1553—1626)	禹卿	苍水	松溪城关	都察院右副都御史,巡抚湖广
魏奎	思应		古田	岁贡,长汀训导	魏礼	和公		江西宁都	两至宁化访李世熊
魏默	本纯		江西新建	光泽知县	魏锵	希玉		松溪	
魏升(?—1517)	大临		仙游黄花		魏烃	诚甫		古田	寿州州判
魏焞	敬甫		古田	选贡	魏炀	德光		古田	恩选
魏宪	惟度		福清	诸生	魏运	孟泰		古田	岁贡,照磨
魏炤	文晦		古田	金川训导,选贡	魏蒸	子进		寿宁	贡士
魏宗	本敬		南平	宁波知府	魏邦辅	君才		寿宁一都	弋阳训导
魏德泽	阳春		古田	岁贡,赣榆训导	魏光辉	有本		大田	
魏懋绩	太昭		南平		魏鸣朝	端所		龙岩	泰宁教谕、安仁知县

魏时敏		竹溪	莆田	桃源县丞	魏时应	澹明		江西南昌	建阳知县
魏体明 (1523—1591)	用晦	瀛江	福清后营	四川左布政使	魏文绅	晋卿		沙县历东	
魏文烓	德章	南台	福清高山	广西按察使	魏文缜	克璋		古田	京卫经历
魏一恭 (1492—1556)	道庄	立峰	莆田	广西左布政使	魏元桂	克推		古田	岁贡,北流教 谕
魏元松	克守		古田	岁贡,台州教 谕	魏云璜	仲玉		莆田	万历七年举人
魏云琳	伯玉		莆田	万历元年举人	魏宗纯	存诚		沙县历东	
温皋	赞廷		上杭	广元主簿	温恭	允恭		晋江	
温良	允仁、 元善、 元吉、 允良	敬斋	晋江		温明	孔昭	龙湖	上杭 在城里	潮州府推官
温硕	公辅		晋江		温显	公宣	纯庵	晋江	
温言	曲溪		上杭 在城里		温仪	仲威		将乐	温州府推官
温祐	文吉		上杭 在城里	孝陵卫经历	温大宾	秋田		上杭 在城里	
温大韶	绍之		上杭 在城里		温大通	会之		上杭 在城里	
温登甲	廷登		上杭 在城里		温梦良	星郎		上杭 在城里	诸生
温明登	宜侯		晋江		温如瑛	华宇		上杭	瑞安主簿
温如璋	孚德		海澄		温天德	伯乾		晋江	
文惠	迪斋		浙江高安	永福知县	文三俊	二仰	松坡	镇海卫	
闻人宗望	贰宗		浙江余姚	泉州通判	翁白	未青、 梅庄		福清	侨居浦城
翁宾	文兴		连江 资寿铺	东鹿训导	翁赐	元锡		浦城	

翁濂	存雅		莆田	尤溪教谕	翁鼎	玉铉		漳浦镇海	
翁福	逊敏		莆田	登州教授	翁珙	朝极		将乐	
翁桂	朝芬		莆田	乐会知县	翁洪	守洪		莆田	工部主事
翁靖	则安		连江资寿	番禺知县	翁琚	朝贵		将乐	
翁陆	子寿		建阳童游		翁禄	景秩		连江	程乡巡检
翁密	守忠		连江	南昌训谕	翁寿	孔仁		连江仁贤里	贡生
翁镗	朝佐		将乐		翁祥	文定	求古轩	龙岩	
翁岩	国瞻		莆田	成化十七年进士	翁瑛	玉修		莆田	翰林院检讨
翁莹	廷玉		莆田	龙泉知县	翁泳	守明		莆田	肇庆教授
翁真	叔靖		江西临川	古田主簿	翁榛	朝实		仙游	嘉靖元年举人
翁承宠	申伯		莆田	崇祯十二年举人	翁冠英	矩鼎		莆田	崇祯十六年进士
翁冠英	彝于		福清	崇祯十六年进士	翁和卿	汝节		建阳建忠	
翁茂南(1464—?)	朝梁		莆田横田	广东右布政使	翁懋勋	赡所		崇安四隅里	贺县知县
翁梦鲤	希登		莆田	海防佥事	翁日跻	舆新		晋江	
翁士荣	德显		连江	太平训导	翁世恩	廷元		连江	河源训导
翁世经	可贞		福清三山	广东布政使	翁世用	用甫		莆田	贵州参议
翁世资	资甫	冰崖	莆田清浦	户部尚书	翁廷相	良弼		福鼎	浙江平阳知县
翁廷瓒	珍夫		莆田	嘉靖三十一年举人	翁万达	仁夫		广东揭阳	曾居永定，又游武夷山
翁永魁	超一		永定金丰		翁永瑞	际明		永定金丰	

翁长生		质庵	龙岩		翁正春 (1553—1626)	兆震		侯官	礼部左侍郎、礼部尚书
翁宗衡	汝平		连江	肇庆训导	邬譓	士默		罗源	番禺典史
邬孟	景浩		福清海口	四川道监察御史	邬谊	思正		罗源	岁贡
邬屿	克润		罗源东隅	仓大使	巫任忠	金垂	临侯	清流	
巫如衡	宗岷		宁化	苍梧知县	巫珊泽	梅川		永定	
巫应龙	云野		永定	芜湖典史	吴安	克恭		罗源	睢宁教谕
吴昂	德翼		浙江海盐	福建布政使	吴堡	崇藩		莆田	万历二十五年举人
吴彬	汝均	竹泉	安溪		吴彬	质夫		连江崇云	慈溪知县
吴斌	质夫		浦城	九江府同知	吴炳	韬甫		莆田	
吴宷	亮恭	对渠、升符、扶升	漳浦云霄		吴骖	仕进		寿宁 十一都	贡士
吴超	华越	起仁	漳浦绥安		吴琛	景良		莆田	琼州知府
吴诚	箭泉		永定		吴诚	士立		莆田	永乐十年进士
吴澄	惟清		上杭 胜运里	缙云教谕、处州教授	吴聪	伯俊	默斋	同安溪边	弘治十四年举人
吴定	能静		建阳三桂		吴栋	廷用		政和	
吴福	永锡		宁德五都		吴辅	朝佐		莆田	阿迷州学正
吴复	克初		将乐		吴复	克礼		闽县	工部右侍郎
吴富	存体		寿宁 十二都	监生	吴纲	宏举		建宁	
吴诰	渫泉		永定		吴恭	敬昭		南平云盖	翰林院庶吉士、余干教谕
吴琪	廷瑞		南平	山东司户部主事	吴谷	子玉		莆田	潮阳知县

吴 观	彦宾		莆田	永乐十九年进士	吴 光	士明		宁德五都	
吴 琯 (1546—?)	邦燮	中云	漳浦云霄	南吏科给事中	吴 琯	世瑞		莆田	电白知县
吴 瑰	仲伟	省庵	漳浦	云南右布政使	吴 翰	懋献		莆田	嘉靖五年进士
吴 浩	元养		建阳童游		吴 和	克庄		连江	永福训导
吴 鹤	九皋		浦城		吴 篪	仲康		莆田	
吴 寏	亮章	发初	漳浦云霄		吴 辉	文旭		安溪 新溪里	
吴 惠	安民		建阳三桂		吴 谏	碧潭		永定	
吴 鉴	明心		莆田		吴 讲	用学		莆田	
吴 阶	升伯		莆田		吴 瑾	士瑜		政和	常州府推官
吴 经	矜贤	雅轩	漳浦	以子赠礼部员外郎	吴 经	南畴		永定	
吴 璟	德辉		将乐		吴 璟	良器		将乐	
吴 炯	廷彩		古田	岁贡,遂昌谕	吴 救	以宽		莆田	
吴 琚	廷珮		上杭 胜运里	桐庐知县	吴 爵	廷魁	信斋	南安 严浦里	
吴 楷	必端		罗源 梅溪里	平远教谕	吴 楷	子方		闽县	诸生
吴 珂	廷鸣		上杭汤湖	寿张知县	吴 宽	复仁		上杭 胜运里	
吴 逯	近光		江西新淦	兴化知府	吴 焜	文实		安溪	
吴 棱	士矜		莆田		吴 澧	孟浚	长涛	南安	
吴 烈	元朔		莆田		吴 林	孔茂		将乐	
吴 绫	克温		莆田		吴 茂	德隆		光泽五都	宛平县丞

吴	懋	维勉		仙游	洪武十七年进士	吴 梦	用渊		建阳兴中	
吴	镆	利用		长乐龙门	湖广按察司副使	吴 年	子龄		浦城	
吴	泮	廷造		莆田		吴 鹏	孔腾		莆田	
吴	批	子环		龙溪		吴 朴 (1500—1570)	子华、华甫		诏安	初名雹
吴	琦	景初		莆田		吴 杞	友圭		莆田	
吴	启	时光		安溪 感化里		吴 谦	受益	则让	南安黄龙	
吴	潜	藏伯		莆田		吴 桥	世济		罗源 招贤里	岁贡
吴	钦	三峰		永定		吴 溱	廷济		莆田	
吴	清	德清		莆田	奉新教谕	吴 清	洁斋		将乐	
吴	全	孟纯		永福	永乐岁贡	吴 铨	秉衡		晋江	
吴	任	名远		莆田		吴 荣	仁夫		罗源东隅	程乡教谕
吴	荣	仲仁		广东琼山	罗源教谕	吴 森	汝茂		连江 贤义里	淮安训导
吴	森	以时	讷庵	漳浦		吴 山	静之		江苏吴江	福建按察使
吴	善	复初		连江东塘	叶县教谕	吴 善	元夫		龙溪	南京兵部侍郎
吴	绅	克服		莆田	常州通判	吴 胜	志刚		将乐	
吴	晟	景明		安溪 来苏里		吴 实 (1367—1459)	仲美		长乐龙门	本姓林。广西 按察司佥事
吴	黍	孟谷		莆田	金溪训导	吴 恕	勉仁		莆田	南京兵部员外 郎
吴	璩	廷器		上杭		吴 泰	道隆	木庵	漳浦云霄	成化二十年甲 辰科进士
吴	泰	士亨		寿宁 坊四图	贡士	吴 泰	守谦		南平	仙居教谕

吴	堂	仲升		江西金溪	仙游知县	吴	镗	朝振		江西广昌	建阳教谕
吴	悌	大友	玉溪	南靖	太常博士	吴	脒	宏载		莆田	南昌通判
吴	同	尚刚		福宁	永乐二年进士	吴	琬	德圭		建宁在城	
吴	琬	德圭		建宁	户部员外郎	吴	琬	德玉		莆田	
吴	琬	克成		浙江长兴	连城县丞	吴	熙	彦和		连江	建德训导
吴	玺	秉信		晋江宝盖		吴	玺	信玉		邵武	户部右侍郎
吴	禧	君受		连城		吴	霞	汝华		海澄	
吴	贤	希仁		光泽在城	贵溪主簿	吴	显	景猷	肖渠	漳浦	
吴	宪	廷纲		政和		吴	相	汝佐		安溪	
吴	湘	茂参	竹窗	上杭胜运里	字一作茂泰	吴	湘		静斋	闽清	徐州学政
吴	兴	克振		连江	南昌税课大使	吴	宿	汉经		莆田	鄂县知县
吴	选	虞扬		莆田	梧州知州	吴	俨	时望		莆田	海州学正
吴	彦	时慕		上杭胜运里		吴	曜	元朗	复我	漳浦云霄	
吴	仪	仲鸿		浙江乌程	古田县丞	吴	嶷	伟器		福安城南	承仕郎加朝议大夫
吴	义	宗敬		仙游	儋州训导	吴	毅	仲刚		南平	户部主事
吴	亜	沛之		福宁	广州通判	吴	音	师夔		莆田	全椒知县
吴	禋	国诚		莆田	宁乡知县	吴	瑛	邦献	文波	漳浦云霄	
吴	膺	时显		莆田		吴	漾	会川		漳浦镇海	
吴	应	允吉		政和		吴	永	德茂		仙游	洪熙元年贡生

吴 泳	思文		莆田	台州教授	吴 玉	孟清		建阳崇太	
吴 玉	文玑		光泽五都	南昌府照磨	吴 昱	汝明		连江	博罗知县
吴 昱	时昭		安溪		吴 原 (1431—1495)	道本	云坡	漳浦云霄	户部左侍郎
吴 源	渊本		仙游	吉王府教授	吴 源	仲渊		将乐	
吴 岳		岱麓	江苏武进	同安知县、泉州府通判	吴 云	民望		江苏华亭	晋江知县
吴 赞	清渠		永定	庠生	吴 昭	洪照	肖波	漳浦云霄	
吴 昭 (1454—1499)	守愚		莆田梅峰	广西副使	吴 珍	景儒		莆田	
吴 箴	体教		仙游	铜鼓卫教授	吴 震	道复	直斋	漳浦云霄	广东提举
吴 褆	伯祯		邵武	江西按察司佥事	吴 质	玉端	宁野	连江	一名一瑶
吴 智 (1416—?)	宏哲		莆田后洋	湖广副使	吴 洲	居可		莆田	英德知县
吴 注	能信		福安城南	初名仕。交趾县丞	吴 孜	勉学		莆田	鄞县教谕
吴 梓	养可		莆田	泗州知州	吴 遵	公路	初泉	浙江海宁	长乐知县
吴 佐	世官		莆田	深州学正	吴必学	以思		南平	
吴宾王	燕衍		永定	署普宁教谕	吴承娗	伯昭		莆田	崇祯元年进士
吴承武	公烈	东霄	漳浦云霄		吴承熙	汝缉	敬容	连江	刑部员外郎、郎中
吴承先	衡邑		永定		吴承忠	公苾	朴峰	漳浦	
吴承宗	继学		莆田	彭泽教谕	吴承宗	骏源		连江	
吴从龙	伯腾		莆田	竹山知县	吴从义	思忠		福清音西	江西参政
吴从周	宗文		邵武	庆元训导摄知县，国子监学正	吴从宗	我宗		晋江	

吴达一 (1545—1613)	本愚	仁斋	同安东市		吴大本	立之		莆田	崇明知县
吴大栋	吉轩		永定		吴大奎	肇文		莆田	遂昌教谕
吴大田	绍曾		莆田	工部右侍郎	吴道立	启敬		莆田	九江同知
吴登瀛	念梅		仙游	侯官教谕	吴迪光	宗一		永定	庠生
吴鼎泰	连璧		永定	连璧一作号	吴鼎铉	尔玉		莆田	崇祯三年举人
吴逢翔	稚震		晋江		吴复清	见源	醴山	南安 江崎里	
吴公荣	志仁		莆田	鄮县知县	吴公冶	君平		永定	庠生
吴谷用	时济		上杭		吴观澜	有本		南平	
吴光祖	耀卿		罗源东隅	德化教谕	吴国斗		暎北	湖北孝感	归化知县
吴国华 (1579—1627)	朝宾	爱日	宁德城关	修职郎、行人 司行人	吴国化	向池		寿宁一都	岁贡
吴国伦	明卿		江西兴国	建宁府同知、 邵武知府	吴韩起	宣伯	青岳	晋江宝盖	
吴宏密	慎夫		莆田	襄府长史	吴洪绩	崇绪		莆田	沔阳知州
吴鸿磐	翼皇		莆田	电白教谕	吴怀荆	素轩		晋江 廿四都	
吴焕章	钦华		莆田		吴煌甲	偷之		永定	揭阳知县
吴嘉生	尊之		南安		吴嘉泰	通宝		邵武	举人
吴简思	明正		江苏武进	分巡漳南道	吴晋昭	日侯		连江	衢州通判
吴景谅	宜大		莆田		吴骏声	先岐		仙游	侯官教谕
吴可久	尔亲		晋江		吴孔锜	奇生	寄馀子	连江	
吴孔宗	孚枢		仙游	广东右卫经历	吴来献	憬夷		永定	恩贡

吴礼章	宗枢		侯官	诸生	吴麟征	圣生		浙江海盐	兴化府通判
吴流川	仕宗		漳浦		吴茂桓	警台		永定	庠生
吴茂橘	怀斋		永定	庠生	吴茂棠	召廷		永定	庠生
吴茂梧	继泉		永定		吴懋德	建中		浦城	
吴懋中	允睿		永定	允睿一作号，邑庠生	吴梦麒	子玉	杜庵	漳浦云霄	
吴敏学		海日	顺昌	庠生	吴明通	公善		莆田	
吴南灏	鲲池		江苏武进	上杭知县、闽县知县	吴岐峰	景盛		永定	
吴奇勋	对廷		连城表席里	兵巡道中军守备	吴起龙	德溥		邵武	上犹知县
吴起闽	士康		莆田		吴乔柏	子秀		晋江	
吴人骥	台御		永定	贡生	吴日光	方炳		将乐	
吴日谨	慎甫		仙游	万历元年举人	吴日强	敬甫		莆田	杭州同知
吴日修	海门		永定	睢州知州	吴荣禄	在中	稼叟	浦城	户部右侍郎
吴汝霖	用化		邵武	庠生	吴汝宗	得之	唯斋	宁洋	东阿知县
吴三让	实卿		顺昌		吴三畏	日寅		莆田	
吴尚诚	明卿		连江通济	和州知州	吴韶音	邦和		莆田	
吴绍馨	士显		莆田	武宁知县	吴圣锡	士宜		莆田	
吴时及	体恒		莆田		吴时昭	以德		侯官	琼山知县
吴士楫	岸济		上杭		吴士绅	元甫		仙游	

吴士燿	凤芝		广东四会	古田知县	吴世安	求益		归化	名一作安世，字一作求宁。唐王军中监纪推官
吴世奎	希远		上杭		吴世腾	伯起		莆田	光禄少卿
吴世泽	宗仁		连江学前铺	广西兵卫副使	吴世昭	守潜		寿宁十二都	罗城教谕
吴仕典	天叙		镇海卫	江南监察使	吴仕廉	瑞宇		连江	承天检校
吴顺德	必仁		顺昌		吴思立	叔礼		南平	
吴天策	元�	澹所	南安		吴天与	子德		莆田	石城教谕
吴廷达	舜通		福安城南		吴廷端	正原		龙岩	兴化府训导、泰宁教谕
吴廷辅	钧甫		连江	河南典膳	吴廷贡	舜朝		福安城南	万历年间例仕
吴廷进	尚礼		福宁	洪武二十一年进士	吴廷鲲	跃三		仙游	候选通判
吴廷辂	殷之		宁洋	永昌府别驾，署府事	吴廷玺	匪我		漳浦镇海	
吴廷云		白沤	建阳	广东按察副使、琼州知府	吴晚绍	永绥	友松	漳浦云霄	以子赠户部右侍郎
吴万龄	鹤盘		连江	南宁游击	吴维墀	以兼	思斋	连江	
吴维翰	铁髯		连江		吴维坚	他山		连江	奉新王府教授
吴维岳	峙五		连江	团练参将	吴文度	宪之		晋江	
吴文华 (1519—1596)	子彬	小江、容所	连江	南京兵部郎中	吴文焕	黯卿		莆田	
吴文绘	素斋		永定		吴文乐	道成		寿宁	益府腆膳
吴文潜	元翰		莆田		吴文祥	兴仲		福宁	柳州知府、兵巡副使
吴文旭	景阳		连城		吴文赞	景皋		浦城	

吴文忠	应辰	莆田		吴希澄	克静	晋江	
吴希达	汝达	莆田		吴希稷	坦然	连城	参将
吴希贤	汝贤	莆田		吴希由 (1460—1533)	约仲	莆田墓兜	四川按察副使
吴希周	子从	连江	光禄寺丞	吴显弼	君谟	仙游	万历四十三年举人
吴献宸	公翰	莆田		吴献忠	公寅	莆田	
吴献衷	养奎、 仰葵	永定	廪生	吴兴宇	必复	南安	
吴学曾	宗鲁	莆田	开化教谕	吴彦芳	延祖	浙江钱塘	莆田知县
吴阳保	景初	莆田	国子监博士	吴仰虞	怀岵	永定	
吴一东	宗海	莆田	夏邑教谕	吴一贯	道夫	广东海阳	福建巡按
吴一瀚	若子	沙县		吴一泓	镜水	连江	承州经历
吴一奇	伟卿	莆田		吴一阳	心斋	宁德	
吴一元	少窗	顺昌仁寿		吴一璋	天牖	连江	鸿胪
吴以谦		泗桥	广东惠来	泉州教授	吴绎思	思周	莆田	广西参议
吴莹然	星东	漳浦镇海		吴应乾	国钦	连江上里	黟县知县
吴应铉	穆王	邵武	郡庠生	吴应征	廷庸	莆田	余杭知县
吴有节	惟端	寿宁 十二都	岁贡	吴有寿	惟祺	寿宁 十二都	
吴元和	祥宇	仙游		吴元玉	德莹	莆田	南京户部员外郎
吴原善	遂初	将乐		吴云台	文相	莆田	宁州知州
吴孕蕃	楚硕	莆田	新建知县	吴载鳌	大车	晋江	

吴彰德	昌符		莆田	湖广金事	吴兆元 (1571—1644)	公策		莆田墓兜	右副都御使,巡抚云南
吴肇元	子贞		连江		吴振元	圣虞		莆田	
吴震交	黄初		晋江		吴之兰	九畹		邵武	督标,代理营参将
吴之奇	元夫		龙岩		吴之琦	雪因		晋江	
吴执御	承谦		仙游	嘉靖四十五年举人	吴中立	公度	景山	浦城	
吴钟峦	峻伯	稚山、霞山先生	江苏武进	明亡,谒鲁王,拜礼部尚书	吴钟英	邦产		浦城	
吴仲珠	纯夫		莆田	义乌知县	吴自成	用仁		闽清	万历间贡生
吴自轩	公辂、南津		建宁		吴宗波	仲澜		福安城南	元谋知县
吴宗端	善初		莆田	长乐教谕	吴宗器	君用		莆田	新城知县
吴宗熹	伯焜		南靖		吴宗周	熙伟	期梅	南安黄龙	
吴祖昌	岐峰		永定		吴祖恭	孟和		宁德十都	
伍 超	嗣溪		清流	扬州府经历	伍 聪	舜广		将乐	
伍 钝	文璠		清流坊郭里		伍 复	孔初		将乐	
伍 衡	时敏		莆田	增城知县	伍 谨	而信		清流	举人
伍 礼	宗明		清流坊郭里	举人	伍 讷	仕敏		将乐	
伍 宁 (1386—1467)	则清		泰宁开善	淳安教谕、台州教授	伍 晏 (1459—1538)	时清		清流	平度州训导
伍 仪	德隅		清流	工部营缮司主事	伍 祐	遒正		清流	名一作伍佑
伍 祐	天锡		归化		伍 埙	君晓	旭庵	清流城关	南京刑部主事、雷州知府
伍 肇	子开		宁化	工科给事中	伍朝翰	秉良		将乐	

伍承烈	懋武		清流	桐庐知县	伍典学	汝新		清流	廪生
伍福绥	又成	户山	宁化	诸生	伍可受	冲吾		清流	山东参议
伍可爱	以咨		清流		伍清源	石泉	秋圃	连城	连城训导、宝钞提举司副使
伍寿高	南岗		清流		伍思召	翰卿	清溪	清流	万州知州
伍廷宰	元佐		清流	沣州学正	伍维新	自新		贵州镇宁	泉州府推官
伍希闵	仲孝		江西安福	分巡漳南道	伍心学	汝悟		清流	增生
伍一翰	黻五		清流	副贡生	伍元旭	伯阳		晋江	
伍志亨	时泰		宁化	礼部郎中	伍宗源 (1364—1426)	本澄		宁化	浙江布政司左参议
武觐光	尔文		莆田	万历三十七年举人	武尚耕	邦聘		江苏溧水	分巡漳南道
席 书	周文		四川遂宁	福建布政使	夏 秦	西仲		晋江	
夏 伸	允嘉		福清融城	左都御史	夏 英	育才		江西德化	延平知府、邵武知府
夏 裕	孔裕		福清融城	贵州臬司	夏 忠	廷谏		古田	岁贡,遂溪主簿
夏时行	建中		归化苎畬	陈州州同,西华、沈丘知县	夏泰和	汝殷		莆田	弘治十一年举人
夏允彝	彝仲	缓公	江苏华亭	长乐知县、礼部员外郎	向 程	宗洛		浙江慈溪	闽县知县
项 澄	秉泓		福清海口	温州知府	项 良	彦忠		广东顺德	古田县丞
项 旻	崇仁		浙江瑞安	建阳知县	项 锡	秉仁		浙江嘉兴	建阳知县
项 英	存英		寿宁十二都	贡士	项 忠	原孝		晋江	
项时选	应卿		连城		项守安	汝勉		浙江奉化	顺昌知县
萧 安	克宁		将乐		萧 保	永哲		莆田	遂昌训导

萧	标	直卿		莆田	贺县知县	萧	曾	成德	连江 永贵里	贡生
萧	崇	宗岱		建阳县坊		萧	迪	克进	泰宁朱口	淮安府经历
萧	福	九畴		浦城		萧	毅	古心	江西万安	连江知县
萧	槐	植三		泰宁		萧	骥	尚德	将乐	
萧	璟	子英		将乐		萧	夔	舜臣	江西泰和	罗源教谕
萧	昆	叔冈		将乐	淳安教谕、绩 溪教谕	萧	萧	洪鼎	仙游	
萧	谦	绍亨		莆田	曲周知县	萧	憨	汝励	将乐	
萧	全	德余		将乐		萧	善	本道	将乐	
萧	恕	汝推		将乐水南		萧	顺	永伸	将乐	
萧	泗	元鲁	符獬	建阳童游		萧	为	尚颖	莆田	乐昌教谕
萧	文	士奎		连江	石城训导	萧	文	希道	将乐	
萧	显	思允		福安宾贤		萧	显	思允	福安宾贤	连山知县
萧	晹	惟寅		江西万安	将乐教谕、零 陵知县	萧	仪	士威	将乐	
萧	义	德方		将乐		萧	胤	文祚	泰宁中隅	郴州教授
萧	英	灵齐		泰宁		萧	原	本初	顺昌	广西道御史、 交趾新安府推 官
萧	源	本清		南平		萧	瓒	廷璧	将乐	
萧	镇	邦静	秋庵	建阳		萧达宇		太和	泰宁朱口	
萧复阳			见心	同安沙美	户部员外郎	萧弘鲁		晋明	江西庐陵	仙游知县
萧觉钟		晓山		海澄	居厦门	萧九州		禹锡	福安宾贤	新宁知县

萧匡谟		二凤	顺昌		萧来凤	舜仪	宾竹	将乐	
萧良辅	希周		将乐		萧梦湖		松庵	将乐	寓居泰宁醴泉岩
萧鸣盛	戒甫、傲韦		建阳雒田		萧能贵	以达		泰宁石辋	庆安训导、新城训导
萧奇熊	懋男		莆田	永昌同知	萧奇烋	懋扬		莆田	万历十四年进士,湘潭知县
萧奇勋	懋建		莆田	南京户部员外郎	萧日强	体庄		广东新宁	仙游教谕
萧日煦	汉明		将乐	应山典史	萧上菁	象森		永定	太学生
萧上露	闰弘		永定	太学生	萧士骏	伯房、顽仙		泰宁	更名石夫。副榜贡生
萧天锡	蓼斯		永定	庠生	萧天叙	敦彝		永定	
萧廷宣	孟刺	三华	江西庐陵	长泰知县	萧廷玉		砥瑕	广东海阳	归化知县
萧维乔	培梧		泰宁朱口		萧文秀	廷实		顺昌	
萧闻宇	慎初		泰宁朱口	怀集知县、沅江府通判	萧吾义	以富		泰宁朱口	金华知县
萧奕辅	宁斋		广东南海	长汀知县、御史	萧应昊	乾元		福安宾贤	宣化教谕
萧应龙	兆祥	铭鼎	邵武金泉里	护驾征西正总兵	萧长仁	体元		归化	南安教谕
萧震房	兆祥、铭鼎		邵武	名一作震男。松江参将	萧之正	雪庵		湖北蕲州	平和知县
萧重熙		镜潭	泰宁	靖安知县	萧祖彭	鹤琪		将乐	
谢彬	文华		海澄		谢昌	景隆		将乐	
谢成	诚之		邵武		谢道	宗鲁		宁化	归善知县
谢定	元静		安溪永安里		谢蕡	维盛		闽县	礼科给事中
谢复	克贤		莆田		谢杲		青门老人	长乐	

谢贡	思献		永福	灵山教谕	谢光	必照		将乐	
谢洸	明卿		归化	大兴县丞、亳州同知	谢瀚	涵虚		归化	长宁知县
谢和	梅受		武平		谢花	仲花		安溪	
谢济	惟霖		江西高安	晋江主簿	谢杰(1536—1605)	汉甫	绎梅	长乐江田	户部尚书
谢杰	洵卿		海澄		谢炯	光宇		莆田	
谢琚	士伟		安溪永安里		谢琚	仲玉		怀安	南京兵科给事中
谢恺	原仁		莆田		谢魁	公选		连城	
谢崖(1489—1540)	钟璞	次峰	同安在坊	溧阳知县、成安知县	谢爔	世彰		邵武	广东参政
谢珏	重器		龙溪		谢霖	用谦		宁德	
谢穆	深远		将乐		谢聘	尔尹		晋江	
谢溥	公济		安徽祁门	长汀知县	谢侨	叔惠		连江大街	曹县训导
谢钦	致敬		上杭在城里	缙云知县	谢睿	元思		闽县	翰林检讨
谢胜	立敬		安溪长泰里		谢恕	中行		将乐	
谢肃	敬夫		上杭金丰里		谢绦	载容		安溪永安里	
谢端	世隆		邵武	石楼训导	谢维	绳腾	摩诘	永春福德里	乳名岩,又名晶岳
谢昱	德明		宁德二十都		谢逊	元哲		莆田	安陆学正
谢颖	世昭		邵武	惠州府同知	谢瑀	叔和		闽清	景泰甲戌进士,广东布政使
谢昱	崇明		顺昌	光禄寺署正	谢源	仕洁		闽县	监察御史
谢矛	东井		连城	归善训导、开建知县	谢佐	廷弼		上杭在城里	举人

谢必恭	节轩		连城	连山训导、平乐教授	谢伯珠	清珍		建宁	
谢朝敕	南宇		建宁		谢朝爵	达卿	源泉	建宁	
谢朝铨	邦用		建宁		谢赐荣(1324—1379)		古峰	归化沂州	左翼都督、镇国上将军
谢尔诚	用孚		连江通济	海康知县	谢福庆	一溪		建宁均口	
谢复进	叔献		长乐东隅	山西参政	谢广衡	用中		连江	沔阳训导
谢桂芳	性乡		建阳三桂		谢国昌	锡卿		建宁	
谢国谦	汝益	六吉山人	建宁均口		谢国煊	思宣、进宝		归化	御营前军都督
谢国珍	君聘		莆田	延安通判	谢吉卿	修之		晋江	
谢君惠	有孚		将乐	梧州府同知、长芦盐运使	谢君礼	如立		海澄	
谢可贤	改我		归化	万历癸酉贡生	谢励廊	念之		晋江	
谢流芳	以德		宁德十六都		谢明德	前溪		江西高安	平和知县
谢明良	翼泰		泰宁		谢明勖	宣夫		莆田	吴川知县
谢荣琮	肖岩		龙岩		谢汝泮	滨芹		长乐	
谢汝聘	志尹		建宁		谢汝韶	其盛		长乐江田	钱塘教谕、武义知县
谢汝仪	国正		浙江鄞县	分巡漳南道	谢士元	钟仁、约庵、仲仁		长乐江田	四川左参政、右布政使、右副都御史
谢世昌	二乐		仙游		谢守荣	松轩		连城	永康县丞
谢思勉	志学		邵武	漳州府教授	谢思木	汝仁		湖南耒阳	龙岩知县
谢天命	鲁生		广西全州	署沙县教谕、南京国子监助教	谢天秀		文台	泰宁	顺庆府通判
谢天祐		饶山	泰宁		谢廷表	觐辰		连江	司狱

谢廷翰	德卿		连城	施州卫教授	谢廷简	而文	絅斋	建宁	苏州训导
谢廷瑞	邦应		长乐江田	琼州知府	谢廷训	双湖		浙江会稽	大田知县
谢廷柱	邦用		长乐江田	湖广按察司佥事	谢廷擢	衷白		武平	
谢望伢	可容	泰宇	南安		谢仙举	师乔		安溪永安里	郑府伴读
谢宪时	用周		宁化		谢祥昌	盛甫		宁化	御营都司
谢象埮	雅甫		南安		谢玄珧	夏宁	山持	南安	
谢言诏	德誉		永定	庠生	谢宜相	道安		闽县	举人
谢应典	道扬		莆田	万历五年进士，国子监助教	谢应鹏	腾台		安溪	
谢应元	长卿		沙县		谢有大	同卿		晋江	
谢玉埠	九丹		莆田	新埕知县	谢元汴	途野		广东澄海	明亡入厦，削发为僧
谢云从	用霖	伯龙	建宁		谢兆申	耳伯		建宁均口	籍贯一作邵武。诸生
谢肇淛 (1559—1624)	在杭	武林、小草斋主人、山水劳人	长乐江田	随父居福州，家富藏书	谢宗泽	丽卿、思忒		海澄	
刑铭	宗志		罗源临济里	岁贡	刑鹏	万里		莆田	吉水教谕
熊骎	子才、士才		江西安义	将乐教谕、沔阳州学正	熊高	时仰		闽县	
熊洛	景之		江西南昌	分巡漳南道	熊慎	子敬		永定	
熊威	廷仪		将乐		熊纬	文江		江西南昌	明亡后，唐王授给事中
熊熙	文明		建阳崇太		熊缨	于清		长汀	德王府纪善
熊郁	文盛		建阳崇太		熊元	文粹		将乐	

熊　祝	充一、信符		永定	崇祯副榜	熊　滋		仁山	永定	儒官
熊东周	以道		将乐		熊国宾	寅所		永定	增生
熊国鼎	赓若		永定	增生	熊国兴	日楼		永定	饶平训导
熊国铉	玉予		永定	庠生	熊茂松	蘅皋		江西高安	汀州同知署宁化知县
熊铨元	祥人		永定	拔贡	熊汝达		北潭	江西进贤	泉州知府
熊汝霖	梦泽	雨殷	浙江余姚	同安知县	熊绍祖	济美		建阳童游	
熊守廉		爱山	永定		熊学懋		南衢	永定	儒官
熊元庄	敬夫		建阳崇太		熊兆熙	毓和		永定	庠生
熊正宗		复斋	永定		熊之璋	玉孺	钝静山人	崇安四隅里	
熊致谅	克信		长汀	揭阳典史摄程乡县事	熊宗立(1415—1487)	道轩	勿听子	建阳	明代著名医家
胥文相	士衡		湖南巴陵	漳浦知县、汀州知府	徐　安	处善		浦城	
徐　棉	子瞻	相坡居士	闽县	南安训导、茂名教谕	徐　柏	守卿		浦城	
徐　弼	良佐		漳浦		徐　表		龙泉	漳浦绥安	
徐　㶿(1563—1639)	惟起	兴公	侯官	别号三山老叟、天竿山人、竹窗病叟、笔耕惰农、筠雪道人、绿玉斋主人、读易园主人、鳌峰居士	徐　昶	尚文		将乐	
徐　忒	汝实		江苏常熟	古田知县	徐　纯	有文		仙游	
徐　聪	从谋		莆田		徐　得	彦辉		建阳县坊	
徐　鼎	思重		漳浦绥安		徐　访		东皋	浙江永康	以郡判署连江篆

徐　凤	明瑞	桐冈	沙县历东		徐　黼		恕轩	浙江钱塘	泉州训导
徐　亘	久卿		将乐		徐　和	用贵		建阳崇太	
徐　济	邦楫		将乐		徐　建	曰中		浙江余姚	古田知县
徐　鉴	本昭	竹鹤老人	邵武		徐　鉴	克明		福宁一都	澄迈知县
徐　阶	子升		江苏华亭	延平推官，署沙县知县	徐　经	宏常		仙游	字一作伯常。余杭主簿
徐　乐	子大		将乐		徐　霖	文沛		将乐	
徐　銮	鸣卿		镇海卫	兵部职方郎中	徐　纶	文理		将乐	
徐　茂	德会		晋江		徐　美	质夫		邵武	连州知州
徐　敏	有功		将乐		徐　浦	伯源		浦城	
徐　溥	士宏		邵武	监察御史山西巡按	徐　奇	以正		浦城	
徐　玘	廷玉		将乐		徐　铨	德选		武平	漳平训导、郁林州学正
徐　荣	仁卿		晋江		徐　熥 (1561—1599)	惟和、调侯		闽县	籍贯一作侯官。万历十六年举人
徐　梧	凤仪		邵武	工楷书及擘窠大字	徐　易	时卿		将乐	
徐　釴	德辅		武平		徐　英	久英		将乐	
徐　英	振烈		侯官		徐　玫	钻园		建阳童游	
徐　钰	仲器		江西德化	泉州府经历	徐　章	耀甫		浦城	
徐　照	光庭		将乐		徐　振	汝立		将乐	
徐　陟	升高		晋江		徐　中	以正		浦城	
徐　梓	汝良		浙江余姚	分巡漳南道	徐安祖	孟静		莆田	

徐柏相	良夫		浦城	南京户部员外郎	徐邦佐	之才		浦城	
徐表然	德望		崇安		徐秉元	守健		莆田	
徐博卿	君溥		南安		徐朝首	魁奎		永定	
徐纯仁	长人		浦城		徐大化		熙寰	浙江会稽	连城知县、户部尚书
徐大绅	簏光	翰明	建宁		徐大用	乔用		莆田	惠州同知
徐登第	时杰		南平	容县知县	徐登瀛	一州		沙县历东	
徐凤岐	文明		浙江武义	漳平知县	徐孚远 (1599—1665)	暗公		江苏华亭	随鲁王入闽，长居金厦
徐甫宰	允平		浙江山阴	武平知县	徐观复		一我	浙江上虞	仙游知县
徐观澜	道本		莆田	嘉靖十九年举人，南户部郎中	徐光斗	辉寰		浦城	
徐光甫	乔岳		仙游		徐鸿仪	采伯		晋江	
徐缙芳	奕开		晋江	监察御史	徐景濂	尧赞		莆田	太仆少卿
徐鲤俊	龙登	震南	南安洋尾		徐梦麟	瑞夫		将乐	
徐民俊	用章		浦城		徐民式 (1549—?)	用敬	俭吾	浦城	江南巡抚、户部侍郎
徐民悦	以公		浦城		徐明彬	晋斌		漳浦云霄	
徐人玉	玉如		莆田	兖州同知	徐日升	初阳		崇安四隅里	衢州通判
徐汝阳	时泰		江西临川	分巡漳南道	徐善安	敦复		浦城	
徐尚卿	师臣	印伯	南平		徐舜年	希虞		建阳三桂	
徐廷阳	元郡		将乐		徐万仞	仰之		浦城	
徐文焕	斗章		泰宁		徐文潊	若川		莆田	广信知府

徐文禧	唐章		将乐		徐文沂	心儒		武平	字一作心孺，瑞州通判
徐一魁	士杰		建阳三桂		徐一阳	光明		莆田	莱阳知县
徐以任	维尹		晋江		徐应麟	征周		莆田	温州通判
徐应秋	君义	云林	浙江西安	同安知县	徐有度	宗斐		平和	北京兵马指挥
徐羽骅	汉寿		莆田	万历三十四年举人	徐遇保	彦安		仙游	广信府经历
徐元稔	元嘉		莆田	兵部郎中	徐元隋	文简		将乐	
徐召南	一化		浦城		徐兆骢	时乘		浦城	
徐兆鼎		羽苍	广东清远	晋江知县	徐贞一		元虚子	政和	
徐中行	子与		浙江长兴	汀州知府、福建按察使	徐中台	伯朗		建宁	
徐中元	元子		莆田	高明知县	徐宗台	伯郎		建宁	庐州同知
徐宗禹	海南		浦城		许斌	尚中		寿宁坊三图	贡士
许材	从任		同安后浦	诸生	许昌	崇盛		安溪永安里	
许传	季善		宁德四都		许赐	子达		莆田	正统三年举人
许福(?—1535)	尧锡	西浦	同安后浦	嘉靖十四年进士	许拱	宏庄		南安	
许谷(1506—?)	仲贻		江苏上元	太常少卿	许瀚	彦卿		莆田	弘治十五年进士,广东参议
许洪	景范		连江大街	贡生	许觐	植光		寿宁坊二图	崇祯元年恩拔
许璟	亚宋、景玉、得璟		莆田	崇祯元年进士,湖广参议	许穆	主敬		莆田	韶州推官
许判		一松	诏安		许评	尚衡		莆田	
许珀	廷珍		莆田	寿州学正	许潜	时升		漳浦	

许 琼	荆玉		宁德四都		许 仁	孟仁		莆田	鲁府长史
许 仁	元夫		浙江仁和	德化知县	许 试		石渠	漳浦	漳浦知县
许 泰	元吉		永福	安远训导	许 通	达善		永福	永乐乡举
许 獬 (1570—1606)	子逊	钟斗	同安后浦	原名行周。翰林院编修	许 燮	阳吉	理斋	闽清	
许 勘 (?—1445)	仕闵	松壑	同安城内		许 镛	则雍		同安	许獬之三子
许 友 (1615—1663)	介有、友眉、介寿	瓯香	侯官	名宰,善书画、亦工诗	许 钺	敦夫		同安	许獬之次子
许 豸	玉史		侯官	户部主事,员外郎	许 赟	惟敬	次浦	同安后浦	湖广城步知县
许邦瓒	德圭		莆田	丰城训导	许炳西	阳庚	梦园	闽清	从许燮学医
许德庵	日仁	骏声	闽清	县学生员	许凤宾	瑞夫		晋江	隆安知县
许孚远 (1535—1604)	孟中	敬庵	浙江德清	福建巡抚	许光前	尔章		将乐	
许光卿	用实	宾明	同安后浦	新宁知县	许国诚	鼎臣		晋江	镇江知府
许国器	德琏		莆田	万历四十七年进士,户部郎中	许海福 (1385—1447)	伯畴	兰香	诏安三都	
许敬轩		南湖	浙江天台	汀州知府	许逵翼	用卿	抟轰	同安后浦	广西宣化知县
许名威	应武		将乐		许南金	愧双		漳浦东山	
许日从	昌言		仙游	武义知县	许师衡	崇道		将乐	
许士驹	必昂		永定深渡	乡宾	许腾曜	用照		同安后浦	
许天琦	大正		晋江	云南副使	许天锡 (1470—1508)	启衷	洞江	闽县	籍贯一作长乐洞头。吏科给事中
许廷齐	大齐		莆田	郡府纪善	许廷用	惟范	南州	同安后浦	南户部主事
许文献	礼原		江苏长洲	永定知县	许文曩	光普		莆田	灵山教谕

姓名	字	号	籍贯	职位	姓名	字	号	籍贯	职位
许文著	光郁		莆田	太平教授	许希贤	世昌		闽县	
许效廉	子简		莆田	江西参议	许效忠	子臣		莆田	枣强教谕
许勖旻 (?—1445)	仕闵	松壑	同安城内	泉州府阴阳正术	许学宗	因可		晋江石狮	
许巽卿	经之		莆田		许一敬	思礼		海澄	
许一新	君勉		莆田	广信通判	许一星	振辰		莆田	万历二年进士,琼州知府
许以明	英实	见海、汝明	同安后浦	兴安知县	许应鳌	春海		寿宁十都二图	岁贡
许于国	世臣		晋江		许遇生	本诚		莆田	吉木教谕
许岳镇	关西		晋江深沪		许兆进	国相		莆田	全州知州
许振之	从干	扬沧	同安后浦		许知新	致可		晋江	
许重华	良绚		同安后浦		许自表	无己	箕颖	江苏吴县	安溪知县
许宗镒	应衡		晋江	浙江参政	许宗洙	小永		莆田	崇祯十五年举人
绪东山		三南	广西马平	德化知县	薛曾	师孔		福清三山	广西参政
薛佛	希化		福安洋口	连山教谕	薛俊	尚卿		广东揭阳	连江训导
薛坤	顺卿		福清三山	礼部郎中	薛侨	文高		宁德	
薛铨	穆生		侯官	诸生	薛晟	则泰		福宁	洪武十八年进士
薛旭	孟昭		宁德一都	原名立政	薛耀	发仲		福清	广德知州
薛益	谦仲		仙游	潮州通判	薛曾祯	宜幹		宁德	
薛大丰	日皡	怀如	仙游枫亭	贵州按察司副使	薛大纲	少江		宁德	
薛大志	当世		宁德一都		薛德统	守正		福清	南京户部主事

薛登龙	建章			海澄		薛笃擎	子辉		仙游	崇祯十二年武举人
薛公应	宗举			宁德		薛惠祖	克光		长泰	朝议大夫
薛孔洵	信夫			宁德		薛梦雷	汝奋		福清高山	副都御史
薛士彦	道誉	钦宇		漳浦绥安	云南左布政使	薛世晅	雄焯		福清	临江知府
薛天华	君恪			晋江	广东右布政使	薛廷宠	汝承		福清龙田	行人、吏部给事中、都给事中
薛廷儒		毓斋		宁德		薛廷志	德志		仙游	嘉靖三十七年武举人
薛一鸾		鸣盛		宁德		薛应聘	上珍		浙江会稽	长汀知县、山东兖州府同知
薛震来	子猛			仙游	天启七年武举人	薛宗铠	子修		广东海阳	籍贯一作广东揭阳。将乐知县
鄢 俊	东桥			永福		鄢 炌	尚辉		永福	凤阳主簿
鄢茂材	名山			永福麟洋	兴国州州判	鄢茂林		紫山	永福麟洋	诸生
鄢廷海	苊献			永福麟洋	登封知县	鄢正亨	孔升		永福	诸生
鄢正衡	德铨、阿平	塞庵		永福	诸生。为僧，更名止行	鄢正幾	德都	皇州	永福	邑廪生
鄢正蓟	德虞			永福	邑诸生	鄢正重	德端		永福	
严 澂	道澈			江苏常熟	邵武知府	严 鈇	孔威		仙游	顺德知县
严 泲 (1424—1483)	宗源	钝庵		莆田	湖广右布政使	严 润	孟露		仙游	济南府仓大使
严 通	志吉			福清江阴	籍贯一作闽县。兵科给事中	严 烜	熙叔		怀安	金华教授
严殿魁	学修			仙游	杭州前卫经历，代理余姚知县	严光翰	灿章		仙游	淮府教授
严九岳 (1574—1621)	以赞、以瓒	海日		永安贡川	户部郎中	严明章	思焕		仙游	建宁仓大使
严飘香	王思	芳烈		仙游	县学廪生	严日勤	仰圣		仙游	柳州府大使

严廷谋	王猷		仙游	高邮卫经历	严维瑶	尔玉		仙游	遂宁县尉
严文炌	炬卿		仙游	郓城典史	严应选	尔衡		仙游	武进县巡检
严卓如	希立		漳平居仁里		严自完		心蓬	浙江归安	晋江知县
颜弘 (?—1543)	笃任		同安小径		颜阶	崇升		龙溪	南京户部员外郎
颜隆 (1390—1471)	文盛		永春始安里	河南按察司佥事	颜扬	士抑	文岫	同安小径	
颜猷	道谋		晋江		颜敦祥 (1437—1521)	笃祯	谦牧	同安小径	
颜公武	仲恒		宁德霍童		颜继祖 (?—1639)	绳其	同兰	龙溪	山东巡抚
颜魁槐	奇黄		晋江	广昌知县	颜理学	道懦		晋江	
颜容彬	士华		晋江	吉府审理	颜容暄	孚孺	太屏	漳浦佛昙	
颜思齐 (1589—1625)	振泉		海澄青礁		颜廷榘 (1519—1611)	范卿	陋巷生、赘翁、桃源渔人	永春始安里	岷王府长史
颜为邦	宗谦		大田		颜益润	道文		晋江	光禄寺丞
阳思谦	生白		湖南新化	泉州知府	杨鳌	旭卿		建阳崇化	
杨榜	题黄		松溪		杨表	汝中		龙溪	广西参政
杨渤	德浚		晋江	国子监学录	杨渤	士容		莆田	
杨垔	廷实		连江崇礼	阳山训导	杨彩	怀奇		尤溪	
杨琛	楚石		龙岩		杨崇	善器		连江透堡	
杨慈	惠叔		莆田		杨赐	伯兴		将乐	
杨岱	钟秀		将乐		杨铎	朝鲁		莆田	弘治三年进士

杨 范	士洪		晋江		杨 凤	汝德		莆田	九江教授
杨 黻	汝介		仙游	成化十年举人	杨 釜 (1420—1464)	受调	澄济	长泰后庵	御史
杨 垓	复一	柏庵	长泰		杨 诰	告之		江苏苏州	古田主簿
杨 格	良弼		连江崇礼	曲阜教谕	杨 海	子山		仙游	武安场官
杨 汉	纪国		福宁	昌化知县	杨 汉	天章		长汀	汀州卫指挥同知,摄铜山、小埕把总
杨 汉	彦广		罗源东隅	道州吏目	杨 河	时清		连江崇礼	兵部主事
杨 衡	南受		广东高明	建阳教谕	杨 华	日瞻		寿宁	太平训导
杨 季	克敬		连江	汉川知县	杨 皆	通卿		莆田	四川金事
杨 举	直夫		莆田	宁阳知县	杨 俊	翼寰		上杭	碣石卫屯田经历
杨 琅	朝重		莆田	山东金事	杨 梁	勿斋		浙江归安	分巡漳南道
杨 烈		振蓉	漳浦前亭		杨 隆	汝隆		安溪 感化里	
杨 茂	叔亨		松溪		杨 冕	世甲		宁德五都	
杨 名	实敷		古田	海丰知县	杨 槃	世资		江西崇仁	福安教谕
杨 麒	仁甫	四泉	江西上饶	长乐知县	杨 起	贞我		浦城	
杨 谦	受益		连江下里	龙游教谕	杨 清	士廉		莆田	成化七年举人,无为州训导
杨 荣	五甫		南安华封		杨 荣 (1371—1440)	勉仁		建安	初名子荣。内阁大学士
杨 伸	直夫		宁德八都		杨 舜	世柔	可斋	同安杨江	
杨 泰	尚夫	贞乐	长泰		杨 挺	勉甫		崇安 四隅里	
杨 烶	道昭		连江透堡	云南后卫经历	杨 焞	文州		连江	肇庆教授,一说泉州府训导

杨 武	德成		归化归下里	四彝馆译字官	杨 兀	琼于		宁德汤湾	
杨 锡	汝畴		连江江南	贡生	杨 贤	思齐		松溪	
杨 兴	升中		晋江		杨 休	在绍		莆田	嘉靖二十五年举人
杨 瑄	东渠		龙岩	岳州经历	杨 义	士宜		莆田	
杨 瑛	德华		莆田	正统四年进士,员外郎	杨 庸	子常		宁德	
杨 舆	士载、时载		晋江	训导	杨 育	孟仁		宁德三都	
杨 昱	子晦	东溪	汀州	都昌知县	杨 元	乾一		莆田	休宁教谕
杨 元	尚亨		仙游	开封府法曹	杨 源	德永		永福	崇仁教谕
杨 瓒	宗器		莆田	河南参政	杨 贞	介卿		将乐	
杨 珍	待聘		仙游	赞皇县尉	杨 智	思明		南安丰州	
杨 滋	复成		仙游	安远县尉	杨 遵	宋道		浦城	
杨邦翰	国礼	锦潮	漳浦佛昙		杨秉机	允中	鹭岛遁人	同安中左所	邑诸生
杨秉纪	国理		南平	江夏、处州府训导	杨朝干		时斋	同安	
杨朝选	少云		连江	连城教谕	杨呈秀		方岳	泰宁	汀州教谕,署理推官事
杨赐儒		月塘	连城芷溪		杨从龙	允光		连江透堡	抚标守备
杨达仙	达仙	紫髯山人幔亭仙侣十六洞天野人	泰宁		杨大韶	子舜		将乐	唐山知县、武缘知县
杨大黍	子丰		莆田	弘治十七年举人。宁波推官	杨大武	子周		南平	建安教谕

杨丹岷	德玉		尤溪	台州同知	杨道宾	惟彦		晋江	礼部侍郎
杨道恒	惟衷		晋江		杨道会	惟宗		晋江	湖广布政使
杨道宽	惟制		晋江		杨德周	齐庄		浙江鄞县	古田知县
杨鼎甲	彤宣		四川江安	归化知县	杨芳春		四知	宁德	
杨逢春 (1498—1553)	仁甫	西渠	同安嘉禾	湖广参议	杨福兴 (1305—1378)	达卿		建安	
杨公荣	仲仁		连江江南	进士	杨光堤	及一		南安	
杨国本	在培		莆田	博罗教谕	杨继卿	仲卿		龙岩	字一作仲钦。 临城典史
杨继宗	期肖		莆田	韶州同知	杨嘉谟	仲明		莆田	崇祯九年举人
杨景辰 (1580—1629)	载甫	侗孩	晋江 廿六都		杨矍崃	稚实		晋江	
杨孟洪	裕卿		晋江	德府右长史	杨梦珠	甫生		连城	守备、都司
杨南宗	师程		晋江		杨佩训	维式		晋江	四川参政
杨期演	则龙	克斋	同安 中左所	名一作朝演。 崇祯三年举 人。兵部主事	杨权器	德周		侯官	南京御史
杨日采	原白		晋江	南京刑部主事	杨日宗	汝敬		莆田	吉府长史
杨儒范	淑仪		福鼎九都		杨汝惠	吉夫		莆田	嘉靖七年举 人，教谕
杨瑞凤	和仲		仙游	崇祯十七年武 进士	杨善荣	彦华		泰宁中隅	
杨盛基	善继		晋江		杨时秀	峻灵	泰州	长汀	万年县训导， 摄余干知县
杨士仁	心夫		晋江		杨士瀛	登父		怀安	
杨士运 (1573—1620)	克广		顺昌	太学生	杨守伯	嘉沃	萃锦	漳浦佛县	
杨守仁	嘉复	蓉江	漳浦佛县		杨守一	纯卿		江西太和	平和知县

杨廷器	子材	梅塘	宁化	梅塘一作字，广州教授	杨廷相	君瓒		晋江	南京通政司通正使
杨廷秀	汝贤		连江	举人	杨万程	志博		莆田	嘉靖十四年进士
杨万春	汝和		浙江钱塘	上杭知县	杨万廉	有孚		晋江	霸州知州
杨万绿		蜚山	莆田	泰宁龙山观六年	杨万昇	体和		连城	
杨文端	正夫		宁德		杨文命	日敬		莆田	成化二十二年举人，绍兴教授
杨锡璜	婴孺		晋江	徐州通判	杨贤德	景元		安溪来苏里	海宁县丞
杨新恩	子承		宁德十一都		杨阳春	和卿		晋江	
杨曜宗	世显		晋江		杨一桂		丹崖	江西清江	泉州府同知
杨一葵	翘卿	致吾、绍江	漳浦佛昙		杨一兰	应卿	右江	漳浦佛昙	
杨一谟	世文		闽县	又名杨一模。贵州参议	杨颐翁	正甫		晋江	
杨莹钟（1566—1653）	亮闳	鹏遥	长泰后庵	广西左布政使	杨应春	际元		连江	宿州学正
杨应诏	邦彦	天游山人	建安		杨元锡	康侯		晋江	
杨元霄		心孺	顺昌	南安训导	杨原禧	履吉		归化	弘治己未岁贡，广西知事
杨原养	铭甫		福鼎	陕西柳林驿丞	杨云翚	大章		将乐	
杨载鸣	虚卿		江西庐陵	将乐典史、福建参政	杨振元	伯奋		莆田	万历四十年举人，福州同知
杨振祖	士安		福安	广东惠州府仓官	杨钟英（1552—1611）	初阳		长泰	宁绍道
姚迟		若麓	浙江秀水	德化知县	姚恭	心翼		连城	归安知县
姚恭	心翼	允之	漳浦		姚昊	太大		福清海口	陕西左参议
姚旅	园客		莆田		姚绵	怀远		莆田	景陵教谕

姓名	字	号	籍贯	职官	姓名	字	号	籍贯	职官
姚铣	孟声		侯官	兵科都谏	姚熊	应祥		宁德一都	
姚璇	时用		浦城		姚英	彦实		浦城	
姚永	思永		莆田	光禄少卿	姚虞	泽山、宗舜		莆田	嘉靖壬辰进士。淮安知府
姚正	在养		莆田	安庆知府	姚志	伯启		崇安四隅里	束鹿知县
姚东阳	国光	明山	广东潮阳	漳浦知县	姚光洋		同庵	广东南海	泉州府知府
姚鸣凤	景阳		莆田	南京浙江道御史	姚鸣和	廷和		莆田	成化二十年进士,户部主事
姚鸣鸾	景雍		莆田	正德十六年进士,淳安知县	姚鸣佩	景行		莆田	嘉靖十九年举人,象山知县
姚荣吉	思善		宁德一都		姚士瞻	德昭		光泽在城	阜城主簿
姚孙榘		石岭	安徽桐城	晋江知县	姚文炜	在质		仙游	新宁知县
姚文晔	在韬		莆田	武陵教谕	姚文焀(1495—?)	在明	虚谷	莆田畅山	浙江左布政使
姚一瀚	汇伯		莆田	万历二十八年举人,知县	姚翼明	兴公		浙江	随鲁王至厦门,旋入洪济山为僧
姚之兰	汝芳	芳麓	安徽桐城	海澄知县、汀州知府	叶保	良能		莆田	顺天教授
叶岱	彦高		罗源招贤里	南城县丞	叶荡	仕尧	桐溪	同安碧岳	余干知县、新兴知县
叶端	文正		连江湖里	文昌教谕	叶福	福民		清流坊郭里	举人
叶福	叔畴		闽县	刑科给事中	叶纲	世常		寿宁十一都	广安州判
叶杲	廷辉		寿宁十一都	高邮吏目	叶珙	崇器		莆田	永乐十八年举人,密县教谕
叶观	国光		江苏江都	兴化知府	叶珩	鸣玉		莆田	贵州左布政使
叶惠	汝古		寿宁十一都	广西军民府教授	叶璘	朝璧		莆田	兴国知县
叶纪	朝至		松溪		叶甲	白生		莆田	崇祯十二年举人

叶爵	尊侯		同安莲坂		叶宽	栗夫		晋江	蒙城知县
叶琳	廷器		寿宁十一都	贡士	叶麟	汝征		寿宁十一都	署万州知州
叶碌	文科	恪庵	同安碧岳	感恩知县	叶峦	峻甫		莆田	景泰二年进士,御史
叶茂	弘义		泰宁南隅	河南按察司金事	叶穆	式文		漳浦	
叶玭	公重		长泰旌孝里	知县	叶奇	宏伟		闽县	御史
叶儒	敬善		建阳		叶枢	机仲		松溪	
叶恕	以忠		浦城		叶桶	文魁		长泰	
叶鼍	世黾	龟峰	诏安宝桥		叶襄	谟之		寿宁十一都	
叶信	中孚		浙江上虞	泉州知府	叶宜	守义		南平	
叶迎	允受	集五	同安莲坂	总兵右都督	叶颖	慧生	兀者、柳贺	宁化	
叶援	师道		浙江金华	罗源训导	叶源	德洪		罗源徐公里	广东都司经历
叶忠	文忠		泰宁中隅	定远县丞、砀山县丞	叶资	世严		寿宁坊四图	
叶炳庄	华端		大田京口		叶伯奋	复迅		同安	乐清知县
叶伯熊	复文		同安	南靖教官	叶朝棐	肖素		寿宁十一都	鸿胪寺丞
叶朝鉴	正之		寿宁十一都	鸿胪寺鸣赞	叶朝聘	珍之		寿宁十一都	贡士
叶朝山	体仁		寿宁十一都	改名朝举。兴化府训导	叶朝相	揖之		寿宁十一都	
叶朝岳	峻之		寿宁十一都	原名守钝	叶朝镇	安之		寿宁十一都	惠来知县
叶朝赟	埴之		寿宁十一都	岁贡	叶朝奏	匡之		寿宁十一都	信丰知县
叶成材	和轩		建阳均亭		叶成章(1573—1641)	国文	慕同	同安褒美	大理寺卿

叶成章		台元	南平	承天府通判	叶承遇	思章		浙江永嘉	莆田知县
叶春及	化甫	纲斋	广东归善	惠安知县	叶从大	对吾		寿宁十一都	广东经历
叶从书	同吾		寿宁十一都	南平训导	叶从文	宪卿		寿宁十一都	开县知县
叶道生	唯一		寿宁三都		叶逢阳	子泰		松溪城关	
叶甘瓠	民材		清流	名一作叶甘匏。新城知县	叶公壸	达所		闽县	广西贺县知县
叶观海	汾浦		诏安三都		叶后诏	伯俞		同安岭下	诸生
叶景隆	克谦		清流坊郭里	监生,遥授恩平县丞	叶巨卿	弼甫		莆田	平海卫所副千户
叶爵崇	尊侯		同安莲坂	南京参将	叶良渐	海涛		闽县	户部主事,员外郎
叶茂端	思诚		仙游	景泰间贡生	叶懋才	成夫		寿宁十一都	福宁州训导
叶懋养	员乔		寿宁十一都	岁贡	叶明元(1540—1594)	可鸣	星洲	同安	广西参政
叶鸣护	商卿		寿宁十一都		叶鸣璇	齐卿		寿宁十一都	赵府纪善
叶鸣阴	间宇		寿宁	归善训导	叶普亮	广熙	静庵	同安莲坂	河南道监察御史
叶期远		梅阁	漳浦云霄		叶启蕤(1607—1663)	景芝	际国	同安莲坂	代理漳州通判
叶庆福	尔增		归化		叶仁山	良镇		寿宁坊四图	贡士
叶仁趾	良德		寿宁坊四图		叶仁佐	良弼		寿宁坊四图	丽水训导
叶尚殷	翠崎		漳平居仁里	一作号翠崎	叶时方	士廉		清流	邑庠生
叶时逢	汝达		寿宁十一都		叶时敏	志卿	修自	长乐沙京	乌程教谕
叶时清	汝扬		寿宁十一都		叶时谭	汝默		寿宁十一都	
叶时望	汝导		寿宁十一都		叶时新	苍竹		漳平居仁里	

叶时宣	汝敷		寿宁十一都		叶时雍	汝成		寿宁十一都	
叶士宾	尚宾		莆田	嘉靖二十一年进士,户部郎中	叶天升	懋缙		莆田	万历四十四年进士,广信知府
叶廷萃	允升		侯官	南京工部郎中	叶廷秀	道方		宁德八都	
叶万荣	思成		寿宁三都		叶文典	士通		寿宁六都	
叶锡辂	二商		清流		叶向高(1559—1627)	进卿	台山、福庐山人	福清港头	礼部尚书、东阁大学士
叶养元	君瑞		寿宁三都		叶义简	克慎		寿宁坊四图	
叶奕世	烈甫		南安		叶翼云(1596—1648)	载九、敬甫		同安莲坂	稽勋司员外郎,代理同安县事
叶应诚	文实		泰宁南隅	永康知县	叶有声	震隐		江苏华亭	侯官知县
叶有宅	良贡		寿宁坊四图		叶有忠	苍臣		清流	
叶元玉	廷玺	古崖	清流城关	一作迁玺	叶允昌	顺德	后林	浙江慈溪	同安知县
叶肇蓁	郁甫		建阳		叶仲化	伯宏		归化	
叶子发	方苞		莆田		叶子禄	天锡		光泽在城	信宜知县
叶宗广	果庵		漳浦		叶宗远	源长		顺昌	
伊侃	又陶		宁化	廪生	伊勋	无功		宁化	诸生
伊天祐	顺甫		宁化	桃源知县	伊尧夫	宗绍	易庵	宁化	和平知县
伊志可	有之		宁化	诸生	易道谈	进明		湖南巴陵	兴化知府
易时中	嘉会	愧虚	晋江		易裕冬	平冈		南平	
阴积	厚德		宁化	孝丰知县	阴启旦	希周		宁化	署桂东、安仁知县,桂东知州
阴维标	汝建		宁化	夹江知县	阴兴雍	仁熙		宁化	永春教谕

姓名	字	号	籍贯	职务	姓名	字	号	籍贯	职务
殷光彦		元楷	安徽歙县	泉州府通判	尹 安	仕安		江西上饶	光泽教谕
尹 古	如古		江西泰和	古田知县	尹 宏	克宽		山东历城	泉州知府
尹 时	孙宜		江西永宁	顺昌教谕	尹 嵩		艮斋	广东东莞	泉州府同知
尹 校	原学		安徽歙县	分巡漳南道	应 钦	汝庄		崇安	
应朝卿	行叔	兰皋	浙江临海	晋江知县	雍 澜	斯道		莆田	广东参议
尤 端	克正		罗源	顺德训导	尤 默	惟正		晋江	
尤 莹	粹淑		罗源招贤里	应城教谕	尤光被	子辉	鉴峰	罗源	信阳刺史
尤光熙	子学		罗源招贤里	岁贡	尤光祖	子述		罗源招贤里	建安训导
尤懋勋	钦甫		罗源招贤里	监生	尤荣贵	邦良		罗源招贤里	晋江教谕
游 昂	景宇		莆田	衡山知县	游 表	仪镇		上杭在城里	瑞州府通判
游 秉	德钦		连江		游 灿	孔宣		古田	岁贡,训导
游 德 (1505—1540)	廷光	樊涧	柘荣柏峰	著有《隆中半榻稿》	游 樏	佩弦		连江	瑞安训导
游 琪	润玉		南平普安		游 琏	世重	少石	连江万石铺	江西参政
游 纶	邦济		南平	睢宁知县	游 敏	好文		建阳禾平	
游 明	大升		江西丰城	提督福建学政	游 朴 (1526—1599)	太初	少涧	柘洋黄柏	广东按察司副使
游 儒	邦彦		莆田	成化十三年举人,寿章教谕	游 宣	汝哲		连江	博罗训导
游 艺	子六	岱峰	建阳崇化		游 莹	尚明		上杭在城里	潮阳教谕
游 与	宗权		连江	福安教谕	游伯槐	登辅		莆田	广西按察使
游昌业	天彝		漳浦镇海		游大川	宏济		莆田	处州同知

游凤翔	廷祥		莆田	玉山知县	游桂芳	世芳		莆田	任丘教谕
游居敬 (1509—1572)	行简	可斋	南平	南京刑部左侍郎	游洛图	赤文		漳浦镇海	
游梦良	元良		莆田	天启四年举人	游琦立		碧堂	漳浦东山	
游日就	学熙		莆田	嘉靖二十五年举人	游日章	学绚		莆田	嘉靖三十八年进士，廉州知府
游上国	用九		连江	原名乾，郡廪生	游尚宝	时珍		罗源招贤里	新建训导
游圣廷	剖元		光泽十六都	教谕	游时祺	叔颐	邑庵	连江	
游时新	思仪		连江	承天照磨	游时中	约我		连江	镇海卫教授
游叔骅	尔调		莆田	闽清教谕	游天廷	行野		漳浦	
游文叔	景善		连江	建宁教谕，一说延平教授	游文信	国宝		南平	随州学正
游文熊	熊非		连江	诸生	游义生	伯方		连江	山东御史
游应龙	廷能		莆田	万历八年进士	游应运		西叔	政和	
游于北	怀荩		南平	醴陵知县	游于广	怀约		南平	户部曹郎
游云鸿	渐甫		莆田	湖广按察使	游中行	复如		上杭	上海县丞
游中林		鹤峰	漳浦东山		于 震	孔安		浙江余姚	福安知县
于可举	天门		湖南澧州	连江知县	余 珤	帷贤		清流坊郭里	青田知县
余 飚	世南		莆田	崇祯十六年进士	余 朝	德居		莆田	平阴教谕
余 福	思学		建阳崇化		余 皋	抱元		顺昌在城	
余 镐	希周		古田	合浦主簿	余 腾	孟嘉		莆田	泰州学正
余 恭	克让		顺昌		余 经	宜常		莆田	

姓名	字	号	籍贯	备注	姓名	字	号	籍贯	备注
余　靖	又安		建宁里心		余　聚	志安		浦城	
余　侃	坐竹		建宁		余　康	时清		莆田	成化二年进士,都督府事
余　廉	廷洁		将乐		余　濂	汝周		莆田	寿张知县
余　隆	孟高		建宁在城		余　洛	世瑞		莆田	平度学正
余　宙	希尹		政和		余　楠	仕茂		晋江	
余　磐	良渐		广东饶平	顺昌知县、湖广武冈州知州	余　琦	世珍		莆田	浙江佥事
余　玱	世珍		罗源徐公里	金华通判	余　泰	达夫		将乐	
余　堂	志升	芝田	古田	选贡,进贤谕	余　镗	元声		建阳三桂	
余　滔	德纯		古田	蕲水县丞	余　文	孟质		莆田	常州知府
余　新	懋新		泰宁北隅		余　星	拱宸		莆田	真阳知县
余　宣	以通		连江	龙南训导	余　飏	赓之		莆田	上虞知县
余　耀	叔炫		莆田	饶州通判	余　应	则亮		政和	
余　瓒	君锡		莆田	太仆寺卿	余　震	时动		将乐	
余　震	子春		莆田	万历三十四年举人,仙居知县	余　征	宏贵		莆田	成化二十三年进士,户部主事
余　志	志学		建宁	石阡知府	余　智	若水		泰宁北隅	茂名训导、揭阳教谕
余　洲	子居		莆田	嘉靖二年进士,户部主事	余　镒	时用	东田	建宁	太学生
余本纯	一卿	东厓	清流	永平府通判	余朝杰	肖山		永福	安庆府二尹
余敦盛		养台	顺昌		余拱北	国恭		莆田	修仁知县
余国昌	君言		连江	南直卫隶中卫经历	余国光	方彬		永福	邑诸生

余亨正	以中		古田		余化淳	元卿、毓初	将乐	福清教谕、湖州府同知
余金科	存吾		建宁		余立丰(1521—1574)	仲宇	仙游奎山	琼山知县
余履信	顺卿		南平		余梦吕	汝辅	建宁	
余祈繁	汝盛		莆田	成化二年进士	余琼州	伯玉	仙游	
余人俊	伯英		将乐		余人望	副之	建宁里心	
余时安	福安		建宁里心		余时经	景设	福安南街	万历年间例仕
余世贵	尚德		连江幕浦	怀远知县	余望阳	伯明	顺昌	
余文龙	云从		古田	万历进士	余一鹏	朝举	莆田	嘉靖二十三年进士,广西佥事
余一正	文表		莆田	成化十三年举人,归安知县	余应桂	二矶	江西都昌	龙岩知县
余应鸿	其渐		莆田	嘉靖三十一年举人,昌邑知县	余云标	立甫	莆田	思州推官
余云鸿	元仪		莆田	弋阳训导	余云龙	元从	莆田	通城知县
余长祚	锡倏、锡侯		清流	副贡生	俞璁	彦达	连江	灵山典史
俞诲	忠伯		莆田	湖南左布政使	俞璟	景明	福清海口	广东佥事
俞筼	竹箭		上杭调河		俞绍	士会	莆田	杭州同知
俞文	懋学	正庵	漳浦杜浔		俞钊	时勉	莆田	泰和教谕
俞昌言	师汝		莆田	南陵知县	俞崇生	尚高	连江	钦天监监副
俞大猷(1503—1579)	志辅、逊尧	虚江	泉州北郊		俞大有	承谦	莆田	嘉靖二十五年举人,池州同知
俞近华	忠伯		莆田	万历四年举人,迁江知县	俞庆云	君靖	莆田	韶州同知
俞维屏(1514—?)	树德	孚斋	莆田澄渚	贵州参政	俞维宇	宪乔	莆田	山东参政

俞献可	士议		莆田	静江知县	俞一䨄	鸣度		莆田	万历二十八年举人
俞应辰	元尊		莆田	石阡知府	俞与孝	顺庭		漳浦镇海	
俞智孙	行哲		莆田	永乐三年举人	俞咨伯	礼卿	蒲山	浙江平湖	泉州知府
俞咨皋	克迈		晋江	福建总兵	俞咨禹	司平	瑞麓	镇海卫	
虞汉	廷洁		建阳童游		虞金	宣之		建阳童游	
虞良	廷弼		建阳童游		郁文周	文叔		江苏江阴	长乐知县
元体中	孩若		邵武	总兵官	袁表	景从		闽县	黎平知府
袁绂	行甫		建阳童游		袁镐	世京		建阳童游	
袁鉴	庆昭		广东揭阳	连江知县、长芦盐运同知	袁桔	怀德	西塘	柘洋下城	
袁泰	廷和	清渠	邵武	翁源知县	袁铦	时敏		建阳	
袁橌 (？—1566)	慎斋		柘洋下城		袁黝	公行、公皙		江西丰城	顺昌知县
袁大诚	池南		浙江鄞县	分巡漳南道	袁鹤龄	大年		建阳童游	
袁世举	时望		邵武	政和训导、惠安教谕	袁世用	吾庐		江西南昌	永福知县
袁天爵	子修		建阳童游		袁天则	见石		建阳童游	
袁文绍	元闿	细庵	建阳童游		袁一骥	希我		江苏江阴	福建巡抚
袁一龙	汝霖		建阳童游		袁应文	聚霞		广东东莞	沙县知县、监察御史
袁中道	成史		建阳		袁宗耀	世明		闽县	铜陵教谕
原勋	大用		宁德 十一都		岳正	季方	蒙泉	顺天漷县	兴化知府
曾鳌	罗山		上杭 胜运里		曾忭	汝诚		江西泰和	光泽知县

曾彬	子均		莆田	昌化知县	曾斌	士均		古田	遂昌知县
曾琛	邦贡		仙游	永州教授	曾椿	崇龄		平和	
曾荡	廷美		古田	岁贡,训导	曾侗	良中		沙县	
曾鹗	昂霄		将乐		曾发	贵荣		莆田	云和教谕
曾佛	用理		福清	马湖教授	曾贵	天禄		光泽	平湖县丞
曾惠	公溥		上杭在城里	金华千户所吏目	曾岊	用成		广东南海	建宁训导、将乐河泊
曾瑾	纯卿		浦城		曾轲	景孟		宁化	
曾魁	道贯		晋江		曾兰	从吾		长汀	宣德己酉广东解元
曾鲁	宗道		上杭在城里	州判	曾茂	时芳		上杭在城里	江西布政司理问
曾奇	世英	退翁	平和		曾迁		太区	广东博罗	归化知县
曾谦	益之		浦城		曾确	子鲁		广东博罗	尤溪知县
曾镕	子金		宁德廿一都	任丘典史	曾珊	景度		古田	番禺训导
曾松	崇秀		平和		曾涛	源大		古田	景宁县丞
曾铣	子重		江苏江都	长乐知县,总督陕西三边军务	曾显	文焕		浙江泰顺	永定知县
曾铉	斗仲		上杭	岁贡生	曾琭	一润		莆田	建德知县
曾瑶	一白		莆田	南京国子监丞	曾逸	世超		龙溪	工部员外郎
曾煐	日新		古田	松滋训导	曾寅	克恭		宁德一都	工部主事
曾英	彦侯		莆田	四川左都督	曾樱（?—1651）	仲含	二云	江西峡江	避居金门,旋徙鹭岛
曾瓒	廷用		古田	广东理问	曾璋	德尚	石溪	平和	

曾　注	禹浪		平和		曾灿垣	惟暗	即庵	闽县	明末举人
曾崇俊	友湖		平和在坊		曾大有	子逊、元亨		仙游	广东市舶司提举
曾德牧	舜臣		古田	又名斯盛，新宁教谕	曾艮卿	梦弼		古田	福安教谕
曾拱璧	魁甫		莆田	澄迈知县	曾光第	瑞登		莆田	万历二十五年举人
曾光鲁	于鲁		莆田	广东副使	曾化龙	大云		晋江	金都御史巡抚登莱
曾可传	仕倩		晋江		曾可渔	渭阳		江西吉安	汀州同知
曾六德	心蕊、元甫		浦城		曾茂卿	时育		长乐感恩	益阳知县
曾梦鳌	君瞻		莆田	宁海知县	曾人翰	明克		长乐	诸生
曾人龙		乘云	平和		曾日唯	绍仲		莆田	思恩推官
曾如海			江西临川	同安知县	曾汝檀	维馨	廓斋先生	漳平和睦里	抚州知府、山东盐运使
曾士迪	惠斋		侯官	诸生	曾世衮	长修		兴化平海卫	天启四年举人。居同安嘉禾里
曾仕楚		觉堂	广东从化	晋江知县	曾守吾	以慎		晋江	
曾文灏	商文		归化	富平知县	曾熙丙	用晦		侯官	新会知县
曾仙广	孔大		沙县		曾异撰	弗人		晋江	崇祯十二年举人
曾应春	体仁		光泽	南平训导、平海卫教谕	曾应聪	瑞献		莆田	兖州同知
曾应雷	皆春		莆田	武缘知县	曾应榮	若槐		海澄六都	
曾应泰	弼予		长汀	禹州知府	曾友闵	如孩		上杭	岁贡
曾元炳	日章		古田	沅陵教谕	曾元炤	日中		古田	澹州学正
曾真保	文鼎		邵武	浮梁知县	曾知经	原道		莆田	安义知县

曾志澄	援卿		莆田	顺德知县	曾志芳	元春		仙游	万历间贡生
曾钟震	叔侯		莆田	长乐教谕	曾仲魁	思达	渐溪	晋江	池州知府
查厚	文载		南平	会昌教谕	查约	元博		浙江海宁	福建布政使
查应秀	思贤		南平	崖州学正	查仲道	文夫		陕西宁州	汀州知府
詹彬	汝宜		安溪崇信里	嘉靖二十二年乡举	詹澄	士廉		安溪崇信里	
詹溁	子原		浦城		詹聪	本达		建阳三桂	
詹镐	德武		福安	廪生	詹镐	克萃		宁德	
詹观	用宾		建阳三桂		詹怀	时举		连江	电白教谕
詹煌	淑明		连江湖里	通志作煜	詹惠		漳溪	漳浦绥南	
詹敬	德闰		安溪		詹靖	邦宁		安溪崇信里	开州同知
詹爵	龙溪		永定		詹珂	伯玉		宁德四都	
詹宽	仁量		莆田	正德十六年进士,南京御史	詹坤	以顺		福安	雷州府通判
詹莱		范川	浙江常山	长乐知县、湖广佥事	詹穆	彦深		上杭在城里	平湖教谕
詹普	文渊		浦城		詹荣(1500—1551)	仁甫、角山		尤溪	户部左尚书
詹泗	文峰		连江永贵里	通山教谕	詹泰	思达		建阳县坊	
詹洧	仕润		安溪崇信		詹易	希文		建阳	
詹埕	宗泽		连江湖里	陵川知县	詹寅	敬之		晋江	
詹颖	志聪		安溪		詹源	士洁		安溪崇信里	云南副使
詹甘棠	六勿		永定		詹恒高	岳伯		上杭	

詹洪鼎	廷卿		安溪		詹洪基	子震	星岩	闽清	云南观察使金事
詹洪相	子赞		闽清	万历七年举人	詹洪肇	子建		闽清	永安训导
詹环祖	弘基		安溪崇信		詹九复	子心		连江	镇平教谕
詹梦龙	起溟		尤溪登云坊		詹弥高	卓尔		上杭在城里	举人
詹天表	世望		浦城		詹天颜	邻五		永定湖雷	字一作僯五。石泉知县、金都御史巡抚川西
詹文圭	天章	白溪	闽清	生员	詹文瑛	天成		闽清	嘉靖间贡生
詹学恭	责难		寿宁六都		詹仰庇（1534—1604）	汝钦、尔钦	咫亭、巢云居士	安溪	刑部右侍郎
詹应泰	体和		闽清	泉州教授	詹应宿		拱北	闽清	万历十年举人
詹应运		起唐	闽清	连城训导、义宁知县	詹玉铉	鼎卿		建阳三桂	
詹允楚	尔弘		闽清	博罗教谕，万历贡生	詹允吉	庆云		闽清	武隆知县
詹祯林	仲肩		安溪		张鐏		我愚	长汀	广东观察照磨
张爱	得旻		上杭水南		张鳌	体极		莆田	保宁同知
张宝	克世		古田	广德州判	张弼	守臣		寿宁坊一图	
张表	容德	素履	南靖		张斌	邦宪		莆田	
张滨	子举		将乐		张灿	彦明		闽县	海宁教谕
张策	献可		广西临桂	武平知县	张常	邦纲	肖春、白秋	漳浦云霄	
张绰	本宽		龙溪	刑部主事	张潮	信卿		罗源东隅	德化教谕

张	琛	廷圭		寿宁坊一图		张	琛	惟赞		政和	
张	宸	汉昭		河北怀安卫	顺昌训导	张	诚	自明		建宁	
张	澄	用明		将乐		张	冲	宏谦		龙岩	进贤知县
张	楚	季荆		莆田	天启四年举人,惠安教谕	张	春	君藏		莆田	嘉靖十六年举人
张	纯	硕恒	莆山	漳浦云霄	山东按察使	张	瓘	望之	知非	同安朝元	户部郎中
张	钿	汝文		将乐		张	定	从安		仙游	盐城训导
张	侗	愿夫		江西南昌	仙游教谕	张	斗	景北		浙江乌程	分巡漳南道
张	度	孟钦		晋江	监察御史	张	端	友直		仙游	永乐六年举人
张	敦	廷厚		连江廿九都	阳江教谕	张	铎	文振		上杭溪南里	一作友振
张	铎	彦声		永福	揭阳训导	张	恩	子荣	近阳	上杭古坊	
张	斐	惟文	云海	漳浦云霄		张	份	元斤		广东东莞	莆田知县
张	凤	景翔		将乐		张	绂	秉绶		广东程乡	顺昌教谕
张	纲	美中	澹庵	宁德		张	杲	升之		宁德一都	
张	拱	汝翼		光泽	本姓李	张	拱	世庄		平和	
张	观	国宾		龙溪	柳州知府	张	海	德涵		侯官	袭姓蔡
张	海	元宗		闽县	弘治乙卯举人,南宁府同知	张	瀚	德源		仙游	
张	灏	为三		同安大嶝	兵部职方司郎中	张	贺	国仪		海澄	
张	宏	克载		上杭	宁国府同知,署府道篆	张	泓	廷辉		连江	仁化训导
张	淮	季清		古田	德庆州训导	张	桓	景熙		莆田	临川知县

张 瓛	孔圭		浦城	赣州府同知	张 煌	伯武		连城	
张 晖	日升		安溪感化里		张 惠	克仁		晋江	龙游知县
张 惠	泽民		广西平南	政和知县	张 锶	汝器		建阳三桂	
张 玑	文玉		宁德		张 机	士德		福宁	嘉靖十六年武进士。郁林守备
张 济	公济		江苏华亭	邵武教授	张 绩	维善		浙江黄岩	政和训导
张 蚧	季石		同安西塘		张 津	广汉		广东博罗	泉州知府
张 谨	文忠		连江	训导	张 瑾	叔周		永福	永乐岁贡
张 进 (?—1661)	伯旭	振寰	江苏仪真	隆武间忠匡伯,镇守铜山所	张 缙	文锡		山西泽州	顺昌知县
张 经 (1492—1555)	廷彝	半洲	侯官	兵部尚书	张 璥	孟辉		永福	归安知县
张 璟	克光		连江	长洲知县	张 爁	自何	元丹	永福	邑诸生
张 琚	圭洁		建阳永忠		张 炬	孟学		古田	岁贡
张 聚	贞亨		将乐水南		张 珏	两玉		上杭在城	
张 爵	允修		浦城		张 浚	叔行		永福	永乐岁贡
张 浚	哲之		闽县	饶平知县	张 凯	舜卿		安徽临淮	福建行都司指挥使佥事
张 炘	季石		同安西塘		张 宽	洪肃		晋江	台州教授
张 矿	炼初		莆田	崇祯七年进士,行人	张 兰	廷芳		宁德一都	
张 澜	仲深		仙游	正德二年举人	张 理	玉文		江西鄱阳	漳浦知县
张 濂	容洁		平和		张 琏	华器		莆田	孝感知县
张 琳	从善		建阳雏田		张 琳	世珍		古田	岁贡

张	琳	希贡		浦城		张	麟	应祥		永福	景泰岁贡
张	留	恫臣		侯官		张	隆	仲载		古田	平阳教谕
张	禄	天赋		光泽	岁贡	张	纶	道羽		闽县	国子监博士
张	纶	廷吉		光泽二都	赣县训导	张	美	宾阳		平和	
张	勉	崇敏		莆田	正统三年举人,沅州学正	张	冕	庄甫		晋江	广西参议
张	苗	世英	实斋	同安青屿	南京通政使	张 敏 (1440—1485)	辅德		同安青屿	东宫近侍
张	敏	汝学	沙溪	建阳永忠		张	明	元亮		浦城	江西参政
张	铭	克诚		建阳县坊		张	宁	靖之		浙江海盐	汀州知府
张	鹏	搏南		浦城		张	蒲	孔谦		罗源	海宁训导
张	祈	仕鲁		宁德		张	琦	君玉		浙江鄞县	兴化知府
张	洽	时绎		莆田	韶州知府	张	谦	子益		浙江慈溪	建阳知县
张	乾	尚勤		莆田	分宜教谕	张	庆	惟善		连江	严州知事
张	庆	在宽		莆田	弘治十七年举人	张	荣	文显		建阳	
张	荣	显仁		南平		张	瑞	廷信		莆田	成化二十三年进士,南京户部主事
张	善	性之		浦城		张	善	道辅		莆田	茂名教谕
张	绍	闻孟		莆田	景泰四年举人,吴江教谕	张	寿	乐静		晋江	
张	寿	永年		罗源东隅	岁贡	张	偲	伯禄		福清	广东金事
张	泗	鲁宗		永福	字一作宗鲁。永乐乡举	张	泰	守宁		泰宁南隅	四川按察司金事
张	泰	叔亨	西溪	广东顺德	沙县知县、户部尚书	张	铛	文振		建阳雒田	

张 涛	声伯		莆田	万历二十五年举人,宜黄知县	张 涛	友松		崇安碧溪	廪生入国子监肄业
张 梯	云峰		浦城		张 同	同禹		莆田	博罗知县
张 伟	仲夫、厚立		连江	霸州同知	张 炜	德南		闽县	南刑部郎中
张 炜	鲁斐		同安西塘	行人	张 僖			凤山	永定
张 暹	彦辉		崇安石雄里	乐清主簿	张 宪	子德		上杭	岁贡
张 校	用夏		罗源东隅	英德训导	张 燮 (1574—1640)	绍和、理阳	汰沃、石庐主人、海滨逸史、蜚遁老人	海澄石码	学者
张 心	有良	凤溪	浙江余姚	泉州府推官	张 星	云儿		泰宁	
张 萱	德辉		江苏上海	政和知县	张 瑄	大璧		江西余干	古田训导
张 玹	叔温		古田	无锡教谕	张 璇	汝齐	俊渠	建阳永忠	
张 璇	叔珩		永福	永乐岁贡	张 烜	伯章		福清	监察御史
张 炫	淑昭		仙游	博罗知县	张 逊	时敏		江苏无锡	同安知县
张 烟	文绍		永福	洪武岁贡	张 演	文夫		将乐	
张 宜	廷礼		将乐		张 义	执中	恬斋	顺昌	
张 英	彦实		莆田	嘉靖二十年进士,贵州左参政	张 瑛	世杰		光泽九都	威州卫千户所吏目
张 瀛	洽五		同安大嶝	崇祯十五年举人。工部司务厅	张 镛	和叔		连江永贵里	长乐教谕
张 羽	凤举		江苏扬州	邵武知府、河南副使	张 昱	以暹		广西贺县	古田知县
张 辕	宗舆		福安大留	应天府学教授	张 岳	开淳		莆田	崇祯十六年进士,海盐知县

张 岳 (1492—1553)	维乔	净峰	惠安张坑	右都御史	张 泽	朝雨		莆田	潮阳教谕
张 昭	景著		宁德一都		张 哲	景贤		将乐	
张 贞	继元		连江 廿九都	山西参议	张 真	汝岳		永福	郢府审理
张 桢	应麟		上杭 在城里	湖州府训导	张 振	尚玉		莆田	刑部员外郎
张 政	德修		古田	凤阳知县	张 政	廷纲		将乐	
张 埴	邦器		江西丰城	福安教谕	张 智 (? —1406)	玄略、 原略		顺昌	国子监司业
张 重	任之		莆田	铜仁知府	张 资	世用		寿宁 坊二图	
张 宗	永绍		仙游	温州训导	张 祖	仲述		永福	宣德岁贡
张 佐	彦相		莆田	荔浦知县	张 閧		望云	顺昌	
张邦光		春阳	顺昌	芜湖知县	张邦教	敬敷		浦城	
张贲恒	警座		晋江		张必泰	子通		福清	南雄推官
张秉铎	廷教		莆田	嘉靖二十八年 举人,靖江知 县	张秉壶	国镇		莆田	太仆寺少卿
张秉龄	元龙		古田	遂昌训导	张秉卿	元良		古田	审理
张昌龄	如九		莆田		张朝纲	思勖	楚台、 五挈	同安青屿	广西副使
张朝綖	思藻	青武	同安青屿	右金都御史	张成颢	石川		龙岩	把总
张存俭		心廉	宁洋 集宁里	心廉一作字。 沂州通判、新 昌知县	张大备	治纲	明湖	安溪	
张大纲	立卿		广东龙川	德化知县	张大观	诣台		云南浪穹	连城知县
张大光	叔韬		福宁竹江	普安知州	张大命	我绣、 右衮		建阳三桂	
张德熹	宗儒		福清海口	工部郎中	张登俊	九如		永定	

张迪哲	如愚		长乐		张殿伟	玉珩		南安	
张鼎湣	宗鲁	慕河	南安丰乐		张鼎焊	聚九		永定	
张鼎瀚	宗鲲		南安		张鼎辉	冶九		永定	
张鼎浚	宗禹		南安		张鼎相	宗可		南安丰乐	
张鼎耀	冶九		永定		张而綱	钟楚		南安丰乐铺	
张丰玉	麟符		莆田	崇祯六年举人,平海教授	张凤征 (1559—1589)	舜夫	治庭	同安青屿	嘉靖四十四年进士
张光斗		薇垣	顺昌		张光甫	岳山		永定溪南	更名万钟,太原府经历
张国经	一洲	印梁	漳浦六鳌		张国谦	尔光		晋江	温州知府
张国文	师道	复轩	建宁		张翰冲		凌九	晋江	金坛知县
张浩夫	为程		晋江		张菏夫	为鄮		南安	
张鹤年	元静	九皋	贵州普安	寿宁知县	张洪烈	承甫		顺昌	
张怀龙	维翰		永定西湖寨		张煌言 (1620—1664)	玄箸	苍水	浙江鄞县	拥鲁王抗清,累官至兵部尚书
张会宗	于震		晋江	云南副使	张基元	如盘		永定	庠生
张济堂	辉泰		永定东安		张继桂	廷高		同安青屿	松阳知县
张继宪	守纲		寿宁坊一图		张继忠	次岩		同安西塘	隆庆四年举人
张继庄	守敬		寿宁坊一图		张建明	汝亮		福宁	和州州同
张进修	欲及		永安	邑庠生	张景元	揆五		永定	庠生
张居方	则美	华南	漳浦云霄		张具藩	大镇	临澜	漳浦	
张具锦		诚轩	平和新安里		张康乐	台元		南安	

张克本	根道		永福	永乐间岁贡，教谕	张克济	叔仁		永福	临江府推官
张肯堂	载宁		江苏华亭	福建巡抚	张孔升	东希		古田	九溪教谕
张孔修	潮山		福宁	大埔知县	张利民	能因		侯官	遁入佛门，自称田中和尚
张良宝	廷际		晋江	吴江县典史	张留孙	思哲	玉峰	罗源	赐名勉学，奉议大夫
张龙寿	臧龄		连城		张履端	旋吉	元思、澹若	江苏华亭	晋江知县
张孟观	日峰		漳浦东山	户部主事	张孟中	道宗		闽县	兵部职方司员外
张名时	中宪		莆田		张能恭	礼言		邵武	举人
张聘夫	时珍、仕可	觉吾	安徽婺源	字一作仕可。连江知县	张其显	含光		建阳崇泰	
张启建	有立		永福	永宁县丞	张启鲁	有传		永福	
张启睿	有思		永福	沅州通判	张启通	有济		永福	
张启元	文峰		江西龙泉	分巡漳南道	张潜夫	为龙		晋江	翰林院检讨
张翘楚	子恺		南安		张日韬	席珍		莆田	河南道监察御史
张日益		斗南	同安青屿	灵璧知县	张汝桂	以芳、丹台		建阳三桂	
张汝霖	达敷		永定	庠生	张瑞图（1573—1644）	长公、元画	二水、果亭山人、芥子、白毫庵主	晋江廿七都	
张若化（1599—1684）	雨玉	苍峦	漳浦赤土		张若仲（1612—1695）	声玉	次峦	漳浦赤土	益府长史
张盛文	惟实	紫麓	宁洋永宁里	崇府长史	张时杰	钓鳌		建宁富田	
张时晋	德孚		将乐		张时敏	德懋		将乐	

张士良 (1578—1644)	思源	起南	漳浦云霄	河南副使	张士旂	养卿		莆田	旌德知县
张世堪	与游		永福		张世梁	与擎		永福	吉安通判
张世敏		拱云	漳浦		张世钦	汝敬		连江伏沙	怀宁教谕
张世宷	与登		永福	署丹阳县	张守化	时化		晋江	
张守为	松陵		晋江	博罗知县	张守庸	秉中	和齐	同安从顺	广东道监察御史
张叔厚	载夫		永福	临江府推官	张舒咏	纯颂		永定东安	乡宾
张体乾	行健		安徽含山	泰宁主簿	张体中	居静		南平	福宁教授
张天极	于北		侯官		张天禄	君锡		南平	
张天庆	善生		建阳三桂		张天维	中赍	鹏海	漳浦云霄	
张廷榜	登材		龙溪	太平知县	张廷榜	季荐		莆田	崇祯十六年进士
张廷琛	村辉		寿宁 坊三图		张廷栋	国材		龙溪	仪制司主事
张廷拱	尚宰	辅吾	同安大嶝	佥都御史,巡抚大同	张廷珩	村玉		寿宁 坊三图	
张廷槐	文相		莆田	潮阳知县	张廷瑞	文贞		邵武	太学生
张万纪	汝守		福鼎	桐山千总、惠潮副帅	张万里	广陵		闽县	湖广都司经历
张惟方	崇仁	近初	平和		张惟鸪	汝翼		建阳三桂	
张维藩	虚舟		平和		张维机	子发		晋江	翰林院侍读学士
张维实	本诚	朴庵	顺昌	东莞知县	张维枢	子环	贤中	晋江	工部左侍郎
张文迪	汝吉		古田	生员	张文镐	士宗		仙游	观都察院政
张文焕	尧章		莆田	万历十九年举人	张文逵	汝升		古田	新宁尹

张文镆	士佩		仙游	将乐训导	张文熊	应瑞		永福	分宜县训导
张文选	汝魁		古田	大埔知县	张文耀	养晦		湖南阮陵	分巡漳南道
张文烨	复彬	得山子、鱼樵山人	惠安崇武		张文应	廷凤	南溪	晋江宝盖	乐平知县
张文郁		朋庄	晋江		张文昱	克敏	满塘散人	江苏应天府	邵武知府
张文昭	西亭		晋江	高州教授	张问存	惺一		连城	邑庠生
张问达	孚卿		将乐		张问仁	孟春	锦亭	晋江	户部郎中
张五典	敬泉		长乐	同安县训导	张希文	瞻渠		永定	
张希显		石永	长汀		张希虞	师中		莆田	昌化知县
张显宗 (1363—1408)	明远		宁化禾口	字一作名远。交趾左布政使	张星锈	岳毓		连江	通志"星"作"声",训导
张璇光		义山	同安青屿	县学廪生	张彦珩	九如		河南洛阳	兴化知府
张阳春	文复	见心	浙江永嘉	尤溪知县	张阳纯	见一		浙江永嘉	顺昌知县、刑部员外郎
张尧采	揆宇		永定		张尧龄	淡如		永定	增生
张尧中	如初		永定	署氾水县教谕	张一栋	任甫	起东	平和	
张一澜	景山		永定		张一奇	彦卿	散仙	永安	官锦衣卫千户
张一渼	育我		永定		张宜珍	洪珍		莆田	东莞知县
张应凤	九成		莆田	射洪知县	张应奎		君耀	漳浦	
张应枢	辰甫		崇安石雄里	崇祯岁贡	张应泰	大来		安徽泾县	泉州府知府
张应星	子翼	菊水	同安	清江教谕	张永耕	希尹		宁德一都	

张永轩	守端		寿宁坊一图		张有元	顺所		建宁	
张于垒(1610—1631)	凯甫、凯父		龙溪	举人	张宇荐	道相		南安黉后	
张毓瀔	王擎		莆田	崇祯十五年举人	张元玺	国信		晋江	
张云冲	举之		晋江	教谕	张长象	少川		连城	
张召卿	周臣		顺昌	邑廪生	张兆元	履吉		永定	庠生
张振玉	梅如		长乐东隅	诸生	张正声	长正	锵至	惠安	户部职方司郎中
张志添	时勉		寿宁坊一图		张治本	平寰		邵武	福清训导、袁州府教授
张治具	明遇		晋江	四川按察使	张治枢	明励		晋江	户部四川司主事
张仲宾	利用	洌泉	古田	选贡,平和知县	张仲业	守之		宁德过洋	
张子冲		三丰	邵武勘下	俗名邋遢	张子初	善夫		连江	陕西道监察御史
张自金		生白	永福高山	廪生	张宗彩	乔五		永福	正德贡生,衡阳训导
张宗华	颖之		沙县		张佐治	思谟	寅所、理吾	平和新安里	天津兵备参政
章 参	惟敏		浙江平阳	长泰教谕	章 格	韶凤		江苏常熟	福建布政使
章 衡	用平		古田	广东提举	章 坤	以简	中黄	龙岩	
章 楼	明远		连江学前	举人	章 润(1388—1443)	时雨	沛霖、白溪	古田龙江	刑部郎中
章 善	敏善		浦城		章 童	与善		浦城	
章日闇	尔实	大氐	南安飞云里		章日乾	君乘		连江学前	赵州同知
章士爵	云吾		上杭	景东卫经历	章文炳(1576—1621)	明会		长泰武安里	又名被龙。知府
章元璞	尔朴		龙岩	原名煜,武缘知县	章原善	景玉		宁德九都	

章宗实	二山		江苏常熟	归化知县	赵 昂	元轩		古田	钱塘训导
赵 瑢	德用	古愚	晋江	广东提学佥事	赵 弼	辅之	雪航	南平	
赵 璧	希和		侯官		赵 璧	子荆		尤溪	
赵 墅	实中		连江	南昌同知	赵 才	良夫		建阳童游	
赵 瑞	文玉		连江	肇庆训导	赵 瑞	惟德		晋江	户部贵州司主事
赵 超	志腾	拙轩	漳浦官浔	南国子监博士	赵 崴	伯成		连江	岳州通判
赵 崇	维高		连江	沂水教谕	赵 旦	明卿		古田	教授
赵 迪	景哲		闽县		赵 定	子静		古田	晋府纪善
赵 璠	乾元		安溪长泰里		赵 范 (1543—1617)	范之、护光	鸿台	漳浦	温处道
赵 复	无疾	退翁	晋江		赵 椠	国平		连江	华亭教谕
赵 皞	廷辉		连江	滕县教谕	赵 和	汝顺		永福	永乐岁贡
赵 恒	志贞	特峰	晋江		赵 化	圣之		漳浦湖西	
赵 恢 (1397—1457)	汝弘	文峰	连江江南铺	编修、侍读充经筵讲官	赵 浑	伯全	南溪	漳浦官浔	雷州府知府
赵 纪	时振		连江	新淦训导	赵 坚	刚中		连江	训导
赵 矫	克俊		连江		赵 侃	养直		连江	贡生
赵 珽	维清		连江上里	程乡训导	赵 珽	宗商		福安	福安县丞
赵 禄	士爵		连江	贡生	赵 明	景纯		闽县	曾更名李潜，上饶知县
赵 明	孔昭		罗源	苏州知府	赵 荣	孟仁		闽县	先祖西域人，中书舍人
赵 泰	世亨		建阳同由		赵 堂	顺之		尤溪	

赵　文	周尚		建阳童游		赵　献	景贤		尤溪 升平坊	惠州通判
赵　绣	时文		连江		赵　宣	士哲		宁德七都	
赵　宣	希文		莆田	南宁通判	赵　珣	枝斯		莆田	
赵　仪	廷凤		宁德一都		赵　义	公瑞	辑卿	漳浦	
赵　英	文杰		宁德一都		赵　应	孟敫		晋江	
赵　雍	景和		连江资寿	云南参政	赵　猷	允升		尤溪	更名昌麟。会昌知县
赵　铖		怀泉	长汀		赵　允	执中		广东潮阳	长乐知县
赵　泽	德孚		连江资寿	海门知县	赵　芝	彦灵		连江	苏州同知
赵邦瑞	君信		建阳童游		赵秉孜	恒守	益斋	南安	
赵伯德	汝泽		福鼎		赵参鲁	宗传		浙江鄞县	福建巡抚
赵从谊	正宇		漳浦官浔		赵大华	廷声		莆田	嘉靖十九年举人,静海知县
赵大清	叔宽	南田	漳浦		赵德懋 (1530—1607)	伯昭		华安银塘	新兴知县
赵凤翔	朝辉		福安溪滨	万历年间例仕	赵拱璧	宗琦		南安	
赵观本	子立		建阳		赵光抃 (1595—1643)	彦清	石谷	德化	太仆少卿
赵光贵	仲明		连江	贡生	赵怀玉 (1573—1632)	与瑶	旬龙	龙溪丰山	御史
赵甲谟	俞言		南安		赵建郁	本学		晋江	
赵晋弼	廷柱		莆田	万历十年举人	赵九鼎	重于		连江	彝陵州南津关巡检
赵妙缘	景福		泉州		赵鸣谦	德闻		建阳童游	
赵日新	用甫		晋江	户部主事	赵绍献	子翼		莆田	容县教谕

赵神甫	若愚		莆田	京山知县	赵士超	铉卿		闽县	
赵士亨	应嘉		晋江		赵士魁	甘霖、梅鼎		漳浦甘林	
赵士奇	孔珍		连江东岳	邠州知州	赵士许	靖庵		江苏吴江	泉州知府
赵世安	惟康		奉天辽阳	兴化府同知	赵世德	须求		莆田	吴川知县
赵世显	仁甫		闽县	梁山知县	赵仕魁	道擢		仙游	廉州推官
赵维藩		斗南	同安浦边	清流知县	赵维扬	君武		建阳童游	
赵文林	希点		福安富溪	典仪	赵贤意	伯顺		浙江东阳	邵武府推官
赵以祥	应和		古田	经历	赵应贵	希魁		政和	
赵友纪	叔刚		古田	新兴县丞	赵原定	伯时		连江	侯官训导
赵子贞	岂蛾		江苏无锡	建阳知县	真节	士和		浦城	
真粹然润	庭以		松溪		祯林	仲肩		安溪	
郑安	景仁		宁德四都		郑鳌	亦鼎		莆田	嘉靖丁酉举人,南京户部员外郎
郑宝	时珍		莆田	郁林州同知	郑珤	从器		莆田	天顺三年举人
郑弼	谐甫		莆田	云南知府	郑璧	宗献		福安赛村	广西卫经历
郑镳	瑞征		莆田	滑县教谕	郑宾	时珍		莆田	
郑酥	懋中		晋江		郑策	竹斋		永定	
郑察	朝诰		仙游	泉州教授	郑昌	敬文		连江上李	阳春主簿
郑苌	叔楚		连江县西	户部主事	郑鋹	长金		永福	天顺六年举人
郑焯	元耀		莆田	临江教授	郑承	宣载		晋江	

郑	澄	源清		仙游	善化知县	郑	崇	孟德		古田	真定通判
郑	俶	叔达		莆田	万历十年举人,吉安知州	郑	纯	克俭		仙游	衢州训导
郑	淳	汝厚		宁德		郑	赐	彦嘉		瓯宁	
郑	悰	贵直		莆田	国子学正	郑	道	文浚		莆田	考城知县
郑	道	月湖	弘夫	永定		郑	迪	公启		闽县	
郑	涤	自新		宁德		郑	鼎	惟重		罗源西隅	罗源县医学训科,署县事
郑	爝	起祚		莆田	苏州同知	郑	定	孟宣	浮邱	长乐县东	齐府纪善,国子助教
郑	钝	世讷		古田	长史	郑	凤	翔于		莆田	桐城知县
郑	凤	仪祥		仙游		郑	凤	子灵	古樟先生	邵武	南京东城兵马司指挥
郑	福	履成		永福	正统岁贡,县丞	郑	复	一阳		龙溪	
郑	富	中虚		莆田	潮州知府	郑	溉	子仁		罗源临济里	来宾教谕
郑	嵊	鸣鹤	友松	连江资寿	吴川教谕	郑	恭		羞斋	漳浦六鳌	广东参议
郑	贡	讷斋		永定	字一作呐斋。廪生	郑	观	伯光		莆田	临洮教谕
郑	观	厥成		莆田	巢县教谕	郑	广	伯勤		罗源临济里	岁贡
郑	海	东湖		仙游	遂州县丞	郑	汉	濯之		福宁	城武知县
郑	昊	继大	静斋	长乐古槐	户部知事	郑 和 (1371—1433)		三保		云南昆阳	宦官,由福建出海航行
郑	和	肃雍		龙溪		郑	厚	密斋		永定	
郑	旷	景晖	菜轩	连江资寿	叙州通判	郑	华	思实		莆田	国子助教
郑	淮	孟川		莆田	天顺八年进士	郑	徽	元美		莆田	南雄同知

郑济	用舟		莆田	儋州学正	郑纪 (1433—1508)	廷纲	东园	仙游上郑	南京户部尚书
郑继	建道		莆田	崇德教谕	郑建	宏中		怀安	浙江金事
郑浆	孔济		长乐邑西		郑郊	牧仲	南泉 居士	莆田	生员
郑阶	明履	升庵	南安石井		郑杰	德俊		莆田	青阳教谕
郑京	善智		莆田	兴化训导	郑经 (1642—1681)	式天	贤之、 元之	南安	乳名锦
郑炯	礶南		浙江余姚	字一作礶南。 分巡漳南道	郑絅 (1501—1565)	子尚	葵山	莆田	嘉靖己丑进士
郑俊	敬克		莆田	嘉靖十六年举人	郑浚	克明		闽县	高州知府
郑浚	子静		罗源临济里	镇海卫教授	郑堪	廷仕		连江	高明教谕
郑宽	廷容		仙游	天顺六年举人	郑理	以化		浦城	
郑鲤	兆化		莆田	泗州知州	郑立	克豫		莆田	饶州教授
郑镰	绳可		晋江安平		郑梁	子任		闽清	衢州教授
郑亮	惠畴		浦城		郑亮	汝明		闽县	户部主事
郑琳	文玉		闽县	象山知县	郑琳	元慎		莆田	丹徒训导
郑麟	景昭		连江	潞州学正	郑珞	希玉		侯官	刑部主事
郑茂 (1526—?)	士元	壸阳	莆田城关	河南按察使	郑淼		葵塘	南安	
郑铭	日新		闽县	温州知府	郑木	孔材		宁德一都	
郑慕	师舜		福清海口	湖广按察副使	郑普	德周		仙游	
郑普	汝德	海亭	南安		郑迁	孟乔		莆田	隆庆二年进士,同州知府
郑谦	以光		福安鹿斗	举人	郑乾	伯刚		仙游	严州知事

郑	潜	乾初		莆田	洪武三年举人	郑	钦	仁甫		仙游	惠州通判
郑	钦	尚敬		莆田	景宁知县	郑	钦	子明		莆田	龙川教谕
郑	清	必寅		仙游	高要县丞	郑	庆	有章		长乐仙岐	湖广按察司副使
郑	述	世美		闽县	广东布政司右参议	郑	球	孟美		仙游	长洲县丞
郑	球	廷和		莆田	宁海教谕	郑	全	大用		福安街尾	河源知县
郑	仁	克己		宁德六都		郑	荣	德和		宁德南偶	
郑	儒	宗文		福安大留	举人	郑	瑞	汝圭		宁德一都	
郑	润	泽卿		宁德六都		郑	山	宿仁		福安鹿斗	桐庐教谕
郑	珊	廷珍		福安郑家洋		郑	绅	直庵		永定	
郑	宷	叔亮		连江下屿	新乡训导	郑	升	文进		安溪	
郑	师	敏中		莆田	成化十六年举人	郑	师	延肃	东石	同安溪边	
郑	时	宗良		安徽舒城	延平知府、刑部尚书	郑	述	季述		莆田	南雄知府
郑	愫	丹岳		龙岩	奉化知县	郑	遂	明初		罗源临济里	兵科都给事中
郑	堂	汝昂	雪樵山人	侯官		郑	添	孔益		福清	工部主事
郑	琬	宗器		仙游	揭阳县尉	郑	为	养极		莆田	东阳知县
郑	炜	子华		古田	汀州教授	郑	亶	文勉		莆田	应天教授
郑	渭	清白		闽县	户部郎中	郑	禧	宗庆		浙江缙云	
郑	夏	师禹		莆田	宣德十年举人,襄府伴读	郑	贤	廷献		莆田	正统九年举人,余姚训导
郑	显	宜晦		莆田	灵山教谕	郑	宪	惟臣		莆田	成化乙酉举人,国子博士

郑	宪	有度	磁江	长乐仙崎	刑部主事,光禄寺丞	郑	庠	敬能		莆田	汤阴教谕
郑	祥	善卿		莆田	电白教谕	郑	祥	应瑞		宁德	
郑	绣	仰化		仙游	县学生员	郑	旭	景初		闽县	云南吏目,高安训导
郑	序	志礼		长乐福湖	湖广左参议	郑	瑄	邦贵		罗源临济里	岁贡
郑	瑄	汉奉		侯官	应天巡抚	郑	瑄	君器		闽清仁溪洋	南海知县
郑	瑄	景哲		罗源东隅	知州	郑	埙	廷雍		连江	训导
郑	迅	半塘		永定		郑	逊	伯恒		福宁二都	兴宁知县
郑	巽	恒从		仙游	山阴训导	郑	言	思行		邵武	新昌训导、崇明教谕
郑	炎	翰卿		闽县		郑	阎	公望		闽县	广信教授
郑	垟	恒精		莆田	万安教谕	郑	瑶	从器		仙游	天顺三年举人
郑	要	武阶		海澄		郑	烨	宗晦		仙游	籍贯一作永福。兴化训导
郑	义	宜卿		莆田	饶州通判	郑	益	受轩		永定	
郑	纲	介庵		永定		郑	瀛	克达		闽县	怀远知县
郑	镛	九韶		莆田	封川教谕	郑	永	彦永		莆田	五军都督府断事
郑	玉	廷用		宁德		郑	玉	于成		莆田	正德辛未进士,江西副使
郑	育	致和		莆田	成化十三年举人	郑	愈	师韩		莆田	岳州通判
郑	岳	永翰	兼山	长乐龙阳	云南参政	郑 岳 (1468—1539)		汝华	山斋	莆田蒲坂	兵部左侍郎
郑	云	行从		莆田	广东右参议	郑	芸	士馨		莆田	监察御史巡按山东
郑	瓒	宗献		莆田	户部郎中	郑	漳	世绩		闽县	肇庆知府

郑璋	贵德		莆田	费县训导	郑昭	仕贤		闽清	
郑焰	惟昭		莆田	廉州学正	郑照	孔昭		仙游	德安知县
郑贞	孟实		永福	洪武岁贡	郑贞	明升		南安	
郑贞	惟正		连江上里	主事	郑豸	秉宪		莆田	泰安知州
郑质	憨斋		永定		郑钟	秉坚		莆田	弘治二年举人
郑衷	秉彝		仙游	温州训导	郑衷	世和		龙溪	
郑周	西泉		永定		郑珇	孟文		福清海口	御史
郑缵	嗣志		莆田	廉州通判	郑邦佳	士芬		晋江	
郑邦祥	孟麟		闽县	一名绂,郡诸生	郑邦偕	士缵		晋江	
郑宝能	廉二		永定	增生	郑宾朱	愧明		永定	万历增生
郑伯芳	宜桂		福安	训导	郑伯和	节之		闽县	无为州学正
郑伯英	子文		福安		郑昌国	汝功		福宁	湘潭知县
郑朝遴	芳实		南安石井		郑成功 (1624—1662)	明俨	大木	南安	幼名福松,改名森
郑楚勋	叔魁、叔恢		莆田	御史	郑垂青	正子		仙游	县学生员
郑纯恭	冯虚		永定	生员华侨	郑大初	孟春		罗源东隅	金华训导
郑大江	宗纪		莆田	分水教谕	郑大同	皆吾		莆田	刑部右侍郎
郑大有	体用		莆田	湘潭知县	郑道夫	立之		莆田	淮安教授
郑得书	子读		晋江	户部主事	郑得潇 (1557—?)	慕生	蓬稣子	同安在坊	
郑登高	日进		莆田	广西副使	郑东白	叔晓		莆田	广东佥事

郑逢兰	楚泽		闽县	兵部车驾司员外郎	郑凤来	舜仪		莆田	吏部郎中
郑公奇	士望		莆田	太平知府	郑公正	克敬		将乐	初名克敬,后以此为字。延平训导、御史
郑公质	孔文		宁德一都		郑光琬	乾符		莆田	陕西参议、临清副使
郑光与	以禄		莆田	成化庚子举人,天台知县	郑光祖	重朗		永定	增生
郑广宗	有周		连江	楚府典宝	郑贵濂	宗周		广东归善	南平知县
郑国卿	弼元		永定		郑恒富	清塘		永定	
郑洪道	毅斋		永定		郑鸿逵	羽公		南安石井	
郑鸿图	玉沙		福宁竹江	都昌知县	郑怀魁(1563—1612)	辂思	心葵	龙溪	
郑际可	道行		晋江	益府教授	郑济之	心镕		闽县	
郑嘉祐	宗吉		莆田	富阳知县	郑渐晋	子科		漳浦东山	
郑渐磐		南泉	漳浦东山		郑经纶	成吾		永定	
郑敬道	自修		莆田	弘治举人,河源知县	郑久成	居贞		侯官	改名士恒,礼部郎中、河南参政
郑可大	居业		邵武	惠来知县、襄府审理	郑克塽(1670—1707)	实弘	晦堂	南安	第三代延平郡王
郑廓用	尚行		莆田	青阳教谕	郑礼贤	敬仲		宁德一都	
郑良璞	惟辉		罗源临济里	泰州州判	郑亮旦	启明		连江资寿	通志旦作日,长泰训导
郑洛书	启范		莆田	浙江道兼管江西、广西诸道事	郑懋德	成昭		莆田	太仆卿
郑懋官	举南		永定		郑懋华	仲颖		莆田	右金都御史,巡抚山西
郑梦旗	善招		仙游		郑明允	孔信	海峰	长乐	
郑鸣骏	明发		南安		郑鸣瑶	兆颖		莆田	崇祯九年举人,漳州教授

郑鸣瑜	兆基		莆田	崇祯九年举人	郑启芳	馨甫	春麓	南安	
郑恰生	志学		莆田	洪武二十九年举人，黄岩教谕	郑擎柱	耀如		莆田	天启七年举人
郑庆云	舜祥		南平		郑日新	警盘		永定	增生
郑日休	廷德		闽县	海宁教谕、惠州推官	郑日学	从善		宁德一都	
郑日益	冲宇		永定	冲宇一作号	郑如蕙	茂谷		龙岩	江华知县
郑如兰		芳谷	龙岩		郑如璋	稚圭		莆田	万历二十二年举人
郑汝瀚	可大		闽清	嘉靖间贡生	郑汝舟	宜济		莆田	湖广副使
郑若稷	稼民		永福	嘉靖贡生	郑三德	日宣		仙游	永昌通判
郑三俊	以章		莆田	嘉靖四十四年举人	郑善夫(1485—1523)	继之	少谷	闽县	
郑尚友		月庵	浙江杭州	长乐知县	郑圣学	纯卿		仙游	
郑时潮	学岩		永福	南京羽林卫经历	郑时泽	商霖		罗源临济里	
郑士标	可范		古田	进士	郑士薪	熙卿		晋江	
郑士雅	玉昆		永定	廪生	郑世观	文光		宁德	
郑世贵	道充		宁德		郑世威	中孚	环浦	长乐阳夏	吏部右侍郎、刑部右侍郎
郑世琇	南溪		永定		郑守道	用行		侯官	主白鹿洞教事
郑守德	伯敬		莆田	礼部主事	郑舜臣	希仁		浙江上虞	汀州通判
郑嗣学	仲卿		仙游	晋江教授	郑腾云	汝奇		闽清	桐柏知县
郑天梅	祥斌		仙游	崇祯间贡生	郑天祐	君作		仙游	
郑廷环	仲甫		仙游	广昌县尉	郑廷楳	懋中		福清渔溪	户部主事

郑廷俊	英卿		莆田	襄阳知县	郑廷实	礼贤		永福	曲阜县丞
郑廷实	献夫		宁德		郑为虹	天玉		江苏江都	浦城知县
郑惟忠	君佐	逸叟、贞予	漳平感化里		郑维凯		北溪渔隐	归化	
郑维明	庆一		永定		郑维墉	长熺		永福	
郑维岳	申甫	孩如	南安西山		郑维梓	丹吾		永定	
郑文灝 (1467—1547)	德远	一崖	柘荣山后	武艺超群	郑文焕	养晦		莆田	嘉靖十六年举人,灵璧知县
郑文霖	汝众	舺犁子	长乐永宁坊		郑文升	世观		莆田	嘉靖三十四年举人,徐闻知县
郑文贤	宗儒		宁德		郑文玄	深道		龙溪	
郑文愈	尚谦		连江廿九都	黄冈训导	郑文征	子韶		古田	江阴主簿
郑文烛	耿中		福安		郑锡麒	维祯		长乐仙高	湖广按察司副使
郑锡文	禹范、艾庵		长乐西隅	广西布政使司右布政	郑显二	鸿溪		大田	
郑宪祖	庆宜		永定	庠生	郑向春	邦拱		仙游	诏安训导
郑心开	静之		闽县		郑兴隆	本德		宁德廿一都	
郑兴宗	允绍		莆田	松江教授	郑须德	存修		莆田	彭县知县
郑学张	志九		永定		郑循初	子初		莆田	秦府右长史
郑延熙	世隆		福安井阜	合浦训导	郑彦英	仲礼		宁德七都	
郑阳复	懋春		莆田	龙泉知县	郑一淮	禹功		古田	岁贡
郑一鹏	海翼		浦城		郑一鹏	九万	抑斋	莆田城关	吏科左给事中
郑仪则	士矩		连江资寿	教谕	郑以初	体复		建阳崇化	

郑胤夔	宣虞		仙游	崇祯间贡生	郑应辰		魁明	大田	
郑应机	用济		闽清	镇海卫教授	郑应龄	君亮		莆田	铜仁知府
郑应鹏	其南		莆田	乐会知县	郑应五	振九		上杭	萧县主簿
郑应柱	若砥		仙游	松江府监大使	郑永庆	景福		宁德五都	
郑用宾	于观		莆田	太仆寺丞	郑羽仪	敬生		闽县	中书舍人
郑元麟	翀极		晋江		郑元韶	志夔		侯官	
郑原旅	子方		古田	上高训导	郑源彬	与宜	梅岗	长乐西隅	《福州府志》字汝宜,户部员外郎、郎中
郑源涣	与聚		长乐西隅	建昌知府	郑源洽	与礼		连江	孝丰知县
郑云镐	周卿		闽县		郑云鹏	图南		莆田	乐会知县
郑云鉴	邦用		闽县	湖广参政	郑允成	祖谦		长乐	举人
郑蕴中	德辉		闽县	贵池知县	郑昭甫		云居山人	闽县	
郑震开	畴叔		莆田	崇祯十二年举人	郑正觊	公范		莆田	合浦知县
郑正学	直卿		仙游	南京户部郎中	郑之凤	茂梧		永定	邑庠生
郑之侨	德润		邵武	太和县丞摄广通知县	郑之贤	立宇		邵武	安乡知县、柏乡教谕
郑之铉	道圭	大白	晋江	右赞善	郑之驯		渐川	广东潮阳	古田知县
郑芝豹	曰文		南安		郑芝莞	汉九		南安	
郑芝虎	日蟠	韬远	南安		郑芝龙(1604—1661)	飞黄、飞皇、飞虹		南安石井	郑成功之父。原名一官
郑芝鹏	舜臣		南安		郑质夫	子质		莆田	石阡知府
郑中孚	体信		莆田	郁林知州	郑仲俌	翠峰		建阳崇化	

郑仲友	方叔		莆田	桂平知县	郑主敬	直夫		仙游	户部主事
郑主忠		三峰	仙游	寿州知州	郑子亨	少谦		罗源临济里	雷州府推官
郑子充	道充		莆田	兴化军教授	郑自怡	君哲		莆田	
郑字明	寅台		晋江		郑宗瑞		觐臣	四川	永福知县
郑宗远 (1471—1559)	思明	乔岳	柘荣仙岭		郑遵谦	履恭		浙江会稽	明亡后随鲁王至厦门
钟 鸿	腾霄		武平	上饶县丞	钟 华	美章		广东顺德	沙县知县
钟 绍	大韶		广东东莞	崇安知县	钟 孝	希闵		武平在城	
钟 煦	旸谷		上杭	英德教谕	钟 瑄	万英		武平	
钟 龠	遇吾		上杭来苏里	连江教谕	钟 志	汝持	乐寿山人	闽县	
钟 撰	近修		江西萍乡	永安教谕	钟龟龄	国宝		武平在城	抚州照磨
钟鹤龄	国鸣		武平	郑州通判	钟名登	文叔		莆田	县学生员，素称文行
钟明德	叔达		闽县	字一作叔远	钟明奎	宗跃		武平	
钟三聘	懋贤		武平		钟天爵	良贵		武平	署理富川、贺二知县
钟廷凤	应韶		武平	诸生	钟文表	日章		武平	石城知县
钟文杰	邦臣		长汀	广州知府	钟文俊	舜臣	石屏	长汀	广东参议、湖广参政
钟希夔	一卿		武平		钟献明	玉扬		武平	
钟尧龄	华祝		武平		钟应明	翊运		上杭来苏里	举人
钟应张	楚躔		武平		钟籥隽	高銎		武平在城	
钟岳重	仰川		武平		钟允复	大亨		河北南宫	晋江知县

衷仲孺	稚生		崇安四隅里	平远知县	衷宗周	尚文	太朴	崇安	
周　宝	玉仲		宁德		周　弼	梦良		莆田	御史
周　壁	文明		邵武	雷州经历	周　斌 (1331—1394)	质夫		宁德廿三都	建宁教授
周　斌	平寰		晋江	光禄大夫	周　澄	肃卿		莆田	河源知县
周　冲	道通		江苏宜兴	邵武府学教授	周　翀	鹏溟		上杭	建宁训导
周　达	彦文		闽县	元末避地罗源东隅	周　迪	履道		将乐	
周　迪	仲宁		莆田	万历三十七年举人,知府	周　鼎	上玉		莆田	
周　爌	铉吉、上玉		莆田	湖广参议分守荆西	周　敦	崇礼		罗源东隅	高安知县
周　刚	学仁		莆田	潮州教授	周　贵	国谦		连城	都事
周　行	宾示	鹿野	长乐漳港	澄海知县	周　灏	秉纯		邵武	海盐知县
周　贺	长吉		莆田	罗定知州	周　弘	友毅		上杭在城里	
周　洪	元度		连城	博罗知县	周　瑚	汝器		浦城	
周　桓	均美		罗源招贤		周　晖	光大		罗源招贤里	
周　徽	文德		宁德一都		周　惠	元敷		寿宁八都	
周　吉	吉人		莆田	崇祯十三年进士,靖江知县	周　鉴	汝明		宁德廿五都	
周　杰	元秀		莆田	台州通判	周　京	民仰		莆田	嘉靖十九年举人,知府
周　珂	鸣玉		霞浦	通州判官	周　鲲	肖鱼		莆田	江西副使
周　礼	尚文		将乐		周　濂	子道		莆田	弘治十一年举人
周　良	秉直		寿宁八都一图		周　烈	继武		浦城	

周 辂	文载	石谭	上杭在城里		周 冕	元端		浦城	
周 宁	彦静		莆田	嘉靖十七年进士,丹阳知县	周 鹏	云翔		江西玉山	分巡漳南道
周 璞	怀玉		福宁西隅	思恩知府	周 圻	牙士		莆田	崇祯九年举人
周 清	世亨		邵武	永兴典史	周 让	彦逊		莆田	嘉靖十九年举人,万安知县
周 瑞	循典		莆田	大理评事	周 澍	汝霖		罗源招贤里	
周 璲	朝玉		将乐		周 坦	孟宽		莆田	正统三年举人,鄞县教谕
周 梯	叔高		莆田	成化十九年举人	周 闻	无声		莆田	诸生
周 禧	彦社		连江廿九都	教授	周 仫	又仫	微之	闽县	
周 庠	升公		连城	六安知州	周 信	汝诚		福清音西	广西按察司佥事
周 熊	世祥		闽县	刑部主事,迁员外郎	周 宣(1478—1532)	彦通	秋斋	莆田清江	广东左布政使
周 宣	政举		龙溪		周 璇	元吉		长汀	
周 勋	良弼	柏林	上杭在城里		周 延	南乔		江西吉水	福建按察使
周 琰	廷灿		莆田	正统三年进士,饶州知府	周 易	宗羲		将乐	
周 英	子杰		广西合浦	泰宁知县	周 婴	方叔		莆田	崇祯三年御赐进士,上犹知县
周 莹	次玉	郡斋	莆田	正统六年进士	周 用	行之		江苏吴江	福建按察使
周 祐	命申		同安十七都		周 源	子浚		同安	兵部武选司郎中
周 赞	廷扬		莆田	成化十九年举人,高明知县	周 泽	仲清		连江	南京巡城御史
周 章	文甫		莆田	正德八年举人	周 哲	能慧		莆田	宣德十年举人,长沙知府
周 辙	宏守		莆田	天顺元年进士,南京户部主事	周 真	淑诚		山西山阴	原名逢笤,古田教谕

周轸 (1432—1514)	公载	耻庵	莆田清浦	江西按察使	周志	得贤		莆田	
周仲	南仲		江西吉水	漳浦知县	周祚	以延		湖北蕲州	海澄知县
周包荒	希圣		莆田	梧州同知	周标先	颜如		上杭	岁贡
周昌儒	礽为		江苏宜兴	分巡漳南道	周大恒	子成		莆田	钧州学正
周大礼	子和		江苏昆山	兴化知府	周大谟	鲁范、 文启		镇海卫	
周大柱	扶卿		莆田	接济处同知	周道光	云川		江苏太仓	泉州知府
周德辉	吉五		连城		周尔发 (1573—1631)	子祥	长庵	同安前场	南京兆丞
周凤鸣	文祥		浦城		周凤岐	文徵		浦城	
周干德	体仁		寿宁八都		周公安	宗钦		莆田	国学博士
周观祖	修德		安溪 长泰里		周行先	毓一		上杭 在城里	常山知县
周鹤芝	九元	九京	福清 仁寿里	迁居平潭	周宏机	龙中		邵武	常熟县丞
周洪谟	赓俞		浙江山阴	延平府司理	周继宪	懋守		罗源 招贤里	抚州经历
周家椿		爱日	同安后周	吏部文选司郎 中	周金汤	宪洙	谷城	莆田	崇祯十三年武 进士,漳平伯
周进隆 (1453—1520)	绍立	双竹	莆田清浦	广西左布政使	周堪赓	仲声		湖南宁乡	永春知县
周孔铎	振文		罗源东隅		周良翰	邦桢		浦城	
周良寅	以哀		晋江	浙江参政	周绿野	世桢		崇安四隅	铅岩佛巡检
周茂中	伯冕		晋江	四会知县	周懋鼎	日材		莆田	嘉靖元年举 人,龙游教谕
周鸣鸾	士和		莆田	武宁知县	周期雍	汝和		江西宁州	分巡漳南道
周启东	震道		莆田	广德学正	周起元 (1571—1626)	仲先	绵贞	海澄三都	

周如盘	圣培	镇庵	莆田	礼部尚书、文渊阁大学士	周尚文	质夫		永福	新建教谕
周尚义	时宜		光泽一都	岁贡	周尚友	望松		江西贵溪	政和知县
周世椿	德懋		古田	北京光禄寺监事	周世杰	邦彦		光泽	岁贡
周世梁	德器		古田	生员	周世明	炳然		寿宁八都	
周世正	性宇		建阳		周仕能	时敦		光泽在城	蓝田县丞
周思兼	然英		南安洪濑		周思文	彬宇		上杭	光禄寺掌醢署署丞
周天锦	裳斯		莆田	崇祯九年举人	周天骐	角所		崇安四隅	淮宁典史
周天佐(1511—1541)	宇弼	迹山	晋江	户部主事	周廷枫	丹垣		连城	唐王兰台内翰侍书
周廷鑨(1606—1671)	元立	芮公、朴园居士	晋江	吏部文选郎中	周维宁	凤助		永定	
周文昌	克盛		光泽八都	遂昌训导	周文举	廷用		寿宁八都	
周文鸾	子祥		寿宁八都		周文卿	德溪		将乐	
周希贤	司谦		莆田	万历二年进士,云南副使	周宪魁	君升		莆田	万历三十七年举人,侯官教谕
周宪章		隆水	江苏江阴	归化知县	周一阳	养初		海澄	
周宅先	桂台		上杭	岁贡生	周之藩	长屏		四川井研	护卫唐王,在汀州为清兵所杀
周之夔		五溪	闽县	泰宁教谕、苏州监兑推官督漕	周子礼		古狂	上杭在城里	
周宗燧	景琰		浙江天台	兴化知府	朱昂	德大		邵武	郡庠生
朱鏊	以周		建阳考亭		朱汧	希稷		邵武	贡生
朱彬	希从		莆田	嘉靖三十七年举人,肇庆通判	朱斌	子玉		莆田	
朱聪	敏仲		永福	知县	朱锭	继峰		建阳	

朱 钝	性聪		安徽婺源	寓居邵武	朱 铎	允学		晋江	户部主事
朱 藩	朝用		晋江	昌化知县	朱 璠	国用		莆田	雷州教授
朱 复	宏礼		莆田	澄迈教谕	朱 焯	惟盛		邵武	县学生
朱 纲	振甫		山东曹县	晋江知县、福建布政使	朱 观	尚能		古田	龙岩尹
朱 瑾	汝大		莆田	唐府长史	朱 广	仲生		建宁	
朱 衮	朝章		浙江上虞	兴化知府	朱 琯	懋卿		漳浦	诸生
朱 和	文节		上杭在城里	德安训导	朱 衡	惟平		江西万安	尤溪知县、福建学政
朱 洪	有度		莆田	枣强知县	朱 环	孟璧		莆田	宜黄教谕
朱 徽	文徽		江西新城	光泽训导	朱 健	子匡		江西进贤	邵武府推官
朱 鉴 (1390—1477)	用明	简斋	晋江三十三都		朱 津	季良		莆田	电白教谕
朱 经	伯机		南平	德安训导	朱 均	德方		南平	
朱 浚	泗源		邵武	光禄寺录事	朱 恺	舜征		莆田	马瑚知府
朱 侃	本直		莆田	永乐三年举人	朱 宽	宏裕		莆田	礼科给事中
朱 奎	文辉		寿宁坊四图		朱 奎	元聚		建阳	
朱 廉	介卿		建阳考亭		朱 凌	元冲	龙冈	建阳考亭	
朱 隆	克潜		莆田	瀛洲同知	朱 辂	朝载		晋江	
朱 默	时言		江苏太仓	建阳知县	朱 袍	锦阳		永定	庠生
朱 浦	仲玉		仙游	石城县丞	朱 启	允迪		寿宁坊三图	
朱 钦 (1443—1520)	懋恭		邵武	右副都御史巡抚山东	朱 锓	惟式		建阳考亭	

朱 肜	嘉豫	滨海	江苏武进	崇武千户	朱 胜	永义		莆田	浙江道御史
朱 潇	仲本		莆田	兵马司大使	朱 泰	世泰		莆田	崇府长史
朱 镡	子珍		侯官		朱 悌	舜敬		莆田	浙江佥事
朱 洧	养冲、源西		建阳考亭		朱 文	天昭		江苏昆山	福建巡按
朱 汶		碧潭	晋江		朱 梧	子琴		晋江	
朱 絃	廷和		江苏无锡	长泰知县	朱 暅	晦叔		莆田	名一作暄,籍贯一作仙游。潮阳教谕
朱 煊	孔温		建阳		朱 洵	宗信		建阳	
朱 伭	居正		莆田	广东道御史	朱 尧	原仁		建阳考亭	
朱 瑛	煜衢		漳浦镇海		朱 祐	逢吉		邵武	汉阳知府
朱 煜	体光		莆田		朱 约	守一		邵武	
朱 渑 (1486—1552)	必东	损岩	莆田	湖广道监察御史	朱 轸	朝矩		晋江	
朱 赟	寅初		莆田	崇祯十五年举人	朱 忠	孟弼		莆田	宁县教谕
朱 资	士裕		莆田	嵊县知县	朱 鎗	惟贤		建阳考亭	
朱邦巩	永夫		莆田	清江知县	朱炳如	仲南	白野	湖南衡阳	泉州知府、陕西左布政使
朱昌竹	国苞		晋江	安化知县	朱成文	希纯		南平	
朱成武	维烈		南平	柳州同知	朱纯卿	士穆		莆田	余干知县
朱大典	延之		浙江金华	分巡漳南道	朱大绂	征孔、亚思		仙游	寿州知府
朱大谦	伯益	原真	江南宁国	平和知县	朱道澜	叔观		莆田	广西参政
朱鼎昌	元调		晋江	黔阳教谕	朱东光	元义		浦城	

朱端表	应仪		莆田	嘉靖十三年举人	朱端明	应文		莆田	嘉靖十三年举人
朱多稣	长林		南平	女	朱方炜	泽南		浙江萧山	侯官知县
朱光显	自明		光泽廿四都	龙游知县	朱国汉	为章		建宁	
朱宏纪	理卿		莆田	铜山教谕	朱洪镡	若泉		建阳	
朱继祚 (1593—1648)	立望	胤岗	莆田横塘	南京礼部尚书	朱家相	朝弼		莆田	万历三十七年举人
朱可宗	端夫		莆田	户部郎中	朱孔阳	玉辉		平和	
朱璘如	兆韩		莆田	知县	朱龙翔	恒升		平和	
朱孟常	守常		浙江余姚	南平知县	朱鸣阳	应周		莆田	浙江右布政使
朱汝时	君敏		仙游	临高知县	朱绍学	德宗		寿宁坊三图	
朱世增	益夫		莆田	象山教谕	朱守为	良裕		莆田	丽水知县
朱术桂 (1618—1683)	天球	一元子	浙江临安	随鲁王驻金门	朱泰祯	道子		浙江海盐	龙岩知县、云南道御史
朱泰祯	平仲		莆田	天启元年举人	朱天球 (1528—1610)	君玉	淡庵	漳浦朱厝	南京工部尚书
朱统鈗	祇园		江西	平和知县	朱文灿	质夫		顺昌	
朱文汉	章卿		莆田	南京户科给事中	朱文环	文佩		莆田	江西参议
朱文简	元可	墨溪	浙江乐清	晋江教谕	朱文科	以选		莆田	云南按察使
朱文魁	汝贵		莆田	通州知州	朱文澜	国柱		莆田	工部主事
朱文兴	任卿		邵武	延平府训导、处州府经历	朱希莱	伯宰	念尔	南安	大理寺卿
朱显文	道载		仙游	义乌知县	朱显宗	德昭		莆田	永乐十二年举人
朱象升	沐咸		永定	廪生	朱一泮	达宗		晋江	

朱以淡	尚雅		建阳	一名汝登	朱以海 (1618—1662)	巨川	恒山	浙江临安	即鲁王,称监国,遁迹金门
朱益采	观以		浙江山阴	福建按察司金事,行医至南平	朱英隧		节庵	漳浦绥安	
朱应芳	君采		光泽在城	举人	朱用圭	原信		建阳考亭	
朱于训	国彝		晋江	广州同知	朱章春	为俊		莆田	漳浦教谕
朱之臣	良献		莆田	赣州知府	朱钟文	质夫		建阳考亭	
朱仲孺	复亨		莆田	同知	朱子方	若矩		莆田	嘉兴训导
朱子盛		少松	顺昌交溪		朱子宣	伯钟		莆田	雷州同知
诸大木	巽斋		浙江余姚	大田知县	诸葛表	公仪		晋江	行人司司正
诸葛昺	公韬		晋江		诸葛隆	思懋		晋江	宁海知县
诸葛琦	楚贤		晋江	御史	诸葛希孟	毅之		晋江	
诸葛应科	弼甫	宾梅	晋江	字一作弼父	诸葛倬	士年		晋江	光禄寺卿
祝 德	永明		浙江常山	定居侯官,善医	祝从周	师文		浦城	
祝时泰	汝亨		侯官	户部员外郎	祝致和	达卿		安徽桐城	兴化府推官
庄 琛	廷玺		晋江		庄 概		逊庵	晋江	信丰知县
庄 淦	伯载		晋江		庄 恭	仪甫	拙斋	晋江	
庄 海	廷会		安溪感化里		庄 豪	邦干		仙游	武进县丞
庄 楷	世范		晋江		庄 科	由炬		晋江	高州知府
庄 琦	元美		晋江	广州府通判	庄 潜	伏之		同安	
庄 荣	本深		晋江	赣县教谕	庄 贤	子勤		莆田	

庄 修	闻修		闽县	邑诸生	庄 严	叔敬		古田	龙川训导
庄安期	际休		晋江	新会训导	庄鳌献	叔瞻		晋江	浙江布政司照磨
庄昌期		清慎	晋江	全州通判	庄逢辰	士明		晋江	
庄凤章	诚夫		晋江		庄观生	思齐		莆田	
庄国桢	君祉		晋江	户部侍郎	庄际昌 (1578—1629)	景说	羹若	晋江青阳	初名梦岳。左春坊左庶子
庄履丰	中熙	梅谷	晋江	翰林院编修	庄履明	中益		晋江	户部郎中
庄懋华	仲玮		晋江		庄懋仪	伯羽		晋江	
庄奇显	允元		晋江	南京国子监司业	庄谦才	宗美		晋江	
庄钦邻	寅卿		晋江	吏部尚书	庄钦止	日知		晋江	虹县知县
庄思宽	君栗		晋江	建昌知府	庄思正		乐闲叟	闽县	
庄天夑	慄夫		晋江		庄维春	元卿		长乐三溪	南昌知府
庄希范	藻先		晋江		庄希缵	邦孝		晋江	阳山知县
庄仰旻	彦三	仁轩	同安坂尾	增城知县	庄一俊	君斐		晋江	
庄以德		绍溪	湖南武陵	古田县丞	庄应桢	西洛		晋江	博罗教谕
庄用宾	君采	方塘	晋江	刑部员外郎	庄用晦	君显		晋江	
卓 钿	荣麓		沙县		卓 尔	见可		长乐岱边	陕西苑马寺少卿
卓 回	希贤		宁德		卓 杰	汝杰		福安化蛟	正德岁贡
卓 敬	惟恭		福清	户部侍郎	卓 迈	士英		莆田	太仆少卿
卓 榕	恒茂		莆田	扬州教授	卓 望	师吕		莆田	永乐十一年举人

卓　越	施挺		仙游		卓　越	彦材		福宁四十二都	永嘉、金乡知县
卓居傅	起岩		莆田	刑部主事	卓天锡 (1427—?)	纯碬		莆田塔兜	贵州按察使
卓晚春	上阳	无山子	平和		卓文湦	资善		莆田	新兴知县
卓文征	资洁		莆田	弘治二年举人	卓志聪	希达		古田	东平州判
宗　臣	子相	方臣	江苏扬州	福建提学副使	宗　周	思兼		闽县	余姚主簿
邹　安	仕恭、胜安		泰宁朱口	翰林院检讨	邹　昌	允隆		泰宁	广东提学佥事
邹　迪	时吉		莆田		邹　丰	尚忠		清流	开府教授
邹　鎏	汝砺		莆田	户部员外郎	邹　潘	康侯		莆田	汉阳知府
邹　谦	允恭		泰宁大田	海丰知县	邹　铨	尔叙		莆田	奉化知县
邹　文	志学		泰宁福山		邹　武	靖之		江苏常熟	邵武府同知、南京刑部员外郎
邹　贤	大本		江西安福	分巡漳南道	邹大猷	徽卿	星台	建宁	
邹观夔	瑞足		清流		邹光岳	湛然		泰宁	
邹国卿	子翼		清流	楚雄府推官	邹人昌	参廉	宸柱	湖北麻城	平和知县
邹师鲁	世渊		莆田	郴州学正	邹时丰	有年		清流	
邹时泰	士亨		清流	华容知县	邹守益	谦之	东廓	江西安福	寓居武夷山讲学
邹守愚 (?—1556)	君哲、一山		莆田	户部右侍郎	邹天周	道充		泰宁	
邹维琏	德辉		浙江新昌	福建巡抚、兵部尚书	邹文盛	时鸣		湖北公安	福建布政使
邹学圣 (1523—1598)	宗道	清泉	长汀四堡	四堡印书业创始人	邹钟岳	克承		泰宁	
邹宗善	本初		上杭在城里		祖　烶	熙寅	翾侯	惠安崇武	

姓名	字	号	籍贯	备注	姓名	字	号	籍贯	备注
祖之望 (1754—1813)	载璜、 舫斋		浦城	刑部尚书	左 汉	希昭		宁德	
左 浚	希哲	质庵	宁德一都		左 廉	廷介		宁德	
左 序	廷礼		宁德		左 应	廷用		宁德	
左 雍	廷和		宁德		左承芳	宜季		宁德	
左承宪	宜鉴		宁德		左承裕	宜申		宁德	
左公升	闻可		宁德		左公仕	行可		宁德	
左守惠	尔孚		宁德		左灶愚	思明		宁德	
左宗实	子政		宁德一都						

清代人物

姓名	字	号	籍贯	备 注	姓名	字	号	籍贯	备 注
哀道烈	序昭	炜亭	崇安		艾 生	幼山		建宁	
艾邦苍	天佑		建宁		艾邦倚	竹溪		建宁	
艾逢节	际泰		松溪		艾公榆	岳铨		建宁在城	
艾恒豫	立堂		陕西米脂	建阳知县	艾景槐	达台		建宁	
艾立淮	桐川		建宁		艾日蚩	羽南		建宁在城	
艾邵元	体乾		泰宁梅林		艾希登	跃龙		建宁高圳	
艾膺璜	渭水		建宁	漳州把总、千总	艾友竹	卫瞻	此亭	建宁	贡生
艾正桂	皇锡		建宁都上		艾作霖	若三		建宁	

安潮	荣美		崇安石臼		安亘	意生		崇安下梅	
安行	及成		南平	县学生员	安忠	世魁		崇安石臼里	
安炳宸	百撰		崇安下梅		八十四	寿徵		满洲旗人	大田知县、厦门海防厅同知
白冠玉	海仙		湖南华阳	同安知县	白龙采	标文		安溪依仁里	
白梦麟	汉趾		安溪依仁里		白梦龙	爆趋		安溪依仁里	
白士鳌	标选		安溪依仁里		白彦良		淳庵	江苏武进	仙游知县
白扬休	钦对		安溪依仁里		白一昺	汝红		安溪依仁里	
白永祚		竹轩	山西介休	平潭海防同知	白祖亢	爆循		安溪依仁里	
包承祚	启堂	芭塘	浙江钱塘	龙岩知州	包幹臣	礼堂		江苏泾县	霞浦知县,侯官知县
包梦魁	若愚	晓梅	上杭胜运里		包舜裔	绍堂		永定	
包蔚华	秀岩		永定	郡学增生	包有苣	邑丰		上杭胜运里	
鲍诚衷	秉之		安徽歙县	杨岐珍幕僚,在厦十余年	鲍德名	麓书		浙江钱塘	沙县知县
毕友宜	凌峰		湖北蕲水	建宁知县	卞鳌	兴书		侯官	
蔡璧	君宏	武湖	漳浦		蔡镰		爽亭	漳浦西湖	
蔡超		惺谷	漳浦大南坂		蔡凤	虎村		漳浦西湖	
蔡湘	视侯	青岩	漳浦大南坂	翰林院庶吉士	蔡鐩	雀人	悱斋	漳浦	
蔡俭 (1818—1853)		懋能	晋江东石	本名懋俭	蔡奎	左娄		邵武	举人
蔡禄	全伍		漳浦	河北总兵	蔡洛	箕衍	双溪	长泰	
蔡谦	吉六		崇安大浑	改名吉恭	蔡容	惟英	于麓	闽县	

蔡 新 (1707—1799)	次明	葛山、 缉斋	漳浦 大南坂	文华殿大学士	蔡 瑶	舟叟		莆田	康熙十一年举人
蔡 英	卓千	梅水	闽清		蔡 祐	如玮		上杭 在城里	
蔡 镇		越峰	闽县	国子监助教	蔡 植	日显		长汀	
蔡 重	跻九		建阳县坊		蔡 茳	芬卿		光泽 廿一都	岁贡生
蔡本崇	仲履	仰斋	漳浦西湖		蔡本俶		澹园	漳浦 大南坂	
蔡本樬	松园		漳浦 大南坂		蔡本份		梅溪	漳浦 大南坂	
蔡本昊		受斋	漳浦		蔡本谦		梁海	漳浦驿口	
蔡本任		悟庵	漳浦下布		蔡本棠		鹭洲	漳浦西湖	
蔡本禧		龙村	漳浦西湖		蔡本仗		熙斋	漳浦 大南坂	
蔡宾兴		邃园	晋江		蔡步元	道亨		归化	宣统己酉恩贡
蔡步钟 (1831—1869)	则玉	监泉	宁德城关	云南按察使	蔡宸升	诒迎	忠庵	南安	海澄教谕
蔡长沧		珊树	漳浦西湖		蔡长澁		晶区	漳浦 大南坂	
蔡长淳		与斋	漳浦西湖		蔡长汉		青阁	漳浦 大南坂	
蔡长沄	巨源	克斋	漳浦 大南坂		蔡承烈	靖卿	乳泉	江西奉新	平和知县
蔡承谦	举元		长汀	精堪舆	蔡承锡	畴夫		晋江	漳平教谕、宁晋知县
蔡承祐	顺甫		龙溪	长乐训导	蔡春山		习斋	漳浦西湖	
蔡催庆		壶兰 道人	同安厦门		蔡大雅	朝元		沙县	
蔡道铤	勉庐		连江		蔡道凝	润孙		连江	宣统己酉拔贡
蔡道钤	辛符		连江		蔡德成	仲变		同安平林	

蔡德辉	子耿	觉昨叟	同安厦门		蔡德辉 (1833—1891)	醒甫		晋江东石	县学生员
蔡德基	肇基		沙县		蔡登超	榕岩		厦门同安	
蔡而烷	邦璧	中石	漳浦西湖		蔡而烜	邦鄂	升薇	漳浦西湖	
蔡而煜	邦赟	季湛	漳浦		蔡赓良	乔年	润叔	连江	初名玢。盐运使
蔡观澜	季澄	瞻亭	漳浦 大南坂		蔡行达		鹿川	漳浦 大南坂	
蔡行兰		双湖	漳浦 大南坂		蔡洪璧	尔荆		海澄镇海	居住厦门,移籍同安。廪生
蔡焕章	尚闇		晋江		蔡继祖	贻皇		晋江	
蔡骥良	德夫	素亭	同安	同安教谕	蔡可远	致夫	齐峰	漳浦 大南坂	桐乡知县
蔡克昌	尔炽		晋江	同安诸生	蔡来朋		习孚	漳浦	
蔡兰芳	滋畹		惠安山后		蔡兰矞		滋圃	漳浦 大南坂	
蔡烈斌	书文		福鼎彩墺		蔡林岳		蔚园	南安蓝田	罗源教谕、泰宁教谕
蔡龙登	修从		南安鹤山		蔡枚升		容斋	漳浦西湖	
蔡梦熊	思昂	渭滨	南平西芹		蔡鸣珂	唐里	讲山	漳浦 大南坂	世远仲弟
蔡攀龙 (?—1797)	君宠	跃洲	同安平林	福建陆路提督	蔡其聪	九二		福清海口	进士
蔡奇瑞	云卜		南平		蔡庆旺	于曾		晋江	
蔡任鹄	诒翀		晋江		蔡日儒	雁峰		福鼎	
蔡儒亮	静修		漳浦		蔡润泽		济庵	同安浦南	金门左翼镇总兵
蔡善述	孝先	慕溪	漳浦 大南坂		蔡时光	君龙		晋江	长洲知县
蔡世铍		石坪	江西玉山	平和知县	蔡世宏	善工		宁德	上杭教谕

姓名	字	号	籍贯	备注	姓名	字	号	籍贯	备注
蔡世襄		仰宗	永福	宣统元年举孝廉方正	蔡世远(1682—1733)	闻之	梁村	漳浦	礼部侍郎
蔡仕舢	诒霞	藐村	南安		蔡仕岳	论畴		晋江	
蔡式廓	眷西	对峰	漳浦大南坂		蔡思充(1559—1642)	宝卿	元岗	云霄西林	刑部尚书
蔡泗德	邻卿		晋江		蔡嗣铨	祖生		晋江	
蔡嗣襄	君亮		晋江		蔡绥年	倚甫		浦城	
蔡天任	弼卿		同安嘉禾		蔡廷璧	连城		永安	县学生
蔡廷魁	经五	鹤村	晋江	刑部湖广司郎中	蔡廷镇	公定		浦城	
蔡统先	恒垂		长汀		蔡万里		敬轩	漳浦西湖	
蔡为桦	直夫		惠安山后		蔡文蛟	云海		福鼎	岁贡生。著《水木山庄诗集》
蔡文聘	莘耕		福鼎白琳	庠生。习岐黄术	蔡文仁	则元		晋江	
蔡锡侯	位三		浦城		蔡锡勇(1847—1898)	毅若		龙溪	自强学堂总办
蔡锡章		云舫	四川	宁德县丞	蔡协吉	舜孺		晋江	
蔡璇孕	彦政		晋江		蔡延镳	公扬		浦城	
蔡衍诰	紫泥	念湖	漳浦西湖		蔡衍鋆	宫闻	操斋	漳浦	
蔡衍调		和斋	漳浦西湖		蔡衍锯		哲人	漳浦	
蔡以成	乔木	韶九	侯官	铜梁知县	蔡鹰扬	弼周		上杭在城里	
蔡应钺		井门	漳浦西湖		蔡玉彬	仲雅		同安东山	
蔡玉鸣(1849—1902)	贻河、玉明	帮尾河	晋江罗山	又称玉明。拳师	蔡元成	尚乾		南安	
蔡元宽		育泉	漳浦大南坂		蔡元祁	香叔		连江	漳州训导

蔡元肃		晖斋	漳浦西湖	一作蔡允肃	蔡云从	亦飞	印湖	漳浦大南坂	庶常
蔡云鹤	芝田		光泽廿一都	宁化、诏安训导，福州府教授	蔡在新	又新、未极		侯官	
蔡震升	诒青		晋江		蔡徵藩	价期	薇堂	侯官	台湾崇文书院主讲。雷琼道
蔡志重	山若		晋江		蔡致远	君博	瞻三	晋江	吏部郎中
蔡资深（1839—1911）	永明	安亭	南安官桥	乳名浅	蔡祚熹	在朱	君晦	漳浦大南坂	
蔡祚燕		映峰	漳浦西湖		蔡祚周	君旋	幼石	漳浦金芳	
曹概	昂度	琇溪	邵武	善画	曹瑾	怀璞	定庵	河南河内	闽县知县
曹馨	非稷		上杭在城里	郡学廪生	曹勖	及其	慵奄	宁洋	泰宁训导
曹祖	鲁传		沙县龙池坊		曹成美	用和		宁化	
曹承祖	筑璧		江西南昌	政和知县	曹岱华	英卿		侯官	电白知县
曹国琛	宝臣		宁洋集宁里	恩贡	曹建封	承章		政和	
曹景浩	仰天		沙县		曹君漳	起南	霞士	宁洋	福宁训导
曹孟勇	茂吾		宁化曹坊		曹乾注	子卿	元生	宁洋	举人
曹世伯	长人		宁洋集宁里	岁贡	曹世珍	聘岩		宁洋集宁里	副贡生
曹挺宗	冠群		长汀		曹文恭	敬也		沙县	
曹衔达	子安		浙江嘉善	邵武县知县	曹显经	纶予		宁化	
曹学礼	琴轩		河南	永定知县	曹治先	琴斋		建阳县坊	
岑尧臣	长龄		江苏常熟	籍贯一作河北大兴。德化知县、惠安知县	查慎行	悔徐	初白	浙江海宁	游闽，至福州。翰林院编修
柴为枢	聚五		浙江杭州	仙游教谕	柴自新	鼎臣		山东陵县	延平府右营中军守备

车耆奎	含光		将乐		车应藩	扶潜		莆田	孝子,刲股奉母
陈 昂	轩年	即白	侯官		陈 昂	英士		同安灌口	广东副都统
陈 璧	立千	霬斋	归化	政和训导	陈 璧 (1852—1928)	玉苍、佩苍、雨苍、苏斋		侯官	籍贯一作闽县。礼部员外郎
陈 斌	朝岐		莆田	南阳镇中协	陈 斌		镜堂	漳浦赤湖	
陈 瑸	文焕	眉川	广东海康	巡抚、闽浙总督	陈 炳	开麟		连江马鼻	武举人
陈 材	克任	鲁林	连江马鼻	户部主事	陈 材	渊伯		仙游	
陈 策	钟侯		南安董埔		陈 嶒	望尼		归化	康熙贡生
陈 绰	彦裕		莆田	顺治五年举人	陈 超	式轩	心远	长乐金峰	邑诸生
陈 诚	诚甫		长乐	砀山知县	陈 诚	次玉		莆田	乾隆三年举人,壶关知县
陈 冲	琛起	卓庵	建宁		陈 畴	廷琚	寿田	长乐古县	临江知府
陈 垂	次和		漳浦绥安		陈 纯	骥仲		侯官	贡生
陈 莼	喜人		长乐	拔贡	陈 登	骏公	慕筑	连江	岁贡
陈 琔	鸿章		顺昌	侯官训导、诏安教谕	陈 栋	栋发		光泽十二都	岁贡
陈 栋	季丹		莆田	康熙五十二年举人,香山知县	陈 瑶	宗珓		沙县	
陈 范	朝箕	铸岩	长乐江田		陈 芳	名侯		同安灌口	碣石游击、吴川游击
陈 丰	穆堂		邵武界首	嘉兴通判	陈 逢	超然	谦敏	同安溪边	
陈 凤	翠岩		永定虞坑		陈 纲 (1871—1910)	子显		同安仙乐	驻菲律宾首任领事
陈 皋	子伟		同安阳翟	增生	陈 镐	寿孙		闽县	鹤庆县知事

姓名	字	号	籍贯	备注	姓名	字	号	籍贯	备注
陈诰	禹夫		侯官	广西永宁参将	陈功	克敏	叙斋	闽县	山东道监察御史
陈珖	玉友		政和坂头		陈广	居之	一山	漳平居仁里	主讲芝山书院
陈广	菊人		莆田	康熙十九年举人。邵武教谕	陈圭	大邦		政和	
陈淮	广州		侯官		陈瀚	伯熊		长乐江田	
陈昊	昭若		连江	举人	陈洪	敦范	莲村、梅峰	南安潮塘	
陈洪	宏九		邵武	新化知县,代理湘潭县事	陈鸿	恩英		永定	
陈黉	升书		福清	象山知县	陈桓	公瓛		建阳崇文	
陈煌		悭堂	云南临安	尤溪知县	陈璜	象枢	渭川	同安走马路	刑部陕西司员外郎
陈晖	升东		闽县	麻哈知州	陈辉	灿珠		海澄	
陈辉	位烔	燎甫	长乐岭南		陈辉	旭初	明之	漳浦佛昙	
陈辉	韵兰		连江马鼻	汀州教授	陈玑	圣璇		连江	武举人
陈基	肇中		长汀		陈绩	桂馨	凝甫	建宁	馆于光泽
陈骥	从修		连江馆读	武举人	陈鉴	朝衡		闽县	举人
陈金	学叟		莆田	雍正四年举人	陈珪	允瑜		平和	
陈进	邦俊		仙游	江西袁州临江副将	陈京	宗都、镐川		闽县	江华知县
陈经	躭六		漳浦云霄		陈经	敬德	星垣、闲园散人	侯官	海门同知,苏州座篆
陈经	星衡		永定		陈经		留馀痴子	大田	
陈虞	羽倩	俨亭	归化	兰阳县丞	陈俊	舜雅		莆田	
陈浚	华哲	心泉	闽县	原名霖,安徽按察使	陈浚	开仲		闽县	

陈	骏	及生		连江幕浦	威宁守备	陈	楷		牧野	南平	
陈	侃	郅希		河南光山	建宁知县	陈	科	公捷		仙游	康熙十一年举人
陈	逑	达侯		惠安		陈	煃	紫垣		上杭在城里	
陈	昆	西仑	一峰	建阳		陈	扩	有张	仲三	长乐	邑诸生
陈	赍	俊村		长乐江田	邑庠生	陈	兰	挺三	香圃	长汀	举人
陈	岚	石村	紫谷	邵武	做木偶，工绘事	陈	澜	尔观		长乐文石	南部知县
陈	琅	子珍		闽清		陈	鲤	岂鱼		顺昌	
陈	廉	石谿		连江	署雷波厅、巴安府、裏塘府	陈	烈	绍武		宁德	
陈	霖	德侯		闽县	故城知县	陈	麟	灵昭、石苍		漳平	籍贯一作龙岩县。沛县知县
陈	骝	伯骀		长乐江田	顺治间岁贡生	陈	鎏	寿言		连江	贡生
陈	龙		鳞长	龙溪	金门总兵官	陈	骒	仲桓		长乐	诸生
陈	鸾	彩云		上杭在城里		陈	律	占林		光泽西乡	国学生
陈	昴	邦杰		仙游	长沙副将	陈	模（？—1913）	勒生	子范	侯官	同盟会会员，为反袁不慎身亡
陈	平	从儒		仙游	台湾南路营中军守备	陈	奇	崇鎏		连江	举人
陈	淇	仲基		莆田	修武知县	陈	琦	乾德		长乐三溪	堂邑知县
陈	迁	季常		侯官	邑诸生	陈	锵		幼仙	闽县	原名心濂
陈	青	君赠	小山	同安松田	县学诸生	陈	球	儒珍		上杭在城里	
陈	趋	偶峰		长乐沙京		陈	荃	寿倩		归化	
陈	荣	如芝		闽县	例贡	陈	溶	容水		宁德	

陈	榕	少我		仙游		陈	润	龙季		闽县	举人
陈	润	肃雨		连江		陈	森	伯乔	松坡	沙县西山坊	
陈	森	崇迈		连江	武举人	陈	善	建标		崇安四隅里	岁贡
陈	善	孙敬		晋江		陈	善	以昆		福清	进士
陈	善	振涵		沙县		陈	杓	仲衡	舒园	漳浦沙西	乾隆元年进士
陈	韶	凤堂		永定上洋	庠贡生	陈	诜	宜振		归化	附贡,候选训导
陈	声	仲希	容斋、三和逸史	长泰人和里	永和知县	陈	珹	伊居		莆田	顺治十五年进士,大同推官
陈	绳	骊季、体园		侯官	清镇知县	陈	盛	苞升		龙岩	
陈	湜	荷波		连江		陈	鈛	子昭		莆田	诏安守备
陈	寿	愚受		连江	瓯宁教谕	陈	书	伯初	木庵	侯官	博野知县
陈	书	特卿	苇庵	长乐漳港	安仁知县	陈	枢	西侯	缄斋	永安	昌乐知县
陈	曙	树初		晋江		陈	崧	书昂		长乐	泰宁教谕
陈	愫	莨生		连江崇云	安溪教谕	陈	愫	素心		建宁	咸阳知县
陈	榛	素木		宁德		陈	眭	天谷		光泽一都	连城教谕、福州府教授
陈 泰 (1839—1898)			砺山	同安厦门	名晋国,又名清泰。新加坡华侨	陈	堂	宏如		宁德	
陈	天	达甫		连江	桐山守备	陈	炜	涣然		邵武	
陈	文	质人		仙游	工写真人物	陈	禧	集嘉	愚庵	建宁	
陈	襄	叔则		仙游	康熙五十六年举人	陈	襄	昌奋	叔举	长乐古县	邑诸生
陈	翔	飞梧		光泽十三都	岁贡	陈	秀	文昆		海澄	

陈	栩	飞木		宁德		陈	选	铨三		同安厦门	汀州左营游击
陈	学	而公		仙游	康熙间贡生	陈	埙	仲箎		同安	左翼碣石总兵
陈	俨	昌望		南平	镇平知县	陈	衍	永万		建宁	永安知州、理苗同知
陈	雁	鸿卿		永定洪源		陈	嶤	崇谦		归化	
陈	义	惠子		闽清	县学生员	陈	懿	德美		政和竹洋	
陈	殷	彝甫		惠安崇武		陈	殷	佐卿	熙甫	清流	武举人
陈	垔	映峰		归化	永福教谕	陈	英	杰夫		上杭旧县	
陈	英	任亨		永定		陈 英 (1853—1884)		贻惠		闽县	福星兵船都司
陈	瑛	宗宝		沙县		陈	膺	仲遐		莆田	萧县知县
陈	莹	文荣	玉如	永福桐苑	举人	陈	郢	师仲	敬斋	南安西坡	世家同安梧州
陈	镛	国声		福鼎沈青	例贡	陈	镛	麓荪		永定上湖雷	廪生
陈	育	煦天		永安		陈	豫	仲常		侯官	举人
陈	元	易生	乾庵	惠安崇武		陈	杭	豫木		永福	
陈	源	蓄川		龙岩	监生	陈	岳	降生		晋江	
陈	钺	睿左		仙游	围棋国手	陈	簏	启简		仙游	
陈	赞	大琛	翊图	长乐青桥	彰德知府	陈 瓒 (1881—?)			少倪	福鼎桐山	画家
陈	藻	楸士		莆田	罗源教谕	陈	章	倬云		建阳崇太	
陈	诏	待仙		永定	康熙岁贡	陈	箴	于宝		龙溪	
陈	蒸	镜航		长乐	翰林院庶吉士,户部主事	陈	智	昌守		闽县	

陈 钟	乔尊		连江定田	举人	陈 钟	秀训	芝庭	长乐旒峰	
陈 洲	北侯		仙游	雍正间拔贡	陈 洲	瀛山	若汀	龙岩	举人
陈 翥	汝翼		闽县	编修	陈 箕	采倩		归化	康熙乙丑贡
陈 梓	可材		江苏丹徒	归化县主簿	陈 最 (1844—1901)	报三、谦善、聚良、极三	乐峰	同安仙岳	旅菲华侨,三次出任甲必丹
陈 阼	常丹		归化	一作陈祚,康熙乙丑拔贡	陈安吉		静斋	大田	
陈昂泰	青夫		同安坂上	县学生员	陈傲雪	奏春		永定上洋	
陈拔群	相音		上杭白砂里		陈邦宝	璞卿		同安厦门	
陈邦典	健斋、可型	捷斋	建宁蓝田		陈邦栋	汉卿		建宁北乡	
陈邦彦	殿华		长汀	贡生	陈邦耀	生继		龙岩	
陈宝琛 (1848—1935)	伯潜、伯泉	弢庵、淘庵、听水、沧趣楼主	闽县	江西学政、会办南洋事宜	陈宝廉	幼农、仲坚		侯官	初名隅廷,驾曹
陈宝璐	敬果	叔毅、韧庵	闽县		陈宝贤		迩安	闽清	诸生
陈宝星	敏轩		侯官	邑诸生	陈宝钥	大莱		晋江	
陈葆元	瑞卿		连江琯江	晋江、福安教谕	陈葆中	渭臣		连江万石	武进士
陈抱一	易初		莆田	康熙五十三年举人	陈本虞	祖姚		归化	
陈笔锋	学颖	韬园	长乐石门	别字莲石。工部员外郎、郎中	陈必元	章岩		永定上洋	邑庠生
陈槟仕	学典		连江万石	府学中式	陈炳光	恤裕		连江	台湾、长乐千总
陈炳极		曜南	贵州贵筑	沙县知县	陈炳南	德运	亦得翁	侯官阳崎	

陈伯贞	午星		闽县	潮阳知县	陈步高		星冈	周墩竹下	
陈步桐		荫堂	周墩七步		陈步云	金鉴		连江	武举人
陈曾莱	振邦		连江		陈昌栋	达生		建宁	
陈昌国	亦人		同安		陈昌期	半千		龙岩	增广生
陈昌荫	槐青	湘湄	沙县西山坊		陈常润	文泽		泰宁在城	
陈常夏(1630—1694)	长宾、铁山	江园	晋江金井	本姓郜。米脂知县	陈超如	卓友		连江保安里	贡生
陈朝进	继豪	焕亭	闽县		陈朝锦		孔章	连江西铺	英山知县
陈朝枢	佑风		永定虞溪	监生	陈朝羲	梅圃		四川涪州	建阳知县
陈朝相	道玉		沙县		陈宸书	章徽	枫阶	闽县	江华、永明、永定知县
陈成烈	用銮		长乐旒峰	国学生	陈成美	朝珍		永定丰田	监生
陈成文	朝瑾		永定丰田		陈承基	绍庭		连江崇礼	通判
陈承烈	乾五		连江崇礼	举人	陈承裘	孝锡	子良	闽县	浙江司行走
陈承颖	上敏	古愚	平潭南安	邑庠生	陈池养(1788—1859)	子龙	春溟、莆阳逸叟	莆田城关	
陈埕献	伯贤		仙游功建		陈崇砥	亦香	拙修老人	侯官	河间知府
陈崇高	象山		永安	监生	陈畴九	汝雍	禹图	广东陆丰	泉州府通判
陈畴思	作轩		永定		陈春波	滋田		侯官	利川知县
陈春华	金堂		光泽十二都	监生	陈春郎	文豊		仙游连江	
陈春树	利州		长乐陈店	邑诸生,画琉球封域图	陈春瀛	幼海		长乐古槐	直隶州知州
陈椿寿	鹤舫		长乐东隅	廪贡生	陈椿元	晋秋		连城	岁贡

陈存理	性门		永定上洋	邑庠生	陈大宾		敬庵	同安三忠
陈大斌	良臣		建宁蓝田		陈大斌	思谦	光泽	兵马司正指挥官
陈大鼎	调五		连江	龙溪教谕	陈大范	子畴	同安后山	康熙四十一年举人
陈大丰	容宇		福鼎秦屿		陈大基	德邻	连江青塘	举人
陈大玠	元臣	笋湄	晋江		陈大经	积村	连江琯头	
陈大经	纬五		福鼎秦屿	廪生	陈大经	醉六	建阳县坊	
陈大侃	二如		建宁	岁贡	陈大鲲	卓儒	永定	武举人
陈大伦	起蛟		建宁	精医术	陈大谟	禹敷	永安	监生
陈大钦	寿峰		连江马鼻	光绪念九年贡	陈大任	得时	永福	雍正十三年武举人
陈大受	占咸		湖南祁阳	福建巡抚	陈大受	祖明	仙游	监生
陈大祥	希诠	祯甫	闽清	太学生	陈大雅	穆皇	光泽一都	诸生
陈大仪	礼三		连江	宣统己酉拔贡	陈大仪	六子	㔉庵 建宁	岁贡
陈大煜	元昭		福鼎佳湾	诸生	陈大中		正斋 大田	
陈岱生	青臣		莆田	康熙四十四年举人	陈丹赤	献之	侯官	兵部郎中，温处金事
陈丹书	武受		永安	临淮县丞	陈丹诏	经亭	小田 同安厦门	
陈道成	步礼		光泽十二都	岁贡	陈道法	言可	松溪	
陈道峻	矞凝		连江溪东	建阳教谕	陈道生	子立	光泽十二都	训导
陈道修		贯一	连城隔川	善医	陈道作	元亮	长乐江田	
陈德亨	铭祐		南安十二都		陈德辉	履光	连江东岳	光绪十六年恩贡

陈德辉	展功		上杭 白砂里		陈德慧	于汤		长乐东隅	诸生
陈德良	琢岩		永定		陈德先 (1806—1853)	慎初	峭夫	柘洋湄洋	举人
陈登鳌	朝元		上杭 在城里		陈登标	满友		长乐江田	左营司外委
陈登龙	寿朋	秋坪	闽县	安陆府同知	陈登泰	春应		永定	
陈登禧	曙阁		侯官	诸生	陈登瀛	蓬山		永定	
陈登瀛	松生		连城	府学增生	陈登元	君聘	心斋	漳浦赤湖	
陈迪鼎	理斋		长乐西隅	邑增生	陈迪元	钦宾		同安店前	
陈帝简	珍士		仙游	康熙二年举人	陈殿光	云见		连江宝溪	举人,通志作 殿元
陈殿桄	宅人		晋江		陈殿书	咸德		归化	恩贡
陈鼎铭	恭三		连江贵安	光绪十五年恩 贡	陈鼎一	居性		永定	
陈鼎元	梅伯		侯官		陈定国	升庵		河北沙河	顺昌知县
陈定国	於人		宁德	岁贡	陈定涛	德渊	一瀍	侯官	
陈定图	浪千		永安	海澄千总	陈东注	苣川		上杭丰郎	
陈斗初	仰山		连江龙西	道光己酉副贡	陈端玉	朝拱		永定长流	
陈敦本	厚初		连江	道光七年贡	陈敦典	徽伯		仙游	顺治间贡生
陈萼芬	瀍川		长乐东渡	阿弥州知州	陈鹗联	切夫		长乐	举人
陈恩澍	慰三		连江定田	举人	陈发其	师颜		侯官	拔贡生
陈方策	诸绅	西园	平潭圭石		陈芳淦	丽水		宁德	
陈芳桂	献成		福鼎溪头	附贡生。擅医 学、星学	陈芳楷	易生	直园 先生	闽县	清平知县

陈芳濂	景溪		宁德一都		陈芳烈	兰畹		连江	道光岁贡
陈飞春	高仲		永福	嘉庆丙辰恩贡	陈奋庸	晋亭		永定望龙	例授州同
陈逢成	孝松	友梅	平潭南安		陈逢义		朴园	海澄	晚年归国，居厦门霞溪
陈凤举	思朝		连江	永定教职	陈凤仪	调斯		仙游	雍正间贡生
陈奉圭	腾辉		连江东岳铺	台湾北路外委	陈敷华	致道		浦城	
陈复旦	思诚		永定		陈高翔	子博	巽园	晋江	
陈庚化	赞升		永安		陈庚焕（？—1820）	道由	惕园	长乐古县	惕园一作字，籍贯一作侯官
陈耕三	灌畲		长乐东隅	五河知县	陈更新（1887—1911）	铸三、耿星	铁庵、汉郎	侯官	黄花冈七十二烈士
陈工亮	夔若		长汀	贡生	陈拱秀	希文	质原	长乐沟东	邑廪生
陈珙繁	扈莐		归化	改名溥，镇原知县，安西、静宁知州	陈珙坦	双溪		福鼎宛阳	乾隆壬子优贡
陈观泰	允雅	止庵	同安阳翟	仪封知县	陈冠世	让志		晋江	
陈冠英	小轩		泰宁		陈冠玉	筱楼		永定	
陈光斗	芝生		长乐东隅	举人	陈光藩	星波		连江学前	台湾千总
陈光鉴	右箴		浙江秀水	平和知县	陈光晋	觐詹、觏詹	葵裳	清流	拔贡
陈光铃	警余		宁德		陈光鎏	彦九		宁德	
陈光禄	缔卿		宁德		陈光求	耀臣	蕙圃	同安后浦	苏松总兵
陈光溶	菊洲		连江龙西	举人	陈光绍	学稽		南安洪濑	
陈光绪	觐文		泰宁一图		陈光耀	学韬		南安洪濑	
陈光章	倬云		同安		陈光铸	陶翁		宁德	

陈光宗	维翰		沙县西山坊		陈光祖	希兰	兰仙	长乐沟东	
陈珖坦	碧川		福鼎阮洋		陈桂繁	占秋		归化	福宁镇右营千总
陈桂芳	若理		侯官		陈桂林	朝士		仙游	乾隆间贡生
陈桂林	一山		浦城城关		陈桂林		镜樨	侯官	宁德训导
陈桂明	金镛		上杭	北洋海军游击	陈桂洲	文馥	修堂	南安三都	
陈国安	子英		建宁		陈国帮	国安		同安祥吴	
陈国宝	引凤		永定		陈国标	运昌		永安	县学生
陈国昌	石村		建宁水南		陈国典	朝徽		永定上洋	
陈国璜	礼臣		惠安		陈国金	玉章		建宁蓝田	
陈国经	锄圃		永定		陈国娄	圣标		建宁蓝田	
陈国琦	琢成		闽县	沙县、大田、瓯宁教谕	陈国荣	蔚若		宁德	
陈国绅	恒佩		永定抚溪	例贡	陈国仕 (1858—1924)	谷似	璧堂	南安千金庙	
陈国仕	淑亮	怀堂	南安霞美		陈国受	以周		永福	
陈国新	彩文		建宁蓝田		陈国有	信予		建宁蓝田	
陈国玙	聘卿	雪樵	南平	福州教授	陈国章	秉仁		南安	
陈国柱		砥庵	湖北汉阳	同安知县	陈汉章	可云	天于	长乐十四都	诸生
陈翰飞	方翔		沙县状元坊		陈鹤鸣	闻九		连江马鼻	顺治恩贡
陈鹤书	锡三、东麓		闽县	仙游、龙岩、邵武各书院主讲	陈宏策	愧舒		永定	
陈宏持	竞之		莆田		陈洪潢	仲春		长乐五都	

陈洪朴	文先		宁德		陈鸿材	淑宽	岱轩	长乐岱边	诸生
陈鸿恩	明荣		政和界溪		陈鸿磐	霭如		永福县治	廪贡生
陈鸿文	剑门		同安苏店		陈鸿猷	清渠		永安	泉州教授
陈鸿章	星衡		闽县	原名楝前,礼部太常司主事	陈厚泽 (1869—1929)	濂澄	清泉	同安厦门	旅菲华侨
陈华对	祝三		连江马鼻	贡生	陈华高	仰峰		连江馆读	福宁水陆总镇左协守备
陈化成 (1776—1842)	业章	莲峰	同安丙洲	金门总兵、江南水陆提督	陈化龙	丰有、剑城		长乐古槐	兵部主事
陈焕拱 (1857—1893)	伯垂		德化西鹏都	又名建成、陈拱	陈焕坤	贞丞		连江黄家墩	德化教谕
陈焕世	章伯		惠安		陈皇陛	寅卿		莆田	顺治八年举人。杭州推官
陈黄中	和叔		吴县	福建巡抚王恕幕	陈辉璧	怀光		永定	
陈辉焯	琴愚		连江马鼻	漳浦教谕	陈辉斗	石侠		连江	举人
陈翔凤	肇海	霭人	长乐	奉政大夫	陈蕙畴	湘南		永定	
陈基贤	竹友		同安厦门		陈箕文		衍九	政和	
陈佶甫	孝允		长乐		陈际昌	兰谷		连江县西	贡生
陈际成	志章	蓬村	南安啸前		陈际飞	鹭翔		建宁	
陈际熙	虞卿		侯官		陈季同 (1852—1905)	敬如	三乘槎客	侯官	台湾布政使,清末外交官
陈济时	卓选		永定丰田	例贡生	陈继辉	丽正		政和	
陈继辉	曜斋		连城	庠生	陈继嗣	亨达	玉瓒	长乐	邑诸生
陈继宗	克志		连江	武举人	陈霁学	钦若		闽县	原名晹,彭水、新津知县
陈家梁	士音		沙县		陈家添	进谋		南安诗山	

陈嘉璧	以安		侯官	仙游教谕	陈嘉谟	惊远		建宁楚上	
陈嘉谟	懿典		南安		陈嘉泰	正亭		永定洪源	
陈嘉谊	储诚		南安		陈嘉猷	献宸		泰宁	福安教谕、永定教谕
陈嘉章	存斐		安溪还二里		陈见龙	彭友		连江	武举人
陈建侯	仲耦		闽县	直隶州知州	陈觉师	亦衡		仙游	宁化教谕
陈捷春	常通		连江厦宫	武举人	陈捷升	志赞		南安	
陈捷元	云金		同安祥吴		陈金城(1802—1852)	殿臣	念庭	惠安洛阳	刑部云南司主事
陈金鸾	国标		同安山亭		陈金声(1805—1864)		巨川	永春	侨领
陈金章	二交		上杭在城里	武举人	陈锦元	可尊		南安五都	
陈晋简	畏公		仙游	永福训导	陈经传	文璧		连江	道光十九年贡
陈经烺	贻香		连江	漳浦教谕	陈经仕	颐溪		连江马鼻	沙县教谕
陈经猷	灵干		永定		陈荆协	纪千	鳌屿	仙游	乾隆元年丙辰恩科举人
陈景安		球轩	闽清	光绪十七年举人	陈景璁	石仙		仙游	康熙三十八年举人
陈景康	君衡		闽县	福州及南北洋兵舰轮机长	陈景亮	弼夫		闽县	云南藩司
陈景祺(1850—1895)	子鸿		长乐江田	来远舰正管轮	陈景韶		翊丞	永福桐苑	江苏丹徒知县
陈景曜		朗正	宁德		陈景云	章华		仙游	安定典史
陈璟繁	侣珊		归化	镶黄旗教习	陈镜河	金波		侯官	江苏知县
陈镜秋	秋帆		侯官	台湾县学训导	陈九苞(1782—1859)	筼崖		福鼎桐山	
陈九陛	献可		宁德	拔贡	陈九鼎	微彝	新斋	长乐沟东	新会、江门知县

陈九峰	毓名		连江马鼻	举人	陈九龄	岂江		福清	知县
陈九增	广士		宁德		陈久宣	喻复		连江	
陈居禄	嘉封	对蔡	仙游	南安教谕	陈琚繁	瑶碧		归化	举人，宁化书院山长
陈聚奎	万煌		沙县		陈君耀	右长		长乐沙京	瑞安知县
陈钧亭	琪衍		永定东乡		陈钧奏	仙璈		永定	
陈俊三	登三		同安山亭		陈浚科	露斯		仙游	生员
陈浚芝	瑞皆		安溪长泰里		陈骏三	南金	良田	同安后亭	籍贯一作同安厦门。建宁教谕
陈骏元	卓斋		闽县		陈开庚	仿白		连江崇云	举人
陈开运	而钧		清流		陈开周	宏远	隅易	闽县	
陈楷繁	墨林		归化	杭州、严州、宣州卫领运千总	陈科捷	尧龙、光龙		同安寨上	
陈科捷		绳庵	安溪		陈可钧(1888—1911)	希吾、少若		侯官	黄花冈七十二烈士
陈可元	子元		泰宁在城		陈可远	腾公	与洲	同安阳翟	廪生
陈克歧		颖周	大田		陈克仁	敦甫	勿斋	漳浦城西	
陈克永	省常		将乐		陈克缵	允承		闽清桥头	
陈孔濛	鳌峰		柘荣溪坪		陈孔顼	心寅		沙县	
陈魁襟	廷恺	广江	长乐古傀	诸生	陈魁宇	学荐		福清	进士
陈兰畴	赞两、绮石		侯官	广西学政	陈兰泰	芷亭		侯官	
陈兰月	仰辉		永定上洋	寿八十有四	陈琅玕	惠时		同安诗坂	
陈老满	德胜		武平	把总	陈鲤青	擢秦		连江辰山	晋江教谕

陈立森	守兰		永福		陈立庠	子虞		古田横洋	
陈立雄	伟堂		永定		陈利邦	含章		连江通济	
陈连璋	叔箎		连江	乍浦靖安炮台管带	陈联蝉	寿棋		柘荣湄洋	附贡生
陈联科	穆斋		同安厦门		陈琔繁	昆瑚	商彝	归化	
陈良辅	台上		沙县		陈良计	智宇		平和	
陈良瑀	德锵		龙岩	庠生	陈亮采	涉三		浙江海盐	建阳县丞
陈亮世	南志	林村	南安		陈六计	愧平		永定	
陈龙光	朝夔		仙游	福州教授	陈龙光	攀臣		安溪新康里	
陈龙寿	藕君		同安	陈科捷之女	陈胪声		鸿亭	同安登瀛	兰州同知
陈伦炯(1687—1751)	次安	资斋	同安厦门	浙江水师提督	陈履端	寅甫		连江东岳	连江守备
陈履卿	宗生		莆田	赵城知县	陈履信	冠轩		沙县	
陈懋慈	德彰		福鼎秦屿		陈懋功	履宣		永定虞坑	
陈懋侯	伯双		闽县	江南道监察御史	陈美琪	森庭		永定	
陈梦弼	帝汝		崇安四隅里		陈梦彪	飞熊		建阳崇文	
陈梦雷(1650—1741)	则震、省斋	天一道人、松鹤老人	闽县	翰林院编修	陈梦莲	锦湖		永定	
陈梦年	祝龄	春圃	归化	拣选知县	陈梦球(?—1700)		二受	同安灌口	
陈梦鹏	仰高	中山	归化	恩贡,掌教峨眉书院	陈梦熊	士希	松轩	同安溪边	
陈梦熊	章如	渭溪、大鹏	侯官	一名大恕,广东水师提督	陈梦元	佑英	杰生	闽清	县学附贡生

陈民瞻	学古		建宁		陈名标	行侯		仙游	平和教谕
陈名魁	孚九	春庭	漳浦云霄	海门副将	陈名禄		益峰	仙游	耆寿,得年八十八
陈名蟠	念斋		福宁	真定知府	陈名时	孔中		沙县	
陈名世	孔扬	樵山	沙县状元坊		陈名显	孔谟		沙县	
陈名言	孔璋		沙县		陈鸣昌	叔闻		侯官	延平教授
陈鸣凤	言鼎	岐昌	侯官		陈鸣堀	器之		宁德一都	
陈鸣庚	星凤		永定		陈鸣佩	雨若	纫兰	同安登瀛	建宁训导
陈鸣琼	敬瞻		侯官	榜姓许,将乐教谕	陈鸣秋	韵庵	屏樵	闽县	进士
陈鸣堂	殿扬		宁德		陈鸣夏	雷若		惠安后坑	
陈鸣周	声瑞		宁德		陈铭新	昌基		泰宁	
陈乃璋	如亭		永定		陈南斗	绍材		上杭胜运里	
陈南燻	霞城		上杭白砂里		陈念瀛	海山		永定	
陈念祖(1753—1823)	良友、修园	慎修	长乐溪湄	正定知府	陈念祖	少虞		侯官	直隶州以知府用
陈宁世	子谐	南溪	同安溪边	侯官教谕	陈培桂	香根		广东高要	沙县知县、福鼎知县
陈培猷	子风		连江	举人	陈培元	子为	懒斋	建宁	
陈霈畴		惠香	永定	庠生	陈蓬瀛	绎箴		同安北关外	
陈鹏举	方典		连江东岳	桐山营千总署殉营守备	陈鹏南	学举		永定丰田	闽清训导
陈鹏南	云垂	淑斋	同安	移居台湾。连江训导	陈聘观	珍君		永定	
陈其昌	仲虞		闽县	进士,署安吉县	陈奇铣	茂钟	晓幢	长乐	

陈祈广	汉如		侯官	诸生	陈杞柏 (？—1909)	樱如		同安集美	往新加坡经商,陈嘉庚之父
陈启明	炳初	平农	连江	永定训导	陈启莘	圣野		连江	
陈起璜	为璜		莆田	康熙五十二年举人	陈起扬	怀谦		连江学前	渭源知县
陈起蛟	左人		莆田	泉州教授	陈起嶙	伟公		侯官	仙游教谕
陈起鹏	伟士		仙游	康熙五十三年武举人	陈起蔚	祖熙		政和	
陈棨伦	剑门		晋江永宁	费县知县	陈棨仁 (1837—1903)	铁香、戟门		晋江永宁	刑部主事。金石学家
陈棨仪	仪门		晋江永宁	同治六年举人	陈迁鹤 (1636—1711)	声士	介石、景南	安溪崇信里	左春坊左庶子
陈谦光	增益	毅亭	连城		陈乔枞 (1808—1869)	朴园、树滋	礼堂	闽县	署抚州诸府
陈乔芳	世武、纪常		莆田	顺治五年举人,建阳教谕	陈钦铭	少希		侯官	常镇通海兵备道
陈清弼	仿岩		连江东岳	莆田训导	陈清德		述轩	南安十二都	
陈清桂 (1807—1883)		远馨	连江	世医。原名龙超	陈清江	冠爵	漈山	闽清	道光间贡生
陈清模	宣悠		连江马鼻	贡生	陈清维	缉穆		连江	嘉义教谕
陈庆琛	卿懋		连江		陈庆交		善甫	侯官	晚更名大成,邑诸生
陈庆年	声扬、肖丞		长乐	举人	陈庆齐	裔侯		龙岩	庠生
陈庆善	伊水		永定	郡廪生	陈庆生	厚庵		云南定远	福鼎知县
陈庆镛 (1795—1858)	乾翔	颂南	晋江	御史	陈馨宜	榖臣		建阳三桂	
陈球蕃	昌猷		连江岚下	武举人	陈然诚	实卿		连江	
陈仁淳	于安、治浦		长乐云路	庐江知县	陈仁方	澄朱		连江万石	举人
陈仁士	淑亮	怀堂	南安三十五都		陈仁诏	崇丹		长乐东隅	庠生

陈日初	德茂		连江马鼻	贡生	陈日进	邦祚		仙游	
陈日来	宾羲		泰宁	漳州训导、汉中府经历	陈日宪	克守		连江马鼻	尤溪训导
陈日旸	开时		连江拱头	举人	陈日浴	子磐		侯官	
陈日煜	昭光		漳浦		陈荣抡		酌雅学者	清流	
陈荣瑞	辑五	雪航	同安厦门	道光元年举孝廉方正	陈荣试	秋崖		同安厦门	举人
陈荣勋	宣猷		同安和凤	龙溪廪生,代理同安训导	陈荣璋	瑾斋		永定铜锣坪	
陈荣柱	燕栖		建宁楚上		陈如琼	上玉		永安上坪	
陈如雄	飞翰		惠安		陈儒鼎	应琼		仙游	德化训导
陈汝光	甡岩		归化	松溪教谕	陈汝亨 (1698—1755)	学乾	惕六	莆田	酉阳知州
陈汝衡	星传		永定		陈汝辉	炯南		归化	
陈汝楫	廷交	若川	长乐古槐	副贡	陈汝捷	瑞远	三峰	归化	海坛镇总兵、福建陆路提督
陈汝霖	星叟		莆田	福州教授	陈汝芃	邰雨		归化	
陈汝乔	南有		归化	廪生	陈汝咸 (1658—1716)	莘学	心斋	浙江鄞县	漳浦知县
陈汝翼	捷高		漳平	大理府游击,署理参将	陈汝元	体勤	星岩	归化	灌阳、陆川、苍梧知县
陈瑞光	毓芝		建阳崇化		陈瑞魁	学仲		闽县	
陈瑞烺		耀庭	长乐岱边		陈瑞霖	泮林		政和	
陈瑞麟	启仁		永福北门外	建安教谕	陈瑞旒	藻卿		连江	南平教谕
陈瑞唐	铸农		长乐	举孝廉	陈瑞廷	朴夫		连江马鼻	连城训导
陈瑞霞	席滨		沙县		陈瑞钆	诸济、远浦		长乐大坪	赵城、和顺等县知县

陈睿思	子将	鹤屏、宜亭	同安梧洲	康熙六年进士	陈若殿	宇章		永定	
陈若海	持斋		邵武	武庠生	陈若霖（1759—1832）	宗觐	望坡	闽县螺洲	四川盐茶道、工部尚书
陈若愚	若戴		连江崇云	贡生	陈三升	允轩		侯官	贡生
陈厦梁	栋木		南安		陈善臣	子恭	通玄子	柘荣溪坪	
陈上达	文昭		长汀		陈上国（1815—1856）	克润	愧堂	同安内官	海坛游击，加副将衔
陈上楣	西园		泰宁	一作号西园。县学廪生	陈上声	于九		侯官	
陈上贤	抡堂		泰宁	岁贡	陈上炘	寅峰		泰宁	举人
陈上珍	用坦		永福		陈上箴	斌吉		永定	
陈尚宾	硕衡		连江		陈绍春	学纶		永定铜锣坪	乡宾
陈绍芳	蕴南		同安本部	水师左营游击	陈绍芳	德侯		晋江	
陈绍康	思承		同安城内	乾隆十五年举人	陈绍濂	仰溪		崇安石臼	守备
陈绍美	叔万		永福埔埕	雍正十年武举人	陈绍棠	雪庭		长乐鹤上	署海丰、增城、新宁知县
陈绍勋	干卿		崇安岚谷	武举人	陈射丰	九成		莆田	连江教谕
陈声琚	琼勉		长乐西隅		陈声遹	骏甫、缉学		连江山兜	原名声籍，府谷、北流知县
陈声远	又深		侯官	同安训导	陈圣道	次伯		海澄西坊	
陈圣林	拔仙		仙游	雍正七年武举人	陈胜元（1797—1853）	建珍	晓亭	同安溪岸	署水师中军参将
陈盛世	康勉	西河	长乐西隅	例贡	陈师镐	道雍		侯官	诸生
陈诗魁		成满	归化	把总	陈诗礼	兴伯		永定溪南	监生
陈石钟	非蕴		晋江	闽清教谕	陈时念	念公		顺昌	岁贡，考授知县

陈时臬	孟谦		莆田	乾隆六年举人	陈时夏	道定、常于	常斋先生	长乐古县	举人
陈时叙		南窗	漳浦沙西		陈士成	立成	世用	同安陈洋	
陈士钧		和石	连江	广西西林知县	陈士青	挹丹		长乐西隅	善绘人物
陈士荣		向庵	广西马平	沙县知县	陈士叙	惇五		崇安四隅	福安教谕
陈士玉	岳有	芝田	长乐古县	祁县知县	陈士哲	秉参		建阳	
陈士芝	灵根		晋江		陈士重	任仁	素园	归化	陈汝捷曾祖父
陈世臣	吉士		仙游	雍正元年举人	陈世徽	慎斋		泰宁	
陈世徽	惟恭		泰宁城大巷		陈世济	聘山		沙县	
陈世隆	伯豪	少波	侯官	浙江候补府照磨	陈世隆	彦卿		上杭胜运里	
陈世崙	扶昆	步瀛	泰宁		陈世枚		卧岩	泰宁	
陈世奇	杰生		建宁蓝田		陈世权		万镒	沙县夏茂	
陈世荣（1824—1884)		石洲	同安在坊	名寿卿。游击	陈世兴	应南		光泽十二都	
陈世英	季良		侯官	海军舰队司令	陈世泽	荣仲		同安阳翟	郡学廪生
陈世职	钦吾		建宁蓝田		陈世忠	锦堂		同安	登州镇总兵、黄连镇总兵
陈仕端	文石		长乐石门		陈仕霖		锦千	同安在坊	
陈仕枢	朝玕		永定丰田	监生	陈仕雅	道月		长乐十四都	府学生
陈式铭	秋塍		福鼎秦屿	著《寒碧山斋诗草》	陈守泰	而一		长乐西隅	
陈寿康	祖丙	玉山	福鼎秦屿	郡廪生	陈寿琨	耦石		闽县	举人

陈寿祺 (1771—1834)	恭甫、 介祥、 苇仁	左海、 梅修、 隐屏 山人	闽县	主泉州清源书院	陈寿嵩	石溪		南安溪洲	
陈寿臧	讷如		长乐	榜名世英,奉政大夫	陈寿哲		蓁如	长乐	举人
陈受颐		尺珊	浙江鄞县	长乐知县	陈绶金	组卿		闽县	庠生
陈绶来	二若		泰宁	巩县、增城、信阳知州	陈书馨	尚青	雨苍	长乐	进士
陈枢繁	紫垣		归化	拣选知县	陈淑孔	孟希		福鼎佳湾	康熙岁贡
陈树枫	乔臣		侯官	附贡生	陈树勋	希珫	尧臣	闽清	
陈树玉	德侯	若泉	仙游	雍正间贡生	陈澍霖	允雅	秋田	长乐	诸生
陈澍云	允龙	松轩	长乐	武平教谕	陈顺言	昌禹		光泽 十四都	岁贡
陈舜道	群超		上杭 在城里		陈舜韶	千士		莆田	顺治十七年举人
陈舜忠	日圣		长汀		陈硕仪	霈洋		归化	例贡。
陈思畴	湘南		永定上洋	郿县知县	陈思敬	太初、 泰初	鹤山	同安登瀛	副榜贡生
陈思在		仰山	归化	武举人	陈斯泰	元阳		同安厦门	
陈斯堂	宇明		连城		陈松溪	维寿		永定 铜锣坪	
陈绶之	尹安		闽清	举人	陈孙柞	先孕		泰宁 卢家巷	
陈所望	袞其		光泽 二十七都	岁贡	陈所闻	醒真		清流	县学生
陈所誉	匡文		永安		陈泰瑚	恒扬	鼎石	长乐岱边	太学生
陈泰占	莪生		连江	贡生	陈腾高	庆扬		连江马鼻	武举人
陈腾海	驾山		永定上洋	庠贡生	陈腾鹄	立犀		永定上洋	

陈腾骥	梯云		永定		陈腾驹	少昂		永定上洋	邑增生
陈腾鲲	晓秋		同安松田	县学诸生	陈腾骁	介垣		永定	
陈腾云		咏鹿	侯官		陈题桥	子荣		仙游	乾隆间贡生
陈天达	可行		漳浦云霄		陈天鹤	震熙		仙游	康熙二年举人
陈天俊	伯中		仙游	萧山渔浦司巡检	陈天立	利震	英侯	长乐	大名知县
陈天听 (1872—1907)	不浮		闽县仓山		陈天文	贤开		闽县	
陈天锡	伯纯		仙游	顺治间贡生	陈天祥	拱石		长乐文石	博平知县
陈天佑	时申		连江龙西	武举人	陈调超	在武		连江 保安里	贡生
陈调元	锡麟		连江辰山	贡生	陈廷焕	采屏		侯官	翰林院典簿
陈廷科	翅山		安溪 在坊里		陈廷梅 (？—1806)	佐盐	香岩	海澄	居厦门。淡水营都司
陈廷枢	天行		清流		陈廷英	颖斯		仙游	东城兵马司正指挥
陈廷振	敦远		同安	国学生	陈同善	克怡、 之怡		陕西三原	宁化知县、崇安知县
陈万宝	时初		安溪		陈万策 (1674—1734)	对初	谦季	安溪 崇信里	
陈万春	孟璜	新园	长乐青桥	诸生	陈万鼎	文正		长汀	
陈万几	靖侯		将乐		陈万淇	庆淮		连江	
陈王春	伯元		同安	监生	陈王前	我敬		建阳县坊	
陈望曾 (1853—1929)	省三	鲁村	漳浦赤湖		陈为研	克光		长乐	诸生
陈惟功	叙斋		连城	永春州学正	陈维邦	源远		上杭 胜运里	
陈维恭	冀容		沙县		陈维宽	敷远		沙县	

陈维伦	叙五		福清	大埔知县	陈维屏	选士		莆田	宁夏镇游击
陈维扬	季鹰		浦城		陈维英 (1811—1869)	硕芝	迁谷	台湾淡水	祖籍同安。闽县教谕
陈维鋪		白渠	建安		陈渭阳	筠竹		同安	入李廷钰幕，为盐务参军
陈渭英	逊尚		长汀		陈文策	子素		仙游	平和训导
陈文德	懋来	修斋	长乐潭头		陈文德		中柱	大田	
陈文貊	仰珩	璞山	归化		陈文光	郁斋		建阳县坊	
陈文海 (1660—1729)	圻侯		永安	德化训导，诸罗、如皋知县	陈文翰	西园		福安穆阳	
陈文衡	品士	讷斋	龙岩		陈文晖	展彬		上杭 白砂里	
陈文澜	瞻海	淇园	永安		陈文礼		敬庵	政和	
陈文濂	藉泉		侯官	湖北候补知县	陈文明		酉山	闽清	光绪副贡生
陈文荃	希五		连江 学前铺		陈文枢	辉斗		建阳	
陈文霄	华升		永定上洋		陈文铺	维吕	少管	连江	
陈文遇	辉会		沙县 清水坊		陈文泽	耀南		泰宁	
陈文钊	容远		沙县夏茂		陈文桢	竹友		建阳	
陈文正	宣三		莆田	肃宁知县	陈文藁	彦超、秋丞		长乐古槐	翰林院编修、江南道御史
陈文滋	树侯		永安	诸生	陈乌进	子谐	南溪	同安溪边	
陈鸣銮	殿甫		晋江		陈梧庆	国唐	桐卿	闽县	
陈五徽	慎庵		永定		陈武昌	子童		仙游	雍正元年举人
陈武定 (1861—1937)	登垣		泉州	又名国定	陈希曾	赞贤		连江	贡生

陈希旦	殿余		仙游	康熙五年武举人	陈希古	鉴尧		松溪	
陈锡畴	孟范		莆田	顺治十四年举人,修仁知县	陈锡恩	静斋		永春儒林里	
陈锡藩		翠园	归化	附生,文林郎、广西苍梧知县。	陈锡范	宝成		同安陈洋	
陈锡缨	君宠	静庵	归化	海坛镇总兵、福建陆路提督	陈锡璋	尔奏	二如	长乐厚福	岁贡
陈锡镇		诚轩	归化	苍梧知县	陈熙恺	星岐		长乐古槐	鱼台知县,署理利津知县
陈熙塙	尔缉		晋江		陈系昌	少京	观亭	归化	咸丰辛亥贡生,候选训导
陈细胡	发书		福安长濑	革命人士	陈细敬	太初		同安	
陈霞蔚	孝敬	质斋	闽县	内阁学士兼礼部侍郎	陈夏霖	沛甘		建阳县坊	
陈先声	伟文	心斋	平和	建宁教谕、分水知县	陈咸政	子恒	励夫	永定上洋	光绪岁贡
陈显达	硕兼		连江崇云	武举人	陈显扬	惟锦		闽县	
陈宪汀	希川		闽清	国学生	陈宪周	时夏	鹤溪	长乐洋屿	籍贯一作闽县。满城知县
陈宪周	星南		侯官	籍贯一作闽县。贡生	陈翔墀	于雍、翊庭		长乐旒峰	雩都知县
陈晓辉	旭斋		连江馆读	贡生	陈偕灿	少香		江西宜黄	长泰、惠安知县
陈燮堂	和卿		同安铜鱼馆	县学诸生	陈心炳	希耀	葭塘	长乐石门	醴陵知县
陈心谷	子瑞		宁德		陈新槐	桂材、贵林	敬斋	漳平感化里	澳门同知
陈星奎	友叔		建阳兴贤中		陈兴国	昌可		晋江	
陈兴隆(? —1851)	徽亭	石洲	同安厦门	左提标游击	陈兴士	开豪		连江马鼻	兴化教授
陈兴祚	绪三	芥舟	浙江嘉善	仙游知县	陈雄图	芝园		连江馆读	贡生
陈修士	孝齐		连江	贡生	陈琇莹(1853—1891)	芸敏		侯官	江南道监察御史,兵科给事中

陈叙畴	耕畲		永定上洋		陈宣志	尹怀		建宁黄溪	
陈学波	怀石		长乐		陈学镐	瞻武		沙县姜后	
陈学孔	集斯、紫山		侯官	河南道御史	陈学夔	解人、解庵		侯官	兵部主事
陈学沛	文达		连江崇云	尤溪教谕	陈学乾	一经		光泽十二都	
陈学圣	天升		上杭在城里		陈学泗	文磬		江苏丹阳	举人
陈学燧	丕櫶	金坡	长乐表贤	举人	陈薰南	蕙畹		闽县	贡生
陈逊言	秉三	韧夫	台湾淡水	祖籍同安	陈延年	扬松		长乐古槐	精医学
陈衍章	尚经		永定	监生	陈彦弼	子卿	如筑	连江县西铺	瓯宁司训
陈彦菁	鹤庄		南平	咸丰三年癸丑恩贡生	陈彦开	肇文		邵武	举人
陈扬祖	耀甫		长乐江田		陈尧若	尔畴		连江马鼻	举人
陈尧书	诸典	赓堂	长乐古县	商州州事	陈尧俞	迪光	若庵	邵武	乾隆六年拔萃科
陈耀璠	渭东	滨璜	同安	光绪八年举人	陈耀垣	星甫		上杭白砂里	
陈一策	尔忱		晋江		陈一凯	雪华		闽县	台湾师副将
陈一田	希尹	心耕	福鼎秦屿	郡诸生	陈衣德	章侯	浴斋	闽县	文安知县
陈诒徽	慎甫		连江崇云	武举人	陈贻谋	克臧		长乐江田	
陈贻香	兰畹		长乐鹤上	光绪九年进士	陈彝辉	丰皇		福清	进士
陈彝璋	仲圭		连江		陈以翼	引坡		永定	
陈亦瞻	幼吾		长乐		陈易奇	蘅芬		长乐蓝田	甘肃知县，署阶州成县知县
陈翊昌	矞臣	怡园老人	闽县	鳌江书院主讲	陈翊图	寿玉		连江	福宁训导

陈翊赞	端卿		光泽十二都	武举人	陈翼谋	珊洲		侯官	松溪教谕,内阁中书
陈荫南	毓霖	阿八	福安城关		陈殷彝	吾宗		上杭在城里	尤溪训导
陈印绶	圣绥		连江	桐山左哨把总	陈印雪			永春	永定上洋
陈颖祥	盛修	瑞堂	同安		陈应驹	介吾		长乐岱峰	举人
陈应魁		懿窝	永福县治	举人	陈应龙	岂潜		永安	县学增生
陈应龙	硕辉		连江崇云	连城教谕	陈应清	仰苏	冰壶	海澄	迁居厦门
陈应腾	夬若		宁德五都		陈应酉	公恬		莆田	顺治五年举人
陈应运		生甫	平潭五福境	署虎门水师提督	陈应徵		伊山、伊三	永安	汲县知县
陈应钟		虞堂	长汀	知广东左翼镇权提督事	陈映朝	国光		永定	
陈永嘉	世谟		宁德		陈永书	茂亮	寅轩	长乐表贤	乾隆戊午副贡
陈湧云	克薪		连江保安里	寿宁教谕	陈用宾	亘甫	鹿笙	侯官	
陈友善	益三		闽县	安仁、高安、崇仁知县	陈有策	国士		福清	唐县知县
陈有涵	丕泳	液波	长乐东隅		陈有恒	道远		福鼎芦门	
陈有统	环海		长乐江田		陈有虞	嗣昭		陕西富平	仙游知县
陈又实	次弓		松溪		陈于凤	丹彩		连江保安里	
陈于逮		岳楼	湖南临湘	建宁知县	陈于熙	朝亮		长乐	国学生
陈俞侯	扬卿		晋江		陈与同	弼宸	缄斋	侯官	国史馆协修
陈与燊 (1888—1911)	愈心		侯官	别名汉新。黄花冈七十二烈士	陈与同	煦万	可斋	侯官	举人
陈羽鸿	云客		永安	诸生	陈羽鸾	采九		永安	监生

陈禹昌	茂勋		光泽玉佩	试用廉州知县、合浦知县	陈禹宁	宏远		长汀	
陈禹泰	自远		长汀		陈玉灿	孚堂		永定	
陈玉成	圣师		莆田	康熙二年举人	陈玉藩	济中		连江学前	建宁镇标守备
陈玉华	昌泰	榕村	长乐	绍兴同知	陈玉辉	征裘		仙游	康熙八年武举人
陈玉龙 (1765—?)	天宝	云台	福安上杭	金门左营游击，署闽安协副将	陈玉铭	希赞、潼溪		长乐石门	翰林院编修
陈玉泉		渊如	大田		陈玉山	道枝	青田	平潭圭石	兴文书院主讲
陈玉堂	丕阔	圜臣	长乐鹤上		陈郁文	碧轩		永定长流	
陈育甲	尔黄		莆田	顺治十八年进士，青田知县	陈遇春	梅亭		侯官	
陈御飞	克龙		同安阳翟		陈煜文	瀛仙		光泽十六都	寄籍侯官，举人
陈元臣	德方		仙游	监生	陈元封	绍镇	韦治	永福县治	举人
陈元凤	鸣长		晋江		陈元珩	崇懿		同安厦门	世居金门
陈元焕	章士		晋江		陈元麟	石氏		海澄	
陈元润	德水、诚斋		福鼎	岁贡生	陈元士		匏圃	南安啸前	
陈元焱	淡士		晋江		陈元英		芎谷	政和	
陈元祐	咸和		永定上洋		陈元燠	哲士		晋江	
陈元钟	朵采、孝受		连江		陈悦中	建业		大田	
陈云安		吉臣	闽清	光绪三年进士	陈云行	沛若		永定	
陈云岚	锦书		连江东村	贡生	陈云龙		跃衢	永福一都	光绪五年举人
陈允彩		云仕	同安山亭		陈允升 (1732—1813)	旭卿	椒墅	清流梦溪里	贡生

陈允锡 (1639—1722)	子帅	覃斋	晋江	平湖知县	陈允虞	锡振		长汀	拔贡
陈韵珂	玉溪		长乐东渡	广东东仓盐使	陈赞乾		惕甫	永福白杜	同治四年举人
陈赞图	直斋		长乐	原名葆康,刑部主事	陈赞勋	襄侯		周宁七步	主笔编纂《周墩区志》
陈增庆	宗卿		闽县	黄州府岐亭同知	陈占吉	伟英	谦六	永福莲峰	道光十二年举人
陈占魁	开仁		上杭白玉	弋阳籍	陈占元	万魁		上杭 在城里	
陈长春	慕孺		永定		陈长焕	子章		长乐	
陈长炯	庆扬		沙县 龙池坊		陈长隆	文茂		福鼎在坊	候选县丞
陈长荣	怡轩		泰宁		陈长祚	亨毅		长乐 十六都	
陈兆翱 (1854—?)	鹤亭		闽县螺洲	总兵	陈兆丰	雪岩		长乐溪湄	又名彦滋,平武知县
陈兆行	用宾	谦斋	漳平 居仁里	举人	陈兆焕	筱文、 西堂		长乐青桥	大荔知县
陈兆辉	实光		连江马鼻	莆田教谕	陈兆崙	星斋	句山	浙江钱塘	鳌峰书院讲席
陈兆锵	伯鸢		连江		陈兆釜	叔澄		连江	
陈兆升	金鼎		连江	武举人	陈兆泰	祖偕	六符	长乐东渡	
陈兆文	绍美		连江马鼻	贡生	陈兆先	涵初		晋江	
陈兆勋	复宗		惠安崇武		陈诏猷	捧丹		连江	贡生
陈肇波		紫澜	连江	贵县、河池知县	陈肇复	问心		连江	池州经历
陈肇槐	公肇		建阳崇太		陈肇奎	在五	濂村	顺昌	彰德知府
陈肇平	昌祖		漳浦白沙		陈肇英		洛川	连江	葭州刺史
陈振凤	德辉		连江	贡生	陈振甲	用潜		浦城	

陈振绪	孔辉		闽县		陈振应	有觉	耕云	长乐江田	善画鲤鲫
陈镇南	懋周		永安	县学生	陈征芝	世善、兰邻	韬庵	侯官	永丰知县
陈正传	心翼		连江	贡生	陈正圭	国光		沙县西山坊	
陈正桥	汝陆、肖云		福鼎宛阳	贡生	陈正朔	寅长		晋江	
陈正松	长观	双桥	长乐珠湖		陈之驹	聿昂	渥川	永定	望江知县
陈之缇	采人		晋江		陈支柱	砥木		宁德	
陈志大	天爵		闽清		陈志梁	俊仰	擎柱	闽清	乾隆三年举人
陈志森	盛初		沙县		陈志泰	益亭		江苏甘泉	泰宁知县
陈志週	以健		沙县青州		陈治灿	奎峰		同安厦门	
陈治平	禹功		永定书华		陈治滋	以树、德泉		闽县	江西道御史
陈中复	以从		惠安后吴		陈中山	嵩侯		惠安后坑	
陈忠义	君升	思轩	平潭海上里	按察司金事，功加左都督	陈钟浩	少然		霞浦	信宜知县
陈钟濂	诸实、约轩		长乐古县	国子监学正	陈钟文	章甫		仙游	
陈重琳	次雍		同安马銮	雍正二年乡试副榜	陈重印	德修		南安富春	
陈周臣	玉遴		宁德		陈周椿	松涧		福鼎雁溪	监生
陈周封	奇珍		归化	雍正乙巳贡生	陈柱勋		铭石	大田	
陈壮行	正学		永定	凤阳卫千总	陈滋源	汇泉	左海	连江	
陈子晃	著显		上杭		陈子钦	克器、铁云		长乐江田	著《铁云集》八卷
陈子肇	祥显		上杭		陈紫琳	惠悠		连江马鼻	贡生

陈宗超 （？—1903）	敦五	墨斋	同安溪岸		陈宗达		凝湖	安溪	
陈宗诰	昉周		沙县	贡生	陈宗和	少棋		长乐蓝田	番禺知县
陈宗凯 （1837—1895）	绳武	述堂	同安殿前	台湾艋甲参将	陈宗寿	纯暇		永福县治	
陈宗武	檀子		闽清桥头		陈宗显	允鈜		沙县 市心坊	
陈宗珍	宝仲		南安富春		陈奏诏	仲西、 敷言		永定	龙岩县训导
陈祖德	作忠	兰春	德化浔中	乳名圭茧	陈祖吉	心畊		连江 学前铺	
陈祖新	勉予		闽县	政和熊山书院 主讲	陈祖尧	树村		永定	
陈祖虞	燕臣		闽县	贡生	陈缵高	恒庄		永定虞坑	监生
陈缵韶	恒熙		永定 铜锣坪		陈佐廷	荫堂		永定陈东	优廪生
谌元春	育庵		永定		承 炷	香亭		满洲 正白旗	龙岩知州
程 鹏	九希		湖北麻城	霞浦、闽县、古 田等地知县	程 琦	羲于		闽县	举人
程 远	绍夒		仙游	雍正十年武举 人	程炳南		叔箕	大田	
程大僖	而有		莆田	抚宁知县	程道扬	子美		建宁在城	
程道南	统吾		惠安埭上		程化鲤		禹门	大田	
程甲化	季白		莆田	大理寺少卿	程景弼	良右		江苏江都	仙游知县
程鲲化	季序		莆田	东昌知府	程培仁		存庵	归化	县丞
程启昌		幼苹	永福	光绪十九年举 人	程日炌	逊我		漳浦	
程日章	斐中		崇安四隅	附生，乾隆二 十一年举乡宾	程绍颐	羽南		建阳雒田	
程世熹	岚亭		崇安四隅	户部郎中	程世恂	孺思	屏山	顺昌	秀水知县

程腾霄	吉甫		侯官	庠生	程廷凤	立高		莆田	雍正四年举人。顺昌教谕
程廷栻	南仿		湖北汉川	将乐知县	程土芷	芳沅		安徽休宁	建阳知县
程万邦	为宪		建宁在城		程为琛	开五		崇安四隅	乾隆五十五年恩贡,直隶州判
程为璠	奂若		崇安	贡生	程维清	秋浦		侯官	户部主政
程学泗	立曾		莆田	雍正贡生	程应辰	伯枢、蕉山		长乐漳港	平南知县
程云鸿	尧磐		莆田	康熙四十一年举人	程云鹏	翼仲		莆田	德化教谕
程兆封	大有		崇安四隅	知县	程振宗	绍南		崇安石雄	福清千总
程震元	清士	湛园	仙游	刑部山西司主事	程志奭	其济		崇安四隅	附生
程钟政	子敷		建宁将屯		池继善	曦侯		同安厦门	达州州同
池剑波	大鲸、秋如		长乐旧池	籍闽县,台湾、漳州府教授	池鲤登	松溪		建宁	
池南溟	翼夫		长乐	仙游训导	出科联(1709—1753)	乾甫	淑渠	惠安樟市铺	
储右文	素出		江苏宜兴	宁德知县	褚登		宣台	江苏靖江	长乐知县
丛荫坤		邃衷	山东文登	晋江知县	崔岷	南龙		山东平度	仙游知县
崔汧	渭侯		宁德		崔瀼	泽侯		宁德	
崔述	东璧		河北魏县	上杭知县	崔嵸	殿生	五竺	宁德	
崔阳	日生		莆田	康熙十一年举人	崔越	肃逸		山东平度	德化知县
崔秉鉹	问奇		宁德		崔秉镜	公受	冰庵	宁德一都	宁海知县
崔朝钦	汝明		宁德		崔朝衔	紫书		宁德一都	
崔垂鉹	问奇		宁德		崔登蕭	友臣		宁德	

崔蓬瀛	松如		安徽婺源	长乐知县	崔廷果	木生		宁德	
崔文亮	惠周		宁德		崔文锡	永周		宁德	
崔衍湄	星野		宁德		崔应雷	惟春	禹门	宁德	
达　麟	为昭	玉圃	浦城		戴　鳌		印山	漳浦大南坂	
戴　炳	光谦		长汀		戴　鸿		云逵	泰宁	
戴　玖 (1605—1679)	利衡	紫杓	长泰彰信里	广西右江分守道	戴　铼	贞一		长泰	
戴　朗	逊老		漳浦大南坂		戴　森	松荣		建宁	庠生
戴　文	厘轩		永定		戴　严	正大		长汀	
戴标香	桂文	仰园	南安诗山		戴炳辉 (1907—1940)	绍鸿		霞浦灵霍	原名廷雁
戴潮春 (? —1864)	万生		龙溪		戴程甸	学佩		莆田	康熙五十三年举人，仁化知县
戴从公	于迈		泰宁大源		戴从圣	东山		泰宁大源	贡生
戴从中		沂庵	泰宁		戴大焖	毓秀		南安诗山	
戴道行	达三		永定		戴谛言	鉴园		建宁	
戴定国	尔秀	勤斋	南安诗山	幼名田海	戴蜚声		楷轩	南安琉塘	
戴凤翔	丹山		南安琉塘		戴凤翔	彻钱		永定	
戴冠群	志超		永定		戴光宸	帝垣		泰宁	
戴国瑞	奇献	昆冈	南安诗山		戴华昌	魁伯		南安大廷	
戴皇铨	朝襄		永定		戴捷鲲	毅侯	抟南	南安溜塘	
戴捷荣	金泽		南安诗山		戴京正	育斯		永定抚溪	乡宾

戴景堂	晃斯		永定抚溪		戴克丰	翁斯		永定	
戴亮轩	伯斗		永定		戴龙光	次吕		永定	
戴齐光	岳恒		永定抚溪		戴晴山	岳昭		永定抚溪	登仕郎
戴汝楫	学澄		莆田	康熙五十年举人,上杭教谕	戴少川	仕琥		永定抚溪	
戴绍箕	虚谷	斗臣	南安		戴诗侍	敦伯		南安诗山	
戴时新	宜侯		南安琉塘		戴士葵	象山		上杭在城里	拔贡
戴世英	超然		永定		戴天文	理孚	仰斋	建宁	
戴廷徽	山子		山东掖县	汀州司狱、宁德、建阳知县	戴文祯	发祥		永定抚溪	
戴希朱 (1850—1918)		敬斋	南安诗山	原名凤仪	戴新聪	胜琼		永定	
戴扬光 (1897—1944)	纷吾		长泰戴墘		戴一鹏	绥若		莆田	乾隆十二年举人
戴以忠	侧文		南安大廷	又名城傍	戴峄阳	化斯		永定抚溪	庠生
戴映衮	擎祚		南安大廷	幼名昆珽	戴云起	现五		惠安崇武	
戴沾北	维恩		永定抚溪		戴长春	锦兆		永定	
戴作恭	寿珊		永定		德昌		克斋	蒙古成冈正白旗	平潭厅同知
德萃		岱英	南安		邓贡	文素		沙县	
邓彬	彩臣		邵武		邓瑸	如川		光泽十三都	福州训导、恩乐知县
邓广	允载	万庵	顺昌	榆杜知县、陵县知县	邓浩	星澜	畸人	侯官	永福教授
邓骥	致千		永安	万县知县,樵川书院掌教	邓杰	籲三		邵武	太学生
邓缙	遂子		光泽	岁贡	邓权	可立		光泽十三都	岁贡

邓 松	玉阶		建宁水南		邓 嵩	中峙		沙县	
邓 文	景湖		清流		邓 严	时庄		沙县	
邓 瀛	登三	介槎	上杭师姑		邓拔萃	渭升		将乐水南	诸生
邓伯葵	朝长、熙长		上杭古田里	举人	邓朝光	良弼		清流	
邓赐煜	维明		沙县		邓葱林	佑予		上杭来苏里	
邓德明	绍旦		光泽十三都	岁贡	邓棣文	唐侯		永安	武生
邓尔康	怀瑰		上杭师姑		邓发祥	遥浚		连城	邑庠生
邓发祯	遥典		连城	邑庠生	邓逢会	孔嘉		沙县	
邓逢泰	台垣		沙县		邓光昆	仰高		沙县三元	
邓光升	允吉		沙县		邓宏猷	体徽		沙县	
邓嘉绳	公武		江苏江宁	福鼎知县	邓剑光	其韬	虎峰闲人	沙县	
邓可第	伯登		沙县		邓可权	仲达	待庵	沙县	进士
邓克信	柢常		清流	进士	邓坤顺	克和		沙县魏邦	
邓烈扬	肇周		光泽十三都	岁贡	邓梦禹	角公		光泽十三都	广昌知县
邓讴畴		翠岩	连城		邓启元(1701—1734)	公季	蓝阳	安溪来苏里	又名幼季
邓青云	敬行		上杭来苏里		邓衢芳	甸文		沙县三元	
邓任钊	道远		沙县三元		邓日高		梧山	连城	邑庠生
邓日辉	子杨		沙县彬口		邓荣元	克贞		沙县十八都	
邓如萼	冠东		沙县		邓如昆	腾玉		沙县清水坊	

邓上衮	佩水		邵武	岁贡	邓尚宠	北海		建宁在城	
邓升俊	见章	赞尉	沙县		邓世荣	华卿	柳塘	沙县三元	
邓世裕	光甫		建宁蓝田		邓树绩	宗昭		沙县三元	
邓思渺	叔彰		光泽	乾隆甲午副贡	邓思渊	伯恭		光泽十三都	国子监学正
邓四教	乐斋		永安	诸生	邓天室	建中		光泽十三都	岁贡
邓廷光	绍唐		光泽十三都	岁贡	邓廷禋	虞禋		光泽十三都	岁贡
邓廷桢 (1776—1846)	淮周、嶰筠		江苏江宁	闽浙总督	邓统孝	绍骞		沙县岩观	
邓维伊	渭侯		沙县沙溪阳		邓文伟	国柱		光泽十三都	诸生
邓文熊	晓峰		泰宁	仙游训导	邓文修 (1645—1721)	观城、爆区、观成		沙县	进士
邓宪官	宗周		连城		邓心蕃	望槎		上杭师姑	
邓心芬	继槎		上杭师姑		邓心茂	松生		上杭师姑	
邓星弁	岳缨		清流		邓学瑾	仲采		沙县沙溪洋	
邓学诏	凤仪		泰宁北乡		邓扬休	河星		清流	
邓仪世	上羽		永安	诸生	邓瀛洲	莪士		龙岩	
邓应枫	宸翰		沙县三元		邓应升	仙子		光泽	岁贡
邓有为	宾臣		连城		邓于京	尧卿		上杭	
邓与龙	绍发		建宁在城		邓毓灵	愧虚		沙县	
邓元辅	超五		永定悠湾	庠生	邓云魁	辉斗		沙县	
邓允太	纪于		沙县三元		邓孕槐	台生		晋江	

邓在我	贞卿		上杭来苏里		邓樟宪	超云		沙县魏邦	
邓长策	简文		沙县三元		邓兆文	希泰		沙县	
邓兆梧	起良		沙县岩观		邓之骥	不群		连城	邑庠生
邓中美	质生		上杭来苏里		邓钟峨	献璋		沙县历东	
邓钟英	杰夫		闽清	道光贡生	邓宗韩	又盦		沙县莘口	
邓宗杰	超群、超俊		沙县岩观	贡生	邓作相	友旦		连城	邑庠生
邓作钊	秩东		沙县三元		刁思卓	依亭		四川梁山	邵武知县
丁斌	子存、义门		闽县	芜湖知县	丁秉	幼平	雨航	晋江	宁州知州
丁鐏	梅仲		闽县	诸生	丁芳	兰村		河南祥符	福鼎知县
丁晃	汝明		浦城		丁莲	青若		晋江	
丁莲	霞瞻		晋江	兴化教授,代理仙游教谕	丁培	云圃		浙江仁和	建阳县南槎巡检
丁屺	季常		晋江		丁桐	学阳	喈庭	侯官	灵山知县
丁炜 (1627—1697)	瞻汝、澹汝	雁水	晋江陈埭	湖广按察使	丁钰	式如	蕴斋、潜确居士	侯官	举人
丁芸	耕邻		闽县	举人	丁珍	毓文		上杭在城	
丁铸	元量、贞九		闽县		丁报珠	含章		晋江陈埭	女
丁椿年	楸岩		闽县	刑部员外郎	丁大成	懋功		闽县	一名明
丁拱辰 (1800—1875)	淑原	星南	晋江廿七都	又名君轸	丁鸿标	鸣韶		闽县	
丁厚祥	汝捷		建宁在城		丁家醅	蕙村	香岩	建宁	
丁家鸿	愚可		建宁		丁家梅	百魁		建宁	

丁锦堂 (1846—1901)	笏初	福三	上杭在城	同治十年武状元	丁烈扬	兆南		光泽二都	岁贡，议叙六品衔
丁能实	静少		闽县	一名长华	丁人和	佑中	心园	建宁	
丁人华	步九	紫棠	建宁		丁人善	贵先	恒庵	建宁	
丁人彦	同文		建宁		丁日章	文远		建宁	
丁荣祖	聿修		邵武	庠生	丁汝恭	朴夫		瓯宁	籍贯一作建阳崇政。宁化训导
丁声蝥	凫山	北宫	建宁		丁声缙	笏臣		建宁	
丁廷琛	琴峰		山东潍县	长汀知县	丁王朝	子平		建阳均亭	
丁文麟	天瑞		晋江	柳城知县	丁煦元	仁山		建阳崇政	
丁元良	邦正		建阳崇政		丁钟祥	吉有		建阳崇政	
东炳修	纯一		崇安四隅	乾隆元年进士，南宫知县	董艮	敦仁	兼山	建宁	
董华	云辉		连城		董蛟	德薰	乐轩	建宁	
董捷	章玉		连江东岱	南安训导	董瑞	歧山		建宁蓝田	名兆温
董润	经之	藕船	建宁北乡	原名纯	董书	彤丹	愍斋	建宁	
董先	正德		仙游	康熙五十二年举人	董勷	帝佐		崇安	贡生
董志	思默		崇安	庠生	董邦靖	守本		永福大樟	
董炳章	烺山		长乐		董大纯	宗汉		建宁	
董逢帅	尔谋		长乐廿四都		董国柄	君亮		建宁蓝田	
董国锴	震元		建宁蓝田		董国球	奉思		崇安周村	举人
董珽保	献兴		沙县招宝山		董平章	琴虞、眉轩		闽县	秦州知州

董其承	子烈		沙县历西		董睿思	浚仪		崇安周村	
董三锡	世晋		永福	诸生	董腾蛟	兰若		建宁排前	
董天工	材六	典斋	崇安曹墩	宁德、新化训导,香河知县	董廷治	湘南	修田	建宁	
董维棠	萃峰		福鼎玉瑶	国学生	董文燧	意吾		建宁蓝田	
董献材	梓园	啸琴	建宁北乡		董贻馨	有典		闽县	
董益星	守垣		福鼎玉瑶	监生	董应光	天华		清流	武举人
董兆莪	硕天		连江东岱	贡生	董钟岳	秀玉		连江东岱	贡生
窦振彪 (1785—1850)		升堂	广东花县	福建水师提督	杜彬	燮堂		浙江山阴	顺昌官员,仁寿县丞
杜焕	闇园		闽县	陕西知县	杜邦桢	晓霜	叶丹	龙岩	
杜昌丁 (? —1761)	松风		江苏青浦	永春知州	杜士晋	允弼	岱麓	河北大兴	连城知县
杜文艮	子山		同安灌口		杜云祯	缙一		河北永年	龙岩知县
段鸿飞	为仪	渐可	长汀	举人	段集义	士和		长汀	举人
段三锡	宠予		长汀	举人	段巘生	相山、柱湖		湖南常宁	上杭知县
段云龙	谭波、潭波		龙岩	同知	恩晋		锡藩	满洲镶黄旗	平潭厅同知
恩煜		子荣	满洲正蓝旗	子荣一作字,平潭厅同知	恩古达	惺斋		蒙古正蓝旗	上杭知县
樊际盛	景隆		奉天辽阳	沙县知县、化州知府	樊明逵		敏斋	湖北	长乐知县
范鸿	飞渚		建阳县坊		范林		瓶庵	大田坊都	
范鹭	振侯		崇安	邑庠生	范云	琴轩		同安厦门	
范正	帝聘		湖南武陵	仙游都司	范璧光		星波	大田	

范秉耀	辉文		建宁		范炳中		玉川	大田	
范昌谟	绍文		沙县		范常耀	仪初		泰宁龙安	
范承谟	觐公		奉天沈阳	福建总督	范大廷	茂献		寿宁四都	
范道生 (1635—1670)	石甫	清源 山人	晋江安海		范奉璋	素光	峨轩	政和	嘉庆六年举人
范冠鳌		五斋	大田		范光荣	明斋		上杭 胜运里	
范光瑛	常修		寿宁四都		范衡芳	南安		永定 上蓝冈	
范见龙	飞田		崇安四隅	由监生奉节县 丞	范景仁	克依		崇安	
范巨川		半航	大田		范联飞	凤昂		沙县	
范霖生		子馨	大田		范懋典	骏生		沙县	
范梦蚪	文裔		上杭在城		范鸣鋐	远亭		建宁在城	
范其章	元品		政和		范启贤	良士		建宁	
范荣材		九丹	大田		范荣锦	尚亭		建宁	
范荣熙	冀曦		沙县 状元坊		范如璋	素坚		政和	乾隆丁酉举人
范如璋	颐轩		大田坊都		范瑞麟	希洵		大田玉田	
范声铨	选卿		沙县大元		范士灌	积成	古朴 先生	沙县	
范士林		松溪	大田		范士明	温哲		松溪	
范士熙	九酉		寿宁四都		范世勋	衣点		永定	
范思敬	涵先、 持远	惺斋	崇安 四隅里	绍兴、温州知 府	范苏黎	德明		泰宁瑞溪	
范泰元	宗显、 淇园		上杭	乾隆十二年举 人	范铁民	义全		寿宁鳌阳	又名林再生

范廷高	仰止		崇安漆里	举乡宾	范廷枢	元极		沙县	
范文升	孝康		长乐古槐	国学生	范希常	宗彝		崇安四隅里	金华府经历、义乌知县
范希颜	经圣		建阳县坊		范希仲	宗文		崇安	邑诸生
范兴隆	无号		大田		范仰高	钟岑		永定	
范一沛	舜若		长汀	贡生	范引颐	菊町		广东大埔	三水教谕,后隐居上杭梅花洞
范有廪	祥卿		建宁水东		范毓森	静卿		建宁	
范元飏	震刚	迈亭	沙县	吉安府通判	范元攒	锡侯		大田	
范岳甫	和生		松溪		范赞尧		襄甫	大田玉田	
范泽民		润臣	大田		范正国	家伦		上杭胜运里	建宁、彰化教谕,尉氏知县
范正辂	载瞻		浙江鄞县	德化知县	范之麒	元甫		崇安	乡宾
范志昌		德轩	政和		范周南		聘吾	大田	
范宗福	仰东		沙县		范祖义	质文	宜庵	建宁	
范作枢		紫垣	政和		方 潮	瀚若		宁德	
方 翀	羽公		晋江		方 春	成耀		闽清	
方 峨	嵋雪		莆田	康熙十一年举人	方 鸿	翊霄		莆田	康熙二十九年举人
方 晋	锡蕃		崇安下梅		方 京	在燕		侯官	
方 迈	子向、日斯		闽县	萧山知县	方 升		宾嵋	闽清	县学廪生
方 旭	宾若		莆田	康熙二年举人	方 英	伯俊		光泽十六都	
方 镛	昌荣、韶笙		长乐	原籍闽县,吏部主事	方伯谦(1853—1894)	益堂		闽侯上街	威远、济远舰管带

方大彪	猷宗	方半仙	长乐		方大教	尔宗		长乐	
方鼎炎	心农		福鼎秦屿	原籍浙江兰溪。国学生	方怀庚	朗西		连江	泰宁教谕
方家澍	雨亭		侯官	桐乡知县	方履铨	彦闻		河北大兴	永定知县
方梦阳	仲赓		莆田	雍正四年举人	方启元	育万		邵武	
方乔植	仲溉		侯官	肇庆府同知	方绍叔	芑田		连江学前	举人
方升猷	象升		崇安四隅		方声洞 (1886—1911)	子明		侯官	黄花冈七十二烈士
方天祺	寿生		莆田	顺治十一年举人,天柱知县	方馨希	律贤		上杭在城	
方英颖	隆文		闽县	其先长乐人	方增文	守德		福清	进士
方兆福	录谦、 六谦	星航	同安赵厝	同治十二年解元	方正和	叶士		莆田	
方琢章	蓝田		同安		方宗泗	仰胆	鲁斋	龙溪	
汾倬文	石亭		诏安	本姓陈。慈溪知县。名一作倬文	冯缙	光敦	笏耕	侯官	举人
冯潍	若千		邵武	清流训导	冯溶	秋川	淡泉	归化	政和县学训导、教谕
冯翼	俊才		归化	宣统辛亥贡生	冯宝琳	砚贻		广东番禺	建阳知县
冯彬蔚	文卿		浙江会稽	南安知县	冯超骧 (1880—1911)	雨苍	郁庄	南平城关	迁居福州。黄花岗起义烈士
冯承基	弼甫		长乐屿头	进士	冯大楫 (1831—1912)	作舟		同安美仁	
冯登府		柳东	浙江嘉兴	福州教授	冯鼎高	彝仲、 竹娱		长乐屿头	松江府知府
冯定邦	在春	采臣	沙县镇头		冯辅锦	仕照		归化	直隶州州判
冯辅茂	松如		归化	嘉庆癸酉拔贡,直隶州州判	冯光惠	爱堂		泰宁	拔贡
冯光祚	恪甫		侯官	举人	冯桂征	秋友		陕西三原	仙游知县

冯可参	兼三		邵武	郏县知县	冯起煜	玉辉		沙县	
冯谦光	虚谷		同安	道光十九年举人	冯日升	文旭		建阳童游	
冯上琼	元璞		南平	宁德训导	冯泰来	交甫		顺昌	连城训导
冯锡范		希范	晋江		符兆纶	雪樵		江西宜黄	著名词人,福建知县
福荫	子贞		政和		傅炳		虎臣	广东嘉应	龙岩营守备署游击事
傅纯	成良		崇安五夫		傅錞	连玉		长汀	举人,主讲龙江书院
傅瑶	全玙		上杭	诸生	傅梅	修梅	雪村	建阳县坊	
傅谦	履彝		上杭白砂		傅穿	希上		邵武	
傅瑞	吉士		南安西山		傅巍	道尧		上杭白砂	
傅岩	鲁山		上杭胜运里		傅岩	梅石		建阳	
傅鹰	道羽		上杭白砂		傅周	道联		上杭白砂	
傅鳌峰	占岩		连城朋口		傅秉钺	体钦		上杭白砂里	
傅炳鍠	涵伯	雪湖	南安桃源		傅采畴	懋斋		上杭鹏背	
傅朝举	联跃		光泽十八都	岁贡	傅朝绪	光海		光泽在都	举人
傅朝政	元孝		光泽廿二都	武举人	傅德生	惟本		光泽油榨	
傅德音	貊其		建阳嘉禾		傅登瀛	蓬洲		奉天盖州	沙县知县
傅迪钦	春乔		归化	万载知县	傅帝赉	朝予	良圃	南安	
傅尔泰	见素		满洲正白旗	延平知府	傅方杰	子英		光泽十八都	举人
傅方驹	里千		光泽十八都	举人	傅方祁	约斋		光泽	云南盐大使

傅方升	向晨		光泽十八都	举人	傅方铺	谐甫		光泽十八都	拔贡,候选教谕
傅国英	允若	菊生	南安溪口		傅函洋	渊翔		上杭古田	
傅鸿飞	遵伯		南安桃源		傅金范	式士		南安	
傅克钦	梅臣	古岩	建阳县坊		傅昆阳	道成		上杭白砂	
傅梦瀛	诏登		建阳县坊		傅鹏起	程远		上杭城厦	
傅全梅	和羹		光泽十八都	恩贡	傅人杰	敷伯		南安桃源	
傅人翘		少崖	南安桃源	天长知县	傅日恩	翘仰		光泽十一都	例贡
傅绍珽	亦书、播廷	瓠山	归化	崇安教谕、建阳教谕	傅绳武	廷献		上杭白砂	
傅士芳	秀野	毅庵	连城	阳和卫掌印。	傅硕臣	简侯		上杭古田	
傅嗣仲	殷仲		上杭		傅天爵	高志		上杭白砂	
傅廷标	准侯	绳斋	南安桃源		傅为砺	金臣		建阳县坊	
傅为霖	石漪	晦三	南安石井		傅维清	斯涟		上杭古田	监生
傅维祖	文孙	云开	浙江鄞县	福鼎知县、漳平知县	傅象晋	用锡		同安厦门	
傅衍璜	锦屏		光泽	岁贡	傅衍章	笏山		光泽十八都	宁洋、晋江等县教谕
傅扬名	朝献		上杭白砂		傅扬球	德洋		上杭白砂	
傅仰黎	一韩		上杭	尤溪教谕	傅以礼	集子		浙江山阴	福建候补知府
傅应泰	迈士	陟瞻	南安		傅用舟	耀文		上杭白砂	
傅由然		在山	南安桃源		傅玉露	阆林	王笎	浙江会稽	翰林院编修,鳌峰书院主讲
傅育德	泳初	果亭	龙岩	廪生	傅渊季	卓斋		南安桃源	

傅藻芬	以芹		上杭白砂		傅振先	淑长		建阳县坊	
傅中晨	希宿		光泽油榨		傅中麟	世佩		仙游	康熙十九年武举人
傅周书	愈明		光泽油榨		傅奏功	世修	泽斋	南安	
富鸿基	磐伯	云麓	晋江	礼部右侍郎	富允谐	信和		晋江	
富中琰	韬上		晋江		甘旦	周臣		建宁	
甘国宝 (1709—1776)	继赵	和庵	古田	福建陆路提督	甘国魁	集和		建宁上黎	
甘世烈	文生		建宁		甘元龙	盈玉		建宁	
高斌	子荐		霞浦	澎湖水师守备、台湾游击	高岱	守东		长乐	
高迪	吉清	惠庵	光泽二都	连城教谕、建宁教授	高宫	元音		福清	进士,会试第一名
高昊	若溪		福鼎坊都	岁贡生,建安、浦城训导	高恒	升甫		漳浦云霄	
高缉	熙彦		福鼎在坊		高俊	肃卿		沙县 前薛坊	
高峻	叔崧	浣香老人	同安 铜鱼馆		高迈	用清		光泽二都	恩贡
高琦	魏堂		江苏武进	福鼎知县	高荣	希南		福鼎在坊	庠生
高寿	彭年		安溪 新康里		高枢	修仁、紫垣		长乐龙门	正阳知县
高腾	鹤年	九皋、海樵	光泽	福鼎训导	高腾	霁亭		侯官	国学生
高锡	得贡		福鼎	仪封县丞	高镛	元音		光泽在城	岁贡
高邦翰	颐正		光泽一都	教谕	高葆光	莆丞		连江百胜	和平都司
高必龄	仁正		光泽磜面		高秉忠	利宾		光泽一都	训导
高炳临	敦卿		光泽 十六都	举人	高炳望	德彰	琳圃	长乐文石	榜名祖望,泗州州同

高朝晖	集绅		建宁蓝田		高登峰	则峦		长乐流水	诸生
高登甲	于鼎		光泽二都	岁贡	高登英	万子		光泽廿三都	岁贡
高凤喈	文声		侯官	贡生	高凤岐（1858—1909）	啸桐	媿室	长乐龙门	梧州知府
高福康	菊屏		侯官	原名杰人，署理龙泉知县	高拱乾		九临	陕西榆林	泉州知府
高观过	懋修	毅斋	光泽		高国剑	斗平		建宁蓝田	
高国捧	维兆		建宁蓝田		高国珍	世和		建宁	
高涵和	诗泽		侯官		高宏谋	诒甫	翼轩	平和	
高鸿勋	箴修		福鼎在坊	国学生	高嘉丙	松如		光泽	延平训导、淡水教谕
高经组	黼宸	补亭	光泽县治		高景禄	受天		山西翼城	建阳知县
高均儒	伯平、可亭	郑斋	闽县	寄籍秀水，东城讲舍主讲	高联梯	涉青	西航	顺昌	
高凌汉	廷简		光泽二都	岁贡	高龙光	紫虹、世谷		长乐流水	陕西凉庄道
高隆程	抟万		光泽磜面	夏津知县、矩野知县	高隆科	占闱		光泽	岁贡
高銮宣	宏猷		长乐文石	巴州知州、打箭炉同知	高抡甲	元鼎		光泽二都	政和训导
高明远	镜洲		闽县	进士，团练事	高南阳	任卿		光泽	郡庠生
高培榛	树西		沙县		高荣鹔	希尧		沙县	
高森炳	弋隼		侯官	副举人	高绍曾	莘农		长乐龙门	
高圣蛟	化千		沙县状元坊		高士霖	雨田		上杭曹田	
高士年	斯亿		侯官		高世春	殷成	秋实	长乐东隅	贡生
高世焕	承轩	竹云	闽县	邛州火井漕巡检	高守忠		莨臣	山西阳曲	安海汛都司

高淑勋	声九		山东章丘	邵武县知县	高澍然 (1773—1841)	时野	甘谷、 雨农	光泽县治	举人，主讲厦 门玉屏书院
高体华		碧岩	闽县	善画山水	高万锡	伯旌		光泽一都	恩贡
高维桧	莲生		海澄		高文煌	世昭	新名	长乐 廿一都	诸生
高文骐	长扬	质园	长乐	贡生	高熙乘	旭和		光泽一都	训导
高熙翰	鸾坡		光泽	举人	高熙晋	进阶		光泽	由增贡援例太 常寺主簿席
高熙霖	霈臣		光泽一都	教谕	高孝辅	右侯		光泽	岁贡
高孝敩	幼瞻		光泽	岁贡	高孝祚	屺民		光泽	拔贡，掌教杭 川书院
高掞宠	孝荷		长乐		高一挥	培颖		同安 刘五店	廪生
高义鹤	凌霄		建宁蓝田		高于冈	克雍	来仪	长乐台瑶	松溪教谕
高育茂	植万	乐园	同安	监生	高芸馨	素芳		永福	女
高钟泉	逋孙		侯官		葛焕	子章		侯官	州同
葛翘	士翘		上杭 溪南里		葛大梁	允枫		侯官	新昌知县
葛晋谦	竹汀		上杭 在城里		葛景云	星阶		上杭 溪南里	
葛日升	秉昂		上杭 溪南里		葛天民	元霖		上杭 在城里	
葛奏凯	勖周		上杭 溪南里		龚道	汝宏		光泽县治	岁贡
龚谨	居权		光泽崇仁		龚懋	卓儒	立斋	光泽 廿九都	镇江知府
龚玮	锡唐		光泽一都	岁贡生	龚宜	尔雅		邵武	
龚榆	寿臣		建阳童游		龚必第	体升		晋江	推官
龚必兆	士行		光泽 十六都	训导	龚昌吉	永思		光泽 十六都	岁贡

龚昌颖	永聪		光泽 十六都	岁贡	龚得麟		有松	邵武	
龚德寰	又坚		光泽一都	武举人	龚贵巽	守元、 首元		光泽新丰	
龚景瀚	惟广、 海峰		闽县	靖远知县、兰 州知府	龚浚儒	渊甫		光泽 廿九都	岁贡
龚骏声	龙闰、 声远		光泽在城	崇安教谕	龚联桔	其晖		光泽茶市	
龚孟岱	岳钟		光泽 廿七都		龚孟华	西屏		光泽 廿七都	举人
龚名芳	文生		光泽在城	岁贡	龚荣邦	庆臣		光泽 十六都	岁贡
龚荣端	光颖		邵武	名一作龚荣 瑞。崇文门税 大使	龚慎图	和仁		闽县	陇州知州
龚诗俊	逸仙		光泽 廿九都	举人	龚时富	梓昌		浙江富阳	上杭知县
龚士凤	梧冈		光泽	岁贡	龚世震	惊百		建阳童游	
龚太集	统三		光泽 十九都	邑增生	龚廷芬	桂轩		南平	
龚廷耀	焕卿		惠安崇武		龚士奎	星垣		光泽 廿九都	恩贡
龚维琳		春溪	泉州 三朝里		龚文炳 (1785—?)	仲彪		光泽	翰林院庶吉士
龚文焕 (1784—?)	伯耀、 霞城		光泽	镇江知府	龚文辉 (1787—?)	叔光		光泽	翰林院庶吉士
龚显曾 (1841—1885)	毓沂、 缵善	咏樵、 盦薇 公子	晋江	詹事府赞善	龚耀孙	文波		闽县	
龚一发	天磻、 厚斋		闽县	镇南知州	龚易图 (1835—1894)	蔼仁	含晶	闽县	湖南布政使
龚有元	资万		光泽	岁贡	龚裕权	因定		光泽	副榜贡生
龚正芳	轶万		光泽 廿九都	岁贡	龚政详	靖方		光泽	岁贡
龚志霖	兰孙		光泽	岁贡	龚周德	怀仁		光泽新丰	
顾 玳	担耶		江苏扬州	仙游知县	顾 江	岷山		浙江山阴	建阳县典史

顾 芹		楚英	浙江黄岩	松政厘局,代理政和知县	顾 星	子灿		浙江杭州	居武夷山下
顾炳文	启元		永定		顾炳文	晴山		江苏吴江	永定知县
顾得悍	岐仙		莆田	县学生员	顾飞熊	华峰		浙江诸暨	顺昌副将,邵武营参将
顾景星	黄公	赤方	湖南蕲水	顺治年间入闽	顾亮辉	明发		永定虎冈	
顾庆范	复斋		江南吴县	建阳知县	顾锡俊	公昭		莆田	康熙二年举人
顾贞观	华峰、梁汾		江苏无锡	中书舍人	关孙谋	阮溪		山东高密	建阳知县
官 诚	岚峰		长汀	濮州卫运粮千总	官 崇	述言	志斋	侯官	举人
官 鲲	起溪		沙县		官 铭	浴新		光泽五都	拔贡
官 谦	逊峰		长汀	灵州通判	官 乾	刚六	淇园	建宁	
官 饶		舫庄	永福莒口	光绪间贡生	官 庄	则敬		侯官	训导
官秉钧	朴斋		永福莒口	永泰县志作号朴斋	官朝秀	贤卿		沙县广誉坊	
官大臣	三锡		建宁		官干宣	仲甫、雪眉		闽县	泽州知州
官洪琼	韫莹	仙楼	沙县广誉坊		官纪常	赤侯		崇安四隅里	主讲县义学
官俊弼	瞻万		沙县		官懋德	凤彩		连江定田	嘉庆戊午副贡
官其严	介臣		沙县		官庆瀛		蔼士	永福莒口	同治丁卯举人
官日炳	良玉		南平		官汝炉	文烂		崇安四隅	乾隆五十六年贡
官世景	尔介		建宁		官司牧	典籓		连江	贡生
官献瑶 (1703—1782)	瑜卿	石溪	安溪还二里	司经局冼马	官学韩	思愈		沙县广誉坊	
官学庠	士升		沙县		官学序	在西		沙县西山坊	

官应铨	寿徵		沙县赤砵坊		官赞朝	元圃		邵武	游击
官正昺	元旭		归化大洋	曾徙江西石城	官志涵	静夫		南平	御史
管嘒声		朗廷	浙江黄岩	宁德县丞	广传	心在		平和	
郭斌	绚章	木轩	龙岩	举人	郭萃	虞修		上杭在城里	武进知县
郭焐	元生		晋江	茂明知县	郭鸿	偶生		上杭在城里	岁贡
郭焕	贞斋		侯官		郭璜	长松		陕西华州	宁化知县
郭辉	和泰		上杭在城里		郭基	仙根		侯官	龙溪教谕
郭炯（?—1833）	企明		同安禾山		郭梁	剑狂		福安孝廉第	
郭迈	亦皋	拱山	同安后郭	乾隆七年进士。主讲玉屏书院	郭美	谦居、名周		闽县	籍贯一作福清。邢台知县
郭任	斯觉		光泽县治	廪生	郭润	河九	盟鸥	上杭	
郭栻	叔谦		上杭在城里	武举人	郭邰	景木		莆田	宁德教谕
郭图	颖宗		上杭在城里	拔贡	郭炜	阇生		晋江	副使
郭蔚	邻九		侯官	诸生	郭熙	玉藻		上杭在城里	
郭仙	光千		仙游	凤翔县丞	郭宪	光史		上杭在城	
郭新	日民		同安寮东	左都督	郭轩	文载		湖北景陵	籍贯一作湖北天门。连江知县
郭岣	尔阶		惠安白崎		郭岳	彦甫		晋江	
郭柏苍（1815—1890）	兼秋、青郎		侯官	又名弥苍。县学训导	郭柏心	新甫		侯官	漳浦、南靖、上杭教谕
郭柏荫（1807—1884）	远堂		侯官	湖广总督	郭必绪	思武		晋江	
郭炳章	午桥		四川铜梁	金门县丞	郭曾辂	可殷		连江县西	

郭曾炘 (1856—1928)	春榆	匏庵、 遯叟、 福庐 山人	侯官	原名曾矩	郭朝赖	梦吉		山东曹县	平和典史
郭成金	渊相	贡南	南安蓬岛		郭崇廪	尔锡		光泽在城	恩贡
郭春晖	蓉舟		永定		郭春晖	尚贤		上杭 在城里	
郭赐英	其卿		晋江	连城、漳平、长 泰教谕	郭大彬	韬人	衍南	南安蓬岛	
郭大椿	乔人	春岩	南安蓬岛		郭得时	元智	岸亭	南安	
郭定谋	公麟		晋江	闽县教谕	郭敦质	予诚	介山	南安 十二都	
郭复仪	位两		上杭 在城里	岁贡	郭赓武	伯扬	房阶	晋江	柳城知县
郭巩城	抡才		上杭 在城里		郭篯龄	祖武、 子寿	山民	莆田城关	郭尚先之子
郭锦华	美轩		连江县前	武举人	郭居鼎	萧侯		海澄五都	
郭孔璋	二洋		大田		郭连城	宗维	瑶公	上杭 在城里	
郭龙光	韶溪		福清	国子监学正	郭名昌		宾石、 宾实	侯官	荆门知州
郭鸣皋	佩珍		上杭 在城里		郭鸣高 (1774—1842)	行祥	怀莪、 葂士	德化浔中	乳名瑞,思南 知府
郭培辉	灵谷		光泽在城	举人,拣选知 县	郭琦登	元岸		上杭 在城里	崇安训导
郭起元	复斋		闽县	摄泗洲知州	郭三典	泰来		上杭 在城里	
郭尚品 (1819—1892)	信陛	兰溪	德化	主讲图南书院	郭尚先 (1785—1832)	元开	兰石、 伯抑父	莆田城关	礼部右侍郎
郭绍汾	英祥		光泽在城	乌程武康千总	郭省三	勖吾		同安湖头	
郭师惠	和宇		上杭		郭士煜	戢公		上杭 在城里	
郭世纯		昆治	晋江	池州知府	郭世绳		木斋	晋江	石门知县

郭世熟	会衷		龙岩		郭式昌		毂斋	侯官	台州知府
郭天和	圣中		仙游		郭廷筠	可远、有堂		闽县	惠州知府
郭万祀	纯祉		上杭在城里	岁贡	郭为瑛	文白		福安东门	
郭维琨	治煌	希曾	南安		郭伟生	小生		宁洋	岁贡
郭文鉽	可典	书屏	闽县	乌程知县	郭希曾	恕庵		上杭在城里	
郭希洛	宗程	南澴	海澄	居厦门。乾隆四十八年举人	郭锡璋	丹书		上杭在城里	
郭瑄第	丙奏	担两	南安蓬岛		郭扬声	腾圃		同安后浦	安平副将
郭荫贤	子杰		上杭在城		郭应元	景仁		晋江	教授
郭永淦	秋泉		闽侯		郭有良	心斋		闽县	
郭又泉	佩先		上杭		郭于冀	玉畿		上杭在城里	岁贡
郭元汾(1706—1765)	锡瑠		长泰方成里	又名天赐。籍贯一作南靖	郭元鹏	搏海		龙岩	太学生
郭云林	定山		上杭在城里		郭赞夏	叔华		福安城关	
郭展綎	紫垂		同安寮东	莒州同知	郭章达	锡将		同安郭山	乾隆五十三年举人
郭兆禄	康侯		福安		郭祯祥	春秧		同安厦门	
郭征泰	念臣		上杭在城里		郭之垣	淑亭		南安蓬岛	
郭钟岳	萃琼		上杭在城里		郭周藩	永侯、屏西		侯官	诸生
郭宗泰	振徽	励斋	龙岩	举人,工草书	海印	瑞章	愧庵	德化	
韩 湛	渌琴		四川长寿	浦城县事	韩承烜	旭初		江苏	政和知县
杭世骏	大宗	董浦	浙江仁和	福建乡试同考官	何 昕	子逸		闽县	

姓名	字	号	籍贯	备注	姓名	字	号	籍贯	备注
何鋈	极峰		泰宁		何白	圣白		莆田	康熙五十六年举人，连江教谕
何斌	登水、晴川		光泽	邑诸生	何晒	晓昳		光泽	泸州州判
何焯	义门		江苏长洲	同安西门内翼亭教书	何纯	剑客	洞庵	顺昌	保县知县
何峰	云岳		建宁		何瀚	君济		闽县	崇安教谕
何健	守恒		光泽在都	岁贡	何靖	子谦		建宁	
何隽(1885—1952)	凤丹		寿宁斜滩	原名景常	何龙	景寿		同安溪边	
何洛	羲开		惠安崇武		何梅	雪芳	江村	建宁	建阳教谕
何勉	尚敏	止庵	侯官	福建水师提督	何琦	礼康		晋江	
何锜	君章		宁德五都		何沁	逸清	竹庄	建宁大南	
何清	指泰		光泽在城	岁贡	何松	木公	梅溪	建宁	寄籍南昌
何梯	恺人	容庵	建宁		何熊	圣弼		上杭在城里	
何修	思永		侯官	诸生	何学	光敏		上杭来苏里	
何勋	良康、铁门		上杭胜运里	闽县教谕	何焱	少棪		光泽在都	岁贡
何榛	亦伟		上杭在城里		何拔崇	恒挺		闽县	
何邦基	捷勋		建宁		何邦珪	殷尚		建宁	
何邦琳	雍来		建宁		何本炳	士伟		建宁	
何本洪	亮生		建宁		何宾春	鼎中		莆田	永定教谕
何秉忠	礼尚		晋江	昭化知县	何步蟾	鼎元		上杭在城里	
何朝炳	星北		闽县	环县知县	何承都	玉水		晋江	刑部主事

何承庞	天士		南安		何承元	广茂、道濂	松亭	闽县	江苏知县
何春仁	文元		上杭胜运里		何大鹏	起南		建宁	
何道源	广文		闽县		何德佺	勤学	全人、菌鹤	闽县	
何鼎宏	义声		晋江		何恩朴	厚卿		建宁渠村	
何芳腾	忠迈	韦庵	晋江	推官	何芳廷	华彩		光泽在都	武举人
何逢禧	敬儒	念修	侯官	吏部右侍郎	何高解	顺于		光泽	候选州同
何高朋	信夫		光泽	贡生	何高衢	倬云		光泽在都	举人,拣选知县
何高瑞	兼四		光泽在都	举人	何高绳	直如		光泽在都	岁贡
何高维	慎思		光泽	增贡生	何高玮	隽人		光泽	连江教谕
何高慰	孟思		光泽	永安教谕	何高旸	寅谷		光泽在都	拔贡
何高映	辉宇		光泽		何高雍	简斋		光泽	岁贡
何恭崇	恒喜		闽县		何冠先	子翔		上杭来苏里	
何冠英	杰夫		闽县	编修,贵州知府、巡抚	何光烈	绳武		建宁	
何光腾		潜渊	建宁		何光暄	郁成		建宁	
何广熹	肫蔼		侯官	举人	何桂林		小山	永福沙湾	
何国模	禹范		光泽一都	一作汝范,庠生	何国仕	应文		福鼎菱阳	
何国羡	君宠		建宁		何国信	义生		建宁珠坊	
何国徵	亮生		建宁		何洪源	浚流、默仙		建宁	
何吉士	祖敬	六皆	仙游功建	康熙间贡生	何际亨	庆斋		建阳崇仁	

何际升		瑞人	永福苍霞		何佳宝	韫山		晋江	女,黄奕振妻
何锦云	浣溪		湖南巴陵	福鼎知县	何觐光	浣斋		建宁北乡	
何敬祖	得充	钧滨	闽县	贡生	何孔掀	秀芳		建宁	
何孔扬	昭元		建宁		何焜煌	世东		莆田	乾隆十二年举人,兴国知县
何乐崇	恒海		闽县		何龙文	信周	凤庵	晋江	汀州教授
何履𨱉	君繇		泰宁	一作福清人,籍泰宁。诸生	何懋椿	岳山	潜谷	建宁下长吉	
何懋龙	桂芳	松亭	建宁		何鸣章	述尧、立淮	文舫	侯官	
何佩珠	嘉瑶		闽县	贡生	何其恭	长满	温人、次山	邵武	副榜贡生
何其济	汝楫		建宁		何其汀	柳村		建宁	
何其昆	勉夫		建宁		何其智	侗卿		福清	德兴知县
何琪枝	士矛		晋江		何启贞	维遇		永福	康熙间贡生
何青芝	希修、玉田		闽县		何秋淦	心农		光泽	香山县典史、翁源县典史
何秋瀚	環瀛		光泽在都	岁贡	何秋涛(1824—1862)	巨源	愿船	光泽县治	
何秋奚	宗祁		光泽	清平知县	何秋漷	澄澜		光泽在都	举人,拣选知县
何秋沄	禹门		光泽在都	岁贡	何泉泰		素园	永福	
何人俊	翘举	墨庄	邵武	增贡	何日坚	万春		邵武宝积	
何荣绂	鼎彝		建宁下长吉		何荣寿	南山		建宁	
何如苓	维馨		连江学前	临朐知县	何儒显(1633—1685)	珍候	敬庵	顺昌在城	兵部主事
何汝霁	学周		建宁		何汝简	帝臣		建宁	

何汝衢	亨会		建宁		何上理	运燹		平潭南楼	原名志扬
何世垂		恒斋	光泽	庠生	何世珧	荆石、韫斋		光泽	星子知县、德庆知州
何世琼	建侯		光泽	监生	何树春	笑山		南安	
何树芳	雪嵒		邵武	岁贡，主讲樵川、正音书院	何水清	惟穆		光泽十四都	拔贡
何思安	再安		光泽	监生	何思九	五盘	长水	建宁	
何思圣	集成		建宁		何天灿	锦云		建宁渠村	
何天赐	冲寰		建宁大南		何天焕	尧文		建宁	
何天龙	胜宇		建宁		何天日	旸谷		建宁渠村	
何天受	国宠		建宁		何天仪		若容	周墩显洋	
何廷璸	玉沙		广东徐闻	邵武知县	何廷玉	国桢		建宁渠村	
何廷钟	洪声		邵武		何万贵	亿兆		建宁	
何万里	翔九		建宁		何万顷	献如		建宁	
何万镒	伯玉		建宁		何为佛	圣惠		建宁	
何为京	绍南		建宁		何为顺	遂生		建宁	
何维播	竹荪			上杭知县	何维朴(1839—1922)	诗孙		湖南道州	居厦门，从事画业
何蔚然	秀岩、素宜	秀岩	闽县		何文焯	霁村		建宁	
何文康	双涧		建宁		何文彭	凌汉		建宁	
何文升	方日		建阳雒田		何文扬	鲤鲲		建宁	
何锡朋	一白		邵武	诸生	何先林	甘来		建宁	

何贤超	拔英	鹤峰	建宁		何贤典	启英		建宁	
何贤京	邦桢		建宁		何贤儒	策勋		建宁	
何贤早	德勋		建宁		何象惠	仁村		建宁	
何兴息	倬云		建宁		何学炳	锦文		建宁	
何学峻	修圃	吟梅	建宁		何以锽	云书		光泽	长汀训导
何以烈	肇扬	敬斋	光泽		何以焘	肇仁		光泽	贡生
何以铣	云晶		光泽		何以镇	云远		光泽	增贡生
何以鎕	云衢		光泽在城	进士	何永春	载阳		光泽儒州	
何永泉	静轩		建宁珠坊		何永沇	芷香		南安洪濑	
何玉城	榕寿		上杭胜运里		何玉衡	伯明		建宁	
何毓鳌	镇舆	砥轩	泰宁	汀州府教授,后掌教濉川书院	何豫章	显苍	卓斋	建宁	
何源龙	绍贤		建宁		何曰诰	梓崃		建宁	工古文
何曰球	世珍		建宁大南		何曰颂	赓飏		建宁大南	一名震东
何云池	斯奋		仙游	雍正元年恩科举人	何云龙	用霖		光泽	
何则达	道观、干宝		闽县		何则贤(1801—1852)	道甫	三山樵叟、蓝水后人	闽县	建阳训导、景阳书院山长
何泽传	勉承	捧亭	光泽	刑部郎中、顺德知府	何泽杞	希楼		光泽在都	海澄训导
何泽日	升夫		建宁东乡		何泽与	乔旭		光泽在都	东昌卫千总
何泽著	形则		光泽	耀州知州	何长彪	蔚观		光泽在都	岁贡
何长敦	礼门、厚勉		光泽	衡水、新城、博野知县	何长辅	佐良		光泽在都	岁贡

何长阁	品台		光泽	举人	何长浩	得然		闽县	自福清迁闽县
何长琚	驭良		光泽	太学生	何长聚	焕奎	鑫园	光泽	援例候选知府
何长霖	沛如		光泽	举人	何长路	循坦		光泽在都	恩贡
何长韶	永谐		光泽		何长轼	金虞		光泽在都	拔贡
何长吟	韵韶		光泽在都	岁贡	何长载	任驰、厚莽	第五居士	光泽在都	嘉庆戊午岁贡
何长钊	原夏		光泽	恩贡	何长诏	金门		光泽	工诗
何长庄	敬临		光泽	诏安教谕	何兆魁			永福县治	光绪间贡生
何兆渠		幼村	永福	连江典狱、漳浦典狱	何兆维	国纲	鹤汀	建宁大南	
何兆馨		兰生	永福	邵武挐口巡检	何之榜	元标	义轩	建宁	
何之仕	耕南	桃溪	建宁		何志昂	道胜		上杭在城里	
何治运	志贤	郊海	闽县	《广东通志》总纂	何中安	连山		惠安	
何中龙	见若		惠安崇武		何中荣	廷芳		建宁北乡	
何中荣	廷芳		建宁北乡		何中运	泰来		建宁北乡	
何钟元	铉九		仙游	康熙四十一年举人	何子祥(1707—1771)	象宣	蓉林	平和马铺	浦江知县
何作霖		雨村	永福		何作舟	廷选		建宁	
和盐鼎	岩夫		陕西城固	德化知县	贺峒	访西		侯官	雷琼道兼琼军统领
贺沅	芷村		河北武强	上杭知县	贺世骏	拔伦	相皋	江西安福	德化、永定、长乐知县
洪炳		志远	浙江临海	金门右营游击	洪简	敬斋		崇安城区	拔贡,设立养正小学
洪铭	樊功		同安城内		洪楠	季汀		闽县	监生

洪　鹏	扶九		南安 四十四都		洪　瑞	裕仲	璞斋	南安英山	
洪　思 （？—1704）	阿士	石秋	龙溪		洪　玮	上玉		建阳县坊	
洪　钟	宣仲	澹斋	南安英山		洪成庳	依虞		沙县夏茂	
洪承畴 （1593—1665）	彦演	亨九	南安英都		洪承绂	彦来		南安英山	建阳教谕
洪承畿	彦忠		南安		洪承畯	彦灏	紫农 山人	南安英都	
洪承龙	彦飞	陟子	南安英山		洪承儒	彦真		南安英山	永福教谕
洪春沂	克和		沙县夏茂		洪达遵	君恪		晋江	罗源教谕
洪大猷	谋亭		南安英山		洪待日	公选	彦峰	南安 十二都	
洪德标	清立		南安		洪方谷	穀莺		南安华美	
洪凤翔	燕岐	仪峰	南安华美		洪观发	次武		沙县夏茂	
洪国器	子谨	师鹤	同安东山		洪家玉	钟典		同安 后丰港	郡诸生
洪景荣	成庆		南安华美		洪科捷	成仲	默斋	南安英山	
洪孔奎	景伯		晋江		洪士辅	台卿		晋江	
洪士亮	伯明		南安英山		洪士铭	日新	畏轩	南安英山	
洪士誉	伯乐、 伯东		南安		洪世泽	叔时	艮圃	南安英山	居住厦门
洪调元	玉衡		同安洪厝		洪文光	岚翊		南安 十二都	
洪锡举	甫山		沙县夏茂		洪心澄	淳思	印川	同安 后丰港	
洪一湛	恬卿		南安 十二都		洪诒书	文川		连江岱云	贡生
洪弈统		坦斋	南安英山		洪奕沔	朝宗	怡斋	南安	

洪奕懿	求仲		南安英山		洪应悌	季士		南安廿一都
洪有庆	景士		同安溪边		洪淯鳌 (? —1664)	六生		晋江廿三都
洪云从	明友		同安董坑		洪哲燕	安明		南安
洪正鹏	燕挢		南安十二都		洪志荣	桂庆		南安华美
洪宗朝	觐扬		沙县夏茂		洪宗麟	子英		同安厦门
洪作舟		晴川	同安后浦		侯春波	汪千		永福莲峰	咸丰元年辛亥举人
侯七乘		仲辂	山西汾西	武平知县、广信郡丞	侯绍岐	令裔		陕西三原	仙游知县
侯文骥	元参	郁庵	南安		侯宜治		芷溪	永福
侯之缇	采人	蓼国	南安		胡城	廷瑞		永定
胡峨	三峰		永定		胡格	寿平		湖北江夏	泰宁知县、诏安知县
胡贵 (? —1760)	尔恒	洁峰	同安厦门	广东水师提督	胡海	朝宗		同安厦门
胡经	戴部		永定金丰	增生	胡陵	志堂		永定
胡梅	占南		沙县		胡琦	子荣		江苏仁和	仙游白岭司巡检
胡青	选采		永定		胡溶	晴波		永定
胡汶	连标		永定		胡铉 (1867—1917)	鼎三		同安铜鱼馆
胡岩		捧莪、荔生	长汀	徐闻知县	胡垣	居莲		永定金丰
胡步泰	荣秀		永定金丰		胡焯猷	瑞铨		永定
胡承烈	伟生		同安西溪		胡酬香	鹤圃		永定忠川
胡词宗	文远		同安西溪		胡赐卿	云亭		永定

胡大昌	俊奕		永定		胡大纮	文山		永定	
胡大年	椿园		永定		胡德惺	熙叔	森青	长汀	廪生
胡奋超	植槐		永定觉坑		胡逢亨	贞一		永定	
胡凤羽	春麟		永定		胡高潮	育勋		永定	
胡国纲	燕卿		归化	长乐知县,崖州、化州知州	胡国良	善孚		永定	
胡国模		云鹤、秋水	长汀	庠生	胡国雄	文超		永定	
胡国珍	象玉		永定下洋		胡鸿远	邦殿		永定	
胡怀棠	廷爱		永定金丰		胡际治	才龙		永定	
胡继芬		子芳	浙江	平潭厅同知	胡继先	敞中		永定	句容龙潭巡检,松江府经历
胡京春	东园		永定金丰	年逾九旬	胡景荪	达中		永定	
胡峻翔		云门	四川成都	平潭厅同知	胡鲲南	晋书		浙江淳安	台湾府中营守备
胡楼生	更庵		永定	商水知县	胡抡华	勋才		永定	
胡孟启	居南		将乐		胡梦青	竹园		永定忠川	创办怡保、育才等小学
胡名芳	予慎		长汀	州同	胡鹏程	九云		永定	
胡启植	于廷	立亭	安徽黟县	仙游知县	胡翘椿	龄兹	浴鹤	长汀	松桃同知
胡蓉芝	斐才		永定	邑庠生	胡汝桐	文凤		沙县	
胡绍峰(1709—1798)	定邹	鲁山	连江儒阳	泉州府学	胡守谦	牧孟		闽县	武举人
胡顺潮	坤喜		永定		胡嗣昌	赳骏		永定	
胡苏理	灿锦		永定		胡檀生	旃乡		永定	

胡调元	心梅		长汀	卢凤颖兵备道	胡为高	登轩		永定	
胡惟熊	乃武		侯官		胡锡昌	少西		连江	永春训导
胡锡璜	渭川		连江	举人	胡杏生	又芳		永定	
胡一村	汝翠		永定		胡咏琛	谦侯		侯官	壶关、翼城知县
胡月盛	虞斯		永定	乳源县典史	胡则安		敦甫	永福	同治间贡生
胡占梅	旭搏		永定		胡振声(?—1804)	子容	成庵	同安厦门	温州镇总兵
胡震生	又寅		永定		胡治菁	习宣		永定	景宁县典史
胡倬章	汉槎		诏安		胡子程	敬儒		沙县	
胡宗远	邦辅		永定		花逢春	寅五		连江港里	台北教谕
华 岩(1682—?)	德高、秋岳	新罗山人、白砂道士	上杭华家亭	工书尤善画	华 钟	赓尧		上杭白砂里	
华必兰	君馨		永福		华必绅	君书		永福二十都	举孝廉
华朝相	廷辉		连城		华达璋	特甫		上杭白砂里	
华鼎超	迥士	半日道人	连城		华定郊	伯宋		连城	廪贡生
华定祁	叔宋		连城	韶州知府、惠州知府	华凤嗜	雍仲		连城	盐城、东安、桃源、宿迁知县
华惊天	震修		连城		华时中	澂庸、榕轩		上杭白砂里	
华惟明	省渊		上杭		华咸孚	穆夫		上杭白砂里	
华应学	惟志		连城		华有恒	圣基		江苏金匮	建阳知县
华有铄	元明		永福		华壮其	克轩		连城	

怀荫布		涵村	满洲正黄旗	泉州知府	皇甫文聘	斯未		安徽桐庐	建宁知县
黄 榜	先声		上杭在城里		黄 彪	道谷		上杭太平里	
黄 彬	莲士		晋江	寓居厦门。云州八子之一	黄 炳	榕村		建宁	
黄 炳	玉崖		湖南澧州	建阳知县	黄 綵	登缙		邵武	
黄 灿	台崟		南安水阁		黄 漈	映秋		光泽二十都	岁贡
黄 曾	炯庭		闽清	例贡	黄 鹊	超飞		上杭在城里	
黄 诚	兰畹		建宁		黄 琮	焕鲁		光泽在城	拔贡
黄 道	圣传		光泽二十都	浦城训导	黄 典	振仪、凤村		长乐犀村	冠县知县
黄 度	于叔	馨谷	建宁		黄 锷	剑友		将乐	华州知州
黄 冈	东璧		建宁	太学生	黄 恭	右咨		永福县治	康熙五十六年举人
黄 琪		蘅洲	永福白云	改名庆安。陈州知州	黄 炅	光达		邵武	兰溪、仁和、太湖同知
黄 衮	九章		建宁里心		黄 海	南若	鲸涛	莆田	西隆知州
黄 翰	翱渡		崇安四隅	雍正六年府学贡	黄 翰		新如	闽清	
黄 豪	贻清		南安丽阳		黄 恒	德孚		莆田	乾隆九年举人
黄 弘		耸陵	永福	乾隆间贡生	黄 华	鼎如		连江岭下	道光庚子副贡
黄 晄	丽芳		同安汶水头	政和教谕	黄 惠	成迪	心庵	永福白云	高安知县
黄 基	基玉	山愚	永福		黄 楫	作舟		邵武	岁贡
黄 漈	庭闻		莆田	县学廪生，入鳌峰书院	黄 佳	启荣		连江伏沙	武举人
黄 甲	仲名		莆田	康熙五年举人	黄 简	载士		莆田	崇庆知州

黄 荐	愈适		晋江	教谕	黄 江	岷水	巨川	同安锦宅	内阁撰文中书
黄 缙	德炳		光泽在城	岁贡	黄 瑨	岸绿		建宁	
黄 珏	台芹		南安十四都		黄 钧	重衡		光泽在城	岁贡
黄 俊	子千		晋江	诸生	黄 骏	敦行		光泽廿二都	邑廪生,举孝廉方正
黄 开	宜宪		连江青塘	德州卫千总	黄 宽(1709—1773)	济夫	巽亭	龙溪壶屿	崇义知县
黄 葵	尔闇		连江青塘	惠安训导	黄 焜		旭庵	奉天	泉州府海防同知
黄 来	叔威		闽县		黄 离	礼慷	孟生	南安罗东	又名慨
黄 丽	可威		上杭太平里	武举人	黄 璘	光其		上杭在城里	平江知县
黄 流	瓒玉		清流		黄 琉	彼玉		宁德	
黄 谬	尔涵		莆田	康熙五年举人	黄 龙	见侯		仙游	南粤总兵官
黄 隆	增芬	无庵	南安	籍贯一作晋江。荆南副使	黄 飚	阳升	玉坡	长汀	庠生
黄 茂	起林		建宁里心		黄 美	西人		永福	诸生
黄 明	龙光		晋江	浙江布政司	黄 裴	岩伯		晋江	教谕
黄 需	从伦	燮堂	上杭在城		黄 谦	思逊	柏山主人	南安水头	
黄 勤	亦平		莆田	康熙三十八年举人	黄 清	汉章		崇安石臼	举介宾
黄 取(1799—1861)	取生		龙溪		黄 铨	彦选		连江定海	武举人
黄 任(1683—1768)	于莘	莘田、十砚翁	永福白云	举人,主修《鼓山志》	黄 溶	安澜		光泽县治	岁贡
黄 榕	载万		泰宁朱口		黄 裳	上公		光泽廿七都	
黄 裳	宗伸	文在	闽清	岁贡	黄 桑		炘园	永福白云	改名育韩。广西融县知县

黄 慎 (1687—1770)	躬懋、公懋、恭寿、菊庄	瘿瓢山人、东海布衣	宁化	原名盛。画家	黄 升		峭园	南安丽阳	
黄 士	尔滋		晋江		黄 硕	廷彬		宁德	
黄 堂	禹传	秋水	江西泸溪	寓居光泽	黄 涛	天水	文川	同安锦宅	长乐知县
黄 韬	元生		上杭 在城里		黄 琜	典玉		永福	顺治间贡生
黄 庭 (1855—1895)		翔光	闽清宝峰	督造马尾船坞等	黄 畹	云谷		建宁	邑增生
黄 纬 (1621—?)	树思		南安长寿	遂安总兵、左都督	黄 雯	文叔		莆田	康熙十一年举人,齐河知县
黄 梧 (1617—1674)	君宣		平和高坑		黄 暹		春渠	浙江仁和	平和、龙溪知县,后侨居厦门
黄 壎	任子		光泽八都	岁贡	黄 岩		仲山	南安丰乐	
黄 衍	元杜		邵武	凤阳知县	黄 琰	奕宏		长乐西宅	精篆隶八分书法
黄 旸	羲侯		莆田	康熙十一年举人	黄 瑶	次登		沙县	
黄 彝	鼎公		建阳崇政		黄 易	子参	苍潭	广东海丰	祖籍漳浦。归化知县
黄 谊	亦台		莆田	康熙三十二年举人	黄 翼	辅卿		平和	福建右路总兵
黄 翼	宗侨		闽清	嘉庆间贡生	黄 英	世华		长汀	
黄 英 (1653—1728)	挺通	颖公	罗源	台湾总兵	黄 英	元奇		宁德	
黄 英		菊人	永福 龙江园		黄 滢	成波		光泽 二十都	岁贡
黄 镛	本厚	和笙	闽清	同治元年恩科举人	黄 永	言卿		南安	
黄 羽	仪伯		平和		黄 煜	光有		永福白云	平原知县
黄 煜	水心		上杭 在城里	龙溪训导	黄 铖 (?—1901)	威于		闽清	赴缅甸,医国王

黄 铖	宸文		晋江		黄 云	霭亭		永定	
黄 匀	廷对		南安卓坑		黄 瓒	君式		光泽	邑庠生
黄 震	东也		沙县		黄 震	家森	幼建	闽清	
黄 钟	铭有		永福白云	乾隆六十年举人。连城教谕	黄 舟	声玉		建宁卢田	
黄 鎵	廷源		上杭在城里		黄安仁	吉复		光泽十都	太学生
黄榜魁	蕊元		建阳雒田		黄葆奇	乃济		永福	光绪二十九年举人，主事
黄葆祺	子健		清流		黄豹鞟	台犹		南安丰乐	
黄本迪	元凯		建宁	岁贡	黄本植	公培		建宁水南	
黄本中	立之		浦城		黄必昌	燕台		建宁卢田	
黄必登	云阶	石坡	南安		黄必照	印千		永定	
黄弼勋	宏郡		闽清	嘉庆间恩贡生	黄宾松	占梅		永定金丰	
黄秉盛		雍堦	建宁在城		黄秉元	调叔	春潭	同安厦门	龙溪籍
黄秉璋	珍楚		连江儒宅	武举人	黄炳文	绍烈		政和	
黄步青	国钦	芝山	闽清	嘉庆辛酉举人	黄步香		心云	永福县治	岁贡
黄步云	霄有		永福白云	政和教谕	黄策麟	汉阁		永定	合水知县
黄曾源	石孙		长乐洋屿	以御史台出守鲁、皖青等府	黄昌涛	大观		清流灵地	
黄超群	子由		莆田	乾隆七年进士	黄朝举	邦英		闽清	咸丰间贡生
黄朝天	国清		连江花园	诏安训导	黄朝阳	景梧		晋江	长寿知县
黄朝元	宜光		永定大水坑		黄朝珍	西玉		永福	康熙间贡生

黄陈韬	谦六		龙溪新岱		黄成富	碧峰		连江牛栏坪	
黄承波	海隆		闽清	武举人,仙霞千总	黄承璋		郁斋	闽清	监生
黄澂之	帅先、波民		建阳	一名师先	黄炽昌	隆栋		闽清	道光八年武举人
黄崇惺	次荪		安徽歙县	汀州府同知	黄传世	诒亭		南安丰乐	
黄传枝	宗叶	春园	闽清塔庄	尤溪训导	黄春芳	伯甫		仙游	乾隆间贡生
黄从龙	云浦	嘘泉	泰宁	举人	黄从运	郁荣		长汀	
黄达鸿	葵仙		崇安四隅	附生	黄大纯	廷粹		宁德	
黄大醇	宗汉	少有	建宁蓝田		黄大和		秋孙、笑当、未卢	永福	名一作大稣,晚年改名异。岁贡
黄大捷	天敏		光泽在城	恩贡	黄大琨	思信		长乐	安仁知县
黄大来	方泰		建阳童游		黄大勋	佐祁		建阳县坊	
黄大贞		敬侯	永福白云	光绪二十八年举人	黄道亨	彦卿		仙游功建	年九十五
黄道晋	昭甫	耐辱老者	莆田	龙安推官	黄道全	世厚		南安湖尾	
黄道泰	子寅		晋江		黄道熊	元飞		宁德	
黄得良	国田		宁德三都		黄得勤	功可		建宁	
黄得心	文德		泰宁朱口		黄德馨	俊士		仙游	县学生员
黄德元	懋尊	润泉	闽清		黄登灿	蕴先		宁德	
黄登第	廉明		同安厦门		黄登甲	亦高		莆田	兴安州同知
黄登鲸	碧洲		闽清	道光丙戌进士,溧阳、阳湖知县	黄登魁	梅卿		清流	
黄登龙		际飞	闽清		黄登鹏	程九		连城芷溪	泰宁训导

黄登瀛	学洲		同安厦门	太学生	黄登鷟	鸣九		连城	岁贡
黄殿对	特上		莆田	康熙四十四年举人	黄殿甲	御及		永定	廪生
黄鼎翰	剑农		湖南	建阳知县、闽县知县	黄鼎甲	尔友		莆田	雍正十三年举人
黄鼎中	弘五		永定		黄定年	卜子		沙县	
黄而康	寿吾		连城	台湾府教授	黄尔沤 (1855—1905)	鼎礼	莲初	南安仁宅	又名尔瓯。刑部主事
黄芳度 (1650—1675)	寿岩		平和	黄梧之子,封海澄公	黄芳世 (？—1678)	周士		平和	福建水师提督,袭封海澄公
黄芳泰	和士		平和	右路总兵,袭封海澄公	黄芳远	硕斯		莆田	乾隆元年举人
黄芳铦	士箴		宁德二十都		黄丰来	文材		仙游	县学生员
黄凤举	临皋、临泉	裕斋	建宁		黄凤来	国镛		长乐青山下	
黄凤起	振文		闽清	道光间贡生	黄凤梧	如川		光泽廿一都	增贡生
黄符吉	辅若		莆田	雍正二年举人	黄公麟	泰征		宁德	
黄公佐	襄玉		建阳童游		黄攻玉	懋高、志和		仙游	雍正四年举人
黄宫柱	擎庵		南平		黄恭愈	景文		邵武	庠生
黄观潮	万董	畊心	长乐青山下	贡生	黄观书	万钟	益斋	长乐	尤溪、漳浦教谕
黄观营	万达	见洛	长乐青山下	贡生	黄光彬		质轩	连江青塘	鳌江书院主讲
黄光燨	巨陶		连江	举人	黄光华	挺秀		同安碧岳	
黄光琨	伯玉	肃斋	南安下店		黄光昇	邦礼		闽清	咸丰八年戊午钦赐举人
黄光涛	巨华		浙江定海	举人	黄光庭	懋隆		仙游	乾隆间贡生
黄光先	凤庄		莆田	雍正七年举人	黄光趾	符侯		同安马巷	例贡生

黄光中	明功		连江	横浦盐场大使	黄广居	匡思	少谷	连江青塘	
黄国楷	皆木		同安	詹事府主簿	黄国略	奏三		建宁里心	
黄国塾	珣玉	罍侯	永福白云		黄国璇		复庵	永福	康熙间贡生
黄果兴	福绵		永定		黄行恭	礼宾		邵武	
黄和锦	织文		建宁安吉		黄和修	元鹤		建宁	
黄河龙	玉阶		上杭		黄河清	世英		莆田	康熙五十六年举人,兴化知县
黄河澍	元衡		光泽八都	武举人	黄河图	圣起		上杭在城里	
黄鹤来	云楼	苍崖	建宁		黄鹤林	凤郊		建宁	
黄鹤三	景树	声亭	长乐	安义知县	黄亨榜	提登		宁洋集宁里	岁贡
黄亨衢	道行		光泽	贡生	黄鸿恩	叔谦		南安琉塘	
黄鸿铨	仰山		连江青塘	武举人	黄鸿元		泸初	闽清	县学生员
黄鸿章	孙韬		南安荷坂		黄华国	孙嘉		南安	
黄华林	杏南		上杭在城里		黄华兖	子荣		邵武	砀山知县
黄化龙	焕灏		连江定海	武举人	黄怀人	载锡		广西全州	
黄焕岐	秀龙		永定龙窟	年九十有五	黄焕彰	愧渊		晋江	贵州司郎中
黄徽孕	吉臣		晋江	绩溪知县	黄蕙田	香塍		浦城	
黄基敏	树功		光泽		黄及时	侍若		南安	
黄吉暹	仲宾		江苏江都	建阳知县	黄纪昌	云卿		永福白云	
黄纪官		云卿	永福	举孝廉	黄际锋	济隆	砺崖	闽清塔庄	道光十九年举人

黄济川	远帆		永定龙窟	附贡	黄济霖	明爵		连江安德里	贡生
黄继康	孚吉		建宁花棚下		黄继隆	崇道	述斋	漳浦	
黄继文	希仲		永定		黄继相	介臣		建宁花棚下	
黄家椿	树仙		邵武		黄家权	叔经		连江	福安教谕
黄家璲	学佩、朴山		连江	麻城知县、钟祥知县	黄家万	若邦		福鼎店头	州同
黄家元	学建		连江花园	贡生	黄嘉昌	帝臣		建宁在城	
黄嘉纯	全愚	未斋	归化	贡生	黄嘉纯	瑞文		归化	漳平教谕、诏安训导
黄嘉尔		叔希	永福白云	光绪六年进士。玉山、庆丰知县	黄嘉辉	焕卿		永定	
黄嘉爵	勖斯		晋江	歙县知县	黄甲殿	御及		永定	庠生
黄见三	景如、心垣		长乐青山下	睢州知州	黄建洛	恭宣		连江透堡	举人
黄建勋 (1853—1894)	菊人		永福	镇西炮船管带	黄建章	龙光		建阳崇泰	
黄剑光	本津	耶溪	闽清	岁贡	黄捷标	鼎九		连江	武举人
黄金城	孟拱		南安琉瑭		黄金镧	汉珍		连城	举人
黄金山	藻高		福清	建昌知县	黄金声	豪升		永定金丰	
黄金铉	守正		邵武	举人	黄金镛	泮钟		宁洋集宁里	建宁训导、闽县训导
黄金元	维相		上杭在城里		黄锦标	圣兰		连江花园	长汀千总
黄锦矗	起猷		寿宁十都三图		黄晋良	处安、处庵	井上老人	侯官	诸生
黄晋铭	四斋		福安穆阳		黄经国	启初		连江	
黄经藻	沚兰		永定		黄景岱		毓东	闽清	光绪间拔贡

黄景明	振扶		闽清桥头		黄景宪	宏度		光泽二十都	岁贡生
黄景元	后宽		闽清	光绪十四年武举人	黄景云	达天		浦城	
黄景云	子阶		同安古宅		黄景章	忠有	寿云	闽清	光绪二十九年武举人
黄景中	嗣昭		晋江	浦江知县	黄敬容		诚斋	永福白云	
黄矩卿	君赞		沙县历西		黄俊苑	清美	止斋	南平城西	
黄开泰		鲁岩	泰宁宝石		黄开治	朝本		建阳崇泰	
黄可润 (？—1764)	泽夫	壶溪	龙溪壶屿		黄克明	诏卿		同安厦门	永春州学正
黄奎光	怀意	星岩	连江青塘	恩乐知县	黄利通	资万	顺庵	邵武	延平府教授、汀州教授
黄联圭	达夫		闽清	捐资修崇文书院	黄良高	履上		建宁安吉	
黄良珍	怀儒		建宁安吉		黄良洙	鲁洲		建宁安吉	
黄麟瑞	辑侯		沙县	名一作应瑞。古田、连江训导、桐梓知县	黄流芳	芳百		邵武	岁贡
黄龙章		锡九	闽清	县学生员，宣统纪元旌表孝子	黄隆党	福星		闽清	
黄抡魁	思纶		上杭太平里		黄纶恩	鼎丕		南安金鸡	
黄履安		咏南	闽清	诏安守备	黄履坚	健夫、伯祥		建阳童游	
黄履中	琴台		永定抚市	庠生	黄茂才	迥群		永定	
黄懋祺		祉园	永福	光绪二十八年举人	黄懋谦		默园	永福白云	宣统己酉拔贡，主事
黄孟海		在溪	闽清		黄孟淑	衷鲁		永定	
黄梦科	及三		建宁	郡庠生	黄梦琳	球卿	雪舟	晋江	县学诸生
黄梦熊		磻臣	闽清	县学增生	黄敏恭	协惠		建宁	

黄名卿	介臣		光泽二十都	训导	黄名声	元耻		南安	
黄名香	兰友		同安厦门		黄明台	晋国		晋江	
黄鸣冈	友梧		龙溪	龙溪诸生，居厦门	黄命圭	公介		上杭溪南里	
黄谋烈(1838—1915)	佑堂		泉州		黄乃模(1862—1894)	蔼山		闽清	致远舰第二副管带
黄乃望	斗山		建阳县坊		黄南杞		宾门	瓯宁	
黄念祖		子绳	永福	光绪元年举人	黄培芬	乃芝	兰堂	闽清	道光二十九年武举人，漳州千总
黄培兰	乃兰		闽清	咸丰九年己未武举人	黄培祥	贤礼		安溪兴二里	
黄培元	家贡	又绳	闽清	光绪间贡生	黄鹏升		鸣南	南安丽阳	
黄品霖	碧川		闽清	县学生员	黄聘三	启睿	再莘	闽清	潜江主簿
黄齐鼎		历阳	闽清		黄其灿	本渊	菊亭	闽清	同治间贡生
黄其华	松樵		连城	湖南候补同知	黄淇彬	景星	霁亭	闽县	督右参将
黄启功	义刚		永定	赠文林郎、合水知县	黄启晃	扶光		宁德	
黄启渐	羽可		南安	固始知县	黄启垒		璧卿	永福	光绪二十九年武举人
黄启象	乾开		长汀		黄启星	凤景		宁德	
黄启中	义纲		永定		黄起熊	太占		永福	贡生
黄洽特	达甫		南安		黄洽选	青甫		南安	
黄翘龙	慕楚		永定		黄钦明		弼甫	闽清	监生
黄钦谋	作猷		长汀		黄芹香	藻山、斐然、澡山		清流	武举人
黄清泉	宣源		同安水头		黄庆霖	润仁	商岩	同安厦门	祖籍安溪，居厦门

黄庆祺	其孚	寿镜	闽清	光绪间贡生	黄庆云	景余		宁德八都	
黄庆云	章御		仙游	雍正八年进士	黄球观	国存		闽清	道光十四年武举人
黄人鉴	弼谋	宝三	闽清	道光间贡生，南安教谕	黄人驹		申仲	闽清龙溪	国学生
黄日繁	简夫		建宁		黄日焕	愧莪、愧峨		永定	淮安府河务同知
黄日纪（约1713—?）	叶庵	荔崖、叶三	龙溪	居厦门。兵部主事	黄日章	端甫		连江四定	举人
黄日祚	世隆		晋江	兵部主事	黄荣庚	子章、星舫		长乐青山下	原名良彩，署大庾县事
黄荣勋	树元		沙县丛桂坊	增生	黄镕光		铸庵	闽清	县学增生
黄如带	晴河		永定抚溪		黄如江	永之		漳浦	
黄汝楫	景麓	朴园	长乐青山下	诸生	黄汝爕	佐虞		泰宁朱口	
黄汝楠	立侯	西村	仙游	来凤知县	黄汝钦	心尧		永定	
黄汝雄	杰亭		永定抚溪		黄瑞鹤		来远	四川西充	长乐知县
黄若恒	其成		闽清		黄善庆	择礼		南安十都	
黄尚宽	量臣	致容	漳浦		黄尚愫	守谦		建宁	
黄裳吉	含斋		永定		黄裳吉	冕仲		邵武	县学生
黄韶光	章儒		政和		黄邵芳	尚远		闽清	乾隆间贡生
黄绍定		澹如	闽清	县学增生	黄绍度		叔涵	永福	光绪间贡生
黄绍纲	义生		建宁大南		黄绍韩	照颖		闽清	县学生员
黄绍烈		东川	漳浦沙西		黄绍奇	伟亭		连城	
黄绍彤	钟人		闽清		黄绍衣	少封	阿梁子	闽清新壶	

姓名	字	号	籍贯	说明	姓名	字	号	籍贯	说明
黄绍煐	蔼堂		闽清新壶	县学生员	黄绍中	上萃		上杭在城里	拔贡
黄胜义	秀云		长汀		黄师度	亦叔		光泽二十都	泉州教授
黄士鳌	兆沧		长汀		黄士凤	安缵		南安仁宅	
黄士恒		筱希	永福	光绪二十九年举人	黄士杰	子长		长泰在坊	广西按察使
黄士锦	尚卿		晋江		黄士龙	子犹	友养	建宁安吉	
黄士骐	良初		连城	诸生	黄士迁	伯乔		建宁	
黄士养	圣功		长汀		黄士遇	畏臣		建宁北乡	
黄士珍	邦社		晋江		黄士柱	炳生		建宁安吉	
黄世德	廷升		宁德		黄世锦	百顺		建宁饶村	
黄世仪	羽夫		光泽二十都	永定训导	黄仕繁	友仁		归化	县丞
黄仕简(?—1789)	立斋		平和		黄仕铨	衡甫		连江丹阳	贡生
黄式度	奕坦		晋江	教谕	黄守藩		右民	闽清	厦门检察官
黄寿萱		荫堂	闽清	精岐黄术，尤长于妇幼两科	黄菽柟	宗让		闽清	
黄树德	小修		同安厦门		黄树荣(1863—1923)	作敷		宁德霍童	又名有晖
黄树勋	育人		光泽二十都	训导	黄澍鋆		清和	江苏阳湖	平潭厅同知
黄顺直	德理		福鼎沙埕	原籍永春	黄松年	华容	苍岩	永福白云	道光十五年进士。靖宁知州
黄松屏	栋惠	翰臣	闽清	光绪十九年武举人	黄嵩元(1835—1881)	懋恩	岳甫	闽清	咸丰九年举人
黄肃锁	镜宝		闽清	家中三世习医	黄泰晃	吉晖		邵武	庠生
黄腾甲	云展		上杭在城里		黄腾蛟	雨池		永定厦黄	邑庠生

黄腾鲲	绛礼		南安黄坡		黄腾升	德邦		闽清	嘉庆二十一年武举人
黄天箕	行枢	南亭	长乐南厝	曹县知县	黄天简	惟叔		晋江	蒙城知县
黄天授	胜颐		同安厦门		黄天翼	子异		仙游	生员
黄调鼎	汝梅	传岩	建宁		黄廷昌	维文		晋江	大田教谕
黄廷琛	慈肃		漳浦		黄廷读	思兰	鹿芝	连江花园	
黄廷棍	绮臣		宁德七都		黄廷楷	子攀		宁德	
黄廷魁	桂山		永定		黄廷式	俊斗	雪岩	闽清	乾隆辛酉科武举人
黄廷铣	万季		永定金丰		黄廷信	达五		建宁	
黄廷岩	思旷		连江	贡生	黄廷英	圣资		沙县	
黄廷玉	乃瑞		同安东溪		黄廷裕	仲洪		南安十七都	
黄廷瓒	玉栋		闽清	县学生员	黄廷治	湘南		建宁	增生
黄庭经		和轩	闽清	同治元年举人	黄庭镜	燕台		建宁	精眼科
黄通理	国选	正立	仙游	嘉鱼知县	黄同文	少坡		上杭在城里	
黄图南		沧秋	永福白云	翰林院编修	黄拊扶（1848—1931）	通材	祝堂	泉州	记名军机章京
黄巍焕	则尧		连城	邑庠生	黄为汉	于章		晋江	衡水知县
黄维谨	觐颜		永定		黄维乔	渭上、崧岳		莆田	宁化教谕
黄维岳	骏中		南安董埔		黄维璋	特峰		永定	
黄位中	立人	已峰	长乐	教授	黄位中	贻琴	荇洲	南安	
黄位中		品三	闽清	县学廪生	黄魏国	长仁		闽清	监生。捐建文泉书院

黄文乘	广志		长汀		黄文晖	韫光	蔼亭	仙游	工部制造库郎中
黄文甲	冠亭		永定在城	例贡	黄文模	启烈		光泽县治	
黄文朴	元素		宁德		黄文梯	升之	幼山	沙县	
黄文通		华堂	邵武	监生	黄文暄	和光		仙游	
黄文祐	云章		上杭在城里	监生	黄武煌	光典		长汀	
黄希曾	魁先		长汀	寿宁教谕	黄希勉	勖庵		崇安曹墩	举人
黄锡畴	子锡		建宁里心		黄锡龄		尔九	闽清	嘉庆间贡生
黄锡明	奕远	亮峰	同安锦宅		黄锡鹏	笃辉		永定楮树坪	例贡
黄锡时	奕中	砥园	同安锦宅		黄熙丰	云穰		松溪	
黄熙孕	维敬		晋江	刑部侍郎	黄熙缵	俞惟		晋江	刑科给事中
黄席正	子正		光泽	闽县训导	黄显高		梅浦	闽清	
黄显扬	栋隆		闽清	乾隆五十七年壬子武举人	黄献龙	抢弼		永定	举乡宾
黄湘庆	蓬山		永定		黄象奎	鲁台		上杭在城里	岁贡
黄晓瑞	楫侯		趾游	沙县	黄协鼎		力山	闽清	
黄星奎	文卿	熙镛	归化		黄星琏	友瑚		宁化	
黄星佐	辅臣		光泽	县学廪生	黄兴武	子骏		长汀	
黄性震 (1638—1702)	元起	静庵	漳浦官塘	太常寺卿	黄秀夫	登嬴、松盒		晋江深沪	
黄许桂		小山	江苏昭文	平和知县	黄学凯		月三	闽清	县学增生
黄学麟		逸斋	永福	雍正间贡生	黄雪丰	晴圃		连城	辛卯副贡

黄雪馨	桂丛		连城	府学岁贡	黄训履	泰栋		闽清塔庄	
黄彦标	树之	朴亭	惠安		黄焱兴	炽隆		连城	
黄一飞	腾霄		泰宁朱口		黄一桂	国雍	芗林	长乐	廪生
黄一捷		锦茂	建宁		黄一梧	正阳		永定	
黄伊人	葭思		莆田	康熙八年举人,广昌知县	黄仪广	式可		建阳县坊	
黄贻楫 (1832—1895)	远伯	雩川	晋江	广东学政	黄以圭	叔纂		南安 古浚港	
黄翼传	永泰		闽清 五里梯		黄翼为	景弼、 谷臣		长乐青山	工部郎中
黄翼云		桐坡	永福	光绪十九年副榜贡	黄永健	积有		永福	乾隆五十三年举人
黄永旺	青钱		清流姚坊		黄友仁	勿甫		永定	
黄有才	公美、 功美		同安石浔	迁居平潭。广东提督	黄有庚	懋鉫	筱白	闽清	光绪间贡生
黄瑜润	搢卿		沙县		黄虞稷 (1629—1691)	俞邰	楮园	晋江安平	
黄虞世		韶庭、 冻井 山人	永福		黄虞夏	希忠		归化	
黄玉波	宏琳	顷千	闽清	廪生,凡有义举,必先提倡	黄玉珍		南峰	永定	
黄育茹	愧茅	蔓浒	南安		黄毓抱	珠辉	郎亭	晋江深沪	
黄元度	奉左	竹香、 藏溪	建宁	县学廪生	黄元规	仲模		平和	
黄元吉	文森		连江 安德里	大田训导	黄元骥	德臣、 得臣	天驭	晋江	山东布政使
黄元埈	辛子		海澄		黄元恺	昆明		光泽	
黄元霳	俊丰		闽清	乾隆间贡生	黄元泌		虞水	永福	乾隆间贡生
黄元裳	允南		连江透堡	举人	黄元震	俊修		闽清	

黄元中	世良		光泽十三都	岁贡生	黄元钟		质斋	漳州新岱	居住厦门
黄苑梅	经魁		建宁		黄云光	国田		闽清塔庄	
黄云龙	竹坡		平潭福兴境	海左千总	黄云披	恭圭		连江安德里	贡生
黄云昭	倬人		光泽廿二都	恩贡生	黄允肃	元静	思亭	南安洪濑	
黄孕昌	少文		永春和平里	一名允昌	黄运昌	鲁坪		连江	贡生
黄蕴春	笑山		永定		黄在镕	国远	冶山	闽清	道光间贡生
黄在中	元标		莆田	顺治五年举人,邱县知县	黄赞廷	警斋		归化	永安县典史、乐安巡检
黄赞贤		竹友	闽清	光绪贡生。秀水县河厅	黄占奎	春园		永定	
黄占兰	崇仕		连江四定	贡生	黄占梅	东援		永定	
黄章藻	绘六		永定		黄长清	穀庵	星河	建阳兴下	
黄长庆	乔山		永定	创办永定"新新学堂"	黄掌纶	展之	吟川	龙溪	
黄昭勋	启集		沙县十二都		黄兆茉	君穗		闽清	国学生
黄兆甲	子谅		仙游	康熙三十二年癸酉举人	黄兆崙	子河		沙县历东	
黄兆书	启吉		闽清	贡生,惠安训导	黄肇兰	霖祖		闽清城门	
黄肇夏	公廉		光泽八都	岁贡	黄肇钊	亦勉		宁德	
黄振邦	会本		连江丹阳	建阳把总	黄振南	湘帆		连江青塘	
黄振玉	金声		同安浯洲	海坛镇总兵	黄正标	伯准		光泽	岁贡生
黄正傅	师弼		建宁安吉		黄正魁		拱北	永福白云	乾隆间贡生
黄正纲 (1704—1774)	会一	梅亭	罗源	广东提督	黄之翰	屏山		建宁里心	

黄之菁	曼缵		南安仁宅		黄之禄	御远	晋江	大理知府
黄之衢	登云		永定抚溪	庠生	黄植荚	庭生	沙县历西	
黄志弼	彦伯	澹园	南安		黄志焕	曾韫	晋江	
黄志遴	铨士		晋江	湖广左布政使	黄志美	令士	晋江	高州知府
黄志信 (1835—1907)	守谦	思俭翁	同安灌口		黄志雍	教简	邵武	
黄志雍	教简		邵武	县学生	黄志璋	眉仲	璞园	晋江	洮岷陇右道
黄质纲	念初		光泽	国学生	黄治基 (1866—1928)	尧臣	艾庵 先生	福清江阴	福州天安堂主任
黄袤孕	维湘		晋江	肃宁知县	黄中孚	元信	连江	武举人
黄中燧	增英	念庵	南安	汀州府教授	黄中理	毓美	沙县	
黄中美	麟伊		宁德		黄中球	子宝	晋江	上杭教谕
黄中元	建中	一川	上杭通贤		黄中祉	廷宣	愿庵	安溪 兴二里
黄忠炳 (1867—1911)	亦中		连江	技击家,为黄 花岗烈士	黄忠椿	栋臣	连江青塘	武举人
黄钟宪	若度		漳浦		黄钟音	毅甫、 永洸	永定抚市	广西按察使
黄钟瑛 (1869—1912)	赞侯		闽县	原名良铿,又 名鎏,一作号 赞侯,祖籍长 乐。民国海军 总长	黄重光	晦先	南安	
黄倬章		望苍	闽清坂尾		黄子敦	厚卿	南安	
黄紫标	贤直		同安碧岳		黄宗岱		岳峰	闽清	
黄宗藩	少洲		连江青塘	举人	黄宗汉 (1803—1864)	秀云、 季云	寿臣	泉州 登贤铺	

黄宗健	力夫		建宁	主讲安溪书院、宁德书院	黄宗杰	卓庸	劲庵	光泽二十都	主讲正谊书院、道南书院
黄宗琼	梅溆	虚斋	闽县	邵武教授	黄宗三	参两	倚数	光泽二十都	县学生员，精星卜之学
黄宗宪	绍征		光泽四都	县学生员	黄宗杏	学坛		光泽二十都	岁贡生
黄宗祎	虞钦		光泽	举人	黄宗彝	圣谟、肖岩	左鼓右旗山人	侯官	初名熥
黄宗元	成辉		永福	嘉庆间拔贡，蒲县知县	黄宗祝	六良		光泽大里峰	上杭教谕、上犹知县
黄祖翰	建屏、文溪		连城	例授州同	黄祖孔	淑夫		邵武	廪生
黄祖凌	腾霄		连城溪尾		黄祖佩	凤朝		莆田	雍正二年举人
黄祖荣	占鳌	柱臣	闽县		黄尊光	肃侯		莆田	顺治十一年举人，兖州同知
黄作宾	修堂		建阳县坊		黄作楫	达川		漳浦	
嵇永仁	留山		江苏无锡	福建总督范承谟幕僚	纪捷魁	占侯		同安塘边	
纪映钟	伯紫		江苏上元		纪宗瀚	亨汝		晋江	闽县教谕、崇安教谕
纪宗汪	仲顷		晋江	归化教谕、国子典籍	季肇文	画光		浦城	
季忠秀	华美		浦城		暨飞	仲伟		崇安四隅里	副榜贡生
暨稷	田畯		崇安大浑		暨孜	昌言		崇安四隅	例贡增生
暨崇英	伯雄		崇安四隅	康熙二十一年举介宾	暨嘉祉	扶阳		崇安大浑里	古田训导
暨世治	秉政		崇安大浑里		暨斯温	彦昭		崇安四隅里	县学生员
暨锡畴	范九		崇安四隅	光绪二年举人，邵武教授	暨用其	琴友		崇安四隅	雍正四年举人
暨之骐	子隽		政和		贾凝吉	霭甫		山西绛县	仙游知县
贾凝禧		紫庭	闽县		简隽	上溪		永定	

简必书	瑞山		永定悠湾		简承丰	抱贞		永定	
简恭裕	庄亭		永定洪源		简鸿宾	远臣		永定	
简其统	崧维		永定	监生	简潜德	克夫		永定	
简如朱	嗣闽		永定		简绍雍	瞻圣		永定	
简廷锦	晓云		永定在城	庠生	简学思	聘卿		永定洪源	庠生
简应魁	廷佐		永定		简兆璜	吕庵		永定	
简兆先	德斋		永定		简子策	宗文		永定洪源	
江傲		长龄	永福		江本	世渊		永定高头	
江炳		蔚亭	永福莒口		江潮	信公		建阳县坊	
江椿	子年		松溪		江枫	秋帆		闽县	
江皋	衡圃		云南南宁	建阳知县	江观	宾之	果斋	漳浦南门	乾隆十九年进士
江瀚	祖岷	兰汀	清流	长泰训导	江河	应龄、伯元		永定	
江衡	南柱		泰宁		江焕	虹斗		永定	
江汇		蔼村	永福莒口	咸丰辛酉拔贡	江绩	以熙		永福校场	康熙五十三年举人。德平知县
江靖	允嘉		建阳崇政		江浚	浚元		崇安石雄	例贡
江霖	雨民		建阳北雒田		江潞	元宾		永定	
江泌	肃宾		永定		江泮	友芹		永定金丰	年八十八
江溥	彦博		建阳北雒田		江淇	蓼劬		永定	安溪县、侯官县教谕
江清	其涟		崇安丰阳里	授知州	江庆	彩锦	惺斋	永定	

江容	量如		泰宁	县学廪生	江溶	在基		建宁里心	
江韶	凤仪		连城	岁贡	江湜	叕叔		江苏长洲	浙江知县
江沱	吉辉		永定		江沱	禹招		泰宁朱口	
江雯	廷启、砥岩		长乐云路	镇平知县	江新	子铭		永定	
江漾	潋侯		永福	乾隆三年戊午科武举人	江埔	崇夫	德轩	永福上坊	
江藻	鱼依		湖北汉阳	龙岩知县	江钊	茂公		永福上坊	诸生,迪功郎
江步周	冕臣		上杭胜运里		江彩斌	翼雪		清流	
江朝卿	参书		永定金丰	寿百有六岁	江呈辉	蕴玉		永定高头	
江承阳	贤恺		清流		江程清	飞泉		永定	
江从如	善旌		福鼎王渡	福州教授	江大荣		筱村	永福莒口	光绪间贡生
江大芗		少霭	永福莒口	光绪间贡生	江大铺	谨臣		泰宁城前街	
江代举	立先		建宁赤下堡		江道福	世臻	介卿	长乐	邑廪生
江道章	朴翁		清流		江德彝	行懿		泰宁龙湖	
江奠川	赞弼		永定		江风清	希甫		永定	
江风远	御九		建阳崇化		江贡珍	璞岩		福鼎孟福林	岁贡
江桂兰	芬园		永定		江国能	能杰		永定	
江涵辉	日焐		建宁里心		江河清	元文		上杭在城里	
江弘济	伯润		松溪		江宏海	孟周		永定高头	
江泓源	汲福		泰宁在城	莱阳知县	江鸿汀	其蒙		永福莒口	建胜兵船炮副

江怀清	洁斋		清流		江汇潮	宗海		崇安	常山典史、诸暨县佐
江会龙	云门		邵武		江继芸 (?—1841)	源选	香山	平潭右营	一作字香山。金门镇总兵
江锦雯	日章		崇安周村	乡试副榜贡生	江景明	兰汀		永定	
江景阳 (1770—1852)	心葵	以通	永福莒口	龙剑知州	江景云	振淮		永定	
江镜川		冰甫	闽清	同治间贡生	江巨源	厚斋		永定	
江俊士	德煌		建宁里心		江孔殷	而九	豹隐	泰宁	善画
江逵达	仪轩		上杭三坪		江兰荃	梁桢		永定	廪生
江联辉	简符		永定	广元、南江、万县、合江知县	江流光	裕千		永定	
江龙池	方渭、望轩		永定	举人	江龙光	茂聪		永定	
江龙章	梦莲		连城		江美鳌	龙弼		同安高浦	明永历间任连平知州,后降清
江明月	皓亭		永定	庠生	江南俊		储闻	泰宁	增生
江念猷	昌元		永定		江凝英	德章	昭璜	清流	
江其梧	凤栖		泰宁	昆山知县	江其瑛	致南		泰宁	岁贡
江起标	锦先	赤城	宁洋 永宁里	漳州镇把总、台湾葛玛兰千总	江起官	升侯		连城姑田	
江起俊	秀民		泰宁开善		江起卿	列槐	云山	清流	武举人
江乾达	碧腾、璞山		上杭三坪	新泰知县	江潜龙	时渊		建宁	
江日升	东旭、敬夫		惠安前型	本姓林,原名伏,籍贯一作同安,康熙五十二年解元	江日照	观澜		永定	辽阳州吏目
江汝霖	沛然		崇安	新疆军营委办文案兼营务处	江瑞恺	泉叟		泰宁	

江三音		审斋	长乐	平和教谕	江尚宾	聚三		永定	
江绅考	湍谨		永定高头		江十瑞	十一	松岩居士	泰宁	庠生
江世春	纪千		永定	乐山县知县	江世贞	仰穆		永定	
江树荣	景华		泰宁在城		江树棠		荫南	永福	光绪间贡生
江腾鲲	跃川		永定		江天铭	日曜		清流江坊	
江天衢	荷亨		清流		江天灼	毅堂		永定	
江廷璋	元度		永定金丰		江图龙	义灵、古逸		泰宁	一作号古逸。邑增生
江为光	友崇		永定高头	增生	江惟熙	春台		崇安毛厂	德兴县丞
江维汉	炳三		清流		江玮星	维垣		泰宁	
江文池	自昌	蕙生	永福莒口	福鼎教谕	江文鋐	慎庵	查荞	永福莒口	贡生
江文燠	敬之		海澄		江希武	仲桓		连城	
江孝绪	西铭		泰宁	拔贡	江绣来	文生	简轩	永定	侯官教谕
江学洲	登瀛		泰宁在城		江以成	璞堂		永定	
江翊甫		赞钦	永福莒口		江盈科	笠人		永定	
江应奎	自敷	次躔	永福莒口	漳州训导	江映奎	泗龄		永定	
江由道	起岷		泰宁澄清街		江犹龙	紫峰		永定	
江毓梅	羹臣		福鼎王渡	例贡	江远青	云屿		建阳县坊	
江云霆	戴赓		泰宁	德化训导、靖乐知县	江赞飚	彰廷		永定	
江兆球	公受		泰宁城关	恩贡	江震川	友基、友玑		永定	雍正间武进士

江之润	慎思		建阳北雒田		江之炜	原阍	葵峰	南安	
江志群	亦超		连城	例贡	江中时	子随	秋水	泰宁澄清街	恩贡
江钟伯	震卿		建阳北雒田		江钟鲲	飞腾		泰宁	
江子炳	文轩		福鼎王渡	监生	江子璜	朝雄		长乐云路	
江宗海	其清		宁洋	岁贡	江宗梁	志扬		上杭在城里	太原卫左所千总
江作舟	湘帆		崇安四隅	道光十二年恩科举人	姜衡	又瞻		建宁	诸生
姜鹄	叙彝、次云		上杭在城里		姜焕	有文		建宁	
姜乾	时行		沙县		姜大观	平远		建宁在城	
姜大智	鸿图		建宁		姜丹书	又吕		上杭在城里	武举人
姜桂馥	企俨		上杭		姜宏泰	世文		浙江钱塘	侨寓福州
姜克铨	居焘		永定鸦鹊坪	庠贡	姜良性		天予	奉天辽阳	闽清知县
姜企俨	流馨		永定鸦鹊坪		姜正章	公宪		泰宁	
姜祖祜	允文	竹溪	建宁蓝田		蒋迪	浚川		侯官	昆山知县
蒋诰	筱浦		闽县	按察使、布政使	蒋衡	克平		闽县	建宁教谕
蒋衡	未斋	云寥山人	崇安星村	原名殿元,举人	蒋翎	凤举	丹峰	龙岩	刑部员外郎
蒋沛	雨田		贵州贵筑	同安知县	蒋镕	少陶		福鼎	
蒋晟	景李		侯官	山西道御史	蒋宣	子禄		侯官	进士
蒋垣	用崇		长乐	泉州教授,盐亭知县	蒋炳烜		幼珊	广西桂林	漈门巡检司巡检
蒋崇徽	慎卿		晋江		蒋春堂	振器		闽县	

蒋存励	志贤		连城		蒋大菘	维岳		连城	把总
蒋光波		镜堂	大田		蒋国梁	祯士		同安厦门	
蒋敏生	梅士		晋江		蒋仁瑞	一樵		浙江余姚	光泽知县
蒋绍元	乃贞		连城	侯官教谕,名医。	蒋时儒	公珍		建宁黄溪	
蒋受俞	次兰		连城	守备	蒋思源	砥士	蕊屿	闽县	
蒋文起		运华	连城	永新知县	蒋锡圭	禹堂		侯官	
蒋岩高	振泰	鲁瞻	长乐屿头	莱芜、昌邑知县	蒋奕湛	椒堂		侯官	进士
蒋有积	冲寰		建宁黄溪		蒋有老	顺生		建宁黄溪	
蒋有楼	仞衢		建宁		蒋有颖	文友		建宁黄溪	
蒋元枢	仲斗、香岩		江苏常熟	建阳知县,泉州府海防同知	蒋振芳	子宇	二肯	漳平	廪生,参修漳平县志
蒋之竹	兴翠	凤庭	长乐屿头		蒋宗周		玉山	大田	
焦 荣	荆岩		河南新野	清流知县	揭霍仪		玉洲	归化	
揭凤超		晴波	归化		揭凤池		春波	归化	
揭凤嗜 (1768—1840)	叶雍	桐冈	归化	湖南新田、宜章知县	揭皇谟	匪皋		将乐	诏安训导
揭金鼎	尔铉		归化	福州教授,番禺县丞	揭金铉	若元		归化	顺治壬辰贡生
揭麟振	荇洲	厚庵	归化	光绪辛巳贡生,铨选训导	揭墨馨	兰斯		将乐	
揭三宾	行晋		归化	顺治丁亥拔贡,考授知县	揭上选	幼常、万青		将乐	诸生
揭诗教	与言	伊庐	归化	永安训导、永安教谕	揭世名	田有	玉亭	将乐	
揭枢振	星垣		归化	光绪乙未贡,铨选训导	揭廷经	秉常		归化	例贡,广东补用县丞。

揭廷煐	南夫		归化	仙游、福鼎教谕、浦城训导	揭廷镛		镜湖、遁斋老人	归化	
揭以位	兼育		归化	顺治癸巳府学贡	揭有麒	天石		归化	康熙丁丑拔贡,候选知县
揭蠢振	诜兮	翰泉	归化	光绪乙酉拔贡,道南书院掌教	金鳌	海峰			上杭知县
金潮	海门		侯官	昆山知县	金城	用我		侯官	
金台	蔚夫		永定	诸生	金光辉	洤文		晋江	迁居厦门
金兰友	同人		崇安四隅	康熙二十四年贡	金履吉	伯弢		连江幕浦	大田教谕
金荣镐	苣汀、帝京		建宁	举人	金士俊		秀屏	浙江山阴	平潭厅同知
金四德	又京		崇安四隅	乾隆元年进士,固始知县	金万清	谷笙、谷生		浙江山阴	永安知县、延平知府
金向水	慕园		福鼎秦屿	康熙岁贡	荆瑞	璞臣		满洲旗人	署理泰宁县事
景阳 (1789—1840)	以通	心葵	永泰莒口	宜良知县	靖道谟	果园		湖北汉阳	鳌峰书院主讲
康昆	于玉		莆田		康瑞	喜子		诏安	
康正灿	为光		惠安	仙游教谕	柯彬		竹园	永福后街	乾隆五十四年举人
柯潮	于韩		莆田	当涂知县	柯玠	乃瑜		永福	漳平训导
柯辂	醇荐		晋江	邵武训导	柯抡		健庵	湖北兴国	建宁知县
柯祺		芝林	永福县治	拔贡	柯雍	圣简	时安	长乐岱西	
柯愿	又邵		长乐	礼部主事	柯喆	得恭		莆田	顺治五年举人
柯成贵 (1908—1935)	伯庠		霞浦仕头坑	又名柯润	柯德树	玉庭		长乐岱西	进士,签分吏部文选司
柯逢春	君泰		仙游	广州马宁司巡检	柯赓昌	贻赳		晋江	礼部主事
柯国缙	笏林		连城	南澳水师千总	柯可栋	平若		晋江	繁昌知县

柯龙章	宗起	仪周	长乐百户	汀州训导,永定教谕	柯明莹	其章		永福	同治间贡生
柯起东	毓珠	鲁崖	仙游	雍正间拔贡	柯乔南	君蘋		莆田	康熙五十九年举人
柯青莪	文钦		南安仕怀	一名菁莪	柯荣茂	耀兴		建宁	
柯荣试 (1854—?)	硕士	璞园	同安厦门	光绪二十三年拔贡	柯荣宗	晋侯		莆田	乾隆三年举人
柯寿椿	福华		永福山园	道光十一年举人	柯顺耳	治斋		长乐屿头	
柯廷颢	耀国		海澄		柯先春		杏农	广东潮阳	大田知县
柯宜椿	任章	梅岩	永福	奉直大夫	柯英标	学杰		建宁大南	
柯应凤	伯羽		长乐	诸生	柯永新		烜庵	奉天襄平	光泽知县
柯玉成	未士		莆田	青县知县	柯占鳌	元龙	环洲	仙游	乾隆间贡生
柯兆炳	韶章		永福汤洋	嘉庆六年举人	柯忠湍	寿川		长乐 柯百户	
柯祖培	我庵		长乐岱西	永新知县	柯祖仕	学优		同安后柯	
柯祖荫		幼培	永福	光绪十一年拔贡	孔 进	礼门		永定	
孔 铨	自成		永定		孔 云	炳明		上杭 在城里	
孔标青	参史		永定	监生	孔传南	景阶		莆田	康熙四十一年举人,安溪教谕
孔端直	毓楷		建宁		孔煌猷	二伊		永定	二伊一作号,峡江知县
孔继光	晖如		永定		孔继熙	士临		福鼎西昆	
孔梦熊	昌容		永定		孔如梓	淡水		永定	
孔师吉	仁仲		永定	庠生	孔宪华	月湖		上杭 在城里	
孔兴寰	拙庵		永定		孔兴寀	希园		永定	

孔兴璋	秀文	纯斋	建宁巧洋		孔兴宗	圣源		上杭 在城里	
孔兴宗	峰瞻		永定		孔永华	耀廷		上杭 在城里	
孔与圭	应聘		福鼎西昆	庠生	孔昭淦	桂舲		福鼎西昆	拔贡
孔昭崧	岳生		福鼎西昆	恩贡	孔昭阳	晓春		永定湖雷	庠生,卒年八 十四
寇廷枫	钦宸		光泽止马	诸生	邝必坤	耀山		沙县	
邝日晖	佑华		沙县	原名炳夏	来承祉		骈苇	陕西高陵	泉州府同知。
来锡藩	子庚		浙江仁和	泉州知府、兴 泉永道道员。	赖安	联璧		永定	
赖春	朝魁		永定	庠生	赖鼎	文兴		永定	
赖鹗	兰谷		沙县 官墩寨		赖富	赉田		永定	按察经历
赖观	容若		长汀	岁贡	赖海	夕池		永安	
赖豪	乃灝		永定抚溪	庠贡生	赖鹤	松溪		永定	
赖宏	春航		永定抚溪		赖机	映衡		归化	
赖玪	取自、 取白		永定	增生	赖缙	笏斋		永定	
赖矩	端人	桂朋	归化	长泰训导	赖沛	德溢		长汀	
赖琼	肇英		永定		赖升	晋侯		平和九宝	参将
赖檀	廛三		永定		赖涛	慕山		永安	举人
赖熙	秋航		永定		赖咸	敬泉		永定	
赖相	白轩		归化	武德骑尉、台 湾镇标守备	赖修	励行		永定	邑廪生
赖勋	卓峰		永定		赖寅	念劬、 虎臣		永定	居永定。举人

赖 虞	以谦		永定	武生	赖 玉	惟坚		归化	
赖 璋	朝汉		永定抚溪	监生	赖 昭	瑞轩		永定	
赖 珍	成九		永安	岁贡	赖安邦	懋勋		连城	参将
赖秉圭	怀琳		永定	监生	赖炳煌	振猷		永定合溪	监生
赖炳墅	耀南		永定		赖昌明	晋出		永定	
赖超彦		留斋	连城	醴陵知县	赖朝相	参宇		永定	
赖车书	贯五		归化	同治丁卯贡生	赖此森	山仲		永定	庠生
赖冲霄	就日		永定		赖崇俭	纯冠		永定	
赖初春	紫东		永定		赖春辉	恩龙		永定合溪	监生
赖此森	山仲		永定		赖大宾	敬堂		永定湖雷	
赖丹魁	又沂		永定		赖丹书	敬铭		归化	光绪己丑贡生
赖德峰	耸云		归化		赖德懋	诰臣		永定	
赖登岸	穆轩		永定		赖登仕	华吾		永定	
赖第元	梯月		永定		赖鼎玑	履祥		永定	
赖斗元	振铨		永定合溪	监生	赖惇庸	秋齐		永定	
赖斐英	秉莩		永定抚溪		赖奋龙	联其		永定	
赖凤吉	祥桂		永定		赖光弼	殿标		永定	
赖光济	承康		永定合溪	监生	赖光励	翰标	金曜	永定	监生
赖光青	联霄		永定		赖光祖	次衢		永定	

赖国彪	熊庆		永定		赖国栋	维隆	媿任	长汀	庠生
赖国华	宏仁		永定胜运里	廪生	赖国香	廷兰		永定合溪	例贡
赖果庵	康远		永定高地		赖翰颙	孚仲	竹峰	平和葛竹	
赖河清	龙庵		永定	州同	赖亨琳	献堂		宁洋聚宁里	岁贡
赖亨瑞		雪峰	宁洋聚宁里	武举人	赖亨升	复麟		长汀	
赖亨璋	奉仪		宁洋聚宁里	训导	赖珩辉	玉如		清流	
赖宏达	钦远		永定	例贡	赖洪图	范亭		永定	漳平县训导
赖鸿书	逵门		归化		赖鸿中	梓南		永定	
赖华日	次阶		永定		赖华馨	建翰	作屏	永定	
赖华宇	馥川		永定抚溪	庠生	赖华钟	旃铃、旃舲		归化	四川纳溪知县
赖怀仁	佑良		永定抚溪		赖焕章	进化		永定抚溪	
赖际嘉	喜肇		永定抚溪	监生	赖际可	征庵、旋泰		永定	举人
赖际清	宜健	念蓼	永定	监生	赖霁升	允斋		永定	贡生
赖霁堂	霞辉、月亭		永定	寿宁教谕	赖家俤	本修		龙岩	贡生
赖见田	世龙		永定白土		赖鉴辉	藻湖		永定	
赖进箴	彤公		永定		赖经元	纬亭		永定	布政司理问
赖景祚	介亭		闽县	举人	赖敬传	祗斋	德六、万里归人	归化	光绪丁酉拔贡
赖九功	虞歌		永定		赖峻珊	建崇		永定抚溪	
赖可齐	存恒		永定抚溪	增生	赖克明	竣昌		永定抚溪	

赖奎旺	庚兴		永定	郡廪生	赖览千	乃翔	永定抚溪	监生
赖礼崇	敦甫		归化		赖礼畊	心田	归化	玉环厅巡检
赖良鼎	和之		归化		赖良鉴	元朗	归化	廪生
赖良璞	素孚	鲁庵	归化		赖良球	鸣玉	归化	惠安训导,南平教谕
赖亮高	拱南		永定		赖麟亭	集祥	永定抚溪	
赖麟振	岁青		永定	增生	赖凌翰	冲羽	建阳崇泰	
赖凌秋	礼如		建阳崇太		赖凌霄	鹗羽	建阳崇太	
赖龙书	佑安		永定抚溪		赖纶匡	于襄	永定	
赖纶绪	念台		永定		赖茂魁	选贵	永定合溪	例贡
赖梦登	梯云		永定		赖梦元	希梁	永定	
赖铭书	益恭		归化	拣选知县	赖能发	锡湖、符锡	上杭溪南里	居永定古镇
赖培禧	云衣	铁岭	归化	改名华禧,内江知县、侯官教谕	赖培元	存亨	永定合溪	廪生
赖鹏九	次溟		上杭	居永定古镇	赖鹏万	履宏	永定	监生
赖虬龙	于见		永定抚溪	名诸生	赖仁杰	景梁	永安	恩贡
赖日伦	年登		上杭古田里		赖日昇	弘旭	永定	
赖荣桂	海珊		永定鸣岐		赖汝霖	沛田	永定	
赖汝龙	绍达		永定		赖上亨	企聪	海澄	海澄贡生。住厦门草埔埕
赖上霄	凌云		永定		赖上选	克崇	永福月洲	嘉庆十八年武举人
赖绳祖	克堂		永定		赖盛川	奕恒	永定溪东	

赖师圣	成吉		永定	监生	赖诗云	余攀		永福小王坑	
赖时和	懋谦		永定		赖世琛	瑞堂		永定	
赖世澄	登如	巅庵	归化		赖世芳	畹九、右兰		永定	乾隆举人
赖世洸	溯淮		归化	例授武略左骑尉	赖世平	鉴堂、钧若		永定	乐平知县
赖世勋	远游		永定	郡增生	赖世膺	璘轩		永定	
赖世贞	通章		长汀		赖仕达	宜昌		永定	
赖守璋	特山		永定		赖受文	奎垣		永定	南昌通判,袁州、九江同知
赖舒经	丽峰		永定		赖树棠	乐山		永定	
赖思来	文渊		永定	乾隆岁贡	赖四邻	注则		永定	增生
赖肃穆	乃雍		永定抚溪		赖腾千	广龙		永定	州同
赖天华	宝亭		永定		赖天香	廷桂		永定合溪	监生
赖延泰		介庵	连城		赖廷扬	菉园		永定虎冈	贡生
赖维惠	六本		永定抚溪		赖渭龙	恍云		永定	
赖文豹	南山		永定	漳浦教谕、邵武教谕	赖文功	存资		永定抚溪	例贡生
赖文进	存先		永定抚溪		赖锡予	赍昌		永定抚溪	
赖席轩	佑珍		永定抚溪	例贡	赖显宗	名扬		永定	
赖逊亭	存学		永定抚溪		赖延泰		介庵	连城	
赖贻远	达近		永定石城坑		赖用宾	赓之		永定	增生
赖用錞	参颖		永定		赖用贤	鸿逵		清流	

赖有此	二房		上杭在城里	岁贡	赖于亮	明所		永定	
赖余楫	济川		永安	德化教谕	赖虞勋	薰南		永定在城	庠贡生
赖玉麟	端儿		永定		赖育寰	和衷		永定胜运里	邑庠生
赖裕茂	学周		永定合溪	县丞衔	赖裕亭	锦昌		永定抚溪	
赖元璘	冲和		永定		赖元绥		绣芳	宁洋聚宁里	武举人
赖元昭	协和		永定	州同知	赖月溪	延富		永定抚溪	
赖云龙	景从		清流		赖允中	步庸		永定抚溪	
赖则才(1886—?)		会如	福鼎桐山	民间艺人	赖占龙	梦云		永定	
赖长照	庚兴		永定抚溪	例贡	赖兆元	即仁		永安	县学生
赖振文	扶风		永定		赖正贵	履和		永定	庠生
赖正钦	协恭		宁洋集宁里	白沙汛兼理溪口汛	赖之成	碎堂		永定	
赖之凤	鲁三		永定		赖志安	虚堂		归化	廪贡,湖南补用知县
赖钟华	晴山		永定		赖周升	佑堂		永定合溪	监生
赖周显	仁声		永定	州同	赖周彦	佑先		永定合溪	监生
赖紫垣	瞻二		永定		赖总全	乃生		长汀	
赖最一	于勋		永定		蓝操	可招		连江	贡生
蓝椿	寿柏		崇安将村	增生	蓝桂	孙阶	一枝	上杭岭下	
蓝理(1649—1720)	义甫	义山	漳浦赤岭	福建陆路提督	蓝涟	公漪		侯官	
蓝瑛	大章	又航	崇安四隅	初名桥,嘉庆十九年进士,大宁知县	蓝桢	允和、孕和		武平	诸生

蓝　忠	宜侯		漳浦赤岭		蓝陈略	天册	勋卿	漳浦赤岭	泉州教授
蓝德周	馨斋		上杭庐丰		蓝鼎元 (1680—1733)	玉霖、 任庵	鹿洲	漳浦	广州知府
蓝斗南	联兆、 星垣		上杭庐丰	福清教谕	蓝国梁	梓材		崇安将村	附生
蓝国震	声远		崇安将村	援例授州同知	蓝汉春	晴波		上杭 胜运里	
蓝汉桢	翘园		上杭庐丰		蓝利田	贞吉		上杭 来苏里	
蓝名琦	上国		浦城		蓝铭玺	玉书		漳浦	举人
蓝起龙		雷门	漳浦		蓝仁春	蔼如		上杭庐丰	
蓝日聪	皇才		上杭 胜运里		蓝润彩	素先		崇安	邑诸生
蓝书筠	绂廷		崇安星村	云门知县	蓝书思	一穷		崇安将村	贡生
蓝天池	月槎		上杭庐丰		蓝天曙	凤客		武平	
蓝田玉	聘侯		上杭庐丰		蓝廷枫	丹九		连江	福安训导
蓝廷珍 (1664—1729)	荆璞		漳浦赤岭	福建水师提督	蓝为青	迈三		建阳禾平	
蓝学鉴	龙友		上杭 在城里	全椒知县	蓝耀衢	拱垣		上杭庐丰	
蓝瀛魁	洲臣		上杭 胜运里		蓝应元	资仲、 古萝	春圃	漳浦赤岭	礼部侍郎
蓝元枚 (1735—1787)	卜臣、 简侯	苌溪	漳浦湖西	福建水师提督	蓝运洙	仲崖		崇安将村	增生
蓝正春	约三		上杭庐丰	安仁知县	蓝之骅	文案		崇安将村	贡生
蓝之璧	渭仲		崇安 四隅里	附贡生	蓝之骝	汧叔		崇安 四隅里	乾隆二十四年 贡
蓝之骕	轶千		崇安 将村里	增贡生	蓝芝室	室生		上杭 胜运里	南平训导
乐　斌	文先		南平		乐　纯	白水		沙县	

姓名	字	号	籍贯	职位	姓名	字	号	籍贯	职位
乐崇学	毓川		沙县		乐从先		野人	大田	
乐德法	希行		沙县	抚标右营游击	乐治心	谅生		沙县	
雷霈	日章		宁化	广东盐知事	雷丰（1833—1888）	少逸		浦城	
雷翰	朝宗		清流	武举人	雷鋐（1696—1760）	贯一	翠庭	宁化城关	都察院左副都御史
雷鹏	汉翱		清流	崖州副将	雷雯	何文		宁化	
雷榜荣	瀛仙		陕西朝邑	延平知府	雷崇礼	汝铭		宁化	
雷德翰	震子		宁化	更名起龙	雷动化	震敷		宁化	贡生
雷动旸	子谷		宁化	邑附生	雷行章	文淘		清流	贡生
雷焕枢	星垣		上杭在城		雷惠吉	迪如		清流	
雷景行	仰而		清流		雷骏声	金昌		南安十六都	
雷可升	允猷	谦山、拙斋	清流	大理寺评事	雷可祯	瑞文		清流	
雷良翰	景申		清流		雷士鸣	盛喈		宁化	贡生
雷世守	卫天		宁化		雷庭瑞	莹谷		上杭在城里	
雷万可	尔功		宁化		雷显祚	晦吾		宁化	勋卫教习
雷轩成	仍上		上杭在城里		雷以经	子云		清流	
雷在云	瑞熊		宁化		雷赞明	史修		上杭平安里	
雷振芳	琼士		清流		黎栋	于郑		宁化	
黎苿	楚中		宁化		黎岳	山五		沙县	
黎大方	辉远		沙县		黎大举	翰初		沙县丛桂坊	

黎国焜	丰昭		沙县状元坊		黎翰远	简栖		长汀	
黎金旺	映西		沙县状元坊		黎骏谟	云千		沙县状元坊	
黎良德	质存	怀古	宁化	汀州同知	黎良行	六先		宁化	诸生
黎时诰	敬孺		宁化	邑廪生	黎士弘 (1618—1697)	媿曾		长汀濯田	常州知府、布政司参政
黎士毅	道存	宣岩	长汀	寿州知州	黎叔宙	亦宇		宁化	
黎文远	质扶		长汀	新泰知县	黎兴泉	仰苏		沙县	
黎学周	景颐		宁化		黎致远	宁先		长汀	奉天府尹
礼思鹏	飞九		浙江钱塘	将乐知县	李拔 (1713—1775)	清翘	峨峰	四川犍为	福宁、福州知府
李镳	修舍		上杭胜运里		李灿	君发		侯官	金门总兵
李灿 (1723—?)	明文	珠园	武平在城	画家	李墀	曙高		龙岩	
李岱	鲁山		光泽在都	龙游、天台、上虞知县	李杜	汉标		邵武	岁贡
李杜	诗山		永定		李度	尔晋	坦如	南安内益里	
李度	茂瞻、小裴		永安	禄劝、宜良、会泽知县	李铎	振予		武平	
李锷		星庚	浙江余杭	长乐知县	李蕃	如昆		崇安石臼里	邑庠生
李藩	宏图	拙庵、抱石庐人	建宁		李馥 (1662—1745)	汝嘉	鹿山、信天居士	福清	藏书家。浙江巡抚
李镐	卜京	坦斋	归化	泉州教授	李根	云谷、阿灵		侯官	
李庚	长白		侯官	善画山水草虫	李翰	西林		将乐	
李鸿	润斋		武平		李黉	月恒		南安	
李浣		毅庵	连城		李熿	毓明		上杭胜运里	岁贡

李	滉	师宪	澄若	归化	庆远知府、广西右江道	李	鉴	与参	环溪	归化	岁贡
李	江	明川		建阳童游		李	䦆	伯若		湖北孝感	将乐知县
李	锦	絅斋		长乐仙山	延平教授	李	炯	道章		连城	
李	俊	千人、山民		建宁		李	开	乃先		上杭胜运里	
李	楷	有端		长汀	诸生	李	麟	赤侯		莆田	康熙二年举人。真定知县
李	俞	特山		武平		李	梅	百占		光泽三十都	廪生
李	美	景仙		沙县	工画人物,尤善画马	李	勉	纬煊	葵南	南安庙霞	
李	鹏	云阁		龙岩		李	奇	正夫		光泽	恩贡生
李	琦	宏圭		福清上利	海坛镇标守备,西宁游击	李	翘	天行		武平	
李	琼	世禹		安溪感化里		李	俅	恭若	惺斋	宁化	仙游教谕
李	燃	瑞光		永安	贡生	李	儒	慎居		归化	
李	森		昆峰、拙渔	连城	诸生	李	嵩	华连		永定湖坑	邑庠生
李	堂		南华老人	永定古竹	咸丰岁贡	李	棠	荫堂		永安	满城、鸡泽知县,昌平知州
李	珙		玉川	河南济源	仙游知县	李	亭	集兰		清流	
李	烶	宿章		连城	宁远知县	李	望	显猷		连江	平南知县
李	威	畏吾	凤冈、述堂	龙溪	广州知府	李	文	焕有		永安	
李	煜	卫瞻		连城	庠生,赐云骑尉	李	绣	文素		江苏仪征	副总兵,驻防浦城
李	勋	冠卿		永安		李	埙		君山	河南汤阴	尤溪知县
李	言	何言		清流	兵部员外郎	李	英	仲闇		邵武	岁贡

李 焕		卓如	江苏元和	或字卓如,平潭厅同知	李 泳	永言		长乐东隅	廪生
李 瑀	洪瑞		仙游		李 云	炎轩、炎辉		漳平永福里	金溪知县
李 哲	希明		同安西安		李 珍	立斯	野樵	建宁	
李 芝	才瑞		南安彭口		李 智	尚臧		同安古宁头	
李 舟	芦汀	苇航	建宁	县学生	李 著	次明		永安	
李邦联	玉卿		归化	同治乙丑贡生	李邦秀	挺山		福鼎乾头	例贡
李葆贞	守一		奉天广宁	浦城知县	李北川	逸者		永定湖坑	
李贲馨	萃选		永定		李本皋	勋臣		归化	
李本澎	若涛		宁化	诸生	李本盛	敦实		南平	康熙癸卯选贡
李本昕		警轩、敬轩	安溪感化里		李必大	坤含		上杭胜运里	岁贡
李邴坚		仰庭	闽清		李秉钧	若臣		河北旗人	泰宁知县
李秉铨 (1829—1914)	监平		寿宁修竹		李炳图	仪叔		闽县	诸生
李炳煊	仲辉		上杭官田		李并楷	文伟		上杭在城里	
李步青	熊升		上杭胜运里		李步云	大亨	真庵	南安芙蓉里	
李参宜	集时		永定	乡宾	李灿瑾	朗山		四川西充	建阳知县
李灿南		剑城	连城		李岑升		级衡	连城	长宁知县
李禅仙		阆湖女史	南安湖头		李昌标	怀九		建宁溪口	
李昌国	贤颂		漳浦城西街		李昌言	越凡		建宁巧洋	
李昌梓	敬乔		建宁		李超林	萃潭		永定湖坑	

李超林	兴谋		闽县		李朝俊	成斋		安溪	
李朝郁	卿云		永安		李成文	仲彭		连城	名诸生
李崇辉		玉山	周墩仕本		李崇教	龙泉		建宁	
李崇书	玉麟		归化	附生	李崇哲	优士		崇安丰阳	贡生
李传芳	昂建		永定湖坑	庠生	李春晖	超九		武平	工医术,尤精于痘疹
李春晖	笑山		浙江秀水	南安知县	李春辉	笈山		浙江	建阳知县
李春基	兆亨		建宁在城		李春林	光文		侯官	
李春融	铸人		连城	宣统己酉恩贡	李春英	秀村		永定湖坑	庠生
李春苑		行毅	永定湖坑	庠生	李存珍	昆耀		建宁	
李达可	允行		漳浦		李大登	丹对	岸亭	漳浦城西街	
李大恩	日临		建宁溪口		李大合	以成	笃轩	建宁巧洋	
李大鸿		嵋坡	连城		李大捷	奏三		建阳县坊	
李大经	纶左		建宁		李大奎	会垣		邵武	
李大鲲	燕南	仰庵	连城		李大仁	存斋、居在		建宁溪口	
李大任	德成	丰园	建宁巧洋		李大儒	鲁一	愚庵	建宁	
李大苏	逊坡	雪堂	连城	廪生	李大位	宝成	璞斋	建宁巧洋	
李大位	公一		永安		李岱生		千岩	山东高密	长乐知县
李丹桂	月阶		晋江	教谕	李道合	怀伯		海澄	
李道泰 (1617—1683)	子交	霍思	德化沙堤		李德慈	和修	惕夫	建宁蓝田	

李德恩	俊荣		连城		李德基	衷实		建阳三桂	
李德卿	公辅		建宁黄溪		李德士	京裔		永定	
李德恕		心斋	连城		李德思		心田	连城	邑庠生
李德昭		东野	连城		李登卿	得御		南安	
李迪瑚	聘珍	葆珊、宝笙、匏僧、闲云居士	浦城城关		李帝佐	季石		建阳县坊	
李鼎臣 (1830—1911)	梅生		同安		李鼎征	韧庵		安溪 感化里	
李东苑	青圃		邵武	郡廪生	李笃培	建猷		将乐	诸生
李笃生	天培		邵武	金堂知县	李尔象	君易		连城	
李发甲	瀛仙		云南河阳	福建布政使	李芳春	睿蕃		永定	
李芳妍	元芬		永安	同安训导、建宁教授	李飞鹏	抟北		光泽	邑廪生
李逢春	盛苑		建阳县坊		李凤仪	露沆		永定	
李敷春		石叟	崇安 丰阳里	同安训导、古田教谕	李辅材		宜轩	南安	
李辅寅	弼春		广东程乡	建阳知县	李黼光	聘庐		永定湖坑	
李复发		潜夫	安溪 感化里		李复亨	初达		莆田	
李复悦	铭中		光泽在城	州判,掌教光泽紫阳书院	李高桐	百枝	尺堂	建宁	
李光北	上卿		安溪 感化里		李光地 (1642—1718)	晋卿	榕村、厚庵	安溪	直隶巡抚、文渊阁大学士
李光坊	奠卿	蓼野	安溪 感化里		李光华	香岩		邵武	岁贡

李光阶		林丰	归化		李光坡 (1651—?)	耜卿	茂夫	安溪	
李光璞	山辉		光泽在城	恩贡	李光前	驾轩		永安	巨鹿知县
李光显	鉴亭		同安 古宁头	广东水师提督	李光型 (1676—1754)	仪卿	龙见	安溪	刑部主事
李光业	绍前		沙县 清水坊		李光怡	庭需		光泽七都	岁贡
李光墺	广卿		安溪 感化里		李光云	剑溪		闽县	太常寺卿
李光瓒	瑟侯		泰宁		李光珍	玉水		连江松岭	武平教谕,惠安司铎
李贵汪	步宪		光泽在城	岁贡	李桂林	道琼、丹岩		闽县	资州知州
李桂玉 (1821—1850)	姮仙		福州	女,原籍陇西,随夫入闽	李国范	泰先		永定	
李国玺	上玉		建宁黄溪		李国香	闻其	丹岩	漳浦 城东街	
李国兴	仁邦		光泽在都	大宁、荣河、汾阳知县	李国仪	咸统		长乐仙山	
李含芳	克成		上杭 在城里		李汉彪	云阶		上杭安乡	
李衡文		莘野	连城		李宏伦	敬廷		周宁李墩	
李洪萧	仕德		邵武		李洪翘	尧羽		邵武	庠生
李鸿瑞	道升	砚云	侯官	上海县丞	李鸿图	绂斋		长乐高岐	举人
李化龙	跃禹		陕西榆林	康熙间,以游击驻守建宁	李焕章	炳文		归化	同治癸酉贡生,铨选训导
李皇华	雪峰		建阳童游		李基垙	明阡		宁德五都	
李基埙	明蒸		宁德		李基益	时行	约墅	海澄	
李辑瑞	玉光		上杭 胜运里		李际昌	禹言		建宁	
李际隆 (1708—1761)	于赓	鲁传	归化	桃源知县、廉州知府	李济泰	开侯		南安	

李继光	敦诗		光泽县治	邑诸生	李家辉	星斋		归化	建安教谕,建宁府教授。
李家蕙	香谷		归化	翰林院编修	李家驹	昂千		连城	
李家纶	凤诏		连城		李家祥	竹虚		连城	
李嘉仕	宾燕		建阳县坊		李兼武		武山	连城	
李金鼎	公耳		莆田	顺治八年举人	李金生	孝全		南安	
李锦堂	文忠		上杭胜运里		李锦暄	含粹		崇安四隅里	邑庠生
李觐光	汉卿		上杭安乡		李经汉	汉文		南安	
李景嘉	星阶		上杭胜运里		李景先	顾伟		闽县	马江船政学堂试第一,诸生
李景颐	正吉		连城		李九烈	又承		长乐洋屿	大同知县
李居敬	又简		南平		李居源	岷溪		建宁	举人
李君宠	朝佐		邵武		李开第	活斋		宁洋集宁里	恩贡
李开叶	奕夫		福清	籍贯一作闽县。翰林院庶吉士	李开祐	眷先		沙县	
李来剑	象三		光泽七都	拔贡	李来生	仪亭		南安	
李立捷	逊之		同安厦门		李立伟	行恕		永定	
李连惠	良术		侯官		李亮华	汲湖		上杭胜运里	
李凌汉	国超		南安芙蓉里		李龙光	仲斗		长汀	
李茂达	守道		寿宁九都		李茂筠	竹君		归化	建阳训导
李茂兰	瑞庭		归化	光绪癸卯贡生	李茂莲	少白		归化	龙游县丞、德清知县
李茂荃	香圃		归化	优廪贡,候补训导	李茂榕	荫垣		归化	廪贡,江西候补巡检

李茂棠	棣华		归化	附贡,江西候补典史	李懋庸 (?—1861)	炳辉	鸿山	同安	守备
李懋元	正亨		同安后滨	登州镇总兵	李梦白	东启	晓村先生	光泽杉关	福清教谕
李梦登	鼎先、涧木		上杭安乡		李梦庚		西疃	永福葛岭	同治间贡生
李梦箕	季豹	稳卧先生	连城	岁贡	李梦兰	开俊		永定	
李梦烈	右白		武平		李梦先	兆凡		莆田	顺治五年举人
李梦宪	昌言、昌臣		武平	监生	李梦苪	非珠		武平	举人
李名扬	孝成	抑轩	漳浦东埔		李明煊	有辉		上杭胜运里	
李鸣珂	应黻		永安	罗源教谕、邵武教授	李慕荆		辉山	浙江绍兴	莅任漳门,建立道南书院
李能英	春园		归化	宣统庚戌恩贡	李倪昱	尔昭		晋江	教谕
李攀桂	才于		南安	守备	李攀龙	公御		同安东山	
李佩高	玉行		武平	州同	李品奇	平伯、平仲		光泽七都	邑诸生
李平章	时雍		归化	浙江按察使司司狱	李其昌	开姚、念常		龙岩	梁山知县
李其蔚	豹君		同安	汾州府推官	李翘楚	友梅		永定	
李钦信	诚章		长汀		李青选	裔笃		上杭胜运里	
李青云	登峰		永安	崇安训导	李青震	惊远、碧闻	云村	浦城	
李清芳 (1700—1768)	同侯	韦园	安溪感化里		李清江	皋侯		安溪感化里	
李清琦 (1856—?)	壁生	石鹤	晋江	知县	李清时 (?—1768)	授侯	蕙圃	安溪感化里	山东巡抚
李清修	大纯	澹斋	南安十六都		李清载	有侯		安溪感化里	
李清藻 (1696—?)	信侯	疑之	安溪		李清植 (1690—?)	立侯	穆亭	安溪感化里	

李擎辉	角英	琼斋	同安金墩	国学生	李庆升		铱铮	南安	
李琼瑶	上辉		连城	新淦知县，改授学正	李琼玉	俊成		永定	
李人凤	亦凡		长汀	诸生	李仁季		益堂	连城	
李日煜	省甫	白轩	安溪感化里	邵武副将、安平副将、永州总兵	李日燨	葆甫	渔仲	安溪	
李日升	南甫		安溪		李日熺	性甫		安溪	
李日暹	耀龙		将乐水南		李荣芳	桂馨	兰亭	建宁	
李荣灏	希程		建宁		李荣华	耀初		上杭涧头渡	
李荣英	萼侯	白云	建宁		李如金		省园	南安芙蓉里	
李如兰	行冀		寿宁七都二图		李如龙		玉光	闽县	
李如梓	桐伯		漳浦城西		李若采	允五		福清	进士
李若琳	淇箕		贵州开州	建阳知县	李善信	正礼		闽清	
李上苑	觐仲		莆田	康熙二年举人	李尚经	九行		同安古宁头	
李尚薇	焗垣		长乐沙京		李绍广	汉飞		建阳县坊	
李绍骥	天闲		崇安丰阳里	祁县知县	李绍龙	龙见		邵武	
李绍鹏	南溟		崇安丰阳	通判	李绍相	作宾		光泽廿七都	
李绍周	尚文		连城		李绍柱	谨亭		永定湖坑	
李声标	音和		连城		李绳伟	克明		南安庙霞	
李胜运	顺宇		建宁黄溪		李盛岐	凤山		光泽廿七都	举人
李师宠	堂辉		武平	廪生	李师濂	景孙		仙游	

李时泰	仲交		光泽三十都	崇安训导	李时宪	为观		福清	河间知县
李时宪	敬亭		闽县	吏部主事、平乡知县	李实芳	霏章		漳浦东埔	
李实蕡 (1701—1758)	桃仲	晋亭	漳浦东埔	翰林院检讨	李实熏	舜民		漳浦东埔	
李士英	焕亭		永定奥杳		李世材	钟五		归化	正黄旗教习，陕西试用知县
李世昌	良荃	炽五	闽清	创建文泉书院	李世光	绍前	近亭	归化	来宾知县，江宁府同知
李世奎	云圃		上杭在城里	精于医，好秦汉篆隶	李世龙	庆云	素轩	邵武	武英殿校录、酉阳州州判
李世乔	青柯	蔚南	归化	举人	李世寿	名英		光泽一都	
李世珣		望崖	南安朴山		李世佑	贻万		泰宁城东街	
李书煌	步炎		永定		李书耀	亮茂	怀庭	南安彭口	
李树本	位中		长汀		李树华	国桥		上杭平安里	
李树玑	子衡		周墩坂头	廪生，霞浦近圣书院肄业	李树棠	怡樵		武平在城	
李树勋	荻笙		上杭安乡		李思哲	则达		侯官	尤溪教谕
李斯融	学昭		长乐沙京		李斯义	质君		山东长山	福建巡抚
李嗣岱	鲁瞻		沙县		李嗣纲	献生		武平	诸生
李松龄	鳞苍		漳浦	拔贡	李台星	位三		长汀	增生
李泰交	履安		归化	铨选直隶州州判	李泰来	宾国		光泽十五都	岁贡
李腾池	灿恭		永定金丰	庠生	李腾闻	苑声		永安	
李天宪	世来	鉴塘	南安		李天泗	鲁源		光泽	永安训导
李天炎	光南		建宁	举人	李廷柏	子殷		连城	

李廷璧		筠轩	云南晋宁	沙县知县、彰化知县	李廷芬	声义		南安山腰	
李廷寀	文丕		崇安长平里	邑庠生，精医术	李廷钦	炀若		长乐金峰	迁籍侯官。太仆寺卿
李廷秀	公选		连城	邑廪生	李廷钰(1791—1861)	润堂	鹤樵	同安后滨	福建水师提督
李廷彰	德宏		连城		李同莲	茂坤		光泽三十都	
李图南	简庵、开士		连城	举人	李图章	献文		同安厦门	
李万邦	安宇		建宁		李万茂	春宇		建宁	
李为观	孺宾		晋江	武陵知县	李维藩	价人		浦城	
李维纲	冠三		光泽十五都	岁贡	李维翰(1747—1819)	尔图	周岳	安溪	福清教谕
李维烈	伟雄		同安古宁头		李维崧	子德	秀岳、遁庵	同安厦门	诸生
李维垣	拱辰	珍山	归化温庄	贡生	李维贞	子健		同安马巷	
李文察	为贲	瞻亭	南安芙蓉里	上杭教谕	李文栋	椿也		崇安将村	附生
李文亨		梅岗	连城	新安县丞	李文驹	托斋		永安	建宁右营千总
李文麟	天阁		闽县	兵部职方司郎中	李文朴	白也		尤溪	
李文焘	溥辉		连城		李文耀	春和		建宁	
李文苑	香甫		邵武		李文珍	昆耀		建宁	
李五达	幼兼		海澄三都		李五惇	秩夫		海澄	
李希曾	亮密		南安彭口		李希陶	夔邻		归化	县立高等小学堂堂长
李锡玑	福顺		永定		李锡容	达夫		闽县	
李仙根	实敷		建宁巧洋		李仙鹤	降瑶		建阳县坊	

李先春	克建	念次	安溪		李先庚	玉驹		同安后滨	
李先华	白生		归化	顺治己丑贡	李先甲	捷三		建宁	
李先开	春谷		漳浦东街	安丘知县	李显裕	恭安、耘庵		建宁	
李宪卿	挹度		上杭在城里	沂水县丞,寿光知县	李湘洲		松岑	同安浯洲	同安知县
李祥赓	舜廷	古山	建宁	邑廪生	李祥仁	景云		建宁净安	
李向旻	允怀、求可		宁化	更名子权	李象极	安客		长汀	
李新泰	开三		泰宁四图		李修卿	大建		福清	高安知县
李绣林	正臣		崇安下梅	附生	李学莲	永魁	星杠	长乐七星桥	举人
李延亨	大咸	子箕	漳浦		李延基	介持	肯堂	奉天镶蓝旗	南安知县
李衍宗	椒轩		泰宁大井头		李彦彬	则雅、兰屏	苏楼	侯官	山东、四川清吏司主事
李彦章 (1794—1836)	则文、兰卿	榕园	侯官	山东盐运使	李耀垣	稳成、功藏	紫亭	南安山腰	
李叶祺	凤仪		海澄七都		李寅恭	希侨		长汀	郡庠生
李寅衷		静渊	连城	岁贡	李英华	积庵	和甫	上杭院前	
李膺琳	少球		永安	监生	李瀛标	云槎		上杭胜运里	武举人
李瀛登	长松		上杭胜运里		李应白	洁芳、撷芳	雪园	建宁蓝田	
李应才	参三		武平	一作号参三。明武举人	李应庚	星村		闽县	
李应华	仲烈		长乐	同治十年进士	李应机	神若		泰宁	独山知州摄都江通判
李应奎	膺绂		福安		李永承	思敬		归化	原名赓飓,顺昌教谕
李永达	伯伟		长汀	监生	李永芳	声绍		南平	康熙五十九年举人。当涂知县

李永珩	芳伟		长汀	增生	李永辑	壁瑞		同安古宁头	
李永书	绥远	芳园	河北河间	仙游、晋江、漳浦知县	李永枢	元中		宁化	
李永锡	纯之		广东澄海	将乐知县	李用章	俊民		归化	光绪癸未贡生
李由让	实夫	履庵	邵武	邑廪生	李由中	大本		邵武	马邑、平遥知县，归德知府
李友汾	公一		泰宁城东街		李友松		雪轩	永福金沙	乾隆五十七年举人
李有琨	仲瑶		广西郁林	籍贯一作广西博白。泰宁、宁德、宁化、闽县知县	李有章	启文		归化	宣统辛亥贡生，铨选县丞
李玉鸣（1710—1767）	延璜	靖亭	安溪感化里	湖广道监察御史	李玉中	太璞		浦城	
李元春	统阳		长汀		李元海	学坡		永福县治	雍正四年举人
李元灏	太冲	晓台	邵武	乡试副榜贡生	李元烈	士高	百耻	南安榕桥	怀远将军
李元禄	七赓		南安		李元宪	用中		连城	
李元玉	石谷	觉叟	同安厦门		李云苍		翠山	连城	
李云初	学能		永定金丰	邑庠生	李云峰	少鳌		连城	福建省议员，倡办县立中学
李云诰	凤仪	华山	建宁北乡		李云冠	千士		仙游	乾隆二十五年举人
李云永	时士		晋江		李运昌	克悟		光泽十五都	
李运衢	云阶		归化	拣选知县，峨眉书院掌教	李运禧		春台	归化	同治癸酉拔贡
李运新		春岩	归化	邵武府训导	李赞元（1613—1699）	匡侯	素园、遁叟	平和侯山	河北参议
李增阶（1773—1834）	益伯	谦堂	同安后滨	名一作增皆。广东水师提督、南洋总巡大臣	李长庚（1750—1808）	超人	西岩	同安后滨	浙江水师提督

李长华	玉川		仙游		李长茂	龄侯		海澄	
李长日	化舒	石村	长汀		李长熙	师禹、天倚		永安	
李长秀	乔英		长汀	岁贡	李兆发	汉英		邵武古山	
李兆賁	实涵		长汀	廪生	李兆庆	赖甫		安溪	
李肇珍	璧轩		上杭安乡		李肇宗	八纪	拱山	泰宁大井头	弋阳知县
李哲亭	秉德		永定湖坑	乡宾	李振凤	传极		仙游	忠州知州
李振青		松吟	同安兴义	金门县丞、同安知县	李峥嵘	纬煊	葵南	南安庙霞	
李正春	文和		崇安四隅	乾隆十八年举人	李正华	望之		同安厦门	道光五年拔贡
李正捷	逊之		同安		李正煜	岳侯		南安	
李枝春	师焕	东园	闽清		李志诚	正心		归化	光绪丁未贡生
李志道	端士	耻斋	漳浦城西		李志道	贯一		归化	贡生,例授同知
李志遵	求章		漳浦城西		李智澄	愚溪		建宁	
李中亭	秉健		永定增坑		李钟俾		谨斋	安溪感化里	
李钟冲	世谷		安溪感化里		李钟僐	世志	阆麓	安溪感化里	
李钟广	恢先		闽县		李钟伦(1663—1706)	世得、世德	菜园	安溪感化里	
李钟宁	世元	怀亭	安溪		李钟侨	世份	抑亭	安溪感化里	
李钟声	彦伯		晋江		李钟旺	世賣		安溪	
李钟信	诚伯		建宁	县学生	李钟倬	世瞻		安溪感化里	遂安知县
李仲素	嘉会		建阳县坊		李仲旭	定成		归化	

李重宝	笠侯		南安		李重华	彦明		连城	邑庠生
李重炜	平人		平和		李自根	厚夫		泰宁	县学生员
李宗渠	浚卿		安溪感化里		李宗文		郁斋	安溪感化里	
李宗琇	碧莹		泰宁城东		李宗言	畲曾	犓巢、偿园	闽县	举人,摄广信
李宗祎	次玉、佛客		闽县	一名格	李祖经	守正		南安林柄	
李祖良		诚斋	连城		李祖陶	赞尧		归化	附贡,例授中书科中书衔
李缵裕	立庭、立廷		永定		李作东	葵园		武平在城	
李祚演	圣庚		建阳县坊		力 锵		艾生	永福	光绪二十年举人
力 钟	宝善	徐庵	永福	光绪二十八年举人	力朝纲	廷臣		永福风漈	廷臣一作号。诸生
力捷三		子薇	永福	光绪二十年举人	力梦霖	在田		永福芹漈	漳浦、武平、大田教谕
力子侗	知庵		侯官		连 锵	鸣玉		崇安	武举人
连 青		东山	建宁		连 洋	澄伯		龙岩	
连 用	汝州		崇安五夫里	沙县教谕	连邦录	天保	国栋	建宁	名波
连承诏	尔纬		崇安五夫里	邑廪生	连德煌	隐庵		归化	
连光辉	希大		惠安坝头		连鸿佐		襄臣	龙岩	
连佳任	子捷		崇安五夫里	荆门州巡检	连佳政	司卢		崇安五夫里	附生
连景奎	星乙		龙岩		连日春(1827—1887)	华魁、霭如	笑山	长泰善化里	又名季春、旭春
连日福	而嘉		沙县		连如璋	璞园		德化	
连位三	郁初		侯官		良荣选	连彪		宁化	诸罗守府

梁 标	明仲		莆田	雍正二年举人	梁 达	立三		建阳禾平	
梁 功	有敏、则功	悦斋	侯官		梁 济	平甫	思岩	南安洪濑	
梁 蛟	非池		建阳嘉禾		梁 茂	宏美		侯官	
梁 嵋	苏公		江苏上元	仙游知县	梁 苣	丰有		邵武	栾城知县、长垣知县
梁 谦	六皆		邵武	乾隆中与宾筵	梁 莘	衡佐		邵武	郡增生
梁 舆	子载		山西祁县	建阳知县	梁超林	贤友		宁洋集宁里	岁贡
梁朝选	聿铨		沙县龙池坊		梁达榜(1774—1825)	云士	晓航	归化	光州知州、汝宁知府
梁达雍	学超	西舟	归化	平和、长泰教谕,漳州训导	梁大端	致仙		泰宁	致仙一作号。澄城、永寿知县
梁丹元	敬庄、吉文		南安廿八都		梁定和	泽之	子愚	广东茂名	南安县丞、漳州府经历
梁逢辰	吉甫、聿磬		长乐江田	兵部员外郎	梁高标	弘寀		上杭在城里	
梁观福	宪震		南安象运		梁光汉	功炳		光泽二十都	
梁国宾	鼎文	屺亭	南安洪濑		梁九韶	赓虞、赓仪		上杭在城里	岁贡
梁开芳	梅臣		安溪	乾隆丙辰举人。建宁府教授	梁康辰	聿聪、恺斋		长乐江田	莒州知州
梁满绪	继文		崇安四隅	康熙乡宾	梁梦渭	姬求		归化	
梁名世	维志		上杭在城里		梁鸣谦(1826—1877)	礼堂		闽县	鳌峰书院掌教
梁岐超	士升	定远	同安厦门		梁仁贵	定三		建阳禾平	
梁日高	昭伯		邵武	岁贡	梁上国(1750—1818)	斯仪、九山		长乐江田	太常寺少卿
梁师孟	泰岩		邵武	恩贡	梁寿仁	子年		福鼎坊都	拔贡
梁廷圭	伯寅	立斋	南安象运		梁协彬	再华		泰宁西街	

梁学瀚	敛之		建阳禾平		梁学深	静夫		建阳禾平	
梁诒浩	翼谋		泰宁澄清街		梁以材	饬五		邵武	岁贡
梁亿年	少甫		长乐江田	进士	梁玉嘉	心田		南安	
梁云桂	芗圃		建阳禾平		梁允吉	聚五		泰宁	
梁运昌 (1771—1827)	慎中、 曼叔	田父	长乐江田	初名雷。翰林院编修	梁章钜 (1775—1849)	闳中、 茝林	茝邻、 退庵	长乐江田	徙居福州，两江总督
梁振祚	霖若		上杭在城里	岁贡	梁志英	稷侯		仙游	候补福建水师千总
梁周和	行忠		崇安四隅	康熙三十年三宾	梁宗灏	继香		宁洋永宁里	恩贡
廖标	祥喜		上杭来苏里		廖端	整仪	凤亭	宁洋集宁里	南平训导、南安教谕、台湾教授
廖份	介石		永定		廖枫	祝三		永定	邑增生
廖光	德谦		宁洋集宁里	恩贡	廖昊	洪斋		大田	
廖宏	任兹		永定	邑庠生	廖璜	尚佩		宁洋集宁里	岁贡
廖箕	木野		永定	庠生	廖觉	民先		永定田段	
廖均	于衡		上杭胜运里		廖钧	春普		永定	
廖琪	志广		归化		廖琦	如石		永定	
廖青	数峰		宁洋集宁里	恩贡	廖溶	漪园		龙岩	长乐教谕
廖堂	锦庄		永定	乾隆拔贡	廖堂	宽若		永定	精于书，援例捐衔千总
廖续		亢宗	大田文江		廖英	允仪、 佩香		侯官	诸生
廖瑛	璞完		永定	内府户科给事中	廖瀛	海航		永定	光绪附贡，创办道山小学校
廖雍	熙臣		长汀	诸生	廖勇	荣凤		永定	广东碣石卫镇标左营守备

廖　元	庸登		永定		廖必达	丰绪	德斋	大田朱坂	
廖必亨	献之		建宁		廖必琦	司韩		莆田	雍正二年进士。浙江道监察御史
廖必宗	振生		建宁在城		廖朝彬	邑骍、邑谊		清流	
廖朝材	邑驹		清流		廖朝松	邑骠		清流	
廖成焕	艳偕		宁洋集宁里	岁贡	廖初登	云梯		永定	邑庠生
廖初升	道南		永定湖雷	增贡生	廖传万	高鸿		永定高陂	
廖大魁	占春		永定在城		廖道明	融上		永定	例贡
廖道清	宜川		永定	邑庠生	廖端凝	度轩		上杭古田里	
廖敦诚	懋存	静斋	归化		廖敦厚	原良		归化	湖北候补经历
廖敦临	应亭		归化		廖飞鹏	翼抟	石川	龙溪	居住厦门。汀州教授
廖镇臣	颜尺		永定	廪生	廖逢明		良甫	大田	
廖孚吉	季擎		莆田	府学生员	廖福京	泽春		永定	
廖冈陵	陆峰		闽县		廖观化	敦亭		永定	
廖光弼	淡和		清流	浦城教谕	廖光黼	夔臣		清流	
廖光阳	梧岭		永定		廖光宇	质斋		永定	
廖桂林	小山		清流		廖国栋	品佳		宁洋集宁里	恩贡
廖宏寅	贰陪		永定		廖鸿荃(1778—1864)	应礼	钰夫	将乐	初名金城。迁侯官。太常寺卿
廖鸿学	希槎		永定		廖鸿仪	渐逵	雪蕉	归化	原名敦仪,褒城、保安知县
廖鸿誉	永斋		永定		廖鸿藻	应祉	仪卿	侯官	江西粮道

廖鸿章	南崖		永定	翰林院检讨	廖化龙	浡飞		永定	
廖怀清	芬堂		永定	感恩知县	廖冀亨	瀛海		永定	吴县知县、苏州府同知
廖佳致	丰玉		清流		廖家鼎	塈山		建宁黄舟	邑诸生
廖家凤	缵文		永定田段		廖家英	卓人	毓轩	归化	淳化知县
廖嘉猷	树勋		宁洋集宁里	德化教谕	廖兼三	六庵		建阳崇政	
廖建勋	联召		永定	广州府虎头门水师千总	廖建勋	渭川		永定湖雷	庠生。卒年八十有四
廖健溪	乾阶		永定田段		廖金含	贞三	绮岩	长汀	
廖金章		锡卿	大田		廖敬德	集禧		永定	
廖开第	序堂		宁洋集宁里	恩贡	廖开评		月推	宁洋集宁里	恩贡
廖开选	云举		永定		廖克彬	宜甫		上杭溪南里	
廖礼中	捷光		永定	例贡	廖立周	筱濂		归化	宣统己酉拔贡
廖连三	岳云		永定	乾隆进士	廖麟玉	瑞庭		永定	
廖茂徽	典在		永福	邑诸生	廖梦魁		梅峰	大田	
廖明济	喜云		永定		廖鸣凤	羽仲		沙县	
廖楠辉	让斋		永定湖雷		廖攀丹	临桂		永定	
廖培德	懋修		泰宁大田		廖庆辰	星岩		龙岩	娄县知县
廖瑞开	茂亭		永定		廖若奎	聚五		建宁在城	
廖若泗	宗孔		建宁在城		廖上青	际云		宁洋集宁里	岁贡
廖审几	鉴堂		永定		廖声鉉	载衡	铨廷	归化	

廖声隆	鸣盛		归化		廖声镗	景呔	钟山	归化	
廖史云	次崖		永定		廖世眷	抡英		清流	
廖世元	占二		宁洋集宁里	湘潭县黄茅巡政厅	廖守谦	晓岑		永定	
廖思明	睿之		建宁		廖松青	天德	心夫	永福汤泉	孝廉
廖松舟	贵宗		上杭觉坊		廖孙王	云三		永定	
廖腾波		听涛	大田		廖腾光	东明	熙园	归化	监生,淳化知县
廖腾烽(1641—1716)	占五	莲山	将乐	户部右侍郎	廖天斗	维北		建宁在城	
廖廷襃	际荣		沙县		廖廷策	瞻北		永定	庠生
廖廷魁	斯登		沙县城东坊		廖廷梁	鼎材		宁洋集宁里	训导
廖廷琪	苑英		宁洋集宁里	岁贡	廖廷襄	汝为		沙县城东坊	
廖王臣	端伯		永定	庠生	廖为东	燕诒		永定	
廖维新	翰周		建宁		廖文锦	邵庵		永定	
廖先蕙	尊美		建宁在城		廖先瑞	怀德		建宁在城	
廖显谟	丕卿		清流		廖象湖	映井		永定	诸生
廖雄瀚	碧堂		永定		廖学信	资言		泰宁	尤溪教谕、蓝田知县
廖宜家	涵斋		长汀		廖以惠	泽泰		永定田段	乡宾
廖以信	重山		永定		廖益基	喜最		永定	庠生
廖益谦	竹虚		归化	增贡,上虞县丞	廖翼汉	凤翥		永定	
廖应种	咸齐		宁洋集宁里	岁贡	廖有光	慕莲		永定	

廖于宸	盖初	赤庵	将乐		廖玉珍	友石		永定	庠生
廖裕周	瑞阳		永定尺度		廖毓嘉	仰乾		永定田段	
廖元瑞	兰谷		邵武	岁贡	廖垣綵	星宫		泰宁大田	
廖跃云	梦松		长汀	邑廪生	廖云腾	金彩		永定西城	
廖云祥	际平		永定湖雷		廖赞臣	赓堂、赓唐		永定	
廖占云	步衢		宁洋集宁里	岁贡	廖长龄	维庚、西疃		将乐	广东粮驿道摄南韶道
廖兆瓒	思璧		永定		廖贞华	步月		上杭来苏里	
廖贞明	恒海		上杭厚敦		廖振军	景从		大田朱坂	
廖之豸	又蒿		永定田段	郡庠生	廖志昂		懋夫	闽清	光绪间贡生
廖稚珏	兼玉		清流		廖忠綵	以诚		泰宁	
廖宗鲁	良士		宁洋集宁里	岁贡	林昂	嘉超		福清海口	翰林院编修
林楄	奕广		连江溪尾	贡生	林鳌	云海		上杭	
林苞	昭东		闽县		林豹	德金		莆田	雍正十年举人。长泰教谕
林标	绣木		宁德		林彪	得波		闽清	台湾艋舺守备
林镳	永范		闽县		林宾	吕郎		漳浦	
林波	元溁		宁德		林采	琼雪		莆田	雍正十三年举人
林采		梅庄	广西平乐	沙县知县	林苍	弼臣、耕煤		闽县	石城知县
林策	子善		连江崇礼	罗源把总	林曾	士贯		福鼎	
林畅		敏生	大田怀德		林超	自远		永安	邑廪生

林 琛	解人、元伯	紫峰	漳浦乌石	内阁中书	林 诚	司千		莆田	康熙十二年进士
林 承	腾俊	撼溪	漳浦佛昙	总兵	林 㻮	上玉		漳浦乌石	
林 达	渐于		莆田	顺治五年举人,嘉兴知县	林 达	敏仲	近亭	南安田头里	
林 侗	同人	来斋	侯官	尤溪教谕	林 栋 (1859—1921)	德如	隆山	寿宁四都	
林 芳	芬仲		海澄	韶州副将	林 芳	竹佃	淡茹	闽县	建安教谕
林 奋	有上	载臣	仙游	乾隆二十七年举人	林 枫	茞庭		侯官	举人
林 绂	湘帆、鸥恬		侯官	广西、湖北按察使	林 富	周建		永安	
林 功	德功		连江后仓	大理府城守营都司	林 谷	彦雠		莆田	康熙五十三年举人。太平知县
林 桂	长培	思九	侯官		林 豪 (1831—1918)	卓人	次逦	同安金门	咸丰九年举人
林 灏	香发		上杭平安里		林 和	玉伯		侯官	武举人
林 衡	羲孺		侯官	初名玑,廪生	林 鸿	渐六		连江	武举人
林 鸿	汝翀		浦城		林 黉	育士		莆田	雍正八年进士。肇庆通判
林 焕	彰仁	协庵	侯官	彭泽知县	林 煌	建仲		莆田	
林 璜	玉卿		漳浦乌石		林 辉	继衮		莆田	
林 佶 (1660—?)	吉人	鹿原	侯官	藏书家	林 济	作舟		长乐	阳山知县
林 杰	廷举		将乐		林 菁	景莪		同安铜鱼馆	福宁教授
林 炯	容其		莆田	雍正五年副榜,茂名知县	林 均	伯鸿		宁德邑坂	
林 俊 (1827—1857)	士孝	万青	永春慕仁里	原名大俊	林 侃	藻人		莆田	康熙五十三年举人。永安教谕
林 奎	于男		仙游	雍正十三年举人	林 奎		星斋	永福一都	

林	逑	渐于		仙游	嘉兴知县	林	葵	怡庵		侯官	诸生
林	夔	有典		莆田	元氏知县	林	坤	松岩		上杭 在城里	
林	锟	侗叔		闽县	永安教谕	林 亮 (1661—1727)		汉侯	惟执	漳浦绥安	定海总兵
林	鸾	赓成		上杭 在城里	顺治贤书	林	密	怀周		沙县	
林	明	景芳		霞浦城西	蓝翎侍卫	林	模	靖若	周木	德化桂阳	
林	能	孔贤		连江	精医术	林	琦	景生		惠安崇武	
林	麒	能甫	愧未	惠安崇武		林 启 (1839—1900)		迪臣		侯官	杭州知府
林	乾	祖慰	健庭	南安潘山		林	青	蓝若		建阳 兴贤下	
林	青	芝田		福清	进士	林	琼		石洲	大田	
林	球	文楷		永定		林	泉		世隆	闽清	
林	壬	二有		诏安	翰林院编修兼 国史馆协修	林 孺 (1639—1710)		世德	凤山	安溪 来苏里	
林	瑞	莲峰	廉庵	惠安崇武	守备	林	森	象罗		漳浦乌石	
林	生	集侃		永定	广州镇协标左 营守备	林	树		云樵	闽清	光绪十五年恩 贡
林	顺	孝从		政和		林	崧	肇笏		晋江	
林	嵩	苑宾		海澄	移居厦门	林	穗	子颖		闽县	直隶州知州
林	檀	弓仲		莆田	顺治五年举 人。南康推官	林	涛	禹郡		闽清	
林	廷	伯选		南安 四十四都		林	亭	雅韵		永定	
林	通	淑靖		福鼎	进武校尉	林	桐	润川		平潭 平岚境	
林	橦	能郁		永定	监生	林	佗		景山	漳浦佛县	宁德营游击

林 伟	草臣		侯官		林 伟	坚之		闽县	
林 文 (1887—1911)	广尘	南散	侯官	初名时塽,黄花冈七十二烈士	林 熙	绍眉	井窓子	侯官	
林 佽	握佽、握位		龙岩漳平	通志名炫。福州城守营守备	林 贤	志希	尊一	南安 田头里	
林 祥	权擎		闽县		林 熊	公兆		莆田	
林 秀	颖仲		莆田	康熙五年举人。满城、安邑知县	林 旭 (1875—1898)	暾谷	晚翠	侯官	军机处章京
林 萱	乾之		闽县		林 逊	敏子、立轩		侯官	副举人
林 仪	瑞生		莆田		林 仪	羽倩		侯官	康熙甲子副榜
林 寅	东亮		永定		林 寅	怀清	直斋	连城	举人
林 英	菊庄		连江拱头	贡生	林 英	能简		闽清	县学廪生
林 煐	昆石		侯官	南平训导	林 锳	元铎		宁德	
林 颙	希廉	后子	漳浦乌石	德化知县	林 郁	能翊		闽清	县学生员
林 昱	日如		连江道墺	寿宁训导	林 昱	勣皋		莆田	乾隆元年举人
林 源	奕逢		莆田	康熙六十年御试第一,光禄寺正	林 云	蒸岩、正端		闽清	县学生员,精医理
林 沄	巨文		宁德		林 泽	识澄		莆田	榜姓陈。雍正四年举人
林 湛	持之、楚澹		闽县	举人	林 璋		达夫	永福嵩阳	
林 桢	行焕		永定	举人	林 桢 (1639—1714)	少干	菊淙	莆田赤柱	监生
林 鍼	景周	留轩	福州	世居厦门	林 聂	希村		侯官	原名如玉,台北书院讲席
林 直	子隅		侯官		林 忠 (1618—1693)	盛隆	荣蓼	南安 后坑铺	
林 钟	仲吕		南平		林 洙	皓斯		莆田	康熙二十九年举人。户部贵州司主事

林　助	顺夫		福鼎		林　庄	端甫	梅山	漳浦赤土	
林　祖		景新	漳浦佛昙	督标中军副将	林安邦 (1766—1844)		石潭	龙溪 白石堡	即林平侯
林邦璋	维知		同安后浦		林宝辰	书甫		闽县	原名丞英,武 平教谕
林宝清	邦绥		连江崇礼		林宝树 (1673—1734)	光阶	梁峰	武平袁畲	举人
林本珩	世艺	守轩	平潭朴秀		林必达	河子		侯官	盂寿游击
林必第	琼若		莆田	康熙八年举人	林必辉	墨香		同安关仔	
林必甲	天若		莆田	康熙十九年举 人	林必瑞	辑如	研香	同安厦门	太学生
林宾日 (1749—1827)	孟养	旸谷	侯官	将乐正学,书 院讲席	林宾王	穆之		莆田	
林丙春	叔蠵		莆田		林秉芳	兰忱		长乐上店	蒙江知县
林秉慧	静斋		侯官		林秉乾	志亨		同安东溪	
林炳冈	孟端	仁山	闽清	嘉庆间贡生	林炳圭	久孚		连江崇礼	新蔡知县
林炳韶	虞廷		连江	同安参将	林伯新	幼明		闽清	光绪间贡生
林步贤		景夫	永福白云	贡生	林步瀛		研斋	永福	同治七年进 士,平湖知县
林侪鹤	啸云	松崖	漳浦赤土		林昌麟	尼臣	青莲、 北山	南平茶坑	
林昌时	若仲		建阳崇政		林昌彝 (1803—1876)	惠常、 芗溪	砯矼茶 叟、五 虎山人	侯官	
林超元	幼芝		连江	武进士	林朝凤	茂山		同安蔡林	
林朝培		丹亭	永福	山东奎文阁典 籍	林朝聘 (1803—1846)	世珍	以时、 时庵	古田杉洋	定海同知
林朝翼		辅庵	漳浦		林朝宗		蓉江	永福	咸丰间贡生
林宸彦	于芷		莆田	康熙五十三年 举人,黄梅知 县	林宸佐	于亮		莆田	康熙二十三年 举人,归善知 县

林呈彩	彰五		漳浦乌石			林城丰	歧山		连江资寿	连江把总
林澄纲	上梅		同安			林崇畴	文添		长乐	
林崇光	春波	草堂生	同安厦门			林初旭	耀升		沙县三元	
林垂继	珏传		永定洪坑			林春芳	公寅		莆田	康熙六年进士
林春海	雨帆		闽县	举人		林春华	笑山		闽县	寓居太原
林春魁	捷三		漳浦乌石			林春溥 (1775—1861)	立源	鉴塘、 纳溪	闽县	厦门玉屏书院、福州鳌峰书院主讲
林春溶	苏门		闽县	黟县知县		林聪彝 (1824—1878)	听孙		侯官	衢州知府， 林则徐次子
林从葵	宾阳		漳浦乌石			林大观	兹仰		连江傅山	贡生
林大国	寿五		福鼎坊都			林大菁	又菁		沙县 状元坊	
林大魁	永茂		沙县 广誉坊			林大蓬	望弥		沙县	
林大任	子蕃	莘野	永福	康熙间贡生		林大薰	树芳		沙县	
林大雅	岳生		建宁在城			林大宜	维和	谷庭	沙县 宪司坊	
林大宇	盛阶		沙县 宪司坊			林德胜	光耀		周墩狮城	
林登超	世魁	俨毅	连江崇铺	台湾北路协左营外委		林登虎	剩庵		漳浦佛县	
林登雁	洲客		宁德邑坂			林鼎复	道极、 天友		长乐坑田	常州通判
林鼎汉	禹成		晋江			林鼎伟	殿合		莆田	颍上知县
林鼎勋	古铭		连江道澳	武举人		林定征	景人		长乐	生员，寓居南平
林东震	起垣		福鼎在坊	贡生		林斗南	文梁		仙游	武平训导
林敦泉	葆泰		长汀			林鹗腾	荐秋	晴皋	同安厦门	道光二十年进士。翰林院编修

林尔兴		梅修	永福	监生,长洲吴塔司巡检	林方聪	睿民		连江琯头
林方纲	伯常		漳浦		林芳春	崇兰	敬庐	侯官	海丰知县
林芳春	汉可		连江	吴江知县	林芳春	华甫		永定
林芳春	启倩		宁德		林斐章	曼生		同安后浦	例贡
林奋先	宣卿		平和		林丰年	泽农	雪斋	漳浦	一作字雪斋,号泽农。画家
林丰玉	伯年	璞园	同安厦门	瓯宁训导	林逢济	存定		晋江	怀远知县
林逢时	碧篁		莆田	雍正元年举人	林逢泰	汇庵		晋江	陇西知县
林凤翱		世保	闽清	同治元年武举人	林凤韶	仪九		邵武	邑廪生
林凤腾	鸣虞		沙县		林凤腾	瑞堂		永定孔夫
林凤仪	九罔		福清	浏阳知县	林福祚	畴九		侯官
林高国	不凡		连江	临清州判	林高望	积春		连江流俥坂	贡生
林恭范	汝启		福清海口	进士	林拱枢(1827—1880)	心北		侯官	河南道监察御史
林观曾	述谦	省吾	长乐	诸生	林观成	沛然	修田	长乐	邑廪生
林观春	我湖		长乐岱峰	善画山水	林观珠	璇浦	毓川	沙县麦垣	举人
林冠芬		山楼	大田		林冠勋	章其		连江	福鼎教谕
林冠英	胜千		漳浦乌石		林光宸	又铉		沙县
林光鼎	枚臣	晦岩	漳浦乌石		林光斗	奎垣		政和界口
林光辉	文烺		连江傅山	举人	林光烈	隆升		沙县三元
林光谱	采南		闽县	居于螺洲	林光铨	衡南		同安金门	咸丰末年旅居新加坡

林光照	在寅		霞浦城关	海州知州	林光志	晴岚		长乐	
林光宗	学海	远波	平潭平岚境		林光祖	可述		连江	贡生
林癸荣 (1858—?)		竹斋	同安	又名东园。新加坡华侨	林桂茂	畅园		福鼎跃鲤	湖北知县
林桂茂	仙友		霞浦城北		林国基	业夫		连江道澳	武举人
林国培		香圃	永福	山东文庙	林国球	利叔		莆田	安乡、灵宝知县
林国炫		君弢	福清	泰宁知县	林国英	琼宗		武平	
林国柱	余仲		莆田	漳浦教谕	林含青	岚村		上杭在城	
林汉峰	湘青		海澄	诸生	林汉柱	文岸		永定洪坑	
林鹤立	鸣斋		福鼎樟柏阳		林鹤年 (1846—1901)	氅云、谦章	铁林、怡园老人	安溪	
林恒泰	君铨		连江中蓬	武举人	林恒先	元晋		永定虎冈	
林衡瑞	冠万		上杭在城里		林弘祚	无疆	茗生	永福	工部员外郎
林洪烈	孙肯		晋江	泗阳知县	林洪模	明楷		连江道澳	
林洪宪		逸山	连城	贡生	林洪音	世宏	石钟	闽县	沁源知县
林鸿苞	章右	竹如	平潭斗垣		林鸿斌	作勉		大田	
林鸿超	仪茱		连江	贡生	林鸿年 (1804—1886)	勿村		侯官	云南巡抚。正谊书院山长
林鸿钦	金波		连江杉塘	武举人	林鸿图	世鉴		连江安义里	武举人
林虎榜	思亭		漳浦乌石	两江兵备道	林虎音	聿和		上杭胜运里	
林华元	聿来		永福	道光五年武举人	林化龙	吟波		永定	
林焕青	朴溪		连江下濂	贡生	林焕章	右箴		连江琯头	

林辉衍	瞻锦		沙县		林泂淑	小帆	蜦铁	侯官	员外郎，分工部虞衡司
林吉时	学从		连城		林际芳	宗奇		连江溪尾	举人
林际平	戟卿		侯官	原名百棨。霸州知州	林际盛	希两		漳浦乌石	
林际暄		郁岩	闽清	光绪间贡生	林继光	迪友	熙堂	安溪	迁居厦门。福建水师守备
林继魁	敬承		漳浦乌石		林继侨	惠可	柳村	长乐东隅	邑增生
林寄南	逢春	伯仁	浦城城关		林佳晃	允照		长乐厚福	
林佳瑶	祖升		仙游	大同卫中军	林佳柱	擎宇		仙游	洞庭副将
林家锠	光侯		连江洪塘	霞浦教谕	林家和	民协		闽县	安化知县
林甲春	叔岸		莆田	康熙八年举人。大兴知县	林简士	敬所		晋江	
林建猷 (1805—1855)	孝丕	鸿轩	同安厦门	先世由安溪龙门迁厦门	林鉴中	保三		侯官	翰林院庶吉士、祁阳知县
林觉民 (1887—1911)	意洞	抖飞、天外生	闽县	黄花冈七十二烈士	林捷鳌		卓峰	永福箕坑	花翎侍卫，乾清门行走
林捷春	硕水		连江	浙江卫千总	林捷春	贤洙		连江上里	举人
林捷春	向阳		武平在城		林捷辉	齐甫		同安后浦	金门左营千总
林捷魁	子碧		同安东溪		林捷元		锡连	永福	光绪九年武进士，宁德汛千总
林金华	孟材		闽清	岁贡	林金镜	仿蓉		上杭在城里	
林金石	宝棠		上杭卢龙坊		林觐光	蔼卿		永定	
林京兆	荣椿		永定林屋坑	年届百龄	林菁华	毓如		上杭胜运里	
林景行	亮奇		侯官		林靖光	和人、梅甫		侯官	涿州、开州、易州知州
林静亭	可山		永定金丰		林君升 (1688—1755)	圣跻	敬亭	同安井头	福建、江南水师提督

林俊拔	治历		武平		林俊元	秀村		同安后浦	林焜璜之父
林开镐	成伯	浃江	漳浦乌石	乾隆十年进士	林开甲		灼华	大田	
林开谟	贻书		长乐仙山	翰林院编修，江西提督学政	林开琼	长川、晓楼、西痴		闽县	大田训导
林开燧（？—1739）	慕莪	京白生	闽县	行医乡里	林开先		敬甫	大田武陵	
林可栋	能仕		闽县		林可梁	胜木		惠安黄塘	
林可吟	学解		宁德		林可煜	心亭		安溪新康里	
林可远	秉修		同安后浦	太学生	林可宗	学殷		沙县城东坊	
林孔宽	贤义		连江东湖	柳城知县	林奎文	占可		沙县三元	
林奎章	达卿		同安厦门	台湾府学生员	林魁拔	廷辅		永定	
林昆桂	玉枝		永定金丰		林昆琼	长实	醇叔、心醰	侯官	直隶州知州
林焜璜	逊辉、巽夫		同安后浦	岁贡	林兰祥	香谷		崇安四隅	太仓训导
林郎亭	静昭		长乐廿三都		林丽生	奕陆		莆田	乾隆三年举人
林联兆	尚斋		永定孔夫		林良瑞	文显		永定	
林梁材	弼卿	悦萱	晋江	吏部员外郎	林麟焻	石来		莆田	康熙九年进士
林龙章	彝雅	春藤	侯官	永顺府古丈坪抚民同知	林隆钊	子远		平潭北金岐	
林辂存（1879—1919）	景商	鸳生	安溪庐传		林鸾超	竹人		连江	贡生
林鸾书	芝庭		连江崇云铺	武举人	林履中（1852—1894）	少谷		闽县青圃	杨威号快船管带
林茂春	崇达	邑园	闽县	漳州府教授	林茂华	作梅		上杭胜运里	
林茂魁	衢昌		永定赤竹坪		林懋烈		绍甫	闽县	国子监学正

林懋生	畅亭		上杭在城里		林懋勋		铭石	闽县	精膳司主事
林懋祉		位南	永福嵩口	榜名步蟾。户部陕西司主事	林懋中	勉甫		长乐沙堤	籍贯一作侯官
林懋柱	禹川		闽县		林梦草	芝生	鹤亭	同安东溪	
林梦清		梅卿	闽清	山东厘税关员	林梦梯		少丹	永福	光绪庚子恩贡
林梦纬	煜十		上杭	拔贡	林明琚	子美		同安厦门	
林鸣凤	碧山		连江官坂	贡生	林鸣瑞	于冈		连江丹阳	建宁训导
林鸣璋	圭田		侯官		林铭溥		彦甫	永福嵩口	光绪元年举人
林乃赓		熙南	永福	附贡,代理归化训导	林南樛	信修		连江安义里	贡生
林南岳	衡叟		莆田	康熙四十四年举人	林炳槐		石堂	连江大墺	原名炳麟,直隶州判
林念祖	文德		仙游	乾隆间贡生	林凝崇	智侯		漳浦乌石	
林凝秀		宋山	漳浦		林攀桂	丕创		永定金丰	
林攀桂	奕蜚		莆田	康熙二十六年举人。修文知县	林攀龙	光庭		连江麻里	武举人
林培基(1849—1893)	发夔	植斋	闽县尚干	郁林副将	林培禧		莼仙	闽清	光绪间贡生
林培桢		八周	永福	宣统间举孝廉方正	林朋隆	言士		莆田	
林鹏超	舜举		连江	浦城教谕	林鹏飞	鲲溟		霞浦城关	缙云知县
林鹏扬	翼南	穆斋	同安厦门	漳浦教谕	林馥春	豫兹		永定	举人
林品端	孟篆		闽清	道光十二年武举人	林品桂	秋航		福鼎秦屿	咸丰拔贡
林品南	舜琴	林纾	福鼎秦屿		林普思	有中		长乐崇贤	
林溥泉	云皋		闽清南坑	原名鹤年,邵武教谕	林齐璇		蓬甫	闽县	直隶州知州

林其茂	文竹、培冈		闽县	山阴知县	林其年	子寿		武平在城	
林其宴	杏庄		连江龙西	泰宁光泽训导	林其渊	帝敏		福清	兵部职方主事
林琪树	敬芳	瑶川	平潭	原籍福清，兴文书院主讲	林启白		雪溪	闽清	
林启璧	次室		宁德		林启华	伯清		连江琯头	
林启宇	迪臣		侯官	陕西御史	林起良	赞卿		沙县	仙游训导
林起龙	北海		福清	兵部尚书	林起英	际云		宁德	
林谦光	道牧	芝眉	长乐	延平、台湾两府教授	林乔椿	濂孙		侯官	水军分统，知州
林乔梅	调若		宁德		林乔迁		弼明	漳浦沙西	
林乔荫	育万、樾亭		闽县	宰江津	林翘盛	翠山		永定西陂	
林钦昊	天相		沙县		林青圭	敬柬		漳浦石榴	
林青芝		文秀	连江溪尾	贡院修造监工	林清标	弼侯		莆田	乾隆六年举人
林清瑞	鹤恬		永福嵩口	嘉义教谕、凤山教谕	林清元	明峰		永福新安巷	嘉庆十五年举人
林清藻		乐阁	大田		林清照		镜如	闽清	奉节知县
林请高	云峰		永春常安里		林庆祺		晴波	平潭朴秀下	
林庆庭	章禄		长乐金峰		林庆云		星楼	平潭白沙垱	
林庆章	孝乾、蕊渊	研樵	闽县	初名永健	林琼卿	寿丹		连江洪塘	连城教谕，漳州训导
林琼蕊	光可、朗山		长乐壶井	高阳知县	林全齐	敬辉	昆玉	平潭五凤楼	
林仁英	瑞绛		仙游	康熙五年举人	林任夫	文台		永定虎冈	
林日栋	德谦		仙游	乾隆间贡生	林日上	希俦		沙县状元坊	

林日升	德斋		连江大垅	福宁把总	林日焴	启晨		宁德一都	雍正二年进士
林日勋	以弘		南平	邵武训导、政和教谕	林荣魁	梅亭		永定虎冈	
林如遇	亮功		福鼎		林汝好	云良		仙游	康熙五十二年武举人
林汝霖	小岩		上杭在城里		林汝明		采廷	永福	光绪间贡生
林汝湜	澄夫		福鼎		林汝舟(1814—1861)	镜枫	楫之	侯官	林则徐长子。侍讲
林瑞芳	芝山		连江道垅	武举人	林瑞冈(1830—1885)	定仑	碧岩	晋江安海	又名瓜治、昆官。商人
林瑞麒	左石		闽清南坑	道光八年举人	林瑞泉	嘉孔		福清	进士
林森林(1853—1884)	少屏		闽县	建胜蚊子船管带	林森如	松石	调淮	长乐洞湖	贡生
林上砥	吉士		永福嵩口	清平知县	林韶赓		第九	闽清	廪贡生
林绍苍	寿士	也山	永福县治	顺昌、泰宁教谕	林绍光	芸园		永定洪坑	
林绍年(1849—1916)	赞如	健斋	闽县	度支部侍郎、河南巡抚	林绍天	思明		长乐	
林绍殷	能盘	新亭	平潭斗垣		林绍祖(1645—1728)	衣德	丹麓	漳浦绥南	吏部员外郎
林申甫	久徵		长乐		林诜孕	九扶		莆田	定南知县、新繁知县
林慎思(844—880)	虔中	仲蒙子	长乐崇贤		林升鳌	戴山		清流	举人
林升乘	范墅		福鼎上宅	精岐黄术	林生春	升引		大田	
林声桂	丕振		永定洪坑		林师孟	克浩		永福嵩阳	
林时迈	亦大		莆田	雍正四年岁贡	林士达	子谦		永定	
林士皋	步渠		永定		林士俊	砚观		武平在城	
林士俊	章圃		霞浦	吏部考功司郎中	林士龙	成之	仲吕	闽县	举人

林士起	兴子		侯官	平阳司李,权襄陵、浮山二县	林示契		台铉	宁德	
林世炳	十霞		海澄		林世发	君奋		闽县	
林世俊	颖士		莆田	雍正十年举人。长泰教谕	林世培	寿松		连江安义里	举人
林世显	玉树	琼枝	闽清朱村		林世显	玉树	琼枝	闽清朱村	监生
林仕仁	培修		光泽廿四都	监生	林式绥	砚先		连江道墺	贡生
林守让	仲和	云麓	漳浦		林寿春		咸池	大田	
林寿椿	松友		连江资寿	蕲州都司	林寿奎	星槎		连江上斗门	永绥厅经历
林寿麒	眉叔		长乐东林	武进士	林寿图 (1809—1885)	恭三、颖叔	黄鹄山人	闽县	初名英奇。陕西布政使
林寿颐	星沧		连江	榜名炳垣,邵武教谕	林寿英	介眉		侯官	漳浦训导。
林树梅 (1808—1851)	实夫	啸云、瘦云、铁篴生	同安后浦	长居厦门。布政司经历	林树馨	孝冲	在霄	长乐竹田	邑诸生
林庶政	德章		沙县		林澍峨	景载		沙县	
林澍蕃	于宣、香海		侯官	进士	林舜臣	公辅		仙游善化	生员
林斯飞	德明		仙游	宁化教谕	林嗣环 (1607—1662)	起八	铁崖	安溪赤岭	广东按察司副使
林嗣荣	斯献		长乐		林嗣元	士雄		福鼎巽城	
林松年	静云		安溪	林鹤年之六弟	林松祁	述庵		闽县	举人
林嵩辰	岳呼		大田武陵		林嵩基	思元		福清	桂东知县
林嵩龄	景松	鹭江钓徒	同安厦门	县学生员	林嵩年	亦统	寿庭	长乐林开	邑诸生
林泰曾 (1852—1894)	凯仕		侯官	北洋水师左翼总兵	林陶光	为章		同安厦门	乾隆四十年岁贡
林腾骧	云衢	晴坡	同安铜鱼馆	光绪七年岁贡	林天镜	元彬		宁德	

林天龄	受恒	锡三	长乐仙山	翰林院编修、国子监祭酒	林天民	君齐		连江定安	永定训导
林天培		植庭	永福嵩阳		林天用	自潜		连江	贡生
林天植	茂轩		永定虎冈	精于医	林调燮	德聚、鹿沙		长乐东隅	历署南和、井陉、灵寿等县
林调阳	爨轩、瘦山		长乐洞湖	榜名秋奇,望江知县	林廷柏	桂吾		建宁	
林廷斌	作师		大田		林廷成	作令		大田	
林廷对	建邦		连江后坂	举人	林廷福 (1770—1830)	锡卿	受堂	同安后浦	一作字受堂。烽火参将
林廷干		心竹	永福	道光十七年拔贡	林廷桂	丹客		连江崇礼	武举人
林廷会	子亨		同安东溪		林廷玑	中立	子璇、述斋	长乐	教谕,举孝廉
林廷谟	明经		长乐廿一都	诸生	林廷请	公锡		永定西陂岭	
林廷适	子韬		晋江永宁		林廷枢	行策		永定	邑增生,登贤书榜
林廷禧	孝源	范亭	侯官	贵州司员外郎,云南司郎中	林廷扬	公显	六士	仙游	县学生员
林廷英	作猷		大田		林廷擢 (1627—1685)	元公	晋庵	长泰方成里	小名添鸿
林挺芳	汇宗		连江大墺	举人	林吐秀	俊夫		漳浦乌石	
林溥华	毓鹏		崇安四隅里	博罗知县	林万春	澍昂		永安	武生
林万选	尔立		永春		林汪远 (1636—1708)	熙士	涵苍、宏庵	德化桂阳	云和知县
林为洛	呈九	雪巢	莆田黄石	居厦门。诸生	林维挥	殳奇		长乐前林	
林维乔	松甫	鹤栖	漳浦乌石		林维新	革斋		宁德	醇良
林维新	廷甫		宁德	乡贡	林维新	有养		仙游	济南府经历
林维源 (1840—1905)	时甫、友逢	囦卿	龙溪	全台团防大臣、督办	林蔚春	耐斋		侯官	举人

林蔚萼	刚正		永定孔夫		林蔚如	文甫		永定虎冈	
林文炳	质侯		福清	苏州知府	林文超	元生		沙县白沙	
林文焕		厚斋	闽清	光绪间贡生	林文晃	曦庭		连江马鼻	贡生
林文辉	则暗		长乐泮野	溧阳知县	林文甲	松亭		连江马鼻	福安、彰化教谕
林文楷		馥堂	永福后街	同治间贡生	林文庆	锡轩		长乐梅花	
林文仁	近能		永定西陂		林文淑	性恬		沙县广誉坊	
林文湘	珠卿	秋泉先生	同安后浦	长泰县学生员	林文英	碧山		侯官	保定知府、琼州知府
林文作	若三		漳浦乌石		林希皋	于九		福鼎磻溪	拔贡
林希贤	槐客		宁德		林希贤	剑南		连江崇礼	
林希元	甲官		永福东关外		林锡符	同章		漳浦	
林锡光	庆来		沙县		林锡龄	于九	矩园	漳浦绥安	
林锡三	友槐		永定西陂		林锡章	光凤		连江安后	贡生
林锡周	德光		莆田	康熙五十年举人	林锡祚	应来		沙县	
林熙春	蔼人		永定		林熙渭	在如		长汀	
林熙新	缉如		连江	贡生	林曦霄	生崇		大田	
林霞起	淑斋、赤章		连城	贡生	林先标	云士		莆田	雍正七年举人
林先春	南技		浦城		林献之	于廷		漳浦乌石	
林祥熊	仲吕		连江崇礼	法官	林向荣	欣亭		连江	贡生
林向荣 (1814—1862)	战志	龙江	同安柏头	台湾镇总兵	林向泗	鲁水		漳浦	

林向郁	莘叟		莆田	顺治十一年举人。新宁知县	林向哲	君十		莆田	
林象圭		公怡	漳浦		林象谟		瑞斋	大田	
林象中	联嵩		永定金丰		林晓青	开霁		连江旺庄	举人
林孝基	允仁		同安城场		林孝恂 （? —1914）	伯颖		闽县	原名孝纯。道员
林孝颖 （? —1914）	可珊、可山	拾穗	闽县	贡生	林新霁	乔枝		连江丹阳	贡生
林兴国		祯祥	大田		林兴珠 （1621—1696）	而梁		永春升平里	原名进周
林秀椿	砥川		宁德霍童	道光二年进士	林秀衾	贞臣		长乐厚福	国学生
林绪光	广业		闽县	永北知府	林轩开	文铈、蓼怀		闽县	泰顺知县
林选青		文绪	大田		林学焯	元斐		福鼎蟠溪	例贡
林学炯	尔才		同安东溪		林学普	次苏		莆田	榜名学曹。陵川知县
林学燕	穀贻		永定		林彦起	庚卿		闽县	漳州教授
林宴琼	菊庐		崇安四隅里	邑廪生	林扬清	彦澄		漳浦乌石	
林扬祖 （1799—1883）	孙诒	岵瞻	莆田城内	道光九年进士，陕甘总督	林阳珠	炳文		漳浦乌石	屏南教谕
林仰高	冀汝		莆田	乾隆六年举人。永福教谕	林仰先	道平		长乐古县	
林尧封	宜尹	莘圃	平潭		林尧华	闻伯		莆田	顺治十一年举人。榆次知县
林尧年	瞻云		安溪	林鹤年之十一弟	林尧英	蕙伯		莆田	顺治十八年进士。河南督学
林耀南	隐山		武平袁畬		林一畴	荣植		沙县	
林一栋	国隆		沙县		林一桂	则枝	钝村	闽县	永安教谕
林一璘	公韫		莆田		林一新	明斗		连江溪尾	贡生

林一枝	桂堂		闽清	县学生员	林仪凤	亦凡		永春慕仁里	
林以时	定余		永定		林宸祖	彝修		连江透堡	贡生
林易俣	为坤		连江透堡	举人	林翼池	凤宾	警斋	同安塔头	来凤知县
林懿图	雨池		闽县	原名云蛟，绍兴、温州等处鳌务	林荫棠		爱所	永福	浦城教谕、武平教谕
林尹民 (1887—1911)	靖安	无我	闽县	黄花冈七十二烈士	林应春	鹭溪		同安董林	
林应春	特叔		福清海口	定远知县	林应举		梅圃	大田	
林应奎	光缠		沙县西山坊		林应牧		九峰	大田	
林应琦	幼玮		永福		林应选	龙侯		仙游	乾隆间贡生
林应易	以羽		连江	武进士，怀远将军	林应中		石生	永福	桐庐县丞
林映璧	东生		崇安四隅	康熙四十年贡	林永传	其人		连城	邑庠生
林永芳	盘龙		永定西陂		林永升 (1853—1894)	钟卿、仲卿		侯官	镇中炮舰管带
林永寿	景修		福鼎	登仕郎	林永泰	大束		漳浦乌石	陕西题标左营游击
林永修	慎夫		同安城内		林友王	二史		莆田	顺治五年举人。应州知州
林友文	兴章		永定	卒年九十	林有道	伯常		长乐蓝田	武进士
林有德	云林		仙游	铜山营游击	林有赓	仲良	怡庐	侯官	光绪二十三年举人
林有怀	存远		安溪感德里		林有活	盛渊		龙岩	
林有龄	新甫		龙岩		林有苣	秀丰	采田	龙岩	
林有秋	孔韶		闽清莲宅	县学廪生	林羽仪	克逵		永福	程乡知县
林雨化	希五		闽县	宁德教谕	林玉昌	玉昆		永定	

林玉书		孔麟	大田		林遇春	清臣			长乐营前	钦点御前侍卫
林遇青	春三、春贤		同安厦门	县学生员	林毓焯	仙樵			连江崇礼铺	
林毓英	萃庭		连江崇礼	贡生	林毓莺	有焕			长乐感恩	
林豫吉	卜飞、松祉		长乐松下	籍贯一作福安鹿斗。进士	林豫震		惧修	仙游		县学生员
林元彬	伯吹		连江	武举人	林元超	升才			大田	
林元春	宗佑		连江傅山	贡生	林元德	永遇			福清	建宁教授
林元桂	王棠	丹圃	仙游	漳州训导	林元俊	份生			同安厦门	
林元仁	长人		连江透堡	举人	林元锡	文圭			宁德	
林元燧	时和		福鼎秦屿	邑诸生	林元秀	辉俊			沙县莘口	
林元有	维丰		沙县夏茂		林元之	又俦			莆田	
林远期	程万		侯官		林云才	惊月			沙县	
林云京	士爵		福清	广东屯盐道	林云岚	龙辅	定轩		同安厦门	泸溪知县
林云铭 (1628—1697)	道昭、西仲	损斋	闽县林浦	号一作西仲。顺治十五年进士，徽州府通判	林云青	步阶			同安厦门	乾隆四十四年举人
林云衢	启范	寿田	平潭天山美		林云煮	镜吾			侯官	
林云祥	君辅		同安马巷	监生	林云锃	道芾	小米庵		闽县	
林云章	秋山		沙县龙池坊		林云章	有衮			闽县	邑诸生
林允钿	象纯		沙县		林允卿	信甫			福鼎	
林允升	惟诚		仙游	贡生	林载芝	宣飞			沙县	

林在莪	涪云		侯官	知县	林在华	渭云		侯官	
林在昆	天柱	仑亭	沙县城东	莆田教谕	林在田	泰润	景竹	长乐竹田	邑诸生
林在田	叶文	文台	漳浦乌石		林则徐 (1785—1850)	元抚、 少穆、 石麟	俟村 老人	侯官	湖广总督、云 贵总督。
林增光	公宏		仙游	康熙四十七年 武举人	林詹登	云阁		永定	汀州镇标中营 千总
林占芳	明登	心兰	连江		林占梅 (?—1865)	雪村	鹤山	台湾新竹	祖籍同安
林占元	魁斋		连江崇礼	台湾竹堑营副 总	林章梗	苍翘	荔汀	同安后浦	贡生
林长发	祥久		大田		林长佶	扨行		长乐 十八都	
林长青	元善、 淑溪		永定	嘉庆岁贡	林长清	滋卿	植斋	海澄黄亭	迁厦门
林长汪	百度		漳浦		林长梧	凤鸣		沙县 广誉坊	
林兆惠	子方	瀚海	侯官	泗州同知	林兆鹏	于程		莆田	乾隆三年举人
林兆森	君秀		福鼎磻溪	岁贡,乡长	林兆泰		东峙	闽县	
林兆翮	君明		福鼎磻溪		林振采	九苞、 仪九		长乐壶井	进士
林振光	芝馨		长乐碧岭	会同、临高知 县	林振翰 (1884—1932)	永修	蔚文	宁德蕉城	
林振巏	唐笔		永定		林振棨	见尧、 戟门	钝叟	侯官	知县
林振禧	吉夫		侯官	同知,加运同 衔	林争奇	明衡		连江	贡生
林正芳	茂远		莆田	刑部郎中	林正辉	德云	斗南	闽县	举人
林正茂	宜周		沙县		林正青	洙云、 苍岩		侯官	淮南小海场大 使
林正在	黼山		仙游		林之桂	其望		永福嵩口	乾隆三年举人
林之浚	巨川	象湖	惠安	居住厦门。提 督江南学政	林芝荣		汉英	大田	

林枝春 (1699—1763)	继仁	青圃	闽县林浦	翰林院编修, 鳌峰书院山长	林志赓	奕车		连江溪尾	举人
林志觐	勺士		莆田	康熙五年举人	林志濂	铭孙		闽县	
林志旗	宪庵		永定金丰	庠生	林志仁	首端	孺庭	闽县	举人
林志漠	采香、 绍芹		永定	光绪恩贡	林志云	虎侯		崇安四隅	雍正二年贡, 漳州教谕
林致先	仰文		沙县		林中桂	开权		光泽	岁贡
林钟莪	拱莛		沙县 城东坊		林钟华		月川	平潭 朴秀下	邑庠生
林仲昭		南江	漳浦杜浔		林洙浩	浩光		连江崇云	贡生
林柱擎	宗亮		连江道墺	贡生	林转亨	旋一		武平	
林壮成	韶华		连江	仙游右营都司	林卓午	叔卿		福安苏坂	
林资熙	警甫		同安后浦	光绪元年举人	林滋谦	用卿		莆田	康熙二十九年 举人
林滋秀 (1778—1833)	兰友	幼秋	福鼎桐山	签分荆门州知 州,未到任	林子兰	维丹	雪崖	长乐 十二都	开平知县、乐 会知县
林自远	世浩	静庵	闽县		林宗韩	又黎		沙县	
林宗环	骏起		同安北门		林宗珍	勋赏		南安石坑	
林宗洙	明浚	鲁水	长乐	鳌峰书院主讲	林奏功	廷臣		南安福水	
林祖成 (？—1743)	庆维	曲泉	霞浦西街	武进士,黄岩 镇总兵	林祖望	修伯		福清 化北里	翰林院庶吉
林祖植	滋若		福鼎磻溪	监生	林祖周	逸庄		连江马鼻	
林作恭	亦安		沙县		林作梅	鼎魁		宁洋 集宁里	岁贡
林作舟	济夫		漳浦	澄迈县典史	凌 云	宏立	约轩	安溪永安	迁居厦门。道 光元年举孝廉
凌奉璋	奉义	荛臣	永福上漈		凌文震	希孟		崇安四隅	贡生

凌志栋	宏度		安溪永安	凌云之弟	刘 炳	元藻		闽清	
刘 澂		吉斋	闽清	县学廪贡生	刘 端	鲁汀	章甫	侯官	太湖知县
刘 坊	季英	鳌石	上杭	原名琅	刘 丰	德谦		长乐漳港	邑廪生
刘 锋 (1887—1911)	肩宇		长乐二刘	又名六符	刘 干	汝辅		永安	监生
刘 琯	舜玉		惠安崇武		刘 涵	雨人		闽清	同治十二年拔贡
刘 瀚	景若	溪堂	同安东桥	永宁知州	刘 旷	质庵		湖北沔阳	武平知县
刘 鉴	清之		上杭	诸生	刘 杰		星槎	江苏	连江东岱巡检
刘 菁	子英		长乐东隅	举人	刘 骏	冀闻		建阳崇化	
刘 侃	晋陶	存庵	山东沂水	泉州知府、福建转运使	刘 几	惟幾		浦城	
刘 科	弘秀		上杭 在城里		刘 兰	青座		同安东桥	生员
刘 烈	笃前	承斋、南田	邵武	建阳、永福、龙溪、南平教谕	刘 麟	文元		上杭 来苏里	
刘 仑	山祖		崇安丰阳	举人	刘 勤	勉吾、克捷		闽清	生员
刘 珶	惟质		上杭		刘 荃	蕢载		永安	诸生
刘 阮	子谓		仙游	福清训导	刘 瑞	芝卿		政和 东平里	
刘 润		清轩	长汀	监生	刘 书	淑进		长汀	监生
刘 松	鹤来		邵武	博白知县	刘 坛	沛筑		武平	
刘 坦	履安		建阳崇化		刘 堂	大登		建阳崇化	
刘 橙	干霄		上杭 在城里		刘 伟	日照	橘园	长汀	
刘 蔚	希仲		同安	廪生	刘 霨	藻伯		莆田	清平知县

刘 勷	朂为	赞轩	闽县	长泰教授	刘 炘	辉藜		浦城	
刘 勖	敏夫		建阳		刘 宜 (?—1744)	崇义	古疾民	建阳麻沙	
刘 英	光年		永安	浙江龙头、玉泉场盐大使	刘 应	同伯		上杭 胜运里	资县知县
刘 佑	伯启		河南鄢陵	南安知县	刘 愈	章甫		连江青塘	
刘 源	自远		沙县		刘 彰	景隆		福安苏阳	
刘 昭	麟角		上杭 白砂里		刘 照	正钦、 雉庵		侯官	
刘 震	逊谦	舜卿	崇安		刘 爌	兆迈		莆田	顺治五年举人,遵化知县
刘百世	再传		沙县 西山坊		刘邦兴	有勃		闽清	嘉庆间贡生
刘邦勋	立斋		浦城锦城		刘宝玉	敬承		同安	
刘保恭		幼谦	闽清	宣统拔贡	刘保渠	亨达	石斋	闽清	宣统间贡生
刘保棠		树甘	闽清	同治优贡,代理连城教谕	刘保祯	亨赓		闽清	
刘必受	克承		沙县 状元坊		刘必泰	闿人		莆田	府学廪生
刘必显	于仁	用庵	沙县		刘秉铎	张木		崇安四隅	恩贡
刘秉镐	振西		崇安会仙	贡生	刘秉光	作臣		宁洋 集宁里	岁贡
刘秉文	道邹		闽清		刘秉越	得水	绣墨	闽清	
刘炳汉		星轩	闽清	宣统三年举孝廉方正	刘炳燮	少书		连江 上山下	举人
刘伯凤	文仪		闽清		刘伯亨	文称		闽清	县学生员
刘伯全	文备		闽清		刘伯枟	文木	朴斋	闽清	
刘步蟾	汉阶		宁洋 集宁里	岁贡	刘步蟾 (1852—1895)	子香		侯官	暂代北洋水师提督

刘步云	克登		汉台	宁洋集宁里	江南前帮领运千总	刘步中	金贞		上杭白砂里	
刘朝煌	荣苪		建宁		刘朝曦	光熊		闽清	县学附贡生,善作文
刘朝献	文举		闽清	县学廪生	刘朝相	端甫		漳平居仁里	州同
刘朝瑄		芝臣	闽清	监生	刘成杰	仲梁		长乐二刘	翰林院编修
刘成章	本汉	倬云	闽清	乾隆六十年岁贡	刘承春	元春	仁溪	闽清	乾隆间贡生
刘承纲	生三		武平		刘承浩	元潮、汇川		闽清	
刘承业	垂恢	鹤田	同安白石	居住厦门。铅山知县	刘崇德	荣修		光泽茅坪	其先永春湖阳人
刘崇仁	斯缄	容轩	闽清	雍正元年拔贡	刘传向	杖辉		宁洋集宁里	恩贡
刘吹藜	本乙		闽清	嘉庆间贡生	刘赐龙	尧臣、云峰		建阳县坊	
刘从龙	孟乾		莆田	遂安知县	刘存仁	炯甫、念莪	蘧园	闽县	秦州知州
刘大峰		绣圃	惠安		刘大受	绍庭		侯官	福宁温麻书院讲席
刘大勋	建忠		浦城		刘大猷	为尚		闽清	县学武生
刘大章	夒如	菊村	宁化	诸生	刘德崇	斯懋	梅斋	闽清	乾隆壬申举人,漳州教授
刘登奎	腾辉		宁洋集宁里	恩贡	刘登良	隆显		武平	
刘登龙	道剑	延津	闽清	县学贡生	刘殿元	道品		闽清	嘉庆三年武举人
刘敦华		子春	山西	举人	刘方霭		兰谷	安徽宣城	仙游知县
刘芳宸	允行		寿宁十都三图		刘芳云	赡五		贵州安平	浦城知县
刘斐章	汝明		上杭来苏里		刘风起	兰村、兰材		建宁	名一作凤起
刘逢升 (1762—1811)	仲允	南吉	同安康浔	乾隆五十三年举人	刘凤来	道仪		闽清	

刘凤翔	振鸾	紫庭	闽清	延平训导	刘福琼	耕春		上杭 白砂里	
刘高山 （？—1821）	文毅	止亭	同安浯洲		刘阁英	廉昌		永定	例贡
刘观潮		信斋	永福嵩口	宣统间贡生， 莆田教谕	刘观成	宁云		上杭 在城里	恩贡
刘冠唐	树平		上杭 来苏里		刘光鼎	孕玉		同安碧岳	
刘光华	仁斋		闽清	嘉庆二十一年 武举人	刘光藜	元象	桦烛	闽清	县学生员
刘光龙	佑文	郁堂	闽清		刘光荣	腾斗		建阳永忠	
刘光仪	思定		沙县 状元坊		刘光宇	尧天		归化	诸生
刘光云	元台		闽清	县学生员	刘光祚	以锡		寿宁 十都一图	
刘桂芬	月舫		江苏武进	沙县北乡寨巡检	刘国琛	道南、 慕游		闽清	生员
刘国攀	道攀		闽清青坑	县学生员	刘国玺	信斋		诏安	
刘国兴	振宇		河北宣化	古田把总、福 建后营游击	刘国轩 （1629—1693）	观光		长汀溪口	天津卫左都督 总兵官
刘国忠		恕斋	闽清	光绪十五年武 举人	刘国柱	立中	素堂	侯官	举人
刘汉纶	拙庵		宁化	诸生	刘亨衢	耀南		建宁客坊	
刘宏基	恒斋		广西临桂	晋江知县	刘宏信	履斋		长汀	
刘鸿诰	纶宣		湖南巴陵	建阳知县、永 宁知州	刘鸿熙	以咸		永安	监生
刘鸿熙		奋臣	周墩龙潭	恩贡	刘华兰	畹秋		归化	训导
刘焕光	学华	昂村	闽清	光绪廿六年进 士。保安、醴 泉知县	刘惠恒	子迪		江苏无锡	闽县知县
刘济川	品华		连江苔菉	榜名孝恭，举 人	刘家达	伯鸾		清流	
刘家驹	昂千		沙县	石泉、彰明知 县	刘家谋 （1813—1853）	仲为、 苞川、 芑川		侯官	宁德、台湾教 谕

刘家裕	衣谷		沙县		刘家镇	奂为	闽县	举人
刘嘉玮	云石		建宁		刘建庚	克长、西堂	长乐二刘	道光十五年进士,署花县
刘建韶	克和、闻石		长乐二刘	韩城知县,署兴安、榆林知府	刘鉴光		品人	闽清	嘉庆廿一年举人。长泰训导
刘鉴贤	贵才		闽清	咸丰八年武举人	刘介寿	福传、莱轩	闽清	
刘金榜 (1838—1909)	文超		南靖船场	又名诚正	刘金埔	晓堂	宁化	
刘锦泰		苍岩	闽清	光绪二十三年武举人	刘晋锡	康侯	永安	
刘景芬	贵祯		闽清	道光己酉科拔贡	刘景豪	若士	建阳县坊	
刘君用	子任		上杭田背	贡生	刘楷文	式侯	永安	邑廪生
刘克光	桂岩		长乐小刘		刘克明	明廉	秋湖	闽清	道光间恩贡生
刘兰德	香畹		河北沧州	建阳知县	刘连兴	文起	宁德	
刘良才	德化		永定		刘六符 (1887—1911)	肩宇	长乐潭头	一名锋,黄花冈七十二烈士
刘龙标	寸田		漳平	浙江衢标左协守	刘梦超		吉圃	惠安	
刘梦魁	璇若		莆田	雍正元年举人	刘梦鲤	子叶	闽清	县学生员
刘梦龄	尔三		同安	开封府推官	刘鸣鸾	秉和	上杭来苏里	
刘鸣岐	冈长		仙游		刘鸣霆	惊百	建阳永忠	安丘县知县
刘念典	于学	敩亭	沙县		刘沛然	章霖	大千	闽清	乾隆六年岁贡,龙溪训导
刘齐衢 (1813—1860)	本枢	绮田	闽县	兴文、荣县、江津知县	刘齐衔 (1815—1877)	本锐	冰怀、冰如	闽县	字一作冰如。河南布政使
刘齐煜	辉如		侯官	举人	刘其炳	大彪	蔚堂	闽清	
刘奇才	士超		永安	县学生	刘琦龄	稚玉		晋江	海澄知县

刘启熊	幼痴		同安厦门		刘钦亮		聘三	闽清	生员
刘青藜	光闱		宁洋集宁里	岁贡	刘青云	大赞		闽清	乾隆间贡生
刘球瑛	子玉	惠庵	同安塘源	华亭知县	刘佺龄	偓仙		同安碧岳	南阳知县
刘日盘	新元		上杭来苏里		刘日章	明千		上杭来苏里	
刘如阳	耕南		漳浦		刘瑞麟	效曾		光泽	
刘若廉	震夫	洁庵	闽清	康熙四十八年岁贡	刘三章	逸仙		河北景州	分巡漳南道、池太道副使
刘善勉	安行		闽清		刘善谦	阳德		闽清	
刘善位	育之		闽清		刘善源	一六		闽清	知县
刘尚忠	希一		清流		刘绍纲	鸿图、健为		侯官	诸生
刘绍珩	楚白		建宁客坊		刘绍几	道严		闽清	县学岁贡
刘绍唐	尧昆		长汀		刘绍挺	锡之		建阳崇化	
刘绍向	道雍	经畬	闽清	道光间贡生	刘绍轩	贵达		闽清	诏安营把总
刘绍宜	忠烺	菊友	闽清	寿宁镇自治会议员	刘升联	学龙	秀云	闽清	县学武生
刘绳基	崇甫		浦城		刘圣振	虚舟		闽县	兴业知县
刘胜安		子希	闽清	光绪二十三年武举人	刘胜禹	舜卿		建宁	
刘士超	贻远、越岫		闽清	年八十,举乡宾	刘士荼	周有、心香		侯官	镇平知县
刘士骥	贻良		闽清	雍正元年恩贡,居福州南台	刘士杰	梅岩		闽清	乾隆十二年岁贡,福安训导
刘士进	梅峰		闽清	乾隆间贡生	刘士骏		雪凌	漳浦霞美	
刘士楷	翼皇		侯官		刘士麟	毛伯		惠安崇武	

刘士睿	贻浚	虞溪	闽清	雍正十三年恩贡,大田教谕	刘世弼	柯峰		闽清六都	乾隆间恩贡
刘世标	得山	紫峰	闽清	贡生	刘世昌	昌元		上杭来苏里	
刘世炘	有坦	履庄	闽清		刘世辉	晦圃		闽清	
刘世焜	有盘	玉溪	闽清	县学增生	刘世文	有质	彬亭	闽清	乾隆四十四年贡生
刘世熹	炳若		永安	郡岁贡	刘世兴	有肃	畏斋	闽清	康熙廿六年举人。延平教授
刘世燿	有阜	松冈	闽清六都	府学生员	刘寿椿	立甫		闽县	潞安知府
刘树桂	小山		长乐二刘	福宁府教授	刘树英	为敏		闽清	嘉庆间恩贡
刘思点	春沂		建宁客坊		刘崧英	筱云		侯官	
刘天宪	亦章		宁化		刘天信	秀千		上杭来苏里	
刘天泽	履臣		同安厦门	武平教谕	刘廷璧	穀瑞		建阳崇化	
刘廷栋	章雍		闽清	乾隆六年岁贡	刘廷耿	章电		闽清	
刘廷楫	章胞		闽清		刘廷嵩	章端	室峰	闽清	乾隆十五年优贡。延平教授
刘廷梧	升碧		浦城		刘廷瑛	定岩		河北永年	庐陵知县,寓居光泽
刘廷章	建纶	芸圃	闽县		刘廷珍(1852—1926)	式儒	聘臣	宁德城关	又名斯盛
刘万里	鹏九		闽清	县学生员	刘维藩	作山		周墩龙□	生员
刘维翰	孕青		仙游	松溪教谕、政和教谕	刘渭龙	载公		莆田	康熙五年举人
刘文华	书朗		永定	监生	刘文煌	辉先		沙县	
刘文会	际亨		永安		刘文龙	体先	平野	宁化	
刘文谋	以燕		宁化	诸生	刘文贤	鹤皋		宁化	举人

刘文崒	子俊		宁化		刘锡三	怀琛		永福盘谷	贡生
刘锡英	子希		闽清感德洋	一作号子希。光绪岁贡	刘锡璋	右受		永安	监生
刘羲文	蕴六		上杭在城里		刘喜海	燕庭		山东诸城	汀州知府
刘先登	二山	静轩	同安康浔	定兴知县	刘向藜	季瑛		莆田	康熙五十九年举人。信宜知县
刘孝铭	子箴		连江伏沙	贡生	刘信梅	冠林		永定	布政司理问
刘兴邦	荔生		同安鸡母蛐	温州镇总兵	刘学道	义生		同安刘五店	
刘训瑞		玉轩	闽清	光绪贡生。闽清县知事	刘训和	蔼庭		闽清	县学生员
刘训极	长遵	寿如	闽清	光绪间恩贡	刘训嘉	沧洲	绩廷	闽清	廪贡生
刘训诠		鉴湖	闽清	名一作训铨。光绪八年举人	刘训儒	继晖		闽清	生员,寄籍贵州贵筑入学
刘训畲	家达	心耕	闽清	同治间贡生	刘训棠	棣皋		闽清	廪贡生
刘训熙	景康		闽清	县学生员	刘训扬	开长	央庭	闽清	光绪间贡生
刘训箴	子铭		闽清	代理大田训导	刘逊盈	涤川		宁洋集宁里	恩贡
刘彦超		卓山	周墩杨庄	武功大夫	刘彦试	伯达		仙游文贤	年满百岁,康熙间旌表人瑞
刘耀永	裕昆		建宁在城		刘以鹗	君宠		建宁客坊	
刘以相	东垣		建宁水南		刘亦球	品瑚		建宁	
刘懿磻	善邹	少鲁	闽清	同治九年举人	刘懿辰	善所		闽清	县学生员
刘懿琮	善堂		闽清	县学武生	刘懿耕	善劝	亦农	闽清	增广生员。创设文泉书院
刘懿珪	善瓒		闽清	县学廪贡生	刘懿璜	善尧	渭臣	闽清	咸丰五年解元。瓯宁教谕
刘懿琳	善森		闽清		刘懿璋		荔石	闽清	道光间拔贡

刘懿鋐	善炳	聘园	闽清	同治六年举人。宁德教谕	刘懿芝	善兰	紫山	闽清玉阪	道光十九年举人。归化教谕
刘英锋	元勋		闽清	乾隆间贡生。南安训导	刘永标	良瑞、次北		长乐二刘	江浦知县
刘永盘	义新		寿宁十都三图		刘永树	良珍、荫苍		长乐	举人
刘泳熙	穆丞		闽清	县学生员	刘用宾	观谦		长乐漳港	郡庠生
刘有庆	云其		上杭来苏里		刘又翚	云从		长汀	
刘于京	春苞		崇安五夫	岁贡	刘语铭		可钰	闽清	光绪十五年恩科举人
刘玉树	霖澍		闽清	县学生员	刘玉璋	特舟		四川奉节	建宁、兴化知府,龙岩知州
刘钰成	克振、剑液		长乐塘下	原名锋,进士	刘毓瑜	用彰		武平	
刘毓珍	儒怀		河北宁河	建宁知县、永春知县	刘元栋(1884—1911)	钟群		闽县	黄花冈七十二烈士
刘元福	禄绥		闽清		刘元晖		融斋	永安	深泽知县
刘元曦	际升		宁洋集宁里	岁贡	刘元义	延安		永安	
刘元颖	实夫		建阳崇化		刘运升	朝曦	处齐	同安碧岳	
刘宰裔	白门		上杭在城里	岁贡	刘增文	维福		闽清	
刘长泰	枝荣		浙江温州	海坛右营都司,迁居平潭	刘兆基	开周、石湖		闽县	平和教谕
刘肇璧	仍琢		武平	仙游训导	刘肇业	汶千		仙游功建	年九十六无疾而终
刘肇元		秋圃	惠安		刘振烈	麟石		武平	
刘振唐	树仪		上杭来苏里		刘震东	章素		闽清	县学增生
刘震龙	驾甫		莆田	顺治五年举人。繁昌知县	刘正秋	万悦		永安	诸生
刘之英	学杰	伟人	闽清	县学生员	刘志峰	振高	玉山	闽清	贡生

刘志南	云庄		宁化	高密知县	刘志贤	虞修		同安崎尾	
刘志勋 （？—1918）	亨传	寿石	闽清	贡生	刘致中	贵和		闽清	德化教谕、彰化教谕
刘中时	升宜		平和		刘中岳	汉端		安溪	
刘忠良	葆善		连江	镇中、镇西、镇远各兵舰大副	刘钟琪	宝树		浦城	
刘钟嵩	本英		闽清	县学廪生	刘仲芬	斯建		闽清	
刘纛凤	孟昭		上杭来苏里	监生	刘子才	可三		长乐东隅	莆田教谕
刘宗成	念修、默存		同安	南靖教谕	刘宗诚	实兴		建宁水南	
刘宗枢	梅臣	卓庵	正白旗汉军	尤溪知县	刘宗泰	学和		闽清	
刘宗泽	仰波		闽清		刘祖澄	为岑	晓湖	闽清	长泰教谕
刘祖纯	为章		闽清	县学武生	刘祖端	为修	和卿	闽清	
刘祖淮	为迪		闽清	归化训导	刘祖望		璜溪	闽清	嘉庆廿三年副贡，文昌知县
刘祖宪 （1774—1831）	为宪、守斋	仲矩	闽清	乾隆甲寅举人。安平知县	刘祖荫	为齐		闽清	
刘尊殷	思质		侯官		刘作栋	敏之		浦城	
刘作霖	元铨		闽清	嘉庆间贡生	刘作屏	学修	省三	闽清	光绪岁贡
刘作舟	学川		闽清	县学廪生	柳琫	荆石		寿宁坊四图	
柳其春		存斋	大田		柳世钫	声元		大田	
柳维珣	珑友		大田	宁化训导	柳羽翔		浩斋	大田	
柳宗权	和兆		连江		娄浩	啸岩		浙江山阴	福州知府、邵武知府
卢拔	丽窗		永定		卢奉	隽其		永定	国学生

卢 传	尔唱		崇安四隅里	永新县丞	卢 聪	景聪		永定	
卢 绂	荪皋		永定		卢 复	见兹、亭七		永定	岁贡生
卢 化	鲲浪		永定	繁昌知县、永寿知县	卢 杰	德常		南平	县学生员
卢 杰	轶凡		永定		卢 钧	牧堂		永定	
卢 峻	占丰		永定	庠生	卢 坤	长源		永定大路下	庠生
卢 乾	惕愨		永定云川		卢 清	裕堂		永定	雄县知县
卢 铨	省非		永定	铁岭知县	卢 山	静夫		崇安四隅里	恩贡生
卢 绅	约甫		江西南昌	平和知县	卢 澍	及人	沛苍	霞浦城西	乾隆进士
卢 松	敏兹		永定	监生	卢 遂	霁渔、易长		长乐浮岐	翰林院编修
卢 涛	文修		永定		卢 文	廷书		永定龙潭	庠生
卢 骧	苑卿		永定背头坪	庠监	卢 燮		理堂	闽清	同治间举孝廉方正
卢 爕	晴川		永定		卢 琰	宪武		莆田	乾隆六年举人
卢 仪		用亭	永定坎市		卢 英	骏臣		永定	
卢 致	迩其		永定		卢昂颢	勿噩		永定西坪	增生
卢苞文	梧冈		永定		卢葆勋	建堂		永定	
卢炳魁	德臣		永定龙潭		卢炳新	蔚如		连江通济铺	
卢炳勋	子千		长泰		卢彩春	钦荣		永定	
卢昌仪	晓亭		永定		卢昌宇	廷璧		永定背头坪	
卢超宗	亮卿		永定		卢朝恩	定衡		永定苦竹	监生

卢朝楫	子岸		永定	监生	卢辰枢	星拱		永定	
卢成金	维丽	芬亭	同安后浦	温州镇总兵	卢成永	慎修		永定	庠生
卢承德	克明		锦州府广宁	沙县、台湾知县，衡州府同知	卢承亨	光宏		永定陈东	
卢承宣	树屏		连江桂林	举人	卢澄元	熙臣		永定龙潭	庠贡生
卢存赤	葆元		永定		卢大璧	君显		建宁在城	
卢道安	志宁		永定大园		卢道衢	碧泉		永定	
卢德龙	见亭		永定		卢德威	子谦		永定	
卢登文	瀛冈		永定		卢殿人	蕃揆		永定	监利县丞
卢殿诏	蕃宪		永定	兴化府训导	卢鼎盛	谦六		顺昌前坪	
卢斗文	北垣		永定		卢而燨	弥区		永定	
卢尔谷	庶一		永定		卢尔佑	锡纯		永定云川	
卢福山	曾雄		永定	创制"万应茶饼"	卢观源	千畴		永定	
卢光华	国宾		崇安四隅里	闽清教谕	卢光莹	行顺		永定龙潭	
卢光裕	敖园		霞浦城关	镇远总镇都督	卢广丰	德三		永定陈东	
卢国华	苹野		永定东乡		卢国任	逊尹		永定	
卢国圣	周峨		永定云川		卢国顺	和豫		永定	监生
卢国佐	逊及		永定		卢翰焘	光宙		崇安四隅	武举人
卢亨衢	梅君		永定		卢闳中	晦岩		永定	
卢宏谋	毓崑		永定		卢宏文	武逊		永定	举人

卢宏寅	掌卿		永定		卢宏佐	昂卿	永定	
卢鸿道	正纯		永定		卢鸿鼎	曰都	永定	守备
卢化光	镜亭、镜庭		永定	附贡生	卢化熊	安山、如恒	永定	
卢家椿	载年		同安贤聚	雍正二年举人	卢家声	于圃	永定	
卢家元 (1762—1835)	世美	畏垒	南平宝龟	代理宜昌分府	卢见田	应龙	永定赖乾	廪生
卢见田	跃池		永定东乡	邑增生	卢节斋	景俭	永定云川	
卢杰一	在郊		永定		卢锦兰	蓂庭	永定	
卢觐光	仅凡		永定		卢经文	文炳	永定	
卢敬中	乔立		永定		卢九皋	鹤野	永定	廪生
卢九云	廷汉		永定		卢巨琳	昆亭	永定	
卢骏熙	养泉		崇安四隅	例贡	卢开鼎	勉亭	永定	
卢开甲	灵锡		永定龙潭	庠生	卢坤椿	景霞	永定背头坪	
卢昆良		玉兴	永定东埔	例贡	卢联标	霞川	永定	
卢联辉	晋元、聚堂		永定	嘉庆岁贡	卢良育	善亭、达薰	永定	
卢龙纪	弼皇		永定		卢隆训	念庭	永定	
卢履谦	牧亭		永定		卢梅溪	遴上	永定贝溪	
卢梦熊	玉峰		永定	廪生	卢乃珪	景文	永定金丰	乡宾
卢岐初	穆垣		永定贝溪	例贡	卢青植	斐兰	永定云川	
卢庆云	廷湛		永定		卢任翔	裕信	永定龙潭	增生

卢纫芳	馨堂		永定		卢日新	又铭		永定	
卢日旭	曙海		永定	廪生	卢荣耀	奎光		南平	
卢汝铨	椒轩		永定		卢汝贤	毓珊		永定东乡	
卢瑞苞	饮休		永定	邑庠生	卢润三	子泽	亦农	顺昌	
卢三品	乃联		永定		卢韶功	成猷		永定西坪	例贡
卢绍徽	荫台		永定		卢绍濂	爱亭		永定云川	
卢绍堂	光显		永定东埔		卢诜荣	桂堂		永定	
卢慎徽	克庵		永定坎市		卢声汉	立斋		永定坎市	
卢声抡	秀成、懋迁		永定	岁贡	卢石崖	金隐		永定云川	
卢士洪	宏猷		永定大园		卢士进	衷赤		永定	增生
卢士奇	正舒		永定云川	增生	卢世开	望行		沙县	
卢世翔	仞千		沙县		卢守道	润昆		永定	
卢受和	吉石		永定		卢双溪	惟实		永定	
卢思仁	惠延		永定金丰		卢腾晖		向甫	永定坎市	诸生
卢天成		浑然	永泰秋垄	岁贡	卢天任	仰辰		永定	
卢天叙	逊钦		永定		卢廷贵	梦熊		永定	陕西归德堡都司
卢廷推	柳介		永定坎市	惠安训导、崇安教谕	卢万宾	燕嘉		沙县	
卢万椿	灵囿		永定		卢万魁	经五		沙县	
卢万象	历标		永定		卢望澜	秀如		永定西坪	庠生

卢望荣	敏旃		永定西坪	廪生	卢为骥	归亭	永定	举人
卢维翰	象菘、象崧		永定	邑廪生	卢鍠千	又良	永定	郡庠生
卢伟猷	蔼亭		永定		卢蔚文	云冈	永定	
卢蔚猷	藻帆		永定坎市	同治拔贡,钦州知州、建阳县知事	卢锡九	云岩	永定	监生
卢熙屏	彦宾		永定		卢熙毅	履寅	永定	
卢显西	友白		永定		卢现彩	鼎云	永定	甘肃右营游击
卢欣椿	仰千		永定		卢欣松	仰乔、仰翘	永定	岁贡
卢修文	华清		永定西坪	廪生	卢勖吾	载群	同安贤聚	卢若腾之孙
卢学俊	吁倩		江西临江	仙游知县	卢彦辅	孝检	永定	
卢彦躬	厚塾		永定		卢彦亮	如九	永定	
卢彦群	柔戎		永定	廪生	卢仰圣	雍上	永定	
卢一梅	占春		永定	庠生	卢益亨	容许	永定	廪生
卢应鹏	逵村、洁堂		永定	南安、平和、台湾、侯官训导	卢庸中	庸熙	永定丰田	
卢永兴	韫堂		永定云川		卢玉珍	昆南	永定	
卢聿炳	耀西		长乐浮岐	进士,官工部	卢郁骖	杏里	永定	
卢毓麟	石甫		永定龙潭		卢岳英	淑士	永定龙潭	
卢云忠	孙洪		永定东乡	九十余岁	卢占晖	翼堂	永定东埔	监生
卢昭荣	斗南		永定贝溪		卢兆钧	象周	山西阳曲	仙游典史兼兴泰巡检
卢甄三	观成		永定坎市		卢振基	立轩	四白山人	台湾	甲午割台后内渡来厦

卢振扬	一峰		永定龙潭		卢震行	原子		永定	清流训导,加捐州同
卢之凤	淑苞		永定	顺昌训导	卢志凤	子登		连江县前铺	
卢志棠	少伯		永定坎市	诸生	卢中儒	珍行		永定	郡庠生
卢中柱	聚吉		永定背头坪	举乡宾	卢子金	康海		永定云川	
卢子龙	耀海		永定云川		卢子琪	遵轩		永定	
卢子文	同升		永定		卢宗善	荣陂		永定云川	
卢奏平	斯任		永定	罗源训导	卢足征	侗一		永定	郡庠生
卢祖熺	瞻岵		永定	仙游教谕	鲁曾煜	启人	秋塍	浙江会稽	鳌峰书院主讲
鲁鼎梅	调元	燮堂	江西新城	德化知县	鲁仕骥	絜非		江西新城	寓居泰宁
陆炳枢	榛阜		连江伏沙	贡生	陆广霖	补山		江苏武进	宁化知县
陆时北	天枢		南安		陆式舆	榛枝		连江	划鳅炮台炮官
陆天申	又虞		沙县		陆元熙		慎庵	浙江杭州	永泰漈门巡检
陆钟宏	祈宇		海澄八都		罗炳	虎文		邵武	举人
罗宸		枫溪	长汀		罗鸿	渐轩		清流	
罗基	克巩		沙县		罗锦	云予		上杭在城里	武举人
罗经	尔宜		同安西门		罗均	彦卿		邵武	松滋、麻城知县
罗明	镜人		上杭在城里		罗谦	季万		邵武	邑廪生
罗荃	切夫		宁化	诸生,举孝廉方正	罗升	陟三		沙县	武举人
罗宣	宪章		沙县		罗绚	藻亭		沙县状元坊	

罗旸	廷广		长汀		罗鈫		定周	沙县夏茂	
罗英	卓人		连城	岁贡	罗元	迴澜		建阳县坊	
罗越	疏声		沙县		罗卓	应龙、超亭		永定	澎湖游击、台湾北路副将
罗拔茹	素征		连城	广东巡检,精岐黄	罗本濂	景周		归化罗地	光绪己丑贡生
罗必闻	芭远		永定金丰	乡宾,一百二岁	罗才纶	经甫		崇安五夫	佛冈直隶州知州
罗才征	兼三		长汀		罗采彰	锦成		连城	郡庠生
罗朝政	仰明		沙县状元坊		罗传儒	薪亭		连城	
罗大鸣	仰贤		上杭胜运里		罗大韶	爕典		归化	邑廪生
罗大佑	谷臣		江西德化	福防分府	罗道南	洛臣		清流	
罗德龙		明轩	长汀	监生	罗德滋	树人		连城文亭	
罗登标	子建、子龙		宁化	松溪教谕	罗登峻	晴坡		宁化	郡广增生
罗登元	宗万		沙县		罗蜚翰	凤藻	翔华	清流	一作风藻
罗丰禄 (1850—1901)	谡臣		闽县	驻英国大使	罗逢恒	成斋		永定	
罗赓成	冀亭		永定增坑		罗赓化	羽亭		永定增坑	
罗赓南	瑞亭		永定增坑	附生	罗观文	贞周		沙县	
罗光暎	崧山		永定		罗光焰	映寰	朗亭	漳浦	参将
罗桂丹	渥如		崇安五夫	附贡	罗国璜	璧轩		上杭在城里	
罗国珍	玉村		永定		罗河岳	奠之		上杭在城里	
罗洪先	达夫	念庵	江西吉水	寓居武夷讲学	罗呼嵩	祝三		上杭胜运里	

罗华葵	向曛		沙县		罗焕标	亦全		沙县村头	
罗嘉杰	少耕		上杭		罗嘉贤	象先		归化	康熙辛亥贡
罗嘉猷	俊升		沙县历西		罗锦章	昼堂		连城	邑庠生
罗镜光	涤尘		永定		罗俊德	魁廷		浦城	
罗俊恩	仰千		永定金丰		罗俊璘	玉轩		崇安五夫	候官、福清、永定教谕
罗俊仁	寿山		崇安五夫	附贡	罗开娟	全顺		沙县	
罗孔裔	祖尼	青岩居士	长汀		罗立拔	于鳌		沙县	
罗联经	叔周		沙县		罗联棠 (1788—1851)	樛恩	竹淑、竹淑	归化	福州鳌峰书院掌教
罗麟俊	弼膺		龙岩		罗麟贞	非谅		沙县状元坊	
罗龙光	仲斗		长汀	学生	罗梦达	崐山		沙县居阳山	
罗梦举	达才		沙县		罗敏奇	秀柱		永定	监生
罗名凤	发岐		沙县历西		罗名楠	慕蘧		沙县历西	
罗名盛	宜昌		沙县历西		罗鸣珵	合婚		沙县夏茂	
罗南星 (1648—1724)	柳次	榆园	永安	朔州知州	罗攀桂	枝一	屏山	政和	
罗培廉	孝舫		连城	岁贡	罗起珍	瑞周		沙县夏茂	
罗如弼	直生		沙县夏茂		罗如铨	六符		沙县夏茂	
罗汝修	崜庭		上杭在城里		罗瑞落	范侯		惠安崇武	原姓郑
罗上彪	辰于		永安		罗上梅	开兆		上杭胜运里	
罗上桢	楷卿		上杭洋壩		罗绍科	遇云		沙县	

罗圣楠		梅村	沙县下茂		罗圣㸒	应芳	沙县夏茂	
罗圣渭	遇文		沙县夏茂		罗圣勋	象尧	沙县枫树叉	
罗胜恩	光德		沙县广誉坊		罗士亨	乾又	宁化	拔贡
罗士质	亦文		宁化		罗世崇	高宇	连城	
罗世伟	伟人		上杭	岁贡	罗世珍	俊如	沙县	
罗受恩	连先		永定	监生	罗腾魁	渭卿	沙县	
罗天周	尚文		长汀		罗廷凤	汉翀	宁化	诸生
罗廷谏	子良		浙江绍兴	建阳县典史	罗廷钦	敬甫	连城文亨	邑庠生
罗庭炜	俊明		连城	邑庠生	罗万芳	桂标	沙县	
罗万舞	羽阶		沙县		罗文衡	平卿	沙县夏茂	
罗文禧	耿光		上杭平安里		罗文贤	希圣	沙县均竹	
罗贤芳	鸿章		清流	武举人	罗相伊	锦川	清流	
罗向高	伊崇		沙县夏茂		罗学昂	青云	沙县夏茂	
罗学榜	文元		沙县夏茂		罗学镰	瑞征	连城	
罗学枫	仰宸		沙县夏茂		罗学鸿	羽仪	沙县夏茂	
罗学机	应心		沙县夏茂		罗学澜	锦华	沙县夏茂	
罗学敏	志修		连城		罗学伊	莘亭	沙县夏茂	
罗巽中	应亨		上杭在城里		罗彦彬	质夫	崇安五夫	举人
罗叶孙	荫林		莆田		罗以声	律和	连城	附贡生

罗义进	孚高		闽县		罗英筊 (1709—1778)	搐抢	茂溪	沙县夏茂	宁波定海总兵
罗英笈	思程		沙县夏茂		罗英贤	岂胜、 岂圣		沙县夏茂	
罗英勋	光宸		沙县夏茂		罗英雅	西园		沙县夏茂	
罗永琇	荣宇		沙县历西		罗永僆	遵文		沙县历西	
罗又光	峻瑶		沙县夏茂		罗远彬	中庵		沙县夏茂	
罗岳圭	元锡		晋江	天柱知县、庆 元知县、龙泉 知县	罗占元	鸣谦		沙县夏茂	
罗璋灿	崇显		上杭 胜运里		罗璋献	崇儒		上杭 胜运里	
罗长辉	有光		沙县村头		罗长龄	祝夫		连城文亨	
罗焰致	德驯		连城文亨		罗肇基	自堂		连城	左宗棠委为粮 台
罗肇金	砺章		沙县夏茂		罗肇声	开生		永定	
罗肇滩	昆源		沙县夏茂		罗肇周	卜年		沙县夏茂	
罗振有	伯溢		上杭 在城里	广州训导	罗正象	元甫		永安	监生
罗宗华	耀西		连城文亨		罗遵求	从吾		沙县夏茂	
骆俨	温如		邵武	原籍惠安。汀 州游击、楚雄 总兵	骆腾衢		筬圃	浙江诸暨	平潭同知
吕澂 (1846—1908)	渊甫	默庵	同安厦门	光绪十九年举 人	吕涵	容斋		建阳	
吕翰 (1853—1884)	赓堂		广东鹤山	威远兵船管带	吕六	毓韬		南安朴乡	
吕祁	林庵		浙江仁和	建阳知县	吕哲	毓明		南安朴乡	
吕保孙	星望		江苏阳湖	平潭厅同知	吕伯玉	俊芹		南安朴乡	
吕伯宗	俊游		南安朴乡		吕沧海	朝宗	礼庭	同安	

吕丹书	燕迪		南安朴乡		吕福星	拱耀		同安	
吕观我	哲修	恕亭	南安朴乡		吕钦臣	晓村		永定	
吕日登	岸于	兼霞	晋江	松江府知事	吕瑞青	濂甫		南安廿九都	
吕世宜 (1784—1855)	可合	西村、不翁、种花道人	同安浯洲	居厦门。	吕文经 (1838—1908)	纬堂		同安厦门	赤溪协副将
吕玉珩	声楚		南安十一都		吕元恩	辑五		广东新会	署德化知县、南安知县
吕钟秀	集莹		广东饶平	将乐知县、台湾凤山知县	吕仲诰	谦六		同安西仓	吕世宜父。寓厦门
吕自忠	孝直		南安朴乡		吕宗健	粹侯	湘南	南安	
吕奏韶	尧门		陕西三原	将乐知县	马椿	斯永		长汀	增贡生
马琳	兰贵、兰桂		永定高头	潮州左营守备	马相		清溪	长汀	
马超群	鸿楷		永定		马承禹	宗夏		宁德	
马大宾	思敬		邵武	云霄游击	马殿洲		恪斋	永定	
马蜚声	艺圃		邵武	郡廪生	马孔彪	文辉		清流	武举人
马履序	彬然		长汀		马权奇	不群	绍南	长汀	
马上襄	佑行		永定	邑庠生	马士英	干亭		长汀	
马泰征	孟偕		莆田	顺治十四年举人。乐昌知县	马天翔	健飞		宁德	
马廷萱	友桂	鉴泉	长汀	南河司马	马维超	起之		宁德	
马锡瑞	殿五		归化		马咸厚		东愚	山东东光	仙游知县
马彦标	西名		宁德		马彦材	西柱	东山	宁德	

马彦栋	西亮		宁德		马永寿	如山		浙江山阴	金门县丞
马攸德	石坡		永定		马玉简	介卿	心岩	长乐	安乡知县
马元歆	典卿	三峰	长乐罗田		马在时	跃宜		长汀	
马昭瑮	玉山		清流		马兆麟 (1837—1918)	瑞书、 竹坪	子般	东山铜陵	
毛彪翰		又鹏	闽清	康熙间贡生， 长泰训导	毛乘鳌	步莱		光泽	松溪教谕
毛乘彪	泗臣		光泽 廿四都	岁贡	毛乘驹	里千		光泽 廿四都	岁贡
毛凤仪	世桐		光泽毛湛	监生	毛高飞		天羽	闽清	顺治间贡生。 德化训导
毛鹤龄	配遐、 耻庵		光泽		毛凌波	堂衮		光泽 廿四都	武举人
毛念恃		敕五	江苏武进	延平训导、教 授	毛世璩	服苍		光泽 廿四都	岁贡
毛寿永	伯龄		光泽毛湛		毛抟昊	简在		光泽 廿四都	举人
毛抟九	世飞		光泽 廿四都	福州训导，连 江、建安教谕	毛元吉		仁仲	闽清	乾隆贡生。建 宁训导
毛振翱	云亭		四川涪州	宁化知县	茅景黉	世鹗		仙游	荆州督运卫千 总
茅彝鼎	子铭		仙游		梅鉴	兆麟		建宁蓝田	
梅泉	星源		光泽一都	尤溪教谕	梅蕊	茂居		建宁蓝田	
梅雄	毅侯		光泽一都	拔贡	梅光国	华翁		福鼎浮柳	
梅树德	务滋	铁崖	邵武	西安知县	孟琇	秀玉		浦城	
孟昌期	时可		浦城		孟超然 (1731—1797)	朝举	瓶庵	闽县	主持鳌峰书院
孟传德	惠卿		闽县		孟殿荣	与升、 梦霞		浦城	
孟拱辰	北元		崇安 大浑里	邑庠生	孟华通	明扬		崇安大浑	

孟汝明	镜池		浦城		孟思培	述邹		浦城浮流	
米　复	几颜		邵武	邑廪生	米　泰	君俞		邵武	庠生
米元珍	长孺		邵武	诸生	闵本贞		质庵	安徽徽州	尤溪知县、刑部主事
闵遇亨	来泰	礼存	长汀	拔贡	缪嘉行	端人			永定知县
莫　淳	伯腝	静川	上杭在城里	东川营参将	莫　洪	季英	巨川	上杭在城里	
莫　淇	仲斐	菉川	上杭在城里		莫　沄	叔皓	云川	上杭	
莫大振	兆怀、馨园		上杭在城里	山西抚标中营守备	莫凤翔	子瑞		同安厦门	
莫祁鼎	采勋		上杭	岁贡	莫其昌	沩长		上杭在城里	安溪训导
莫士均	大镛		上杭在城里		莫树椿	寿舍、翘南		上杭在城	
莫树蕃	蕃舍、楠村		上杭在城里		莫树菁	莪村		上杭	
莫天香	兰芳、瑞园		上杭在城里	武举人	莫文焕	尧章	但存	上杭在城里	
莫之栻	元敬		莆田	顺治十五年进士。广平推官	莫之伟	伟人、颖修		上杭在城里	咸宁知县
穆　溁	仕清	厚庵	侯官		穆尔谟	宾日		福清海口	莱州知府
穆廷栻		符公	河北山海卫	福建陆路提督	穆图善(?—1887)	春岩		满州旗人	姓那拉搭氏。福州将军
倪　坤	体乾		建阳三桂		倪　燮	廷臣		建阳县坊	
倪　琇	竹泉		云南昆明	兴泉永道道员	倪　在	修文		建阳三桂	
倪　钊	玉符		建阳县坊		倪　著	太微		龙岩	庠生
倪邦杰	铭三		建阳兴下		倪邦良	耜南	深田	同安厦门	祖籍晋江。定安知县
倪春芳	伟玉		宁德		倪道纯	学彬		建阳下里	

倪观海	铁泉		同安铜鱼馆		倪鸿宾	逵吉		建阳兴下	
倪会极	立人		建阳县坊		倪师宽	宗相		崇安四隅	贡生
倪试光	耀堂		政和		倪寿朋	子萱	鹤舫	建阳兴下	
倪天翰	康侯		崇安四隅里	邑廪生	倪锡藩	应保		建阳下里	
倪锡鹏	凌云		建阳兴贤下		倪锡远	晋九		崇安四隅	武举人，延平千总
倪以椽	蒲生	竹臣	同安铜鱼馆		倪元俊	岂凡		龙岩	监生
黏本盛	道恒		晋江	京堂	聂 芳	桂侯		建宁	巢县知县
聂 升	初晖		永安		聂大经	用昭		永安	附贡
聂笃忠	厚斋		永安	兴文县丞	聂观凤	继贤		建宁	
聂光喜	志亨		建宁		聂光显	文临		建宁	
聂光祖	荣谟		建宁		聂国珖	攻玉		建宁	
聂国球	天生		建宁		聂徽瑞	日云		建宁	
聂家荣	云亭	木轩	建宁		聂履吉	士祥		崇安四隅里	邑庠生
聂启贤	敬之		建宁		聂盛泰	逢年		建宁	
聂廷铨		简堂	闽清		聂廷珍	聘三		闽清	
聂万驺	良五		建宁		聂微义	仁泰		建宁	
聂衍美	隆贵		建宁		聂奕绍	继远		建宁南乡	
聂永宁	尔康		建宁		聂原履	守平		闽清	
宁 崐	惟一	鹤山逸者	建宁安吉		宁 霖	禹畴		建宁	

宁荃	愚川、遇川		建宁在城	贡生	宁儒	尚行	建宁在城	
宁大庚	启曙		建宁安吉		宁凤贞	启文	建宁	
宁国瑄	六如		建宁在城		宁际昂	如璋	建宁	
宁良铨	石苍		建宁		宁穆堂	缉熙	建宁蓝田	
宁上忠	君义		建宁		宁绍义	朴庵	建宁在城	
宁思桂	丹五	慎斋	建宁		宁思宪	介敷	竹庐、紫云樵者	建宁
宁天扬	汝言		建宁在城		宁文德	中孚		永定孔夫	乡宾
宁文腾	梅馨		建宁		宁希景	福泉	建宁	
宁永忠	隆廷		建宁		宁云汉	子玉	山西	同安知县、厦门海防同知
宁之藩	镜堂	蓉屏	建宁北乡		宁志真	启文	建宁半寮	
宁宗雍	璧沼		建宁在城		区遇	霖山	广东阳山	泰宁知县
欧华春	笑山		沙县社学坊		欧景芬	芗友	连江后沙	富阳知县
欧立元		抢轩	南平城西	同治元年壬戌恩科举人	欧龙光	须嵌	莆田	康熙二十五年举人。怀远知县
欧阳弼	梦良		同安厦门	台湾总兵	欧阳敦	启厚	光泽廿一都	兵部福建提塘、临清卫千总
欧阳凯（? —1721）	虞臣		同安厦门	漳浦籍。台湾总兵	欧阳林	坤林	清流下寮	
欧阳铭	警斋		泰宁		欧阳蓂	尧阶	同安美仁	光绪十一年乙酉拔贡
欧阳士超	允特		长乐十六都	诸生	欧阳舜	志舜	清流	武举人
欧阳挺		荔香居士	泰宁		欧阳通	鉴湖	光泽一都	德化教谕
欧阳文	诗同		长乐十六都	邑诸生	欧阳暄	遁庵	永定	

欧阳巽	仲华		泰宁		欧阳元	善行		光泽廿一都	
欧阳云		瑞卿	泰宁		欧奕源	澄川		沙县	
潘 榜 (1784—1878)	乃登		南安罗东		潘 锦	綗章	就亭	崇安四隅里	文武殿试读卷官
潘 耒	次耕		江苏吴江		潘 仪	文仪		浦城	
潘炳年 (1844—1919)	耀如	退庵	长乐三溪	夔州知府	潘步元	乾斋		霞浦	台湾淡水营守备、都司
潘承家	可钦		南安芦村	碣石总兵	潘澄洋	弼祺	玩园	南安卢川	原名嵩。同治岁贡
潘从龙	观天		崇安	平江县丞,署浏阳知县	潘从龙	可云		南安卢川	
潘鼎圭	子登		晋江		潘拱辰	薇臣	远亭	江苏无锡	松溪知县
潘国材	遯山		闽县	泉州守备	潘华来	豸石		长乐	
潘节文 (1891—1916)	弈敬	离恨	永春达埔	保定军官学校教练官	潘锦澜	友竹		崇安县城	
潘晋龄	式九	松年	南安芦村	云南知县	潘晋晟	式季	唐叟	南安芦村	平凉知府
潘林祥	元信		平潭西隅	广东春江副将	潘灵芝	紫秀		安溪	
潘汝龙	健君	散畦	浙江归安	松溪知县、永定知县	潘绍本	庆夫		崇安黄柏	附贡
潘思诚	乃明		南安卢川		潘思光		涵亭	安溪	
潘士锦	晦仲		南安芦村	宁德教谕	潘世嘉	话仪		江西南城	长汀知县
潘澍霖	应祺	雨亭	南安芦村		潘思穆		敬亭	安溪崇信里	
潘思忠	乃梓	仰亭	南安卢川		潘天埠	学山		莆田	榜姓林。康熙五十六年举人
潘廷伟	特夫		崇安	户部禄米官监督	潘廷云	丽大		崇安四隅里	增生
潘同仁	澹斋		崇安黄柏	贡生	潘维清	式源		南安芦村	

潘维飓	式士	瞻鹤	南安芦村	章邱知县	潘文澜	注西		崇安黄柏	举人。
潘新图	南仲		南安		潘在藻	如江		沙县 龙池坊	
潘兆吾	荆山		浙江	随总督满保至厦	潘肇经	方营		沙县 龙池坊	
潘振声	贞贵		长乐三溪		潘正开	以元	茹初	南安芦村	永和知县
潘政良	赞丞		崇安四隅	拔贡	潘宗达 (1804—1861)	乃亶		南安罗东	
裴 琮	璧长		清流		裴 棨	戟森		闽县	四川知县
裴光缙	士英		崇安会仙	例贡增生	裴士谅	恂如		清流	署理邵武训导
裴荫森 (1823—1895)	樾亭		江苏阜宁	福建按察使	裴钟英	岳秀		建阳崇太	
彭 鳌	和庵		江西宁都	南安、永春知县,福州知府	彭 椿	屏千		崇安周村	咸丰壬子副贡
彭 定	静候		崇安五夫	附生	彭 淮	于柏		崇安石臼	武举人
彭 铭	朝计		莆田	康熙二十年举人。处州同知	彭 宁	志道		宁德一都	
彭 麒	文端、 廷瑞		南安		彭 濡	贲如		崇安周村	
彭 洙		凫麓	安溪 在坊里		彭 祖	孟周		崇安四隅	武举人
彭博古	会友		崇安五夫	南泗州卫守备	彭朝璧	嵩年		崇安 周村里	州同知
彭帝时	舒懋、 敬夫	梅川	仙游	康熙五十九年举人	彭夺超 (?—1862)	逾洛		同安浯洲	署理金门左右营游击
彭公提	天行		建阳崇化		彭光誉	骈禧	小圃	崇安	奉天司兼浙江司行走
彭光藻	敬轩		湖南武陵	福州海防同知,权长乐县事	彭国寓	韦叔		宁德一都	
彭好古	孔友		崇安五夫	恩贡	彭恒祖	椿龄		湖南	署金门县丞
彭凌郁	可枚		崇安五夫	南洋训导	彭培桂	逊兰		同安	咸丰六年贡生

彭启绪	奎发		崇安周村	附生	彭钦贤	廷宾		长汀	
彭荣诰	紫封		光泽一都	琼山、阳春知县	彭如祖	伯述		宁德	
彭瑞琳	玉溪		崇安石臼	举人,知县	彭瑞麒	春圃		崇安岚谷	天津盐漕河捕同知
彭善长	尔仁		侯官		彭尚祁	昌嗣		江苏长洲	建阳知县
彭圣培	与因		莆田	中部知县	彭圣域	与是		莆田	鲁山知县
彭士灿	含章		崇安周村里	莱阳县丞,代理茌平知县	彭士锦	文卿		永福	
彭士右	有斯		莆田	康熙五年举人	彭世翰(?—1899)	筱屏	修来	江西宁都	杨岐珍幕僚
彭世浚	缔哲		宁德		彭寿祺	吉甫		崇安下梅	例贡
彭嗣昌	厚轩		崇安岚谷	举人,兴宁县知县	彭嗣丰	孙舫		崇安岚谷	廪生
彭万青	廷选		上杭来苏里		彭维桃	奕祖		宁德	
彭文雷	小孔		崇安大浑	福宁训导	彭文震	木孔		崇安四隅	举人,国子监学录
彭显绪	迁吉		崇安周村	附生	彭显扬	蓉镜		光泽县治	通政使司经历
彭雄飞	士升		崇安节和里	岁贡	彭翊宸	赞轩		崇安石臼	拔贡,入旗官学汉教习
彭映葵	向日		崇安	古田、永福、闽清教谕	彭永英	盛余		霞浦城北	灌口都司、嘉义游击
彭赞尧	萱阶		崇安大将	廪贡	彭钟华	彩臣		崇安四隅	恩贡,直隶州判
彭宙训	式贤		崇安大将	邑庠生	彭祖寿	明润		光泽	邑诸生
蒲立勋(1781—1833)	希文	树亭	同安厦门	温州镇总兵	蒲鲁士(1864—1918)		叟堂	美国	莆田传教
戚戣言	渭艇		浙江德清	连江知县	齐洪超	仪鲁		闽县	
祁徵祥	星阶		建阳		钱步青	良洙		闽清	咸丰九年武举人

钱光祖	大业		连江崇云	浙江卫千总	钱稼秋		穗生	浙江山阴	平潭厅同知
钱梦麟	汝瑞		闽清	道光十四年武举人	钱文兴	汝栋		闽清	道光十五年武举人
钱玉光		长河	闽清	道光十九年武举人。永春游击	钱占鳌	长鸿		闽清	同治十二年武举人
乔 煌	西村		山西闻喜	邵武县丞	秦得霈	万苏	雨村	政和	
秦功诏	受禄	縠斋	政和在坊		秦国用	必雄	鼎庵	政和	
秦林木		蔚岚	政和		秦师彭	周叟		晋江	
丘 达	云泉		上杭中都		丘 馥	荷公		上杭胜运里	改名复
丘 瑾	子美		连城		丘 鸾	采五		上杭来苏里	
丘 铭	旂生		上杭		丘 峤	碧上		上杭来苏里	刑部浙江司员外
丘 泰	运启		崇安丰阳里	岁贡	丘 坦	亦平		上杭	拔贡
丘 勋	廷楠		上杭在城里		丘 园	贲于		崇安石臼里	
丘 韵	嗣音		上杭在城里		丘 瓒	宗献		上杭来苏里	
丘 庄	端士		上杭瑞香		丘 倬	国瑞		上杭	
丘本仁	善斋		崇安四隅	附贡	丘秉中	贞初		上杭来苏里	
丘朝珠	树华		崇安丰阳里	廪生	丘春乔	长松		上杭来苏里	
丘春三	企华		上杭来苏里		丘存仁	心斋		崇安四隅	附贡
丘大春	越千		崇安四隅	天津水直沽批验大使	丘大田	九嗒		上杭白砂里	
丘待问	蕴之		上杭在城里	龙岩训导	丘芳林	荆溪		上杭	
丘凤冈	少岐		上杭中都		丘凤梧	桐友		崇安四隅	附贡

丘观宸	赓明		上杭来苏里		丘冠英	元锦		上杭来苏里	
丘鹤鸣	皋九		崇安石雄	附贡	丘华东	世仁		上杭来苏里	
丘华期	泰和		永定	庠生	丘嘉穗	秀瑞		上杭来苏里	举人。
丘峻极	迟生		崇安石臼里	邑庠生	丘陵岩	月峰		上杭来苏里	
丘六成	兼三		上杭在城里	籍贯永定。岁贡	丘抡相	绍书		崇安四隅里	增贡生
丘轮翰	绍文		崇安四隅里		丘梦鲤	渔父	樗庵	上杭来苏里	榆次知县
丘民悦	徯来		上杭在城里	岁贡	丘命三	戋吉		上杭林塘	
丘聘珍	三才		上杭东溪	原名镇清	丘壬臣	希健		崇安四隅里	邑庠生,卫千户
丘士俊		斐园	上杭来苏里		丘士任		仁庵	上杭来苏里	
丘士修		苃轩	上杭来苏里		丘世行	充义		上杭瑞香	
丘书城	田石		上杭中都		丘天麟	振公	瑞庵	永定	
丘为仁	礼箴		崇安城区	建宁教谕	丘惟一	问三		上杭	
丘伟卿	力人		上杭中都		丘炜辉	琴南		上杭中都	
丘文焕	墨池		崇安四隅	附贡	丘心尧	乐耕		上杭中都	
丘学圣	次轩		上杭来苏里		丘学殷	存宋		永定	庠生
丘应登	小鲁		宁化	香河知县	丘正颂	泰音		永定	庠生
丘志高	象乾		上杭来苏里	籍龙泉	丘中宽	又严		上杭在城里	
丘钟灵	献廷	芝山	上杭林塘		丘宗周	宪章		上杭来苏里	
丘祖馨	其佩		上杭胜运里	贡生	丘作圣	奋生		上杭来苏里	举人

邱 椿	古园		福鼎秦屿		邱 铎	震公	光泽十七都	岁贡
邱 亨	子元		连江小墺	贡生	邱 璜	少草	长乐坑田	刑部主事
邱 辉	枚卿		连江赤石	庆远同知	邱 捷	广生	崇安石雄	恩贡
邱 进	纪夏		连江万石	武举人	邱 峻	竺岩	霞浦俊星	
邱 澜	文波		光泽	拔贡	邱 联	迅登	快亭	沙县城东	
邱 铭	旂生		上杭	诸生	邱 楠	岂栎	光泽十七都	长泰训导
邱 荣	自玉		永定		邱 镕	子陶	龙岩	正白旗教习
邱 珊	九苞		永定	廪生	邱 坦	文度	永安	龙岩训导
邱 涛	宏起		龙岩	州同	邱 伟	殊一	光泽十七都	武举人
邱 锡	尔衮		晋江	广平知府	邱 琇	秀玉	宁化	诸生
邱 瑄	价龄		连江赤石	贡生	邱 璋	达轩、次北	长乐厚福	刑部广西司员外郎
邱 倬	国瑞		上杭	武举人	邱炳萱	平孙	屏沧	长乐厚福	平潭县知事
邱炳义	叔直	愧愚	同安厦门		邱步衢	振翰	仰周	长乐坑田	左营守备。寄居省城美化铺
邱才魁	星伯		光泽十七都	署理光泽汛	邱才颖	仲嘉	光泽十七都	举人,广东知县
邱朝爵	尊一		宁化社背		邱朝阳(1807—1854)	升旭	建丰	海澄三都	
邱朝仲(1840—1916)	昭忠		海澄三都		邱成光	圣一	永定	监生
邱大顺	易堂		光泽		邱大章	展也	崇安四隅	拔贡
邱笃信(1820—1896)	正中	勤植	海澄新坡	邱炜蒌之父	邱凤岗	仪九	崇安四隅	增贡
邱凤翔	仪同		连江赤石	贡生	邱广才	顺生	建宁	参将

邱汉禹		圭扬	海澄三都		邱鸿炳	蔚南		光泽廿六都	博罗知县、宜山知县
邱鸿文	焕章		光泽廿六都	拔贡	邱煌荣(1734—1790)	惠时	松亭	海澄三都	
邱季方	钦之		龙岩		邱继仁	夏棣		霞浦西街	
邱嘉穗	秀瑞		上杭		邱嘉净	起哉、石村		连江积石	诸生
邱见山	晓潭		连江赤石	福安教谕	邱建辉	蕃素		崇安石臼	
邱郊昊	克谐	遯庵	沙县	诸生	邱锦贻	西园		崇安石臼	潜江通判
邱经传	拟琼		永定		邱景湘	镜泉		长乐坑田	惠潮嘉兵备道,军需局提调
邱峻南		藻庭	广东大埔	闽清知县	邱理德	赐公		将乐	
邱联恩(1812—1859)	伟堂		同安浯洲	南阳镇总兵	邱良功(1769—1817)	玉韫	琢斋	同安后浦	浙江提督
邱亮采	禹畴		光泽	教谕	邱龙翔	禹瞻		连江建兴里	武举人
邱民贵	牧伯		永定		邱培英		杰斋	闽清	诏安、将乐训导
邱屏周	钧五		光泽廿六都	邑庠生	邱翘樅	谷之		龙岩	
邱庆松	峻斋		浦城		邱人望	乘六		光泽十七都	岁贡
邱仁复	震几		仙游	康熙二年武举人	邱日升	汉川		连江学前	桐山把总
邱如衡	宾上、鸿南	苏林	侯官	举人	邱汝登	宾日	楼山	龙岩	福鼎训导
邱瑞麟	石生		连江小墺	武举人	邱三成	配斋		永定	
邱三捷	子升		南平	顺治十四年举人,宿迁知县	邱深造	汝成		将乐	
邱时迈	皋行		连江赤石		邱时义	文朋		连江小埕	举人
邱士任	昌文		上杭	诸生	邱世琮	位坤		宁化	诸生

邱世燎	骅骝		崇安丰阳	举人	邱泗方 (1813—1894)		裕发	海澄三都	
邱唐守	盛富		永定		邱天秉	崇受		上杭	监生
邱天德 (1826—1891)	志达		海澄新坡		邱天培	振秀		永定	武庠生
邱天纵	艺先		崇安石白	贡生	邱廷甫	建厚		连江小埕	铜山营水师游击
邱蔚文	豹林		龙岩	庠生	邱修诗	杜林		建宁上黎	
邱仰崧	慕萱		连江赤石	贡生	邱业新	盘铭		建宁	
邱业新	盘铭		建宁		邱应登	子澹	小鲁	宁化	香河知县
邱映逵	康庄		上杭		邱与长	蓼匪		永定	庠生
邱玉昆	锟辉		光泽 十七都	岁贡生	邱玉山	有宽	两峰	长乐坑田	崇安教谕
邱聿徵	幼琴		长乐坑田	翰林院编修	邱月芹	启泮		光泽 廿三都	
邱允通	大复		连江赤石	进士	邱兆兰	畹石		霞浦城关	直隶州同知
邱正颂	泰音		永定	庠生	邱正忠 (1821—1896)	笃信	华峰	海澄三都	
邱忠波 (1830—1892)	如松		海澄新坡		邱钟灵		芝山	上杭	镇江卫千总
邱宗皋	念兹		光泽圭川		邱作训	绍典		连城	宜昌游击
秋嘉禾	露轩		浙江杭州	厦门海防同知	裘伯玉	味兰		光泽	东莞、增城、番禺知县
裘绍箕	星寓		光泽一都	京山知县	裘思通	同文	静夫	江西新建	南平知县,福宁府通判
裘廷柱	海筹		光泽	盐库大使	裘维三	照光		光泽	
裘宪璟	辅卿		光泽	保康知县	裘宪璘	吴卿		光泽	博白、昭平、阳朔知县
裘章镐	少京		光泽	拔贡	璩英彪	伟人		建宁	

瞿　良		周台	河北大兴	平和典史，德化知县	瞿侪鹤	敦文		连江仓前	蔚州知州
瞿廷驹	蓉坡		连江	贡生	瞿廷骏	贞甫		连江	贡生
瞿一鳌	梅亭		连江仓前	贡生	阙魁	星元		永定	
阙堂	学升		永定		阙文	蔚湖		永定	乐陵知县
阙勋	如超		永定		阙振	羽公、翼公		永定	嘉善知县
阙朝阳	春馨		上杭太平里		阙传桂	东山		永定	
阙道成	凝和		永定	庠生	阙恩诏	丹崖		永定	
阙凤起	鸣岐		永定灌洋		阙国桢	如山		永定	
阙怀品	禄园		永定青坑	监生	阙锦鸿	良由		上杭翰溪	
阙俊标	亮千		上杭太平里		阙抡元	东乾		永定	
阙履中	奕发		永定		阙梦丹	贯一		永定	
阙鸣山	克岐		永定		阙清华	星阶		永定	
阙容德	辅佐		永定		阙容光	连佑		永定溪南	监生
阙善良	守积		永定上青坑		阙圣宗	鲁元		永定	庠生
阙守贞	回溪		永定马山堡		阙肃斋	泮生		永定增瑞	
阙体元	直卿		永定增瑞	庠生	阙廷华	月潭		永定	
阙廷卿	介眉		永定三堡		阙翼远	为燕		永定增水	监生
阙永华	嵩阶		永定		阙元镳	绳统		上杭太平里	
阙元超	栋湖		永定		阙月卿	士惟		永定	

阙蕴元	玉峰		永定		阙镇崧	岳甫		永定马山堡	年一百岁
阙中标	希曾		永定		饶东	鲁山		光泽	教习、教谕
饶鉴	镜水		崇安	岁贡	饶炯	辉南	松圃	邵武	安阳知县、新安知县
饶谦	吉夫		光泽三十都	安化知县	饶用	起行	舫村	龙岩	思恩知府
饶元	君采、惟统	乾斋	顺昌仁寿都		饶本礼	克己		光泽	武举人
饶登荣	子厚		光泽十八都		饶广廪	子盈		光泽	庠生
饶亨僎	再成		光泽	侯官教谕、沙县教谕	饶继志	春帆		光泽县治	琼山、定安、文昌知县
饶金瑞	云程		建宁南乡		饶命稷	司田	章斋	瓯宁	仙游训导
饶培三	宏槐		建宁银坑		饶庆寿	奇方		光泽	
饶寿庆	奇芳		光泽十五都		饶廷相	弘道		上杭在城里	
饶廷相	位东		光泽十八都	岁贡	饶廷选(1803—1862)	枚臣		闽县	浙江提督
饶文试	抡选		龙岩		饶有勋	庆宏		光泽四都	岁贡
饶于德	作求		光泽五都	举人,拣选知县	饶泽临	治人		崇安四隅	训导
饶泽咸	受人		崇安四隅	贡生	饶泽殷	毓祥		崇安四隅里	
饶作霖	澍田		光泽一都	开化知县、武义知县	任杰	廷雍	卓卿	平潭潭蛟	
任景	宇春	谱亭	浙江钱塘	平和游击	任玮	朝康	玉珊	平潭潭蛟	
任本仁	质民	二兰	江苏华亭	仙游知县	任东观	敦全		仙游	束鹿知县
任可大	登元	罂东	平潭潭蛟	贡生	任仕璜	升甫		连江定田	崇安教谕
任兆松		麈亭	山东聊城	连江知县	任柱鳌	聿臣	蓬山	平潭潭蛟	教谕,兴文书院讲席

阮　皦	浪昱		永定 上湖雷		阮蔡文 (1667—1716)	子章	鹤石	漳浦霞美	
阮芳潮	以平		宁德五都		阮光周	赤臣		永定	字一作赤色
阮积山 (1859—1927)	学文		泉州	又名金锥	阮良章	孙明		永定湖雷	乡宾
阮齐贤	嗣林		周墩桃源	县学生员	阮荣光	隆佑		永定湖雷	监生
阮题塔	拔伍		永定湖雷	庠生	阮衍宗	文柏		莆田	康熙二十九年 举人
阮贻昆	长伦	孟亭	江西新建	建阳知县、同 安知县	阮遇春	云蒸、 云先		宁德五都	
阮元皋 (1905—1951)	鹤鸣	承九	宁德青潭		阮振纶	洪综		宁德 廿五都	
阮自堌	兆峻		宁德		萨承钰	又恒		侯官	武城知县
萨觉民		铿藩	福州		萨龙光	肇藻	露萧	闽县	翰林院庶吉士
萨玉衡 (1758—1822)	葱如	檀河	闽县	榆林知府	单　济	光普		沙县	
单九仪	虞采		沙县		单可垂		柳桥	山东高密	南安知县
单瑞龙	皞臣		浙江钱塘	南安知县	僧惟元	涵白		永定陈东	
僧悟端	鉴尘		长乐 十二都		僧性聪		欲朴	邵武	
商明远	镜临		漳浦 大南坂		上官灿	崇德	介庵	光泽	
上官承祐	正五	寄寓生	光泽	邑廪生	上官承平	雅轩		光泽	直隶州州判
上官芬	湘圃、 滋兰		光泽	郡廪生	上官凤	集桐		光泽九都	直隶州州同
上官华盖	焕台		光泽	镶蓝旗教习， 候选教谕	上官纪云	瑞卿		光泽	训导
上官联登	文瀛		清流		上官临	庄顺、 以庄		光泽县治	拔贡
上官懋本	仪卿	蓉湖	光泽	唐县知县、晋 州知州	上官懋猷	子卿		光泽在都	岁贡

上官铨	式如	竹园子	光泽	瓯宁训导	上官汝忠	秉贞		清流	
上官瑞云	安卿		光泽	郡庠生，	上官若农	载卿		光泽	
上官曦	载升	寅斋	光泽县治	举人，掌教光泽县书院	上官显	鼎卿		崇安四隅	
上官新	维怀		光泽在城	岁贡	上官炘	景清		光泽廿四都	岁贡
上官以忠	葵心		清流		上官寅志	玉台		光泽县治	举人，掌教杭川书院
上官毓万	懋兴		光泽县治		上官瑷	殷尚	犹石	光泽	岁贡
上官桢	干臣		光泽十五都	福宁教授、长汀教谕	上官周（1665—1749）	文佐	竹庄	长汀	原名世显。尤精于画
上官紫凤	灵仙		光泽	女	尚连城		晋卿、石友	奉天宁远	建阳知县、惠安知县
邵锷	发冶		永福长垅	康熙间贡生	邵伯荫	子南		闽县	高陵、渭南知县，摄蓝田篆
邵成平		庸济	江苏华亭	仙游知县	邵德占	衍昊		连江	昭平知县
邵广贞		呆庵	松溪		邵继贤	菱生		连江	绩溪知县
邵连科	邦善	捷轩	闽县	福建水师提督	邵士玉	琢成		连江	贡生
邵天球	元御	变鸣	同安东山		邵言纶	思伤、芝山		连江万石铺	息县知县
邵震中	开从		侯官		邵镇南	十洲		浦城	
佘弼	弼子		莆田	顺德知县	佘履度	裴士		莆田	泸溪知县
佘鹏程	翼仲		莆田	雍正十年举人	佘庆祚	又鼎		莆田	康熙三十五年举人
申伟抱	又韩		辽东镶黄旗	分巡漳南道	申绎芳		霖臣	江苏吴县	与周亮工交好，有游闽诗
沈曾	宋如		永定		沈敦	敷五		永定	
沈涵	度汪	心斋	浙江归安	提督福建学政	沈烈	象包		连城	诸生

沈 穆	旦及		浙江杭州	漳平知县	沈 瑞	麟郊		建阳	
沈 璇	连玉		邵武	安平知县	沈 洲		松轩	诏安	内阁中书
沈邦元	朗西		连城	邑庠生	沈宝善	石楼		诏安	
沈葆桢 (1820—1879)	幼丹、 翰宇		侯官	榜名振宗。两 江总督	沈朝初	洪生		江苏吴县	侨寓三山,侍 读学士
沈朝源	昆远		连城	能扶鸾	沈大纶	达观		连城	邑庠生
沈恩举	登三		连城	长洲知县	沈飞腾	云衢		永定	
沈逢吉	孟叔		莆田	顺治五年举 人,闽县教谕	沈孚举	子岩		永福	
沈更莹	祥开		永定堂堡		沈光澧	董如		永定	
沈光淇	萃如		永定		沈光渭	石偶、 尚而		永定	灵石知县
沈国勋		骈石	连城	岁贡	沈和衷	协寅		连城姑田	
沈鸿儒	谈圃		永定		沈济龙	霖雨		连城	邑诸生
沈建元	抡级		连城		沈涧宗	芹如		永定	建阳训导
沈接生	锡蕃		永定	增生	沈甄平	丹元	半泉	侯官	
沈君翰	墨卿		连城		沈君璇	若玑		永定	
沈君召	礼维		永定堂堡		沈揆熙	宅崖		永定	
沈浪琦	宗韩		永定		沈利宾	国光		永定堂堡	
沈孟份		冲宇	永定		沈孟修	懋所		永定堂堡	
沈名冠	伯群		连城		沈鸣冈	桐千		永定	庠生
沈沛然	泽田		永定		沈青麒	问渠	企阳	永定	

沈清鉴	镜堂		永定堂堡	庠生	沈琼林	酉昌		永定堂堡	
沈荣华	翰卿		同安		沈汝亨	钟溪		永定	
沈瑞行	慎先		永定		沈上章	天成		江苏华亭	福建总督范承谟幕僚
沈绍安 (1767—1835)	仲康		侯官	创制脱胎漆器	沈绍闻	德庵		永定	监生
沈士煃	阶三	秋瀛	河北天津	秋瀛一作字。上杭知县	沈世昌	翼心		永定堂堡	
沈世隆	藕溪		永定堂堡	监生	沈式济	戢谷		永定堂堡	
沈潭宗	建溪		建阳崇泰		沈腾虬	困亭		永定	
沈廷芳	畹叔、椒园		浙江仁和	鳌峰书院主讲	沈廷枫 (1787—1870)	兼三、香塘	丹林	侯官	举人
沈颐清	蟢男		侯官	船政局局长	沈维嘉	乐宾		永定	
沈文楫	飞渡		永定	古田训导,署教谕	沈锡宝	载光		永定堂堡	
沈学渊	涵若	梦塘	江苏宝山	道光《福建通志》分纂	沈瑶池 (1810—1888)	古松		诏安	画家
沈一葵	日宾	南崖	诏安仕江		沈翊清	丹曾	澄园	侯官	江西知府、练兵处行走
沈永肩	心一		连城		沈余庆	福柏		永定	
沈瑜庆 (1858—1918)	志雨	爱苍、涛园	侯官	顺天知府、贵州巡抚	沈毓英	杰臣		浙江绍兴	宁德县丞
沈元霁	天开		连城	举人	沈载熙	南畯		永定	
沈掌笺	藤溪		永定		沈掌纶	广丝		永定堂堡	
沈之倬	石香		浦城		沈致和	万育		永定	
沈钟联	达斋		永定		沈祖文	雪湖		诏安	
沈缵绪	悆述		永定	增生	盛 本	伦先	小垞	浙江慈溪	宁德、闽县、南安知县

施 鸿	则威、燕笑		建阳北雒田		施 寓	兰修	桐卿、问云	长乐	原名祖霖,举人
施 琅 (1621—1696)	尊侯	琢公	晋江衙口	福建水师提督	施 霖	能继、澍岩		闽县	西宁知县
施 清	宜从	县人	同安厦门		施 雄	玉立		同安前安	
施 中		田间	南平吉田		施邦基		鸿渚	大田	
施邦镇	怡岩		侯官		施朝铨	选卿		福清	山西知县
施传锜	孔湘	釜卿	长乐东隅	庠生	施大晃	观行		福清平北	进士
施大恩	北潭		福鼎在坊		施德辉	联岩		长乐大宏里	庠生
施德章	聿丰	倬云	平潭下厝场	祖先为大墩区北楼村人	施而宽	容臣		仙游	徐州总兵
施冠珍		聘侯	大田湖上		施国廪	质鲁	毅似	晋江湖滨	兵部主事
施浩然	雨槎		福鼎在坊	光绪纪元恩科举人	施鸿保 (? —1871)	可斋		浙江钱塘	从事幕僚,在闽尤久
施瑚琏	文琏		同安同禾		施化理	赞廷	云溪	云南浪穹	崇安知县
施鉴檠		聘侯	闽县	澧州安乡、辰州府辰溪知县	施鲁滨	弼士		长乐	佐理马江船政局
施起凤	超腾		福鼎秦屿		施起元	君贞		福清龙田	广东参议
施日章	闇斋		福鼎秦屿		施如珆	贵山		福鼎在坊	
施如全	苑川		福鼎在坊	乾隆甲寅科经魁	施闰章	尚白	愚山	安徽宣城	江西参议
施士岳	伯干		晋江	嵩明州知州	施世榜 (1671—1743)	文标	澹亭	晋江衙口	原名寅
施世骠 (1669—1721)	文秉、怡园		晋江衙口	字一作文南	施世骥	文迦		晋江衙口	
施世纶 (1659—1722)	文贤	浔江、静斋	晋江衙口	家谱作世伦。漕运总督	施天章	以文	黻庭	平潭霞峙	正蓝旗教习
施廷简	史南		福鼎在坊		施廷瑞	辑五		晋江	平越知府

施廷藻	亮彝		福鼎在坊		施廷柱	擎峰	仙游	潼川府通判
施同炳		伯韬	大田		施同灿		叔星	大田	
施万春	长仁		平潭下厝场	邵武府教授	施万玉	温卿	晋江	
施文藻	凤舆		广东番禺	建阳知县	施心传	结知	宁化	郡廪生
施学智	照岩		福鼎在坊	州同	施奕簪	佩其	晋江	内黄知县、登封知县
施永伦		筱彝	大田		施元旸	赓白	闽县	
施则常		衮侯	长乐大宏里	邑增生	施兆震	阳初	建阳童游	
施至生	华峰	网珊、小山	晋江深沪		施宗同	钧石	福鼎镇边	候补县丞
施宗彦	后甫		福鼎在坊	廪贡生	石暄	槐苍	长乐古槐	邵武教谕
石国琛	玉献		同安东溪		石国偁	桂轩	闽县	龙岩州学正
石国任	乐辛		闽县	崇庆知州	石含玉		琢斋	邵武	职员
石之玉	席之		武平		石仲英	毅圃	福鼎秦屿	监生
史诚	实夫		闽县	直隶州知州	史圌	象文	浙江归安	上杭知县
史龄	香九			上杭知县	史调	匀五	陕西华阴	仙游知县
史图	象周		浙江归安	上杭知县	史甲先	进之	湖南沅陵	将乐知县
世拱显	尔韬	小山	泉州	锡兰山国王巴来那后裔	释超拂		伊嵩	上杭白砂里	俗姓名袁辉先
释超位		寿宗	漳浦		释道宗		古镜	兴化莆田	俗姓宋
释法兴	宗邦		闽清	弃儒习道,精于符箓	释佛化(1834—1913)	佛化		同安	俗姓名林甫。南普陀寺住持
释古月(1843—1919)	圆朗		闽清葛坡	俗姓名朱救官。鼓山涌泉寺住持	释海明	转初	慈莲	南安四都	俗姓王

释净机	木鸥		福清	连江玉泉寺住持	释明鼎	宏耳	卖云	连江	
释通庸	达中	不偏老衲		杨氏子	释元飞(1672—1742)	石龙		晋江	童氏子
释云果(1882—1914)		幻空	惠安獭窟	俗姓名林悟静	释长志	子恒		满洲正红旗	驻防福州,后为僧
释智水	楞根	了幻头陀、古图	福鼎	俗姓张,法号心源法师	释宗标(1652—1734)	良准	观幻	同安	林氏子
宋瀍	尔凝		莆田		宋达	为谦		莆田	瓯宁教谕、上高知县
宋锦	云孙		建宁黄洲		宋钦	敬山		莆田	康熙四十七年举人
宋存礼	质公		莆田	雍正元年举人	宋德远	孚禹		政和	
宋恩来		典贤	同安董林	原名飞来。举人	宋国科	过之		建宁	
宋鸿图(1849—1878)	瑶轩		侯官	御前侍卫	宋继庠	肇周		建宁在城	
宋捷登	用吉	云峰	政和		宋景郊	书弟		福建政和	
宋可发		艾石	山东胶州	将乐知县	宋清源	天波		江苏元和	兴化府通判
宋庆曾	沂公		莆田	宁洋教谕	宋人纪	良驷		政和	
宋人杰(1812—?)	枸侯		政和	改名芭培。举人	宋人骐	次农		政和	
宋任弘	起莘		闽县	将乐教谕	宋绍波	觐周		福安鹿斗	
宋士玠	鼎臣		政和		宋士楷	子式		政和	
宋廷恩	渥堂	荔轩	政和黄墩		宋廷模		子山	云南晋宁	平潭厅同知
宋衍镛	振东		贵州瓮安	上杭知县、泰宁知县	宋泽溥	子泉		晋江	
宋瞻宸	笏廷		福安		宋志璟	湘南		浙江仁和	南安知县
宋志逵	毅伯		莆田	榜名志宏。乾隆三年举人	宋滋兰(1854—1896)	佩之、秋馨	后庵居士	政和	

姓名	字	号	籍贯	备注	姓名	字	号	籍贯	备注
宋滋蓍 (1860—1887)	象之、梦爻	夬庵	政和	光绪十二年进士	宋祖堳	尔御		莆田	籍贯一作永春。康熙九年进士
苏璧	玉川		永定古竹		苏潮 (1680—?)	景韩		长泰人和里	
苏德	克峻		永定	潮州镇标左营游击	苏吉	方蔼		永定	温州副将,成都提督
苏洁	宏锦		永定		苏侃	直庵		海澄八都	
苏润	季枢		南安		苏淞	君明	僧瘰	晋江	寓居厦门
苏昺	元伯		南安霞舒	原名云	苏焱	山有		南安	
苏玮	庆夫		南安二十都		苏壎	宫声		南安	
苏亿 (1880—1915)	书万		德化葛坑		苏元	笑三	梦鹿山樵、笑道人	同安	
苏祉	君受	荣洲	晋江	南安籍,广信知府	苏徽	远章		海澄	
苏邦荣	树青	子华	龙岩		苏璧垣	钟鄞		永定	郡增生
苏秉德	懿甫		海澄八都		苏朝宝	忠健		永定金丰	
苏道岸		登峰	永定		苏德良	芹万		永定金丰	
苏笃志	景伊		南安霞舒		苏二美	怀玉、明行		永定	
苏二由	怀颖、见欧		永定		苏方鉴	活川		永定金丰	增生
苏凤仪	裕庵		永定抚溪		苏光彩	垂虹	融亭	同安后边	原名司明。无为州同知
苏光铨 (1869—1919)	学金	蕴玉	德化浔中		苏镜潭	灵槎		同安澳头	
苏君弼	正伍		龙岩	增生	苏俊三	任兆		永定苦竹	
苏克孚	达轩		永定金丰	年八十八	苏克家	希一	允寿	同安下溪头	一作字允寿
苏魁甲	燮光		永定金丰	康熙岁贡	苏梦兰	国香		江苏	上杭知县

苏鸣夏	荔村		海澄	居住厦门。贡生	苏南金	陶轩		永定	
苏清莲	怀德		宁洋集宁里	岁贡	苏瑞桢	仙根		同安澳头	寓居厦门
苏上达	仰溪		永定		苏松坚		心如	永福丰宁山	贡生
苏廷浚	玉五		永定南溪	字一作玉伍	苏廷澍	玉冈		永定南溪	邑诸生
苏廷玉 (1783—1852)	韫山	鳌石、退叟	同安澳头	大理寺少卿	苏文华	宁来		永定	
苏文雄		翼城	宁洋集宁里	督标,署理兴化右营	苏相德	性如	善堂	同安厦门	监生
苏映华	春园		永定		苏映三	次琼		永定	
苏映中	敬旃		永定		苏则惠	知人		南安坑尾桥	
苏正笏	朝章		永定抚溪	庠生	苏正绥	纶章		永定抚溪	
苏之琨	石长		沙县		苏钟奇	大德	晴峰	永福丰宁山	举孝廉
苏钟英		蔼人	永福丰宁山	道光二十九年举人	苏祖泉	渊亭		永定古竹	
苏祖荣	确亭		永定南溪		苏缵廷	元容		晋江	
孙 桯	次琚		连江	永定训导	孙 澄	惟六		连江	贡生
孙 丹	玉史		浦城		孙 桂	文蟾		连江县西	贡生
孙 珩 (1772—?)	汝芾	兰陔	惠安张坂		孙 瑚	汝夏		惠安大坪	
孙 淮	碧山		闽清	原名安国。廪生	孙 锦	德尚		连江崇云	贡生
孙 筠	蕙霭		连江	六合知县	孙 鲁		岱东	河南阳武	泉州知府
孙 迈	彦超		连江崇云	崇义知县	孙 平	允德		连江县西	武举人
孙 让	谦如	地山	连江	榆林知县,鳌江书院山长	孙 锡		芝田	闽清	乾隆间贡生。保昌知县

姓名	字	号	籍贯	备注	姓名	字	号	籍贯	备注
孙训	于古		连江	贡生	孙议	宏树		连江	举人
孙讚	巨川		连江	云南试用知县	孙湛	谦士	濂川	闽清	康熙四十四年举人
孙璋	尔绶		连江大街	武举人	孙桢	幹臣			上杭知县
孙柱	奕擎	梧峰	闽清	乾隆间贡生	孙葆瑨		幼谷	闽县	
孙昌沂	登雯		连江白胜		孙成康	寿人		连江崇云	武举人
孙大成	师孔		浦城		孙大焜		南瀛	广东高州	寿宁知县
孙道翼	起云		连江	举人	孙尔准	平叔		江苏金匮	福建巡抚、闽浙总督
孙发曾	广叶	弁石、药源	连江通济铺	泉州教授	孙逢聪	哲士		宁德	
孙凤江	晴波		连江仙屏	举人	孙孚正		桂峰	闽清	
孙拱极	肃佑	紫垣	连江崇云铺	知县，掌教鳌峰书院	孙国器	俊斯		仙游	乾隆元年举人
孙辉国	拙轩		闽清	县学生员	孙捷锋	昌炽		连江龙西	武举人
孙金式	尔法		连江	武举人	孙经世(1783—1832)	济侯	惕斋	惠安张坂	道光十二年优贡
孙开华(？—1893)	庚堂		湖南慈利	福建陆路提督	孙丕烈	骏承		同安	例贡生
孙企宗	简参		山西介休	泰宁知县	孙翘江	兰皋		贵州黄平	福安、连江、顺昌、邵武知县
孙钦昂	师竹		安徽	兴泉永道	孙庆甬	乾甫		连江	长乐训导
孙庆云	蒸如		连江龙西	漳州守备	孙全谋	元臣	澹亭	龙溪	居厦门
孙如铎	孔翰		连江	贡生	孙瑞麟	玉书		连江龙西	
孙士澜	海若		永春儒林里		孙世华	伯谌		连江	
孙世瓒	仲撰		连江		孙嗣康	雪珍		霞浦古县	溥野知县

孙维谦	礼丞		连江	举人	孙维禧	石樵		连江	举人
孙兴寿	小濂		浙江嘉兴	南平知县、松溪知县	孙学稼	君实	圣湖渔者	侯官	
孙贻縠 (1848—1898)	兆燕	翼如	福安洋中	资州罗泉井分州别驾	孙胤骥	天闲	渊溪	安溪长泰里	
孙有全 (1819—1890)	希南		诏安铜山	乳名狗(九)	孙玉麒	花屿		浦城	
孙裕芳	颂芬		连江		孙云鸿 (1796—1862)	逮侯、仪国		龙溪	福山镇总兵
孙兆麟	幼樵		连江		孙兆松	右龄		连江资寿	宁化训导
孙兆元	鼎文		浦城		孙振豪	汝西		浦城	
孙之屏	献卿		奉天复州	仙游知县	孙志仁	行五		连江县西	夏津知县
孙忠明	仁山		福鼎在坊		孙钟鳌	登书		连江	博兴知县
孙钟源	登振		连江	凤山教谕	谈经正	传六		湖广远安	平和知县
谭抡	鉴溪		江西龙南	南安、福鼎知县	谭献	仲修	复堂	浙江仁和	一名廷献,游福建学政幕
汤杰	万人	一庸	长汀	庠生	汤贲	弼予		建宁在城	
汤铭	允远		宁德		汤德溥	景徐		归化	康熙贡生
汤芳蕙	芷邻	焕奎	归化	同治己巳贡生	汤芳藻	揆庭	忆梅子	归化	
汤贵惠	君华、震峰		归化		汤茂桃	文实		宁德	
汤钦讚	志夔	敬怀	长汀	岁贡	汤荣标 (1771—1841)	尚宾	霞城	周宁玛坑	铜山参将
汤绍宗 (1884—1935)	炳均		浦城		汤世敬	尔忠	一亭	归化	
汤世烓	兆辉		宁德		汤遂良	显忠		归化	同治癸亥县学生
汤维翰	幹臣		建阳童游		汤维新	警铭	涤川	清流	阿迷州知州署理广南府事

汤熙春	梅岩		建阳崇化		汤兴寿	子全、希吾		归化	
汤学尹	兰谷		归化	又名元斌	汤学尹	伊人		莆田	顺治十四年举人，嘉禾知县
汤学中	智授		归化	康熙癸酉贡	汤雪村	茂盘		周宁玛坑	
汤衍洪	汪度	耕云	归化		汤伊相	任臣		浦城	
汤咏长		渔庄	长汀		汤元馨	非稷、仁宇		归化	
汤曰捷	敏行		归化	武生，国子监肄业	汤兆麟	吉兹		长汀	同安守备、桂林副将
汤箴卫	四如		云南蒙自	建阳知县	汤之祚	尔锡	永亭	长汀	贡生
汤志尧	翼善	谦山	长汀	永年知县	汤祖相	简生		清流	
汤祖铉	肇生		清流	山阴知县	唐 山	万公	乐壶	莆田	乾隆壬戌进士，台湾教授
唐灿情	子伦		仙游	康熙间贡生	唐朝彩	尚琼		莆田	康熙四十七年举人，沙县教谕
唐朝彝（1640—1696）	偕藻		镇海卫	宗人府府丞	唐煜黎	文夫		安溪	
唐桂生		丹岩	安溪		唐建镛		序东	浙江钱塘	平潭厅同知
唐锦标	占申		上杭胜运里		唐仁永	缉誉	绍亭	仙游	崇安训导
唐仁源	缉逢		仙游	康熙二十九年举人	唐上标	辂林		上杭胜运里	
唐斯盛	熙鼎		仙游	漳州训导	唐崧华	崧及		莆田	元城知县
唐者禄	熙百		仙游功建		唐之华	熙实		仙游	康熙间贡生
陶 碧	石公		晋江		陶浚宣	文冲	心云	浙江宁波	居厦门
陶自超	远舟		福鼎秦屿		滕承恭	恪庵		连江浦口	
滕子玉		蓝邨	山东昌乐	平和知县，权光泽县事	田 鹤		闻野	大田	

姓名	字	号	籍贯	备注	姓名	字	号	籍贯	备注
田景文	筱岩		湖北来凤	沙县知事	田彦生	持和		大田	
田仲伊		少夫	大田		田宗玉	幼蓝		连江青塘	
铁华上人	明开		漳浦		廷毓	秀川		满州	兴泉永道
同拱辰	枢垣		陕西郿阳	长汀知县、永定知县	童楫		雨帆	河北保安	尤溪知县
童瑾	楚怀		邵武	贡生	童亮	冠山		泰宁	
童才璠	鲁英		连城		童昌久		鲁存	连城	
童道文	锡昌		崇安四隅里		童环宗	双玉		连城	邑廪生
童积斌	小丛		连城	闽清训导、古田教谕	童积超		一斋	连城	举孝廉方正
童积开	受恒		连城	诸生	童积喜		庆庵	连城	
童家锦	孙织		连城	诸生	童嘉宾	燕臣		连城	郡增生
童浚德	君照		同安东溪	齐东知县	童可交	惟信		连城	
童南玉		戴霞逸士	连城		童能灵(1683—1745)	龙俦	寒泉	连城	芝山书院山长
童能元		止窝	连城	诸生	童其浚	海琴		上杭溪南里	
童日鼎	玉铉	我梅	连城	籍贯一作归化。寿宁训导	童三纲	君重		连城	贡生
童世菁	茂莪		连城	诸生	童寿犒	日晖		连城	
童孙灿	若星		连城	国学生	童廷寅	敬亭		连城	举人，主讲豸山书院
童希睿	哲人		崇安四隅	丽水知县	童锡禧	祉繁、建行		连城	
童新任	继前		连城		童选青	韵香		连城	南平教谕，掌教豸山书院
童耀光	辉如		泰宁	庠生	童一雄		知虚	连城	

童以襜	仲衣		沙县		童以矜	衮锡		沙县	拔贡
童以瞻	仲衣		沙县		童曰龙	在田		泰宁	龙岩州训导
童正心	留村		连城		童祖谦	惺庵		泰宁	大冶知县
童祖望		敬斋	连城	举人	童祖绪	缵三		泰宁	岁贡
童祖莹	宝光		连城		童祖瞻		裕亭	连城	国学生
涂梅臣	章和		闽清		涂梦花	季凝	江伯	漳浦	
涂尚志	观五		建宁		涂献经	仲常		建宁在城	
涂忠惠	作香		闽清		万栋	翘楚		光泽	邑诸生,钦赐副举人
万封	祝三		崇安四隅		万骞	蠹逵		光泽在城	岁贡
万钊	勉予		光泽一都	直隶州州判	万承箕	良侯		晋江	翁源知县、陵水知县
万方城	汉池		崇安四隅里	署韶州府	万方焜	庠东		崇安四隅	江苏候补道
万际昌	尔登		晋江		万际璋	以昭		晋江	两广盐道
万培因(1835—1896)	莲初		崇安四隅	福建学政	万培英	莲初		崇安四隅	北河兵备道、四川按察使司
万培元	镜蓉		崇安四隅		万其邦	树侯		光泽在城	岁贡
万绍炳		窳谷	晋江		万毓倬	云坨		河北顺天	沙县知县
万正色(1637—1691)	惟高	中庵	泉州浔尾	中庵一作字	汪丙	柔兆		河北大兴	仙游白岭司巡检
汪焕	笃庄		建阳		汪篯	伯年		浙江	以候补县丞来厦
汪洋	溢侯		惠安后店		汪洋	兆圣		闽清	雍正间贡生
汪曾垣	掖苍		浙江钱塘	上杭知县	汪士渠	益轩		福鼎茶阳	

汪仕忠	莘村		建宁		汪廷英		披清	江苏仁和	仙游知县
汪先达	镜泉		安徽桐城	福安典史	汪学澄		筱衡	江苏常州	尤溪知县
汪耀声	穆如		闽县	廪生	汪志周		瘦石山人	诏安	
王翔	鹤云		建宁		王彬	旦著		浙江会稽	代理仙游白岭司巡检
王炳	亨斯		仙游	雍正元年癸卯恩科举人	王苍 (1691—1775)	伊人		长泰恭顺里	
王超	辟英		连江	烽火营参将,署水师营副将	王超	友鹤		永定富岭	
王敕	圣仲		闽县	安溪教谕	王筹	胜千		永定	广东协标中军都司签书
王椿	大年	畜斋	广东兴宁	仙游知县	王錞		韫石	永福赤岸	
王琮	宗玉		崇安四隅	贡生	王道	直夫	鹿皋	漳浦	
王甸	弼五		武平		王殿	道升		沙县	
王峰	旭东		永定	郡庠生	王孚	颙若		江苏高浮	连江知县
王诰	凤楼		光泽十九都	永安训导	王功	绩甫	鸿山	长乐大宏里	诏安守备
王宫	南宫		建宁水东		王桂	小山			侯官知县
王袞	补之	洁斋	邵武	岁贡	王竑	广生		长汀	
王笋	正之、执斋		建宁		王玑	玉倩		莆田	康熙二年举人
王吉	枚臣		江西安福	光泽知县	王楫	圣举		光泽四都	县学生员
王节	致和		邵武	崇安、归化教谕,汀州教授	王京	次明		建阳永忠	
王景	兰生		侯官	举人	王靖	紫荆		南安三十都	
王筠	松若		邵武	郡廪生	王寯	杰臣		永福	

王 楷	贡庭		永定		王 楷	幼模		清流	
王 琅	异玉		崇安 四隅里	庠生	王 礼	象贤		南平	
王 鲤	瑞龙		同安	乾隆二十五年 武进士	王 良	遂侯	毅庵	晋江	
王 蓼	飞卿		晋江		王 路	量伯		建阳崇化	
王 泌	玉汝		莆田	康熙二十三年 举人	王 民		暎如	永福	乾隆间贡生
王 铭	奕史		武平	诸生	王 淇	咸允		侯官	副贡生
王 琦		心禹	永福	同治九年举 人,南安、龙溪 教谕	王 启	友翼		建阳童游	
王 芹	泰来		永定	武生	王 溙	利杰	成旗	长乐	福鼎训导
王 任	允重		浦城		王 相	天木	轩六	山东诸城	平和知县
王 馨	兆弼		邵武	监生	王 宣	廷诏	聘堂	政和 东平里	
王 勋	卓峰		永定富岭		王 抉	藻儒、 颙庵		江苏太仓	文渊阁大学士
王 翊	常卿		南安		王 与	锡其		武平	
王 章	阇子	酉山	山东莱阳	按察司照磨, 武平知县	王 璋	昂伯		惠安南埔	
王 镇	梦屏		长汀	岁贡	王 蒸		樵峰	永福	光绪丁酉贡生
王 志	拔葵		同安厦门		王 尊	元端	瞻崖	尤溪 青印坊	
王 佐	志夫		连江东岳	武举人	王拔元	陟瞻		南安一都	
王邦藩	价人		建阳崇文		王邦怀 (1860—1936)	瑾卿		霞浦 茶亭头	霞浦县知事
王邦彦	直臣		建阳崇文		王宝坫	叔坛		连江东岳	南靖训导
王葆辰		荔丹、 羼庐	闽县	江苏知县、道 员	王必昌 (1704—1788)	乔岳	后山	德化西门	

王炳如	炎熙	缉山	福鼎秦屿		王步蟾 (1853—1904)	金波	桂庭	同安厦门	光绪五年举人
王灿垣	圣奎		仙游	县学生员	王昌代	功懋		光泽 廿八都	
王昌国	子蕃		崇安四隅	莆田训导	王昌南	台新		南安一都	
王朝滨	渭南		建宁		王朝纲	荔衫		同安西门	嘉义籍
王朝选	光里		沙县 城东坊		王朝宗	会伯		光泽四都	岁贡
王臣鹄	莘夫		邵武	庠生	王承儒	养为		永定	增生
王宠受	濯陆		河北宁晋	德化知县	王春波		鉴轩	永福赤岸	
王从观	宾苑		永定		王大邠	劾生		福鼎 林西桥	
王大经	陆亭		侯官	南靖训导	王大珏	双玉		建宁	
王大任	仍祥		安溪 还二里		王大猷	允升		仙游	康熙十一年武 举人
王大泽	友醴		仙游	上海县典史	王丹山	凤瑞		永定	例贡
王丹书	晴波		南安象运	咸丰二年举人	王荡平	子庄	考三	清流	
王道光	中闇	甪庵	江苏金坛	平和知县	王道行	章兴		崇安上梅	闽县教谕
王道均	鉴湖		永定		王道隆	仰清		浦城	
王道平	均生		建阳崇太		王道平	坦翁		永定	邑庠生
王道征	叔兰		长乐	闽县生员	王得禄 (1769—1841)	百逎	玉峰	台湾嘉义	福建水师提督
王德溥		润洲	山西汾阳	平潭厅同知	王德勋	我山		长乐 梅花所	诸生
王德元	惟仪		建阳崇文		王德周	懋卿		永定	
王登成	起蛟		连江	督标左营守备	王登三	道起	槐卿	长乐感恩	无极知县

王笃亲		存我	河北保定	清流知县	王国选	菁墅		龙溪	乾隆十八年拔贡
王恩浚	春知		崇安四隅	举人,补选知县	王恩沛	廷润		建阳崇政	
王芬露	建斋		永定	峨眉知县	王奋机	缔载		宁德	
王逢五	御六		天津卫	建阳知县	王凤来	瑞周	竹山	龙溪新岱	居厦门。兵部员外郎
王凤鸣	岐山		清流		王凤升		吉南	永福赤岸	光绪二十年贡生
王凤书		于梧	永福赤岸	咸丰九年举人,邵武教授	王凤翔	紫庭		福鼎在坊	庠生
王凤诏	御飞		永定		王辅春	朝佐		长汀濯田	
王复吉	科亮		安溪还二里		王复礼	需人	草堂	浙江钱塘	筑室武夷山下
王赓昌	仲起		南安象运		王赓飏	省堂		南安廿八都	
王公禄 (1661—1721)	元安	世杰	同安浦边		王恭三		子铭、梓民	永福上坊	光绪九年进士,知县
王拱辰		星躔	永福	康熙间贡生	王观晋	茂积	挹青	长乐东隅	
王光锷	月船		四川巴县	永春知州、泉州知府	王光黼	彰采		光泽十九都	教谕
王光亨	开三		南安	原名泰	王光宇	成勋		建宁	
王光祖	召槐		永定		王光佐	升基		永定	
王国昂	季驹		建宁		王国琛	章文		南安	
王国鸿	南宾		永定	例贡生	王国瓛	二玉		建阳崇政	
王国楷	达轩		永安	邵武教授、大田训导	王国脉	均公		山西蒲州	归化知县
王国宁	登元		上杭平安里		王国勋	隆臣		南安一都	
王国英	朝琇		永定	监生	王国玙	球史		上杭平安里	

	字	号	籍贯	备注		字	号	籍贯	备注
王国珍 (1843—1903)	明玉	孝匦	同安山后	旅日华人	王国桢	维周、贞木		永安	拔贡
王汉秋	咏裳		台南	甲午割台后来厦	王和春	会标		仙游	乾隆元年武举人
王宏缙	簪侯		建阳童游		王宏图	享予		武平	
王洪任	志亨		连江		王洪寀	君介		连江资寿	香山盐场大使
王鸿逵	世谦、翯青		光泽一都	福清教谕、闽县教谕	王鸿绪	瑞斯		仙游	康熙二十九年武举人
王侯聘	席珍		侯官	字一作席卿，邵武教授	王华宇	维美		永定	
王化醇	维两		永定		王怀济	振北		光泽崇仁	
王槐林	有声		光泽廿八都	岁贡	王辉龙	玉仁		长汀	福兴泉漳各都游击,南康都司
王辉山	其茇		连江尖墩	举人	王辉章		钰相	永福赤岸	副举第一人
王际会	万风	云石	长乐东隅	贡生	王继三	少周		崇安五夫	拔贡
王家宾	悦相、雨岩		福鼎秦屿	天津长芦通判	王家骏	穆堂		永定	
王嘉宾	孝龙	主竹	长乐西隅	贡生	王嘉令	御宪		建宁在城	
王嘉善	家平		福鼎桥亭		王见川	道存	畜斋、介石	永定	歙县知县
王金堂	玉溪		永定		王进取	简修		正黄旗汉军	尤溪知县
王经纶	愧言	莲洲	同安厦门		王菁华	苞山		永定	
王菁华		萃亭	南安象运		王景荃	锦铨		侯官	
王景贤	子希	希斋	闽县	举人	王景灼	杰堂	傅俊	长乐	诸生
王九锡	西仲		建宁水南	庠生	王九征	明侯		闽县	
王厥修	德祥		永定锦峰		王筠卿	瑞兰		永福	

王俊华	贞高		闽县	贡生	王康扶	衢翼		建阳崇化	
王克念	懋勋		同安厦门		王克勤	润斋		永定悠湾	
王孔彰	曾言		同安山后	籍贯一作晋江。迁安知县	王昆山	廷璧		永定	监生
王来章	斐达		仙游		王联焕	荒润		永定	庠生
王龙光	幼誉		浙江会稽	福建总督范承谟幕僚	王龙光		寿彤	闽清	举人
王梅调	乾元		永定		王孟举	子知		连江宝溪	武举人
王梦科	及三		建宁		王梦麟	尔昭		晋江	
王梦熊		锡侯	永福赤岸	贡生	王梦悦	盼庭		同安厦门	
王明库	名山		陕西榆林	枫岭营守备	王明佐	翼圣		清流	
王鸣銮	德兴		建阳童游		王鸣锵	叔珊		连江东岳	淡水、宜兰、新肃、大田教谕
王铭鉴	临先		崇安四隅	兴化训导	王命岳 (1608—1667)	伯咨	耻古	晋江	刑科都给事中
王命召	维宪		永定		王慕羲	辅仓		福鼎秦屿	
王乃钧	铸生		浙江	归化知县	王南珍	宝臣		漳浦	
王念曾	省三		连江	浦城枫岭守备	王念祖	绍贤		连江	武举人
王培深	纪园		永定		王沛霖	天泽		福鼎在坊	贡生
王沛远	学来		光泽山聚		王鹏抟	锡万		永定	
王奇七	位三、凝苞		永定	武举人	王祈三	槐圃		永定	
王启图	慎斋		武平在城		王起凤	桐冈		永定	举人
王起鹏	次云		永定	恩贡	王起琇	绩莹	玉圃	长乐	永春州学正、中议大夫

王起云	懋祥		河北沧洲	康熙间驻防金门	王谦益	受子		永春慕仁里	
王钦和	怡堂		永定		王钦文	鼎周		永定	举人
王钦祖	述中		永定		王庆云(1798—1862)	家镶、贤关	雁汀	闽县	两广总督、工部尚书
王琼林(1772—1823)	玉仑	辉山	同安靖山	嘉庆二十三年举人	王琼佩	玉垂		同安厦门	道光八年举人
王渠源	镜塘		永定南陂		王权奇	汉杰		清流	字一作汉述,恩平知县
王铨爵	撰叙		永定		王人凤	圣生		永定	廪生
王人球	赓起		永定	庠生	王仁东	旭庄		闽县	苏松粮道兼苏州关监督
王仁堪(1849—1893)	可庄	公定、忍庵	闽县	镇江、苏州知府	王日中	际尧		永定	
王如纶	右箴		宁化		王如望	三锡		武平	县学生
王汝楫	若济	思庵	宁化	号一作忠庵。丽水知县	王汝龙	次夔		永定	
王若羲		因庵	侯官		王三韬	尚鉴	句臣	长乐白眉	督标千总
王色灿	絅斋		永定	举人	王上治	安鼎		建阳崇政	
王尚型	槐三		龙溪	割台后内渡厦门	王韶钧	广廷		长乐	
王绍槐	述初		永定	邑庠生。	王绍基	密堂		福鼎	
王绍经	景生		永定富岭		王绍兰	南陔		浙江萧山	建阳知县、福建巡抚
王绍勤	禹年	迪庵	福鼎秦屿	例贡	王绍三	植庭		永定	
王绍言	东格		福鼎	举人	王绍沂		肖曾、梅丞	永福赤岸	光绪二十八年举人
王绍运	而缵		崇安丰阳里	漳浦教谕	王深培	纪园		永定	恩贡
王慎德	纫香		上杭		王士让	尚卿		安溪	

王士暹		菽原	永福	常山县典史	王士扬	其明		闽清	
王士陟	乃明	勉庵	宁化	汾阳知县、浮山知县	王世昌	文祉	面城	福鼎秦屿	庠生
王世醇	朴堂		南平	名一作世錞。咸丰二年举人	王世恩	宠吾		永定	
王世光	殖庭		闽县		王世纶	绍曾		永定	
王世茂	松汝		晋江	长汀训导、凤山训导	王世仁	象贤	嵝堂	宁化	光泽教谕
王世兴	尔昌		建阳		王世缨	毓崧		永定悠湾	
王式金	弼元		福鼎澂村	庠生	王式文	伯清	云汀	晋江	
王室藩	翰臣		上杭	县庠生	王守默	渊石		福鼎秦屿	国学生
王守虔	晋圭	虎文	福鼎秦屿	郡庠生	王守锐	维鲁、迟云		福鼎秦屿	原名守钝
王寿椿	祝龄		永定		王寿鉴	谦山		永定	
王寿崧	幼廷		连江	贡生	王书云	竹汀		闽县	贡生
王叔谦	益三		山东	上杭知县	王树翰	祯臣		侯官	
王舜中(1858—1915)	用其		台湾台南	甲午割台后内渡来厦	王思沂	沭如	素公	龙岩	
王思永	慎修	鲁庵	宁化		王思猷	宗英	莫澜	长乐东隅	举人
王斯盛	任干		宁化	贡生	王四教	躬倡		永定	贡生
王嗣坦	孺安		沙县		王崧辰	小希、兰君		闽县	华亭知县
王颂声	鸣琴		建阳崇文		王孙彩	质庵		福鼎秦屿	国学生
王孙恭	敬相、恪亭		福鼎	政和训导、福州府教授	王孙杨	朝相	筋亭	福鼎秦屿	郡诸生
王太邠	效生		福鼎林西桥		王泰坝	毓青		浙江山阴	沙县知县

王唐图	河州		连江资寿	举人	王腾华	燕侯		永定	
王天华	紫卿		长泰		王天庆	宪卿	鹤峰	晋江	长清知县、庆云知县
王调元	燮公		奉天义州	德化知县	王廷瀚	殿先		永定	
王廷钧	牧堂		永定		王廷葵		爱园	贵州遵义	沙县知县
王廷梁	维才		闽县		王廷抡	简庵		山西泽州	汀州知府
王廷聘	丕承		建阳崇政		王廷世		我常	漳浦赤岭	福宁州副将
王廷相	用予		光泽	古田教谕	王廷净		闾斋	安徽全椒	泉州知府
王万鉴	人玉		浙江钱塘	将乐知县	王万年	逢盛		建阳县坊	
王万年	眉友		长乐西隅	上杭训导	王万祥	瑞宇	铁山	甘肃会宁	福建陆路提督
王惟洋		沅汀	永福赤岸		王维藩	屏卿		连江岩下	举人
王维文	隆哲		永春		王伟堂	东升	廉甫	长乐潭头	
王文德	蔼堂		同安厦门		王文光	冲斗		上杭在城里	
王文炯	光万		光泽一都	岁贡	王文麟	兆圣		建宁竹薮	
王文颐	养元		建宁银坑		王文元	磐伯		晋江	
王希善	元衡		南平		王希圣		衮山	永福赤岸	贡生
王希彦	含斋		永定		王锡貂	槐衍		永定	
王锡璠	子玛		福鼎在坊	增生，训导	王锡圭	瑞五		惠安在坊	
王锡聆	乔松、虚谷、空同		福鼎秦屿	榜名永龄，举人。	王锡命	诏三		永安	贡生
王锡桐	贞运	煦甫	长乐	榜名桐，浙江知县	王锡卣	文人		晋江	建宁府学教授

王锡祉	景璐		仙游	康熙二年举人	王熙任	缔信		宁德	
王熙载	文鹿		永定		王遐春	文周、东岚		福鼎秦屿	贡生
王霞兰	品渊		南安富春		王骧龙	海门		永定富岭	庠贡生
王祥麟	成尊		连江	武举人	王孝绳(1873—1912)	彦武	司直	闽县	
王心朝	淑予		仙游	乾隆间贡生	王心诚		立敬	闽县	马江船政差官
王新运	又新	松声	崇安丰阳里	岁贡	王星槎	升源		同安后浦	
王学懋	德士		晋江	巴州知州	王学辙	会由		仙游	乾隆间贡生
王学贞	吉泉		福鼎秦屿	宁洋训导	王延阁	若士		陕西三原	顺昌知县
王彦义	秋淑		河北宝坻	建阳知县	王燕龙	孔嘉		永定	庠生
王阳开	周侯	东溟	永福		王耀宸	晖堂		建阳	
王一导	子引	惕斋	湖北黄冈	德化知县	王贻春		寿田		平潭厅同知
王以治	补之		建阳崇政	一名资治	王奕魁	雨村		福鼎	福宁左营千总
王裔荣	朝仁		武平		王翼程	孟周		连江东岳	贡生
王翼骅	孟光		连江	延平右营千总	王翼骝	孟紫		连江	武举人
王膺祺	哲鸣	亨五	长乐梅花	晋州知州	王颖如	哲开		长乐	
王应元	茂任		长乐感恩		王应运	茂开		长乐	平和教谕
王雍茂	琳秀		永定		王永焯	旒峰		长乐	
王永丰	维登		沙县莘口		王永秦	维周		沙县莘口	
王永顺	赞元		光泽廿八都		王用亨	存嘉		长乐廿四都	

王有华	协山		福清		王有龄 （？—1862）	英九	雪轩	侯官	江苏按察使
王有容	自牧		湖北麻城	龙岩知县、遵义知府	王有树 （1785—1870）	万滋	植庭	长乐	夔州知府
王有为	长若		永福上坊	嘉庆十六年进士，分水、宣化知县	王有周	景文		光泽	
王禹昉	恭庵		永定	峨眉知县	王玉瑚	光夏		武平	州同
王玉瑚	接琇		武平在城		王玉书	素亭		永定富岭	
王玉书		笏臣	南安象运		王裕瑸	璞斋		山西大同	南安、长泰、闽县知县
王誉命		鹤溪	江苏上元	泰宁知县	王毓菁	贡南、梦周	停生	闽县	光绪十四年举人。台湾巡抚幕僚
王元多	步槐		建宁银坑		王元芳	鼎汝		晋江	
王元麟	伯瑞	芝田	长乐	松溪教谕	王元升	希上		惠安	
王元柱	就予		武平		王原威	瑞伯		南安	
王曰儒	尊一		建宁在城		王允芳	显材		长汀	
王运熙	振元	缉臣	建阳兴下		王赞元	襄甫		闽县	衡水知县
王则模	维范、画山		福鼎	原名尔鹤，岁贡	王泽康	克谐		光泽十九都	
王泽普	承谕		崇安四隅	闽清教谕	王增高	武甫		同安后浦	
王增勉	有为		光泽十九都	太学生	王兆旦	钟槐		光泽四都	恩贡
王兆芬		郁汀	永福	道光二十五年恩贡	王兆麟	瑞书		永定	监生
王者侯	绍文		长汀		王者桢	思皇		将乐	诸生
王政资	范若		莆田	顺治十八年进士	王之臣	奉峨		福安佳浆	
王之传	德辅		建阳县坊		王之机	士上		永定	莆田训导

王之楫	济川	木斋	漳平	闽县训导、尤溪教谕	王之经		心起	龙岩	
王之珂	尔阶	鹤汀	南安岑头		王之霖	任斯		永定	
王之鹏	羽元		宁化		王之屏	取斯		永定	
王之翘	仁殿		永定		王之佐	燮庵		广宁镶黄旗	燮庵一作号，宁化知县
王枝述	孟仁		闽清佳垅		王植圭	璧庵		南安象运	
王志恭	双光		长汀	教授	王志通	禹声		莆田	榜姓杨。康熙二十九年举人。归化教谕
王豸良	敦爱		南安四十一都		王治观	行省		连江	
王中载	宗铸		永福	乾隆间贡生	王钟鸣	侯书、鼎庵		南安	
王助治	思五		沙县莘口		王子鉴	容斋		永定	
王子仁	安卿	敦斋	福鼎秦屿	郡庠生	王子文	泰庐		闽县	
王子懿	德斋		建阳崇文		王紫绅	垂恭		长汀	
王紫田	斐章		湖南长沙	带领湖南乡勇驻福鼎桐山	王紫诏	纶如		建阳崇文	
王宗屏	龙潭		福鼎秦屿	邑庠生	王宗圣	象贤		正白旗汉军	尤溪知县
王宗树	道畅		闽县		王缵基	自堂		永定	
王佐才	兼三		建阳兴下		危莘	仕经		邵武	例贡
危枢	其星		光泽	岁贡	危峥	虬伯		光泽一都	监生
危联箕	绍南	石庵居士	光泽县治		危联捷	必魁		光泽	
危联奎	璧光		光泽县治	诸生	危履亨	又武		南平	临城知县
危上铺	笙南		光泽啸溪	恩贡	危士亨	次元		光泽一都	郡廪生

危世美	虞臣		南平	崇安教谕、晋江教谕	卫良佐		鹤洲	湖北钟祥	长乐知县
卫绍芳	匪峨		山西猗氏	分巡漳南道	魏昉	宾旸	霁堂	邵武	
魏瑚	允器	夏斋	同安炉前	福州府学教授	魏焕	天如		福清	进士
魏景	衣祖		政和		魏俊	杰夫		建阳县坊	
魏宽	天怀	裕庵	政和		魏六	定邦		仙游	
魏铨	平甫		政和铁山	改名方祺	魏融	若昭		永福霞拔	乾隆五十四年进士
魏荫 (1702—1774)	乃树	科镒	安溪崇信里		魏瑛	述臻、耕蓝		侯官	吉安知县
魏镛	鸣盛		政和		魏邦翰	琅函		沙县西门坊	
魏邦泰	正阶		邵武		魏本唐 (1791—1857)	又瓶、富春、爕馨		侯官	长汀教授
魏成李	翼唐		长汀		魏垂象	辰垣		甘肃	建阳知县
魏殿成	佑攀	桂岩	柘荣南门		魏光华		春苑	大田	
魏国保		忠乡	大田		魏国泰	德良		同安炉前	
魏国珣	比德	东玉	政和		魏鸿标	占锦		沙县后薛坊	
魏鸿翚		幼衡	周墩漳源	恩科副贡	魏鸿枢	居北		沙县后薛坊	
魏鸿翔		少卿	周墩	光绪举人	魏鸿勋	绩臣		周墩漳源	光绪进士
魏鸿章	幼横		周墩樟源		魏焕圭	桐蕃		永福长庆	道光十一年举人
魏吉臣	常卿		沙县西山坊		魏敬中 (1778—1860)	治原	和斋、和宇	周宁樟源	国史馆总纂
魏镜芙	殿英	杏垣	龙岩		魏开榕		冶亭	周墩漳源	道光优贡
魏麟生	六辉		邵武		魏履恂	实期	连峰	长汀	

魏茂林	宾门	笛生	龙岩	通永河道	魏梦芳	光义	杏园	政和	
魏明五	礼伦		清流仓盈里		魏其昌	澹如		建阳县坊	
魏起骅	子骥		侯官	教授	魏蓉岚		镜夫	永福长庆	镜芙一作字,道光元年举人
魏士衰	公锡		龙岩	汀州教授	魏四易	濂叔		河北文安	宁化知县
魏天申	宜仲		莆田	顺治十一年举人,石首知县	魏廷鉴	照深	衡堂	龙岩	肥乡知县
魏王枢	宁维	卫庵	政和		魏锡庚		友琴	周墩	北京清河陆军学校教员
魏锡煌		辉如	周墩	天津镇守使公署军需课课员	魏锡奎		和曾	周墩	宁波闽捐局办事员
魏锡荣		卿孙	周墩	浙江省第五中学校教员	魏相裔	吉友		长汀	
魏秀仁(1818—1873)	子安、子敦		侯官	南平道南书院主讲	魏扬辉	霁园		永定	廪生
魏元枢		仪表	大田		魏元祥	庆宇		沙县	
魏允辉	廷彩	璧邨	政和	平和训导	魏增斌	彬林		柘荣南门	例贡
魏彰文	冠辉		沙县西门坊		魏肇勋	唐卿		连江岱云	
魏振鹭	雪胎		政和		魏珠林	在知		永福长庆	道光十七年武举人
魏宗孝	乃水	少岩	柘荣南门	教谕	魏宗寅	君初		莆田	康熙四十一年举人
魏宗瀛	乃洲	逢舫	柘荣下城		温 恭	益堂		永定	高阳、青浦知县
温 瀚	伊人		上杭在城里	武举人	温 济	菁人		上杭在城里	
温朝光	亨照		永定	年登百岁	温冠春		杏楼	广东顺德	平潭厅同知
温光涵	用敷、用夫		清源	建宁知县	温鸿文	健庵		永定	
温绍贤	卿元、即元		宁化		温树菜	月楼		上杭半泾	原名淮清

温雅奏	有望		宁化	邑诸生	温瑶光	灿轩		上杭 来苏里	
温遇春	鸣冈		宁洋 集宁里	恩贡	文成才	子弼		同安后浦	安平中营游击
文国桢	六符		山东阳信	上杭知县	文应举	君贤	矛山	同安后浦	琼州总兵
翁 崇	云级		龙岩	太学生	翁 煌	樵仙		侯官	辰溪知县
翁 韬	锷士		仙游	康熙二十三年 举人	翁 腾	伯任		闽清	嘉庆六年武举 人
翁 需	云将		江苏常熟	上杭知县	翁 诒	燕谋		崇安四隅	贡生
翁 云	高世		同安盘山	海坛镇总兵	翁 曾	徽西		侯官	
翁安澜	贤驹	倚岩	闽清	道光恩贡生	翁邦楫	宏济		沙县莘口	
翁炳文	与弼		莆田	寿逾九十	翁炳忠	高超		同安盘山	严州通判
翁伯绥	伯若		建阳崇泰		翁常尊	从先		龙岩	
翁承案	圣遇		莆田	顺治五年举 人。广平推官	翁赐增	修圃		崇安 四隅里	
翁大章	紫云		龙岩	福安教谕	翁大中	静庵		江苏常熟	上杭知县
翁道烈	巽白		龙岩	庠生	翁帝城	思言		莆田	雍正二年举人
翁方纲 (1733—1818)	正三、 忠叙	覃溪、 苏斋	莆田	乾隆十七年进 士,内阁学士	翁凤高	岐山		崇安	松溪千总
翁观光	照然		建阳崇太		翁华钟	世岳		晋江	
翁怀清	徽英、 镜轩		闽县	台湾府训导	翁怀忠	维矩、 矛岩		闽县	大庾知县
翁吉士	惠农		侯官	应城知县	翁嘉煌	炳章		龙岩	
翁建猷	能咏	思歌	闽清		翁孔章	志文		沙县 丛桂坊	
翁连鳌	冠瀛		建阳崇化		翁履亨	旭夏		龙岩	庠生

翁梦熊	钟飞	詹五	同安厦门		翁彭龄	大英		龙岩	原名嵩
翁启光	士任	晓东	闽清	光绪间岁贡	翁清泮	肃音		连江	举人
翁绍颐		观吉	福清		翁时稚	蕙卿		福州南台	邑诸生
翁树猷	卓卿		建阳崇泰		翁文辉	观礼		沙县	
翁文妙	心赤		永定	吉安府游击	翁贤成	咏韶		沙县西山坊	
翁学本	兰畦		湖南善化	龙岩知州	翁应宣	士宜		闽县	
翁有仪		莪庵	广东惠来	沙县知县	翁毓骏	乔堂		崇安黄村	增贡
翁元钟	大吕		沙县莘口		翁赞元	肃臣		连江资寿	贡生
翁昭汉	云客		崇安黄村	举人	翁昭鸿	渐达		崇安渠边	
翁昭泰	诚纲	安宇	崇安星村	举人,浦城南浦书院山长	翁兆元	南甫		同安厦门	
翁振培	德圃		崇安四隅	贡生	翁缵璜	嗣越		崇安四隅	
巫　瑝	楚玉		宁化		巫　鳞	子健		长汀	庠生
巫登峰	同祖		崇安四隅	南平教谕	巫鼎川	其彩		永定	
巫近斗	亦侯		宁化		巫近汉	碧瞻	甸庐	宁化	乐昌知县
巫履端	正夫		清流		巫绵咸	南坡		永定	邑庠生
巫能敏	鲁潭		永定		巫少白	虚轩		永定	
巫绳咸	祐堂、佑堂		永定		巫士仅	汝超		宁化	
巫天峭	眉山		清流	贡生	巫廷弼	讷甫		永定	
巫维咸	乂轩		永定		巫宜福	鞠坡		永定	

巫宜禊	雨池		永定		巫宜夏	假甫		永定	
巫宜耀	远斋		永定		巫应秋	桂苑		永定	岁贡
巫应瑜	怀瑾		永定		吴 班		仙侪	南安二都	女,鸿博贡生陈一策妻。吴英孙女
吴 堡	延安		崇安	拔贡	吴 璧	天都		崇安四隅	附生
吴 材	豫木	月林	宁洋集宁里	大城知县	吴 昌	毓昌		永定	汀州镇中营守备
吴 种	少慈		闽县	吴兰孙之孙	吴 成	自恭	廷敬	柘荣东源	革命人士
吴 筹	旋甫		崇安四隅	贡生	吴 纯	子青		漳浦云霄	
吴 琼	象方	洁亭	宁化	鹿邑知县	吴 第	序充	纯斋	长乐	雍正癸卯岁贡
吴 惇	克垂	怡棠	同安厦门		吴 峨	雪岑		寿宁十二都	与杨方、杨简同为朱熹高足
吴 峰	宏玉		闽清		吴 凤(1699—1769)	元辉		平和壶嗣	
吴 高	仰山		永定调虞	以丹青驰名粤省	吴 珑	道存		崇安将村	增生
吴 汉	道南		连江	本姓邵,贡生	吴 毫	殷臣		同安石浔	
吴 泓	海儁		建宁	恩贡生	吴 洪	克仁		同安厦门	
吴 化	子才	希轩	长乐廿四都	举人	吴 辉	笃卿	德圃	龙岩	
吴 辉	玉霖		漳浦云霄		吴 机	石臣		崇安四隅里	附贡生
吴 江	清波		浦城		吴 江	汝兼		连江	
吴 江	有言		同安厦门		吴 锦	维城	三山	永定抚溪	
吴 进	尔苊		惠安在坊		吴 晋	吕生		永定	初名晋甲,廪生
吴 经	涵六		永安	泗水知县	吴 景	星瑞		浦城	

吴 炯	向南	赤峰	四川汉州	仙游知县	吴 珏(1697—?)	二玉	琢庵	寿宁坊一图	
吴 均	振南		崇安将村	附生	吴 郡	云士		安徽凤阳	住浦城前墩。浙江水师提督
吴 隽	子襄		连城	邑庠生	吴 浚	姚深	虞泉	龙岩	归州知州
吴 浚	云谷		安徽泾县	邵武知县	吴 骏	时来		连江	宁羌州同知
吴 楷	廷端		浦城		吴 楷	元眉		仙游功建	得年八十六
吴 宽	纯可		宁洋集宁里	岁贡	吴 鲲	汉升		崇安下梅里	
吴 濂	元吉		福清	偏关知县	吴 琏	冰涯		龙岩	衡山知县
吴 梁	太朴		河南许州	永定知县	吴 琳	美章		光泽在城	恩贡
吴 麟	仁卿	祥苑	同安厦门		吴 眈	文彪		崇安四隅	恩贡
吴 鲁(1845—1912)	肃堂	且园、老迟、白华庵主	晋江廿九都	清末状元	吴 璐	宾石	云峰	漳浦云霄	
吴 鸾	凤白		安徽泾县	平和知县	吴 孟	尔岐		莆田	博平知县
吴 楠	世乔		同安石浔		吴 楠	元云		仙游功建	
吴 鹏	程九	恪斋	南安黄龙	教谕	吴 岐	斐梁		仙游	乾隆间贡生
吴 琪	若宋		莆田	永定知县	吴 棠	君仪		宁洋集宁里	岁贡
吴 芹	草亭		宁洋集宁里	岁贡	吴 芹	泽芳		光泽在城	岁贡
吴 靖	鲁腴		崇安	武举人	吴 璆	少球	钧韵	漳浦云霄	
吴 绅	佩青		永安	附贡	吴 慎	景黄		同安浔江	
吴 升	瑞添		永定思贤	台湾南路把总、太湖水师游击	吴 升(1652—1728)	源泽		海澄三都	本姓黄。福建陆路提督

吴　树	建侯		崇安四隅里	监生	吴　肃	藻臣	敬萱	同安浔江	
吴　堂	介石		湖南华容	光泽知县、开州知州	吴　葳	沚青		宁洋集宁里	贡生
吴　伟	敦彝		光泽十七都	岁贡	吴　炜	灿叟		莆田	江南金事
吴　锡	畴生	梦庵	同安		吴　先	振益		永定	汀州镇标中营千总
吴　贤	雪门		永定		吴　相	长梅	麟山	宁洋	翰林院侍读
吴　鑫	丽臣	香楼	同安浔江	县学生员	吴　勋	栢予		长汀	监生
吴　埙	又汇	春浦	崇安四隅	举人	吴　寅	时敬		连江	太平府训导
吴　英 (1637—1712)	为高	愧能	莆田黄石	原籍晋江，后入籍莆田。福建水师提督	吴　镛	元声	丰山	漳浦云霄	
吴　游	士林		建宁蓝田		吴　璋	碧山		建宁癸羊	
吴　辙	岷仲		莆田	通许知县	吴　珍	德瑜		建宁	
吴　珍	果园		漳浦云霄		吴　晟	方升		宁洋集宁里	崇信知县
吴　志		心斋	漳浦云霄	兴国参将	吴　钟	惺庵		镇海卫	
吴　种	少阮		闽县		吴　卓	浚源		宁洋	
吴拔莲	字濂		宁洋集宁里	罗源训导	吴百万	圣卿		周墩南源	
吴邦基	畅侯		龙岩	本贯海澄，庠生	吴邦亮	芯农		同安	
吴邦坦	在宽		连江东塘	长汀训导	吴邦英	式南		永定	
吴邦治	泽津		晋江深沪		吴宝华		剑堂	永福长庆	清道光元年举人
吴葆晃	旸谷		同安厦门		吴葆年 (?—1868)	如南	梅臣	同安厦门	盐运副使
吴必达 (1706—?)	通卿	碧涯	同安溪边	厦门水师提督	吴秉诚	确人		永定	

吴秉芳	兰谷		建宁	武邑知县	吴秉礼	敬夫		福安	
吴秉瑛	香岑		江苏吴县	建阳县典史	吴炳勋	琪兰		永定抚溪	诸生
吴炳正	端一		崇安四隅里	监生	吴炳庄	敬一		崇安四隅	增贡
吴伯模	守轩		建宁		吴步达	鹭汀		连城	贡生
吴步文	敏农		连城	贡生	吴才臣	英其		南安	
吴采宗	怡玉		泰宁	永春州学正	吴灿儒	峻瑜		仙游善化	邑举耆宾,得年九十一
吴灿扬		华衮	周墩南源		吴策先	原舒		永定	
吴昌晘	仰五		永定		吴昌能	明珊		永定金丰	
吴长剑	勉吾		福清	阜城知县	吴长楷	若木		邵武天乐漈	廪生
吴超萃	子伊		永定		吴朝栋	克特、持卿		南安	
吴朝建	叔章、朴斋		长乐崧表	连江游击	吴承烈	祖发	凤栖	顺昌仁寿	
吴承洛(1892—?)	涧东		浦城洋溪尾		吴承铣	宜之		安徽	建阳知县
吴承兆	远堂		同安石浔		吴宠济	崇庆		永定	
吴从先	有纶	用中	邵武	岁贡	吴从修	德生		寿宁四都	
吴存刚	海门		连城	刑部观政,掌教龙山书院	吴大江	瑞琨		同安石浔	
吴大经	纶堂		同安		吴大年	寿贞	古愚	南安四十都	
吴大诗	春台		福鼎水郊	例贡生	吴大勋	辰远		浦城	
吴大猷	辰昭		浦城		吴道行	德恭		建宁西乡	
吴道来	子绂		长乐感恩	中书舍人	吴道中	建士		建宁安寅	

吴得升	晋侯	雷村	南安		吴得元	长侯	石村	南安	
吴德耸	骥侯		莆田	康熙六十年进士	吴德衍	印波		福鼎连山	例贡生
吴登举	彦之		建宁		吴登龙	振玉	云溪	同安	
吴登任	莘才		建宁		吴登瀛	翊唐、书渔		永定	举人
吴殿龄	梦九	更庵	将乐	廪生	吴鼎震	木上		晋江	邵武教谕，寓居邵武
吴东槐(1853—1904)		植庭	南平玉台	画家	吴董策	殿楠		仙游	武举人
吴峨培	福祥		政和		吴尔晋	升吉		永定湖雷	邑庠生
吴方皋	鱼男		晋江		吴芳成	东生		建宁大南	
吴蜚英	君聘		崇安四隅	训导	吴丰庞	少西		连城	连江教谕
吴逢年	子丰		建宁在城		吴凤翔		琴堂	大田	
吴奉璋	佩子、畹亭、晚亭		永定	岁贡	吴扶淑	元持		同安浯江	
吴岗龄	如南		福建政和		吴观国	万统	光宾	长乐京沟	举人
吴观乐	嗣衡、和庭		闽县	天门知县	吴冠世	逊仲		南安黄龙	
吴光琮	方玉		建阳兴贤下		吴光然	子达		南安古苍	
吴光祖	绍衣		浦城		吴光祖	绳武		崇安四隅	增贡
吴桂森	启芳		闽县		吴国宾	自修		南安黄龙	
吴国梁	桂星		连城	明江同知	吴国瑞	辑五		建宁在城	
吴国士	伟上		上杭在城里		吴海澜	子舟		连城	举人

吴海珊	春瑚		连城	同治己卯拔贡	吴河光		南洲	晋江永宁	
吴红上	晴东		永定		吴宏谟	远思、梅滩	慎园	南安	
吴洪钦	朝宣		连城		吴鸿波	海丞		永定	
吴鸿焆	叔罳		莆田	康熙四十一年举人,安平知县	吴鸿钧	仲翔		周墩南源	
吴鸿馨	高冈		永定湖雷	例贡	吴鸿源	春波		同安石浔	福建提督
吴虎臣	炳其	啸岩	南安		吴怀玉	温其	绳池	南安黄龙	建德知县
吴浣安	辅侯		长乐感恩	寄籍侯官,延平府学教授	吴焕彩	蕴之	屺来、见一	南安黄龙	
吴焕庚	研西		连江黄家墩	举人	吴焕日	灿周		永定	
吴黄龙	大蟓	庄石、梅庵	南安严浦	南康知县	吴煌枢	炯堂	少云	同安后炉	
吴辉章	金门		上杭在城里		吴辉祖	越斋		浦城	
吴基昌	淑球		永定		吴吉光	子受		南安	
吴纪勋	桢村		同安厦门		吴季裔	绪卿		崇安四隅	贡生
吴济舟	鼎黄		归化		吴嘉祐	仲咸		南安江崎	
吴建勋	勗斋		同安后浦	原籍永定。广东水师提督	吴剑昭	铸农		连城	贡生
吴阶泰	在邦		永定	泾阳县丞、都司	吴金鉴	格言		南平	平和教谕
吴金鸾	鸣瑞		连城		吴锦标	建亦		崇安星村	增生
吴锦堂	茂琳		永定		吴荆山	萃朴	体斋	漳浦云霄	
吴景伯	君仰	墨涛	浦城		吴景韩	文起		永定	
吴景河	如石		永定湖雷		吴景祚	君奖		永定	

吴敬衡	介眉		福鼎水郊	附贡生	吴九美	尚仁		晋江	南平教谕
吴九如	质侯		长乐	诸生	吴九叙	瞻侯		长乐	举人
吴居童	观卿		福鼎西洋	籍贯一作福鼎西阳	吴骏葵	宗扬		连江东塘	崇善知县
吴开鳌	海六		福鼎水郊	议叙游击	吴开昌	奎臣		连江黄家墩	宁德教谕
吴开伍	怀屺		永定		吴开雍	肃五		福鼎水郊	监生
吴克承	毅庵		南安锦溪		吴克光	斗垣		政和下里后山	
吴孔铭	名生		连江	南平训导	吴匡峰	砥南		永定	
吴坤璠	鲁玉		连城		吴坤松	苍玉		连城	
吴坤璇	汭亭		连城		吴昆玉	瓒卿		仙游	县学廪生
吴来凤	仪明		永定	岁贡	吴莱峰	沧隅、沧峋		永定	举人
吴兰荪	芝圃		闽县	泉州府教授	吴澜达	迴功		连江	举人
吴礼初	宗元		寿宁十都		吴澧中	渭竹		同安厦门	
吴利见	圣瞻		永定	新贵知县	吴连捷	传尧		闽清	咸丰间武举人
吴连升	捷三		邵武灯擎	邵武参将	吴联薰		篁圃	龙溪	内阁中书
吴濂发	文哉		永定堂厦		吴良柄	汝权		沙县状元坊	监生
吴列铨	衡如		连江	贡生	吴麟炳	懋跻		连江	举人
吴履墀	菊坡		浙江平阳	泰宁知县	吴履泰	文岸	茹原	侯官	侍读学士
吴茂华	真若	蔚园	南安黄龙		吴懋功	涵虚		永定	增生
吴梅与	古斯	实园	南安严浦		吴梦麟	敕五	霞溪、说痴	南安黄龙	

吴梦罴	季祥		宁洋 集宁里	岁贡	吴梦熊	子祥		宁洋	恩贡
吴民选		慎堂	南安锦溪		吴敏振	亦飞		晋江三 十一都	
吴敏政	蒲生		连城	邑庠生	吴名煌	绳朱		仙游	广平府推官
吴名耀	绳昭		仙游	顺治十七年举 人	吴明英 (1888—?)	人伟	光秋	浦城双田	
吴牧元	耕民		建宁	贡生	吴南鹏	飞万		永安	德化、瓯宁教 谕,泉州教授
吴念祖	彦云		莆田	雍正十三年举 人	吴鹏翻	亨荣		崇安将村	武举人
吴鹏举	懋举		连江	雍正五年贡, 福鼎训导	吴鹏举	懋最		连江学前	嘉庆十四年进 士,国子监学 正
吴鹏南 (1716—1758)	懋今	芝冈、 省旆	连江 学前铺	吏科给事中	吴其兰	畹香		连城	贡生,训导
吴其龙	云从		光泽	岁贡	吴起莘	志伊		永定	
吴青云	干吕		光泽	岁贡	吴清华	丽山		福清	
吴庆浩	活源		连城		吴庆林	香圃		连城	
吴庆润	半江		连城	邑增生	吴庆元	杏园		连城	万安军粮厅
吴衢亨		允升	大田		吴任臣		托园	莆田平海	翰林院检讨
吴日彩	彤云	东华、 易斋	将乐水南	拔贡,主讲正 音书院	吴日来	子近	海源	长乐 十二都	籍贯一作侯 官,江夏知县
吴日新		温人	闽清	同治间举孝廉 方正	吴荣辉 (?—1892)	华轩		同安石浔	
吴荣森	兰皋		同安后浦		吴如皋	希宪		连江	建阳训导
吴瑞图	则堂		永定		吴瑞焉	象真		福安	
吴三凤	振羽		连城		吴三英	存礼	芝田	长乐西隅	国学生
吴森澜	迴江		连江辋里	贡生	吴尚儒	忻甫		永定	

吴绍祁	又京		永定	顺昌教谕，后掌教凤山书院	吴绍勋	九龄		永定湖雷	卫千总
吴绳熙	来初		闽清		吴绳祖	绍香		永定	
吴圣观	龙峰		永定		吴盛英	文贞		建宁	
吴师聃	亦龙		建宁		吴士宏	喈士		侯官	彭泽知县
吴士杰	玉文		宁德		吴士麟	瑞征		宁洋集宁里	武举人
吴士熺	仲初	瀹斋	莆田	扶沟知县	吴世榜	凤池		崇安星村	恩贡
吴世臣	乔嵩		浦城		吴世康	寿仁	松仙	沙县夏茂	
吴世奇(1854—1909)	悦卿、寿徵		诏安		吴世膺	一峰		宁化	
吴世桢	树人		崇安星村	廪贡	吴世重	子固	金斋	南安黄龙	侯官教谕
吴式斋	楷汉		永定石坑		吴寿坤	德舆		霞浦城关	鸡泽、获鹿、广平知县
吴淑辉	恩园		晋江深沪		吴树稷	希柱		连江	举人
吴树珠	峦安		南安黄龙		吴思中	竹坞		福鼎水郊	国学生
吴嗣昌	炽然		邵武		吴嗣富	郑公	昆田	浙江钱塘	聘续修福建通志
吴嗣美	在中		崇安四隅		吴孙逢	开吉		莆田	刑部安徽司员外郎
吴泰诚	善明		连江山下	贡生	吴腾汉(1780—1851)		星河	大田	
吴天章	织云		诏安		吴廷琪	瑜友		霞浦城北	灵山知县
吴廷栻	士敬		建阳童游		吴廷绥	葆初		同安厦门	太学生
吴廷熙	树咸		沙县状元坊		吴廷芝	卉长		永定	德清、鄠县知县
吴庭枨	光臣		连江学前	举人	吴庭栻	光夫		连江	龙岩司训

吴庭枟	崇卿		闽县		吴庭芝	卉长		永定	举人
吴挺峰	逾平		永定	恩贡	吴通源	亨泉	岱瑞	连江	余杭知县
吴彤弨	觇宾		连城	贡生	吴统昌	建三		连江崇礼	贡生
吴维章		不野	永定		吴伟腾	希宽		永定丰田	布同理问
吴文璧	乃山	小谷	南安黄龙		吴文焕	观侯、剑虹		长乐古县	翰林院编修、湖广监察御史
吴文举		涌泉	政和		吴五吉	谦子		永定	
吴武英	思璘		永定抚溪	例贡	吴锡畴	良弼		崇安四隅	举人
吴锡圭	瑟甫	翊堂	同安		吴锡璜	晋初		连城	岁贡
吴锡珽	文真		南安		吴锡禧	维纯	朴园	南安黄龙	
吴锡孕	印何		晋江	鄂县知县	吴霞举	良轩		南安江崎里	
吴贤湘	清夫		宁化	邵武府教授	吴显祖	克光		浦城	
吴香泉	苏兰		永定抚市	庠生	吴偕源	愨庵		连江通济铺	
吴兴业	鄝侯		浦城		吴修先	壹堂		永定	
吴秀钦	敬堂		永定赤径	寿九十有一	吴宣廉	利征		建宁	
吴学焕	文节		崇安		吴学元	体士		同安后浦	
吴彦芳	克培		寿宁坊四图		吴仰高	道南		上杭平安	
吴尧忠	克忠		同安石浔		吴瑶青	丰藻		南平	恩贡
吴瑶青		玉峰	永福	乾隆间贡生	吴业焕	毓奇		漳浦佛昙	本姓林
吴一蛮	汉章		长泰旌孝		吴一行	君和		仙游	雍正十三年举人

吴一豪	贞甫		晋江	瑞金知县	吴一士	无二、无双		上杭在城	
吴宜蛰	聚和		建宁在城		吴以敏	力臣		将乐	
吴以忠	槐卿		清流		吴亦进	望子		永定	
吴峄上	兖初		永定	廪贡生	吴益琬	鼎昂		安溪还一里	
吴寅先	拙生		永定		吴应标	仲准		莆田	雍正二年举人
吴应凤	文薮		莆田	庐凤道	吴应规	心如		连江学前	贡生
吴应璜		兆渭	福建政和		吴应鲲	振于		莆田	灌阳知县
吴应聘	实干		崇安将村	明拔贡,清恩贡	吴应升	懋武	晓初	连江	建德知县
吴应锡	霭臣		建宁		吴应禧		励余	闽清	国学生
吴应雄	惕章			建阳教谕	吴应造	徽人		长乐上吴	进士。寓侯官
吴永宁	南友		浙江会稽	建阳县典史	吴永兆	远堂		同安石浔	
吴永宗	荣华		同安石浔		吴友功	瞻彼		永定	贵州守备
吴玉麟	孔书		浦城		吴玉麟	协书	素村	闽县	凤山教谕
吴裕中	资仁	衣谷	南安黄龙	山阴县知县	吴愈圣	用退		晋江	户科给事中
吴逷原	琚泉、瑶圃		连江东岳铺		吴渊其		冰鉴	永福	光绪间贡生
吴渊秀	玉泉		永定		吴元标	鹭洲		连江	贡生
吴元春	松龄		连江西铺	通海知县	吴元华	敛斯	西岩	南安严浦	乾隆十二年举人
吴元鳞	皆祥	苇斋	漳浦云霄		吴元龙	允蟠		连江浮曦	
吴元渭	彦沕		莆田	乾隆元年举人	吴元照	少微		崇安将村	增贡生

吴元照	升恒		建宁		吴岳秀	傣堂		永定	
吴云芝	根霄		永定		吴载赓	周翼	籍稽	南安严浦	
吴在中	黄生		莆田	滋阳知县	吴曾芳	孙若	愧庵	南安	连城教谕
吴昭上	曦中		永定		吴兆凤	鸣岗	梧轩	龙岩万安	居厦门。澎湖副将
吴兆麟		烺天	平潭		吴兆枚	实莘		连江	法官
吴兆荃	丹农	小梅	同安厦门	入提督王得禄幕	吴兆松	于湄		连城席湖	建阳教谕
吴兆旭	东升	崐山	周墩南源	乾隆间援例入成均	吴兆仪	仲慎		连江	原名从敏,贡生
吴肇煃	辉侯	慊斋	南安严浦		吴肇祈	亮工		光泽五都	岁贡
吴肇然	书琴		福鼎水郊	郡庠生	吴肇英	兰川		闽清	县学廪生
吴肇周 (1869—1926)	基西		浦城城关		吴珍淑		玩亭	南安仑美	
吴振蛟	层三	桃江、得居	南安		吴征鳌	晓洎		侯官	桂林、平乐、镇安、太平知府
吴正兰	畹滋		宁化		吴正南	时轩		宁洋集宁	拔贡
吴正培	笃生		光泽五都	岁贡	吴正义	纯斋		福鼎翁潭	例贡
吴之逵	凌霄		永定		吴之映		雪斋	龙岩	
吴志恭	钦承		长汀	罗源教谕	吴志绚	懋振		连江	延平教授
吴志清	镜河		建阳崇仁		吴志绾	懋紫	枢亭	连江	知河池州
吴志先	叔建		永定石坑	年登百岁	吴志修	绩懋		南安南坑	
吴志飏	懋辉		连江	举人	吴致康	琴生		连城	
吴中林	二芳		宁化		吴中信	肃斋		归化	贡生

吴钟江	晞夷		崇安将村	举人	吴钟鸣	金声		永定	庠生
吴钟牟	毓翼		仙游		吴钟英	华国		崇安	广积义仓仓董
吴仲翔	维允		侯官	船政提调差，按察使	吴周鬸	文海		宁洋集宁	岁贡
吴子久	德可		福鼎秦屿		吴梓楠	秀木		宁洋集宁	岁贡
吴梓勤	而行		宁洋	尤溪训导	吴宗周	克尊		连江	举人
吴祖辰	渤隆		永定		吴祖芳	畹仙		永定	康熙岁贡
吴祖丰	邑崇		归化	乾隆丁丑贡生	吴祖桐	唐圭		连城	云骑尉
吴祖馨	渤闻	升客	永定	举人	吴祖瑆		席珍	平潭北党	
吴祖照	临邦		连城	辽州、隰州知州	吴祖周	心莲		连江	永安教谕
吴作梅	汝和		连城	同治优贡，主讲豸山书院	吴作周	信臣		连城	
伍拔	尤士		清流		伍淳	典文		归化	
伍典	克从		清流		伍峰	临江	溪溪、玉泉	归化	瑞金、永宁知县
伍镛	东在	序崖	归化		伍焰	潜谷		上杭胜运	举人
伍翥		凤轩	清流	县丞	伍安国	玉铉		宁化	
伍昌孟	希舆		归化		伍超然	远度		清流	武举人
伍朝铁		伯成	清流		伍诚仁(1895—?)	克斋		浦城城关	又名宝瑜
伍大成	韶孔		福鼎		伍多经	蕴斋		福鼎秦屿	
伍根深	敬行	茂轩	归化		伍嘉谋	赓邻		清流	拔贡
伍晋锡	康侯		清流		伍立观	我观		宁化	

伍明伟	俊人		宁化	永定训导	伍宁之	佑臣		清流	
伍起煜	羽庭		宁化		伍士升	晋阶		宁化	
伍轼临	仲苏		宁化	国学生	伍思伋	立中		将乐	
伍思永	元林		建阳兴贤下		伍思辙	相如		将乐	两当知县，署理凤阳知府
伍为恭	敬亭		清流		伍文光	箕裘		归化	
伍文运	涵初	莲峰	清流	钦州知州	伍显宗	二肯		清流	
伍有庸		青田	广东新会	平和知县	伍玉堂	宝树		清流	
伍忠铭	荩臣		清流		席 桂	月林		光泽二都	举人
席 煌	元泰		光泽二都	岁贡	席 珍		仲瑜	陕西	政和知县
席大霁	作舟		建宁		席文纲	帝简		光泽二都	岁贡
席文缙	帝铨		光泽二都		夏 鄂	荐秋			建阳南槎巡检
夏 槐	茂庭		永安	贡生	夏 晋	志翰		福清北隅	诸城知县
夏 钱	清野		归化苎畲		夏 勃	景廉		归化	束鹿知县
夏 勋	捷生		福鼎玉塘		夏 璋	允宜		邵武	尤溪训导
夏桂英	梦兰		福鼎南溪	庠生	夏辉先	映庭		归化苎畲	光绪丁酉贡生
夏嘉枚	式轩		福鼎玉塘		夏嘉柔	式迩		福鼎玉塘	
夏金章	学臣		福清	进士	夏立吉	蔼七		建宁	
夏文举	国宾		建宁		夏文生	从吾		建宁	
夏文耀	焕章		建宁		夏亦仙	允中		建宁癸羊	

咸成	澜峰		满州	厦门海防厅同知	向宗昆	水轩		云南普洱	建阳知县
项斡椿	采岩		连城	岁贡	项乾雄	伟吉、出峰		连城	
萧楚	新甫		侯官	同知	萧晃	鼎元		泰宁	
萧京	正夫	万舆、通隐子	晋江		萧谦	寅亮		泰宁朱口	
萧湘	楚澜	约轩	邵武	郡庠生	萧萱	秀征		长汀	
萧煊	旭辉、柳溪		邵武	贵县知县、北流知县	萧莹		琢堂	邵武	庠生
萧泳		柳溪	南平	康熙五十二年举人。溧水知县	萧震	长源		侯官	山西道监察御史
萧重		远村、三十六湾梅花主人	河北静海	金门县丞	萧邦佑	俊亭		同安后浦	铜山参将
萧炳馨	象明		泰宁朱口		萧步昌	寿卿		周墩萌源	武举人
萧宸幹	能人	拙庵	归化	永春教谕	萧宸翰	宣人、惕斋		归化	泾县知县
萧承鹤	鸣九		福鼎翁潭	同知	萧春源		泉轩	大田	
萧大文		瑞信	大田		萧道管(1855—1907)	君佩、道安		侯官	女,陈衍之妻
萧德滋	树侯		建阳		萧藩伟	彬紫		建阳崇政	
萧芳霖	雨村		闽清		萧功超	卓甫		福鼎点头	漳平、永定、顺昌教谕
萧国翰	墨林		归化	又名为鉴,附贡,安远知县	萧含辉	瑶圃		永定	布政司理问
萧怀堂	纪园		永定		萧徽声	美士、美玉	愧三	归化	松溪、政和训导,侯官教谕
萧交荣	有功	定垣	清流		萧孔湖	蒋九		周墩萌源	

萧来鸾	惟雅		长汀		萧良辅	尔佐		连江 龙西铺	
萧露滑	燕庭		归化	光绪丁丑贡生,训导	萧抡荣	亮和		清流	
萧梦圭	明璋		永定		萧南枢	枸斋		同安后浦	厦门中营守备
萧起凤	集梧		永定		萧上林	达甫		连江	贡生
萧士恭	礼行		邵武		萧天成	德峰		福鼎翁潭	例贡生
萧廷璠	绍嘉		永定		萧廷玮	荆玉		永定	含山知县
萧文光	凌斗	杖藜	顺昌	浦城教谕、南安教谕	萧熙桢	瞿亭		永定	长沙知县
萧系闳		霞岭	广东程乡	仙游知县	萧宪武	奇范		永定	
萧献廷	以诚		长汀		萧象韶	虞九		将乐	连山知县
萧兴邦	绩斋		同安后浦	原籍闽县。厦门后营游击	萧荫堂		芳圃	大田	
萧应龙	乘云		建阳县坊		萧元桂	芬圃	镜岩	建阳县坊	
萧正模	端木	深谷	将乐	泰宁教谕	萧正枢	梦轩		福鼎翁潭	附贡生
萧之豹	文峤		永定	廪生	萧祖述	章轩		周墩萌源	邑庠生
萧作霖	印溪、佳蔚		永定	罗源训导	萧作肃	长基		连江邵地	举人
谢璇	徵云		闽县	户部额外主事	谢恩	得日		福清	容县知县
谢巩	尔固		晋江		谢光	以奎		连江	贡生
谢衮	绣峰		连城	武英殿纂修馆供事	谢涵	蕴玉		南平	
谢韩	稚圭		泰宁	廪生	谢建	杰人	斗斋	龙岩	岁贡
谢瑾	聘脩	怀溪	长乐	元谋知县	谢璟	徵宋		闽县	举人

谢 俊	承松	耐我	建宁巧洋		谢 浚	清源		连城	
谢 晙	旦辉	朴园	龙岩		谢 麟	幼玉		南平	延平协右营把总
谢 美	文倩、宗华	仁斋	建宁巧洋		谢 谦 (1856—1919)	柱卿		霞浦城北	江苏都督府咨议
谢 伸	易轩		建宁	岁贡	谢 莘	耕来	伊庐	建宁	浔州知府
谢 崧	毓南		宁化	诸生	谢 曦	育万	发川	闽县	举孝廉
谢 相	元度		建阳		谢 湘	颍水		武平	
谢 宣	尔旬		闽县	康熙庚午副榜	谢 英	雄一		建宁	
谢 佑	修耕		同安小西门		谢 震	甸男、位东		闽县	初名在震,顺昌校官
谢 震	御六		南平	县学生员	谢 正	笏山		同安北镇	
谢邦基	洛初		连城	海康、海阳、安定知县	谢邦钧	小田		连城	道光丁酉拔贡
谢邦韶	松海	凝道子	连城	以拔贡分发广东州判	谢邦协	克一		建宁	举人
谢秉钧	衡甫		上杭在城里		谢岑杜	秀裳		连城	
谢昌霖	雨亭		江苏武进	永定知县、长汀知县	谢朝翰	于蕃		宁德霍童	
谢朝庸	时登		宁化		谢宸荃	亮工	郎屏	河北安肃	安溪知县
谢承孔	缵明	少鲁	柘荣溪坪		谢承袍	子忠		建宁黄溪	
谢楚凤	威侯		莆田	顺治十一年举人	谢传贵	胜珍	质斋	建宁巧洋	
谢传燮	克辉		建宁		谢传新	方度		建宁大南	
谢春榜	宜周		连城	邑增生	谢春晖	齐瑀	莲湖	长乐沙京	建宁教谕
谢纯镰	联春		南平	乾隆四十二年岁贡	谢大鼎	夏图		连江后垄	举人

谢大逵	鸿仪		建宁		谢大任	敬轩		连江	贡生
谢大锡	质疑	蔗田	龙岩	长乐训导	谢代壎	虞赓		建宁	上林知县、武缘知县
谢丹甫	心田		霞浦城关	厦门水提参将	谢丹诏	凤衔		连城	郡庠生、云骑尉
谢道承 (1691—1741)	又绍	种芋山人、古梅	闽县	字一作古梅。礼部侍郎	谢道洗	有卿		连江集玖里	贡生
谢德芳	荐明		建宁	建宁府教授	谢德润	广泰		龙岩	举人
谢德生	书林		连城	邵武镇左营千总	谢殿举	元吁		连江	泉州训导
谢东兰	国祖		建宁南乡		谢笃仁	禹门		顺昌	邑增生
谢恩焜		明谷	泰宁	漳州训导,掌教昌黎书院	谢恩来	浴日		连城	恩贡
谢恩临	存庵		建宁均口		谢恩庆	有荣		连城	
谢恩诏 (? —1815)	紫斋		同安厦门	原籍永春。黄岩总兵	谢凤冈		梧亭	周宁赤岩	
谢福宋	殷之		建宁里源		谢光惠	连若		邵武	建安训导
谢光晋	茂伊		上杭胜运里		谢光前	元绳		仙游	雷州协右营守备
谢国宝	赞皇		连城在城里	世袭阿达哈哈番	谢国瑚	玉山		连城	贡生
谢国杰	钟岳		建宁	襄陵知县	谢国朴	仰奇		沙县夏茂	
谢国枢	在紫		建宁在城	顺昌训导	谢国泰	履和		连城	岁贡,云骑尉
谢国璇	思璇		归化	溧水县丞	谢国治		修堂	连城	淞江下沙盐场大使
谢宏基	力恢		将乐		谢鸿波	芹诚		闽清	
谢鸿惠	迪轩		福鼎在坊	例贡生	谢浣湘 (1801—1871)	芸史		诏安	
谢继宗	念兹		建宁黄舟		谢家宏	博山		建宁均口	

谢家树	兰村、益堂		归化	福州、建宁、台湾教授	谢嘉树	冬友	荫吾	建阳兴下	
谢金榜	廷瑶		永定		谢金銮 （1757—1814）	巨廷、退谷		侯官	晚改名灏。安溪知县
谢景安	盘谷		邵武	邑诸生	谢景星	熙垣		建宁	
谢九晃	星晞		建宁		谢立定	公鉴		建宁在城	
谢立一	曦初		建宁在城		谢联桂	月丹		龙岩	
谢隆恩	图南		连江	举人	谢隆启	宜佑		永福埔岭	
谢纶音	能立		连城	武庠生	谢迈来	民怀		连城	邑增生
谢鸣銮	凝佩、行佩	琬亭	建宁		谢命侯	信周		连城	邑增生
谢谋介	祝堂		建宁		谢凝道 （1765—1824）	芝田		连城	吏部员外郎
谢旗鳌	占斋		浦城		谢谦亨 （1819—1887）	吉六	笃士	长泰旌孝	江南道监察御史
谢翘南	兼才		泰宁		谢清华	又琅		永定	
谢清苓	谨修、云美		长乐		谢人凤	羽啮		建宁在城	
谢人骥	大生		侯官	清流教谕	谢汝霖	用弼		长乐塔头	永宁知州
谢若潮	慕韩		龙岩		谢善祥	素吾		连城	
谢上霁	映川	溪上散人	连城	诸生	谢上祥	素吾		连城	诸生
谢绍承	武烈		建宁里原		谢绍鼎	公大	怡园	长乐	崇安训导、教谕
谢绍谋	大逸	小峨眉山人、去羊氏、广头山人	归化		谢绍仁	希纯		安徽铜陵	光泽知县、户部主事

谢升华	殿科		永定	贡生	谢生晋	若先、日三、康侯		侯官	兵部主事
谢生翘	若楚、错山		侯官	横州知州	谢声闻	鸣九		连城	
谢圣恩	登庸		泰宁北隅		谢圣恭	圣光		沙县三元	
谢圣纶	研溪、砚溪、庚言		建宁均口	维西通判	谢圣扬	言夫		南平	康熙二十年举人。平南知县
谢圣伊	魁宇		建宁		谢师仪	太生		建宁	
谢世美	奎章		仙游		谢世南	治江	慈田	长乐	廪贡生
谢仕骥	宏卿		闽县		谢天樛		绥堂	龙岩	武定知府
谢天禄	百和	汉阁	漳浦	乾隆七年进士	谢天枢	尔元	星源	侯官	柳州府推官
谢天台	超北		沙县吉畲		谢天挺	秀夫		龙岩	贡生
谢天游	芳仲		闽县		谢廷宝	安卿	研斋	龙岩	举人
谢庭禄	亶文		晋江		谢庭飏	仰皋		连城	邑庠生
谢维椿		少梅	永福县治	漳浦教谕	谢维桢	叔宁		归化	太学生
谢文魁	殿元		连城	台南镇中营千总	谢文龙	西堂		同安浯洲	
谢文模	式文		建宁		谢向明	馨朝		永定洋背	九十四岁
谢象超	恒殊		山西安邑	沙县知县	谢秀仰	茂山		沙县	
谢学宫	文在		建宁在城		谢学进	赞渊		龙岩	
谢学士	瀛客		建宁在城		谢延煸	迹山		诏安	
谢一桂	斯立		仙游	乾隆间贡生	谢仪一	肃君	眉洲	龙岩	仙游教谕、灵宝知县
谢沂英	圣与		武平		谢贻诰	孟侯		建宁	

谢贻燕	子裕		建宁		谢颖苏 (1811—1864)	采山、 管樵、 琯樵	懒樵、 懒云 山人、 北溪 渔隐	诏安北关	画家。客居厦岛
谢应魁		梅亭	建宁		谢应兴	起潜		建宁在城	
谢玉成	琢球	璜溪	建宁		谢玉树	伊人		仙游	铜山营守备
谢元淮	德臣		沙县		谢曰惠		施仁	武平万安	
谢云龙	天会		归化	雍正癸丑贡生	谢云祚	岩西		浙江镇海	建宁知县
谢允元	子淳		南安 十四都		谢章铤 (1820—1903)	枚如		长乐江田	福州致用书院 主讲
谢兆麟	在级	天石	长乐江田	真定知县	谢兆龄	绍任		永福埔岭	
谢兆珊	静希	词仙	天津	家厦门	谢兆熹	翘林		建宁	邑廪生
谢之烈	敕公		建宁		谢之洛		畴斋	龙岩	
谢之迁	东玉	静观 居士	建宁均口		谢志齐	师贤		连城	福安、屏南训 导,福州教授
谢钟龄	鹤侪	心耕	建宁		谢仲巘	蓉峰		福安塘人	一作谢钟巘。 郡增生
谢重灿	星伯		南安		谢宗本	硕甫		侯官	
谢宗善	台生	定甫	侯官	福建通志襄校	谢宗尹	士衡		南平	廪生
谢祖邰	仞周		建宁黄溪	名辉	辛辉英	臣晦	木生	同安后垵	
邢 庚	筱西		江苏江宁	以候补巡检到 厦门	邢 最	惟我		永安	岁贡
邢光缙	昼卿		永安	县学生	邢钟岳	蟠左		永安	太学生
邢宗苞	宝冲		永安	岁贡	熊 荐	铨臣		武平高梧	

熊 绰	少堂		永定		熊 梦	觉轩		建宁	
熊 山	仰圃		永定		熊 焞	扬光	贡园	武平高梧	
熊 湘	竹侣		武平高梧		熊 业	敏功		永定	
熊 员	仰泉		建宁		熊 肇	广斋		永定上湖雷	
熊 仲	碧水		永定	廪生	熊 辀	梁溪、步嵩		永定湖雷	
熊卜伟	恭仲		永定	增生	熊臣忠	亦良		建宁	
熊乘时	星泉		连江通济	武举人	熊楚宝	珩卿		武平	监生
熊楚凤	飞凰	集止	武平	连城训导	熊殿应	懋修		永定道人	
熊拱辰	少星		连江	武举人	熊光大	侣圣		永定湖雷	监生
熊光觐	侣翰		永定湖雷	贡生	熊光炜	次藜、饮藜		永定	崇义知县
熊国杰	万子		建宁在城		熊国权	巽行		建宁均口	
熊际遇	虞典	藕亭	建宁		熊见龙	概瞻		永定	浦城县教谕
熊江风	怡亭		永定		熊江济	楫川		永定	
熊江浚	干兆		永定		熊江润	述轩		永定	
熊捷先	会真		永定		熊锦攀	桂标		沙县夏茂	
熊景应	星仰		永定湖雷	增生	熊立有	望三		建宁均口	
熊联斌	震佑		永定上湖雷		熊龙其	毓水		永定	岁贡
熊履和	惠庵		永定		熊梦占	恒符		连江	浪穹知县、长汀教授
熊鸣高	运昌		永定		熊日辅	建伟		永定	

熊士珍	子重		建宁		熊世忠	亦良		建宁	
熊守先	奉思		建宁均口		熊孙鹤	绥栖		永定	举人
熊孙兰	霞扶		永定	举人	熊孙莲	大千		永定	
熊廷珍	熙斋		永定在城	庠贡生	熊伟抱	璞斋		永定	璞斋一作号，庠生
熊文铺	声达		江西丰城	从父定居浦城	熊锡荣	桐侯		江西	建阳知县
熊锡应	膺三		永定		熊显曾	穆斋		永定	增生
熊兴麟（1606—1694）	维郊	石儿	永定湖雷	湖广巡按、监察御史	熊学湔	及沅	恬斋	邵武	鹤庆知县、嵩明知县
熊一春	安善		永定	监生	熊应昭	晖音		永定	
熊友驸	宗虞		永定		熊有翼	如鹏		永定	
熊豫璋	顺立		永定上湖雷	乡宾	熊元捷	子敬		连江	建阳训导
熊载春	梅洲		永定		熊载尧	亦赓		永定	
熊昭应	郎伯、晖音		永定	奉化知县、常山知县	熊震标	履祥		崇安四隅	古田训导
熊志学	鲁子		建阳崇化	又名均	熊钟元	毓奎		永定	
熊卓魁	瞻三		永定		秀登俊	千人	霁林	宁化	厦门中军参将、金门总镇
胥献圭（？—1786）		元圃	同安		胥贞咸	心若	鹤巢	同安后浦	厦门守备，代理游击
徐彬	尹庄、石亭		龙岩	举人	徐炳	仁先		宁化	诸生
徐步	梯云		崇安四隅	诸生	徐昌	燕及		崇安	岁贡
徐榦	伯开、小勿		邵武	上虞知县、嵊县知县	徐光	士值	蕴庵	仙游	弥勒州知州
徐恒	月山		将乐	归安知县	徐煌	播远		建阳县坊	

徐 江	襟三		建阳崇泰		徐 金	云舫		建阳	
徐 经	芸圃	瑬坪居士	浙江江阴	迁居建阳。县学增生	徐 临	士咸		仙游	太平府通判
徐 谟	士显		仙游	户部广东司郎中	徐 南	培政		仙游	
徐 鹏	翼九		建阳均亭		徐 权	尔衡		建阳县坊	
徐 讱	兼山		福鼎秦屿		徐 锐	宣子		建宁	
徐 上	士德		仙游	县学生员	徐 枢	尔辕		建阳县坊	
徐 思	慎之		将乐		徐 伟	宗俊		仙游	康熙十九年武举人
徐 锡	鹤龄		建阳县坊		徐 荀	书思		建宁在城	
徐 援 (1625—1703)	汗烈		寿宁七都	平乐府副总兵	徐 璋	东玻		邵武	
徐 珍	崐玉	静轩	建宁里心		徐 中	本立		浦城	
徐葆龄	仲眉		侯官	副将	徐葆元	象涵		建阳县坊	
徐必能	祥甫		建宁在城		徐必权	达远		建宁将屯	
徐必儒	鸿可		建宁	诸生	徐必正	启祥		建宁在城	
徐滨沂	零门		建阳县坊		徐炳熙	渭藩		连江白沙口	
徐昌龄	上侯		仙游	永春州训导	徐超然	越千		建阳童游	
徐超然	越千		建阳童游		徐诚谟	瑞斋		福鼎清潭	
徐承禧		心燕	江苏六合	平潭厅同知	徐崇节	伯符		将乐	
徐大标	展也	培杏子	沙县		徐大平	子廷		仙游	两淮角协场盐大使
徐道勋	幹臣		建阳县坊		徐登甲	仲升		南靖院前	

徐鼎之	聘唐		浦城		徐方石	卜臣		仙游	县学生员
徐芳桂	攀士		浦城		徐芳枝	克淳		连江白沙	
徐凤翥	仪周		沙县官庄		徐福孟	心衢		建宁里原	
徐观海	袖东		浙江钱塘	将乐知县	徐光济	汝舟		建阳童游	
徐光廷	策勋		建宁		徐国珥	逸九		建宁	
徐国镐	翼子		建宁水南	庠生	徐涵虚	天仪		浦城	
徐宏音	次徽		龙溪	居住厦门。诸生	徐洪业	芸膏			上杭知县
徐继华	尔素		宁德		徐家璠	望卿	璞园	建宁	
徐家修	申之		建宁		徐家瑄	浩山		建宁在城	
徐家莹	崐圃		建宁		徐捷槐	尚德		永定溪口	
徐缙元	友卿		浦城		徐来济	正春		建阳童游	
徐连枝	让木		浦城		徐亮铨	季钧		闽清	新加坡华侨
徐履亨	国荣		建阳童游		徐梦兰	香佩	纫秋	建宁	
徐梦雷	宸伯		仙游	雍正二年举人	徐其谋	淑则		浦城	
徐启元	贞起		宁德		徐起鸿	为仪	白云	建阳县坊	
徐情文	联诏		建宁		徐日辉	宾晓	寅庵	将乐水南	
徐三连	奋九		福州	仙游教谕	徐尚聪	家生		侯官	
徐绍文	西岳		建阳		徐时行	伯恒		建宁在城	
徐时俊	秀民		建宁在城		徐时劢	敬修		建宁在城	

徐时深	澄若		南安		徐时作	邺侯		建宁	沧州知州
徐士琳	玉山		建阳县坊		徐世灿	廷建		闽清	太仓知州
徐世隆	柳塘		连江伏沙	贡生	徐术祖	述之		建宁	
徐思达	伟予		永定		徐泰昌 (1861—1943)	峻臣		浦城城关	乳名丁兴
徐泰来	惠生		永定		徐天璇	伯衡		建阳县坊	
徐廷安	耻未		沙县 清水坊		徐万安	祖恭		仙游	
徐万宝	祖宁		仙游金沙		徐万斗	祖魁		仙游	
徐万卷	祖翰		仙游	户部河南司郎中	徐为崧	岳田		浦城	户部贵州司郎中
徐文标	敬斋		建宁里源		徐文炳	大文		建阳县坊	
徐文灿	云衣	龙川	建阳		徐文凤		仪轩	南安 三十五都	
徐文燮	经三		建阳县坊		徐文煜	同日		建阳县坊	
徐熙工	绩臣		建阳县坊		徐先甲	文通		建宁	
徐显灿	有文、 星谟		建宁		徐显伦	道轩		建宁	
徐显绅	笏轩		建宁		徐叙模	叔则		建宁	
徐学永	硕园		侯官	诸生	徐延寿	存永		闽县	
徐养馥	芳苏		寿宁七都		徐应升	孙尚	旭岚	南安周厝	
徐永�襀	乔年		连江		徐永毳	元所		建宁里源	
徐用逢	汝嘉		南安周厝		徐用邃	邦臣	蔗洲	南安周厝	
徐有端	是四		建宁在城		徐有经	松阳		甘肃西和	大田知县

徐玉琛	孙觐		南安		徐御龙	应时		沙县	
徐元泰	东青		侯官		徐元托	孔依		沙县官庄	
徐元文	立斋、文斋		江苏昆山	寓居汀州	徐跃南	溟公		建阳童游	
徐云襄	孙蕴	庚陔	南安周厝	原名玉本	徐枝芳	天桂		浦城	
徐志銮	敬舆		建阳		徐稚佳	元儒		仙游	行人司行人
徐中安	居之		建宁	精医术	徐中睿	德诚		建宁	
徐中赏	仁瑞		建宁在城		徐中泰	国显		建宁在城	
徐宗醇	学卿	秋河	建宁里心		徐缵莱	平仲		仙游	康熙贡生
许 玭	天玉、星庭	铁堂	侯官	举人	许 宾	于王		侯官	福建道监察御史
许 炳	肖伟		海澄		许 鼎	伯调		侯官	上虞、遂昌知县
许 鼎	公调	武夷子	泰宁		许 斗	沧南		仙游	康熙五十年举人
许 国	时定	二蒲	闽清三都	康熙五十九年举人。刑部江南司主事	许 鋐	元孟、春山		闽县	家于无锡，赵州知州
许 瑶	同玉		侯官		许 均	叔调、雪村		侯官	礼部郎中
许 侃	清甫		仙游	邯郸知县	许 朗	月恒		上杭胜运里	
许 垒	道贤	新一	闽清	光绪七年恩贡	许 隆	宪爵	从庵	漳浦南浦	福宁镇中军游击
许 銮		觐坡	河南固始	沙县知县	许 崙	伯珸	珊崖	同安	
许 牧	杏村		长汀	拔贡	许 佩	清甫		仙游	顺治九年进士。邯郸知县
许 盛	际斯	武岩	同安后沙	宣府总兵	许 新	德纯	泽人	闽清	光绪己丑岁贡
许 琰	保生	瑶州	同安后浦	名一作炎。翰林庶吉士、知县	许 遇	不弃、真意		侯官	长洲知县

许　云	旦复		海澄峨山里		许　泽	源悠	荆波	同安后浦	真定游击
许　昭		潜叔	闽清	县学生员	许　正	盖臣		海澄七都	
许邦光 (1780—1833)	汝韬	莱山	泉州三朝铺	光禄寺卿	许朝均		和斋	闽县	籍贯一作闽清
许承澎	伯仑		同安后浦		许春荣		锦江	闽清	道光二十年武举人
许大标	龙文	锦江	闽清	乾隆间恩贡。宁德县学教谕	许大经	迪五		闽清	乾隆间贡生
许德树	大滋、逮孜	荫坪、春甸	侯官	台湾教授,海东书院讲席	许德新	省斋			上杭知县、尤溪知县
许钧龙	禹涯		诏安		许恩荣		耀波	闽清	县学增生
许仿谦	非摹		上杭在城里	康熙岁贡	许冈梧	安凤		永定珠圆	监生
许刚建	国端	方矩	闽清	国子监生	许高荣	仰之		闽清	道光二十年武举人
许国恩	丕重		同安浯洲		许基山	颖若		莆田	康熙五十一年进士。内阁中书
许济舟	子楫		闽清		许渐磐	允升		上杭胜运里	
许良彬	质卿		海澄峨山里		许良臣	思夔		侯官	澳门同知
许隆远	迩可		南靖		许履仁		梅阳	长乐大洋	邑庠生
许履坦		基浦	同安后浦	汀州教授	许懋聘	世熊		福鼎昭仓	
许梦秋		竹川	闽清	县学生员	许名扬 (1708—1785)	尔丰	勖斋	同安厦门	
许鸣岳	斯聪		闽清	乾隆间贡生	许南彬	卿喜	仪峰	南安华美	
许齐卓	鉴塘		安徽合肥	宁化、霞浦、建阳知县	许其扬 (1839—1900)	男夫	天然	德化赤水	乳名玉彤。画家
许其谊	子正		陕西咸阳	永春知县	许谦吉	二言		晋江	江华知县
许汝楫	济川		莆田梧塘	康熙贡生	许汝砺	金若		晋江	

许瑞麟	琼图	亦华	闽清	光绪间贡生	许瑞铺	景秀		政和	
许尚贤	聘予	怀轩	闽清		许省三	时改		闽清	乾隆十五年恩贡
许师义	右宜		海澄		许式如	基程		南安四十四都	
许守忠	致卿	三立	同安		许寿山 (1852—1884)	玉珊		闽县	在马江战役中督带"振威"号
许树森	俾椿	寿山	闽清	县学附贡生	许素祥	璧轩		永定象峰	廪生
许遂元		健甫	瓯宁	原名秉衡。署教谕	许廷圭	锡瑶	瘦生	南安海都	
许廷桂 (1752—1809)	伟臣	鼎斋	厦门	寄籍厦门。香山协副将	许廷楫	济臣		晋江	
许廷铨	朝选	梅庄	长汀		许廷长	受山		福鼎白琳	
许王臣	思恭、陶瓶		侯官		许为崇		容斋	长汀	
许温其	玉如		同安厦门		许文焕	朝章		连江资寿	贡生
许文绣	而璧	素如	闽清	雍正间贡生	许我生	克昂		同安后浦	乾隆十二年举人
许献诹	传业		侯官	同治六年举人。南平教谕	许学衡	征若		晋江	
许巽南	克家		同安东溪	光绪十四年举人	许益谦		子牧	永福盖洋	进士，出宰山西
许懿善	继之		侯官		许用宾	振邦	光庭	闽清	咸丰二年举人。崇安教谕
许用典	学夒		闽清	闽县县学生员	许用舟	尔楫		闽清	
许玉成	殷吉	琢人	闽清	道光十七年举人	许元芳		秋沧	闽清	宣统间贡生
许元钧	允熙		同安东溪		许元烜	彦陟		晋江	宜良知县
许元庸	世响	鸣和	同安后浦	初名元铺。肇庆府同知	许云鹏	而九	万里	闽清	县学生员，入成均
许孕岱	岳长		莆田	康熙五年举人	许赞周		翊臣	闽县	

许贞幹 (? —1914)	豫生		侯官	浙江盐法道	许振超	道宏		永定	新会营守备
许振鹏	冲南		永安		许镇芳	世崇		福鼎	郡庠生
许之秩	舜音		同安后滨		许芝馨	兰士	香斋	闽清	同治五年岁贡
许志仁		心泉	闽清	县学附贡生	许宗翰		子维	闽清	县学生员
许祖镐		怀西	闽清	县学生员	许作屏	子锦、 画山		侯官	曲阜知县
薛 鸿	摩云	梅花 山人	上杭豪康		薛 洛	岷石		上杭	
薛 眉	子寿		江苏武进	建阳知县	薛 沄	子大、 弱园		福清	籍贯一作侯 官。山东布政 使参议
薛朝标	信龙		侯官	员外郎	薛凤翔	上龙		永福石埕	乾隆四十五年 举人
薛孚让	蕴楷、 节庵		上杭豪康	仙游教谕	薛耕春	法乾、 雨田		上杭豪康	将乐教谕
薛光祖	孙振		上杭 来苏里		薛桂芳	殿传		上杭	名一作桂奇。 州判
薛焕章	贵琛		上杭 来苏里		薛捷官	用襄		上杭 来苏里	
薛炯垣	允中		同安 山仔兜		薛企徽	循良		上杭 来苏里	
薛起凤	飞三	震湖	海澄 镇海卫	乾隆三十年举 人。迁厦门	薛起受	允孟		平潭 福唐里	罗源千总,直 隶马兰守备
薛人骧	远千		上杭 来苏里		薛绍徽 (1866—1911)	男姒	秀玉	侯官	女。辑《黛韵 楼遗集》
薛师仪		鼎臣	同安珠山	金门总兵	薛士玑	仲基		福清	兴安知县
薛士中	仲黄		福清	昌黎县尹	薛天玉	尔赵	昆山	仙游	商河知县
薛以斗	拱之		宁德		薛应吉	良璧		上杭豪康	
薛赞治		襄卿	永福山园	光绪间贡生	薛长龄	宜椿	思斋	永福县治	尤溪教谕
薛正冠	卓子		长泰	永兴知县	薛钟英	敏学		上杭 来苏里	

姓名	字	号	籍贯	备注	姓名	字	号	籍贯	备注
鄢标	孟知		永福		鄢鲲	竹斋		永福	嘉庆间贡生
鄢柳	秀林		建宁		鄢松	邦用	蔚崖	建宁	
鄢矗		秋溟	永福麟洋	光绪五年举人	鄢梓	孟卿	卫材	建宁	
鄢必兴		闻亭	永福麟洋	嘉庆己卯举人	鄢步云	可吉		永福麟洋	乾隆六十年举人
鄢乘龙	子职	雷江	闽清	嘉庆间岁贡	鄢春元	可定		永福麟洋	嘉庆九年举人
鄢登墀		丹卿	永福	咸丰九年武举人	鄢光春	子观		永福麟洋	乾隆五十三年举人
鄢光兰	叶梦		永福	道光间贡生	鄢泓弓	德渊	去羞	永福麟洋	武平训导
鄢梦熊	渭溪		永福	嘉庆间贡生	鄢梦珠	龙溪		永福	嘉庆间贡生
鄢韶成	绥体	仪庭	闽清	大田训导、诏安训导	鄢士元		典臣	永福麟洋	连城教谕、政和教谕
鄢调元		梅峰	永福麟洋	嘉庆戊午副举	鄢文超	彬甫		永福麟洋	同治十二年举人
鄢锡光	德邦		建宁富田		鄢耀璧		樵村	永福	宣统元年举孝廉方正
鄢耀枢		铁香	永福	光绪举人。福建临时咨议局议员	鄢耀珍	珑彩		建宁	
鄢翼明	在公		辽阳镶白旗	汀州知府	鄢占春		梅村	永福	
鄢志隆		起南	永福麟洋	光绪间贡生	严灿	有章		仙游	乾隆间贡生
严焕	启温		仙游	雍正元年举人	严来	常有、二酉		长乐	
严锜	念薪	芄园	尤溪		严昌构	孟修	奕肯	仙游	潼川知州
严超英	越千		邵武	廪生	严大任	尔担		仙游	康熙十一年武举人
严光汉	丹斯	怡斋	仙游	县学生员	严光远	四被		海澄南坊	
严可登	春茂		永定枫林		严煌昌	厚甫		侯官阳崎	教谕

严梦两	伯任	觉轩	长乐	八旗教习	严润生	诚斋		尤溪升平坊	
严廷中	绍唐		上杭白砂里		严万怀	三锡		永安	龙岩训导
严文藻	孔彰		泰宁安仁		严仙蔡(1681—1736)	太乙		龙溪	
严选英	梅应		永定枫林	例贡	严以治	仲平		福清	常山知县
严元珠	元绥		仙游	武举人	严兆英	翊三		闽清	县学廪生
严正根	原周		泰宁		严自泰	去骄	澹思	尤溪	
严宗溥	志周		福清	翰林院编修	阎若璩	百诗		山西太原	客福建
颜 超	常升		晋江		颜 岱	广伯、东伯	青岩	仙游	雍正十年举人
颜 嘉	君令		同安贤聚		颜 璘	突山		永春慕仁	泾县知县
颜伯焘(1792—1855)	鲁舆		广东连平	闽浙总督	颜朝禧	茂锡		宁德炉前	
颜凤姿	启彰		晋江	广宁知县	颜青云	耀登	梯航	同安	
颜庆忠	鲁堂		永春始安里		颜润廷	子洋		同安后塘	
颜天球	文序		宁德霍童		颜兴邦	子灿		同安东溪	
颜仪凤	亦允		晋江	正安知州	杨 艾	去病		福鼎	
杨 岸	有其		上杭在城里	秦州同知	杨 宾	肃宸		连城	举人
杨 晷	汉章		福鼎		杨 灿	镜村		邵武	常州、苏州知府，海门厅同知
杨 超	群迈		同安厦门		杨 潮	叔羡		连江安德里	闽安把总
杨 橙	伯友		福鼎		杨 德	性之		福鼎	
杨 点	浴德		长汀	邑增生	杨 帆	秋浦		建宁	

杨 范	衍洛		龙岩	漳州府训导	杨 芳	采仲	南塘	南安	
杨 锋		西林	连城		杨 福	芳腾		连城	天镇知县
杨 圭	德成		福清	进士	杨 瀚	在仲、在东		建宁	
杨 珩	瞻山		连江透堡	凤山淡水千总	杨 华	良渊	凤山	同安湖下	苏松镇总兵，署江南提督
杨 簧	履春	竹圃	连城芷溪	护理两江总督	杨 鋗	良声		连江崇礼	建宁训导
杨 机	季祥		福鼎		杨 绛	世魏		福鼎	
杨 捷	月三、元凯		奉天义州	福建右路总兵	杨 津	巨源		仙游	
杨 敬	简卿		建阳崇化		杨 筠	才美		福鼎	承节郎
杨 浚 (1830—1890)	雪沧、健公	冠悔道人、观颊道人	侯官	祖籍晋江。历主丹霞、紫阳、浯江书院	杨 簧		竹圃	连城	护理两江总督
杨 澜	蓉江、二樵		长汀	昭化知县	杨 澧	经南		连江	贡生
杨 廉	泉亭		崇安石雄	附贡	杨 廉		竹坡	连城	左州知县、思恩知县
杨 珷	昌胜		闽县	衡州同知	杨 琳	叔度		福鼎	
杨 轹	孟觉		龙岩	诸生	杨 懋	季芳		连城	
杨 铭	右箴		侯官		杨 芃	笏溪		建阳崇文	
杨 钦		峻亭	连城		杨 述	朝淑		连江	本营千总
杨 声	孚中		连江崇礼	漳浦训导	杨 诗	南雅		连江	举人
杨 杸	明老		福鼎		杨 涛	大水		长泰	
杨 潼	梓田		连江		杨 锡		瑕轩	连城	庠生

杨　叶		甲山	大田		杨　雍	子然		福鼎	
杨　棫	士周		福鼎		杨　岳	亦山		归化	新城知县、平和教谕
杨　照	渭叟		福鼎		杨　震	搏伯		建阳三桂	
杨　梓	坚老		福鼎		杨邦辅	匡民		政和	
杨榜元	孟龙	愧庵	连城	邑庠生	杨宝臣	湘云		邵武	山西河东道缉私
杨葆元	惕予		侯官	永定教谕	杨必名	今聘	立亭	顺昌	永春学正、乾州知州
杨斌占	一雄		连城		杨秉宪	章若	文德	南安	
杨秉忠	敦诲		同安竹坑		杨炳传	少山		周宁洋庄	
杨炳枢	北垣		光泽廿五都	岁贡	杨炳兴		纬斋	连城	岁贡
杨伯元	怡士		连城芷溪	惠安教谕	杨步瀛	诚之		建宁	
杨朝章	典园		连江	贡生	杨成荫	青苑		龙岩	南靖县学生
杨承鋅	夕冰		连江	贡生	杨崇道	晋南	学山	邵武	岁贡
杨从龙	正则		福鼎		杨大熴	文彩		建宁周坪	
杨丹桂	尔参	晓山	南安		杨道儁	彦林		龙岩	州学生
杨德元		怡园	建宁上坪		杨登台		云岩	连城	
杨鼎臣	梅叔		福鼎		杨都试	笃藩		同安后浦	
杨笃禄	以宜		将乐		杨尔康	茀君		连城	庠生
杨发泗	德会		连城		杨方平	德将		福鼎	
杨方寿	淑康	静圃	连江崇礼铺	平乐知县	杨奋飞	子日		仙游	乾隆二十五年武举人

杨凤喈	伯雍		连城	光绪恩贡	杨凤来	紫庭	止庭	龙溪	居住厦门
杨凤起	飞五		惠安崇武		杨凤瑞	于冈		永安	
杨凤腾	季晓	梧冈	连江	贺县知县	杨凤鸁	季举		连江	贡生
杨恭任	方尹		建宁	监生	杨光斗	星拱		连江透堡	贡生
杨光廷	德成		福鼎		杨光远	德延		福鼎	
杨光昭	长茂		上杭古田里		杨圭璋	远夫	德斋	漳浦佛昙	改名圭爵
杨国光	观五	用庵	邵武	郡岁贡	杨国正	珍山		长泰	
杨和鸣	笙友		闽县	翰林院庶吉士、工曹	杨鹤龄	三如		奉天锦州	归化知县、惠安知县
杨鹤鸣	琴友、檀园		侯官	石浦同知	杨鹤书	飞泉		瓯宁	宁波知府
杨洪辉	蔚玉		连江	贡生	杨洪中	季时		连江透堡	举人
杨华胜	景山		崇安兴田	云骑尉	杨晖山	竹冶		连江透堡	贡生
杨辉英	植三		永定		杨惠元	心淮、蓉峰		闽县	泰安知府
杨基立	卓山		崇安四隅里		杨际春		东郊	大田	
杨际亨	鼎鸣		宁德		杨际会		过庵	龙岩	
杨济川	长湍	仙舟	同安厦门		杨继生	尔序、尔叔		四川阆中	连江令
杨继勋	立斋		闽县	温州镇总兵	杨嘉杞	宜南		连江崇礼	宣化知县
杨甲魁	琼一	介庵	归化		杨金鳞	子石		长泰	居住厦门
杨进叔	昌辰		福鼎	修职郎	杨景明	嗣伊		归化	光绪庚寅贡生
杨景仁		可亭	连城	例授道衔	杨敬业	绳武		龙溪	

杨开春	寅占	蠢山	连城	廪生	杨开芳		兰轩	连城	岁贡
杨开科		朴山	连城		杨葵之	子芳		惠安白沙	
杨联榜	敦三	讱斋	长汀	平南知县、桐庐知县	杨龙标	叔锦	立堂	连江安德里	贡生
杨茂藻	鱼在		连江安德里	寿宁训导	杨孟献	巨山		晋江	上杭教谕
杨梦吉	允升	上漳	上杭胜运里	常山知县	杨梦鲤	南叟		莆田	青阳知县
杨名璜	圣宽		仙游	乾隆贡生	杨名世	子策		政和	
杨鸣凤	仲文		同安厦门		杨乃佺	道衡		连江透保	福宁都司
杨鹏南	翼季		长乐集星桥	军标把总	杨岐珍 (1836—1903)	西园		安徽寿县	福建水师提督
杨起凤	雍侯		仙游	宿松知县	杨起麟 (？—1787)		祥斋	闽县	居厦门
杨起熊	渭飞		连城	贡生	杨起钰	幼兰		连江	举人，掌教道南书院
杨乾初	榕材		山西陵川	邵武知县	杨钦遴	铨臣	狷庵	长汀	选贡
杨清臣	华国		福鼎		杨清轮		漪园	江苏阳湖	汀州知府、长乐知县
杨庆琛 (1783—1867)	廷元	雪椒、绛雪老人	侯官	原名际春。光禄寺卿	杨衢云 (1861—1901)	肇春	衢云	海澄三都	原名合吉
杨仁珠	宝元		泰宁		杨任昌	支伯		宁德	
杨儒臣		又东	江苏青浦	长乐知县	杨汝为	赞臣		政和	
杨三植	龙化		崇安丰阳	贡生	杨绍宽	嗣汤		顺昌	
杨绍梅	鼎臣		光泽廿五都	举人	杨升亮		吟庐	连城	邑庠生
杨士龙	砚田		广东嘉应州	南安知县。入赘金门黄姓	杨士侨	奉卿	惠圃	同安	
杨士珣	琬儒	玉沙	福清大邱	贵州副将	杨士箴	梅坪		河北通州	建宁知县

杨士志	从益		福鼎		杨世懋	元辅	朴庵	漳浦佛昙	海坛总兵
杨守信	宗贤		连江	贡生	杨叔怿	豫庭		侯官	杭州、绍兴知府
杨树功	卜臣	朴斋	漳州石码	迁居厦门	杨树棠	伯臣		连城	廪生
杨思程		雪士	建阳兴下	岁贡	杨松昌	维筠		连江	奉天兆难知县
杨腾霄	飞九		漳浦佛昙	参将	杨天锦	开基		闽清	仙游训导
杨天香	子飘		同安厦门	原籍龙溪	杨廷桦		蘅圃	河北大兴	泉州知府
杨廷荚	献阶	瑞圃	龙岩	虞乡知县	杨廷梁	秀谷		霞浦西坑	南雄知州
杨廷尚	文琼		连江		杨廷勤	青仲		晋江	原名廷选,翰林院编修
杨廷岳	文五		连江	贡生	杨廷讚	敬臣		长汀	
杨万里	世臣		福鼎		杨万占	一庆		连城	
杨为雄	樟甫		政和在坊		杨维明		辒山	大田	
杨文铎	追金	警斋	政和		杨文荣	华臣		贵州	同安知县
杨希闵	卧云、铁傭		江西新城	避乱入闽	杨熙昌	赓勺		宁德	
杨显桂	窦仙		连城		杨显圣	人凤	德庵	连城	附贡生
杨孝达	子正		福鼎		杨燮元	礼冶		政和	
杨信匡	德元		建宁		杨信篷	五山		建宁上坪	
杨熊飞	璜文	谓臣	同安厦门		杨秀彬	梦梅		福鼎白琳	岁贡
杨学皋	道生		漳浦佛昙	太子太保	杨旬瑛	维六		晋江	御史,巡按广东
杨仰澄	元湛		永安		杨以鉴	章卿		连江透堡	举人

杨以敬	仲熙		连江	南安训导	杨应昌	维鸿		连江透堡	举人
杨应葵	升山		晋江	长兴知县	杨应祥	云洲		连江透堡	贡生
杨永宁	淑康		宁德		杨用霖 (1854—1895)	雨臣		闽县	护理左翼总兵
杨友璧	叔赵		连江透堡		杨友梅	叔铜		连江	安溪训导
杨友竹	叔坚		连江	都昌县丞	杨于先	野若		晋江	常德知县
杨玉晖	叔夜	僧客	长汀	南靖训导	杨玉辉	叔度		长汀	贡生
杨郁林	文仲		永安	贡生	杨毓健	乾斋		湖北荆门	延平府通判
杨元华	石松		同安厦门		杨元挺	永哲	于邑	长乐犀村	邑诸生
杨曰鼎	元新	金山	政和		杨曰瑞	辑玉		政和	
杨曰泰	元安	坦峰	政和		杨运光		熙斋	政和	
杨韵珂 (？—1911)	玉铿		闽县	辛亥福建三烈士之一	杨长清	梦天		顺昌	
杨兆璜	渭渔	古生	邵武	金华知县，柳州、广平知府	杨振纲	明宪		闽县	泉州教授
杨之邵	昌宗		福鼎		杨之祯	瑞之		南平龟山	
杨志光	照远		永定富坑		杨志良	芬若		连江崇礼	贡生
杨志仁	当道		建阳童游		杨中槐	明祯		连城	庠生
杨钟浏	光瑛		连江仙屏		杨钟楠	香岩		周墩杨庄	生员
杨钟英	秀岩		周墩杨庄	庠生	杨钟岳	文峦	西乔	连江	户部郎中、御史、山东河道
杨仲愈 (1831—1879)	子恂、去疾		侯官	初名仲愉，道员	杨重光	仲宣		泰宁开善	
杨州鹤	鸣九		将乐	长乐教谕	杨宗昌		永庵	河北赵州	武平知县

杨宗泽	陶甫	栖岩	南安塘上		杨佐文	祖老		政和护田
姚翀	一飞		同安厦门		姚观		盥斋	江西建昌	泉州知府
姚桂	秋圃、钰友		侯官	余杭县丞	姚恒	诚斯		莆田	益阳知县
姚瑱	瑞玉		浦城		姚莹	石甫		安徽桐城	平和知县
姚壮	尊高			闽清县汛守备	姚宝铭	蓝坡		闽县	涪州、泸州知州
姚宝谟	禹九		闽县	平武知县	姚宸中	寰仰		安徽太平	光泽知县
姚大椿	古龄		霞浦	德化、沙县教谕	姚怀祥 (1783—1840)	斯征	履堂	侯官	象山、新昌、嵊县等知县
姚黄甲	叔度		莆田	平和教谕	姚嘉植	槐庭		广东	上杭知县
姚启圣 (1624—1684)	熙止、忧庵		浙江会稽	闽浙总督	姚若愚 (1901—?)	耀如		浦城城关	原名质焜
姚世贞	仲容		闽县	张掖知县,狄道知州	姚天瑛	冠玉		浦城	
姚廷献	云斯		莆田	清康熙四十一年举人	姚廷佐	钦谟		浦城	
姚文倬	稷塍	蟬庐	浙江杭县	兴泉永道	姚循义	若卿、斐园		江西浮梁	斐园一作号。南靖、屏南、长乐、侯官知县
姚长清	伯秀		平潭大楼		姚仲伊	希任		宁德	
叶琛 (? —1884)	可堂		闽县	福胜船管带	叶萃	方麟		寿宁三都	
叶端		章甫	大田		叶范	苹澄		安徽桐城	石浔巡检
叶芬	幼青		建宁		叶岗	乔宗	近思	归化	岁贡
叶洪	宣如		莆田	康熙五十三年举人	叶镠	叔粹	筍冠道人	顺昌	
叶龙	秀峰		同安莲坂		叶崙	岱宗	惺斋	归化	政和教谕
叶铭	彝鼎		顺昌	大田、晋江、诸罗教谕	叶青	伯晖		永福坂埕	乾隆二十五年举人。海澄教谕

叶润		同山	同安	名卿楗。嘉庆六年举人	叶森	木峰		寿宁犀溪	
叶嵩	中宗	淡陵	归化		叶颐	直夫		泰宁	
叶汪	名波		长汀		叶英	方伯		寿宁三都	
叶瑛	子尚	一山	闽县		叶禹	圣达		宁德	
叶玉	翼飞		同安古坑		叶芸	农庄		大田	
叶镇	君藩	玉屏	顺昌	晋州知州	叶邦宁	子殿		同安碧岳	名一作帮宁
叶必蓬	于祚		沙县碧溪		叶秉槐	植三		浦城	
叶秉枢	星搓		浦城		叶伯銮	鹤舫		侯官	建威、建安两快舰统带
叶昌儒	益衍		大田		叶朝晖	赞葵	醉山	归化	
叶朝声	兆人		清流		叶成竖	步升		归化	
叶程芳		沧宜	泰宁		叶纯青	松筠		清流	
叶从绳	比衡		泰宁四图		叶达尊	君恪	念亭	南安	
叶大焯 (1840—1900)	迪恭	恂予	闽县	翰林院编修、主讲正谊书院	叶大楷	楷臣		莆田	康熙五十二年进士,仪征知县
叶大年 (1863—1909)	廉卿	梅珊	同安莲坂		叶大遒	敷恭	铎人	闽县	广东高廉钦道
叶大庄	临恭	损轩	闽县	邓州知州	叶丹花	韩香		同安碧岳	
叶得茂	种玉		同安	台湾镇标左营游击	叶德春	启求		大田京口	
叶登瀛	望东		沙县西山坊		叶殿济	镜舟		闽县	贡生
叶方润	沛斯		归化		叶封侯	桐友		海澄三都	
叶孚晋	南叔		同安碧岳		叶福垣	桂含		沙县	

叶高登	仲卓		沙县	岁贡,司铎诏南	叶高甲	廷选		周墩端源	崇安教谕
叶根深	树滋		归化		叶根新	铭三		归化	龙湾港口仁义沙市巡检
叶观潮	观雷、晓厓	丹厓	闽县	淮安同知	叶观国	家光	毅庵、存吾	闽县	世居闽清,尚书房侍讲读
叶光辉	德耀		同安厦门		叶光明	时昌		同安古坑	
叶广铨	衡石		福鼎在坊	庠生,以军功奖县丞衔	叶国梁	受之		同安碧岳	
叶国铭	图麟		松溪		叶鸿元	光宪		南安社坛	
叶呼榜	君聘		清流		叶化成	东谷		海澄	世居厦门。道光十五年举人
叶怀荆	培田		同安莲坂		叶积麟		辑庵	周墩官洋	
叶际旸	晴谷		福鼎在坊	武生	叶际云	会龙		周墩端源	例授国学
叶继臣		德贞	周墩八蒲	武生	叶家效	学斯、验峰		归化	
叶矫然	子肃		闽县	乐亭知县	叶睛峰	子机		同安感化	
叶景淑	懿性		寿宁四都		叶开树	号斋	春山	宁德	
叶开泰	挺贤		宁德		叶克明	貊俤	砚圃	南安社坛	龙岩州学教谕
叶奎山	云碧		同安褒美		叶来昌	小谷		同安厦门	
叶来凤		梧西	松溪		叶兰生	廷枢	美机	闽县	
叶兰馨		芷汀	政和		叶纶魁	日炳		政和	
叶懋仑	崇夫		寿宁十一都		叶懋楠	栋夫		寿宁十一都	
叶懋修	政庭		建阳县坊		叶梦苓	松根		侯官	凤山训导
叶年文	经也		沙县		叶逢春	心一		海澄	

叶期颐	孝受	淡江	南安十三都	西华知县	叶其苍	子远	鸿斋	同安仙乐	
叶其淮	润波		沙县西山坊		叶其注	于海		沙县西山坊	
叶启晋	桐伯		泰宁		叶启亮	华甫		南安十三都	
叶起凤		岐峰	泰宁		叶起鸾		石林	泰宁	举人，主讲杭川书院
叶起鹣	西瑞		泰宁西家巷		叶琼莹	琇圃		闽县	庠生
叶荣野	梅舒		光泽	赤金卫千总	叶如玉		巽青	大田	
叶瑞莲	若夔		同安北镇		叶尚垒	于野		寿宁三都	
叶申蔼	惟和	次嫚	闽县	奉贤知县、无锡知县	叶申菜	维芳	心昀	闽县	镇平知县
叶申万	维干、芷汀		闽县	山东道监察御史	叶申蔚	维文	文石	闽县	贡生
叶申芗	维郁、其园	小庚	闽县	宁波知府	叶沈寿	季翔		同安莲坂	
叶声远	皋南		侯官	彭泽知县	叶时茂	允丰	得溪	同安在坊	
叶时泰	锡爵		同安莲坂		叶寿熙	介眉		沙县	
叶舒翘	莪士		建阳县坊		叶舒泰	老鹤		同安	
叶树滋	世芳		浦城		叶泰鹏	羽程		归化	
叶廷机	织侯		寿宁十一都		叶廷魁	升老		同安古坑	
叶廷梅	近光	兰春、鼎居	同安城内		叶挺芳	蕙友		建阳县坊	
叶挺华	土论		同安碧岳		叶挺青	柳塘		归化	宣统己酉贡生
叶为章	海门		南安十三都	归化训导	叶为舟	济川		邵武	蕲县知县、汉川知县
叶维岳	峻中、一峰		归化胡坊		叶文澜		清渠	同安厦门	

叶文翔		云亭	政和		叶文英	韶轩		侯官	沾益知州
叶先登 (1601—1691)	岸伯		长泰 恭顺里	潞安副使	叶献论	日卿	怀蓼	南安高田	满城知县
叶心朝	尔谐	让亭	同安后埔		叶心平	槃如		闽县	举人
叶新榆	白枢		南平	阿迷知州	叶信祥	大千	金坡	福鼎秦屿	郡诸生
叶修昌	宣勤、 旬卿		闽县		叶学元	元长		顺昌	
叶学朱	孝滕		南安 十三都	建宁府教授	叶仪昌	定勤	季韶、 潜山	闽县	大田教谕
叶奕芳	绳夫		寿宁 十一都		叶寅清 (1809—1874)	宏本	敬斋	周墩端源	岁贡
叶应祥	祖瑞	佑程	南安坡后		叶永魁	光元	梅溪	侯官	
叶有词	是根		福清融城	进士	叶有挺	贞孚	果庵	寿宁犀溪	
叶纡青	紫宜	露萧	清流		叶遇时		逊岩	南安社坛	保定知县、观 城知县
叶渊俄	宪栗	继高	寿宁清源		叶元章	楠藩	鹤峰	闽县	
叶月林	天香		政和		叶允宝	祖清		寿宁交溪	
叶允馨 (1855—1915)	正梓	少斋	周墩端源	增广生,掌教 初晴书院	叶在琦 (1866—1907)	肖韩、 稚惜		侯官	全闽大学堂监 督、御史
叶长诠		燕山	周墩端源	举人宾筵	叶振甲	彰祖		浙江慈溪	大田知县、工 部主事
叶振声		玉卿	周墩端源		叶正宸	君枢		寿宁三都	
叶正蒙	君铎		寿宁三都		叶正治	远平		连江青塘	
叶之筠	真庵		江西	政和知县	叶志勋	式型		南安	儒士
叶中葵	向日		寿宁 十一都		叶中盛		莲峰	大田	
叶钟瑛	肇亨		同安褒美		叶仲琚	以仁		归化	

叶重光	对峰		周墩端源	邑庠生	叶滋森	与端	补园	闽县	靖江知县
叶子善	宜行		连江小墺	象山县汛守	叶宗岳	应五		侯官	
叶祖斌	允才	蔚轩	泰宁		叶祖圭 (1852—1905)	桐侯		侯官	籍贯一作闽县。广东水师提督
叶祖亮	汉明	春明	泰宁 城西街		叶祖轼	轩举		泰宁在城	
叶作霖	乃豪		南安坡后		伊桐	凤冈		光泽一都	岁贡
伊秉徽	汉典	慎斋	宁化		伊秉绶 (1754—1815)	组似	墨卿、默庵	宁化城关	浙江学政
伊朝栋 (1735—1807)	用侯、云林		宁化	初名恒缵。光禄寺卿	伊光华	蕴芹、留朴		光泽	诸生
伊恒聪	作谋、呆斋		宁化		伊念曾	少沂	梅石	宁化城关	处州府、绍兴府同知
伊起屿	鱼若		宁化	政和教谕	伊世衡	泽世泽士		宁化	诸生
伊襄甲	鸣殷	励隅	宁化	邑廪生	伊象和	宗惠		光泽	永福、福清、闽清教谕
伊性存	松坪		宁化城关	分发江苏知县,晋衔同知	伊一羽	采仪		宁化	举人
伊予先	介耳		宁化	桂东知县	伊元复	顺行		宁化	廪生
伊志远	大士	毅虚	宁化		伊祖绳	万承		宁化	
易顺鼎	实甫		湖南龙阳	清末寓居厦门	阴承方	静夫	克斋	宁化	岁贡
阴龙坤	无疆	存庵	宁化	永福教谕	阴念珑	瑸素		宁化	
阴上升	叔夜		宁化	贡生	阴世望	汝迪		宁化	
阴燮理	寅宾		宁化		阴宜登	应寿		宁化	
阴永上	抑之		宁化	县志作阴永尚	阴长庚	列白		宁化	名一作永庚,长泰训导
殷轼	行远		浦城		殷岳	伯岩、宗山		河北鸡泽	睢宁知县。病逝福州

尹作孚	德圃		政和长城里	闽清教谕	应镛	声山		建阳童游	
应衷	眷烈	莘臣	南平	江西德化、奉新、鄱阳知县	应丹诏	铭石	次峰	南平	乾隆六十年进士。义乌、城固知县
应国仁	行五		建宁		应联科	捷南		建阳童游	
应列宿	九野		崇安将村里	邑廪生	应銮阶	崧高	平坡	南平	道光廿四年举人,松滋、枣阳知县
应思恭	钦堂		建阳童游		应肇元	望高	得安	南平	淳安知县
雍凤仪	元美		莆田	顺治八年举人	尤鉴清	澄圃		南安南厅	
尤捷鳌	开极		南安南厅		尤景谟	贤赞	佐卿	闽县	
尤廷封		东村	晋江	平和教谕	尤稚章	雯庵		晋江	
游程	召筠		连江龙西	清流训导	游爔	传参		霞浦城关	灌阳知县
游炯	传宗		霞浦城关	龙泉知县	游连	寅恭		光泽十三都	廪生
游晟	旭轩		霞浦	贡生	游寿(1906—1994)	介眉		霞浦东街	女
游帅	元士		莆田	雍正元年举人	游泰	汉章		永福	
游邦彦	灿三		崇安节和里		游彼坡	聪甫		连江龙西	武举人
游步高	立福		崇安五夫		游朝阶	文卓		永定泰溪	贡生
游承泰	隰有		顺昌	太学生	游崇功(1621—1720)	仲嘉		漳浦东山	安平镇左营游击
游春芳	召参		连江	候补府经历	游从彬	雅臣		连江崇礼	将乐教谕
游从泰	德安		连江县西	宁德训导	游从治	熙臣		连江龙西	邵武汀州守备
游大琛	曼堂、竹娱		霞浦后街	泽州、东冶同知	游大登	嗣徽		永定	
游道凝	修田		永定		游凤台	仪九		崇安四隅	附贡

游凤翔	棱梧		连江龙西	连江千总	游高登	魁芳		永定	
游贡赞	登岸		永定		游贡质	登宏		永定泰溪	
游光溥	观宇	渊如	长乐	邑诸生	游光绎 (1758—1827)	彤卤	磻田	霞浦后街	翰林院编修， 陕西道监察御 史
游光缵	朴庵		霞浦城东	乾隆四十五年 进士	游连登	渤斋		连江龙西	台湾南路千总
游联登	白溪		永定		游龙铨	慎甫		连江龙西	福宁镇标把总
游禄勉	婉士		永福		游禄宜	永宪		永福	康熙二十年举 人。刑部主事
游谦益	习崇		永定泰溪		游如金	良范		连江	贡生
游上华	友龙		永定		游绍安	学周		福清	南安知府
游绍曾	鲁瞻		光泽 十三都	乡试副榜贡生	游绍芳	祈洲		福鼎秦屿	闽安右营都阃
游师程	雪轩		福鼎点头	国学生	游师仁	宣轩		福鼎店头	
游守先	声扬		连江龙西	连江把总	游庭枢	拱北		崇安	举乡宾
游庭训	希孔		崇安 四隅里	汉阳推官	游旺标	兴标		永定东溪	
游旺级	武堂		永定金丰		游旺选	兴廷		永定	乡宾
游为翰	笔岩		连江龙西	邵武训导	游为郊	介旌		连江资寿	尤溪教谕
游祥麟	文启		光泽 十三都	岁贡	游学海	兼山		福鼎在坊	拔贡
游莹兰	笃吾		连江龙西	海南把总	游云鸥	羽上		永福	顺治十一年举 人
游云衢	仲康		崇安四隅	附生	游子焜	烛千		连江	贡生
游祖望	渭湖		永定		于翰翊	双村		正黄旗	永春、漳浦、闽 县知县
余 标	日名		连江东岳		余 樑	荣西		清流	

余　达	廷铨		连江			余　甸 (1655—1726)	田生、 仲敏		福清	初名祖训。山 东按察使
余　翰	周勤		连江	举人		余　林	翰蚩		沙县	
余　铭	右军		建阳均亭			余　起	日乾	恕庵	清流	举人
余　闻	鹤士		建阳崇化			余　耀	钦电		福鼎秦屿	
余　瑛	宏声、 片玉		闽县	举人		余邦衡	其平		建阳建忠	
余邦佐	治堂		建阳建忠			余本材	德彰		建宁楚溪	
余秉灼	蔚华		连江 建兴里	贡生		余昌景	宜生		长汀	邑名诸生
余昌祖		觐光	湖南临湘	沙县知县		余朝佐	良辅		连江幕浦	武举人
余辰枢	荆斋		同安厦门			余成龙	在天		浦城	
余大樊	楚明		建宁			余大乡	梓村		建宁	
余登元	抡三		沙县			余鼎试	图南		浦城	
余沣沅	景文		同安厦门			余光璧	青人		莆田	大庾知县
余光超	日铭	镜岩	清流	和顺知县		余国缙	子秀		上杭 在城里	
余国馨	以佩		连江	邳州州判		余捷三	而滨		永福玉洋	嘉庆间贡生
余开谟	学显		连江幕浦	贡生		余连云	成勋		建宁靖安	
余良弼	邦衡		仙游	平阳协千总		余履吉		旋九	连江	
余懋林	功臣、 公臣		建宁楚上			余懋钦	英俊		建宁	
余敏绅	张佩		建宁			余敏兴	景山		建宁在城	
余敏修	乃来	钝庵	建宁			余明升	治生		建宁	

余明焰	怀光		邵武	岁贡	余潜士 (1786—1854)	时缵	畊村	永福辅弼	
余秦柏	鲁瞻		归化	嘉庆间诸生	余秦柏	坦庵		归化	乾隆戊申贡生
余秦杲	蔚瞻、春圃		归化	举人	余瑞麟	祥甫		政和地洋	
余绍唐	韶九		连江幕浦	举人	余升腾	附骥		永福	嘉庆九年武举人,泉州守备
余石麒	汉阁		清流	举人	余思复 (1614—1693)	不远		将乐	
余天民	觉先		建宁里心		余彤芳	兰友		崇安五夫	贡生
余文滏	绳武、纯玉		沙县		余文渊	子林		建宁	
余先荣	旦师		建宁	诸生	余先羲	剑若		建宁里心	
余相泰	友奚		清流		余祥瑞		光容	闽清厦宅	乡饮耆宾
余肖两	达上		上杭		余叙典	辛五		连江	广庚兵舰大副
余叙功	辛梅		连江		余学典	裕光		建宁	
余学阜	义山		建宁		余翼经	文羽		连江幕浦	泰宁教谕
余映纶	秀经		沙县罗坑		余犹龙	希哲		长汀	岁贡
余有才	爱我		沙县		余有光	光宇		宁化	
余聿嘉	必彰		宁洋集宁里	岁贡	余元畅	而遂		永福	
余元敏	学先		永安		余元焘	用都		连江	龙川知县
余元宰	东山		清流	廪生	余云骧	步青		建宁	增广生
余肇基	弼甫		闽清	县学生员	余振翰	雯鸿		建阳建忠	
余正健	乾行	惕斋	古田鹤塘	都察院左副都御史	余之俊	秀民		建阳崇化	

余宗汉	天若		建宁里心		余祖训	仲敏		福清	顺天府丞
余作梅	清萼	雪香居士	建宁		俞荔	硕卿		莆田	饶平知县，代理连平州知州
俞玺	文眷		长汀		俞逊	逊侯		莆田	新安知县
俞樾	荫甫	曲园	浙江德清	省亲至福鼎	俞云	亦纵		莆田	乾隆十二年举人
俞秉琨	东生		浙江	建阳知县	俞孚薪	述轩		上杭峰市	
俞瀚忠	乾舍		上杭峰市		俞如烈	功远		沙县十三都	
俞如熊	飞远		沙县大发墩		俞汝霖	世恩	雨苍	闽清	同治间贡生
俞廷梁	镇涵		宁洋集宁里	岁贡	俞文凤	绍初		沙县清水坊	
俞文漪	简中	涤泉	长汀	贵阳同知、文邹知府	俞振武	世穆	少山	闽清	道光二十四年举人
虞书	载祈		建阳崇仁		虞弦	又南		建阳县坊	
虞中	继舜		建阳北雒田		虞佐	敷五		建阳县坊	
虞履泰	安也		建阳童游		虞梦熊	磻溪		建阳崇文	
虞硕元	宽人		建阳崇太		虞协中	功甫、筠浦		建阳县坊	
虞载熙	汝庸		建阳县坊		虞宅揆	绩溪		建阳	
虞震露	斯蓼		崇安四隅	贡生	虞震霜	清若		崇安四隅	贡生
禹之鼎	慎斋		江苏扬州		郁之章	衷恒		浙江嘉善	分巡漳南道
愈懋昭		勉三	崇安	广积义仓仓董	元定	卓立		光泽十七都	岁贡
元端	章甫		光泽十七都	岁贡	元飞	石龙		晋江	
元纲	大纶		光泽在城	岁贡	元光国	用宾	械罔	光泽三十都	凤山、建阳、平和教谕

元长模	梓全	光泽三十都	举人	袁滨	少波	上杭白砂	
袁墀	丹丞	建阳县坊		袁锋	利庵	建阳童游	
袁艮	绩懋		汀州镇总兵	袁晋	再安	邵武	举人
袁浚	文明	上杭来苏		袁楷	少仓	上杭白砂	
袁昆	泰池	柘荣南街	武庠生	袁铬	赓若	建阳童游	
袁绥	幹臣	上杭白砂		袁拚	鹏芳	上杭白砂	
袁渭	及三	建阳童游		袁舟	一川	柘荣关街	
袁昂霄	奋飞	上杭白砂		袁从虎	廷元	上杭白砂	
袁光榕	南生	建阳童游		袁国钧	成周	上杭白砂	
袁国政	诗闻	泰宁	邑庠生	袁汉表	特超	上杭白砂	
袁宏仁	纯一	建阳童游		袁继周	望溪	建阳童游	
袁九皋	科元	上杭白砂		袁礼修	孝开	上杭白砂	
袁龙师	仲虬	建阳童游		袁铭三	业崇	上杭白砂	
袁汝魁	懋星	柘荣城关		袁善鸣	峻之	浙江会稽	仙游县典史
袁尚志	肃斋	上杭		袁师百	恩临	建宁银坑	
袁腾鳞	龙翔	上杭白砂		袁天逵	鸿吉、雁门	上杭白砂	
袁维丰	帝文	上杭白砂		袁维辉	雍玉	建阳童游	
袁文豹	亮琨	上杭白砂		袁文超	彦颖	建阳童游	
袁文光	斗槎		上杭知县	袁许丕	承烈	上杭白砂	

袁一先	我峰		建宁		袁兆廉	双岩		建阳童游	
袁知人	能官	哲翁	上杭		袁志铣	仲元		泰宁 俞家巷	
原文锡	伯躬	简庵	归化	感恩知县、崖州知州	原学贤	竹友		归化	增生
恽祖祁	心耘		江苏阳湖	兴泉永道	曾炳	韬人		晋江	
曾超	润中		莆田	康熙三十五年举人	曾翀	开翎		上杭胜运	
曾春	泰恒	化公	惠安崇武	四川夔州副将	曾尊	丽元	清溪	平和黄田	
曾淦	熙亭		福鼎在坊	太学生	曾光	学成		光泽	武生
曾杰	皇士		莆田	侯官教谕	曾澜	有观	本溪	邵武	连山知县
曾勉	铭三		邵武	榜名晋,德化教谕、新津知县	曾钦	尧臣		惠安	
曾韶	虞奏、夔堂		光泽县治	岁贡	曾崧	山公		仙游	举人
曾坦	恢伯		同安厦门		曾沂	子浴		侯官	
曾益	子谦	牧庵	光泽五都	长泰训导、教谕	曾英	皇亮		莆田	顺治八年举人
曾锁	叔启		长汀	郡学生	曾钰 (1765—1829)	砺臣	石友	惠安在坊	郴州知州
曾铸 (1849—1908)	少卿		同安城内	上海商务总会总理	曾邦翰	屏之		同安厦门	
曾邦庆	弼卿		上杭扶阳		曾承诏	敕文		归化	
曾承肇	文开		莆田	惠来知县	曾崇蕙	友兰		归化	光绪丁未贡生,小学堂堂长
曾纯敬	圣修		光泽五都	康熙拔贡	曾存仁	逊五	寿堂	南安西埔	
曾存恕	逊言	忠甫	南安西埔		曾大升	惟佐		侯官	武威知府、宁夏副使
曾德稳	碧川		平和		曾德巡	宪功		光泽	郡学生

曾德资	颖生		光泽四都	岁贡	曾殿传	声一		浦城	
曾殿飘	聚文		平和		曾鼎元	启亭		同安城内	
曾尔典	惇五	息斋	归化	训导	曾奋春	为雷	禹门	侯官	权临安知县
曾逢光	耀三		上杭胜运		曾逢雷	彩宴		光泽五都	岁贡
曾逢清	缨江		光泽五都	岁贡	曾逢正	宗衡		光泽五都	恩贡
曾福谦		郤叟	闽县	原名宗亮	曾光邦	亦恺		连江仓前	
曾光谟	仲贻		光泽五都	诸生	曾光巡	仲时		光泽五都	岁贡
曾杭来	而广		光泽五都	岁贡	曾恒德	惟占		惠安后吴	
曾洪范	明贤		莆田	乾隆九年举人	曾晖春	霁峰		闽县	义宁知州
曾惠均	霞轩		浦城		曾家禧	心如		长乐感恩	
曾嘉楷	允揆		长汀	邵武训导	曾锦春	竹城		上杭安乡	
曾九成	学韶		光泽五都	岁贡	曾九乔	矗千		同安	
曾可文	文珂		永定 太平寨		曾莲炬	启照	镜潭	同安岳口	
曾联蕃	履植		莆田	顺治八年举人	曾良弼	廷辅		晋江	
曾梦麟	兆伯、 朗庵	瞻蓼	南安侯里		曾南奋	博子		龙岩	永安训导
曾南英	启俊		同安碧岳		曾起凤	汉翔		惠安崇武	
曾清沂	伟丞		连江	飞捷、靖远、元凯各兵舰大、二副	曾上光	笃斋		归化	直州同
曾上泰	即翰		归化	乾隆己巳府学贡生	曾绍芳	徽如		同安厦门	
曾绍丰	瓣南		连江松岭	同治壬戌副贡	曾绍丰	蔚文		海澄	

曾师洙	于升		惠安在坊		曾士玉		廉亭	同安岳口	同治十二年举人
曾天鉴	子藻		晋江	龙岩训导	曾文彩	彬生		光泽	县学生
曾文兰	瑞蔼		光泽五都	岁贡	曾文淑	宗美		沙县	
曾文著	尚之	止山	平和		曾锡碬	纯臣		惠安	
曾宪德	峻轩		湖北京山	兴泉永道	曾瓖来	晋玉		光泽五都	岁贡
曾逊渊	衍洲	慎亭	平和黄田		曾一贯	醒吾		邵武	海宁知县
曾以功	明试		光泽五都	岁贡	曾应昌	弼黄		永定	
曾应寰	体参		光泽五都	县学生	曾玉音	振轩		永定太平寨	
曾元澄	亦庐		闽县	乐清知县、黄岩知县	曾元海	叶苏、少坡		闽县	
曾曰瑛	芝田		江西南昌	汀州知府	曾载湘	南滨		光泽五都	建昌知县、永定训导
曾长源	伯治		莆田	应城知县	曾之传		石岩	江西永新	安溪知县
曾子驹	黎崖		长乐七都	无锡知县	曾自疆	健行		归化	光绪辛丑贡生
曾宗彦	君玉	幼沧	闽县	思南知府	粘继任		莘亭	晋江	漳平知县、龙岩州学正
詹苞	凤九		龙岩	恩贡	詹翰	醉墨		建阳县坊	
詹极	汝建	健庵	闽清	康熙间贡生	詹捷	蔚伊		永定	举人
詹铨	贞徽	衡公	闽清	康熙间贡生	詹渭		显庵	闽清	县学生员
詹旭	既白		闽清	康熙间拔贡。顺昌教谕	詹碧炎	正夏	丽斋	崇安四隅	改名碧照。岁贡
詹璧人	彩彰		龙岩		詹朝衡	铨士		宁德三都	
詹大杓	聘侯		仙游	乾隆间贡生	詹得宗	茂文		崇安将村	廪贡生

詹德荣	庭槐		龙岩		詹殿擢	鼎园		平潭五福境	浙江镇海参将,温州总兵
詹赓陈	祗友		闽清		詹功显(1772—1854)	鹤峰		平潭五福境	浙江水陆提督
詹光治	诣培	桂林	闽清	县学岁贡	詹涵珠	王侯		仙游	雍正十三年举人
詹宏烈	述卿		仙游	乾隆间贡生	詹鸿逵	苹生		上杭在城	
詹继良	叔发	雪镜	崇安五夫	崇安县长	詹晋锡	康侯		崇安	永福教谕、漳浦教谕
詹觐光		仰穆	闽清鹤洋	县学廪贡生	詹六奇	韬臣		漳浦云霄	籍贯一作平和芦溪。南赣总兵
詹履鼎	翼夫	逸斋	闽清	康熙间贡生。永定训导	詹明章	峨士	履园	海澄	
詹绍安		竹轩	闽清	光绪三年武进士	詹士墀	君策		长泰	光泽教谕
詹士龙		非潜	闽清	武德将军	詹尧佐	希九	钟湖	闽清	康熙间贡生
詹一祖	子茂		建宁在城		詹子荣	如西		建阳县坊	
詹子威		南阳	闽清		占谦吉	华卿	遁庐老人	寿宁六都	
湛官印	卿伍	敦斋	福鼎渠洋	原名观应,又名煌	张拔	省存		永定	
张柏	可同	从寮	长乐东隅		张榜	励之		龙岩	
张彬	幼宾		崇安石雄	奉新知县	张斌	克爵		闽清	县学武生员
张斌	玉上		宁化		张炳	聿明	星舫	永福月洲	乾隆三十年举人
张补(1797—1890)	来轩		诏安铜山	即张学敏	张澈	道隐	一甫	平和	
张传	良授		归化		张椿	维玉		侯官	
张纯	宾如		上杭在城	武举人	张赐	良与		归化	
张德	心谷		浙江山阴	建阳县南槎巡检	张雕	尔远		晋江	

张 峨	宜远	云社	归化		张 荄	子庚	熙堂	同安	
张 洸	大缙		崇安	贡生	张 翰	文举		连江马鼻	贡生
张 亨	次元		武平	吴江知县	张 辉	有光		浦城	
张 回	象忠		归化	道光己酉贡生	张 霍	一衡、亦衡		侯官	光泽教谕
张 佶	吉人	闲斋	宁化	荆州守备	张 嘉	客人		仙游	雍正元年举人
张 憬	为三		同安		张 炯	辉镜		建阳崇文	
张 炯	金侯		浦城		张 开	云锦		邵武	岁贡
张 魁	鳌山		永定北山	邑庠生	张 昆	瑶圃	片琳	龙岩	进士
张 焜	家亮、望渠		永福高山	嘉庆十五年举人	张 烈	明华		龙岩	
张 璘	赵珍		长汀		张 鸾	铃轩		永定北山	廪生
张 伦	克巘		上杭白砂		张 崟	苍嵋、文园		侯官	河间府中河通判
张 懋	又懋		漳浦		张 冕	繁露	盅轩	邵武	建宁、泉州教授
张 玟	殷器		光泽		张 皿	孔荐		仙游	顺治十七年举人
张 沛	子沐		上杭白砂		张 鹏	贞生		宁德廿三都	
张 翘	楚望		浦城		张 钦	承望		宁化	贡生
张 然 (？—1841)	守约		晋江龟湖	又名小凑	张 荣	正中		永福县治	同安教谕
张 儒	宗鲁		邵武	邑诸生	张 韶	虞卿		连江香边坂	举人
张 绅	怡亭	岩山	建宁		张 升	明祷、明畴		福安	
张 升	登子		浙江山阴	署延平司马兼沙县知县	张 胜	绍元		莆田	顺治十四年举人

姓名	字	号	籍贯	备注	姓名	字	号	籍贯	备注
张 轼	未瞻		宁化	诸生	张 书	叔畴	洛文	归化	
张 邃	远文	介眉	平和		张 韬	亚龙		莆田	康熙五年举人
张 韬	在皋		仙游	梧、浔、琼三州总兵,官左都督	张 陶	季芳		建阳	
张 威	晖吉		连城	同安中营千总、参将	张 帷	观旗	轼轩	邵武	长乐教谕、龙溪教谕
张 炜	彤伯		侯官	国史馆纂修、刑部郎中	张 馨		兰谷、兰石	永福丹洋	
张 炘		蕙生	连城	拔贡	张 宣	聿敷	逸翁	平和	
张 萱	孟侯	默斋	长泰		张 瑄	大侯		仙游	乾隆三十五年武举人
张 炎	南甫		平和		张 养 (?—1732)	浩然		同安厦门	祖籍海澄。水师后营把总
张 益	裕堂		永定		张 毅	伯重	弘次	侯官	
张 英	八宣	绿野	归化	武副举人	张 韺	茂华	筠坡	宁化	
张 勇 (1697—1765)	企大	浩亭	惠安崇武	台湾水师副将	张 玉		韫山	沙县广誉坊	
张 煜	家明		永福高山	乾隆五十七年举人,邵武训导	张 元	载良		永安	武举人
张 源	光娄	昆屿	崇安上梅	附贡生	张 远 (1648—1722)	超然		侯官	禄丰知县
张 贞		兰光	闽清	同治元年武举人	张 政	天牧		归化	廪生
张 撰	修亭、质存		永定	南平教谕、宁阳知县	张 卓	崖峰		永定北山	恩贡
张邦光		莱山	永福	光绪间贡生	张宝光	剑斗		建阳县坊	
张宝国	玉轩		上杭胜运		张葆谦		幼鸣	永福	光绪乙酉副榜贡,福宁训导
张必朵	桂攀		宁化		张秉钧	陶叔		闽清	光绪贡生
张秉铨		幼亦	侯官	天保、临桂知县	张秉铦	伯永		闽清	县学生员

张秉文	世昌		仙游	浙江绍协千总	张秉忠	对扬		惠安	
张伯龙	慈长		永定		张卜元	子吉	春园	归化	嘉庆丁丑贡
张采屏	铭堂		永定		张超南	蟹芦		永定	
张超榕	克庚		闽清	武举人	张朝发 (1795—1840)	骏亭		福鼎秦屿	浙江定海总兵
张朝聘		怀庵	永定		张成琼	亮基		仙游	
张成珽	黻基		仙游		张成琰	德基		仙游	
张成章	简亭		永定	万安知县	张承道	一如		建宁	
张承坤	顺甫		平和		张承禄	其在		同安厦门	
张承澎	伯崙		同安后浦	松江府同知	张吹篪	仲怡		永定	
张吹埙	伯怡		永定		张慈星	少明		建阳兴中	
张次杰	亦俊		上杭		张存诚	克用	心田	漳浦云霄	
张大鹏	鹤峰		闽清	道光二十四年举人	张大鹏	嘉祯		永定	邑廪生
张大任	有德		崇安下梅	例贡	张大孙	若武		建宁岩上	
张大田	养吾		永定北山		张大镛	正和	怡潮	邵武	乡试副榜
张待问	子强		侯官		张道昌	寿群		归化	同治贡生
张道丰	依崇		沙县夏茂		张道宽	汝敬		沙县 长阜头	
张德春	敬之		海澄		张德钦	敬亭		福鼎马营	
张德星	显纯		连江	武举人	张德瑛	公瑜		建宁黄舟	
张登解	尔元		晋江		张登泰	可崇		永定孔夫	

张登瀛	次求		清流		张殿栿	紫嵋、宅人		南安	博野知县
张丁显	东冈		永定		张鼎堂	聚九、义庵		归化	
张鼎炜	调九		永定		张定远		子廉	永福	光绪岁贡
张斗南	星楼		永定		张对墀	舟飂	仰峰	同安青屿	太康知县
张多第	少驹		江苏丹徒	政和、屏南、福鼎知县	张方高	齐伯		晋江	永福教谕
张逢恩	简而		上杭古田		张凤苞	羽仪		将乐	
张凤彩	羽苞		永定	庠生,万安知县	张凤翔	国揖		连江	台湾训导
张福山	幼安		浦城		张福祚	绍苍		邵武	贡生,主讲樵川、正音书院
张高迁		芸谷	连城新泉		张赓韶	又善		永定	
张耿光	穆卿		永定	增贡生	张拱辰	炯南		建阳县坊	
张拱辰	玄驭		归化	康熙壬申贡	张观光	焕侯		仙游	密云县丞
张观鹏	搏九		连江小埕		张光旦	淮公		永福高山	乾隆二十一年武举人
张光华	海公		永福高山	乾隆六年武举人	张广埏	雪君		浙江慈溪	光泽知县
张国宝	冀房		上杭白砂		张国标		靖斋	连城	处州总镇,宁波提督
张国才	品完		永定	监生	张国宠	藻万		仙游	武信郎
张国辉	传新		邵武		张国梁	辅裔		永定	
张国纶	绥先		崇安四隅	海澄训导	张国洺	维扬	春草	侯官	诸生
张国士	魁垣		永定	监生	张国恕	荣沾		建宁	
张国祥	勋成		建宁		张国瑛	亦韵		宁德	

张海门	国禹		连江	澄城知县	张灏九		笠波	永福	
张和厚	苞羽		永定孔夫		张鹤年	兴五		侯官	诸生
张鹤佺	洞山		侯官		张鹤翼	遗祯		南平	
张亨嘉 (1847—1911)	燮钧、 铁君		侯官	礼部左侍郎	张弘绪	弈堂		江苏宝山	长泰知县
张宏栻	景南	敬斋	宁德		张鸿鸣	云卿		福鼎在坊	罗源守备
张鸿荃	克烺	芳洲	永福丹洋	咸丰二年进士。刑部河南司主事	张鸿榕		虞音	永福鲤潭	咸丰癸丑恩贡
张虎榜	浚孚		上杭白砂		张虎步	诚孚		上杭白砂	
张虎臣	智孚		上杭白砂		张虎文	郁廷		上杭白砂	
张虎音	葵心		上杭白砂		张虎垣	乾心		上杭白砂	
张虎云	映岚		上杭胜运		张华滨		璜溪	闽清	
张华居	文宇		永定孔夫		张化龙	攀仲		南安岭兜	
张化鹏	锡鲲		永定		张怀栋	显桂		连江杏林	衢州卫千总
张怀琦	天寿		邵武 林墩站		张皇宠	伟卿		永定	邑增生
张回春	觉海		南安岭兜		张际飞	缵绪		永定孔夫	乡宾
张际亮 (1799—1843)	亨甫	华胥 大夫	建宁	道光十五年举人	张济南	南薰		清流	
张继斌	迁声		连江	武举人	张继铭	道声		连江	衢州卫千总
张家驹	漪文	斐屏	南安丰乐		张家森	炳蔚		建宁	
张建藩	念贤		沙县		张剑辉	丰城		邵武	乡试副榜贡生
张鉴光		云塘	永福	光绪间贡生	张鉴湖	怀清	石泉	建宁	

张鉴如	藻农		连江	举人,署大田	张捷春	天侯		闽县	举人
张金堡	书牧、琼夫		永定	举人	张金鼎	孟彝		长乐西隅	
张金鉴	尔康		建宁岩上		张金锐	实夫		永定	
张金友	声子		同安西坑		张锦仁	翠芳		永定	监生
张锦树	晋源		永福		张锦堂	相升		建阳县坊	
张缙云	汉章		光泽十七都	江山、德清知县	张京翰(1758—1830)		西村	连城	汉川知县,掌教厦门玉屏书院
张经邦	佑贤、爕轩		闽县	溧阳知县	张荆石	韩若		仙游兴泰	
张景铎	若振		永定		张景仁		佑山	永福	光绪二十年武举人
张景仲	蔚川		沙县广誉坊		张镜江	曲坡	上华山人	清流	
张九华	羽园		永定		张九仰	志贤		清流	
张九志	文台		连城		张骏飞	良村		永定孔夫	庠生
张开实	辉先		宁德		张可承	以谦		沙县	
张可定	维求	愚如	宁化		张可接	选学		永定	
张可立	权㮣		福清海口	进士	张可权	立夫		建宁	
张可圣	文范		永福	长福营参戎	张克廉	允洁		归化	乾隆辛酉贡生
张克勤	耕心		永定	县学生员	张孔修	祖恩	诚斋	建宁岩上	
张奎辉	玉侯		南安		张离照		午楼	连城	邑廪生
张藜光	雍十		连江西村	贡生	张连登	宝芳		连江大街	武举人
张连茹	东屏		上杭古田		张联奎	瑞符		平潭右营	南澳湄洲营游击

张联元	捷三		归化	武举人	张嶙然	崧瞻		浙江乌程	分巡漳南道
张龙文	腾其		永定		张隆超	显知		连江	宁德守备
张隆昭	广义		连江马鼻	武举人	张抡元	序万		仙游	云海水师千总
张履益	集堂		邵武	廪贡生	张茂椿	永如		同安后浦	
张美皋	乔鹤		永定抚溪		张孟机	京玉		邵武	岁贡
张孟玫	龙玉		邵武	乡试副榜	张孟贤	瑞孔		连城	
张梦抎	孝国		福清	内阁中书	张民钦	存恭		浦城	
张名标	御左		邵武	举人,汀州教职	张明居	明宇		永定孔夫	
张鸣冈		桐阿	永福鲤潭	道光丁巳恩贡	张鸣高	自恩		永定北山	
张鸣岐	幼熊		连江	贡生	张鸣岐		于廷	闽清	署九江、建昌分府
张铭三	又新		连江塘边	安溪教谕	张铭绅	钦训		政和	
张南英	毓九	郁山	南安丰乐		张攀鳌		窦坡	连城	
张培机	任天		归化	尤溪教谕	张佩董	永泰		永定	
张鹏南	梅芳		永定		张鹏翼 (1633—1715)	蜚子	书镜、警庵	连城新泉	贡生
张品金		子鉴	闽清	光绪间贡生	张齐圣	柔生		仙游	灵台知县
张岐凤	云客		上杭来苏		张其斗	自扬		永福	邑廪生
张其份	文若		宁化	举人,主讲云龙书院	张其涵	海如		将乐	
张其杰	自征		永福		张其奎	自徐		永福	邑廪生
张其朴	素存		邵武	庠生	张其恂	孺子	簧山	宁化	诸生

张其愚	自声		永福		张奇伟	彤友		宁德	
张琪年	瑞斋		永福嵩阳	江苏通判	张启栋	隆吉	淇园	归化	增生
张起凤	鸣丹		永定	庠生	张起蛟	星长		永定北山	举乡饮大宾
张起南	味鲈		永定陈东	庠生	张起云	紫绥		山西大宁	将乐游击、金门镇总兵
张乾闿		潜庵	连城		张清灏	撷英		永定	寿八十有九
张庆曾	馨远		邵武	邑诸生,县丞	张庆钧		子和	江西玉山	平潭厅同知
张虬柏	如棠	存亭	建阳崇文		张仁元	永隆	寿山	平潭斗门	副举人
张仁藻	鲁宫		建宁		张日晖	禹功		建宁	
张日焜	梓钦		永定陈东	船政水师学堂监督	张日升	尔照		南安岭兜	
张日壎	吹友		永定	增生,南平教谕	张荣冕	景周		建宁官家地	
张荣琬	伦夫		永定		张荣祖	声远		沙县清水坊	
张如白	庚如		邵武	庠生	张如栋	清标		永定	
张如翰 (1849—1923)	少鹰	慕鲈	福安甘棠		张如璿	虞玉		上杭来苏	岁贡
张儒球	文玉		将乐		张汝瑚	夏钟	虚岩	同安青屿	安陆府通判
张汝楫	奏丰		永定孔夫		张汝谐	君虞		永定	
张汝舟	容睦		永定孔夫		张汝作	奏安		永定孔夫	
张瑞吉	文正		顺昌富屯	太学生	张瑞珏		汀渔	永福	
张瑞俊	启藻		永福	顺治丁酉举人	张瑞清	庚祥		永定孔夫	
张润培	九峰		直隶	上杭知县	张上腾	拔其		永定	

张尚淇	德珍		建宁		张绍芬	兰如		台湾	甲午后内渡，寄寓厦门
张升阶	泰中		平和		张笙传	万程		永定	郡增生
张绳武	孙昭		惠安崇武		张圣金	赞玉		沙县夏茂	
张圣遴	殿元		永定		张圣钟	存毓，伯悍	东峤居士	柘荣溪坪	
张胜先(1626—1726)	惟承、邋田		宁化		张时聪	尔修		侯官	
张时觉	惕如		惠安崇武		张士佶		吉人、黎谷	山东平原	平潭厅同知
张士淇	卫瞻		浦城		张士英	建卿		永定	
张士藻	怀玉	鉴亭	沙县		张士庄	怀敬、端友	浣月山人	沙县云溪	
张世灿	云阶		闽县	增城、饶平知县	张世麟	瑞兴		建宁	
张仕缙	筐云		邵武	黟县知县	张仕托	子能		建宁净安	
张守曾		鲁生	永福	邑诸生	张首芳	瑞山		同安厦门	
张书绅	见其		上杭水东	拔贡	张书馨		兰如	永福辅弼	光绪十九年副榜贡
张淑元	质人		海澄八都		张述中		允堂	永定珠罗坑	
张恕勋	瑞沐		永定东安	郡庠生	张澍恩		甘宇	福建政和	
张松龄	鹤生		莆田	四川参议	张泰峰	瑶光		永定孔夫	
张腾蛟(1759—1795)	孟词		宁化店上	进士	张体仁	元昌		永定	例贡
张天华	长倩		建阳三桂		张天晋	一峰		连城	
张天培	笃臣、竺丞	小雅	归化	建安训导、福州训导	张天衢	瑞春		永定抚溪	庠生
张天士	子简		浦城		张天一	非俦		永定	

张廷恩	君耀		长汀		张廷赓	翊堂		长汀	诸生
张廷鹤	鸣皋		光泽廿四都	岁贡	张廷煌	坚卿		晋江	丹徒知县
张廷烈	伟夫		永定	增广生	张廷遴	俊举		沙县	
张廷球	泽臣		安徽桐城	龙岩知州	张廷瑞	殿英		永定	
张廷仪	希五		同安厦门		张廷载	厚夫		将乐	
张万选	乾三	青圃	上杭来苏	举人	张王纶	克赓		建阳三桂	
张为栋	蔚廷		惠安崇武		张为光	世博		仙游	严州右协千总
张为霖	瑞径		福鼎在坊	武举	张惟馨	升香		永定	
张惟政	世德		永定孔夫		张维埈	淇箖		建阳崇太	
张维修		慎庵	连城	延平教授	张渭璜	珩斋		永定	邑庠生
张文彪	炳勋		永定丰田	监生	张文焕	幼昭		平和	
张文秸	礼仲	节崖	晋江	凤翔府通判	张文瑾	玉堂	素先	邵武	邑诸生
张文楷	美仑		建宁		张文澜	安甫		浦城	
张文郁	世球		永泰盘谷	进士	张文煜	缔亮		宁德	
张文渊	男其		永定	廪生	张文元	纯亦		永定东安	增生
张文元	荣先		宁化		张问美	尊五	漱石	归化	康熙癸亥贡
张无咎	惕斋		山东莱州	泉州知府	张希贤	桂猷		永定东安	
张锡麟	尔苐	池上翁	同安厦门	龙溪贡生	张熙宇	玉田		四川峨嵋	兴泉永道
张先跻	愧日		漳浦		张显光	奎文		永定	乡宾

张相时	弼卿		莆田	连城教谕	张霄汉	乔冲		永定	
张新建	式通		永定孔夫		张馨芝	日芳		永福高山	嘉庆十二年举人
张星徽	北拱	居亭	同安青屿	海澄教谕	张星奇	素卿		上杭	增生
张兴仁		藕塘	陕西长安	建阳知县	张秀士	明抢		建宁	
张序宾	璇峰		永定北山		张叙敦	秩五	云峰	归化	
张选臣	青圃		永定湖雷	增贡生	张学溥	刊江		河北清苑	建阳知县
张彦求	聘岩		永定洪塘		张彦傅	于卿		霞浦竹江	知县
张燕宏	荣贻		永定塘尾		张仰旻	彦三	仁轩	同安庄坂尾	
张尧衍	孕元		宁化		张耀华	筱斋		上杭太拔	
张一揆	行符	香泉	归化		张以谐	韶尹		上杭胜运	
张翼翱	羽苏		光泽新甸	永春州学正、淇县知县	张翼飞	知还	瞿庵	顺昌富屯	颍上知县
张翼经	宝廉		光泽	太学生	张翼南		星斋	闽清	光绪间贡生
张引鲲	海腾		永定孔夫		张印忠	奂图		上杭白砂	
张应春	炜万		仙游	浙江象协守备	张应会		天合	大田	
张应铭	肖盘		永定		张应铨	大睦		崇安	
张应嵩		伯樵	永福丹洋	光绪二年举人	张应熙		叔咸	永福丹洋	同治间贡生
张应象	昌贤		宁德		张应元	翠峰		上杭白砂	
张应柱	砥甫		崇安石雄		张映奎	聚五		光泽在城	岁贡
张永禄	其在		同安厦门		张永清	宗道		仙游	乾隆十八年举人

张咏云	希韫		同安金门	女	张有光	申之		上杭在城	诸生
张有光	显纬		连江杏林	武举人	张有泌	邺卿		晋江	宜黄、浮梁知县
张与觉		莘衡	永福	兴宁教谕	张玉芳	尔贞		崇安五夫	附生
张玉堂	廷翰		永定抚溪		张玉瑛	敬珍	紫石	永福嵩阳	
张遇青		千云	大田		张裕堂	顺上		永定	
张毓松	文奇		永定北山		张元采	学鼎		连江杏林	贡生
张元珩	楚基		仙游		张元勋	东侯		永福	浙江提标前营千总
张元勋	屿通		连江杏林	武举人	张元械	哲夫		连江学前	贡生
张月峰	寿山		永定		张月鹿	宿龄		永定	
张月攀	千龄		永定		张月钦	敬龄		永定	邑庠生
张云路	尔羽		晋江	阳朔知县	张云翼	又南		陕西洋县	福建陆路提督
张允和	行之		同安西塘		张允文	公振		上杭胜运	
张允裕	星彩		建宁癸羊		张允智	承祖		建宁净安	
张运昌	明甫		建阳崇太		张运中	胜公		宁化	建宁府游击
张赞宗	子参		同安		张则立	成侯		惠安柯溪	
张瞻淇		沁泉	永福县治	光绪间贡生	张展鹏		丹岩	连城	
张占鳌	民望	步瀛	邵武	岁贡	张长弓	弧星			诸生
张长泰	恒雍		上杭白砂		张召华	实君	复斋	湖南华容	晋江知县
张兆鳌	钦玉	亦沧	仙游	乾隆二十八年进士	张兆凤	仪云	梧坡	浙江分水	代理连江知县

张兆吉	奠南		沙县广誉		张兆荣	仁斋		闽侯	
张兆祥	和庵		天津	来厦省亲	张兆元	允超		宁洋永宁	拔贡
张兆震	惟才		永福	诸生,游击	张甄陶	希周、惕庵		福清	翰林院编修
张振鹏	搏九		归化	光绪庚子恩贡	张振伊	人最		永定金砂	随征总兵
张正川	以良		永定抚溪		张正曜	又晖		沙县	
张志昂	仲千	省斋	平和		张志达		象椿	连城	
张志熹	安功		永安	莆田教谕	张志翔	集芳		永定北山	
张志伊	任芳		永定北山		张治安	仁山、麟坡	医楼	上杭小吴地	湖州副将
张中煜	思荣、邃堂		闽县	直隶州知州	张忠历	舜显		宁化石碧	
张钟炳	如彪	豹臣	连城		张重兴	启周		崇安下梅里	太学生
张子敬		鸣山	连城	四川潼绵营游击	张自兰	芳远		仙游	县学生员
张宗乾	行健		归化		张宗颜	少鲁		永定湖雷	庠贡生
张奏成	薰南		永定		张祖植		舫生	闽清	代理将乐教谕
张作和	夑堂		永定		章采	施五		建阳仁德	
章鼎	子台		连江	诸生	章汉	倬堂		浦城	
章翰	藻翔		建阳崇仁		章璘	肇西		泰宁	广东布库大使
章显	诚庵	西杭	建阳崇仁		章瀣	汉仙		同安厦门	
章朝杕	观敬	仿轩	连江松岭	崇安书院主讲	章朝枢	端居		连江	举人
章春汉	尧宗		连江	贡生	章春泰	尧华		连江	举人

章德和	岂同		泰宁龙湖		章芳琳 (1825—1892)	苑生		长泰 钦化里	华侨
章逢吉		六皆	龙岩		章贡云	芳修	番果老	龙岩	
章桂林	馨山	一枝	建阳		章浩然	必大		龙岩	
章华林	周园	楚台	建阳崇仁		章化成	久道		建阳仁德	
章景顺	硕臣		建阳 崇仁德		章景襄	滨鲁		龙岩	
章九夏	禹声		崇安四隅	岁贡	章奎焕	东五		浦城	
章勤职	天述		宁德霍童		章上登	彻千	瀛洲	龙岩	州同
章士雅		颂轩	龙岩		章士颖	君实		龙岩	礼县知县
章淑云	琼田		同安厦门	女	章廷简	存畏	谨三	连江 学前铺	
章廷楷	资幹		连江	贡生	章廷烈	品扬		连江	紫阳书院讲席
章廷书	渭山		连江	贡生	章文富	振金		龙岩	州同
赵斌	少村		同安厦门		赵播	声远		建阳崇文	
赵才	世忠		安溪	闽清县驻防千总	赵均	樾芗		浙江绍兴	延平知府
赵仁	伯昌		连江江南	武举人	赵新 (1802—1876)	又铭		闽县	籍贯一作侯官。陕西督粮道
赵沂	阆仙		闽县	新城知县	赵翼	云崧	瓯北	江苏阳湖	翰林院检讨,长住厦门
赵伯时	芳安		福鼎	承信郎	赵承烈	忠美	淞舲	闽县	惠安学教谕
赵大魁		建侯	长乐	守备	赵冬胧	爱公		建阳县坊	
赵二简	恒山		建阳童游		赵季植	尧文		连江通济	贡生
赵建宾		用庵	漳浦		赵鸣珂	六闲		建宁	

赵人同	善溪		河南固水	邵武府经历，署建宁知县	赵声远	六传		邵武	
赵时椆		叔孺	浙江鄞县	平潭厅同知	赵廷翰	墨庄		河北盐山	建阳知县
赵同昊	钦若		连江东岳	贡生	赵同岐		幽亭	江苏常熟	晋江知县
赵文昌	景纬		建宁	邑廪生	赵文升	呈曦		建宁	
赵锡荣	彤友		连江秦川	举人	赵轩波	颐山		闽县	进士，候铨知县
赵彦衡	允平		漳浦		赵以成	玠子	澹庐	闽县	长兴知县
赵映乘	涵章		河南祥符	分巡漳南道	赵元慧	晓园		安溪崇善里	
赵元钦	敬庭		建阳县坊		赵允诏	赞廷		建宁	
赵在田	光中	毂士、研农	闽县		赵之谦	㧑叔		浙江会稽	福建学政符树铭幕僚
赵中嵩 (1853—1889)	子才		泰安范镇	代理政和知县	赵子伟	承芳		福鼎	武经郎
赵祖荣	汝松		沙县富口		郑褒	笔山		永定	庠生
郑贾	文素		沙县		郑炳	东生		永定	
郑超	荣膺		永定		郑超	在谦		侯官	举人
郑成	哲信	一斋	南安石井	遵义侯	郑筹	鹤卿		长乐首占	内阁中书
郑鼎	继实		永福腾鲤	雍正恩贡	郑栋	乔瞻		永定	庠贡生。县议会议长
郑栋	振盛		永福	乾隆二十七年武举人	郑駓	龙友		连江资寿	台湾教授
郑嵩	日如、秋江		侯官	邑诸生	郑亨	联三	嘉士	同安厦门	
郑珩	贤行		永定		郑焕	青岩		侯官	阜城知县
郑晃	子伟、二瞻		长乐首祉	郧县知县、礼部郎中	郑辉	岱峰		永定	

郑 辉	青黎		侯官	南安教谕	郑 枡	祖士		长乐西隅	国学生
郑 基	葆真		侯官	浙江盐法道	郑 基	萃南		永定	例贡
郑 饯	肖彭		长乐首占	进士,丹阳知县	郑 江	若庵		侯官	
郑 杰 (1750—1800)	昌英、亦齐	注韩居士	侯官	一名人杰,贡生	郑 珏	双玉		清流	
郑 珏	于右、于佑		永定		郑 俊	佳士		仙游	县学生员
郑 浚	文明		福鼎		郑 开	次侯		永定	晋江训导
郑 开	子明		莆田	康熙三十五年举人	郑 烈	屏麓		侯官	贡生
郑 峦	子周		仙游	乾隆间贡生	郑 伦	道五、胎圣		邵武	明诸生
郑 玫	文玉、伯润		龙岩	三水知县	郑 模	晴岩		永定	廪贡生
郑 培	澍滋、蕙园		侯官	郡诸生	郑 平	正叔		顺天昌平	宁化知县
郑 圻	冈增		永定		郑 岐	凤山		永定	
郑 权	玉山		永定		郑 榕	道植	荫莘	长乐首占	琼山同知
郑 珊	子由		莆田	全椒知县	郑 升	巽观		永定	监生
郑 书	渭璜		连江溪东	贡生	郑 枢	惕存		永定	
郑 郯	官五		闽清	拔贡	郑 堂	云昆	中峰	永定	
郑 伟	苍伊		仙游	县学生员	郑 相		蒙泉	永定	府庠生
郑 霄	孟凌		连江资寿	刑部主事	郑 燮	奋伯		永定	
郑 昕	日池		永定大阜	庠生,卒年九十一	郑 兴	茂公		漳浦	广州副将
郑 雄	飞亭		永定		郑 璇	若文		闽县	

郑 璇	子中		闽县	诸生。以方济人	郑 勋	勷甫	石伍	长乐坑田	举人
郑 宜	赓三		永定	龙泉知县	郑 易	养亭		永定	
郑 佑	半春、半村		惠安崇武	琴师	郑 虞	尧臣		闽县	台湾抚垦
郑 昱	方南		湖北黄冈	建阳知县	郑 愈	仝哲	慕韩	长乐	贵州麻哈州知州
郑 燠	皙修	蓉庵	侯官	仙游教谕、户部主事	郑 远	怀伯		仙游	浙江按察使
郑 云		青梯	大田		郑 藻	鲁宫		永定	
郑 章	子宪		长乐首祉	真定郡丞,署苏州道与本郡篆	郑 喆	彬斯		莆田	雍正四年举人
郑 植	德建、直士		闽县	进士,官礼部	郑 钟	含章	盛德君子	侯官	
郑 重	山公		建安	刑部左侍郎	郑 灼	云杨	华峰	崇安四隅	武平训导
郑 嚞	善元、依山		长乐古县	汲县知县,文林郎	郑爀新	伯焕		闽县	员外郎
郑百谷	于五		宁德		郑邦珍	闽毓		永定	
郑秉恭	恪村		连江马鼻	贡生	郑秉宧	尔期		侯官	太学生
郑秉机	建先	云襄	广东香山	马巷厅通判。居厦门	郑步衡	齐七		永定	
郑灿然	序登		长乐东隅	国学生	郑昌绪	钟书		永定	
郑超英	乙莲		南安石井		郑朝录	序公		连江资寿	贡生
郑朝泰	峻山		沙县赤砵		郑成彪	其胜	炳山	长乐北湖	邑庠生
郑成快 (1874—1929)	奕良	宏业	永春桃东	又名捷登	郑承祯	祖用		仙游	衢州教谕
郑承祉	斯集		霞浦城关	大名知县	郑崇和 (1755—1827)	其德	怡庵	同安内洋	
郑楚云	眠石		福安步兜		郑春光	子能		仙游	乾隆间贡生

郑纯礼	复武、履斋		长乐东隅	安邑知县、礼部行人司	郑纯一	小霞		晋江	
郑慈侯	以醇		连江洪塘	贡生	郑赐芳	滋畹		永定	郡增生
郑赐兰	穆如		永定		郑赐图	伊溪		永定	
郑赐中	受经		永定	增生。肄业鳌峰书院	郑大琚	花五		连江马鼻	连城训导
郑大璠	漱泉		连江马鼻	汀州训导	郑大谟	孝显、青墅		侯官	泌阳知县
郑大如		荣九	永福湖后	道光元年举人。德化训导	郑大雅	锡繁		周墩埔源	
郑大英	灼士		宁德		郑大壮	体刚	粹眉	沙县丛桂	
郑代泮	序鲁		长乐东隅	贡生	郑丹诚	天植	廷直	周宁浦源	
郑道三	怀五		永定	邑庠生	郑道绍	灼华		永定	
郑得辉	春亭		福鼎硖门		郑得来	光两	墨愚	仙游	顺治间贡生
郑德厚	克淳		周墩埔源		郑德辉	广济		闽清	乾隆间贡生
郑登道	从理		侯官		郑迪庭	宗光		长乐东皇	
郑殿聘	苞卿		莆田	顺治五年举人	郑洞生	岩长		莆田	康熙二十六年举人
郑敦焘	懋功		长乐东隅		郑方城	则望	石幢	长乐玉田	新繁知县
郑方坤	则厚	荔乡	长乐玉田	籍贯一作建安，登州知府	郑方舟	纪川		周墩埔源	县学生员，埔源义仓劝募员
郑丰年	玹斯		仙游功建	大田教谕	郑逢攀	步蟾		沙县	
郑逢泰	聘仲		仙游	乾隆间贡生	郑凤翔	全参		连江莆边	武举人
郑敷亨	元龄		长乐云路		郑孚诚	茂邦	詹岩	长乐西隅	邑诸生
郑功勋	震寰		正黄旗	永春知县、西隆州知州	郑官兰	孚先		莆田	莱州推官

郑光策 (1759—1804)	宪光、琼河、苏年		闽县	初名天策。福州鳌峰书院主讲	郑光缙	元朗		永定	监生
郑光礼	成人		莆田	康熙三十二年举人	郑光烈		勤庵	南平	
郑光湜	修本		连江岐兜	宁化训导	郑光天	云坡		福鼎秦屿	郡诸生
郑光绪	钟周	大庵	永定	贡生	郑光祖	燕宗		永定	
郑国安		于澜	宁德		郑国履	际泰		连江东湖	贡生
郑国瑞	方泰		永定		郑国珍	达斋		周墩峉源	武庠
郑汉章	序华	云亭	长乐西隅	武城知县	郑化龙	柏然		永定在城	
郑怀德 (1765—1825)		银斋	越南	祖籍福建长乐。越南"中兴功臣"	郑怀陔	子元、子源	补庵、笙南	南安石井	光绪十四年解元
郑焕经		籍园	长乐西隅	增生	郑焕章		超径	长乐西隅	沙县训导
郑黄灿	淇瞻	逸溪、耐斋	仙游	兴化知县	郑辉煌	宏度		永定	
郑集安	燕侯		崇安石雄	增贡	郑集良	品三		崇安石雄	刑部主事
郑际清	乾上		永定		郑际唐	大章	云门	侯官	内阁学士
郑际熙	大纯		侯官	漳州云阳书院主讲	郑家丰	渭年		连江	武举人
郑家兰	秋皋		广东丰顺	邵武知县	郑家修	献廷		周墩	邑庠生
郑嘉瑚	伟堂		连江龙西	云和知县	郑嘉谟	祖若、芝田		长乐东隅	
郑兼才 (1758—1822)	文化	六亭	德化三班	台湾教谕	郑建诏	愧简		连江资寿	武平训导
郑捷瑛	璋庚		闽清 仁溪洋		郑金生	朴夫		建阳 兴贤下	
郑金章	若敏		闽县	梓潼、河内知县	郑晋三	琼山		永定	邑庠生
郑经远	昌允		漳平	县学增生	郑经中	简轩		永定溪南	修职郎

郑景陶	于拔	香岩	闽县	邑廪生	郑景文	筱兰		长乐	贡生
郑景燮	宏芳		长乐首占	贡生	郑敬赓	复言		长乐西隅	
郑九叙	畴成、西塍		闽县	泸溪知县	郑开槐	位三		沙县社学坊	
郑开极 (1638—1717)	肇修	几亭	侯官	授编修,主纂康熙《福建通志》	郑开伦	潢溪		长乐云路	监生
郑开禧	迪卿、云麓		龙溪	广东粮储道	郑开源 (1745—?)	峡山		长乐下郑	长乐民间画师
郑孔禧	郁夫		长乐坑田		郑匡宸	尹东	旗山	闽清	清流训导
郑魁万	廷材		晋江		郑联镛	步蟾		连江资寿	贡生
郑良璧	维崑		永定		郑良荷	祖叶	龙台居士	长乐东隅	
郑良琬	祖英		长乐祥厚		郑良智	祖睿		长乐祥厚	
郑良佐	孔弼		闽清	乾隆间贡生	郑亮光	寅士		莆田	康熙四十七年举人,寿光知县
郑霖溥	则廉	沛云	闽县	郫县知县	郑龙观	体乾		永定	
郑鹭升	谦人		永定	郡增生	郑洺英	耆仲、西瀍		侯官	
郑梦进	集思、习斯		永定	乾隆副贡	郑民惠	光贤		大田	
郑命成	宝堂、实堂		永定	确山知县、信阳知州	郑命三	锡堂		永定	
郑命新	人堂、又堂		永定	清溪、汶川知县,天全知州	郑命巘	学敏、克堂		永定	江南镇江卫掌印守备
郑命章	泉堂		永定	庠贡生	郑谟光	慕蔡	弼臣	周墩	周墩自治议员、学务委员
郑鹏程	登衢、人蔚	松谷	闽县	江南司员外郎	郑鹏翔	华见		南安蓬洲	
郑其凤	祉岗		长乐十七都		郑奇峰	云友		长乐云路	刑部主事
郑启谟	介臣		安徽泾县	平和典史	郑琼诏	九丹	苹野	闽县	文渊阁校理,提督四川学政

郑人瑞	毂祯	五云	长乐东隅		郑任南	杏村		永定	监生
郑任钥	惟启、鱼门		长乐首社	湖广总督、副都御史	郑荣富	美仲		沙县白砂	
郑荣元		彝图	长乐西隅	贡生	郑榕光	枢照		周墩峬源	名一作荣光，徙居政和。宣统元年科选
郑如侨	惠卿		连江镜路	贡生	郑如心		恕甫	大田	
郑儒徽	懿甫		周墩	郡庠生	郑汝霖	铁侯		永福县治	
郑汝渊	既溥	鉴澜	沙县广誉坊		郑瑞凤	桐村		闽县	举人
郑瑞躬	燕和、复胜		永定	嘉庆恩赐举人	郑瑞麟	绂廷		闽县	延平教授
郑瑞麒	仁圃		闽县	九江知府	郑瑞图	球亭		闽县	举孝廉
郑三才	廷赞	参亭	侯官	东光知县	郑善述	孚世	蕉溪	侯官	固安知县
郑上荣	有闻		永定		郑尚彬	郁村		连江资寿	欧宁训导
郑韶庚	用铭、石友		长乐沙京	刑部主事	郑绍成	仪九		福鼎平美	增贡生
郑绍贵	经宇		周墩峬源		郑绍鹏	幼超	搏九	仙游	武昌县丞
郑绍之	映碧		永定		郑士凤		于阁	永定	恩贡
郑士鸿	民歌		永定		郑士将	右华		连江斗门	贡生
郑士乾	健也		长汀	建昌知县	郑世恭	虞臣		闽县	正谊书院讲席
郑仕秀	祖涵		仙游	安庆照磨代理怀宁知县	郑守廉	仲廉		闽县	吏部考功司主事
郑守孟	海邹		闽县	翰林院编修	郑叔忱	宸丹		长乐首占	侍讲、奉天府丞兼提督学政
郑双瑞	子攀	桂园	建阳崇化		郑思权	素守		长乐古槐	
郑嗣昌	宝爵		闽县	监生	郑松龄	鹤斋		连江县西	

郑孙绶	符枚、符放		永定	武平训导	郑泰枢	子衡		莆田	延平教授
郑天池	秉清		永定		郑天锦	有章、芥舟		长乐玉田	连山知县，理猺同知
郑天禄	燃藜		永定		郑天衢	宪文、云轩		闽县	举人
郑天枢	象辰		永定		郑天佑	居礼		永定龙泉	监生
郑廷凤	骧首		永定		郑廷圭	用桐、桐侯		长乐首占	进士，历任金华、江山诸县知县
郑廷瑾	承怀		安溪常乐里		郑廷浤	幕林		侯官	
郑廷孺	登祁		永定	监生	郑廷扬	佐才		同安高浦	
郑彤云	霞昭		永定		郑王臣	慎人	兰陔	莆田	兰州知府
郑为让	逊仲		连江资寿	贡生	郑为乿	豺仲		连江	惠安训导
郑维桥	云峰		永定	三举乡宾	郑维忠	命孙		侯官	太学生
郑位熊	佐辰		永定	道光岁贡	郑蔚然	序秀	西林	长乐东隅	举人
郑文炳	慕斯		莆田		郑文炳		筱蔚	大田	
郑文恒(1856—1894)	翔孙		长乐郑华南	致远舰大管轮	郑文辉	煌山		仙游	乾隆十五年举人
郑文杰	子超	海岩	闽清	康熙三十九年岁贡	郑文炜	滔旂		沙县龙池坊	
郑文芝	成恺		永定抚溪	年九十七	郑希文	子俊		晋江	
郑锡光	友其	淡庵	闽县	翰林院编修，福建法政学堂监督	郑锡龄	修斋		周墩埔源	邑庠生
郑锡祺	寿乡		福鼎福塘	原籍莆田。恩贡	郑熙观	继离		永定	邑庠生
郑湘澜	端人		永定	邑庠生	郑心恪		幼兰	闽县	
郑心兰	世超		连江	武举人	郑星灿	仰明		永定	

郑兴宽	行敷	梅亭	长乐		郑熊光	鸿伟		永定	
郑修典	念实	慎园	南安		郑修敏	逊实		南安	
郑褒光	邃敦、白浦		闽县	安溪教谕	郑宴清	同春	兰友	闽县	清流教谕
郑扬明	未谦		沙县		郑扬祖	嗣光		沙县	
郑仰樵		薇仙	永福	宣统间贡生	郑瑶光	春卿		周墩埔源	
郑耀焜	亦樵		永定		郑耀宗	用卿		连江东湖	惠安训导
郑沂若	子咏		建安		郑以炯	星垣		晋江	署邵武训导
郑亦邹	居仲		海澄	籍贯一作诏安	郑英华	中裕		永定	
郑应侯	叔俊		福清	湘潭知县	郑应图	廷瑜		永定	监生
郑应瀛	国登、圆峤		闽县		郑应周	右序、石序		永定	康熙岁贡
郑用锡（1788—1858）	在中	祉亭	台湾淡水	祖籍金门。礼部铸印局员外郎	郑用舟	梦岩		连江	贡生
郑猷宣	克斋		长乐首占	湖北知县	郑玉瓒	正仲	霁圃	永福	
郑元璧	用苍	锡侯	长乐首占	锡侯一作字，山东盐运使	郑元鸿	愧千		连江花坞	将乐训导
郑元启	文作		永定		郑元祯（1879—1936）	翊周		长乐感恩	寄籍南平，省议会副议长
郑允谦	凤宜		上杭来苏		郑在璇	珠波		永福盘谷	道光二十年举人
郑占鳌	子良		永定		郑占魁	益斋		永定在城	例贡
郑长胱	来日		莆田	康熙十九年举人	郑长青	震生		晋江	思恩知府
郑兆奎	学悦		长乐阳夏		郑兆梁	爱庐		永定	
郑兆森	宝树		罗源		郑兆书	琴轩		侯官	

姓名	字	号	籍贯	备注	姓名	字	号	籍贯	备注
郑贞本	植卿		长乐云路	吏部主事	郑振图	绍侠、咸山		侯官	临城知县
郑之锦	徽人		莆田	顺治八年举人	郑志鳌	华庵		霞浦竹屿	直隶州州同
郑中理	简斋		永定		郑仲和	惠村		连江东湖	进士,乐安、吴江、荆溪知县
郑仲谋	公翼		晋江	銮仪卫经历	郑重光	昇焜	慕庭	仙游	寿宁训导
郑自升	融人		永定		郑宗濂	步溪		连江	尤溪教谕
郑宗谦	益公		长乐仙岐	开封府推官	郑宗山	正聪		永福赤锡	嘉庆十八年举人
郑宗圣	光泗		永定	监生	郑宗尧	嗣勋		连江	
郑宗哲	子知		平潭流水		郑奏猷	祥麟		永定	
郑祖彝	思彩		永定		郑缵成	哲信		南安石井	郑成功部属郑鸣骏之次子
郑缵光	哲弢		南安石井	郑鸣骏之长子。太学生	郑缵祖	哲远	远公	南安石井	一名缵福。参政
郑作栋	文白		福鼎孙店		郑作楫	经仪		连江	
郑作枢	子新		连江		钟瀚(1762—1822)	紫澜	如川	海澄	
钟坚	维宽		武平		钟杰	时利		长汀	
钟莲	青波	植溪	长汀	泰宁知县	钟莲	亭秀		长汀	赠文林郎
钟濂	诸实	约轩	侯官	国子监学正	钟琳	林玉		上杭	岁贡
钟汧	方水	漪园	武平		钟荃	雍石		武平在城	
钟润	行先		上杭来苏		钟壎	友仲		武平	贡生
钟英	玉园		长汀		钟屿	友舶		武平	
钟豫	建侯		莆田		钟岳	乾灵		长汀	

钟宝三		鉴堂	上杭	福建水师提督	钟秉曾	沂川		武平在城	
钟川灵	紫毓		武平		钟传益	涵斋		武平在城	
钟大椿	寿若		闽县	进士,知县	钟大受	健庵、达观		上杭官庄	德平知县
钟殿飏		琢庵	上杭	诸生	钟孚吉	皆山		武平樟杭	
钟复昌	维垣		武平		钟高耆	朝选		上杭平安	
钟贡新	明福		武平		钟虎翀	元阶、炳斋		上杭石碣	甘肃玉泉营游击
钟华国	增贵		上杭在城		钟家琦	奇玉		长汀	监生
钟金城	佑宗		上杭石碣		钟金辉	长龄		上杭石碣	
钟金相	增元		上杭在城		钟林树	得涵		福清	进士
钟梦麟	石仙、硕仙		莆田	工部主事	钟梦云	庆仙		莆田	龙溪教谕
钟鸣雷	震如		武平		钟念祖	永言		长汀	贡生
钟启昌		瑞亭	侯官		钟山华	彩英		武平	
钟尚志	非常、勘成		上杭来苏	静海知县	钟淑煊	缉庭		连江县前	贡生
钟秀灵	紫峰		武平		钟养蒙	端吾		武平	
钟叶吉	维谦、惟谦		武平	诸生	钟颖灵	紫峦		武平	太学生
钟用志	非偶		上杭		钟有闻	禹音		奉天铁岭	武平知县
钟毓英	璞卿		连江		钟元德		潜庵	长汀	廪生
钟元声	麟载		侯官	武庠生	钟岳英	睿夫		长汀	监生
钟赞元	燮堂		武平黄坊		钟占元	元英		上杭在城	

钟兆相	则彦	敬斋	闽县	藁城知县	钟奏勋	绿墅		武平	
衷 淮	源柏		崇安四隅	恩贡	衷 录	元玉		崇安四隅	莆田训导
衷 晓	亮如		崇安大浑	贡生	衷 玉	玉琢		崇安大浑	贡生
衷炳刚	梦龙		崇安大浑	监生	衷炳修	纯一	竹庐	崇安	南宫知县、香河知县
衷光烈	复初		崇安四隅	镇海卫训导	衷华林	许乔		崇安大浑	附生
衷集成	师大		崇安大浑	廪生	衷日鉴	克照		崇安大浑	举介宾
衷锡康	子俊		崇安大浑	岁贡	衷效洙	沂溪		崇安城区	平番知县、迪化知州
衷仰洙	鸿溪		崇安四隅	浙江知府	衷云龙	沛九		崇安四隅	温州守备
衷长源	业先		崇安大浑	贡生	衷致密	尚登		崇安	举人
衷致宥	敛斋		崇安	举人	仲 杭	之人		侯官	举人
周 弁	载球	又山	崇安四隅	举人	周 昌	又文		辽阳镶蓝旗	分巡漳南道
周 铎	郁声		光泽一都	浦城训导	周 官	灿宇		连江学前	贡生
周 洸	清海		上杭在城	岁贡	周 广	无涯		连城	
周 衮	章九		建阳三桂		周 翰	伸屏		建阳三衢	
周 珩	楚白		长汀		周 珩	瑞南		河南考城	建阳知县
周 晖	觐楼		上杭在城		周 江	二颖		福州	徙建安
周 谨	敬之		浦城		周 京	允居		瓯宁	训导
周 景	汝时		长汀		周 燨	汉公		陕西临潼	建宁知县
周 凯 (1778—1837)	仲礼	芸皋	浙江富阳	兴泉永道	周 礼	世崇、敬堂		晋江	

周　立	鼎卿		连城南顺里	崇浦屯田都督府侯推副总	周　林	幼卿		建阳三衢	
周　龙	伯规		福鼎	郿营副将	周　鲁	元符		上杭在城	
周　冕	为璧	蕴齐	同安		周　铭（1842—1906）	新甫		宁德狮城	附贡。义仓社长
周　澎	文涛		晋江		周　琦	朝勋		长乐文石	保安卫、建宁协游击
周　琦	味兰		江苏无锡	光泽知县	周　琦		华所	崇安四隅	
周　铨	纬苍		江苏上海	寓居泰宁	周　铨	君选		晋江	
周　试	廷功		浦城		周　驷	冀野		崇安会仙	庠生，举介宾
周　薇	垣叟		莆田	崇明知县	周　玺	琢堂		广西临桂	建阳知县
周　诩	友虞		浦城		周　焕	旭堂		上杭在城里	
周　镛	笙房		上杭在城里		周　钺	左臣		莆田	顺天通判
周　泽	师林		莆田	康熙四十四年举人	周　灼	帝孚		周墩狮城	武库
周必捷	大章		连江学前		周秉礼	克章、立岩	环江居士	侯官	
周秉权	衡万		连城	邑庠生	周步新	子亦		崇安会仙	连江训导、归化教谕
周朝焕		子章	大田		周朝聘	公尹		长汀	监生
周承恩（？—1822）	君然	碧峰	同安在坊	安平副将	周大豪	士杰	西农	福鼎秦屿	
周道察	子安		连城璧洲		周道兴（1827—？）		仁山	周墩狮城	杭州府经历
周德至	春墀		湖南益阳	上杭知县、霞浦知县	周典煌	少程		上杭在城	
周鼎新	宝光	璞山	侯官	靖远、成县知县	周凤贲	彩梧		上杭在城里	岁贡
周凤翔	振仪		永春		周赓颟	燕喜		上杭在城里	岁贡

周拱宸	铨会		连江	东阿知县	周韩瑞	舆仲		莆田	曲江知县
周弘炜	士俊		上杭在城里		周鸿钧	健行		连城	
周际亮		樊堂	大田		周家骏	健升		连城	
周家琪	玉其		连城	进士,以知县签分安徽	周嘉霖	雨亭	云汀	同安	
周捷先		拾登	大田		周锦园	振玉		同安	
周晋玉	连章		晋江		周景奎	文槎		连江	贡生
周景珀	松坡	韵涛	连城		周景涛	松孙	洵生	侯官	学部主事
周景伊	品舒		连城		周敬修	菊人		福鼎秦屿	
周骏声	芑塘		连江	贡生	周开源	澹庵		连城	
周焜吉		韫冈	连城		周历象	授人		上杭在城里	岁贡
周历长	袭山		武平		周良璧	晋玉		上杭在城里	
周亮工	元亮	栎园	江西金溪	福建右布政,署漳南道事	周麟章	少黻		侯官	高密知县
周懋勋	锡弓		连江通济铺	广宗知县	周梦锦	锡上		宁化	安陆、广平、苏州知府
周梦虞	桐崖	遁庵	福鼎秦屿		周民隐	公悉		上杭在城里	岁贡
周命新	振庵		崇安会仙里	郓城知县	周南光	拱北		建阳三衢	
周启章	振先	竹石山人	光泽县治		周乾京	敦山		福鼎黄冈	
周青云	鼎声		永春迎福里		周蓬然		蝶园	永福翀峰	光绪二十九年举人
周全斌 (? —1670)	邦宪		同安金门	郑氏部将,降清后封承恩伯	周日庠		养斋	大田	
周瑞图	同序		侯官	桃源同知、德州知州	周上珍	玉田		连城	举人

周尚德	懋功		光泽		周尚文	郁侯		建阳雏田	
周韶曾	闻仲	齐三	晋江	和州知州	周邵梁	用五		连江	贡生
周绍斌	朴齐		周墩城内	邑庠生	周绍龙	允乾	瑞峰	平潭屿头	四川道监察御史、顺天府知府
周师诵	启述		宁德		周士恺	克俊		长汀	
周士起	伟升		连城	贡生	周式南	仪卿		漳浦云霄	
周奭堂		甘棠	崇安四隅里	贡生	周树谷	邦奇		上杭在城里	
周树森	霁村		湖北	尤溪、光泽、长汀知县	周天鼎	禹成		连城	监生
周天辅	肇芹		上杭	副贡生	周天鉽		厚田	连城	
周天经	克权		连城		周天钧	佐衡		连城	副榜举人,掌教豸山书院
周天位	匡民	静轩	平和		周天锡	润卿		莆田	榜姓陈。康熙五十年举人
周天祐	肇俊		上杭在城里		周廷极	紫垣		连城	
周廷祥		吉士	平潭五福境	闽安水师协镇	周同文		质斋	周墩城内	邑庠生
周王春	锦臣		莆田		周望霖	念农		连江	嘉义、凤山教谕
周维熙	敬堂		连江	福宁右营守备	周文在	在兹		上杭	
周希孟	公辟		闽县	国子监四门助教,本州学教授	周锡龄	松崖		贵州	长汀知县、浦城知县
周晓兰	旭池		连城	廪生	周孝培	拯九		寿宁斜滩	
周心莲	协干		连江首占	贡生	周星诒	季贶		河南祥符	福建候补知府
周轩波	怙甫		连江下洲	举人	周学茂	崇勋		建宁西乡	
周延祚	少轩		建阳后畲		周一夔		署云	连城	诸生

周应阳	铨乾	体庭	连江	温县知县	周有增	征九		上杭 在城里	
周遇贤	梦磻		上杭 在城里		周毓麟		玉书	大田	
周元亨	士宏		连江 学前铺		周源长	自天	星海	连江	贡生
周运昌	肇西		连城		周运汉	灿章		连城	
周在培		莲生	周墩墩城	邑庠生	周在阳	守谦		同安厦门	
周长庚	辛仲		闽县	彰化教谕	周召南 (1847—1925)	敦诗	棠坡	周墩狮城	
周照诚	西园		永定	上杭籍	周肇恭	仁甫		连江学前	武举人
周正峰	君履		福清海口	翰林院编修	周之翰	维侯		晋江	
周之骥	龙友		晋江	参议	周植英	菊拱		连江	贡生
周志长		调清	周墩狮城	监生	周致信	省之		建宁	
周忠魁		诚卿	福鼎硖门	乳名开湖	周自超 (1760—1837)	子兰	岚溪、 伟斋	永春 迎福里	原名栢。虎门 总兵
周宗濂	仰溪		连城		周宗舜	景华		永定苦竹	
周祖笃	又禾		海澄		周祖诒	禾仲		海澄三都	
朱 鏳	尔和		邵武	永春州学正	朱 镢	连上		光泽	岁贡
朱 霂	雨苍	韬真子	建宁		朱 戳	钟庭		建阳县坊	
朱 姚	青陌		邵武	莘县知县	朱 泓	石叟		莆田	榜姓林。惠安 教谕
朱 笏	摺思		永定		朱 璜	渭师、 待滨		建宁黄溪	贡生
朱 晖	葵臣		建阳县坊		朱 辉	实甫		平和	
朱 简	大文	敬斋	邵武	邑诸生	朱 静	子定		长乐漳港	康熙癸未岁贡

朱 卷	黄初		莆田	户部郎中	朱 夔	舜一		奉天镶白旗	南平知县
朱 朗	斯笋		莆田	建宁教授	朱 莆	有珩		光泽一都	岁贡
朱 玟	贞挺		莆田	康熙五十年举人	朱 圻	伯宏		邵武	邑增生
朱 汧	蕙岩		建阳北雒田		朱 泉	飞涛		建宁杨林	
朱 山	世德	瞎眼朱司	仙游	武功超群	朱 山	寿岩		浙江归安	泰宁、建宁知县
朱 珊	韬林		建宁		朱 泗	道原	松皋	漳平居仁里	仙游训导
朱 文	彬臣		南安海都		朱 霞	天锦	曲庐	建宁黄溪	
朱 宿	璧符		邵武	拔贡	朱 旋 (1660—1747)	周旋	眉峰	诏安双山	抚州知府
朱 勋		美堂	江苏	沙县知县	朱 阳	桐野	菁溪	漳平居仁里	通海、宝宁知县
朱 耀	汉辉		建宁		朱 荫	朝升	槐洋	宁洋永宁里	岁贡
朱 淏	泽长		邵武		朱 雍	和鸣		建宁	岁贡
朱 云	家昂		建宁		朱 嫏	灿黄		建阳考亭	
朱邦定	于一		建宁		朱丙元	子绂		江苏	永定、上杭知县
朱秉鉴 (1758—1822)	清如	鹿坪	浦城城关		朱炳诏	云文		建阳考亭	
朱灿星	伯厚		仙游	乾隆元年武举人	朱朝安	兰卿		连江棠园	台凤北尾并冈山千总
朱朝跃	宠承		建宁黄溪		朱大发	璀仲		仙游	乾隆三十三年武举人
朱大资	乾若		莆田	宣城知县	朱道干	河淮		闽清	县学生员
朱敦淳		醉古	安徽池州	尤溪知县	朱幹隆	树梧		湖南宁乡	连城知县、上杭知县
朱翰春	荐上		莆田	临安知府	朱行玉	鸣佩		建阳考亭	

朱亨觐	安来	南山	建宁		朱华元	潘陆		建宁杨林	
朱黄石	房子		莆田	廪生	朱家祁	永叔		建宁黄溪	
朱家桢	子任		永安	署太湖知县	朱嘉祥	长卿		建宁	
朱景英	研北、幼芝		湖南武陵	连城、宁德、平和、侯官知县	朱九拔	泰侯		晋江	福州教授、国子监助教
朱孔璋	其瓒	琢斋	广东丰顺	仙游知县	朱鲁光	冠卿		建安	
朱銮章	秀文		建阳考亭		朱梦彪	文叔		闽清	
朱铭新	仰周		福鼎在坊	州同	朱其宽	恭甫		仙游	安溪训导
朱奇珍	平斋	慕亭	湖南长沙	同安县知县	朱仁俊	祥珍		建宁周坪	
朱日高	咫临		浦城		朱汝霖		勤峰	浙江绍兴	顺昌知县
朱闰章	贞白、振白		莆田		朱绳祖	克绳		宁洋永宁里	岁贡
朱绳祖	望亭		建阳县坊		朱仕翱	羽丰		建宁	
朱仕墩	居田		建宁		朱仕阶 (1712—1773)	璧丰	筠园	建宁	德化、尤溪教谕,内黄知县
朱仕霖	可南		建宁		朱仕琪	宾廷、宝廷	岵庵	建宁	山东新城知县
朱仕韬	越台		建宁		朱仕琇	斐瞻	梅崖	建宁北乡	福宁州教授,主讲鳌峰书院
朱式銮	奏和		泰宁在城		朱泗滨	弼夫、毓川		建阳崇政	
朱泗宗	正甫		晋江	沙县教谕、顺昌教谕	朱泰川	融千		邵武	原名澴。宣城、绩溪知县
朱昙嘉	云若		晋江	汀州府教授	朱腾芬	承芳	馨梓	福鼎果洋	
朱天贵	达三		莆田	平阳总兵官,协剿澎湖	朱天龙	章伯		莆田	长兴知县
朱廷鸿	大羽、云翼		漳平	仓场监督	朱王造	矫士		平和	永宁州知州

朱维华	非紫		邵武	贡生	朱位载	乾峰		福鼎 金沙溪	咸丰间联董
朱文修	思永		建宁		朱文仪	羽皇		建宁	
朱文莹	赞夫	月岩	建宁		朱文佑	启堂		建宁	
朱文珍	琼仙		建宁	寓居宁化。诸生	朱希圣	伯贤	静斋	南安	
朱锡畴	尔洛		莆田	顺治十七年举人	朱孝述	仕传		闽清	
朱煦光	星轩		建安		朱瑶圃	维翰		河北宛平	仙游枫亭巡检
朱彝尊	锡鬯	竹垞	浙江秀水	游闽抵福州	朱益攀	香溪		福鼎果阳	
朱应寻	孔觅		福鼎 金沙溪	广州连阳营守备	朱元春	尔衮		莆田	京畿道御史
朱元福	瑞庆		建宁		朱元仪	凤来		邵武	廪生
朱源淳	浚公		莆田	济东泰武道	朱远声	皋闻		泰宁 大东门	
朱赞洪	廷赞		仙游	康熙八年武举人	朱兆魁	紫文		平和	
朱兆纶	亮卿		晋江		朱肇灿	剑文	钝庵	建宁	太平府通判，署同知
朱肇璜	渭师、 待滨		建宁		朱肇铭	石文		建宁黄溪	
朱之焜	岱瞻		江苏高邮	武平知县	朱之珽	商玉		镶白旗	建阳知县
朱之屏	尔节		永福长庆		朱志通	南仲		仙游	乾隆二十四年武举人
朱钟垣	天三		建阳考亭		朱子成	元田		福鼎	任县典史
祝　佺	式求		将乐		祝昌祺	春圃		浦城	
祝昌时	调玉		浦城		祝昌泰	躬瞻	东岩	浦城城关	
祝春熙	季咸		浦城		祝凤喈	桐君、 次喔		浦城城关	

祝光国	觐宾		浦城		祝普庆	誉廷		浦城	
祝庆年	安伯		浦城		祝善铨	玉衡		浦城	
庄 葵	景诚		惠安田边		庄 烈	藻山		晋江	
庄 纶	陆石		福鼎后昆	国学生	庄 渔	友樵		同安	
庄曾传	习未		平和仕江		庄成鼎	升北、丁戊		闽县	郿州同知
庄登峰	子英		漳浦前亭	改名登丰	庄亨阳 (1686—1746)	元仲	复斋	南靖奎洋	乳名天钟。徐州知府、分巡淮海道
庄际耀	澹若	二陟	晋江	乡宁知县	庄俊元 (1808—1879)	克明	印潭、四休子	泉州西街	
庄科达	文清	困斋	同安在坊		庄凌云	元舆		仙游	乾隆间贡生
庄念勤	若丹		闽县		庄鹏搏	会捷		仙游	乾隆三十三年举人
庄纫兰	秋佩		惠安金山边		庄士元	殿飏		漳浦前亭	涞水知县
庄世青	茇尔		惠安		庄枢元	又参		连江塔头	通过宣统二年法官考试
庄天能	景又		同安		庄万春	紫庭		泉州	
庄锡纶	秩音		永安		庄延裕	素思		永春桃源里	
庄荫元	樾石		连江		庄长清	士澄		同安西溪	
庄阵翼	跂如		惠安田边		庄中正	诚甫		平和南胜	监生
卓 超	峻岩		同安后路	原籍兴化。左都督	卓炳凤	冈如		福鼎秦屿	
卓道异	则超		福清	进士	卓德镝	又宫		永福	康熙间贡生
卓钦澜	宇安		沙县		卓斯义	子藻		莆田	桂阳知县
卓孝复	芝南	毅斋、巴园	闽县	原名凌云	卓有造		懋勋	平潭桃花寨	

卓于坚	存确		沙县昌荣坑		卓至尚	义哲		长乐仙山	
宗彝	兆祥		河北大兴	分守漳南道	邹经（1742—1804）	年官	耕芦、畲五	长汀四堡	台湾水师提督
邹琳	为璋		南平	岁贡	邹维	晋百		莆田	乾隆元年举人
邹熊	渭贤		清流		邹峰	奕锦		沙县	
邹斌才（1778—1839）	圣湘	均亭	长汀四堡		邹秉钧	亮采		上杭在城里	
邹秉钧（1718—1796）	永生	鸣盛	长汀四堡	华侨工商巨子	邹成东	小鲁		长汀	监生
邹春膏	逢年		泰宁大田		邹春亮	东升		泰宁大田	
邹殿瑞	符五		清流		邹观龙	瑞麟		清流	廪生
邹国珂	玉振		建宁		邹国祯	仪羽		清流	
邹开俊		汝英	泰宁		邹开源	汝浚		泰宁在城	
邹沛霖	雨庄		清流		邹岐鸣	德辉		上杭古田里	
邹启宣	兆伯		建宁		邹汝直	敬中		泰宁益村	
邹尚仁	绍孟		上杭古田里	临川知县	邹尚易	绍周		上杭古田里	永安知州
邹圣脉（1691—1762）	宜彦	梧冈	长汀四堡		邹时行	履和		上杭古田里	
邹士镶	品馨		光泽十三都	岁贡	邹廷表	谏迎		光泽十三都	岁贡
邹廷驹	屺瞻		光泽十三都	恩贡	邹文士	简滋		上杭古田里	武举人
邹学鲁	光绎	仰东	泰宁县前街		邹扬芳	宗仪		上杭古田里	
邹扬明	未谦		沙县		邹扬枢	永翔		上杭古田里	
邹扬休	宗哲		上杭		邹一枚	应卜	悦岩	邵武	

姓名	字	号	籍贯	备注	姓名	字	号	籍贯	备注
邹一松	公召		上杭	岁贡	邹仪周	西斋		南平	
邹元发	远臣		沙县		邹天翔(1733—1802)	羽修	征祖、云亭	长汀四堡	潜心育才
邹允昌	衍茂	盘谷	邵武		邹长庚	少白		清流	
邹长浚	哲人		泰宁	仙游训导	邹志中	德修		上杭古田里	
邹宗泗	孔取		沙县		邹祖顼	帝宾		光泽玉佩	繁昌知县、当涂知县
祖旭	湘霞		浦城		祖德洪	汝范		浦城	
祖德源	汝渊		浦城		祖琼林	杏塘		浦城	
祖泽茂		滋渊	奉天广宁		祖之望	载璜、舫斋		浦城	
左岷	襄南		浙江鄞县	龙岩知县、威州知州	左寅	敬堂		安徽泾县	建阳知县
左宰	洛三		安徽桐城	建阳知县	左天墟	御青		宁德一都	
左元成	德斋		江苏阳湖	平潭厅同知	左宗棠(1812—1885)	季高、朴存		湖南湘阴	闽浙总督、陕甘总督

民国人物

姓名	字	号	籍贯	备注	姓名	字	号	籍贯	备注
巴玉藻(1892—1929)	蕴华		蒙古克什克腾旗	马尾海军飞机工程处主任	白成根(1900—1978)	锡筠		安溪龙门	又名苏省。华侨
柏麟书	子珍		安徽寿县	南安、同安、上杭县知事	包渥恩	沛宸		永定	
蔡必达	作孚		明溪	增生。法政自治研究所毕业	蔡潮初(1877—1937)	襟三	略庵	漳州东厢	
蔡鼎常(1895—1985)	敬五	静芗	泉州紫坂	又名其楷	蔡凤机	镜湖		晋江	闽北道尹
蔡谷仁	乃赓	澍村	台湾	甲午后内渡鼓浪屿	蔡鹤汀(1909—1976)	颐元	枕石散人	闽县	美协陕西分会常务理事

蔡鹤洲 (1911—1971)	学享	狄芦令 二郎	闽县	又名颐亨。画 家	蔡及时 (1903—1942)	有芳		晋江金井	抗日志士
蔡培火 (1889—1983)		峰山	晋江石狮		蔡然惜 (1865—1922)	联芳		晋江石狮	建安道尹
蔡人奇 (1872—1951)	天寄		闽县	原名毅。福建 中医专门学校 校长	蔡瑞德 (1893—?)	俊明		惠安崇武	医生
蔡廷锴 (1892—1968)	贤初		广东罗定	参与发动"福 建事变"	蔡梧材 (1895—1976)	琴轩		漳州	华侨
蔡衍吉 (1909—1980)	警若		晋江深沪		蔡瑶文	我振		泉州	
蔡友兰 (1901—1991)	信春	腾芳	莆田江口		蔡子钦 (1894—1964)	以钊		晋江安海	曾名筱园。华 侨
曹 振	焕庭		浙江诸暨	上杭县长	曹昭威	翼为		湖南	建阳县知事
陈 彬 (1901—1985)	伯华		古田横洋	古田实业局局 长	陈 黻	勉生		上杭丰郎	
陈 耿 (1905—1933)		硬石	崇安 程家洲	又名豪人、陈 才	陈 浩 (1893—1967)	菊农		厦门寨上	
陈 煋	碧辉		建宁		陈 琨 (1905—1930)	琢余		惠安山霞	又名玉成
陈 箓 (1877—1939)	任先	止室	闽县	北京国民政府 外交部次长	陈 明 (1902—1941)	少微		龙岩	原名陈若星
陈 群 (1890—1945)	人鹤		闽县	汪伪"国民政 府"内政部长	陈 禧	子香		永定	清附生,财政 部会计司主事 佥事
陈 薰 (1912—1958)	咏南		仙游鲤城		陈 衍 (1856—1937)	叔伊	石遗	侯官	近代诗坛闽派 诗人代表人物
陈蔼仁	惠莲		永定长流	倡立阅书报社	陈百弓		伯恭	福鼎前岐	
陈葆桢	惠民		永定	上海法学院毕 业	陈伯达 (1904—1989)	尚友		惠安洛阳	又名健相、声 训
陈伯屋	伯富		同安阳翟		陈博生 (1891—1957)	渊泉		闽县	《中央日报》社 长兼主笔
陈朝宗		筱海	德化		陈承泽 (1885—1922)	慎侯		闽县	福建省政务院 秘书长
陈大勋		子建	德化		陈代章	仰文		明溪	福建省自治训 练所毕业
陈德星	聚奎		明溪	增生。法政自 治研究所毕业	陈德元	位初		明溪	

陈砥修 (1880—1963)	仲瑾	缙玙	泉州		陈定九 (1897—1987)	季煌		霞浦西街	海军第三造船厂工程师,后居北京
陈光宗	铸九		永定虞溪		陈桂琛 (1889—1944)	丹初	漱石山人	厦门	
陈国础 (? —1969)	肇基		金门东洲	新加坡金门会馆主席	陈国辉 (1895—1932)	耀臣		南安九都	小名陈五
陈国纪	蔼丞		永定		陈国柱 (1898—1969)	子石		莆田西天尾	国务院参事
陈海梅 (1850—1924)	香雪		闽县	龙泉知县。民国时居鼓浪屿	陈亨源 (1901—1950)	亨姐		长乐江田	抗日游击队大队长
陈宏玉	润阁		永定	永定县议事会议员	陈鸿祺 (1882—1955)	寿生		同安	原名金锻
陈厚熙	洽春		南平		陈焕章 (1889—1965)	有文		同安霞美	又名中焕
陈家楫 (1901—1955)	如川	作舟、一叶	泉州承天巷		陈嘉庚 (1874—1961)	科次		厦门集美	华侨领袖
陈景韶 (1874—1922)	传中	虞孙	侯官	又名福铄。福建兴化知府	陈举邦	省农		永定	永定县议事会议员
陈立庠 (1896—1938)	子虞		古田横洋	海军军械少校	陈谟书	弼臣		明溪	增生。法政自治研究所毕业
陈乃元 (1878—1930)	子范	爱吾	莆田		陈培锟 (1877—1964)	韵珊		闽县	代理福建省政府主席
陈佩玉 (1899—1940)	泽卿		南安莲塘		陈其志 (1905—1974)		基志	南安蓝园	一名荣恭
陈启泽 (? —1969)	文恩		金门埔后	菲律宾岷埠公理报总编辑	陈清机 (1881—1940)	穆亭		晋江安海	又名经纶、火萤
陈庆珪	古璋		金门湖前	新加坡华侨,擅画马	陈庆南	学程		德化	
陈荣道	政斋		永定		陈荣勋	树斋		永定铜锣坪	
陈三多 (1871—1954)	祝萱	其华	泉州新门	商人	陈上选	特子		闽清四都	
陈绍宽 (1889—1969)	厚甫		闽县胪雷	民国海军战时司令部上将总司令	陈绍实	瑞星		泰宁	
陈声聪 (1897—1987)	兼与	壶因	闽县	笔名荷堂。福建省直接税局局长	陈盛馨 (1912—1942)	增芬		连江	空军第四大队副队长
陈士诚 (1894—1963)	幻云、幼鸿		霞浦东关	最高法院简任推事	陈世哲 (1891—1926)	警余		南安西溪	生卒年一作1891—1935

姓名	字	号	籍贯	备注	姓名	字	号	籍贯	备注
陈式锐 (1908—1990)	心吾	云悟	同安官山		陈守治 (1897—1990)		乐观词客、乐观翁	南平樟湖坂	笔名陈瘦愚
陈陶声 (1899—1992)	陶心		闽县	工业微生物工程奠基人	陈体诚	真一		永定	北平交通大学毕业
陈体诚 (1896—1942)	子博		闽县螺洲	西北公路特派员兼甘肃省建设厅厅长	陈体善	得一		永定	北平工业大学毕业
陈天尺	尺山	昊玉、莫等闲斋主人	长乐	原名韵琴，居福州	陈维藩 (1905—1999)	汉垣	海印山人	金门陈坑	
陈维新	子怀		福鼎沙埕		陈文总 (1895—1985)	君文		同安	名左武
陈溪南 (1904—1979)	斗星		晋江	中医	陈先查 (1911—1935)	清流		同安	中共同安县委代理书记
陈孝新	兰陔		建阳崇化		陈笑石 (1896—1976)	斌瑶		长乐云路	女，闽侯地方法院检察官
陈兴砚 (1889—1969)	体研		永春岵山		陈训泳 (1886—1944)	道培		闽县	国民革命军海军部常务次长
陈延谦 (1881—1943)	逊南、益吾	止园老人	同安莲花		陈延香 (1887—1960)	澄怀	慧香居士	同安阳翟	又名树坛
陈言廉	志谦		南安东田	乳名诗琴	陈仰登 (1864—1941)	莱峰		浦城叶村	
陈应辰		紫泉	江西进贤	大田县知事	陈应龙 (1902—1993)	运生		龙海海澄	
陈云官 (1911—1986)	蔚云		福清融城	福清第一中学副校长	陈赞汤 (1888—1972)		绍源	古田横洋	原名铭新。沙捞越诗巫埠光华中学校长
陈则张 (1875—1944)	焕文	慎斋	泉州东街	别名寿萱	陈长捷 (1897—1968)	介山	嵋	闽县螺洲	天津警备司令
陈昭礼 (1907—?)	希周		福州市		陈兆锵 (1862—1953)	铿臣		闽县	福州船政局局长
陈振铣 (1909—1984)	君泽		闽县	台湾大学教授	陈正忠	孙受		惠安	
陈志点	咏春		永定	福州商业专门学校毕业	陈钟瑞	辅仁		永定	

陈仲赫 (1883—1931)	希周		同安阳翟		陈子奋 (1898—1976)	意芗	无寐、 凤叟、 水叟、 香叟、 子翁、 诸凤、 老凤	长乐秀凤	原名起。福建 美协主席
陈宗蕃 (1879—1954)	莼忠		闽侯	中央文史馆工 作	陈宗子	朝妙		德化	
陈遵妫 (1901—1991)	志元		闽县	上海徐家汇观 象台负责人	陈遵统 (1876—1969)	易园		闽县	福建协和大学 教授
程道华	蕴山		广东潮安	上杭县县长	程培才 (1909—1947)	善之		古田平湖	又名华磊
程树德 (1876—1944)	戊武	郁庭	闽县	清华大学研究 生院导师	程天泗 (1903—1980)		仰明	仙游城东	
池源瀚		仲霖	浙江瑞安	平潭知事	戴炳辉 (1907—1940)	绍鸿		霞浦灵霍	原名廷雁。闽 东特委书记
戴栋臣	少桢		永定	浦城县县长	戴鸿沛	海泉		永定	林溪县司法官
戴鸣皋	云翔		永定抚市		戴祥滋 (1870—1958)	吉云		福清音西	福清华侨协会 会长
戴扬光 (1897—1944)	纷吾		长泰戴墘		邓柏松	福谦		惠安崇武	
邓萃英 (1885—1972)	芝园		闽县	厦门大学第一 任校长	邓国兴	家仁		泰宁	
邓叔群 (1902—1970)	子牧		闽县竹屿	中国科学院生 物研究所和自 然历史博物馆 研究员	丁超五 (1884—1967)	立夫		邵武	福建省副省长
丁乃扬 (1912—1968)		赞兴	晋江		丁友亮	子信		福鼎秦屿	
董秉清		冰如	江苏武进	平潭知事	董书田	乃耕		长汀	
董义芳 (1907—1977)	斐然		漳浦		杜　正 (1859—1940)	德乾	四端	同安马銮	
杜锡圭 (1874—1933)	慎臣、 慎丞		闽县		范　浚 (1902—1933)	子澄		寿宁大安	名延林，化名 "糖甜"。中共 寿宁县特别支 部宣传委员

范　维		少泉	安徽合肥	大田县知事	范乃扬 (1918—1951)	其光		寿宁元潭	乳名志从，化名范瑛。海防司令部闽东第三团团长
范钦明	迺秀		大田玉田		范荣贵	子良		沙县	
范式人 (1909—1986)	涤凡	耀卿	寿宁鳌阳	原名范志明，化名拯民、洪泽。中共黑龙江省委书记	范铁民 (1906—1935)	义全		寿宁鳌阳	又名林再生。1933 年任寿宁县革命委员会主席
范廷干	子贞		松溪城关		范元成 (1844—1922)	瑞嘉		同安	
范允文		歧臣	大田坊都		范赞超	云萃		大田玉田	
范震生		子威	大田		方　莹 (1889—1965)	琇若		闽县	中国人民解放军海军第六舰队副司令员
方君瑛 (1884—1923)	润如		侯官	女，福建女子师范学校校长	方声涛 (1885—1934)	韵松		侯官	福建省政府委员兼军事厅厅长，后代理主席
方圣徵 (1885—1940)	纪周		云霄		房建子 (1887—1972)	炳辰		浦城城关	浦城县政协委员
冯汉骥 (1899—1977)	伯良		湖北宜昌	厦门大学图书馆主任	冯启明	文东		金门后浦	中华商会主席，印尼华侨
冯有骥	德夫		建阳嘉禾		冯云峰	绕云		明溪	明溪县管狱员
傅庚奎	璧联		明溪	雪峰乡中心学校校长	傅三侬	振通		南安	抗日志士
傅维彬 (1884—1924)	商霖		南安		傅锡祺	维壁		金门后浦	金门商会会长
干德源 (1875—1940)	其渊		永春		高　鲁 (1877—1947)	曙青	叔钦	长乐龙门	中央研究院天文研究所所长
高　染 (1857—1933)	标松		晋江石狮	华侨	高　义 (1879—1942)	子馥		安溪 新康里	原名大扁
高拜石 (1901—1969)	懒云	般若、芝翁	闽县	笔名南湖、芝叟、介园、难云	高登鲤 (？—1931)	鱼门		顺昌	咨议局议长、民政司司长
高登鲈	幼青		顺昌		高而谦 (1863—1918)	子益		长乐龙门	北洋政府外交部次长

姓名(生卒)	字	号	籍贯	简介	姓名(生卒)	字	号	籍贯	简介
高凤谦(1870—1936)	梦旦		长乐龙门	上海商务印书馆编译所所长	高世恩	辰光		顺昌	一作号辰光。顺昌县教育会会长
高宪申(1888—1948)	佑之		长乐龙门	海军总司令部第二署署长	高毓隆(1881—1965)	子云		霞浦俊星	国民革命军第四师中校团长
戈乃康		卓庵	安徽旌德	平潭知事	葛调鼎	筱江		上杭在城里	上杭县教育局长
龚植(1869—1943)	樵生	亦楼	晋江	居鼓浪屿	龚显灿(1861—1930)	幼笙、仲谦		晋江	暨南局总局局长
龚显鹤(1871—1920)	仲翎	云史	晋江永宁	泉州商会会长	龚显禧(1876—1944)	绍庭	颂眉	晋江	直隶知州
龚梓材		云拔	湖北鄂城	平潭知事	辜汤生(1857—1928)	鸿铭	海滨读易者、东南西北老人	马来亚	祖籍同安。南洋公学校长
谷鹏(1927—1981)	凤仪		辽宁辽阳	金门县县长	顾一尘(1906—1963)	宝辊	慧痴、痴寅	泉州后街	又名金治
关陈簪(1872—1931)	勖甫	佛心	莆田城内		官传弼		赉臣	永泰	北洋大学堂师范专科毕业
官光厚(1875—1936)	宗戴		安溪	原名炳南	桂华山(1896—1987)	峻嵩		晋江安海	
郭钊		肖屏	闽侯	平潭知事	郭曾炘(1856—1928)	春榆	匏庵、邂叟、福庐山人	侯官	原名曾矩。典礼院掌院学士
郭公木(1891—1969)	卓如	寿民	寿宁斜滩	又名梦熊,乳名以焯。泰宁、龙岩县长,福建学院院长	郭可诠(1911—1987)	淞帆		侯官	生于北京,华东工业部企划处副处长
郭美丞(1896—1959)	联勋		海澄浮宫	华侨	郭其祥	仁长		永春仙夹	乳名发
郭盛唐	召礼		永定	漳码平民医院院长	郭则沄(1882—1946)	蛰云、养云、养洪	啸麓、子厂	侯官	北洋政府侨务局总裁
郭志雄(1906—1941)		积健	惠安白奇	原名佛健。抗日将士	韩其泽(1919—1985)	珠泉		山东淄川	金门防卫司令部副司令官
韩球元(1915—1987)	卓环		广东文昌	金门太武守备区指挥官	韩希琦(1873—1933)	君玉	无闷、樗里散人	诏安	诗人

何 隽 (1885—1952)	凤丹		寿宁斜滩	原名景常。律师	何 浚 (1904—1982)	赞华		广东海南	原名达统,中共漳州地区地下党工作者
何 遂 (1888—1968)	叙甫		侯官	祖籍福清。华东军政委员会委员	何刚德 (1855—约1936)	肖雅	平斋	闽县	江西吉安、建昌、南昌知府
何光禧		晴坡、寄鱼	建宁		何培桐		荫山	永泰	法政学校毕业
何如萧		晚庭	永泰	法政学校毕业	何维朴 (1839—1922)	诗孙		湖南道州	居厦门,从事画业
何昰祖 (? —1954)	子扬		莆田灵川		何孝元 (1896—1976)	达峰		闽县	山东特别法政大学教授
何益亨	受山		建阳仁德		何振岱 (1867—1952)	梅生	心与、觉庐、悦明,梅叟	侯官	参加《福建通志》编纂
洪 凉 (1889—?)	清凉		同安		洪 亮		自明	大田桃源	
洪 业 (1893—1979)	鹿岑	煨莲	侯官后浦	谱名正继。燕京大学历史系教授	洪道民 (1900—1978)		孝攻	南安	
洪鸿儒 (1862—1953)	晓春	悔黑	同安窗东		洪焜胜	耀国		同安后浦	印尼华侨
洪汝澜	浩声		南安	居厦门	洪文德	歧年		南安蓬华	
侯德榜 (1890—1974)	致本		侯官	中国科学院学部委员	侯占篝		星南	永泰莲峰	清诸生
侯志磬 (? —1952)	中心		广东梅县	驻防金门。少将师长	胡 琏 (1907—1977)	伯玉		陕西华县	金门防卫司令部司令官
胡 巽	军弋		惠安		胡宝瑛		伯瑜	永泰	
胡国廉	子春		永定	南洋巨商	胡家煌	星明		明溪	清附生,归化县知事
胡厥典	诒廷		永定觉坑		胡树藩	楠生		湖南湘阴	代理上杭县长
胡蔚山	炳达		永定金丰	讳瑞文	胡锡元	莪汀		永定忠川	清邑庠生
胡友梅 (1889—1967)		益三	仙游钟山		胡子明	省暗		湖北天门	建阳县知事
华 实 (1881—1963)	秋庄		英国	莆田圣路加医院医生	黄 春	子青		清流	公立锄经学校校长

黄 道		一鸣	江西横峰	闽北军分区政委	黄 诰 (1910—1930)	孔慈		明溪	福建省临时参议会参议员
黄 瀚 (1867—1939)		雁汀	厦门禾山	原名瀚卿	黄 坤	孟申		永泰	
黄 谟	孔嘉		明溪	福建省立第七中学毕业	黄 农 (1898—?)	稼初		邵武	
黄 诜	乃凡		明溪	福州私立三山中学校毕业	黄 松 (1887—1982)	渔仙	温陵老人	泉州东街	又名安治、黎黄松
黄 琬 (1885—1965)	孟奎		南安六都		黄 羲 (1899—1979)	可轩	大蜚山人	仙游鲤城	祖籍南安
黄 夏		季怀	永泰白云	法政学校毕业	黄 骧		轶云	永泰	
黄 谐	韵和		明溪	汀州公立乡村师范学校毕业	黄 旭	子初		清流	
黄 颐 (1904—1974)	松龄	鹤年	闽侯桐口	周宁县长	黄 翼 (1903—1944)	羽代		厦门	
黄 源 (1903—1932)	沚丞		永泰	又名黄婉	黄 震 (1900—1968)	雨辰		仙游榜头	
黄葆光	藻洋	半禅居士	金门西园	新加坡华侨	黄葆戉 (1880—1969)	蔼农	邻谷、青山农	长乐青山	小名破钵。福建省图书馆馆长
黄葆真	子嘉		清流		黄必成	潮卿		厦门祥店	
黄曾樾 (1898—1966)	荫亭、荫庭	慈竹居主人	永安城关	福建师范学院中文系主任	黄朝琴 (1897—1972)	兰亭		南安	
黄承谟 (1901—1933)	诞先		上杭		黄传昌	达卿		同安厦门	
黄垂明 (1912—1992)		阿伯	宁德虎浿	宁德地委常委、政法委副书记	黄春源	碧泉	芹溪	建阳城关	
黄纯青 (1875—1956)		晴园老人	南安黄龙	原名炳南	黄大荣	宪民		上杭	代理上杭县长
黄登蓬	雨舫	玉田	清流	武信骑尉	黄登云	文方	跃龙	松溪城关	
黄谷本 (1898—1979)	奕田		南安		黄光厚 (1872—1937)	友亭	积流	侯官	进士,悬壶行医
黄鸿翔 (1881—1944)	幼垣、景度		台湾嘉义	定居厦门	黄华新		凡醒	永泰	
黄稷堂 (1903—1985)	尧民	湘桥道人、稷翁	龙溪步文	原名则唐,小名金水。画家	黄金涛 (1889—?)	清溪		厦门	

黄进馨	介椒		清流		黄镜堂	焕波		永定厦黄	居乡创办新民小学
黄菊华 (1875—1945)	海生		清流群英	清廪生,创办广益小学	黄开绳 (1895—1957)	直斋		闽清坂东	福建省师专教授
黄垲塘	定启		永定抚市		黄履思		晓浦	江西南城	平潭知事
黄乃裳 (1849—1924)	绂丞、黻臣	慕华、玖美、退庵居士	闽清湖峰	同盟会会员	黄培松 (1855—1925)	贤礼	菊三	南安	民国初年任福建护军使
黄启瑞 (1910—1976)	青萍		南安		黄庆元 (1869—1937)	世金		泉州	
黄瑞坤 (1867—1916)	华谨		厦门禾山		黄润堂 (1885—1942)	励身	耻庵	泉州城区	
黄绍庭		实秋	闽清	清县学廪生,文泉学校校长	黄淑琮		石卿	福鼎筻筜	
黄树荣 (1863—1923)	作敷		宁德霍童	又名有晬。户部江南司主事	黄松鹤 (1909—1988)	漱园		厦门	
黄嵩年 (1884—1942)	仲琴	嵩罗	广东海阳	生于漳州。漳州教育局长	黄天爵 (1904—1982)	真我		海澄	民国厦门市市长
黄廷元 (1860—1936)		复初	同安马巷		黄庭书	玉溪		永定抚市	庠生
黄维棠	荫甘		清流姚坊	长于金石雕刻,兼擅染织	黄位中	昌应		清流	清县学生员
黄孝敏 (1907—1937)	景骞		古田平湖	原名黄孝闵。中共福清中心县委书记	黄秀烺 (1859—1925)	犹炳		晋江东石	华侨
黄选登	鱼门		明溪	清廪生,全闽师范学校毕业	黄学敏	逊儒	孔时	仙游会仙	
黄学周	拙予		永定	运输司令部少将参谋长	黄以褒 (1890—1964)		一旛	宁德霍童	名其荣。福建省文史馆馆员
黄永源	睦招		永春县城		黄玉堂	宝森		明溪	附生,法政自治研究所毕业
黄玉斋		汉人	南安美林		黄韫山	允之		厦门	侨居星洲
黄展云 (1876—1938)	鲁贻		永福白云	鲁贻一作号。福建教育部长	黄占铭	日园		永定	
黄知希		知非	永泰	法政学校毕业	黄仲涵 (1866—1924)	泰源		印尼三宝垄	祖籍同安

黄紫霞 (1894—1975)	德奕		南安埔头	校长	吉星文 (？—1958)	绍武		河南扶沟	金门防卫司令部副司令官
季炳奎 (1899—1969)	拱辰		浦城		季永绥 (1899—1978)	祝安、竹安		浦城黄源	
江涟	淡如		永定	永定县议事会议员	江朝海	履成	伯珊	永泰莒口	全闽师范高等科毕业
江加走 (1871—1954)	长清		泉州北郊	木偶雕刻家	江景炘	耀寰		永定	宾阳县县长
江乐天	少白		清流	永安县知事	江启泰	信和		德化水口	又名少康
江禹烈	甸之		崇安城坊	原名江家辉	江之永	慎修		永定	民国临时省议会议员
蒋拯 (1865—1931)	印秋		闽县	海军总司令	蒋丙然 (1883—1966)	石沧		闽县	青岛市观象台台长
蒋渭水 (1890—1931)	雪谷		龙溪		揭贤士 (1907—1936)	德孚		明溪	国民党长汀县党部指导员
揭秀士	登瀛		明溪	宁化县连冈初级中学校毕业	揭宗鼎	铭三		明溪	增生,法政自治研究所毕业
揭宗鼐	鼎卿		明溪	归化、宁化、沙县等邮政局局长	揭宗唐	尧臣		明溪	法政自治研究所毕业
揭宗洙	泗斋		明溪		金云铭 (1904—1987)		宁斋	侯官	福建师范学院图书馆副馆长
康爵 (1894—1943)	修其	耕冰	莆田涵江		康咏	步崖	漫斋	长汀城关	京师资政院议员
柯朝阳 (1894—1984)		方明	同安		柯成贵 (1908—1935)	伯庠		霞浦仕头坑	又名柯润。闽东红军独立团海上游击独立营营长
柯凌汉 (1896—1985)	梅初		长乐岱西	厦门大学法律系主任	孔庆辉	佛乘		上杭	代理上杭县长
赖俊	开桢		永定	留学法国	赖锟	镇勋		永定	上海大夏大学教授
赖琏	景瑚		永定	国民党中央执行委员	赖明	荣德		永定虎冈	永定太平乡保卫团团总
赖兴	际强		永定	上海东吴大学毕业	赖步杰	毓轩		永定抚市	
赖朝俊	焕堂		永定	永定省立第七中学校长	赖赓棠	弼卿		永定	永定县议事会议员

赖鸿文	献廷		永定	永定县议事会议员	赖济川	汝舟		永定	永定县议事会议员
赖家骓	衢亨		明溪	归化县新民高等小学校校长	赖家培	继祖		明溪	法政自治研究所毕业
赖开霖	秀泉		永定虎冈		赖礼隆	道衡		明溪	法政自治研究所毕业
赖其浚		泉甫	德化	代理大田县知事	赖秦键	仙竹	庸叟	上杭抚康	榜名清键。双峰小学校长
赖庆荣	春生		明溪	明溪县立明伦小学校长	赖仁山	道兴		永定	
赖瑞琪	瑶甫		明溪	长汀县立乡村师范学校毕业	赖瑞珍	达行		明溪	福建省立第七中学毕业
赖少嵩	绍南	半道人	诏安		赖声传	显名		明溪	汀漳道地方自治讲习所毕业
赖惟明	月川		永定	清邑增生	赖维周	岐山		永定	国民党江西省党部执行委员
赖文清 (1901—1987)	润芳	琴午	永定	国民党福建省党部执行委员	赖先传	声初		明溪	明溪县立培英初级中学校长
赖鑫传	金三		明溪	法政自治研究所毕业	赖雄西	斗南		德化上涌	
赖仰鑫	大盛		永定	永定县议事会议员	赖以安	良弼		清流	清流商会会长
赖有常	吉哉		永定	永定县议事会议员	赖毓埙	筑岩		永定	金陵大学农科农业改进处处长
赖毓垣	斗岩		永定	美国芝加哥大学医学博士	赖卓华	峻峰		永定	永定县议事会议员
赖作宾	渐逵		永定	永定县议事会议员	蓝挺	和春		武平大禾	陆军第四预备师十团团长
蓝飞鹤 (1901—1930)	一翀		惠安涂寨	原名福来。红军团长	蓝建枢 (约1855—?)	季北		闽县	海军总司令部左司令
蓝润玉	筱琴		上杭	上杭县长	雷少英		嘉猷	永福渔溪	保定陆军大学骑科毕业
李海	振东		福鼎贯岭		李何 (1918—1962)	祖同		闽侯	原名洪履和，笔名小黎
李恢 (1886—1930)	仲谋		闽县	福建实业司司长	李良 (1918—1969)	同甫		侯官	原名林曾同。天津市公安局侦察副科长

李 南	肖山		永定	永定县议事会议员	李 皮 (1887—1939)	锦皮	虎亭	惠安崇武	船长
李 镕	铸甫		明溪	私立福建中学校毕业	李 铁 (1911—1948)	缦青		山东齐河	原名郭庆云，化名郭耘。中共福州工委书记
李 禧 (1883—1964)	绣伊	小谷	厦门	厦门市图书馆馆长	李 霞 (1871—1938)	云仙	髓子、抱琴游子	仙游赖店	画家
李 俨 (1892—1963)	乐和		闽县	哲学社会科学部学部委员	李爱黄 (1888—1943)	翼天	愚轩居士	安溪感化里	
李朝启 (1896—1984)	竹西	钓溪、照溪	金门古宁头	金门西浦头塾师	李德廉 (?—1968)	澄泉		江西临川	金门行政公署署长
李登辉 (1873—1947)	腾飞		印尼雅加达	祖籍同安	李鼎新 (1861—1930)	承梅		侯官	北洋政府海军总长
李贡镠	南琴		明溪	福建省农业学校本科毕业	李光前 (1917—1949)	帆天		湖南平江	驻守金门，任团长
李国光	用宾		明溪	福建省立第七中学毕业	李国霖	作甘		归化	明溪县教育局长
李国英	维侯、半闲		莆田沁后		李果然 (?—1951)	纯武		湖北天门	上校副师长
李开元	建斋		明溪	涿县地方法院院长	李琅琨 (1902—1947)		怀溪、宸溪庐主	同安	名煜
李黎洲 (1898—1977)	伯羲		古田隆德洋	原名祖馨。福建省教育厅长	李能新	景铭		明溪	法政自治研究所毕业
李培根	肇基		明溪	富阳县司法处审判官	李瑞琼	醉园		明溪	将乐县管狱员
李若初 (1893—1974)		凤林山人	古田杉洋	名一作景沆。福州三一中学教员	李尚谟	嘉言		明溪	法政自治研究所毕业
李神佑	森眷		金门古宁	印尼华侨。金门县商会会长	李世甲 (1894—1970)	凯涛		长乐沙京	又名渚藩、德声，1929年任海军部总务司司长
李式矜		印山	同安古宁头	清末邑庠生	李述贤 (1907—1944)	子杰		惠安螺城	又名德怀
李述中 (1907—1974)	子新		惠安螺城		李树兰 (1908—1970)	馨斋		河北滦县	抗日勇将

李树人	嗣蕃		崇安黄墩	邑庠生	李硕卿 (1908—1993)	云田		惠安涂寨	
李天赐 (1898—1967)	邦安		永福	医师	李铁民	原周		永春达埔	本名鍢
李维修 (1887—1940)	梅林、 寝石 山馆 主人		厦门		李午亭	学定		建阳水吉	原名炳年
李先才 (1884—1973)	谦行		古田平湖	福建省农学院 教授	李耀奎	璧邻		明溪	监生,顺昌、仁 寿县佐
李应辰 (1860—1922)	宗聘		台湾台北	籍贯一作台湾 淡水,祖籍同 安	李应文	象明		明溪	福建省立第七 中学毕业
李永洞 (1896—1988)	质先		福州		李泳成	少涵		上杭官田	闽西剿匪游击 队第三支队第 三连连长
李友邦 (1906—1951)	肇基		台湾台北	祖籍同安兑山	李玉昆 (1893—1967)	光前		南安梅山	华侨领袖
李增辉 (1876—1922)	忠尧		同安蔡林		李增仁 (? —1965)	静山		金门 古宁头	马来西亚华侨
李昭苞	荔村		泰宁	泰宁警察务长	李昭苣	秀农		泰宁	南平县知事
李兆珍 (1846—1927)	星冶		长乐沙京	原名邴。安徽 省省长	李肇基	冠山		同安	
李振殿 (1875—1965)	廷芳		海澄三都		李祖纲	纪芳		明溪	长汀县立乡村 师范学校毕业
李祖夔	少皋		明溪	长汀县立乡村 师范学校毕业	力 钧 (1855—1925)	轩举	医隐	永泰芹漈	轩举一作号。 名中医
力蛰龙		幼宾	永泰	法政学校毕 业。	连城璧	珍如		厦门	
连嘉璧	子璞		崇安五夫		梁伯阴		少棠	尤溪	代理大田县知 事
梁衡藻	鉴清		明溪	福建省党务训 练班毕业	梁衡漳	清浦		明溪	法政自治研究 所毕业
梁鸿志 (1883—1946)	仲毅、 众异、 东痴、 迁叟	遇叟、 慕鸾、 东痴、 迁叟	长乐	汪伪"立法院" 院长	梁后宙 (1884—1975)		其宇	南安翔云	又名梁宙
梁敬錞 (1893—1986)	和钧		闽县仓山	台湾国策顾问	梁在德	亨五		上杭古楼	

姓名	字	号	籍贯	简历	姓名	字	号	籍贯	简历
廖德元	擎宇		永定	留日法政大学毕业	廖福轩	锡百	宜林	顺昌	贡生
廖鸿翔		秋骥	永泰	法政学校毕业	廖纪龄	彭年		明溪	廪生，法政自治研究所毕业
廖纪桐	勤甫		明溪	武平县第一区区长	廖捷春		魁吾	大田朱坂	大田、南平、沙县第一科科长
廖捷升		子高	大田朱坂	大田县高初小学校长	廖立藩	屏南		明溪	代理保定地方法院院长
廖立元 (1879—1944)	勉斋		明溪	象山县知事	廖涟清	冰如		南平溪口	光绪二十五年岁贡
廖乃生 (? —1958)		志军	四川渠县	副营长	廖寿华	剑湖		永定	
廖文渊	镜波		永定	永定县议事会议员	廖祥麟		仲德	大田朱坂	沂水小学校长
廖志仁	道安		明溪	汀漳道地方自治讲习所毕业	廖宗文	飞帆		永定	武昌中华大学法科
林 爱	日团		柘荣南门外	革命人士	林 材	毓甫		同安东溪	
林 椿 (1913—1951)	桂秋		霞浦城关	笔名亚风。画家	林 栋		仰武	永泰	日本早稻田大学法律毕业
林 翰 (1878—1925)	西园		莆田城内	清末举人，创办励青小学	林 鸿 (1869—1943)	霁秋		安溪	世居厦门
林 几 (1897—1951)	百渊		侯官怀德坊	北京大学医学院教授	林 嘉 (1874—1939)	瑞亭	东山渔子	诏安	
林 良 (1924—?)		子敏	台湾	祖籍同安	林 路 (? —1929)	志义		南安美林	一名林云龙
林 南	绍莲		永定	永定县议事会议员	林 琼		润午	永泰	
林 镕 (1903—1981)	君范		江苏	厦门大学生物系教授	林 森 (1868—1943)	长仁	子超、青芝老人	闽县尚干	原名天波。立法院院长、国民政府主席
林 纾 (1852—1924)	琴南	畏庐、冷红生、蠡叟、践卓翁	闽县莲宅	原名群玉。教谕、翻译家	林 翔 (1881—1935)	璧予		侯官	国民政府最高法院院长
林 诒		引甫	德化	代理大田县知事	林 英	松岗		霞浦林洋	寿宁、古田县县长

姓名	字		籍贯	备注	姓名	字		籍贯	备注
林 樾 (1924—1948)	竹秋		霞浦城关	笔名中虚	林 遵 (1905—1979)	尊之		闽县	海军海防第二舰队司令、华东军区海军第一副司令
林葆怿 (1863—?)	悦卿		侯官	广州军政府海军总司令	林本礼		秉周	仙游菜坑	
林炳章 (1874—1923)	惠宁		侯官	福建省财政厅厅长	林采之 (1897—1960)	健安		龙岩	
林策勋	麟阁		金门后浦	菲律宾华侨	林翀鹤 (1863—1932)	祐安	一朴山人	泉州北门街	泉州中学校校长
林传光 (1910—1980)	继耕		闽县	西南联大植物病理学教授	林传甲 (1877—1922)	奎腾		侯官	京师大学堂文学教授
林春水 (1866—?)	绿波		同安烈屿	新加坡华侨,经营航业	林丛柱		香岩	闽清	
林大琪 (1899—1952)	其凤		闽县枕峰	又名林枫。中共港澳工委财经组长	林多奉 (1911—1935)	有承	鼎新	永春	
林尔嘉 (1875—1951)	叔臧		龙溪	厦门市政会会长	林奉若	亮泽		永春蓬壶	又名思延、赓飏
林复年	格非		永定		林纲答	庶应	松青	永春蓬壶	
林庚白 (1897—1941)	浚南、众难	愚公、子楼主人、摩登和尚	闽县螺洲	原名学衡,国民政府众议院议员	林冠贤	锦章		永定	浙江法政大学毕业
林光华		长青	永泰	内务部主事	林国达	德斋		永定西陂	
林国赓 (1886—?)	向今		福州		林国寿 (1891—1977)		玉田	仙游龙华	
林鸿超	逊之		永定		林鸿辉	亮之		永定	福建省禁烟、设计两委会委员
林惠平 (1898—1968)	迪侯		闽县林浦	江南造船所生产处处长	林霁春		醉山	闽清	
林建章 (1874—1939)	增荣		闽县泮野	北京政府海军总长	林鉴贤	乐山		永定	上海沪江牙科大学毕业
林鉴英	奇山		永定	美国菲律宾罗士那野森林大学毕业	林金殿 (1879—1944)	成嘉		同安井头	
林景滢	剑华		莆田城内		林镜秋 (? —1942)	骋彪		厦门	

姓名	字	号	籍贯	备注	姓名	字	号	籍贯	备注
林开庚 (1879—1923)	孝先		连江拱屿	京汉铁路工人纠察队骨干	林连玉 (1901—1985)	采居		永春蓬壶	乳名皇敬
林铬存 (1879—1919)	景商	鸳生	安溪庐传		林曼青 (1910—1971)	眉公		龙海	又名振山
林茂年	介堂		南平		林乃斌	剑芝		金门后浦	金门同盟会会长
林能隐 (1900—1938)	冠英		厦门前埔		林奇芬		芷园	大田武陵	
林秋光 (1911—1938)		菊人	宁德七都	福安县北区革命委员会委员	林日定	贵阳		永定	大夏大学商科毕业
林上楠	汉琴		永定	广西都安县知事	林师肇 (1882—1924)	香宁		莆田城东	
林述庆 (1881—1913)	颂亭		长乐泮野	籍贯一作闽县。镇江军政府都督	林舜藩 (1888—约1964)	其南	振波	闽县尚干	东山海军总指挥部参谋主任
林斯琛 (1870—1925)	温如		闽县林浦	又名祥庆。福建盐政监督	林松健		有章	永泰	
林素园 (1890—1967)	放庵		长乐	闽侯黄花岗中学校长	林推迁 (1864—1923)	宝善		海澄海沧	
林万里 (1874—1926)	少泉	宣樊、退室学者、白话道人	闽县青圃	原名獬，又名白水。著名报人	林维翰	盛镇		永定西陂	
林文庆 (1869—1957)	梦琴		海澄三都	生于新加坡	林希谦 (1895—1966)	志坚		闽县林浦	福建省参议会副议长
林祥玉 (1854—1923)	荆壁		厦门		林孝德 (1890—1981)	秀锦		安溪	
林啸溟 (1884—1980)	少鸣		厦门		林熊祥 (1896—1973)	文访	宜斋、大屯山民	龙溪	台湾公会会长
林修灏 (1908—1991)	发浩		闽县尚干	上海医学院副教授	林耀光	承沐		永定	香港建华机械专门学校毕业
林一声	云波		永定	民国十一年省议会议员	林颖启 (1852—1914)	切季		闽县	福建海关监督
林永谟 (?—1936)	籁亚		闽县	军政府海军总司令	林幼琴 (1895—1954)	齐飞		同安	
林雨时 (1881—1957)	祥云	泽人	闽县尚干	原名景清，医名济生	林玉奕 (1875—1933)	德徽		海澄锦里	
林元德 (1892—1923)	祥谦		闽县尚干	京汉铁路工人大罢工领导人	林元铨 (1888—1950)	长铨	山佐	闽县尚干	总统府参军处参军

姓名	字	号	籍贯	备注	相关人	字	号	籍贯	备注
林则扬 （？—1948）	葆松		金门后浦	本姓杨。新加坡华侨	林长民 （1876—1925）	宗孟	芩桂一室主人、苣子、林枝主、双栖庐主人	闽县	福建大学校长
林肇祺		颐道人	仙游枫亭		林者仁 （1881—1949）	袖湖		海澄东屿	
林振翰 （1884—1932）	永修	蔚文	宁德蕉城	福建省盐务稽核所经理	林之夏 （1878—1947）	凉生	亮生、弃繻生	闽县	
林芝芳 （1917—1973）		依福	闽侯	原名福生，艺名芝芳	林植夫 （1891—1965）		翁康	侯官	原名葆骙。福建农林厅厅长
林仲易 （1893—1981）		竹西、属云楼主人	闽县	原名秉奇。籍贯一作长乐，光明日报社总经理	林祖密 （1878—1925）	季商		台湾彰化	祖籍平和
林祖培	有衿	谪君、西河氏	永春蓬壶	原名缙绅	林作新		叔椒	永泰	法政学校毕业
刘洪	亦川		闽清		刘通 （1879—1976）	伯瀛	漫叟	闽县	原名开通。全国政协委员
刘安祺 （1903—1995）	寿如		山东峄县	金门防卫司令部司令官	刘宝圭	禹卿		浦城	
刘崇杰 （1880—1956）	子楷		闽县	外交部常务次长	刘崇乐 （1901—1969）	觉民		闽县	中国科学院动物研究所研究员
刘崇伦 （1885—1937）	雅扶		闽县	福州电气有限公司技师长	刘崇佑 （1877—1942）	厚诚	菘生	侯官	律师
刘传绥 （1870—1950）	心组		闽县	海军部次长	刘德浦	志南		建瓯	
刘冠雄 （1858—1927）	敦诚	子英、资颖	闽县	北洋政府海军总长	刘亨赙 （1872—1926）	图琼	纯清、纯西	南安	又名侯亚保、侯宝华、侯夏鲍
刘华章	紫山		永定湖雷	邑庠生	刘继尧	逊卿		崇安城坊	字一作逊谦。同盟会会员
刘开福	振拔	晓珂	闽清		刘谦初 （1897—1931）	乾初		山东平度	中共福建省委书记
刘琼笙	华鼎		仙游功建		刘书传	向文		明溪	法政自治研究所毕业
刘驷业 （1900—1973）	攻芸		侯官	中央银行总裁、财政部长	刘廷熙		穆丞	闽清	

刘廷珍 (1852—1926)	式儒	聘臣	宁德城关	又名斯盛。盖平县令	刘维桢	干卿		永定	永定县议事会议员
刘梧桐 (1895—1960)	琴宗		安溪崇善里		刘修业 (1910—1993)	君寄		福州	女，中国古典小说戏曲研究者
刘尧宸 (1895—1925)	俊辉		霞浦龟湖	国民革命军第一军四团团长	刘一麒	永康		永定	大夏大学文学系毕业
刘瑜璧 (1900—1977)	琼琚		晋江永宁	乳名瓜治	刘玉章 (1903—1981)	麟生		陕西兴平	金门防卫部司令官
刘治国 (1878—1942)	理贤		安溪魁美		卢超翔	鸿俦		永定铜锣坪	抗日将士
卢大宾	敬先		永定	永定县议事会议员	卢辅仁	戊斋		永定	漳平县县长
卢戆章 (1854—1928)	雪樵		同安古庄		卢赓华	晴墀		永定	永定县议事会议员
卢鸿珌	雅文		永定		卢鸿纲	公恒		永定	日本早稻田大学法学士
卢鸿堉	心畬		永定	美国芝加哥大学法学士	卢鸿植	子成		永定	上海南洋大学铁路管理科
卢会文	竹庵		永定	北京朝阳大学毕业	卢群彰	学健		永定	上丰联保办公处职员
卢仁甫	志善		永定上龙坪		卢水玉 (1904—1948)		秋涛	金门金沙	
卢腾辉	陆轩		永定	北京朝阳大学毕业	卢天民	化光		永定	永定县长
卢廷元	传贵	梅峰	南平诚朴	县学增生	卢文彬	先翰		永定坎市	
卢衍纬	展经		永定	大夏大学毕业	卢义声	秉方		永定	永定县议事会议员
卢毓骏 (1899—1975)	于正		侯官	重庆大学、台湾大学教授	卢肇修	绍屏		永定	
卢振儒		笑蔚	大田蚤兴		卢作彬	恒美		永定坎市	
罗　丹 (1904—1983)	稚华	慧印居士	连城		罗　球	五洲		永定	湖南视察专员
罗　昕 (1893—1941)	晓楼		清流城关		罗常培 (1899—1958)	莘田	恬庵	北京	厦门大学教师
罗典舜	赓韶		清流		罗培芹	济经		沙县洋溪	

罗钦文	明光		永定下金		罗荣升	必光	明溪	清流县第二区区长
罗忒士	铁贤		永定	国立暨南大学毕业	罗信尔	我与	德化雷峰	
罗瀛州	海山		清流古坑		罗应辰	季文	建阳崇太	
罗忠忱 (1880—1972)	建侯		闽县	唐山铁路学校教务长	罗忠诒 (1888—1963)	仪元	闽县	驻丹麦公使
吕爱宝	芝兰		福鼎		吕光宇	镜清	崇安星村	本乡保甲局联首
吕渭生 (1885—1950)	俊周	友义	南安诗山		马立峰 (1909—1935)		一山	福安马厝	原名马泽洋,化名马烈风。闽东苏维埃政府主席
马一麟	子洪		浙江黄岩	署理上杭县长	马兆麟 (1837—1918)	瑞书、竹坪	子般	东山铜陵	
马振理	叔文		安徽桐城	南安县知事	毛仲方 (1882—1936)	汉新	闽清下祝	
孟琇焘 (1913—1948)		晋之	闽侯	化名孟起,中共福安县委书记	倪朝龙 (1906—1931)		啸云	福清东张	中共上海劳动大学地下党支部书记
聂以烜		曦斋	泰宁		牛焕书	翰卿	安徽太平	商于崇安,家于崇安
欧阳峰	健民		明溪	福州乡村师范学校特科毕业	欧阳桢	少椿	羿聿	厦门	
欧元怀 (1893—1978)	愧安		莆田城关		潘 受 (1911—1998)	虚之	虚舟	南安	
潘节文 (1891—1916)	奕敬	离恨	永春达埔		潘希逸	樵云	月笙	南安罗东	
潘孝德 (1881—1969)	世道	列卿	德化赤水	拳师	潘政明	仪亮	崇安	县议会议长
潘祖彝 (1883—1946)	竹孙		建瓯	原名善庆,笔名潘谷公、潘谷神。籍贯一作崇安。哲学教授	彭光烈	绩臣	崇安岚谷	
彭积斌	允昭		崇安星村	县保卫团总团长	彭寿松 (1866—1918)	岳峰	湖南长沙	福建军政府参事会会长
彭勷宸	戴卿		崇安岚谷		钱崇澍 (1883—1965)	雨农	浙江海宁	厦门大学教授

钱玉光 (1894—1987)	春秀		古田钱厝	古田县副参议长	丘 戴	图南		崇安大安	劝学所所长、保卫团副团总
丘 复 (1874—1950)	果园	荷生	上杭曹田	原名馥。广东嘉应大学教授	丘 黎	明初		崇安 大安里	江西省政府购料委员会委员
丘 梧	凤岗		崇安 大安里	崇安县知事	丘逢甲 (1864—1912)	仙根、吉甫	蛰庵、仲阏	台湾仓海	祖居上杭,曾回乡视察上杭教育
丘济宽	裕堂		上杭 堂坪畲		丘嘉谟	显丞		上杭	
丘斯耀	午阶		上杭中都		邱 峻 (1884—1952)	竺岩		霞浦俊星	同安县县长
邱秉钧 (1866—1953)	允衡	立权	晋江祥芝		邱秉星	蔚文		泰宁	
邱衡滔 (1866—1928)	春江		海澄新坡		邱继仁 (1909—1986)	夏棣		霞浦西街	霞浦中学校长
邱宽谅	振祥		海澄新坡		邱炜蒉 (1874—1941)	菱娱	菽园、绣原、啸虹生、星洲寓公	海澄新坡	原名德馨
阙靖波	镐曾		永定	南京中央大学毕业	阙廷枢	仰西		永定	永定县议事会议员
阙宪华	逸民		永定	上海法学院毕业	阙裕清	家敏		永定	
饶怀文 (1865—1918)	质瑾		闽县	海军总司令	饶鸣銮 (1886—1961)	子和		闽县	海军第一舰队参谋长
阮积山 (1859—1927)	学文		泉州	又名金锥	阮吴近 (1913—1936)	明介		周墩东坑	原名国藩,又名吴润。闽东红军独立师二支队队长
阮元皋 (1905—1951)	鹤鸣	承九	宁德青潭	国民党宁德县党部书记长	萨本栋 (1902—1949)	亚栋		闽侯	蒙古族。国立厦门大学校长
萨本炘 (1898—1966)		揖让	闽县	蒙古族。著名造船专家	萨本炎 (1900—1984)	孟武		闽县	中央政治学校政治系教授
萨福均 (1886—1955)	少铭		闽县	交通部路政司司长	萨福楙 (1873—1948)	桐孙		闽县	中国银行总裁
萨师俊 (1896—1938)	翼仲		闽县	"中山"舰舰长	萨兆寅 (1902—1967)	士武		闽县	福建省图书馆馆长
萨镇冰 (1859—1952)	鼎铭		闽县	海军总长、福建省省长	沙 韵	松涛		诏安	

邵循正 (1909—1973)	心恒		福州	清华大学历史系主任	邵贞宗 (1877—1938)	汉朝	宗仙	同安西溪	
沈　光 (1903—1993)	照亭		诏安东城		沈　璟	琨墀		诏安	
沈　毅 (1904—1966)	立明		南靖船场	乳名裘	沈德燮 (1894—1983)	少悦		闽县	中国驻美空军代表
沈观格 (1892—1961)	锡标	拙庐主人	厦门		沈国良 (1894—1987)	高袍		永定湖山	中医
沈镜湖		慎草山人	诏安仕渡		沈向奎 (1905—1972)	紫文		诏安仕江	
沈燮猷	契潭		永定	永定县议事会议员	沈琇莹	琛笙	南岳傲樵	湖南衡阳	居住鼓浪屿
沈耀初 (1907—1990)	士渡人、士渡叟		诏安	画家	施　霖	雨林		福安田头岗	原名昌期,福安中心县委委员
施大鎏 (1903—1989)	冕轩		漳州浦头	工程师	施光铭 (1866—?)	昭庆		石狮	又名光从
施景琛 (1873—1955)	涵宇	泉山老人	长乐		施佩璋	玉春	珍甫、亭甫	松溪城关	
施启谟 (1899—1980)	赞堂	谟生	仙游城关		施士洁 (1855—1922)	云舫	芸况、喆园、耐公、耐道人	台湾台南	晋江籍。甲午后内渡鼓浪屿
施树模		楷庭	松溪城关	原名鸿模	施同寅		和廷	大田湖上	大田县知事
施荫棠 (1862—1942)	拔甘	憩园	龙溪		石　磊 (1892—1951)	笑凡		宁德石后	原名东岐。福建财政厅厅长
石美瑜 (1909—1990)		可珍	闽县	主持南京军事法庭	史光明 (1922—1982)	鳞鱼		山西沁源	原名史栓元。中共福安地委常委
释本慈 (1907—1990)	宏船		晋江池店	俗名朱成基	释海妙 (1880—1952)	转逢		南安	俗姓王
释妙月 (1883—1944)		铁罗汉	晋江安海	俗姓邵,名丕恩,讳腾朗	释明性 (1874—1943)	会泉	印月、华藏	同安	本姓张
释明真 (1875—1943)	会机		南安		释惟心 (1889—1947)	太虚		浙江崇德	俗姓吕
释性愿 (1889—1962)	性愿	栖莲、乘愿	南安石井	俗姓洪,名水云,法名古志	释虚云 (1871—1959)	德清	幻游	湖南湘乡	俗姓萧,法名古玓

释演音 (1880—1942)	弘一	叔同	浙江平湖	俗名李文涛。 三次入闽，多 地弘法	释圆瑛 (1878—1953)	圆瑛	韬光、 一吼主 堂三 人、堂 求主 灵人、 源垢 行者、 离 子	古田平湖	俗姓名吴亨 春,法名宏悟
宋省予 (1909—1966)	廉卿	善余、 红杏 主人	上杭	原名连庆。辟 省予画室	宋世科	志元		安徽合肥	建阳知县
宋渊源 (1882—1961)	子靖		永春 五里街		宋增矩 (1886—1967)	湖民		莆田城内	
苏亿 (1880—1915)	书万		德化葛坑		苏大山 (1869—1957)	荪浦、 君藻		晋江	又名有洲。政 协委员
苏光铨 (1869—1919)	学金	蕴玉	德化浔中		苏国桢	开城		永定	美国宾西佛尼 亚大学化学博 士
苏鸿树 (1902—1969)	剑塘		惠安张坂	又名德省	苏焕明	乐真		永定	国民政府驻港 干事
苏警予 (1894—1965)	耕余	二庵	南安	又名苏甦,世 居厦门	苏亮奎	星五		永定	
苏亮奎	星五		永定	永定县议事会 议员	苏亮寅	星銮		永定	长汀县知事
苏汝尧	子升		永定	南京东南大学 毕业	苏瑞堂	祥琚		永定中在	
苏万灵	式经		同安 铜鱼馆	清宣统三年岁 贡	苏献杯	瑞传		德化大铭	
苏延龄	绵寿		永定中在		苏逸云 (1878—1958)		卧云 居士	龙岩	又名寿乔。众 议院秘书
苏郁文 (1888—1943)	监亭	眇公	海澄港尾	幼名维祯	苏毓明	笑卿		永定	法国大学毕 业,工程科硕 士
孙通 (1913—1969)	文达		陕西雒南	金门县长	孙本戎 (1887—1966)	良翰		浙江杭县	莆仙惠福警备 司令
孙承烈 (1893—1977)	丕英		霞浦俊星	福建省教育厅 督学	孙道仁 (约1864—?)	静珊		湖南慈利	福建都督府都 督
孙崧樵 (1902—1987)	秀岩		惠安张坂	原名复元	孙宗蔡 (1868—1947)	次典	斗生	漳州	富商
檀鸿桢		干村	永泰	法政学校毕业	檀景筠		节甫	永泰	法政学校毕业

姓名	字	号	籍贯	备注	姓名	字	号	籍贯	备注
檀仁梅 (1908—1993)		寒友	永泰	福建协和大学教育系教授，文学院院长	檀树滋		矩生	永泰	法政学校毕业
汤耿光	心存		建阳崇化		汤铭盘 (1884—1923)		瞻耽	云霄列屿	又名箴九。中将
汤文通 (1900—1994)	乐知		泉州西街		唐钺 (1891—1987)	擘黄		侯官垚沙	原名柏丸。北大、清华大学心理系教授
唐荫爵		咏白	湖北安陆	廪生，永泰县知事	陶牧	伯荪		江西南昌	代理建阳县长
陶铸 (1908—1969)	剑寒		湖南祁阳	福建省军委秘书，在厦门进行革命活动	田伯良	捷乡		诏安梅岭	
童在中	慎初		永定	日本早稻田大学研究生	涂梦龙	徽祥	静观斋主人	诏安	
涂去病 (1900—1955)	希恒、希范		永春	名医	万黄裳 (1870—1943)	云阶	石夫	湖南湘阴	上杭县县长
万钟瑞	慕刚		崇安	建阳县、仙游县知事	汪春源 (1869—1923)	杏泉、少羲	柳塘	台湾台南	甲午后内渡，居鼓浪屿
汪光尧 (？—1957)	敬陶		湖北蕲春	驻金门。军长	王谟	尔嘉		建阳童游	
王强	井垣		永定	永定县议事会议员	王严 (1906—1977)	力行		山东郯城	金门防卫司令部副司令官
王助 (1893—1965)	禹朋		河北南宫	参与设计、制造中国第一批海军水上飞机	王佐	君元		闽清佳垄	
王伯秋 (1883—1939)	纯焘		湖南湘乡	长乐县长	王材固	干生		永定	北京朝阳大学毕业
王道铭	演汀		永定		王道尧 (1880—1961)	子乾	味古	同安城关	
王德麟 (1871—1922)	敬祥、敬瑞	辑五	金门	旅日华人	王光张 (1866—1936)	金义	石峰	德化	又名修矿
王海萍 (1904—1932)	翔林		海南海口	原名朝鸾。中共厦门中心市委书记	王焕熊	梦垣		永定	上海法学院毕业
王及时 (1892—1967)	雨亭		泉州	又名明德	王集吾	省堂		广东琼州	连城县长
王锦机	进忠	梦惺、确斋	永春县城	初名振梭	王景岐 (1882—1941)		流星	闽县	中华民国拒毒会主席
王景棋 (1900—1962)	榕寿		霞浦中乘	福建省卫生厅技正	王鲤祥		冰渔	永泰	法政学校毕业
王历耕 (1900—1977)	华田		古田沂洋	镇江医学院教授	王履亨 (1856—1940)	咸熙	复一	漳州	学者

姓名	字	号	籍贯	备注	姓名	字	号	籍贯	备注
王眉寿 (1848—1921)	淑怡		闽县	女,陈宝琛之妻	王屏南 (1893—1951)	祖勋		莆田萩芦	同安县长
王勤芳 (?—1946)	昆齐		金门营山	营长、上校参谋、大队长	王泉笙 (1885—1956)	逢源		惠安洛阳	
王人骥 (1878—1947)	选闲	蒜园	台湾安平	甲午后内渡,居住厦门	王仁普	济川		崇安大将	联村守望队指挥
王荣光 (1885—1922)	润中		永春石鼓	幼名恩	王式长	引之			泰宁县知事
王寿昌 (1864—1925)	子仁	晓斋	闽县	福建交涉司司长	王廷桢	干丞		永定	福州警监学校毕业
王锡章		美生	永泰	法政学校毕业	王兴翘	楚臣		永定富岭	庠贡
王秀南 (1903—2000)	秀南	逸民	新加坡	祖籍同安,少名文丙	王宣化 (1896—1980)	炎之、荫之		南安水头	又名克振
王亚南 (1901—1969)		渔村	湖北黄冈	笔名王真、碧辉。厦门大学校长	王于洁 (1901—1937)	雅圃、静圃		仙游	原名定青,化名吴梅。莆田中心县委书记
王云峰 (1906—1984)		龚生	厦门		王振怀 (1916—1974)	仁山		霞浦城坊区	霞浦县首届各界人代常委会副主席
王植棠 (?—1961)	石堂		金门后浦	印尼华侨	王卓生 (1894—1955)	谷青		同安	原名道
王子肃	西雍		建阳崇文		王宗海	汉卿		武平	光绪拔贡。代理龙泉县知事
魏 瀚 (1850—1928)	季渚		侯官	福州船政局局长	魏嘉猷	赞臣		明溪	法政自治研究所毕业
魏建祥 (1880—1974)	芝亭		古田罗峰	福建省议会会员	魏泰亨	吉斋		明溪	南洋爪哇昂望埠中华学校校长
魏廷英		晋杰	松溪城关		魏雨峰 (1889—1943)	勇公		霞浦三沙	福建宁洋县长
温汉钦 (1923—1948)		子武	霞浦塔旺街	城工部罗源工委书记	温敬修	世安	希仲	仙游赖店	
温彦斌	岂凡		莆田城西		温钟洛	圣涵		浙江瑞安	上杭县长
翁纯玉 (1855—1933)	兆全		厦门		翁敬棠 (1884—1956)	剑洲		闽县	福建省文史馆第二副馆长
翁俊明 (1891—1943)	寅清		台湾台南	祖籍广东澄海。在厦门创办医学专科学校及开办医院	翁良毓 (1905—1926)	子濯	一赤	闽县	开设福州书店

翁同文	亨洲		金门盘山	同盟会会员，新加坡华侨	吴堃 (1888—1968)	藻汀		泉州	
吴尚	秀人		厦门		吴石 (1894—1950)	虞薰、墨菲	湛然	闽县螺洲	原名萃文。台湾"国防部"参谋次长
吴适 (1878—1958)	任之	兰园	连江东塘	福建自治军第五路司令	吴台 (1880—1964)	幼山、星夫、心佛		莆田城内	
吴威 (1886—1927)	汉沙	予重、铁胎	仙游洋坂		吴宪 (1893—1959)	陶民		闽县	中国生理学学会会长
吴易	观易		永定	桂林兵工厂人事科长	吴菁	竹仙		诏安	
吴增 (1868—1945)	桂生	养和居士、古丰州人	南安丰州	校长	吴曾祺 (1852—1929)	翼亭		侯官华林坊	全闽师范学堂教务长
吴承洛 (1892—?)	涧东		浦城洋溪尾		吴春然	昆鸿		永定	
吴道清	隐斋		崇安星村	附贡	吴德钧		禹和	广西	代理大田县知事
吴光枰 (?—1936)	锦章		金门小西门	印尼华侨	吴国英	俊卿		崇安上梅	廪生
吴鹤汀 (1896—1986)	诸帆		诏安	华侨	吴记藋 (1866—1932)	嘉福		南安码头	华侨
吴觐光	铎生		永定	陆军法总监部上校科长	吴其安	少袁		崇安洪溪	邑廪生
吴启瑶 (1899—1979)	柏琼	龙耕	福清音西	笔名绮遥、岂遥。福建师范大学艺术系教授	吴清淞	子澄		崇安城区	厦门海军医院院长、南京海军医院院长
吴述之	杏圃		顺昌仁寿	仁寿高等小学校校长	吴天然	愚哉		永定	福建教育厅咨议
吴庭麟	玉墀		永定	永定县议事会议员	吴文星	黼臣		永定在城	
吴文鲱 (1859—1921)	世清	朴斋	晋江石狮		吴锡璜 (1872—1950)	瑞甫	黼堂	同安后炉	近代医家
吴学濂 (1895—1970)		淑周	平和大溪	原名穿濂。华侨	吴吟世 (1898—1989)		海天	安溪	又名读龙
吴玉德 (1900—1985)	子美		南靖龙山	学者	吴泽投 (1872—1931)	克诚		晋江西吴	原名嘉滔

吴志满 (1897—1947)		耕夫	泉州新门	原名记满	吴仲禧 (1895—1983)	奋飞		闽县	广东省司法厅 厅长
伍常经	纬成		明溪	法政自治研究 所毕业	伍诚仁 (1895—?)	克斋		浦城城关	
伍从风	汉卿		清流 大基头		萧　锐 (?—1971)	慎哉		湖北麻城	金门补给区司 令
萧佛成 (1862—1940)	铁桥		南靖书洋	同盟会暹罗分 会会长	萧其章	焕东		武平黎畲	
萧如麟	少康		崇安黎口		萧宗潜	希陶		福鼎白琳	
谢　岐 (1900—1928)	怀西		贵州习水	一名鸣岐。中 共泉州特支领 导成员	谢宝三 (1868—1943)	树斋	苦脑子	闽侯	
谢葆璋 (1865—1940)	镜如		长乐	海军部次长	谢北垣 (1877—1947)	光斗		诏安北门	
谢秉权	质文		上杭 在城里		谢成宝	侯三		顺昌	县议会议员
谢储新	森甫		永定		谢东澜	观有		诏安	
谢丰年 (1896—1982)	有秋	武才	诏安	画家	谢槐夏		甘棠	泰宁	增生
谢济川 (1880—1925)		连辉	安溪 永安里	又名绍箕	谢如如 (1852—1930)	崇祥		长乐岱边	武术家。创 "鸣鹤拳"
谢少萍 (1910—1935)	曼青		龙岩适中	又名景傅。闽 南红军游击队 第一支队政治 部主任	谢廷锡	用蕃		南平	
谢锡璋 (1859—1936)	半圭	剑波	诏安	画家	谢耀中	宰投		永定	国立中山大学 法学士
谢玉铭 (1895—1986)	子瑜		晋江祥芝		谢镇江 (1879—1972)	又秋		诏安北关	铜山县丞
熊耀球	琅青		永定	福建省图书馆 馆长	熊毓琚	瑶山		永定湖雷	永定县长
熊毓仁	静山		永定	永定县议事会 议员	徐　翼	鹤楼		湖南	署建阳知县
徐秉衡	聘农		福清	清优贡。代理 上杭县长	徐会春 (1900—1986)	光宇		德化盖德	又名德旺、徐 英
徐履峻 (1897—1928)	蓬山		崇安 大埠头	化名崇德	徐梦龄 (1899—1959)	子寿		漳州	中医

徐冕南	敏哉		永定	永定县议事会议员	徐先松	乔士		建宁	
徐赞周 (1873—1933)		益广、 市隐	厦门	原名根藤	许崇智 (1886—1956)	汝为		广东澄海	福建北伐军总司令
许及辕 (？—1936)	达生		金门后沙	菲律宾华侨	许南英 (1855—1917)	子蕴、 霁云	蕴白、 窥园主人	台湾台南	诗人。原籍龙溪
许瑞年		寿人	永泰	法政学校毕业	许声炎 (1865—1948)	子玉		晋江	教育家
许树谷	友农		诏安		许维舟	允楫		同安后浦	廪生。同盟会会员
许显时 (1896—1986)	成谋		闽清钟石	福建省银行总经理	许友义 (1887—1940)		云麟	德化浔中	又名进勇
许允选	初蕊		金门后浦	金门县商会会长	许赞堃 (1893—1941)		地山	龙溪	又名叔丑
许宗祥		棣汀	闽清		许宗彦	丽生		永定溪南	
薛奋扬		英苍	永泰	桐庐典狱	薛福缘 (？—1943)	永栋		金门珠山	菲律宾华侨
薛兰如	梓心		霞浦甘棠	山东济南地方审判厅推事	薛武院	秀岚		同安庵兜	
薛先维	永宁		上杭豪康		薛贻源 (1913—1957)	渊如		屏南双溪	国务院内务部研究员
薛永香 (1883—1959)	蔼如		福清高山	龙田融美中学教师	鄢汤		纯斋	永泰	法政学校毕业
鄢培基		赞平	永泰	法政学校毕业	鄢培壎		友篯	永泰	
鄢庆卿		士图	永泰	法政学校毕业	鄢庆儒		筱珍	永泰	法政学校毕业
鄢庆通		礼成	永泰		严复 (1854—1921)	又陵、 几道	瘉壄老人	侯官阳岐	曾名传初、体乾、宗光。翻译家
严骥 (1881—1960)	汉民	飞鸣	侯官	原名明鉴，又名恭干。福建军械局局长	严璩 (1874—1942)	伯玉		侯官	财政部次长、财政部长
严群 (1907—1985)	以群	孟群、 不党、 怡适老人	侯官	浙江大学哲学系教授	严楚江 (1900—1978)	君白		上海崇明	厦门大学生物系教授
颜惠庆 (1877—1950)	骏人		上海	祖籍厦门	颜子俊 (1887—1959)	篆祐		永春达埔	又名福黎。旅越华侨领袖

杨持平 (1882—1921)		俊民	莆田城西		杨古锡 (1900—1957)	维铨		漳州	即杨骚
杨汉烈 (1884—1940)	克忠		安溪 崇信里	又名取	杨汇溪 (1852—1922)	怡洪		海澄霞阳	
杨景文 (1878—1960)	子晖		厦门		杨山光 (1884—1947)	仲觐		泉州北郊	又名岳
杨士鹏 (1853—1939)	博九	稚石	漳浦佛昙	海门知县。居 鼓浪屿	杨仕聪	克明		泰宁 官常口	
杨树庄 (1882—1934)	幼京		侯官	海军总司令	杨廷桂	凝秋		崇安石雄	清拔贡,劝学 所所长
杨先应	裕承		明溪	归化县立新民 小学校校长	杨学源	仲渊		明溪	廪生。法政自 治研究所毕业
杨庸升	叙甫		明溪	德化、顺昌县 知事	杨在田 (1848—1930)	穰云		龙溪角美	乳名知母
杨赞明	子昌		明溪	增生,法政自 治研究所毕业	杨则仕 (1909—?)	优如		政和	
姚其昌		廉三	湖南浏阳	大田县知事	姚若愚 (1901—?)	耀如		浦城城关	
姚雁君	水之		江苏无锡	原名鸿泰,寓 金门	姚有则	达之		安徽桐城	署理建阳县知 事
姚章胜 (1899—1978)	渊浚		晋江美林	原名嘉滔。晋 江毓麟小学校 长	叶 泉	华渊	白水	德化国宝	乳名双源
叶 顼 (？—1942)	尧村		厦门莲坂		叶 渊 (1889—1952)	贻俊	采真	安溪 长泰里	集美学校校长
叶必青	松如		明溪	附生。全闽师 范学校毕业	叶昌明	学臣		明溪	法政自治法研 究所毕业
叶崇禄 (1846—1927)	寿堂	颐园 老人	厦门西山	原名清池	叶大荣	一舟		明溪	福建省龙溪职 业学校毕业
叶大增 (1896—1948)	舒青		明溪	归化、清流、宁 化、连城县长	叶道渊 (1893—1969)	贻哲		安溪	
叶定国 (？—1938)	硕豪		同安莲花		叶国庆 (1901—2001)		谷馨	漳州	
叶河青	海澄		清流		叶嘉亨 (1878—1952)	会堂		霞浦东街	国民党霞浦县 党部筹备会主 任
叶嘉贞 (1885—1939)	仲坚	洞仙	霞浦东街	国民党霞浦县 党部宣传部主 任	叶克明	德斋		明溪	福州南街邮政 局局长
叶克胜		子刚	南安诗山		叶克鉁	立斋		明溪	汉口法文学堂 毕业

姓名	字	号	籍贯	备注	姓名	字	号	籍贯	备注
叶李渊	靖轩		厦门		叶奇香		兰亭	大田京口	
叶启杰	新吾		建瓯		叶青眼 (1876－1966)	文星		晋江	原名拱，又名耀垣。同盟会会员
叶清沙	师濂		同安		叶庆林	庭玉		大田京口	大田县劝学员
叶挺华	韡棠		明溪	归化县知事及县长	叶挺荃 (1918－1948)	信芳		霞浦东街	城工部闽东工委组织部部长
叶挺瑞 (1883－1953)	尧阶		明溪城关	邮政总局总务处处长	叶文龙 (1899－1941)	起文	振风	长泰岩溪	闽绥靖公署警卫团团长
叶秀蕃 (1904－1935)		鼎山	寿宁鳌阳	乳名俊周。闽东苏维埃政府副主席	叶学贤	慕曾		明溪	福建学院附属中学毕业
叶占春		友梅	大田京口	大田县教育局局长	尹　俊 (1909－1987)	杰夫		湖南邵阳	金门陆军副总司令
尤逢春 (1889－1982)	扬祖		永春		游　寿 (1906－1994)	介眉		霞浦东街	女。南京大学中文系教授
游蔚南	树园		永定	永定县议事会议员	余　超 (1885－1967)		少文	厦门	1930年任厦门图书馆馆长
余　謇 (1886－1953)	仲詹		江西南昌	厦门大学中文系教授	余　钺		子谋	永泰	法政学校毕业
余丁仁 (1903－1936)	大白		广东饶平	原名登瀛，烈士	余逢时 (1892－1915)		子雍、雨苍	永春桃城	曾名筱园，又名及时
余展云	淡如		清流	邑庠生	俞肇兴 (1901－1989)	奋初		福清海口	林森县、将乐县县长
虞　愚 (1909－1989)	竹园	北山	浙江山阴	生于厦门，厦门大学教授	袁希文	教洲		上杭	上杭县长
曾广居	安之		清流	清流县议事会议长	曾国晟 (1899－1979)	拱北		长乐	上海海军工厂厂长
曾和生 (1885－1948)	纪平	锡璞	南安	中医	曾厚慈	笃亲		清流	县立丰山高小校长
曾厚仁	笃爱		清流	福建省议会议员	曾纪云	焕金		厦门曾厝垵	
曾江水 (1870－1941)	右甘		马六甲	祖籍厦门曾厝垵	曾天民		翰笙	永春县城	
曾廷泉 (1890－?)	汉水		南安湖宅		曾万里 (1899－1944)	鹏飞	玉生	长乐感恩	国防研究院委员
曾文墨 (1906－?)		耕烟	同安		曾延祚	寿荣		南平城内	

曾以鼎 (1887—1957)	省三		长乐感恩	长江上游江防 副总司令	曾雨音 (1909—1991)	广彦		龙岩	乳名毓英，笔 名浪舟、宋兵。 福建省音协主 席
曾毓隽 (1876—1967)	以焞	云潭	闽县 孝义巷	北洋内阁交通 总长	曾振强	伟民		仙游 兴太里	
张 灿 (1901—1944)	照亭		惠安崇武	县长	张 胆 (1905—?)	芸生		顺昌石溪	
张 汉	想渔		安徽寿县	上杭县长	张 敬 (1908—1940)	少钦		侯官泽苗	少将高级参谋
张 敏 (1908—1937)	章邑		广东澄海	原名张义恭。 中共闽粤边特 委代书记	张 琴 (1876—1952)	治如	石匏 老人	莆田城厢	
张 述	孟嘉		惠安崇武		张 贞 (1883—1963)	干之		诏安	军人
张邦谟	箕垣		永定	上海劳动大学 毕业	张炳涛		朴生	永泰	法政学校毕业
张承平	际熙		清流	县立丰山小学 教员	张敦诚		少崇	永泰	
张凤文	鸣岐		清流		张甫文	楚吟		永定	上海亚东专门 医科军医处长
张赓飏	学兴		永定	华北抗日总指 挥部大队长	张光旭 (1898—1973)	位辐		罗源	原名家聪。福 建协和神学院 董事长
张辉煌 (1904—1964)	学航		惠安崇武	船长	张辉煌		亮轩	大田广平	自治研究所所 长
张杰儒 (1907—1945)		少文	古田芝山	诗巫抗日会 长,抗日烈士	张景荣	润华		明溪	福建农业学校 本科毕业
张开蟾	慕陶		永定	福建省农业研 究所主任	张开甲	慕先		永定	湖南绥宁县县 长
张开珽	慕舟		永定湖雷	福建省政府委 员兼秘书长	张龙攀	少腾		清流 小钱塘	赖坊校校长
张曼农	运轩		永定	上海复旦大学 商科毕业	张品南 (1879—1927)	御柳	登瀛	闽侯青口	创办"傅岩小 学"
张庆重 (1910—1992)	希川		南靖塔下	华侨	张汝乾	铭惕		永定湖雷	
张若翼 (1918—1938)	武宏	效垣	永定东乡	空军少尉	张尚清	廉喜		永定湖雷	邑庠生
张蜀锦	絅斋		建阳童游		张嵩焘		蔚皋	永泰高山	

张肃初	斯来		永定	广东甲种农业学校毕业	张同庆	云卿		明溪	永安县管狱员
张伟人 (1879—1933)		醒庵	泉州城内	名一作骏、丕烈。茶商	张文洛	献书		南平	
张侠怀	钦元		永定	上海法学院法律系毕业	张咸熙	绩臣		明溪	福建蚕桑学校毕业
张尧明	德章	昭文	诏安东峤		张应敫	尧兴		永定	香港圣士提反英文专科学校毕业
张元奇 (1858—1922)	贞午		侯官	北京政府内务部次长	张允恭	子钦		永定	永定县议事会议员
张政平	仲猷		清流	小钱塘育英小学教员	张致华		实秋	永泰	
张祖黄 (1898—1980)	植东		长泰枋洋	医生	章 杰 (?—1958)	微尘		浙江临海	金门防卫部空军副司令官
章 芸	幼卿		安徽	建阳知县、古田县知事	章德亨	如波		连城璧洲	国学生
赵 模	范钦		浙江温岭	建阳县知事	赵家骧 (?—1958)	大伟		浙江绍兴	金门防卫司令部副司令官
赵以成 (1908—1974)	泽如		漳州		郑 华	辅华		永定	京赣铁路工程局长
郑 烈 (1888—1958)	晓云	天啸生	闽县黄山	福建省政府司法部部长	郑 维	辅维		永定	全国经济委员会委员
郑 煦 (1858—?)	霁林	优钵罗庵主	广东中山	寓居厦门	郑 珍 (1900—1934)	德贵		仙游榜头	
郑参威	永芳		永定	中校军医主任	郑成快 (1874—1929)	奕良	宏业	永春桃东	又名捷登。华侨
郑春龙		笑山	大田广平	自治研究所所长	郑丰稔 (1873—1953)	笔山		龙岩赤水	福建省议会代议长
郑鸿基	惠卿		永定	永定县议事会议员	郑化贤	凤奇		永定在城	
郑家驹	雪川		霞浦中乘	陆军第四十九师军需处处长	郑忾辰 (1876—1953)		慨尘	福清融城	原名德元。福清人大代表
郑良彬	孝起		南平		郑聘廷 (1872—1944)	席珍、石珍	石津	惠安山腰	牧师
郑翘松	奕向	苍亭、卧云老人	永春桃城	一名庆荣	郑清濂 (1853—?)	景溪		闽县黄山	福州船政局局长
郑庆名		则文	长乐	大田县知事	郑树涛		胥陶	永泰	

郑天挺 (1899—1981)	毅生		长乐首占	原名庆甡。西南联合大学历史系教授兼总务长	郑伟良	秉仁		永定	东吴大学毕业
郑孝胥 (1860—1938)	苏戡、太夷	海藏、海藏楼主人、夜起庵主	闽县	伪满洲国总理大臣	郑奕奏 (1902—1993)		传康	长乐	原名依灶,学名聘庄,艺名俏奏
郑永祥	葆吾		永定	连城县县长	郑玉指	绳摇		永春仙夹	
郑毓英		俊卿	大田		郑元堃	善华	子厚	南平	
郑长璋 (1901—1927)	仲珊		宁德蕉城	乳名细记。国民党宁德县党部主任委员	郑兆兰		少馨	大田坊都	大田县典史
郑贞文 (1891—1969)	心南	经余老人、龙山砚叟	长乐云路	一名幼坡。福建省教育厅厅长,厦门大学教授兼教务长	郑振中 (1908—1963)	天漪		永春	
郑滋樨 (1869—1944)	露湘		闽县	海军部轮机中将、造械总监	郑宗海	霞舟		永定	
郑祖荫 (1872—1944)	兰荪		闽县	福建政务院副院长	郑佐国		世辅	大田	大田县立小学校长
钟　文	冶民		武平		衷梁材	栋卿		崇安岚谷	
衷序铺	泰然		崇安萧屯	清附生	周　烈 (1908—1949)		轩昂	湖南耒阳	厦门要塞司令部少将参谋长
周　梅	幼亨	作霖	建阳三衢		周　樾	荫午		建阳三衢	
周辨明 (1891—1984)	忭民		惠安		周殿修	梅史	曙城	同安杏林	举人,官立中学堂监督
周殿薰 (1867—1929)	墨史	曙岚	同安杏林	厦门图书馆首任馆长	周金鸿	秀成		建宁	
周日生 (1918—1981)	克谐		广东海康	佐辅九任金门县长	周绍高 (1905—1985)	子季		浦城城关	
周树瀛	仰云		连城		周醒南 (1885—1963)	悝南	煜卿	广东惠阳	厦门市工务局总工程师、局长
周忠魁 (1865—1966)		诚卿	福鼎硖门	乳名开湖。福建省兵役顾问	周子和 (1874—1926)	永宽	宽宽、郁山道者	侯官芝田	空手道始祖
周祖颐	少濂		福安东凤		朱诚然	九思		泰宁	邑廪生。邵武中学校长

朱华奎	瑞星		泰宁		朱敬熙	缉齐		崇安城区	清附生，农部郎中
朱谦之 (1899—1972)	情牵		闽县		朱绍良 (1891—1963)	一民		江苏武进	原名宝瑛，生于侯官。台湾警备总司令
祝焕波 (1868—1936)	东孙	蹇叟	浦城城关		庄材鳅 (1892—1957)	文其		晋江青阳	华侨
庄垂青	重华	舜同	惠安		庄汉民 (1885—1949)		闲眠居士	泉州许厝埕	初名秋霖
庄杰赶 (1901—1958)	汉新	源和堂赶	晋江青阳		庄天来 (? —1931)	哲松		同安祥露	
庄天炮 (1901—1967)		添炮	金门后浦	又名天砲。勿里洞华侨	庄为玑 (1909—1991)	文山		泉州西街	厦门大学教授
庄西言 (1885—1965)		西元	南靖奎洋	又名西园。华侨	庄银安 (1855—1938)	吉甫	希复	同安祥露	
庄应瑞 (1877—1935)	序易	梦蝶轩主	厦门		庄长恭 (1894—1962)	丕可		泉州甲第巷	
庄尊贤	育才		同安灌口		卓 超	兰石		福鼎在坊	黄浦陆军军官学校毕业
卓传铭 (1908—2007)	显扬		金门官澳		卓孝复 (1855—1930)	芝南	毅斋、巴园老人	闽县	原名凌云。浙江省巡警局总办
邹含英 (1876—1927)	玉山		清流城关	清流县知事、连城县知事	邹聚英	笃生		清流	创办县立高等小学堂

福建省行政区划名称沿革简介

秦朝

置闽中郡,治东冶(今福州)。

西汉

置闽越国,改东冶为冶县。

东汉

冶县改名东侯官。

建安八年(203),东侯官分置侯官、东冶二县,闽北设建安(建瓯)、南平、汉兴(浦城)、建平(建阳)四县。

三国

吴国永安三年(260),设建安郡,治建安(今建瓯),辖建安、南平、将乐、建平(建阳)、东平(松溪)、昭武(邵武)、吴兴(汉兴改,浦城)以及侯官、东安(南安、同安)共9县。

建安县东部析设将乐县,建安县西部析设绥安县。

西晋

太康三年(282),析建安郡为建安、晋安两郡,晋安郡治原丰(今福州),属扬州。侯官县析设原丰、温麻二县。隋开皇九年(589),温麻县并入原丰县。建平县更名建阳县,南宋景定元年(1260)改名嘉禾县,元至元十五年(1278)复名。建安郡西部置新罗县(今龙岩新罗区),晋泰始四年(268)废。

元康元年(291),昭武县更名邵武县。

东晋

太元四年(379),南平县改名延平县。

义熙元年(405),绥安县改名绥城县。

南朝

宋元嘉年间(424—453),析延平县沙源地置沙村县(开皇年间改名沙县)。

宋泰始年间(465—471),延平县复名南平县。

梁天监年间(502—519),又从晋安郡分设南安郡。侯官、原丰并为东侯县。

时今福建地域有建安、晋安、南安三郡,建安郡辖今闽北一带,晋安郡辖今闽东一带,南安郡辖今闽南一带。

梁大同六年(540),析南安郡西境置龙溪县。

隋朝

开皇九年(589),东侯复名原丰县。绥城县并入邵武县,改南安郡为南安县。

开皇十二年(592),原丰更名闽县。

大业三年(607),把建安、晋安、南安三郡合并为一,称建安郡,原设置的15县裁并为四县(即闽县、建安、南安、龙溪)。郡治由建安(建瓯)移至闽县。

唐朝

武德初年,设泉州(治闽县)、建州(治建安)、丰州(治南安)等三州,下辖10县。

武德四年(621),吴兴县改唐兴县。

武德五年(622),南安县东境析设莆田县。

武德六年(623),闽县地析置侯官、长溪(当年废)、新宁(当年改长乐)、连江四县。

垂拱三年(687),置漳州,治漳浦(在云霄,后移漳浦),领漳浦、怀恩二县。开元二十九年(741),怀恩县并入漳浦县。贞元二年(786),州址迁龙溪(今漳州芗城区)。

天授二年(691),唐兴县改名武宁县。

圣历二年(699),析泉州之南安、莆田、龙溪复置武荣州,治南安丰州。久视元年(700),州址移泉州(今泉州鲤城区),并改名泉州。

长乐县析设万安县,莆田县西部析设清源县。

长安二年(702),从连江县析出原长溪县地,复设长溪县,治所在今霞浦。

景云二年(711),设立闽州都督府,领有闽、建、泉(武荣州改)、漳、潮五州,共21县。

开元八年(720),南安县东南部析设晋江县,县址今泉州鲤城区。

开元十三年(725),闽州都督府改称福州都督府。

开元二十一年(733),为加强边防武装力量,设立军事长官经略使。从福州、建州各取一字,名为福建经略使,与福州都督府并存。这是福建名称出现之始。福建经略使开始时专管军事,后来发展为福建观察使、福建节度使,统管福建全省军事、民政、财政,取代道一级,成为地方最高长官。都督府虽然尚存,实际已无权力。

开元二十二年(734),置汀州(472—757年,曾名临汀郡),治长汀,领长汀、黄连、罗什三县。天宝元年(742),罗什县更名龙岩县,清源县改名仙游县。

开元二十九年(741),置尤溪县;侯官县西境析设古田县。

天宝元年(742),万安县改名福唐县,黄连县更名为宁化县,武宁县更名浦城县。

永泰二年(766),侯官县西部析设永泰县。

贞元元年(785),侯官县北部析设梅溪场。后梁乾化元年(911),梅溪场改名闽清县。

唐末,由节度使领福州、建州、泉州、漳州、汀州5州计24县,属江南东道。

五代

后唐长兴四年(933),闽国升福州为长乐府,称东都,领福、泉、建、汀、漳五州。

后唐长兴四年(933),福唐县更名为福清县。由场升县的有罗源县、同安县(从南安县的大同场升格)、桃源县(从南安县的桃林场升格)、德化县(从永泰县的归德场升格)、顺昌县(从将乐县的永顺场升格)、宁德县(长溪感德场升格)。

后晋天福七年(942),桃源县更名永春县。

后晋天福八年(943),南平县改为龙津县,二年后更名剑浦县。

闽天德三年(945),将乐县升格为镛州。南唐保大四年(946),废镛州复改名将乐县。

南唐保大四年(946),建州地域析设剑州,治剑浦(今南平)。

南唐保大九年(951),松源镇升格为松源县。

南唐保大十三年(955),南安县武安场升格长泰县。

南唐中兴元年(958),置归化县。

后周显德二年(955),升小溪场为清溪县。

北宋

建隆二年(961),原绥城县地黄连镇置建宁县。

开宝八年(975),剑州改名南剑州,建州西北部另置邵武军,泉州东部另置太平军(翌年改兴化军)。

松源县更名松溪县。

太平兴国四年(979),以莆田、仙游、永泰、福清四县地析设兴化县。以邵武县北析设光泽县。

太平兴国六年(981),闽县析设怀安县。晋江县东部析设惠安县。

雍熙四年(987),置福建路,领福、建、泉、漳、汀、南剑六州及邵武、兴化二军。故福建号称"八闽"。

淳化五年(994),建阳县北的崇安场升格为崇安县。长汀县南部上杭、武平场分别升格为县。

咸平三年(1000),升关隶镇为关隶县,政和五年(1115)更名政和县。

治平三年(1066),析建安、建阳、浦城三县地置瓯宁县。

元祐元年(1086),归化县更名泰宁县。

元符元年(1098),析宁化县地置清流县。

崇宁元年(1102),永泰县更名永福县。

宣和三年(1121),清溪县更名安溪县。

南宋

绍兴三年(1133),长汀县东南境析设莲城县,元至正六年(1346)改连城。

孝宗时(1163—1188),升建州为建宁府。福建全省有 42 县。

淳祐五年(1245),长溪县西北境析设福安县。

元朝

至元十五年(1278),设福建行中书省(简称福建省),境内设福州、建宁、延平、邵武、兴化、泉州、漳州、汀州 8 路。

至元二十三年(1286),长溪县升格为福宁州(明初降为县)。

大德六年(1302),南剑路(南剑州宋代改为路)更名延平路。

至治二年(1322),析龙溪、漳浦、龙岩地置南胜县,至正十六年(1356)更名南靖县。

明朝

洪武元年(1368),全省八路改为福州、建宁、延平、邵武、兴化、泉州、漳州、汀州 八府。

正统十三年(1448),兴化县并入莆田、仙游二县。

景泰三年(1452),析沙县、尤溪地置永安县。

景泰六年(1455),析政和、福安二县地置寿宁县。

成化六年(1470),析清流、沙县、将乐、宁化四县地置归化县。

成化七年(1471),析龙岩县东部地置漳平县。

成化九年(1473),恢复被废为县的福宁州。

成化十四年(1478),上杭县东境析设永定县。

正德十四年(1519),南靖县西境析设平和县。

嘉靖九年(1530),析漳浦西部设诏安县。

嘉靖十五年(1536),析尤溪、永安、漳平、德化四县地置大田县。

隆庆元年(1567),析龙溪、漳浦二县地置海澄县。析龙岩、大田、永安部分县地置宁洋县,治小陶。

万历八年(1580),怀安县并入侯官县。

终明一代,福建设八府一州。

清朝

继承明制。福建省下辖有福州、兴化、泉州、漳州、延平、建宁、邵武、汀州八府及福宁州。

雍正十二年(1734),福宁州升为福宁府(治霞浦县)。升永春、龙岩两县为直隶州,永春州辖德化县;龙岩州辖漳平、宁洋二县。

古田县东北境析设屏南县。

乾隆四年(1739),霞浦县地析置福鼎县。

嘉庆三年(1798),析漳浦、平和、诏安三县地设置云霄厅,析福清县海潭岛为平潭厅。

至清末统计,福建省共设有 9 府、2 州、58 县、2 厅。

省与府之间还设 4 个分道作为派出机构:宁福道驻福州,辖福州府、福宁府;兴泉永道驻厦门,辖兴化府、泉州府、永春州;汀漳龙道驻漳州,辖汀州府、漳州府、龙岩州;延建邵道驻南平,辖延平府、建宁府、邵武府。

民国时期

1912 年,同安县析设厦门岛为思明县。

1913 年,废除府、州、厅制度,州、厅一律改为县。分设东、南、西、北四路观察使。

1914 年,四路观察使改设闽海、厦门、汀漳、建安 4 个道。

合并闽县、侯官为闽侯县,合并建安、瓯宁为建瓯县;思明县析金门岛设金门县,永福县复名永泰县。

全省计有 4 道、61 县,仍然是省、道、县三级建制。

1916 年,诏安县南铜山岛析东山县。

1928 年,废除道制,实行省、县二级制。

从龙溪县北境划出置华安县。

1933 年,归化县改名明溪县。

1935年,改思明县为厦门市,为省辖市。

1937年,设7个行政督察专员区,分别驻长乐、福安、南平、仙游、同安、漳浦、龙岩、长汀、邵武、浦城等地。1938年改划为7个行政督察区。

1940年,从沙县、明溪、永安县各划出一部分设立三元县,从建瓯县地划出设水吉县。

1943年,改划为8个行政督察区。

1944年,闽侯县改名林森县。

1945年,柘洋(原属霞浦县)、周墩(原属宁德县)两个特种区改置柘荣、周宁二县。

1946年,把闽侯县的省府城区划出设立福州市。

从1946年至1949年解解放前夕,全省共分7个行政督察区、2市、67县。

中华人民共和国时期

中华人民共和国成立初期,全省行政区划调整为福州、厦门2个省辖市、8个行政督察专区、67个县(含金门县)。

1950年,福建8个专区依次更名为建瓯、南平、福安、闽侯、泉州、漳州、永安、龙岩专区;泉州专区更名为晋江专区,漳州专区更名为龙溪专区,建瓯专区更名为建阳专区;德化县由永安专区划归晋江专区。

1950年,林森县复名为闽侯县;设立泉州市(晋江县析设)、漳州市(龙溪县析设)(县级)。

1951年,福州市设立鼓楼、大根、小桥、台江、仓山、水上、盖山、鼓山、洪山9区。

1952年,福州市设立新店区;厦门市设立开元、思明、鼓浪屿3个区。

1954年,厦门市设立禾山区。

1955年,撤销福州市盖山、鼓山、洪山、新店4个区。

1956年,撤销建阳(属县归南平专区)、闽侯(闽侯县由省直辖,长乐、连江、罗源三县归福安专区,永泰、福清、平潭归晋江专区)、永安(所辖三元、明溪县归南平专区,大田归晋江专区,永安、清流、宁化、宁洋归龙岩专区)3个专区。

撤销水吉(归入建瓯、建阳县)、宁洋(归入漳平、永安、龙岩三县)、柘荣(并入福鼎县)3个县。

撤销福州市大根、小桥、水上3个区。

三元、明溪2个县合并为三明县;南平县析设南平市(县级)。

变更后,全省共辖2个直级市、5个专区、2个地级市、3个县级市、63个县、7个市辖区。

1958年,撤销厦门市禾山区,设厦门市郊区;闽侯县划归福州市,同安县划归厦门市。

1959年,恢复闽侯专区,辖闽侯、闽清、长乐、连江、永泰、福清、平潭7个县,专署驻闽侯县。原南平专区的松溪、政和2县划归福安专区。

1960年,设立三明市(地级),以三明县城为三明市行政区域,三明县归三明市管辖;撤销南平县并入南平市;福州市设立马尾区;清流、宁化2县合并设立清宁县,松溪、政和2县合并设立松政县,龙溪、海澄2县合并设立龙海县。

1961年,恢复柘荣县;撤销清宁县,恢复清流县、宁化县。

1962年,连江县、罗源县分别从闽侯专区和福安专区划归福州市;龙岩专区的永安、清流、宁化3县划归三明市。撤销松政县,恢复松溪县和政和县。

1963年,设立三明专区,三明市改为县级市,三明专区辖三明市和三明、永安、清流、宁化4个县;福州市撤销马尾区;连江、罗源、古田、屏南4县划归闽侯专区;晋江专区大田县划归三明专区。

1964年,从南平市、建瓯县、顺昌县析出建西县,三明县更名为明溪县。

至1965年全省共辖7个专区、2个地级市、4个县级市、63个县、6个市辖区。

1966年,厦门市开元区更名为东风区,思明区更名为向阳区。

1968年,福州市鼓楼区更名为红卫区,台江区更名为赤卫区,仓山区更名为朝阳区;福州市设立郊区。

1970年,福州市撤销郊区,设立马江区和北峰区;福安专区的松政县划归南平专区;闽侯专区的古田、屏南、连江、罗源4个县划归福安专区;晋江专区的莆田、仙游2个县划归闽侯专区;厦门市的同安县划归晋江专区;南平专区的尤溪、沙县、将乐、泰宁、建宁5个县划归三明专区;南平专区驻地由南平市迁驻建阳县;福安专区驻地由福安县迁驻宁德县;闽侯专区驻地在莆田县。

撤销建西县并入顺昌县;撤销柘荣县,并入福安、福鼎2县;撤销松溪、政和2县,合并设立松政县。

1971年,各专区更名为地区;南平地区更名为建阳地区;福安地区更名为宁德地区;闽侯地区更名为莆田地区。

1973年,莆田地区的闽侯县划归福州市;晋江地区的同安县划归厦门市。

1974年,恢复柘荣县;撤销松政县,恢复松溪县和政和县。

1975年,福州市撤销北峰区设立郊区。

1978年,厦门市设立杏林区;福州市设立环城区,撤销马江区;福州市红卫、赤卫、朝阳3个区分别复名为鼓楼区、台江区、仓山区。

1979年,厦门市东风、向阳2区分别复名为开元区和思明区。

1981年,撤销龙岩县,设立龙岩市(县级)。

1982年,福州市设立马尾区,撤销环城区。

1983年,撤销三明地区,设立三明市(地级),三明市设立梅列区和三元区;撤销莆田地区,所属闽清、永泰、长乐、福清、平潭5个县划归福州市;设立莆田市(地级),辖莆田、仙游2个县和原莆田市设立城厢区和涵江区;宁德地区的连江、罗源2个县划归福州市;撤销邵武县,设立邵武市(县级)。

1984年,撤销永安县,设立永安市(县级)。

1985年,撤销晋江地区,设立泉州市(地级),泉州市设立鲤城区;撤销龙溪地区,设立漳州市(地级),漳州市设立芗城区。

1987年,厦门市设立湖里区,郊区更名为集美区;晋江县析置石狮市(县级)。

1988年,建阳地区驻地迁驻南平市,并更名为南平地区;撤销宁德县,设立宁德市(县级)。

1989年,撤销崇安县,设立武夷山市(县级);撤销福安县,设立福安市(县级)。

1990年,撤销福清县,设立福清市(县级);撤销漳平县,设立漳平市(县级)。

1992年,撤销晋江县,设立晋江市(县级);撤销建瓯县,设立建瓯市(县级)。

1993年,撤销南安县,设立南安市(县级);撤销龙海县,设立龙海市(县级)。

1994年,撤销南平地区,设立南平市(地级),原县级南平市改设延平区;撤销长乐县,设立长乐市(县级);撤销建阳县,设立建阳市(县级)。

1995年,福州市调整五个市辖区,同时将郊区更名为晋安区;撤销福鼎县,设立福鼎市(县级)。

1996年,厦门市撤销同安县,设立同安区;撤销龙岩地区,设立龙岩市(地级),原县级龙岩市改设新罗区;漳州市芗城区、龙海市析设龙文区。

1997年,泉州市鲤城区析设丰泽区和洛江区。

1999年,撤销宁德地区,设立宁德市(地级),原宁德市改设蕉城区。

2000年,惠安县析设泉港区,属泉州市。

2002年,撤销莆田县,析设荔城、秀屿二区。

2003年,厦门市行政区划调整,将原来的七个行政区,调整为六个行政区。新设翔安区;局部调整集美;将杏林区更名为海沧区;将鼓浪屿区、思明区和开元区合并成新的思明区;同时保留现有的同安区和湖里区。

2014年,南平市政府驻地由南平市迁至建阳区。撤销建阳市,改设建阳区。永定县撤县改区。

附录二

福建省行政区划新旧名称对照表

今名称	旧名称	备 注
福州市	东冶、冶县(汉)、晋安郡(晋)、侯官县、原丰县(南朝)、泉州、闽州(隋唐)、闽县(隋唐以来)、怀安县(宋明)	榕城
闽侯县	侯官县(清以前)、林森县(建国前后)	
永泰县	永福县(宋至清)	
闽清县	梅溪场(唐),五代时升闽清县	
福清市	万安县(唐)、福唐县(唐、五代)	
厦门市	嘉禾里(民国以前属同安县)	鹭岛
同安区	大同场(唐),五代时升同安县	银城
莆田市	兴化(县、府,宋至清)	莆田市分设城厢、涵江二区,莆田县分设荔城、秀屿二区
仙游县	清源县(唐初)	
三明市	三元县(建国前后)	
明溪县	归化县(明清民国)	
宁化县	黄连县(唐开元年间)	
沙县	沙村县(南朝)	
将乐县	镛州(五代)	
泰宁县	归化县(五代)	
建宁县	绥城县	
泉州市	清源郡(唐)	温陵、鲤城
南安市	东安县(三国)	
安溪县	小溪场(五代)、清溪县(北宋)	
永春县	桃林场、桃源县(五代)	
漳州市	龙溪县(隋至1960年)	芗城
诏安县	怀恩县(唐领地)、南诏场(宋)	
南靖县	南胜县(元)	
龙海市	龙溪县(隋至1960年)	
南平市	延平县(唐)、龙津县、剑州(五代)、剑浦、南剑州(宋)	
顺昌县	永顺场(唐),五代时升顺昌县	

今名称	旧名称	备　注
浦城县	汉兴县(汉)、吴兴县(三国)、唐兴县、武宁县(唐)	
松溪县	东平县(汉)、松源县(五代)	
政和县	关隶县(北宋)	
邵武市	昭武县(三国)、昭阳县(东晋)	
武夷山市	崇安县(1989 年以前)	
建瓯市	建安县(汉至清)、瓯宁县(宋至清)	
建阳市	建平县(汉)、嘉禾县(南宋)	
龙岩市	新罗县(晋)、罗什县(唐开元年间)	
长汀县	汀州(府)(唐至清)	
连城县	莲城县(南宋)	
宁德市	感德场升格宁德县(五代)	1997 年改蕉城区
霞浦县	温麻县(晋)、长溪县(唐)、福宁(元为州,明为县、州,清为府)	

注:1. 按今福建省政区顺序排列。

　　2. 不含市辖区新旧名称对照。

　　3. 行政区划名称中,专名相同,通名不同者,不列入此表,如同安区、同安县。

附录三

福建省历代废除行政区划名称表

废名	起迄时间	辖地范围
丰州	隋至唐贞观年间	治南安,约今泉州市范围
剑州	五代南唐	后改南剑州,治剑浦(今南平)。宋名南剑路,元大德六年(1302)更名延平路
兴化府	宋至清	宋代称军,元代称路。约今莆田市范围
侯官县	东汉至清末	与闽县合并为闽侯县
闽县	隋至至清末	与侯官县合并为闽侯县
建安县	东汉至清末	与瓯宁县合并为建瓯县
瓯宁县	北宋至清末	与建安县合并为建瓯县
温麻县	晋太康三年(282)至开皇九年(589)	闽东一带,治今霞浦
绥安县	三国至隋	东晋改名绥城县,约今建宁、泰宁一带
龙溪县	南朝至1960年	与海澄县合并为龙海县
怀恩县	唐垂拱三年(687)至开元二十九年(741)	治漳浦(今云霄),约今诏安、广东饶平一带
崇安县	北宋至1989年	今武夷山市
怀安县	宋太平兴国六年(981)至明万历八年(1580)	今福州市
兴化县	宋太平兴国四年(979)至明正统十三年(1448)	分别归入莆田县、仙游县
海澄县	明隆庆元年(1567)至1960年	以九龙江为界,江南属龙海县,江北属厦门市
宁洋县	明隆庆元年(1567)至1956年	治小陶,分别并入龙岩、漳平、永安三县
思明县	1912年至1935年	升格为厦门市
三元县	1940—1956年	并入三明县
水吉县	1940—1956年	归入建瓯、建阳县
清宁县	1960—1961年	清流、宁化2县合并设立,后又恢复2县
松政县	1960—1962年、1970—1974年	松溪、政和2县合并设立,后又恢复2县
建西县	1964—1970年	并入顺昌县

注:1.不含行政区划更变的废弃名称,如桃源县(后改永春县)。

2.不含市辖区废弃名称,如厦门市郊区(后改集美区)。

参考文献

安溪县志(嘉靖)/(明)林有年等纂修. —香港:国际华文出版社,2002.10

安溪县志/安溪县志编委会编. —北京:新华出版社,1995.4

长乐市志/高宇彤主编. —福州:福建人民出版社,2001

长乐县志(民国)/孟昭涵修;李驹等纂. —上海:上海书店出版社,2012. —(中国地方志集成.福建府县志辑;21)

长泰县志/长泰县地方志编纂委员会编. —北京:方志出版社,2005.9

长汀县志(光绪)/(清)刘国光等纂修. —台北:成文出版社,1967. —(中国方志丛书.福建省;87)

崇安县新志(民国)/刘超然,吴石仙主修. —厦门:鹭江出版社,2013

大田县志(民国)/陈朝宗修. —台北:成文出版社,1975. —(中国方志丛书.福建省;229)

德化县志/化县地方志编纂委员会编. —北京:新华出版社,1992.4

东山县志/东山县地方志编纂委员会编. —北京:中华书局出版,1994.9

福安市志/福建省福安市地方志编纂委员会编. —北京:方志出版社,1999

福安县志(光绪)/(清)张景祁修;(清)黄锦灿等纂. —台北:成文出版社,1967. —(中国方志丛书.福建省;78)

福安县志(万历)/(明)陆以载修纂;冯克光,缪品枚点校. —厦门:厦门大学出版社,2009. —(福建旧方志丛书)

福鼎旧志汇编/周瑞光汇编. —厦门:厦门大学出版社,2012. —(福建文史丛书). —福鼎县志(嘉庆);福鼎县志(民国);福鼎乡土志

福鼎县志(嘉庆)/(清)谭抡修;(清)王锡龄纂. —台北:成文出版社,1974. —(中国方志丛书.福建省;223)

福建通志(民国)/李厚基等修;沈瑜庆,陈衍纂. —民国二十七年(1938)刻本

福宁府志(乾隆)/(清)王琛修;(清)张景祁等纂. —台北:成文出版社,1967. —(中国方志丛书.福建省;74)

福清市志/福清市志编纂委员会编. —厦门:厦门大学出版社,1994

福州市志.第八册/福州市地方志编纂委员会编. —北京:方志出版社,2000

古田县志(乾隆)/(清)辛竟可修;(清)林咸吉等纂. —台北:成文出版社,1967. —(中国方志丛书.福建省;100)

古田县志/古田县地方志编纂委员会编. —北京:中华书局,1997

光泽县志(光绪)/(清)钮承藩修. —台北:成文出版社,1967. —(中国方志丛书.福建省;221)

海澄县志(崇祯)/〔明〕梁兆阳等修纂. —北京:书目文献出版社,1992.11

华安县志/华安县地方志编纂委员会编. —厦门:厦门大学出版社,1996.4

惠安县志/福建省惠安县地方志编纂委员会编. —北京:方志出版社,1998.7

惠安续志/〔清〕娄云督修. —台北:惠安同乡会,1936.9

建宁县志(民国)/吴海清修. —台北:成文出版社,1967. —(中国方志丛书)

建瓯县志(民国)/詹宣猷修;蔡振坚等纂. —上海:上海书店出版社,2012. —(中国地方志集成.福建府县志辑;6)

建瓯县志/建瓯县地方志编纂委员会编. —北京:中华书局,1994

建阳县志/赵模等修纂. —台北:成文出版社,1975. —(中国方志丛书.福建省;237)

建阳县志/建阳县地方志编纂委员会编. —群众出版社出版,1994.9

将乐县志(乾隆)/(清)徐观海修纂. —厦门:厦门大学出版社,2009

金门县志(民国)/左树夔修;刘敬纂. —北京:九州出版社;厦门:厦门大学出版社,2004. —(台湾文献汇刊.第五辑;1—2)

金门县志:2007年续修.第十一册,人物志观光志/李炷烽监修. —金门县:金门县政府,2009

晋江市人物志/晋江市地方志编纂委员会编. —上海:三联书店上海分店,1994.3

晋江市志/晋江市地方志编纂委员会编. —上海:三联书店上海分店,1994.3

晋江县志(道光)/〔清〕周学曾等纂修.—福州:福建人民出版社,1990.7

康熙寿宁县志注辑/黄立云注辑.—北京:线装书局,2013.—(福建省寿宁县地方志丛书;之二)

鲤城区志/鲤城区志编纂委员会编.—北京:中国社会科学出版社,1999.12

连城县志(乾隆)/(清)李龙官等纂.连城县志(民国)/邓光瀛等纂—厦门:厦门大学出版社,2008

连江县志(民国)/曹刚等修.—台北:成文出版社,1966.—(中国方志丛书.福建省;76)

龙海县志/福建省龙海县地方志编纂委员会编.—北京:东方出版社,1993.6

龙岩县志(民国)/马龢鸣修.—台北:成文出版社,1967.—(中国方志丛书)

龙岩州志(道光)/(清)彭衍堂修.—台北:成文出版社,1967.—(中国方志丛书)

闽侯县志(民国)/欧阳英修;陈衍纂.—台北:成文出版社,1966.—(中国方志丛书.福建省;13)

闽侯县志/刘必寿主编.—北京:方志出版社,2003

明溪县志(民国)/王维梁,刘孜治修纂.—厦门:厦门大学出版社,2008.—(福建旧方志丛书)

南安县志/福建省南安县志编纂委员会编.—南昌:江西人民出版社,1993.10

南安续志/陈蓁、李汉青编纂.—台北:陈其志基金会,1974.10

南靖县志/南靖县地方志编纂委员会编.—北京:方志出版社,1997.12

南平地区志/南平市地方志编纂委员会编.—北京:方志出版社,2004

南平县志(民国)/吴栻等修;蔡建贤纂.—台北:成文出版社,1974.—(中国方志丛书.福建省;217)

南平县志/福建省南平市志编纂委员会编.—福州:福建人民出版社,1985

宁德地区志/福建省宁德地区地方志编纂委员会编.—北京:方志出版社,1998

宁德县志(乾隆)/(清)卢建其修;(清)张君宾纂;福建省地方志编纂委员会整理.—厦门:厦门大学出版社,
    2012.—(福建旧方志丛书)

宁化县志(康熙)/(清)李世熊撰.—台北:成文出版社,1967.—(中国方志丛书.福建省;88)

宁化县志(民国)/黎景曾,黄宗宪修纂.—厦门:厦门大学出版社,2009.—(福建旧方志丛书)

宁化县志/刘善群主编.—福州:福建人民出版社,1992

宁洋县志(同治)/(清)董骥修.—台北:成文出版社,1967.—(中国方志丛书)

平和县志/平和县地方志编纂委员会编.—北京:群众出版社,1994.4

平潭县志(民国)/黄履思等纂修.—上海:上海书店出版社,2012.—(中国地方志集成.福建府县志辑;20)

屏南县志/屏南县地方志编纂委员会编.—北京:方志出版社,1999

莆田县志(民国)/张琴纂;石有纪修.—上海:上海书店出版社,2012.—(中国地方志集成.福建府县志辑;16—17)

浦城县志/蒋仁主编.—北京:中华书局,1994

清流县志(嘉靖)/(明)陈桂芳等编纂.清流县志(道光)/(清)乔有豫修纂.—福州:福建人民出版社,1992

清流县志/林善庆主编.—福州:福建省地图出版社,1989

泉州市志/泉州市地方志编纂委员会编.—北京:中国社会科学出版社,2000.5

三明市志/丁瑜主编.—北京:方志出版社,2002.

沙县志(民国)/(清)梁伯荫修.—台北:成文出版社,1975.—(中国方志丛书.福建省;233)

上杭县志(康熙)/(清)蒋廷铨纂修.—厦门:鹭江出版社,2014

上杭县志(民国)/张汉等修,丘复等纂.—上杭:启文书局,1938

邵武府志(光绪)/(清)王琛修.—台北:成文出版社,1967.—(中国方志丛书.福建省;73)

邵武县志(民国)/秦振夫等修;朱书田等纂.—上海:上海书店出版社,2012.—(中国地方志集成.福建府县志辑;
    10)

深沪镇志/深沪镇志编纂委员会编.—上海:上海辞书出版社,2007.12

石狮市志/石狮市地方志编纂委员会编.—北京:方志出版社,1998.9

寿宁待志校辑/(明)冯梦龙撰;黄立云校辑.—厦门:厦门大学出版社,2012.—(福建省寿宁县地方志丛书;之一)

寿宁县志(康熙)/(清)赵廷玑修;(清)王锡卣等纂.—台北:成文出版社,1974.—(中国方志丛书.福建省;218)

寿宁县志/寿宁县地方志编纂委员会编.—厦门:鹭江出版社,1992

顺昌县志(道光)/(清)贾懋功修.—台北:成文出版社,1974.—(中国方志丛书.福建省;220)

顺昌县志(民国)/高登艇,潘先龙修;刘敬等纂.—上海:上海书店出版社,2012.—(中国地方志集成.福建府县志辑;11)

松溪县志/〔清〕潘拱辰等纂修.—台北:成文出版社,1975.—(中国方志丛书.福建省;232)

松溪县志/松溪县地方志编委会编.—北京:中国统计出版社,1994.8

宋代莆阳名人志/陈春阳编著.—厦门:鹭江出版社,2014.—(宋代莆阳文化丛书;第一辑)

泰宁县志(康熙)/(清)洪济修.—厦门:厦门大学出版社,2007

泰宁县志(民国)/陈石,万心权修;郑丰稔等纂.—上海:上海书店出版社,2012.—(中国地方志集成.福建府县志辑;39)

汀州府志(乾隆)/(清)王琛等修.—台北:成文出版社,1967.—(中国方志丛书)

同安县志(嘉庆)/(清)吴堂修;刘光鼎等纂.—清光绪十二年(1886)朱承烈刻民国八年(1919)高梅仙补刻本

同安县志(民国)/林学增修,吴锡璜纂.—民国十八年(1929)铅印本

万历福州府属县志/福建省文史研究馆整理.—北京:方志出版社,2007.—永福县志(万历);罗源县志(万历);古田县志(万历)

武平县志:民国三十年(1941)/丘复等纂.—[出版地不详]:编者,1986

霞浦县志(民国)/刘以臧修;徐友梧等纂.—台北:成文出版社,1967.—(中国方志丛书.福建省;102)

霞浦县志/福建省霞浦县地方志编纂委员会编.—北京:方志出版社,1999

厦门人物辞典/厦门市图书馆编.—厦门:鹭江出版社,2003

厦门市志(民国)/厦门市地方志编纂委员会办公室编.—北京:方志出版社,1999.—(福建省地方志丛书)

厦门志(道光)/(清)周凯修.—清道光十九年(1839)刻本

仙游县志(乾隆)/(清)王椿修;(清)叶和侃纂.—台北:成文出版社,1975.—(中国方志丛书.福建省;242)

芗城区志/福建省漳州市芗城区地方志编纂委员会编.—北京:方志出版社,1999.9

延平府志(乾隆)/(清)傅尔泰修.—台北:成文出版社,1967.—(中国方志丛书.福建省;99)

延平府志(顺治)/(清)孔自洙等修.—厦门:厦门大学出版社,2010.—(福建旧方志丛书)

永安县续志(道光)/(清)孙义修,(清)陈树兰纂.—台北:成文出版社,1974.—(中国方志丛书.福建省;228)

永安县志:清雍正十年(1732)清道光十四年(1834):三、四部合订本/永安市地方志编纂委员会办公室编.—[出版者不详],2004

永春县志/永春县志编纂委员会编.—北京:语文出版社,1990.10

永春州志(乾隆)/〔清〕郑一嵩督修.—台北:永春文献社,1973.11

永定县志(康熙)/(清)赵良生,(清)李基益修纂.—厦门:厦门大学出版社,2012.—(福建旧方志丛书)

永定县志(民国)/徐元龙主修.—厦门:厦门大学出版社,2015.—(福建旧方志丛书)

永定县志(乾隆)/(清)伍炜,(清)王见川修纂.—厦门:厦门大学出版社,2012.—(福建旧方志丛书)

永泰县志(民国)/董秉清修.闽清县志(民国)/杨宗彩修.—上海:上海书店出版社,2012.—(中国地方志集成.福建府县志辑;19)

永泰县志:民国十一年(1922)/永泰县地方志编纂委员会编.—福州:福建地图出版社,2013

尤溪县志(民国)/卢兴邦修.—台北:成文出版社,1975.—(中国方志丛书)

云霄县志/福建省云霄县地方志编纂委员会编.—北京:方志出版社,1999.12

漳平县志(道光)/(清)蔡世钹修.—台北:成文出版社,1967.—(中国方志丛书)

漳浦县志/漳浦县地方志编纂委员会编.—北京:方志出版社,1998.4

漳州市志/漳州市地方志编纂委员会编.—北京:中国社会科学出版社,1999.11

诏安县志/福建省诏安县地方志编纂委员会编.—北京:方志出版社,1999.12

政和县志(民国)/李熙纂修.—台北:成文出版社,1967.—(中国方志丛书.福建省;97)

中华人民共和国地方志福建省清流县志/清流县地方志编纂委员会编.—北京:中华书局,1994

中华人民共和国地方志柘荣县志/柘荣县地方志编纂委员会编.—北京:中华书局,1995

中华人民共和国福建宁德市志/宁德市地方志编纂委员会编.—北京:中华书局,1995

周墩区志(民国)/陈赞勋纂.—台北:成文出版社,1975.—(中国方志丛书.福建省;234)

周宁县志/周宁县地方志编纂委员会编. —北京:中国科学技术出版社,1993

鼎秀古籍全文检索平台[DB/OL]. http://103.242.200.9/ancientbook/portal/index/index.do

福建省情资料库:地方志之窗[DB/OL]. http://www.fjsq.gov.cn/frmAnnalsCounties.aspx

后 记

凭借馆藏资源开发文献,是厦门市图书馆持续开展的一项重要业务工作。《福建历代人物字号录》是厦门市图书馆组织编纂的第二部人物检索工具书。

编纂《福建历代人物字号录》,旨在通过对福建历代人物的字号、籍贯、生卒年等信息的搜集、考证、整理与编辑,为福建地方文史研究、闽南文化和文献研究开发提供一部具有参考价值的检索工具书,从而有效发挥图书馆文献开发与信息传播的功能。

2015年6月,厦门市图书馆成立《福建历代人物字号录》编委会,确定了编纂原则和构架。参编人员翻阅了100多部地方文献,其中参考通志、县志等文献近百部。资料整理编辑工作历时三年,在编辑出版过程中,编委会先后召开5次专题会议,参编人员就编纂凡例、专家审稿意见等进行沟通、研讨,及时梳理本书编辑过程中出现的难点问题,并就统一收录标准等问题达成共识。

《福建历代人物字号录》以人物姓名为主线,辑录隋代以前至民国时期有字有号记载的福建历史人物近3万人,从学术研究的角度对福建历代人物进行了较为全面、客观的反映。我们期望本书将在以下几方面起到积极作用:一是为社会提供一部查询福建历代人物的学术性工具书;二是通过这本工具书宣传介绍福建自古以来的杰出人物,以颂扬先贤、激励后人;三是充分发挥图书馆的优势,促进图书馆文献开发研究工作。

本书的编委均是厦门市图书馆文献研究人员,其中陈红秋、曾舒怡、张元基、吴辉煌、李冰等分工进行人物资料搜集、考证与整理,付虹、陈红秋进行统稿、编辑和审校。本书还得到了江林宣、陈峰两位专家的参与和帮助,他们提供了许多线索和修改意见,使人物收录范围更趋于完善、资料更全面准确。厦门大学出版社薛鹏志先生也在体例、备注要点等方面提出了修改意见。厦门市文化广电新闻出版局为本书的编辑出版提供了经费支持,使本书能顺利出版。在此,一并表示诚挚的谢意!

本书收录人物涉及民国以前(含民国)的福建人物,因资料和搜集渠道的局限,难免会有疏漏,只能有待于今后补充。由于本书是在收集、整理及开发文献和信息方面做的一个尝试,不足和错误在所难免,有待于今后更进一步的研究改进,恳请读者见谅,并不吝赐教。

编 者

2018年4月